新회사법 요론

Corporation Act

新회사법 요론

-2012년 시행 개정회사법-

최 완 진

HU:iNE

본 저서는 2012학년도 한국외국어대학교 교내학술연구비 지원에 의한 것임

서 문

일찍이 독일의 법학자 골드슈미트는 "상법은 하류에서는 만년설이 흘러내려 침전물과 용해되어 녹아내리지만, 상류에서는 계속 새로운 만년설을 형성하는 빙하와 같다"고 언급하였고, 독일의 법철학자 라드브르흐는 "어떤 법역의 법보다도 상법의 법역은 살아있는 법이고 지면 위의 법이 아니며 법문에서 읽어 아는 법이 아니고 법 생활상의 거래에서 직접 볼 수 있는 법이다."라고 갈파하였다. 이 말은 상법은 끊임없이 변화되는 경제현상과 기업환경의 새로운 조류에 발맞추어 진화되어야 한다는 점을 강조한 것으로 풀이할 수 있다. 우리나라 상법은 1962년 제정된 이래 어언 50년의 세월이 흘렀으며 그동안 우리상법은 1984년 처음 개정된 이래 1991년, 1995년에 개정이 있었고, IMF 이후에는 타율적으로 여러 차례에 걸쳐 개정이 이루어졌으나 상법 전반에 걸친 본격적인 개정은 계속 지체되어 왔다.

최근의 개정경과를 살펴보면 먼저, 2009년에는 종전의 증권거래법, 선물거래법, 간접투자자산운용업법, 신탁업법, 종합금융회사에 관한 법률, 한국증권선물거래소법 등 6개의 중요한 법률이 통합된 「자본시장과 금융투자업에 관한 법률」(약칭 자본시장법, 2007.8.3. 법률 제8635호로 공포되어 1년 6개월이 경과한 2009.2.4부터 시행됨)이 새롭게 탄생되었고, 우여곡절 끝에 사외이사 및 상장회사에 대한 특례를 규정한 상법 일부 개정법률(법률 제9362호) 19개 조문이 2009.1.30. 공포되어 2009.2.4부터 시행되었다. 이러한 개정으로 (구)증권거래법상의 상장회사에 관한 특례규정 중 회사의 지배구조에 관한 부분은 상법으로 편입되고 회사의 재무관리에 관한 부분은 자본시장법에 그대로 남겨두게 되었다.

이어서 창업절차를 간소화하고 기업경영의 IT화 지원내용을 담은 상법 일부 개정법률(법률 제9746호)이 2009.5.28. 공포되었는데, 이 법안은 법무부가 2005

년부터 추진해온 창업절차 간소화 노력이 결실을 맺은 것으로 경제위기 극복을 위한 시급한 필요성을 인식하여 창업절차간소화 규정 등을 다른 상법 개정안과 분리하여 12개 조문을 신속하게 처리한 것이다. 2009년 상법개정의 의미는 창업절차의 획기적 간소화, 소규모기업에 대한 과감한 규제개선, 기업경영의 IT화 지원을 위한 녹색성장 구현의 세 가지로 요약될 수 있다. 창업절차 간소화 부분은 공포일인 2009.5.28부터 즉시 시행되었고, 기업경영의 IT화 지원 부분은 공포일로부터 1년 후인 2010.5.28부터 시행되었다. 한편, 이와 별도로 「상법 총칙 · 상행위편의 개정 법률」이 2010. 5.14 공포되어 2010.11.15부터 시행되고 있는데, 이 개정법은 빠르게 발전하는 금융리스 · 가맹업 · 채권매입업 등에 대한 기본적인 법률관계를 규율하고, 신용카드 · 전자화폐 등 지급결제업무의 인수를 새로운 상행위로 규정하는 등 상법규정의 미비점을 보완하고 또한 공중접객업자의 임치물에 대한 비현실적인 엄격책임을 완화하고, 상법상 회계기준과 기업회계기준과의 불일치를 해소하는 등 변화된 경제현실을 반영한 점이 특색이다.

이상과 같이 땜질식 개정에만 머물러 있던 상황에서 회사법 전편을 아우르는 본격적인 「상법 회사편 개정안」은 2005년 처음 법안이 제출된 지 6년 만인 2011년 3월 11일 국회를 통과하였고, 이후 국무회의를 거쳐 4월 14일에 공포되어, 2012년 4월 15일부터 시행되고 있다. 2011년 개정회사법은 건국 이래 최대 규모인 약 250개의 조문에 걸쳐 개정이 이루어졌다. 그동안의 상법개정작업은 그야말로 우여곡절을 겪었는데 2006년 상법개정안은 2007년 9월 제17대 국회에 제출되었다가 17대 국회의 회기만료로 법안이 폐기되었고, 이어 2008년 10월에 「회사법 개정안」이 제18대 국회에 다시 제출되었으나 방치상태에 있었다. 즉, 입법활동을 제대로 수행해야 할 국회의원들은 인기영합적인 법안에만 관심이 있었고, 기업활동의 기본법인 회사법에 대해서는 여·야간의 정치적 이해타산에 휘말려 큰 숲을 보지 못한 채 표류하고 있었다.

당시 한국상사법학회 회장을 맡은 본인은 이러한 상황을 그대로 묵과할 수만은 없었다. 18대 국회에서 반드시 회사법개정안을 통과시켜야된다는 사명감을 가지고 법무부의 상사법무과와 협력하여 국회법사위원장을 비롯한 국회법사위원 전원에게 상법개정안을 조속히 심의 통과시킬 것을 촉구하는 서한을 한국상사법학회 회장의 명의로 발송하였다. 또한 순수한 학자적 양심에 기하여 각종 언론매체에 상법개정의 당위성과 시급성을 강조하였다. 이러한 것이 어느 정도 밑바탕이 되어 드디어 2011년에 회사법개정안이 통과·공포되고 2012년 현재 시행되고 있는 것은 상법학자로서 나름대로의 역할을 수행했다고 자부하며 큰 보람으로 생각한다.

이번 개정회사법의 취지는 자유롭고 창의로운 기업경영을 지원하고 투명한 기업경영으로 공정사회를 구현하여 국제 기준에 맞게 회사 제도를 선진화하여 글로벌 경쟁력을 강화하는데 있다. 또한 기업경영의 투명성과 효율성을 높이기 위해 자금 및 회계관련 규정을 정비하고, 정보통신 기술을 활용하여 주식·사채의 전자등록제를 도입하고 합자조합과 유한책임회사 등 다양한 기업형태를 도입함으로써 국제적 기준에 부합하는 회사법제로 재편하였다. 그리고 이사의 자기거래 승인 대상범위를 확대하고 이사의 회사기회 유용금지 조항을 신설하여 기업경영의 투명성을 높임으로써 활발한 투자 여건을 조성하고 급변하는 기업경영환경에 기업이 적절히 대응할 수 있는 법적 기반을 마련하고 있다.

본서는 상법의 여러 영역에서도 가장 중요하고 핵심적인 부분이라고 할 수 있는 회사편에 대하여 전분야에 걸쳐 이번에 새롭게 개정된 내용을 반영하여 저술한 것이다.

본서를 집필하면서 특히 주안점을 둔 부분은 다음과 같다.

첫째, 2012년 4월 15일부터 새로 시행되고 있는 개정회사법의 전부분에 걸쳐 개정된 내용과 새롭게 도입된 부분을 빠짐없이 수록하였다.

둘째, 회사법의 각 조문의 뜻을 충실히 파악하여 쉽고도 간명한 해설을 시도하되 체계의 일관성이 유지되도록 하였다.

셋째, 학설의 대립이 있거나 판례의 인용이 필요한 부분은 빠짐없이 서술하려고 노력하였고 주로 다수설의 입장에서 해설하였다.

넷째, 상세한 설명이 필요한 부분은 본문 중에 별도의 지면을 할애하여 정리하였다.

다섯째, 필요한 부분은 이해하기 쉽도록 도표로써 정리하였고, 2012년 시행 개정회사법 전문을 부록으로 추가하여 독자들이 법조문을 쉽게 확인할 수 있도록 하였다.

「신회사법 요론」은 나의 일곱 번째 저서가 된다.

회사법 이외의 상법학의 다른 분야에 대해서 전반적으로 공부하고자 한다면 졸저 「상법학 강의」(법문사)와 공저 「주석상법」(한국사법행정학회)을 참조하기 바란다. 로스쿨이 도입되면서 각 분야별로 사례와 판례연구의 중요성이 더욱 강조되고 있는 추세이다. 판례와 사례에 대한 보다 상세한 해설은 이미 출간 되어있는 졸저 「상법판례 강의」(법문사), 「상법사례연습」(박영사)을 참고하기 바라며, 기업의 지배구조와 자금조달에 관하여 보다 깊이 연구하고자 한다면 졸저 「기업지배구조법 강의」(한국외대출판부)를 참고하면 좋을 것이다.

1979년 처음 대학강단에 서서 상법학을 열정적으로 강의·연구한 지 어언 33년의 세월이 흘렀고 그 열정도 세월은 막지 못해 본인도 이제 회갑을 맞이하게 되었다. 오늘이 있기까지 천학비재한 저자를 돌보아 주시고 사랑해 주신 모든 분들께 이 자리를 빌어 진심으로 감사의 마음을 전하고 싶다.

그리고 나의 선친(서우 최재희박사)께서 일찍이 지으신 시 "세상의 훼예포폄(毁譽褒貶) 크고 작은 파도들이, 뱃전에 날아들어 흐트러지든 말든, 담대히 그 노를 잡아 인생 바다 저으리"를 삶의 지표로 삼아 앞으로의 인생을 살아가고자 한다.

이 책을 엮어 내는데 있어 원고정리와 교정에는 본인의 지도로 한국외국어대학교 대학원에서 박사학위를 취득한 박한성 강사와 현재 박사과정에 재학중인 정재진 군의 노고가 컸음을 밝히며 이 자리를 빌어서 감사의 뜻을 표하는 바이다.

또한 지난 「기업지배구조법 강의」에 이어 이번 「신회사법 요론」을 출간하는데 있어서도 편집의 세세한 부분까지 성심성의껏 신경을 써준 한국외대출판부 탁경구 팀장을 비롯한 관계자분들의 수고에도 고마운 마음을 전하고 싶다.

2012년 8월

한국외국어대학교 법학관 연구실에서

최 완 진

목 차

서문 / i

제1장 서 론

제1절 회사제도와 회사법 ········ 1

Ⅰ. 회사의 경제적 기능 / 1
Ⅱ. 회사법의 개념 / 2
Ⅲ. 2011년 개정상법(회사법)의 주요 내용 소개 / 4

제2절 회사의 의의와 종류 ········ 12

Ⅰ. 회사의 의의 / 12
Ⅱ. 회사의 종류와 특색 / 20

제3절 회사의 능력 ········ 28

Ⅰ. 회사의 권리능력 / 28
Ⅱ. 회사의 의사능력·행위능력 / 32
Ⅲ. 회사의 불법행위능력 / 33
Ⅳ. 회사의 공법상의 능력 / 33

제2장 주식회사

제1절 총 설 ········ 35

Ⅰ. 주식회사의 개념 / 35
Ⅱ. 주식회사의 법적 규제의 특성 / 39

제2절 주식회사의 설립 ········ 40

Ⅰ. 서 설 / 40

Ⅱ. 주식회사의 정관 / 47
Ⅲ. 주식발행사항의 결정 / 54
Ⅳ. 발기설립에 의한 실체형성 / 54
Ⅴ. 모집설립에 의한 실체형성 / 57
Ⅵ. 주식회사의 설립등기 / 65
Ⅶ. 주식회사설립의 무효 / 68
Ⅶ. 주식회사설립에 관한 책임 / 70

제3절 주식과 주주 ········· 76

Ⅰ. 주식의 의의 / 76
Ⅱ. 주식의 종류 / 79
Ⅲ. 주주 / 86
Ⅳ. 주권 / 90
Ⅴ. 주주명부 / 95
Ⅵ. 주식의 양도 / 100
Ⅶ. 주식의 입질 / 114
Ⅷ. 주식매수선택권 / 118
Ⅸ. 주식의 소각 / 127
Ⅹ. 주식의 분할 / 129
Ⅺ. 주식의 포괄적 교환과 이전 / 130
Ⅻ. 소수주식의 전부취득 / 140

제4절 주식회사의 기관 ········· 142

Ⅰ. 총 설 / 142
Ⅱ. 주주총회 / 144
Ⅲ. 이사·이사회·대표이사·집행임원 / 179
Ⅳ. 감사·감사위원회·외부감사인·검사인·준법지원인 / 239

제5절 신주의 발행 ········· 257

Ⅰ. 자금조달방법 / 257
Ⅱ. 신주발행의 의의 / 257
Ⅲ. 신주인수권 / 258
Ⅳ. 신주발행의 절차 / 266
Ⅴ. 신주의 위법·불공정발행에 대한 조치 / 273

제6절 사 채 ······ 276

Ⅰ. 서 설 / 276
Ⅱ. 사채의 발행 / 280
Ⅲ. 사채의 유통 / 283
Ⅳ. 사채의 이자지급과 상환 / 284
Ⅴ. 사채권자의 단체성 / 285
Ⅵ. 특수한 사채 / 288

제7절 자본금의 감소 ······ 306

Ⅰ. 자본금감소의 의의 / 306
Ⅱ. 자본금감소의 방법 / 307
Ⅲ. 자본금감소의 절차 / 308
Ⅳ. 자본금감소의 무효 / 311

제8절 주식회사의 계산 ······ 313

Ⅰ. 주식회사계산의 중요성 / 313
Ⅱ. 재무제표 / 314
Ⅲ. 준비금 / 317
Ⅳ. 이익배당 / 325
Ⅴ. 주식배당 / 331
Ⅵ. 중간배당 / 333
Ⅶ. 현물배당 / 335
Ⅷ. 주주의 경리감사권 / 336
Ⅸ. 회사사용인의 우선변제권 / 337

제9절 주식회사 정관의 변경 ······ 338

Ⅰ. 정관변경의 의의 / 338
Ⅱ. 정관변경의 절차 / 338
Ⅲ. 정관변경의 효력발생 / 339
Ⅳ. 발행예정주식총수의 변경 / 339

제10절 주식회사의 해산과 청산 ······ 340

Ⅰ. 주식회사의 해산 / 340
Ⅱ. 주식회사의 청산 / 342

Ⅲ. 휴면회사의 정리 / 345

제3장 합명회사

제1절 총 설 ······ 347

Ⅰ. 합명회사의 의의 / 347
Ⅱ. 합명회사의 법률관계의 특질 / 347
Ⅲ. 합명회사에 관한 법규의 성격 및 적용순서 / 348

제2절 합명회사의 설립 ······ 348

Ⅰ. 서 설 / 348
Ⅱ. 합명회사의 설립절차 / 349
Ⅲ. 합명회사의 설립하자 / 349

제3절 합명회사의 내부관계 ······ 351

Ⅰ. 서 설 / 351
Ⅱ. 출 자 / 351
Ⅲ. 지 분 / 352
Ⅳ. 업무집행 / 354
Ⅴ. 경업금지의무와 자기거래의 제한 / 355
Ⅵ. 손익의 분배 / 356
Ⅶ. 정관변경 / 357

제4절 합명회사의 외부관계 ······ 358

Ⅰ. 서 설 / 358
Ⅱ. 회사대표 / 358
Ⅲ. 사원의 책임 / 359

제5절 합명회사의 사원의 입사와 퇴사 ······ 360

Ⅰ. 합명회사 사원의 입사 / 360
Ⅱ. 합명회사 사원의 퇴사 / 361

제6절 합명회사의 해산과 청산 ······ 362

Ⅰ. 합명회사의 해산 / 362
Ⅱ. 합명회사의 청산 / 363

제4장 합자회사

제1절 총 설 ········· 369

Ⅰ. 합자회사의 의의 / 369

Ⅱ. 합자회사의 법률관계의 특질 / 370

제2절 합자회사의 법률관계 ········· 370

Ⅰ. 합자회사 설립절차의 특색 / 370

Ⅱ. 내부관계의 특색 / 371

Ⅲ. 외부관계의 특색 / 372

Ⅳ. 기타의 특색 / 373

제5장 유한책임회사

제1절 총 설 ········· 375

Ⅰ. 유한책임회사의 의의 / 375

Ⅱ. 유한책임회사의 특질 / 375

제2절 유한책임회사의 설립 ········· 376

Ⅰ. 정관의 작성 / 376

Ⅱ. 사원의 출자 / 376

Ⅲ. 설립등기 및 설립 무효와 취소 / 377

제3절 유한책임회사의 내부관계 ········· 377

Ⅰ. 기관구조 / 378

Ⅱ. 지분의 양도·양수 / 379

Ⅲ. 유한책임회사와 사원 간의 소 및 정관의 변경 / 379

제4절 유한책임회사의 외부관계 ········· 380

Ⅰ. 사원의 책임 / 380

Ⅱ. 유한책임회사의 대표 / 380

Ⅲ. 손해배상책임 / 380

제5절 기 타 ········· 381

Ⅰ. 사원의 입사와 퇴사 / 381

Ⅱ. 회계에 관한 사항 / 381
Ⅲ. 합병 · 조직변경 · 해산 · 청산 / 382

제6장 유한회사

제1절 총 설 ······ 385
Ⅰ. 유한회사의 의의 / 385
Ⅱ. 유한회사의 특질 / 385
제2절 유한회사의 설립 ······ 387
Ⅰ. 서 설 / 387
Ⅱ. 유한회사의 설립절차 / 387
Ⅲ. 유한회사 설립의 무효와 취소 / 388
Ⅳ. 유한회사 설립에 관한 책임 / 388
제3절 유한회사 사원의 지위 ······ 389
Ⅰ. 유한회사 사원의 자격 및 원수 / 389
Ⅱ. 유한회사 사원의 권리 · 의무 / 390
Ⅲ. 유한회사 사원의 지분 / 390
제4절 유한회사의 관리 ······ 391
Ⅰ. 서 론 / 391
Ⅱ. 사원총회 / 392
Ⅲ. 이 사 / 393
Ⅳ. 감사 및 검사인 / 395
Ⅴ. 유한회사의 계산 / 396
제5절 유한회사 정관의 변경 ······ 397
Ⅰ. 서 설 / 397
Ⅱ. 자본금의 증가 / 397
Ⅲ. 자본금의 감소 / 399
Ⅳ. 증자 · 감자의 무효 / 400
제6절 유한회사의 해산과 청산 ······ 400
Ⅰ. 유한회사의 해산 / 400

Ⅱ. 유한회사의 청산 / 400

제7장 합자조합

제1절 총 설 …… 401

제2절 합자조합의 내용 …… 401

Ⅰ. 합자조합의 의의 / 401
Ⅱ. 합자조합의 설립 / 402
Ⅲ. 합자조합의 업무집행 / 402
Ⅳ. 유한책임조합원의 책임 / 403
Ⅴ. 조합원의 지분양도 / 403

제3절 준용규정 …… 403

제4절 과태료 …… 404

제8장 회사의 합병·분할과 조직변경

제1절 총 설 …… 405

Ⅰ. 회사의 구조변경 / 405
Ⅱ. 회사의 합병·분할·조직변경의 경제적 효용 / 405

제2절 회사의 합병 …… 406

Ⅰ. 회사합병의 의의와 성질 / 406
Ⅱ. 회사합병의 자유와 제한 / 407
Ⅲ. 회사합병의 절차 / 408
Ⅳ. 회사합병의 효과 / 413
Ⅴ. 회사합병의 무효 / 414

제3절 회사의 분할 …… 416

Ⅰ. 회사분할의 의의 / 416
Ⅱ. 회사의 분할에 관한 입법례 / 416
Ⅲ. 분할의 유형 / 417
Ⅳ. 회사분할의 제한 / 419

V. 회사분할의 절차 / 419
VI. 회사분할의 효과 / 422
VII. 회사분할의 무효 / 424

제4절 회사의 조직변경 ········ 425

I. 회사조직변경의 의의 / 425
II. 각종 회사의 조직변경 / 425
III. 회사조직변경의 하자 / 427

제9장 외국회사

I. 외국회사의 의의 / 429
II. 외국회사의 권리능력 / 429
III. 외국회사에 관한 상법의 규정 / 430

제10장 회사에 관한 벌칙

I. 서 설 / 431
II. 회사벌칙의 내용 / 431

부록

회사법전 ········ 435
(2012년 시행 개정회사법)

찾아보기 ········ 566

제1장 서 론

제1절 회사제도와 회사법

I. 회사의 경제적 기능

1. 회사제도의 효용

공동기업형태인 회사는 개인기업과 비교할 때 그 규모가 크기 때문에 경쟁력이 강하고, 상대적으로 많은 이익을 올릴 수 있으며, 손실이 있는 경우에도 그것을 다수인이 분담하기 때문에 개인기업보다 경제적으로뿐만 아니라 법률적으로도 유리하다. 또한 회사는 복수인의 조직이지만 법인격이 인정되기 때문에 특정인의 사망 등에 의하여 기업이 해제되지 않고 독립된 주체로서 유지될 수 있는 이점이 있다. 이러한 회사형태의 장점은 그 구성원의 수가 많을수록 더욱 뚜렷하게 나타난다.

공동기업형태인 회사제도는 '노력의 보충', '자본의 조달과 결합', '위험 및 손실의 분산', '기업의 유지' 등의 이점이 있기 때문에 끊임없이 발전하고 있다. 특히 주식회사제도는 국민경제적으로도 분산된 유휴자금의 흡수, 전문적인 경영능력의 활용 등의 장점이 있기 때문에 경제발전의 기초가 되며, 사회적으로는 고용의 증대를 도모함과 동시에 상품이나 서비스를 제공함으로써 중요한 사명을 담당하고 있다.

2. 회사제도의 폐해

회사제도는 다양한 장점이 있는 반면에 기술적인 제도로서 여러 가지의 폐해를 수반하기도 한다. 우선 대내적으로는 개인 또는 소수인이 회사를 지배하여 회사의 경영에 전문적 지식이 없거나 무관심한 많은 투자자의 이익을 희생시키면서 개인적인 이익만을 추구하는 경우가 허다하며, 대외적으로는 착취나 부정한 목적을 위하여 남용될 수 있으며, 특수산업을 독점하여 부당한 이득을 취할 목적으로 악용될 수 있다. 또한 부실한 경영으로 회사채권자 및 일반공중의 이익을 부당하게 해하거나, 공해를 유발하여 환경을 오염시키는 폐해를 야기하며, 탈세 및 탈법의 수단으로 이용되기도 한다.

회사제도에 대하여는 그 폐단을 지적하는 비판이 있기도 하지만, 적어도 자본주의체제를 전제로 하는 한, 회사제도가 경제발전에 있어서 중추적 역할을 담당하고 있다는 점은 부정할 수 없다고 하겠다.

3. 회사제도의 발전

공동기업형태의 발전과정에서는 민법상의 조합·선박공유·익명조합 등과 같은 과도기적 형태가 이용되었으나, 가장 전형적인 공동기업형태는 회사제도라고 할 수 있다. 초기의 회사형태는 소수인을 중심으로 하여 그 규모가 작았으나, 서서히 대기업에 이용되면서 규모가 커지고 그 종류도 다양하게 되었다. 회사 가운데 노력의 보충에 중점이 있는 대표적인 형태가 합명회사이며, 자금의 조달에 중점이 있는 회사가 주식회사이다. 즉 회사의 형태는 그 중점이 어디에 있는가에 따라 구별할 수 있지만, 위험의 분산 및 경감의 방식에 있어서는 공통의 성격이 있다. 특히 주식회사제도는 대기업의 경영을 위한 대표적인 형태로서 중요한 지위를 차지하고 있다.

II. 회사법의 개념

1. 회사법의 의의

회사법(corporation act)이란 실질적으로는 회사의 조직과 운영에 관한 법을 말하며(실질적 의의의 회사법), 형식적으로는 회사기업에 관한 성문법규, 즉 상법 제3편 '회사'의 규정을 말한다(형식적 의의의 회사법).

2. 회사법의 지위

회사법은 상법의 일부문으로서 기업주체에 관한 규제를 하는 조직법에 속한다. 따라서 이론적으로는 상법총칙에 포함될 수 있는 것이나, 단체에 관한 법으로서 그 내용이 워낙 복잡하고 방대하기 때문에 별개의 편으로 규제를 하고 있다.

회사법은 회사의 기업형태에 관한 일반법으로서 모든 공동기업의 경영에 필요한 최소한의 규제를 하는 것이다. 따라서 회사가 아닌 공익법인에 관한 민법의 규정은 거의 적용될 여지가 없고, 다만 인적 회사인 합명회사와 합자회사는 조합성이 농후하므로 그 내부관계에 대하여는 민법의 조합에 관한 규정이 준용된다(제195조, 제269조).

이와 같이 회사법은 공동기업에 관한 일반법이기 때문에 특수한 기업의 규제를 위해서는 별도의 특별법(예컨대, 은행법, 보험업법, 자본시장법 등)을 제정하여 운영하게 된다.

3. 회사법의 특성

(1) 단체법적 성질

회사법은 회사라는 단체에 관한 법이므로 개인법에서 찾아볼 수 없는 다수결의 원리·사원평등의 원칙 등 단체법의 원리가 지배한다.

(2) 거래법적 성질

회사법은 기업활동을 중심으로 이루어지는 거래관계를 원만하게 규제하여야 하므로, 외관주의·공시주의 등 거래법상의 원리가 작용하고, 한편 법률관계의 처리에 있어서 획일성·확실성의 요청이 강화되고 있다.

(3) 강행법적 성질

회사는 영리단체이기는 하나 이해관계인이 많고 국민경제에 미치는 영향도 지대하므로 법의 후견적 작용이 절실하게 요구된다. 따라서 강행법으로 엄격한 규제를 하고 있다.

Ⅲ. 2011년 개정상법(회사법)의 주요 내용 소개

1. 개 관

법무부는 2005년에 상법(회사편)의 개정작업에 착수하여, 상법(회사편)개정시안을 2006년 완성하였는데 당시 개정시안은 2011년 개정상법과 거의 같은 내용이었다. 그러나 개정시안 내용 중 회사경영의 투명성을 제고하기 위한 회사기회유용금지, 집행임원제도, 이중대표소송 등의 제도에 대하여 재계의 강한 반대여론이 제기되었고, 이에 따라 위 쟁점사항들에 대하여 "상법 회사편 쟁점조정위원회"가 구성되어 의견을 조정한 결과 조정안이 도출되어 2007년 9월 상법개정법률안이 국회에 제출되었으나 제17대 국회의원의 임기가 만료되면서 폐기되었다. 이 후 법무부는 많은 부분을 보완하여 2008년 10월 21일 의안번호 1801566호인 개정법률안을 국회에 제출하였다. 입법은 계속 지연되어 오다가 2007년 제정된 "자본시장과 금융투자업에 관한 법률"(이하 '자본시장법'이라 한다)이 2009년 2월부터 시행됨에 따라 구 증권거래법의 "상장법인 특례규정" 중 일부를 상법 회사편에 편입한 개정상법(법률 제9362호)이 2009년 1월 30일에 공포되어 2009년 2월 4일부터 시행되었고, 이어서 소규모회사 관련 규정, 전자주주명부, 전자투표제 등에 관한 개정상법(법률 제9746호)이 2009년 5월 28일 공포되어 2010년 5월 29일부터 시행되었다. 나머지 대부분의 개정은 2008년의 정부안과 국회의원이 대안을 통합한 위원회 대안(2011년 3월 11일 제안, 의안번화 1811092)이 국회에서 재적의원 전원의 만장일치로 통과되어 2011년 4월 14일에 공포되어 공포 후 1년이 경과한 2012년 4월 15일부터 시행되고 있다. 이번 개정은 법무부가 2005년 개정작업에 착수한 이래 장기간의 논의를 거쳐 250개 조문을 개정한 건국 이래 상법개정으로서는 최대규모라고 할 수 있다.

2011년 개정상법(회사편)의 취지는 ① 자유롭고 창의로운 기업경영을 지원하고 ② 투명한 기업경영으로 공정사회를 구현하여 ③ 국제 기준에 맞게 회사제도를 선진화하여 글로벌 경쟁력을 강화하는데 있다고 볼 수 있다. 또한 기업경영의 투명성과 효율성을 높이기 위해 자금 및 회계관련 규정을 정비하고, 정보통신 기술을 활용하여 주식·사채의 전자등록제를 도입하였고 합자조합과 유한책임회사 등 다양한 기업형태를 도입함으로써 국제적 기준에 부합하는 회사법제로 재편하였다. 그리고 이사의 자기거래 승인 대상범위를 확대하고 이사의 회사기회 유용금지 조항을 신설하여 기업경영의 투명성을 높임으로써 활발한 투자 여건을 조성하고 급변하는 기업경영환경에 기업이 적절히 대응할 수 있는 법적 기반을 마련하려는 것이다.

개정상법 회사편의 주요내용을 보면 첫째로, 개정 상법 회사편은 자유롭고 창의로운 기업 경영을 보장하기 위하여, ① 유한책임회사(LLC), 합자조합(LP) 같은 새로운 기업 형태를 도입하였고, ② 의결권, 이익배당, 잔여재산 분배 등에 관하여 다양한 주식 발행을 허용하여 비전과 가치가 있는 기업은 투자자로부터 직접 자본을 쉽게 조달할 수 있도록 하였으며, ③ 준비금 제도와 사채발행절차를 완화하고, 이사 책임을 연봉액 기준으로 감면할 수 있게 하여 경영의 자율성을 최대한 보장하고 있다. 둘째로, 기업 경영의 투명성을 제고하기 위하여, ① 이사 본인에게만 적용되던 자기거래 제한범위를 배우자 등 친인척 및 계열사로 확대하고, 이사의 2/3 동의가 필요하도록 요건을 강화하여 부당한 자기거래를 원천적으로 봉쇄하였고, ② 이사가 회사에게 유리한 사업기회를 친인척 등에게 몰아주지 못하도록 사업기회 유용금지 조항을 신설하였으며, ③ 기업의 의사결정과 업무집행을 분리하여 투명한 업무감독 시스템을 구축하는 집행임원제도를 도입하였고, ④ 일정한 규모의 상장회사는 준법지원인을 의무적으로 두도록 하여 준법윤리경영의 토대를 마련하였다. 셋째로, 국제 기준에 맞게 기존 제도를 업그레이드하기 위하여, ① 올해부터 시행중인 국제회계기준(IFRS) 등 회계방식 변화에 발맞춰 공정·투명한 회계원칙을 준수하도록 명시하였고, ② IT강국 ‘디지털 코리아’의 명성에 걸맞게 전자주식·사채를 도입하여 전자유가증권거래를 가능하게 하였다.

2. 구체적 개정 내용

(1) 새로운 기업 형태 도입(개정상법 제86조의2부터 제86조의9까지 및 제287조의2부터 제287조의45까지 신설)

최근 인적 자산의 중요성이 높아짐에 따라 인적 자산을 적절히 수용할 수 있도록 공동기업 또는 회사 형태를 취하면서 내부적으로는 조합의 실질을 갖추고 외부적으로는 사원의 유한책임이 확보되는 기업 형태에 대한 수요가 늘어나고 있다. 따라서 업무집행조합원과 유한책임조합원으로 구성된 합자조합을 신설하고, 사원에게 유한책임을 인정하면서도 회사의 설립·운영과 기관 구성 등의 면에서 사적 자치를 폭넓게 인정하는 유한책임회사를 신설하는 것으로 되어 있다. 이와 같은 유한책임회사제도를 도입함으로써 사모투자펀드와 같은 펀드나 벤처 기업 등 새로운 기업 형태에 대한 수요에 부응할 것으로 기대된다.

(2) 회사 설립의 편의 제고(개정상법 제291조, 제329조 및 제546조)

액면주식은 액면미달 발행 및 주식 분할에 어려움이 있고, 아이디어나 기술은 있으나 자본이 없는 사람이 회사를 설립하는 경우 최저자본금제는 진입 장벽으로 작용할 수 있다. 따라서 무액면주식을 도입하여 회사가 액면주식과 무액면주식 중 한 종류를 선택하여 발행할 수 있도록 하고, 최저자본금제도를 폐지하는 것으로 되어 있다. 이와 같이 무액면주식제도를 도입함으로써 주식발행의 효율성 및 자율성이 높아지고 소규모기업의 원활한 창업이 확대될 것으로 기대된다.

(3) 다양한 종류의 주식 도입(개정상법 제344조, 제345조 및 제346조, 개정상법 제344조의2부터 제344조의3까지 신설)

현재는 주주평등의 원칙상 법에서 정한 주식만 발행하도록 허용하고 있으나, 현행 주식의 종류만으로는 급변하는 시장 환경에 대응하여 효율적으로 자금을 조달하는 데에 어려움이 있다. 주식회사가 특정 사항에 관하여 의결권이 제한되는 주식 등 다양한 주식을 발행할 수 있도록 한다. 이와 같이 무의결권주 발행한도를 확대하고, 시장 상황에 따라 다양한 종류주식을 발행할 수 있도록 함으로써 자금조달을 원활하게 할 수 있을 것으로 기대된다.

(4) 주식 및 사채의 전자등록제 도입(개정상법 제356조의2 및 제478조제3항 신설)

발달된 정보통신 기술을 주식 및 사채 제도에 반영하고, 세계적 추세인 유가증권의 무권화 제도를 도입할 필요가 있다. 주권과 사채권을 실물로 발행하지 아니하고 전자등록기관에 등록한 후 증권을 소지하지 아니하고도 권리의 양도, 담보의 설정 및 권리행사가 가능하도록 주식 및 사채의 전자등록제를 도입하는 것으로 되어 있다. 따라서 앞으로 주식과 사채를 전자등록한 기업은 실물발행의 부담을 덜고, 주주나 사채권자는 손쉽게 권리행사를 할 수 있을 것으로 기대된다.

(5) 소수주식의 강제매수제도 도입(개정상법 제360조의24부터 제360조의26까지 신설)

특정주주가 주식의 대부분을 보유하는 경우 회사로서는 주주총회 운영 등과 관련하여 관리비용이 들고 소수주주로서는 정상적인 출자회수의 길이 막히기 때문에 대주주가 소수주주의 주식을 매입함으로써 그 동업관계를 해소할 수 있도록 허용할 필요가 있다. 발행주식총수의 95퍼센트 이상을 보유하는 지배주주가 소수주주의 주식을 공정한 가격에 매입할 수 있도록 하는 한편, 소수주주도 지배주주에게 주식매수청구권을 행사할 수 있게 하여 소수주주 보호방안을 마련하는 것으로 되어 있다. 이와 같은 소수주식의 강제매수제도를 통하여 회사의 주주 관리비용이 절감되고 경영의 효율성이 향상될 것으로 기대된다.

(6) 회사의 사업기회 유용금지제도 신설(개정상법 제397조의2 신설)

이사가 직무상 알게 된 회사의 정보를 이용하여 개인적인 이익을 취득하는 행위를 명확히 규제할 필요가 있다. 이사가 직무를 수행하는 과정에서 알게 된 정보 또는 회사가 수행하고 있거나 수행할 사업과 밀접한 관계가 있는 사업기회를 제3자에게 이용하도록 하는 경우에도 이사회에서 이사 3분의 2 이상 찬성으로 승인을 받도록 하는 것으로 되어 있다. 이와 같이 사업기회 유용금지제도를 도입함으로써 이사의 회사 사업기회 유용에 대한 인식을 새롭게 하고 이사의 관련 위법행위에 대한 책임 근거로 활용될 것으로 기대된다.

(7) 이사의 자기거래 승인대상 확대(개정상법 제398조)

이사가 본인의 이익을 위하여 이사의 친인척이나 그들이 설립한 개인 회사 등을 이용하여 회사와 거래하는 경우 회사의 이익을 희생시킬 가능성이 많으므로 적절한 통제가 필요하다. 따라서 이사와 회사 간 자기거래의 요건을 더욱 엄격히 규정하여 이사뿐만 아니라 이사의 배우자, 이사의 직계존비속, 이사의 배우자의 직계존비속과 그들의 개인회사가 회사와 거래하는 경우까지 이사회에서 이사 3분의 2 이상 찬성으로 승인을 받도록 규정하고, 거래의 내용이 공정하여야 한다는 요건을 추가하는 것으로 되어 있다. 이와 같이 이사의 자기거래 승인대상을 확대함으로써 이사나 이사와 밀접한 관계에 있는 자가 자기거래를 통하여 회사의 이익을 침해하면서 부당한 이득을 취하는 행위를 방지할 수 있을 것으로 기대된다.

(8) 이사의 책임 감경(개정상법 제400조제2항)

유능한 경영인을 쉽게 영입하여 보다 적극적인 경영을 할 수 있도록 하기 위하여 이사의 회사에 대한 책임을 완화할 필요성이 있으나, 현행 「상법」은 총주주의 동의로 면제하는 것 외에는 책임감면 규정이 없다. 회사에 대한 이사의 책임을 고의 또는 중대한 과실로 회사에 손해를 발생시킨 경우를 제외하고는 이사의 최근 1년간의 보수액의 6배(사외이사는 3배) 이내로 제한하고, 이를 초과하는 금액에 대하여는 면제할 수 있도록 이사의 책임제도를 개선하는 것으로 되어 있다. 이와 같이 이사의 책임제도를 개선함으로써 유능한 경영인을 쉽게 영입하고 이사의 진취적 경영이 활성화될 것으로 기대된다.

(9) 집행임원제도 도입(개정상법 제408조의2부터 제408조의9까지 신설)

대규모 상장회사의 경우 실무상 정관이나 내규로 집행임원을 두고 있으나 이를 뒷받침할 법적 근거가 없어 많은 문제가 발생하고 있다. 이사회의 감독하에 회사의 업무 집행을 전담하는 기관인 집행임원에 대한 근거 규정을 마련하되, 제도의 도입 여부는 개별 회사가 자율적으로 선택할 수 있도록 하는 것으로 되어 있다. 이와 같이 집행임원제도의 법적 근거를 마련함으로써 대내적으로 경영의 안정성을 확보하고 대외적으로 거래의 안전을 도모할 수 있을 것으로 기대된다.

(10) 「상법」상 회계 관련 규정과 기업회계기준의 조화(개정상법 제446조의2 신설, 개정상법 제447조 및 제447조의4, 현행 제452조, 제453조, 제453조의2, 제454조부터 제457조까지 및 제457조의2 삭제)

근래 기업회계기준은 국제적인 회계규범의 변화에 맞추어 꾸준히 변모하고 있으나 상법의 회계규정은 이를 제대로 반영하지 못하여 기업회계기준과 「상법」의 회계규정 사이에 상당한 차이가 있다. 회사의 회계는 일반적으로 공정·타당한 회계관행에 따르도록 원칙 규정을 신설하는 한편, 구체적인 회계 처리에 관한 규정들은 삭제하고, 대차대조표와 손익계산서를 제외한 회계서류는 대통령령으로 규정하여 회계규범의 변화에 신속하게 대응하도록 하는 것으로 되어 있다. 앞으로 「상법」의 회계규정과 기업회계기준의 불일치가 해소되어 회계규범이 이원화되는 현상을 방지할 수 있을 것으로 기대된다.

(11) 법정준비금제도 개선(개정상법 제460조, 개정상법 제461조의2 신설)

준비금의 채권자보호 역할이 감소되었을 뿐만 아니라 이익준비금의 적립한도가 주요 선진국에 비하여 지나치게 높게 설정되어 있으며, 준비금의 운용이 지나치게 경직되어 있다. 자본금의 150퍼센트를 초과하는 준비금에 대하여는 주주총회의 결의에 따라 준비금을 배당 등의 용도로 사용할 수 있도록 허용하는 것으로 되어 있다. 이에 따라 자본전입과 감자절차를 거칠 필요 없이 과다한 준비금을 주주에게 분배할 수 있게 되고, 이익준비금과 자본준비금의 신축적인 사용이 가능하게 된다.

(12) 배당제도 개선(개정상법 제462조제2항, 개정상법 제462조의4 신설)

현재 정기 주주총회에서 배당액을 결정하므로 배당 기준일인 사업연도 말일부터 정기 주주총회까지는 배당액이 확정되지 아니하여 투자자들이 주식가치를 판단하기 어려우며, 금전배당 외에 회사가 보유하는 주식과 같은 현물로 배당할 필요가 있다.

정관에서 배당에 관한 결정 권한을 이사회에 부여할 수 있도록 하고, 금전배당 외에 현물배당도 허용하는 것으로 되어 있다. 앞으로 회사의 자금조달을 결정하는 기관인 이사회가 배당도 결정하게 되어 자금운용의 통일성을 기할 수 있고, 배당에 관한 선택의 폭이 넓어져 재무관리의 자율성이 높아질 것으로 기대된다.

(13) 사채제도의 개선(개정상법 제469조 및 제481조부터 제485조까지, 현행 제470조부터 제473조까지 삭제, 개정상법 제480조의2 및 제480조의3 신설)

사채의 발행한도 제한이 비현실적이고 법에서 허용하는 사채 종류가 지나치게 제한적이며 현행 수탁회사제도는 사채권자 보호에 미흡하다는 지적이 있다. 사채의 발행총액 제한 규정을 폐지하고, 이익배당참가부사채 등 다양한 형태의 사채를 발행할 수 있도록 법적 근거를 마련하며, 수탁회사의 권한 중 사채관리 기능 부분을 분리하여 사채관리회사가 담당하도록 하는 것으로 되어 있다. 이와 같이 사채제도를 개선함으로써 회사의 사채발행에 대한 자율성이 증대되고, 사채권자를 효과적으로 보호할 수 있을 것으로 기대된다.

(14) 준법지원인 제도 도입(개정상법 제542조의13 신설)

「은행법」에 따라 금융기관에는 준법감시인이 설치되어 있으나, 대규모 기업에도 준법경영을 위한 제도가 미비하여 윤리경영이 강화되고 있는 세계적 추세에 맞지 않는다는 지적이 있다. 자산 규모 등을 고려하여 대통령령으로 정하는 상장회사는 준법통제기준을 마련하도록 하고, 이 기준의 준수에 관한 업무를 담당하는 준법지원인을 1인 이상 두도록 하는 것으로 되어 있다. 준법지원인 제도가 도입됨으로써 기업의 준법경영과 사회적 책임이 강화될 것으로 기대된다.

(15) 유한회사에 대한 각종 제한 규정 철폐(현행 제545조 삭제, 개정상법 제556조, 제571조 및 제607조)

유한회사는 폐쇄적으로 운영되는 소규모 기업을 전제로 하고 있으나, 폐쇄적 운영을 위한 규정들은 유한회사에 대한 각종 제한으로 작용하여 유한회사의 이용에 불편을 초래하고 있다. 유한회사의 사원 총수 제한 규정을 삭제하고, 유한회사 사원의 지분 양도를 원칙적으로 자유롭게 하되 정관으로 지분 양도를 제한할 수 있도록 하며, 사원총회 소집방법으로 서면에 의한 통지 외에도 각 사원의 동의를 받아 전자문서로 통지를 발송할 수 있도록 하고, 유한회사를 주식회사로 조직을 변경하는 사원총회 결의 요건을 정관에서 완화할 수 있도록 하는 것으로 되어 있다. 이와 같이 유한회사에 대한 대표적인 제한 규정들을 폐지함으로써 유한회사제도의 이용이 증대될 것으로 기대된다.

3. 회사법 개정에 따른 기대 효과

(1) 창의적인 청년 창업으로 제2의 벤처붐 조성

스마트폰 앱 개발 등 모바일 사업, 바이오·생명공학 등 친환경 녹색성장 산업을 비롯한 지식기반사업은 물적 시설보다는 창의적인 아이디어가 중요한데, 기존의 획일적이고 경직된 주식회사는 지식기반산업을 발전시키는데 한계가 있었다. 즉, 이번 상법 개정으로 쉽게 만들 수 있고 다양한 지배구조를 자율적으로 설계할 수 있는 LLC, LP가 도입됨으로써 제2의 '벤처 붐'을 기대할 수 있게 되었다.

(2) 불공정한 관치금융에서 투명한 자본시장으로의 진입

① 기업경영에 필요한 자금을 은행 대출 위주로 조달하다 보니 산업자본이 금융자본에 예속되고 대출브로커 등 각종 금융비리가 발생하는 풍토가 만연하였는바, 기업이 다양한 종류의 주식을 발행할 수 있게 허용하여 투자자들의 취향에 맞는 투자상품 개발을 통해 기업의 비전과 신용을 담보로 주식시장에서 직접 자본을 조달할 수 있게 되었다.

② 주식·사채를 실물증권으로 발행하면서 유통과정에서 위험이 따를 뿐 아니라 불투명한 음성적 거래가 만연하였으나, 주식·사채를 전자적으로 발행·유통할 수 있도록 하여 이용자의 편의를 도모하고 자본시장이 투명해지게 되었다.

③ 2011년부터 국제회계기준(IFRS)가 도입되어 많은 기업들이 회계기준으로 사용하고 있는바, 기존 상법상의 회계 규정은 종전의 방식을 고수하고 있어 기업의 불편과 혼선을 초래하였다. 이번 개정상법에서는 '일반적으로 공정하고 투명한 회계관행'을 사용하도록 명시하여 기업회계상 혼란을 방지하게 되었다.

(3) 선진국 수준에 버금가는 공정하고 투명한 기업경영

① 최근 대기업 비자금 사건에서 보듯이 회사 내부 정보에 밝은 오너 경영인이나 이사들이 가족 명의로 회사와 거래하거나 회사의 사업기회를 가로채는 방법으로 개인적 이득을 취하여 일반 투자자에게 손실을 끼치는 사례가 빈번하였는바, 이번 개정상법은 이사의 자기거래 규제 범위를 대폭 확대하고 회사 기회를 유용할 수 없도록 금지조항을 신설하여 내부자 거래를 투명하게 하여 일반 투자자를 보호할 수 있게 되었다.

② 금융기관에는 준법감시인이 있음에도 기업에는 준법경영을 위한 제도적 장치가 없어 국제적 윤리경영 흐름에 뒤처지고 있다는 비난이 있었는바, 이번 개정상법은 일정 규모 이상의 상장회사는 법률전문가인 준법지원인을 의무적으로 1명 이상 두도록 하여 기업의 준법경영을 지원하고 투명한 의사결정이 가능하도록 하였다.

③ 이번 상법 개정으로 회사 지배구조가 보다 투명해지고, 투자자 보호방안이 마련됨으로써 외자 유치, 국제 신용도 평가 상승 등 부수적 경제효과도 기대된다고 하겠다.

제2절 회사의 의의와 종류

I. 회사의 의의

회사란 상행위나 그 밖의 영리를 목적하여 설립한 법인을 말한다(제169조). 즉, 상법상 회사라고 하기 위해서는 영리성, 법인성, 상인성, 준칙성 등의 제요

소가 갖추어져야 한다.

1. 영리성

회사는 영리를 목적으로 설립한 것이므로(제169조) 영리법인이다. 영리성의 개념에 관하여는 두 가지의 학설이 있다. 첫째는 영리사업설인데, 이 학설에 의하면 영리를 목적으로 한다는 것은 영리사업을 회사사업으로 한다는 것을 뜻한다. 둘째는 이익분배설인데, 이 학설에 의하면 영리를 목적으로 한다는 것은 회사가 영리사업을 하여 이익을 얻는 것만으로는 불충분하고, 회사가 영리사업을 경영하여 얻은 이익을 사원에게 분배하는 것을 말한다고 한다. 이익분배설이 우리 나라의 통설이다. 이익분배의 방법은 이익배당이든 잔여재산분배이든 상관없다. 따라서 단체의 활동에 의하여 직접 구성원의 경제적 이익을 도모하는 협동조합·상호보험회사 또는 거래소 등은 회사가 아니며, 국가·공공단체 기타의 공익법인이 영리사업을 하는 경우 상인성은 인정하더라도 구성원에게 이익을 분배하기 위한 것이 아니므로 회사가 될 수는 없다.

회사는 영리를 추구하는 한 상행위를 하든 상행위 이외의 영리행위를 하든 상관없으며, 또한 정관에 영리사업을 표방한 이상 영리사업에 부수하여 비영리사업을 겸하는 것도 상관없다. 그러나 비영리사업만을 목적으로 하는 회사도 존재할 수 있는가에 관하여는 견해의 대립이 있다. 영리성은 회사의 본질에 관한 문제이므로 비영리사업만을 목적으로 하는 회사는 회사가 될 수 없다고 본다. 다만 어떤 회사가 비영리사업을 목적으로 하는가 아닌가의 여부는 정관의 규정으로 판단할 것이 아니고 구체적·실질적으로 판단하여 결정하여야 한다고 본다.

2. 법인성

회사의 사단성을 인정하면 대체로 법인격을 부여하게 된다. 법인격을 부여하는 것은 그 단체가 활동하는데 있어서 그 구성원이나 업무담당자의 다수성 및 변동성에 구애받지 않고 단일개체로서 영속성을 유지하고, 회사에 대한 권리의무의 귀속을 명확히 함으로써 거래관계의 간명화를 도모하려는 법적 기술에 불과한 것이기 때문이다. 따라서 회사는 스스로 법률행위를 할 수 있으며, 소송관계에 있어서도 당사자능력을 갖게 된다.

그 단체가 형식적 의미의 사단이냐 조합이냐 하는 문제는 구성원의 결합방식의 문제인데 대해서, 그 단체가 법인이냐 비법인이냐 하는 문제는 권리의무의 귀속방식의 문제이다. 따라서 모든 회사를 형식적 의미의 사단으로 한 이상 법인격을 부여하는 것은 상관없고, 법인격을 부여하면 그 법률관계의 처리는 그만큼 간명하게 된다. 이에 반해서 형식적 의미의 조합에 있어서는 법률관계가 구성원 상호간에 직접적·개별적으로 처리되기 때문에 법인격을 인정한다는 것은 불가능하며, 그 개념상 모순이다. 결국 실질적 의미의 조합이지만 사단의 형식을 취한 합명회사·합자회사와 형식적 의미에서나 실질적 의미에서나 사단인 주식회사·유한회사에만 법인격을 부여할 수 있게 된다. 또한 조합의 성격과 사단의 성격을 동시에 가지고 있는 유한책임회사도 법인격이 있다(제287조의 2~제287조의 45 참조).

독일·영미법 등의 입법례를 보면 우리나라의 합명회사나 합자회사에 해당하는 회사에는 법인격을 부여하지 않기도 하나, 우리 상법은 프랑스, 일본등의 입법례에 따라 모든 회사를 법인으로 하였다(제169조). 따라서 상법상 모든 회사는 소정의 법정 절차를 밟아 본점소재지에서 설립등기를 하면 법인격을 취득하고(제172조), 일반적인 권리능력을 가지며, 원칙적으로 민법의 법인에 관한 규정(민법 제31조 내지 제97조)이 회사에도 적용된다. 설립등기 전 어느 정도 회사의 실체가 형성된 미완성의 회사를 '설립 중의 회사'라고 한다. 법인격의 소멸은 청산절차가 종료된 때이다.

회사는 활동의 기초로서 기관을 필요로 하며(제200조, 제207조, 제273조, 제361조 이하, 제561조), 상호와 주소를 가지는데, 회사의 상호는 그 종류에 따라 합명회사·합자회사·유한책임회사·주식회사·유한회사라는 문자를 사용하여야 하며(제19조), 주소는 본점소재지에 있는 것으로 한다(제171조).

상법상 모든 회사가 법인이기는 하나 그 법인격이 악용되는 경우에는 구체적인 법의 적용과정에서 법인격을 부인하는 경우가 있는데, 이에 대한 논의를 법인격 부인론이라고 한다.

보강 <법인격부인론>

가. 의의

법인격부인론이란 회사의 법인격이 본래의 법이 의도한 목적과는 달리 남용되는 경우에 회사의 특정한 법률관계에 한하여 그 법인격을 부인하고 그 법인의 배후에 있는 실체를 기준으로 하여 법률적인 취급을 하려는 이론이다.

나. 법인격부인론의 발전

법인격부인의 법리(The doctrine of the disregard of the corporate entity)는 주로 영·미의 판례법과 독일의 실체파악이론에서 발전된 것이다. 원래 회사의 법인격이 남용되는 경우에는 회사설립요건을 강화한다든지 설립무효·취소 등의 입법조치와 회사의 해산명령·해산판결 등 행정적 또는 사법적 조치로서 그 예방과 시정이 가능한 것이지만, 이들 조치는 법인격을 전면적으로 박탈하는 것인데 대하여 법인격부인론은 법인격의 유지를 전제로 하면서 특정한 법률관계에 한하여 이론적으로 그 법인격을 부인하려는 것이다.

다. 법리의 근거

법인격부인의 법리의 근거는 법이 회사에게 법인격을 부여한 근본취지에 반하는 반사회적 또는 비도덕적으로 악용될 경우 이를 제한하여야 한다는 정책적 이유와 권리남용의 금지에 관한 민법 제2조 제2항의 실체법상의 근거를 들 수 있다.

라. 법리적용의 요건

법인격부인의 법리의 적용요건은 명확하지는 않으나, 우선 기본적 요건으로서 법인격의 형해화 및 법인격의 남용을 드는 것이 보통이다. 일본에서도 법인격이 전혀 형해에 불과하거나 남용되는 때에는 법인격은 부인되어야 한다는 최고재판소 판례가 나온 것을 계기로 이 이론이 채택되고 있다. 우리나라에서도 1974년에 법인격부인의 법리를 적용한 서울고등법원의 판결이 있었고, 대법원은 이를 파기환송한 바 있으나(서울고판 1974. 5. 8, 72나2582; 대판 1977. 9. 13, 74다954.), 근래에는 대법원도 신의칙을 근거로 이를 인정하고 있다(대판 1988. 11. 22, 87다카1671; 대판 1989. 9. 12, 89다카678; 서울민사지판 1984. 7. 6, 84가합72.).

한편 보충적 요건으로서 회사의 해산명령과 해산판결, 회사설립취소의 판결, 기관의 책임추궁 등 기존의 제도나 법률해석론으로서는 부당하게 피해를 입은 자를 도저히 구제할 수 없어야 한다. 법인격부인론은 어디까지나 일반론이기 때문에 그 적용에 있어서는 매우 신중을 기하지 않으면 아니 된다. 그렇지 않으면 법적 안정성이 깨뜨려질 우려가 크기 때문이다.

마. 법인격부인의 효과

법인격부인의 이론이 적용된다고 하더라도 문제된 회사의 법인격이 전면적으로 소멸되는 것은 아니다. 다만 특정사안에 한정하여, 채권자는 사원(주주) 등 회사의 실질적 지배자에 대하여 회사의 채무에 대한 책임을 물을 수 있고, 법인격의 부인으로 인한 일정한 법률효과의 발생을 주장할 수 있다. 그러나 회사의 책임이 소멸하지는 않는다. 법인격부인론은 거래의 안전과 관계없는 회사의 불법행위책임에 관하여는 적용되지 않는다고 본다. 회사를 대표하는 사원(이사)이 그 업무를 집행함에 있어 불법행위를 한 때에는 그것이 곧 회사의 불법행위가 되고, 이때에는 그 행위자도 연대책임을 져야 하므로(제210조, 제269조, 제389조 제3항, 제567조) 법인격부인론이 적용될 여지가 없을 것이다.

바. 법리의 역적용

법인격부인론의 역적용이란 주주의 재산을 회사 소유로 옮겨 주주를 무자격상태로 만들어 이런 경우에 법인격 부인론을 적용하는 것이다. 즉, 주주의 채무를 회사에게 부담시키기 위하여 법인격을 악용한 경우로서 채무자가 채무면탈을 위해 회사를 설립하고 그에 출자하는 경우 이와 같은 역적용의 필요성이 나타난다.

3. 상인성

회사의 영리성(상법 제169조)에 의하여 회사는 당연히 상인성을 갖는다(상법 제4조, 제5조 제2항). 따라서 회사는 태생적 상인이다. 따라서 회사는 자연인 또는 비영리법인과는 달리 성립시(상법 제172조)부터 상인으로서 반드시 상호를 선정하여야 하는데, 그 상호에는 회사의 종류에 따라 합명회사·합자회사·유한책임회사·주식회사·유한회사의 문자를 사용하여야 한다(상법 제19조).

4. 준칙성

회사는 상법 회사편의 규정에 따라서만 설립되는 것이지, 주무관청 등의 허가나 면허를 요하지 않는다(준칙성). 회사는 그 실체인 자본과 인력의 결합방법의 준칙성으로 인하여 그 설립에 주무관청의 허가를 요하는 비영리법인(민법 제32조) 등과 구별된다. 회사의 준칙성에 대하여 민사회사의 경우에는 명문으로 규정하고 있다(민법 제39조 제1항). 상사회사의 경우에는 이에 관한 명문규정은 없으나, 민사회사의 경우와 같다고 본다. 영리법인이라 할지라도 이 요건을 갖추지 않으면 회사가 아니다.

5. 기타(사단성)

'사단'이란 '조합'에 대한 개념이며, 두 가지 경우의 의미가 있다. 즉, ① 단체의 실질적 성질에 의하여 구별하는 경우에는, 사단이란 단체와 그 구성원과의 관계에 있어서 구성원의 개성이 희박한 단체이고, 조합이란 그것이 농후한 단체를 의미하게 되며, ② 단체의 형식적 성질에 의하여 구별하는 경우에는, 사단이란 그 구성원이 단체와 구성원 간의 사원관계에 의해서 단체를 통하여 간접적으로 결합하는 단체이고, 조합이란 구성원 상호간의 계약관계에 의해서 직접적으로 결합하는 단체를 의미하게 된다. 이상 두 가지 경우의 사단과 조합의 개념은 서로 관련을 갖지만, 반드시 일치하는 것은 아니며 전혀 별개의 개념들인데, 보통은 구성원의 개성이 농후하고 구성원이 계약관계에 의하여 결합하는 단체를 조합이라 하고, 구성원의 개성이 희박하여 구성원이 사원관계에 의하여 결합하는 단체를 사단이라고 한다.

회사를 사단이라고 할 때의 사단은 구성원의 법적 결합형식으로서의 사단을 말한다. 왜냐하면 인적 회사가 실질적으로는 조합인데도 불구하고 사단이라는 법적 형식을 갖추었다는 것을 의미하는 것이기 때문이다.

상법은 한편으로는 물적회사에서 2인 이상의 주주 또는 사원을 회사의 존속

요건으로 규정하고 있지 않아 1인 회사를 명문으로 인정하면서(상법 제517조 제1호, 제609조 제1항 제1호), 2011년 개정상법 이전 (구)상법에는 물적회사를 사단으로 규정하고 있었다((구)상법 제169조). 종래에 1인회사를 민법상 사단의 개념과 맞지 않다고 하여 그 사단성을 부인하거나 또는 1인회사의 존재를 부인하는 것은 모두 상법의 규정에 반하여 타당하다고 볼 수 없었기 때문에 결국 2011년 개정상법에서는 논란이 되었던 회사의 개념에서 사단성을 폐지하였다.

회사는 복수인의 단체인 사단이므로 2인 이상의 구성원이 있어야 하며 이들을 사원이라 한다. 복수사원의 존재는 합명회사와 합자회사의 성립요건(상법 제178조, 제268조)일 뿐만 아니라 존속요건(상법 제277조 제3호, 제269조)이기도 하다. 즉 합명회사와 합자회사의 경우에는 1인에 의한 회사의 설립이나 사원이 1인뿐인 회사의 존립은 인정하지 않는다. 다만 주식회사의 경우는 예외적으로 설립 후에 주주가 1인이 되더라도 이는 해산사유가 아니므로(상법 제517조 제1항 참조), 1인회사의 존립이 학설과 판례에 의해 인정되고 있다. 나아가 2001년 개정상법에 의하여 주식회사와 유한회사는 1인에 의한 설립이 가능하게 되었고(상법 제288조, 제543조), 유한회사의 해산사유 중 '사원이 1인이 된 때'를 삭제하였으므로(상법 제609조) 주식회사와 유한회사의 경우에 1인회사는 설립시뿐만 아니라 존속중에도 그 성립이 인정된다.

참고로 물적회사의 전형적인 형태인 주식회사의 사단성은 민법상의 사단법인의 사단성과는 다른 다음과 같은 특징이 있다. ① 주식회사의 사단으로서의 첫째의 특징은 사람의 결합이 아니라 자본의 결합이라는 점이다. 이러한 자본은 주식으로 균일하게 분할되어 있으므로 사원의 개념은 주식의 개념으로 대체된다. 따라서 주식회사에서는 사원의 복수가 아니라 주식의 복수가 요구된다고 볼 수 있다. ② 주식회사의 사단으로서의 특징은 사원의 지위의 이전이 증권화된 주권에 의하여 유통되고 있는 점이다. 이것도 민법상의 사단에는 없는 특징인데, 이 때문에 주식전부가 1인의 소유로 될 수 있으며, 이로 인하여 복수주식이 소멸되는 것은 아니다. 결론적으로 (구)상법 제169조에서 모든 회사를 사단이라고 규정하였던 것은 그 자체가 모순이며 실익도 없으므로 입법론으로는 (구)상법 제169조에서 사단을 삭제하는 것이 타당하다고 생각하고 있었는 바, 이러한 관점에서 2011년 개정상법도 제169조의 규정에서 사단성을 삭제하였다.

보강 <1인회사>

가. 의의

주식회사의 경우에 1인의 주주가 회사가 발행한 주식의 전부를 소유하는 회사를 1인회사라고 한다. 또한 회사의 주식 중 일부를 회사가 소유하고 잔여주식을 1인이 소유하는 경우도 1인회사라고 할 수 있다. 유한회사의 경우에는 회사의 모든 지분을 1인의 사원이 소유하는 회사를 1인회사라고 한다. 또한 2011년 개정상법에 도입된 유한책임회사의 설립도 1인에 의한 설립이 가능하다(제287조의 2).

주식회사의 경우 형식적으로 복수의 주주가 존재하지만 사실상 그중 1인이 대부분의 주식을 소유하여 실질적으로 회사를 지배하는 가족회사도 1인회사에 포함시킬 것인가 하는 문제가 있다. 생각건대 가족 중에 자력이 있는 자가 가족명의를 사용하여 주식을 인수하고 납입한 때에는 가족의 동의 여부와 관계없이 광의의 1인회사에 포함된다고 할 것이다. 타인의 명의를 사용하여 주식을 인수하고 납입한 때에도 같다고 본다. 그러나 대주주 이외의 가족이나 타인의 지주수가 근소하다고 하여 1인회사라고 할 수는 없을 것이다.

나. 학설 및 판례

종래에는 1인회사가 회사의 단체성에 반하고 지배와 책임의 비례원칙에 위배되어 유한책임의 개인기업을 인정하는 결과가 된다고 하여 이를 부정하는 입장도 있었으나, 주식회사의 설립 후에 1인회사의 성립은 학설과 판례에 의하여 일반적으로 인정되었다. 상법에서도 다른 회사의 경우(상법 제227조 제3호, 제269조)와 달리 주식회사의 해산사유 중에 '주주가 1인이 된 때'라는 사유를 법정하지 않음으로써 주식회사에 한하여 1인회사를 인정하였다(상법 제517조). 그러나 회사가 자기주식을 전부 소유하고 주주가 없는 경우는 예외이다. 왜냐하면 자기주식은 의결권이 없으므로(상법 제369조 제2항), 의사결정기관인 주주총회의 기능을 기대할 수 없게 되기 때문이다.

다. 2001년 개정상법의 내용

2001년 개정상법은 3인 이상으로 규정된 주식회사 발기인의 원수의 하한에 관한 규정을 삭제하고 1인의 발기인에 의한 주식회사의 설립을 가능하게 하여, 1인회사를 설립할 수 있게 되었다(상법 제288조). 2001년 개정 전 상법에 의하면 주식회사를 설립하려면 3인 이상의 발기인이 필요하였고((구)상법 제288조), 각 발기인은 주식을 인수해야만 하므로(상법 제293조), 설립시에는 3인 이상의 주주가 필요하였다. 종래에 발기인을 3인으로 한 것은 회사의 설립을 신중히 하고 복잡한 설립절차에 대한 책임을 부담하는 자를 다수인으로 하기 위한 것이었다. 그러나 실제에 있어서 발기인은 형식적으로 정관에 기명날인 또는 서명한 자를 말하고 특별한 능력이 요구되지 않았으며, 모든 발기인이 설립에 참여하지도 않았기 때문에, 발기인의 수가 3인 이상이라는 성립요건을 구비하는 것은 용이하였다. 그리하여 명의만을 대여한 발기인이 존재하게 되고 이는 발기인에 대한 책임추궁 및 권리의 귀속을 둘러싸고 분쟁의 소지가 될 뿐이었다.

2001년 개정상법 이전에는 일단 주식회사가 설립된 후에는 주주가 1인이 되더라도 이는 회사의 해산사유가 아니었고, 1인회사의 존속이 판례와 학설에 의해서도 인정되었다. 그 결과 2001년 개정상법은 복수사원의 존재를 강제하는 것이 무의미하다고 판단하여 사원의 원수에 대한 제한을 폐지한 것이다. 즉 설립시부터 주주가 1인인 주식회사의 설립과 사원이 1인인 유한회사의 설립을 인정한 것이다. 그 방식은 발기인은 1인 이상으로 한다고 규정하지 않고, 발기인의 원수에 대한 하한규정((구)상법 제288조)을 삭제하는 것으로 하였다.

종래 유한회사의 경우에도 회사존속 중 1인회사를 인정하지 않고 '사원이 1인이 되는 때'를 해산사유로 하였던 규정((구)상법 제609조 제1항 제1호)이 있었으나, 2001년 개정상법에서는 이 규정을 삭제하는 방식을 채택하여 주식회사의 경우와 같이 1인에 의한 회사설립이 가능하게 되었다(상법 제543조 제1항).

II. 회사의 종류와 특색

회사의 종류는 그 분류기준에 따라 상법전상의 분류, 학설상의 분류, 목적에 의한 분류, 법원상의 분류, 준거법상의 분류, 경제상의 분류 등으로 나눌 수 있다.

1. 상법전상의 분류

상법전은 회사를 그 신용의 기초인 사원의 책임의 태양, 즉 직접책임이냐 간접책임이냐, 무한책임이냐 유한책임이냐에 따라 합명회사·합자회사·유한책임회사·주식회사 및 유한회사의 5종으로 분류·한정하고 있다(제170조). 회사법상 책임이란 용어는 협의로도 쓰고(예컨대, 제212조) 광의로도 쓰는데(예컨대, 제331조), 협의의 책임이란 제3자에 대한 회사채무를 전제로 하여 사원이 그것을 변제할 채무를 부담하는 것을 말하며, 광의의 책임이란 사원의 자격에서 회사에 대하여 부담하는 출자의무를 포함한 출연의무를 의미한다. 또 책임은 채무자가 자기의 전재산으로써 채무를 이행하는가 아니면 특정물로써 이행하는가에 따라 인적 책임 또는 물적 책임으로 구별하기도 하나, 상법상 회사사원의 책임은 모두 인적 책임이다.

(1) 합명회사

합명회사란 회사의 재산으로써 회사채무를 완제할 수 없는 경우에 회사채권자에 대하여 직접·연대·무한의 변제책임을 지는 무한책임사원(제212조)만으로 구성된 회사를 말한다. 합명회사의 사원은 원칙적으로 업무집행 및 회사대표의 권한(제200조, 제207조)을 갖고, 그 지분의 양도에는 다른 사원 전원의 동의를 필요로 한다(제197조). 합명회사는 조합적 색채가 농후하기 때문에 인적 신뢰관계를 바탕으로 한 소수인의 공동기업에 적합한 회사이다.

(2) 합자회사

합자회사란 무한책임사원과 유한책임사원의 이원적으로 구성된 회사를 말한다. 합자회사의 무한책임사원의 책임은 합명회사의 무한책임사원과 같고(제269조, 제212조), 유한책임사원은 회사채권자에 대하여 직접·연대책임을 지나 정관으로 정한 출자액의 한도 내에서 책임을 진다(제279조). 유한책임사원은 업무집행권은 없으나(제278조), 감시권은 있으며(제277조), 그 지분의 이전도 무한책임사원의 전원의 동의만 있으면 되므로 무한책임사원에 비하여 자유롭다(제276조, 제282조, 제283조). 상법은 합자회사를 합명회사의 변형으로 보고,

합자회사에 관하여 별도의 규정이 없는 한 합명회사에 관한 규정을 적용한다(제269조).

(3) 주식회사

주식회사란 자기가 인수한 주식의 금액을 한도로 회사에 대하여 출자의무를 질 뿐 회사채권자에 대하여는 전혀 책임을 지지 않는 사원, 즉 주주만으로 구성된 회사를 말한다(제295조, 제303조, 제331조). 주주는 주주총회를 통하여 기본적 사항의 결정에 참여할 뿐이고(제361조), 업무집행과 회사대표는 이사회와 대표이사가 하며(제382조 이하), 주주의 지위인 주식도 유가증권화하여 그 양도가 극히 자유롭다(제335조 제1항). 사원의 개성이 전혀 문제되지 않는 전형적인 자본단체이므로 대기업에 적합한 회사이다.

(4) 유한회사

유한회사란 균등액의 출자로써 성립하는 자본에 대한 출자의무를 부담할 뿐 회사채권자에 대하여는 아무런 책임을 지지 아니하는 사원만으로 구성된 회사이다. 유한회사 사원의 책임은 간접유한책임이란 점에서는 주주의 책임과 같으나(제553조), 특정한 경우에 자본에 대한 전보책임을 지는 점이 다르다(제550조, 제551조, 제593조). 유한회사는 소규모의 폐쇄적인 회사이므로, 그 기관구성이 간소화하고, 사원의 수도 원칙적으로 50인을 초과하지 못하며(제54조 제1항), 지분의 증권화도 인정되지 않으며(제555조), 지분의 양도에도 사원총회의 특별결의를 필요로 한다(제556조). 따라서 중소기업에 적합한 회사이다.

(5) 유한책임회사

2011년 개정상법에 새로이 도입된 유한책임회사는 조합적 요소에 유한책임을 가미한 회사이다. 미국의 통일 유한책임회사법(Uniform Limited Liability Company Act)과 일본의 합동회사를 참고로 입법한 것이다. 유한책임회사는 대내관계에서는 조합의 요소(폭 넓은 사적 자치)를 갖고, 대외관계에서는 주식회사의 요소(사원의 간접유한책임)를 갖는 혼합형 회사형태라고 할 수 있다. 유한책임회사에 주식회사의 성격을 반영한 대표적인 것으로서는 자본금이 있고

(제287조의 3 제3호), 또한 이를 등기하도록 한 점(제287조의 5), 사원의 책임은 상법에 다른 규정이 없는 한 그 출자금액을 한도로 하는 점(제287조의 7), 사원이 아닌 자를 업무집행자로 정할 수 있도록 한점(제287조의 12 제1항), 대표소송에 관한 규정이 있는 점(제287조의 22), 회계에 관한 별도의 규정이 있는 점(제287조의 32 내지 제287조의 37), 1인 회사의 설립 및 존속을 인정하는 점(제287조의 2, 제287조의 38 제2호), 유한책임회사를 주식회사로 조직변경하거나 주식회사를 유한책임회사로 조직할 수 있도록 한 점(제287조의 43), 임의청산을 배제한 점(제287조의 45)등 이다. 유한책임회사 사원은 내부적으로는 구성원간의 자치가 보장되고, 외부적으로는 회사 채무에 대한 책임을 부담하게 된다. 또한 유한책임회사는 인적회사 인지 물적회사인지 불분명하나 조직변경에 있어서 물적회사인 주식회사로 하도록 규정하고(제287조의 43 제2항)있어 물적회사에 더 가깝다고 볼 수 있다. 이러한 유한책임회사는 조합과 주식회사의 장점을 살린 회사형태로써 인적요소가 중시되는 소규모 폐쇄기업, 벤처기업 및 투자기업, 금융, 보험, 리스 등의 업종을 비롯하여 법무법인, 회계법인 등 전문서비스 업종에서 이용될 수 있다고 본다.

2. 학설상의 분류

(1) 인적회사와 물적회사

인적회사와 물적회사를 분류하는 기준은 사원의 개성과 회사기업과의 관계의 밀접함 여부에 있다고 할 수 있다. 인적회사는 사원의 결합관계가 인적 결합이어서 사원의 개성이 농후하므로, 대내적으로는 사원의 지위의 양도가 곤란하고, 모든 사원이 업무집행에 관여하며, 대외적으로는 회사채권자에 대하여 책임을 진다. 그러나 물적회사는 사원의 결합관계가 자본적 결합이어서 사원의 개성도 극히 희박하므로, 대내적으로는 사원의 지위의 양도가 극히 자유롭고, 사원자격과 기관자격은 분리되며, 대외적으로도 회사재산만이 회사채권자의 유일한 담보가 된다.

상법상의 회사를 분류하여 보면, 합명회사는 인적회사의 전형이며, 주식회사는 물적 회사의 전형이다. 그리고 합자회사는 양자의 요소를 기계적으로 결합한 중간형태로서 인적 회사의 성격이 농후하고, 유한회사는 양자의 요소를 유기적으로 융합한 중간형태로서 물적 회사의 성격이 농후하다.

〈인적회사와 물적회사의 차이점〉

기준	인적회사	물적회사
출자	금전, 기타 재산, 노무, 신용	금전, 기타 재산
최저자본금	제한없음	제한
책임	직접, 연대, 무한	간접, 유한
재산의 독립성	약하다	강하다
사원의 수	소수	다수
사원의 경영참가	자기기관(개인주의적 회사)	제3자기관(단체주의적 회사)
의사결정	전원일치	다수결
사원의 지위의 이전	제한	자유(정관에 의한 제한 가능), 유한회사 제한
1인회사	불인정	인정
청산의 방법	임의청산도 인정	법정청산
내외의 법률관계	내부관계(임의법규) 외부관계(강행법규)	강행법규
설립취소의 소	인정(상법 제184조)	불인정
기타	퇴사, 제명제도 인정	정리제도 인정

(2) 개인주의적 회사와 단체주의적 회사

개인주의적 회사와 단체주의적 회사를 분류하는 기준은 회사의 기업경영과 기업소유가 동일인에게 속하는가 여부를 기준으로 한 것이다. 즉, 개인주의적 회사는 원칙적으로 사원자신이 업무집행을 하는 회사이고, 단체주의적 회사는 사원이 당연히 업무집행을 하는 것이 아니라 제3자기관에 의하여 업무집행이 행해지는 회사이다.

3. 목적에 의한 분류(민사회사와 상사회사)

상행위를 함을 목적으로 하는 회사를 상사회사, 상행위 이외의 영리행위를 함을 목적으로 하는 회사를 민사회사라 한다. 그러나 상법은 회사를 "상행위 기타 영리를 목적으로 하여 설립한 법인"이라고 밝혀(제169조), 법문상 구별하지 않고, 다만 총칙과 상행위편에서 의제상인(제5조 제2항)과 준상행위(제66

조)란 개념을 인정한 데 불과하므로 이를 구별하는 실익은 없다.

4. 법원상의 분류

상법에 의하여 설립된 회사를 '일반법상의 회사', '상사특별법에 의하여 설립된 회사를 '특별법상의 회사'라 하는데, 이 분류는 법규적용의 차이점을 명확히 하는데 실익이 있다.

특별법상의 회사는, 다시 일반특별법상의 회사(은행, 신탁회사, 보험회사 등)와 특정특별법상의 회사(한국전력주식회사, 대한석탄공사, 한국전매공사)로 분류할 수 있는데 이러한 회사들은 그 회사의 설립을 위하여 특별법이 제정된 경우라고 할 수 있다.

5. 준거법상의 분류(내국회사와 외국회사)

한국법에 의하여 설립된 회사를 내국회사, 외국법에 의하여 설립된 회사를 외국회사라 한다. 외국회사는 상법상의 회사는 아니지만 국가적 감독의 필요에서 특별규정을 두고 있다.

6. 경제상의 분류

(1) 지배회사와 종속회사

1개회사가 다른 회사에 대한 자본참가에 의하여 상당한 비율의 주식을 소유하거나 거액의 채권자가 되거나 임원의 겸임이나 파견 기타 계약에 의하여 다른 회사를 사실상 지배하는 경우에 전자를 지배회사(모회사)라 하고, 후자를 종속회사(자회사)라 한다.

상법은 자회사에 의한 모회사의 주식취득을 금지하면서 형식적 기준을 설정하여 모회사는 자회사의 발행주식총수의 100분의 50을 초과하는 주식을 소유하는 회사라고 하였다(상법 제342조의 2 제1항). 독일주식법에서는 결합기업에 대하여 독립된 장으로 상세하게 규정하고 있으나(독일주식법 제291조-제338조), 우리 상법에서는 다만 자회사에 의한 모회사의 주식취득을 금지하고(상법 제342조의 2 제1항) 모자관계가 없는 회사의 주식상호소유에 대하여는 의결권의 제한규정을 두고 있을 뿐이다(상법 제369조 제3항). 그리고 독점규제 및 공정거래에 관한 법률 시행령은 제3장에서 기업결합의 제한대상과 경제력집중의 억제에 관하여 규정하고 있다.

2001년 개정상법에 의하면 주식교환 및 주식이전의 제도(상법 제360조의 2-제360조의 23)를 도입하여 모회사가 자회사의 발행주식총수를 소유하는 완전모자회사의 성립이 가능하게 되었다. 이는 지주회사의 성립이 용이하게 된 것을 의미한다.

(2) 내자회사 · 외자회사 · 합작회사 · 다국적회사

회사의 구성자본이 내국자본인 회사를 내자회사, 외국자본인 회사를 외자회사라고 하고, 내국자본과 외국자본이 합쳐진 회사를 합작회사 또는 합작투자회사라고 한다. 다국적회사란 동일한 자본이 많은 나라에서 동종영업을 위하여 별개의 회사를 설립하고, 그 회사들이 상호 관련을 갖는 경우를 말한다.

7. 그 밖의 분류

(1) 상장법인 · 비상장법인

주권시장에 상장된 증권을 발행한 법인을 상장법인, 그렇지 않은 법인을 비상장법인이라고 한다(자본시장법 제9조 제15항 제1호, 제2호). 또한 한국거래소에 주권을 상장한 주식회사를 주권상장법인이라 하고(자본시장법 제9조 제15항 제3호), 주권을 한국거래소에 상장하지 않고 있는 주식회사를 주권비상장법인이라 한다(자본시장법 제9조 제15항 제4호).

(2) 계열회사

독점규제 및 공정거래에 관한 법률에 의하면 2개 이상의 회사가 동일한 기업집단에 속하는 경우에 이들 회사는 서로 그 상대방의 계열회사라고 한다(동법 제2조 제3호). 이 경우에 기업집단이라 함은 동일인이 회사인 경우 그 동일인과 그 동일인이 지배하는 하나 그 이상의 회사의 집단 또는 동일인이 회사가 아닌 경우 그 동일인이 지배하는 2개 이상의 회사의 집단으로서 대통령령이

정하는 기준(동법 시행령 제3조)에 의하여 사실상 그 사업내용을 지배하는 회사의 집단을 말한다.

(3) 지주회사

지주회사(holding company)란 일반적으로 다른 회사의 주식을 주된 자산으로 소유하면서 그 회사의 사업활동을 실질적으로 지배·관리하는 것을 목적으로 하는 회사로서 자산총액이 대통령령이 정하는 금액 이상인 회사를 말한다(독점규제법 제2조 제1의2호). 이 경우에 지주회사는 다른 회사의 사업내용을 지배할 목적으로 소유하는 주식의 대차대조표상의 장부가액의 합계액이 당해 회사 자산총액의 50% 이상인 회사를 의미한다(독점규제법 시행령 제2조 제2항). 지주회사의 부정적 효과를 최소화하기 위해 독점규제법 제8조의 2 제2항에서는 지주회사는 순자산액을 넘는 채무를 부담하지 않도록 하고(제1호), 지주회사는 자회사가 아닌 회사의 주식을 보유하지 못하며 자회사 발행주식총수의 40% 이상을 소유하도록 하고 있다(제2호). 또한 자회사 이외의 국내기업의 주식을 대통령령이 정하는 지배목적으로 소유하는 행위를 하지 못하고(제3호), 금융의 사금고화를 막기 위해 금융지주회사는 비금융지주회사의 주식을 소유하지 못하며(제4호), 비금융지주회사는 금융지주회사의 주식을 소유하지 못한다(제5호).

(4) 폐쇄회사

회사의 사원이 모두 소수의 가족인 회사를 폐쇄회사 또는 가족회사라고도 한다. 또한 주식의 양도가 제한을 받는 주식회사를 폐쇄회사라고 하기도 한다. 그리하여 지분의 양도가 제한되는 합명회사, 합자회사, 유한회사는 모두 폐쇄회사라고 할 수 있다.

(5) 소규모 회사

2009년 5월 28일 개정상법에서 소규모회사는 자본금 총액이 10억원 미만인 주식회사로 설립 및 운영의 간소화를 위해 도입된 제도이다. 이러한 소규모회사는 발기설립일 경우 공증의 면제(제292조), 회사 설립시 주금납입 보관증명서를 잔고증명서로 대체 가능(제318조), 주주총회 소집절차 간소화 등 여러 가지의 특칙을 적용받는다.

제3절 회사의 능력

I. 회사의 권리능력

회사는 모두 법인이므로(제169조), 일반적 권리능력이 있는 것은 물론이다. 그러나 사단법인인 회사는 자연인과는 다른 존재이므로 회사가 현실적으로 향유할 수 있는 개별적인 권리능력에는 다음과 같은 제한이 따르게 된다.

1. 법률에 의한 제한

회사의 법인격은 법률이 부여한 것이므로 회사의 권리능력이 법률에 의하여 제한되는 것은 당연한 일이다. 상법상 회사는 다른 회사의 무한책임사원이 되지 못하는데(제173조), 이것은 회사가 다른 회사의 사업경영의 결과에 대하여 무한책임을 지게 되면 회사존립의 기초(회사의 독립성)를 위태롭게 한다는 점과 법인은 그 성질상 직접 경영에 참여할 수 있는 자연인의 요소를 갖고 있지 못하다는 점을 고려하여 입법정책적으로 제한하는 것이다.

회사는 민법상의 조합원이 될 수는 있다. 공익사업회사에 대하여는 특별법상 권리능력이 제한되는 경우가 있다(은행법 제27조, 보험업법 제10조, 제11조, 자본시장법 제40조, 제41조). 이들 특별법상의 권리능력 제한규정이 단속법규인가 효력법규인가 학설이 나뉘어지지만 단속법규로 본다. 즉 이들 규정은 특별법상 행정적 목적에 따른 단속법규로서 그 위반의 경우 사법상의 거래에는 영향이 없다고 본다.

2. 성질에 의한 제한

회사는 자연인과는 달라서 성·연령·생명·신체·친족관계 등을 전제로 하는 권리를 가질 수 없다. 그러나 회사라도 유증을 받는다든가 명예권·상호권·신용권과 같은 인격권·사원권·대리권 같은 것은 가질 수 있다. 일반적으로 법인이 발기인·유한책임사원·주주 등이 되는 것은 인정하나 지배인은 될 수 없다고 본다(통설). 그리고 업무를 담당하지 않는 이사·감사가 될 수 있다는 견해도 있으나, 이들의 업무는 자연인으로서의 경험과 개성이 중요시되는 것이기 때문에, 법인은 이사·감사·검사인·청산인이 될 수 없다고 본다.

3. 목적에 의한 제한

(1) 목적에 의한 제한의 인정여부

회사는 정관에 기재한 목적의 범위 내에서만 권리·의무의 주체가 될 수 있는가, 즉 회사의 권리능력의 범위가 회사의 정관소정의 목적에 의하여 제한을 받는가 아닌가에 관해서는 학설이 나누어지고 있다.

1) 제한설

회사의 권리능력을 정관 소정의 목적범위 내로 제한하는 제한설의 근거는, ① 민법 제34조의 규정은 법인 일반의 성질에 따른 원칙을 밝혀 놓은 것이므로, 이러한 일반원칙은 회사에도 당연히 유추적용 되어야 하고, ② 회사는 목적단체로서 그 목적범위 내에서만 존립할 수 있다고 하는 것이 법인의 본질상 당연하다는 점, ③ 회사의 목적은 정관에 기재하고 등기되어 제3자는 원칙적으로 악의가 의제되기 때문에 회사의 사업목적을 확인하지 못한 제3자가 불이익을 입는 일이 있더라도 부득이하다는 점, ④ 회사의 사업목적을 믿고 투자한 사원 또는 제3자의 기대이익을 보호해 주어야 한다는 점 등이다.

그러나 그 '목적의 범위'란 무엇이냐에 관하여는 판례와 학설이 점차 확장해석을 하여 왔다. 즉 처음에 일본의 판례는 목적 그 자체(예컨대, 창고업자의 임치물 보관행위)만에 국한하였으나, 이것이 점차 변하여 '회사의 목적인 사업에 속하는 행위 및 그 사업을 수행하는데 필요한 행위'로 확장하고, 다만 그 행위가 목적범위 내의 행위냐의 판단은 회사 기관의 주관적 의사에 따를 것이 아니고 그 행위의 객관적인 성질에 따라야 한다고 하여 목적의 범위를 크게 확대하였다. 그리고 일본의 다수학설도 회사의 목적을 달성하기 위하여 '필요한 행위'(예컨대, 어음발행, 자금차용), '상당 또는 유익한 행위'(예컨대, 조위금·기부금의 제공), 심지어는 '목적에 반하지 않는 한 일체의 행위'까지로 확장하여 왔다. 결국 목적의 범위를 극히 넓게 해석하여 실제로는 거의 모든 행위를 다 포함시키고 있다.

2) 무제한설

최근에는 회사가 일단 법인격이 인정된 이상 널리 일반적으로 권리능력을 갖고 정관 소정의 목적에 의하여 능력이 제한되지 않는다는 무제한설이 일본에 있어서 뿐만 아니라 우리 나라에 있어서도 다수설이다. 판례는 제한설을 취하면서도 목적범위를 매우 넓게 해석함으로써 사실상 무제한설과 결론을 같이 한다.

그 이론적 근거로는, ① 회사의 활동범위는 실제로는 매우 넓은 것인데 그 능력을 제한하면 제3자가 목적범위 내의 것인지 판단하기가 어렵고, 또 회사가 그것을 남용하여 책임을 면탈함으로써 거래의 안전을 해치게 된다는 점, ② 민법 제34조는 공익법인에 대하여 정책적으로 인정한 규칙으로서 영리법인인 회사에 유추적용할 것이 아니며, 또한 그 명문의 근거도 없다는 점 등을 들고 있다.

3) 검토

생각건대, 목적에 의한 능력제한을 인정한다면 남용의 위험도 있고 거래의 안전을 해칠 우려도 있으므로 무제한설이 타당하다고 본다. 그러나 정관 소정의 목적은 회사기관의 권한을 내부적으로 제한하는 기능을 하므로 폐지될 수 없는 것이며, 정관소정의 목적을 위반한 기관의 행위로 인하여 사원이 입는 손해가 있다면 그 구제책으로서 기관의 책임을 추궁할 수 있을 것이다. 예컨대 위법행위유지청구(제402조), 손해배상청구(제399조), 대표소송(제403조) 및 이사의 해임청구(제385조 제2항) 등의 조치를 예로 들 수 있다.

비교법적으로도, 대륙법계에서는 대개 회사의 권리능력을 제한하지 않고 있으며, 영미법에서도 종래 '능력외이론'에 의하여 목적 외의 행위의 효력을 부인하던 것을 차차 완화하여 최근에는 '능력외이론'을 사실상 폐지하고 있다는 점도 주목할 만한 것이다.

(2) 제한의 내용

회사는 기관을 통해서 법률행위를 하므로 회사의 기관은 정관소정의 목적 범위 내에서만 법률행위를 할 수 있다. 따라서 정관의 절대적 기재사항인 회사의 목적은(제289조 제1항 제1호) 회사의 권리능력을 정하는 표준이 되므로 업종을 확인할 수 있을 정도로 구체적이고 명확하여야 한다. 실제로 기관의 어떤 행위가 목적범위인가 아닌가는 일반적·추상적으로 행위의 객관적 성질에 의하여 판단하여야 할 것이다.

(3) 목적범위외의 행위의 효과

목적범위 외의 행위는 회사에 대하여 효력이 없다. 제3자가 회사에 대하여 목적범위 외의 행위임을 주장하는 것은 상관없으나 회사가 스스로 제3자에 대하여 목적범위 외의 행위로서 무효를 주장할 수는 없다고 본다.

[사례] 회사의 권리능력의 제한

소외 A주식회사가 원고 X로부터 금원을 차용함에 있어서 그 담보로 약속어음을 발행하고, 피고 Y투자금융주식회사가 위 차용금을 보증하기 위하여 동 약속어음에 Y명의로 배서하여 X에게 교부하였다. 이에 X는 배서인인 Y에 대하여 소구권에 기하여 어음금을 청구하고 또한 X가 A에게 금원을 대여할 때 Y가 보증하였음을 원인으로 하여 보증금을 청구하였다. 이에 Y는 단기금융업법에 의하여 설립된 회사로서 동법 제2조와 제7조에 규정된 어음의 발행·매매·인수 및 어음매매의 중개만을 할 수 있고, 또 Y의 정관상 목적도 위 업무로 제한되고 있는 점에서 단기금융업을 영위하는 Y가 타인의 차용금채무에 대하여 보증을 하거나 그 목적으로 어음배서를 하여 채무를 부담하는 행위는 Y회사의 권리능력 밖의 법률행위로서 그 효력이 없다고 항변하고 있다.

[해설]

1. 본 사례에서 회사의 권리능력의 제한에 관한 학설 중 무제한설에 의하면 정관상 목적에 의하여 권리능력이 제한되지 않으므로 Y회사의 정관상 목적(보증목적)의

어음배서행위가 없다고 하더라도 Y회사가 A가 발행한 어음에 보증목적으로 배서한 행위는 Y회사의 권한능력내의 행위로서 Y회사는 X에 대하여 당연히 어음채무를 부담하게 된다. 또한 제한설에 의하더라도 정관상 목적의 해석을 엄격하게 문리해석하지 않고 그 목적을 수행하는데 있어 직접 또는 간접으로 필요한 행위를 모두 포함하고 또한 목적수행에 필요한지 여부도 객관적 성질에 따라 추상적으로 판단하면 Y회사의 보증목적의 어음배서행위는 Y회사의 목적범위에 포함되는 것으로 볼 수 있다. 결론은 어느설을 취하든 동일하다고 할 수 있으나, 다만 이론구성에 있어서는 무제한설에 근거하는 것이 더 합리적이라고 생각된다.

2. Y회사가 보증목적으로 한 어음배서행위가 단기금융업법 제7조의 업무범위 내인가 또 Y회사의 정관상 목적범위 내인가는 양자를 분리하여 검토하여야 할 것이다. 이렇게 볼 때 단기금융업법 제7조의 업무범위에 관한 규정의 성질을 어떻게 볼 것인가가 문제되는데 동법의 입법취지에서 볼 때 효력규정으로 보아야 할 것이다. 단기금융업법 제7조를 효력규정으로 본다고 하더라도 Y의 보증목적의 어음배서행위는 실질적으로 볼 때 동법 동조 제1항 3호의 '어음의 보증'에 포함될 수 있어 Y의 어음배서행위는 단기금융업법 제7조에 위반되지 않는다고 본다. 또한 Y의 어음배서행위가 정관상 목적 범위 외의 행위로서 무효가 되는지 여부는 무제한설의 입장에서 이는 목적범위 내의 행위로서 언제나 대외적으로 유효하다고 본다. 또한 Y는 어음배서행위로 인하여 민법상 보증책임까지 부담한다는 X의 주장은 채택될 수 없다고 본다. 따라서 Y회사는 X에 대하여 어음배서인으로서 소구의무만을 부담한다.

Ⅱ. 회사의 의사능력·행위능력

회사의 활동은 기관을 통해서 하므로 기관의 행위는 회사의 행위가 된다. 따라서 회사도 의사능력·행위능력이 인정된다. 회사와 기관의 관계를 대표관계라고 하는데, 이에 관하여는 특별한 규정이 없으므로 대리에 관한 규정이 유추적용된다.

Ⅲ. 회사의 불법행위능력

회사의 불법행위능력에 관하여는 특별규정이 있다. 즉, 회사를 대표하는 사원이 업무집행으로 인하여 타인에게 손해를 가한 때에는 회사는 그 사원과 연대하여 배상책임을 지는 것으로 하여 피해자의 구제에 만전을 기하고 있다(제210조, 제269조, 제389조 제3항, 제567조). 대표기관 이외의 회사의 사용인이 한 불법행위에 관하여는 민법 제756조의 일반원칙에 의한 책임을 진다.

Ⅳ. 회사의 공법상의 능력

회사는 그 성질에 반하지 않는 한 공법상의 권리능력이 있다(예컨대, 행정소송권, 상공회의소의 선거권, 납세의무 등). 또 회사는 소송법상 당사자능력과 소송능력을 가진다(민사소송법 제60조, 형사소송법 제27조). 회사는 일반적으로 형법상 범죄능력은 없으나(대법원 1984. 10. 10. 선고, 82도2595 판결), 특별법상 범죄능력은 있다(보험업법 제227조 등).

제2장 주식회사

제1절 총 설

I. 주식회사의 개념

상법규정에는 주식회사의 개념규정을 두고 있지 않으나, 주식회사(company limited by shares, corporation)란 자본이 균일한 주식으로 분할되고, 주주는 그가 인수한 주금액을 한도로 하여 출자의무를 부담할 뿐 회사채권자에 대하여는 아무런 책임을 지지 아니하는 회사를 말한다. 따라서 주식회사 개념의 3요소는 자본·주식 및 주주의 유한책임제도이다.

1. 자본

(1) 자본의 의의

자본(stated capital)이란 회사가 '보유하여야 할 순재산액의 기준', 즉 '발행주식의 액면총액'을 말한다(제451조). 2009년 개정상법 이전에는 주식회사의 최저자본금을 5,000만원 이상이어야 한다고 규정하고 있었고((구)상법 제329조 제1항) 그 최대한에는 제한이 없었다. 이처럼 주식회사의 최저자본금을 법정한 것은 충분한 자본이 없는 부실한 주식회사의 남설을 막기 위한 것이지만, 위장납입의 성행으로 인하여 실효를 거두지 못하고 있었다. 이에 따라 2009년 개정상법에서는 창의적인 아이디어를 갖고 있는 사람이라면 누구라도 손쉽게 저렴한 비용으로 주식회사의 설립을 용이하게 하기 위해서 최저자본금제도를 폐지하였다. 한편 2011년 개정상법은 회사가 무액면주식을 발행한 경우에 회사의 자본금은 주식발행가액의 2분의 1 이상의 금액으로서 이사회에서 자본금으로 계상하기로 한 금액의 총액을 말한다(제451조 제2항).

자본은 대차대조표상 '자본금'으로 게기되고, 정관에 기재되지는 않으나(다만 회사가 발행할 주식의 총수 및 회사의 설립시에 발행하는 주식의 총수는 정관의 절대적 기재사항이다), 등기에 의하여 공시되어야 한다(제317조 제2항 제2호), 상법상 보통 사용되는 이러한 협의의 자본개념은 회사사업을 수행하기 위하여 주주가 급여하는 기금을 표시하는 불변적인 계산상의 수액으로서 추상적·규범적 개념이다. 따라서 이것은 현실적으로 회사가 보유하고 있는 재산의 총체인 가변적·구체적 회사재산과는 구별되며, 한편 수권자본과도 구별된다.

(2) 수권자본제도

수권자본제도(창립주의)란 주식회사가 발행할 수 있는 주식 중 일정부분만을 설립시에 발행하고 잔여부분의 신주발행권을 이사회에 위임(수권)하는 제도를 말하며, 의용상법상의 확정자본제도(총액인수주의)에 대한 개념이다.

수권자본제도하에서는 수권자본총액에 대하여 인수할 필요가 없고, 수시로 이사회에서 신주를 발행할 수 있으므로, 회사설립이 쉽고 자본조달의 기동성과 편의성이 확보된다는 장점이 있으나, 그 반면에 회사의 재산적 기초가 위태롭게 되기 쉽고, 따라서 채권자의 보호도 소홀해진다는 단점이 있다.

상법은 '기업경영의 합리화'라는 대전제하에 영미의 '이사회제도'와 함께 수권자본제도를 채용하되, 우리 나라의 경제적·사회적 현실과 과거의 제도적 배경을 고려하여, 수권자본제도와 확정자본제도의 절충·조화를 시도하였다. 즉, 전액납입주의를 채택하여(제303조), 가급적 회사의 재산적 기초를 공고히 하는 한편, 주식의 할인발행(제417조)이라는 보완책을 강구하여 수권자본제도의 실효성을 확보하고 있다. 한편 2011년 개정상법에서는 설립시에 발행하는 주식의 총수를 발행예정주식총수의 4분의 1 이상으로 하도록 하는 규정(제289조 제2항)을 삭제하였다.

(3) 자본의 3원칙

주식회사의 재산적 기초를 튼튼하게 하기 위하여 자본에 관한 3가지 원칙이 확립되어 있다.

1) 자본확정의 원칙

자본확정의 원칙은 회사설립 당시에 일정한 자본액과 그에 대한 주식인수의 확정을 필요로 하는 원칙이다. 이것은 회사의 설립시에 회사의 재산적 기초를 튼튼히 하고 자본단체인 주식회사의 건실화를 도모하고, 회사채권자를 보호하기 위한 것이다. 우리 상법하에서는 회사가 설립시에 발행하는 주식의 총수는 정관의 절대적 기재사항으로서 등기사항이며(제289조 제1항 제5호, 제317조 제2항 제2호) 전부인수되어야 하므로, 이 한도 내에서는 아직도 자본확정의 원칙은 존속한다(통설). 이에 대하여 우리 상법상 회사는 언제든지 신주를 발행할 수 있기 때문에 용이하게 변경될 수 없는 자본이란 없으며, 이런 의미에서 상법상 자본확정의 원칙은 폐기되었다는 소수설이 있다.

2) 자본유지의 원칙

자본유지의 원칙이란 회사가 자본액에 상당하는 재산을 현실적으로 보유하여야 한다는 원칙으로서, 자본충실의 원칙 또는 자본구속의 원칙이라고도 한다. 이것은 회사의 존속을 보장하고 회사채권자 및 주주를 보호하기 위한 것이다. 이것은 대체로 납입의 충실화와 이익배당 등의 제한으로 나타난다. 주식의 액면미달발행의 제한(제330조, 제417조), 발기인 등의 자본충실책임(제321조, 제428조) 기타 변태설립사항의 엄격한 규제(제299조, 제310조, 제313조, 제314조, 제422조 등), 납입에 있어서의 임의상계금지(제421조 제2항), 자기주식의 질취제한(제341조의 2), 자회사에 의한 모회사주식의 취득금지(제342조의 2), 주식의 상호보유시 의결권행사의 제한(제369조 제3항) 등은 전자의 예이고, 법정준비금제도(제458조, 제459조), 이익배당 및 주식배당의 제한(제462조, 제462조의 2)은 후자의 예이다.

3) 자본불변의 원칙

자본불변의 원칙이란 확정된 자본액은 임의로 변경하지 못한다는 원칙을 말한다. 상법상 신주의 발행은 원칙적으로 이사회의 권한사항으로 되어 있으므로(제416조), 자본의 증액에 관한 한 이 원칙의 적용이 없다. 그러나 자본의 감소를 위하여는 주주총회의 특별결의를 거쳐야 하고(제438조) 채권자보호절차를 밟아야 하는(제439조 제2항) 등 엄격한 법정절차를 갖추도록 하고 있다. 따라서 자본불변의 원칙은 자본의 감소에 관한 것이고, 이를 '자본감소제한의 원칙'이라고도 한다.

2. 주식

주식(share)이란 자본의 구성분자로서 주식회사의 물적 요소인 자본과 인적 요소인 주주를 결부시키는 유대개념이다. 주식에 의해서 많은 사람이 회사에 참여할 수 있고, 다수사원으로 구성되는 회사의 복잡한 법률관계가 간명하게 처리될 수 있다는 점이 주식회사의 중요한 특색이다. 특히 액면주식을 발행한 경우 주식회사의 자본금은 주식으로 분할되고 각 주식의 금액은 균일하기에(제329조 제2항), 주식은 자본의 구성단위가 된다. 특히 자본금과 주식 사이에 불일치가 발생하는 경우로는 무액면주식의 발행(제329조), 상환주식의 상환(제345조), 자기주식의 소각(제343조 단서) 등을 둘 수 있다.

3. 주주의 유한책임

주주는 회사에 대하여 자기가 인수한 주식의 인수가액을 한도로 재산상의 출자의무를 지는 데 불과하며, 그 밖에는 아무런 의무(손실분담의무·부수적급부의무)도 지지 않는다(제331조). 그러나 이 의무도 엄격히 말하면 '주식인수인으로서'의 의무이고, 주주가 된 후에는 회사에 대해서나 채권자에 대해서나 아무런 책임도 지지 않는다. 물론 회사와 주주와의 약정에 의하여 주주가 회사의 채무를 부담하는 등 추가출자의무를 부담할 수는 있다. 이와 같이 주주의 책임은 '엄격한 간접유한책임'이란 점에서, 유한회사의 사원의 책임이나 합자회사의 유한책임사원의 유한책임과는 구별된다.

주주의 이러한 유한책임은 주식회사의 본질에 관한 것이므로 정관 또는 주주총회의 결의로 이와 달리 정할 수 없다. 그러나 주주의 이러한 유한책임은 주주가 사후에 개별적으로 포기하는 것은 무방하다.

이와 같이 주주는 유한책임을 지는 것이 원칙이지만, 법인격부인론이나 실체파악론 등에 의하여 주주가 회사의 채무에 대하여 책임을 지는 경우가 있다. 국세기본법에서도 비상장법인의 과점주주가 법인이 납부하여야 할 국세 및 지방세에 대하여 제2차 납세의무자로서 책임을 지는 경우가 있고(국세기본법 제39조, 지방세법 제22조), 상호저축은행법에서는 상호저축은행과 연대하여 변제할 책임을 지는 경우도 있다(국세법 제37조의 3).

II. 주식회사의 법적 규제의 특성

주식회사는 주주나 경영자뿐만 아니라 종업원·채권자 및 일반 소비자의 이익과도 밀접한 관계가 있으므로 국민경제적으로 중요한 위치를 차지하고 있고, 한편 회사제도의 장단점이 가장 현저하게 나타나기 마련이다. 따라서 주식회사법은 회사의 경제적 기능을 조장하고 그 폐해를 방지함으로써 관련 경제주체의 이익을 조정하기 위하여 엄격한 법적규제를 하고 있는데, 그 특성은 다음과 같이 요약할 수 있다.

1. 강행법규성

주식회사법은 회사의 대내관계·대외관계에 관하여 원칙적으로 강행규정으로 되어 있다. 이것은 주주·이사·채권자 및 사회공공의 이해관계의 대립에서 생기는 폐단을 막기 위하여 여러 가지 간섭규정을 두고 있기 때문이다.

2. 공시주의의 강화

주식회사는 원래 대기업에 적합한 기업형태이어서 이해관계인이 많으므로, 중요사항을 공개함으로써 이해관계인이 불측의 손해를 입는 일이 없도록 공시주의를 강화하고 있다.

3. 법률관계의 확실성과 획일성

주식회사는 많은 주주로 구성되고 다수의 이해관계인과의 사이에 복잡한 법률관계가 생기게 된다. 따라서 법은 일단 성립한 법률관계를 가급적 지속하게 하여 그 법적 확실성을 기하고 있다. 또 이러한 법률관계는 집단적 관계이므로 획일적인 처리방법이 요구되며, 각종의 소에 관하여 그 판결에 기판력의 범위를 확장하고 회사와 주주 사이의 특수한 기술적 처리방법을 규정하고 있다.

4. 벌칙의 강화

주식회사의 발기인이나 이사 등이 그 임무를 위배하거나 기타 위법행위를 한 경우에는 회사 또는 제3자에 대하여 손해배상책임을 지게 된다. 이 밖에도 주식회사법은 많은 벌칙규정을 두고 있으며, 특히 엄중한 형벌규정까지 두고 있다(상법 제622조 이하).

5. 법원의 관여

주식회사의 법률관계에 대하여는 국가기관 특히 법원에 의한 상당한 관여가 인정되고 있다(예: 법원에 의한 검사인의 선임(제298조), 주금납입금보관자에 대한 법원의 허가(상법 제306조), 주식액면미달발행에 대한 법원의 인가(제417조) 등).

제2절 주식회사의 설립

Ⅰ. 서 설

1. 주식회사설립의 특색

회사의 설립은 정관작성으로부터 시작하여 설립등기를 함으로써 끝난다. 인적회사는 사원·출자액 등이 정관에서 확정되므로(제179조 제3호·제4호, 제269조), 정관작성과 설립등기 외에 다른 절차가 필요 없게 되어 매우 간단하다.

그러나 물적 회사인 주식회사는 자본적 결합체이므로 회사의 실체를 형성하는 복잡한 절차를 밟아야 하는 것이 설립에 있어서의 특색이다. 뿐만 아니라 상법이 회사설립에 있어 준칙주의를 취한 결과 주식회사의 설립이 사기적 목적에 남용될 가능성이 있으므로, 설립경과의 조사를 철저히 하고 설립관여자에게 엄격한 책임을 지우는 등 비교적 상세하고 엄격하게 강행규정으로 규제를 하고 있다.

한편 2009년 개정상법은 소규모회사(자본금 10억 원 미만)의 경우 회사설립 및 운영 절차를 대폭 간소화하는 규정을 마련하였다. 그 주요 내용은 다음과 같다.

가. 소규모 회사의 정관·의사록 공증의무 면제(제292조)
나. 소규모 회사 설립 시 주금납입증명서를 잔고증명서로 대체 허용(제318조 3항)
다. 소규모 회사의 감사 선임 의무 면제(제409조)
라. 소규모 회사의 주주총회 소집 절차 간소화(제363조)
마. 소규모 회사의 이사회 구성 의무 면제(제383조)

보강 <회사설립에 관한 입법주의>

회사의 설립에 관하여는 역사적으로 여러 가지의 입법주의가 변천하여 왔다.

① 자유설립주의는 회사의 설립에 관하여 아무런 제한을 두지 않는 입법주의이다. 이에 의하면 회사의 존재 및 그 성립시기가 불명확하고, 회사의 남설로 인한 폐해가 많기 때문에 오늘날 이 입법주의는 찾아보기 어렵다.

② 특허주의는 회사의 설립에 국가의 특별한 허가나 특별법의 제정이 있어야만 하는 입법주의이다. 이 입법주의에 의하면 거래의 안전은 보호될 수 있으나 회사의 설립이 어려워 상업의 자유로운 발전이 저해될 우려가 크다. 그러나 현재에도 특수회사의 설립은 이 입법주의에 의하는 경우가 많다.

③ 면허주의는 일반법에 의거한 행정관청의 허가나 기타의 처분이 있어야만 회사설립이 가능한 입법주의이다. 이 입법주의 역시 거래의 안전은 보호될 수 있으나, 행정관청의 정책이나 자의적인 결정에 의하여 회사의 설립이 방해될 우려가 크므로 자유로운 발전이 제약될 수 있다.

④ 준칙주의는 회사의 설립요건을 법정하고, 그 요건을 구비하면 등기함으로써 회사의 설립을 자동적으로 인정하는 입법주의인데 이 입법주의는 거래의 안전과 영업의 자유 양자를 적절히 조화시킨 것으로서 오늘날 대부분의 국가가 이러한 입장을 취하고 있다.

2. 주식회사의 설립방법

주식회사의 설립방법은 주식인수의 방법에 따라 두 가지로 나눌 수 있다. 즉, 발기인만이 주식 전부를 인수하여 회사를 설립하는 발기설립(단순설립, 동시설립)과 발기인이 주식 일부만을 인수하고 그 나머지에 대하여는 주주를 모집하여 회사를 설립하는 모집설립(복잡설립, 점차설립)의 방법이 있다. 종래 발기설립의 경우에는 법원의 설립경과조사가 의무화되었었기 때문에 이를 피하기 위하여 소수인에 의한 회사설립임에도 불구하고 실제로는 모집설립의 방법이 많이 이용되어 왔으나, 1995년의 개정상법에서는 발기설립절차를 간편하게 고쳐서 발기설립에 의한 회사설립이 활성화되도록 하였다. 또한 소규모 주식회사 설립에는 발기설립이 적합하고, 대규모 주식회사의 설립에는 모집설립이 적합하다. 따라서 소규모 주식회사를 설립하는 경우 굳이 모집설립의 방법을 택할 필요가 없게 되었다.

3. 발기인

(1) 발기인의 의의

발기인(incorporator, promoter)이란 실질적으로는 회사의 설립을 기획하고 그 설립사무를 집행하는 사람을 말하겠으나, 형식적으로는 정관에 발기인으로서 기명날인 또는 서명한 사람을 말한다(제289조 제1항). 발기인의 자격에는 제한이 없으므로, 법인은 물론 미성년자 등 무능력자도 될 수 있으나, 적어도 1주 이상의 주식을 인수하여야 한다(제293조). 법인의 경우에는 공법인이든 사법인이든, 공익법인이든 영리법인이든 불문한다. 발기인의 수에는 제한이 없기 때문에 1인의 발기인이 회사를 설립할 수 있다(제288조).

(2) 발기인조합

주식회사를 설립하면 발기인이 있어야 하나(제288조), 발기인이 수인인 경우에는 발기인 상호간에 회사의 설립을 목적으로 하는 발기인조합계약을 체결하는 것이 보통이다. 이 발기인조합은 회사성립시까지 존속하며, 모든 설립절차는 조합의 업무집행으로 하게 되며, 이 업무집행에는 민법의 조합에 관한 규정이 적용된다.

(3) 설립중의 회사와의 관계

설립 중의 회사란 발기인이 정관을 작성한 후 회사가 성립하기까지의 사회적 실재물을 말하며, 이는 설립단계에서 생긴 권리·의무의 귀속관계를 설명하기 위한 강학상의 개념이다. 설립 중의 회사는 회사의 전신으로서, 이것과 성립될 회사는 법인격의 유무에만 차이가 있을 뿐 실질적으로 동일인격이라 본다(동일성설: 통설). 설립 중의 회사의 법적 성질은 권리능력 없는 사단이다(통설). 설립 중의 회사의 성립시기에 관하여는 ① 정관작성시라는 학설, ② 발기인이 주식을 1주 이상 인수한 때라는 학설, ③ 발행주식의 총수가 인수된 때라는 학설 등으로 나누어져 있다.

보강 <설립중의 회사의 성립시기에 관한 학설 검토>

설립중의 회사의 성립시기에 대하여 우리나라에서는 ① 정관이 작성된 때라고 보는 설, ② 정관이 작성되고 발기인이 1주 이상의 주식을 인수한 때라고 보는 설(통설, 판례), ③ 발행주식총수가 인수된 때라고 보는 설이 있다.

생각건대 설립중의 회사가 성립하기 위하여는 사원의 일부가 확정되어야 하는데, 발기인의 주식인수가 예정되어 있다 하더라도 그의 주식인수 전에는 사원의 자격으로 볼 수 없는 점에서 ①설은 문제가 있고, 또 설립중의 회사는 성립 후의 회사와는 달라서 최저자본에 해당하는 주식의 전부가 인수될 필요가 없다는 점에서 ③의 설도 문제가 있다고 본다. 따라서 일부의 주식인수에 의하여 사원의 일부가 확정된 대를 설립중의 회사의 성립시기로 보는 ②설이 가장 타당하다고 본다.

(4) 설립중의 회사로 귀속될 수 있는 발기인의 행위의 범위

발기인은 설립중의 회사의 기관으로서의 지위에 있다. 따라서 발기인의 행위에 의하여 생기는 권리·의무는 일단 설립중의 회사에 귀속되지만, 회사가 성립하면 당연히 회사로 이전한다. 다만 성립후의 회사로 귀속될 발기인의 행위의 범위에 관하여는 다음과 같이 3가지 학설로 나뉘어져 있다. ① 회사설립 자체를 직접적인 목적으로 하는 행위에 한하므로 개업준비행위는 당연히 제외된다는 학설(최기원 교수), 이 설에서는 법정의 요건을 갖춘 재산인수(상법 제290조 3호)는 예외적으로만 인정된다고 설명한다. ② 회사설립을 위한 법률상·경제상 필요로 하는 모든 행위를 할 수 있으나 개업준비행위는 제외된다는 학설(정희철 교수), 이 설에서도 법정의 요건을 갖춘 재산인수는 예외적으로만 인정된다고 보므로, 법정의 요건을 갖추지 않은 재산인수는 원칙적으로 회사에 대하여 효력이 생기지 않는다고 본다. ③ 회사성립 후의 개업을 위한 준비행위도 포함한다는 학설(정동윤, 정찬형 교수), 이 설에 의하면 발기인의 재산인수는 개업준비행위로서 원래 발기인의 권한에 속하는 행위라고 볼 수 있으나, 이는 특히 위험성이 많으므로 이의 남용을 방지하기 위하여 상법이 이를 제한하고 있다고 한다.

생각건대 발기인의 회사설립에 관한 행위가 「회사의 설립에 필요한 행위」와 「개업준비행위」로 명백하게 분리되지 않는 점, 발기인은 회사설립에 관하여 엄격한 책임을 부담하므로 발기인에게 회사설립에 관하여 그 권한을 넓게 인정하여도 무방하다는 점등에서 볼 때 발기인의 권한에 개업준비행위를 포함하는 제③설이 타당하다고 본다. 이 때 성립후의 회사의 보호 문제는 우리 상법이 발기인에게 회사의 설립과 관련하여 엄격한 책임을 부담하는 규정을 두고 있어 어느 정도 해결되고 있다고 본다.

참고로 우리나라의 대법원은 「발기인 대표가 성립후의 회사를 위하여 자동차 조립계약을 체결한 것은(발기인 대표 개인명의로 되어있다 하더라도) 발기인 대표로서 회사설립 사무의 집행인으로서 위 계약을 체결한 것으로 회사에 책임이 있고 이는 상법 제290조 변태설립사항의 각 호에 해당되지 않는다(대판 1970. 8. 31, 70 다 1357)」고 판시하여 발기인 권한에 개업준비행위를 포함시키는 ③설의 입장에 서있다.

[사례] 설립중의 회사

소외 사단법인 甲기계공업센터가 천안 중소기업시범공단에 편입되는 용지를 매수하면서 매도인들이 일필지의 부분매도를 거부하는 바람에 그 공단 내에 편입되지 않는 토지도 전소유자들로부터 매수하여 피고 Y에게 명의 신탁을 하고자 Y명의(천안시)로 소유권 이전등기를 경료하였다. 그 후 1982. 11. 30. 원고 X주식회사의 발기인 조합은 설립준비 위원인 소외 乙의 친형인 丙 명의로 사단법인 甲으로부터 위 용지중 일부인 천안시 두정동 90의 4 잡종지 2,727평방미터(이사건 토지)를 매수하고 그 대금을 지급하였다. 그런데 X의 설립등기일이 1983. 4. 16으로서 위 매수일자인 1982. 11. 30에는 X주식회사가 설립되어 있지 아니하였다.

그 후 X주식회사가 설립된 후 위 매매계약에 기하여 이 사건 토지 명의수탁자인 Y에게 소유권이전등기를 요구하였으나 Y는 위 매매계약 체결당시에는 X가 설립중의 회사에 해당되지 아니하여 X로서는 위 매매계약에 따른 권리를 취득하기 위한 특별한 이전행위를 거치지 아니하는 한 위 매매계약의 효력이 곧바로 X에게 귀속되지 않는다며 소유권 이전등기를 거부하였다. 이에 원고 X가 피고 Y를 상대로 소유권 이전등기를 청구하는 소를 제기하게 되었는데 원심은 X회사가 1982. 11. 30. 그 설립준비위원회인 乙의 친형인 丙명의로 사단법인 甲으로부터 천안시 두정동 소재 위 토지를 매수하고 그 대금을 판시와 같이 지급한 사실을 인정하고, X회사가 사단법인 甲으로부터 위 토지를 매수하였다고 판단하였고 이에 대하여 Y가 상고하게 된 것이다.

[해설]

1. 설립중의 회사라 함은 주식회사의 설립과정에서 발기인이 회사의 설립을 위하여 필요한 행위로 인하여 취득하게 된 권리·의무가 회사의 설립과 동시에 그 설립된 회사에 귀속되는 관계를 설명하기 위한 강학상의 개념으로서 정관이 작성되고 발기인이 적어도 1주 이상의 주식을 인수하였을 때 비로소 성립하는 것이고, 이러한 설립중의 회사로서의 실체가 갖추어지기 이전에 발기인이 취득한 권리·의무는 구체적 사정에 따라 발기인 개인 또는 발기인조합에 귀속되는 것으로서 이들에게 귀속된 권리·의무를 설립후의 회사에 귀속시키기 위하여는 양수나 채무인수 등의 특별한 이전행위가 있어야 한다.

   그러나 X회사의 설립등기일은 1983. 4. 16으로서 위 매수일자인 1982. 11. 30

에는 X회사가 설립되어있지 아니하였고, 그 당시 X회사가 설립중의 회사에 해당함을 인정할 아무런 증거가 없으므로 위 매매계약 체결당시에는 X회사가 설립중의 회사에 해당되지 아니하여 X회사로서는 위 매매계약에 따른 권리를 취득하기 위한 특별한 이전행위를 거치지 아니하는 한 위 매매계약의 효력이 곧바로 X회사에게 귀속된다고 할 수 없다.

따라서 원심이 X회사를 위 매매계약의 매수인으로 인정하려면 X가 설립 후 위 매매계약에서의 매수인의 지위를 인수하는 등 매매계약에 따른 권리를 취득하기 위하여 한 특별한 이전행위에 대하여 설시를 하여야 함에도, 단지 X가 위 丙명의로 매매계약을 체결한 것처럼 판시한 데에는 권리능력에 관한 법리를 오해하거나 이유불비의 위법이 있다 하겠다((대법원 1994. 1. 28 선고, 93 다 50215 판결 참조).

2. 설립중의 회사란 '회사의 성립 이전에 어느 정도 회사로서의 실체가 형성된 미완성의 회사'를 말하는데, 이는 판례가 인정한 바와 같이 회사의 설립과정에서 취득한 권리·의무가 성립후의 회사에 귀속되는 관계를 설명하기 위한 강학상의 개념이다. 그 법적 성질에 대하여는 '특수한 단체'로 보는 견해(정동윤)도 있으나 '권리능력 없는 사단'으로 보는 것이 통설적 견해이다.

이 설립중의 회사와 관련하여 주로 문제되는 것은 그 성립시기를 언제로 볼 것인가라는 점과 성립 후의 회사에의 권리·의무의 승계여부에 관한 점이다. 이 사건에서도 이것들이 쟁점이 되고 있다.

3. 이 사건에서 먼저 문제가 된 것은 위 토지의 매수일에 회사가 설립중의 회사에 해당한다고 볼 수 있는가라는 점인데, 이에 대하여 대법원 판례는 그 당시 원고회사가 설립중의 회사에 해당함을 인정할 아무런 증거가 없다하여 설립중의 회사로 인정하지 않고 있다.

즉, "X회사의 설립등기일은 1983. 4. 16.으로서 위 매수일자인 1982. 11. 30.에는 X회사가 설립되어 있지 아니하였고, 그 당시 X회사가 설립중의 회사에 해당함을 인정할 아무런 증거가 없으므로 위 매매계약 체결 당시에는 X회사가 설립중의 회사에 해당되지 아니하여 X회사로서는 위 매매계약에 따른 권리를 취득하기 위한 특별한 이전행위를 거치지 아니하는 한 위 매매계약의 효력이 곧바로 X회사에게 귀속된다고 할 수 없다"고 하였다.

이처럼 설립중의 회사가 성립되지 않았다면 그 취득한 권리·의무가 성립후의 회사에 당연히 귀속되지 않을 것이다. 이 사건 판시이유에서도 원고로서는 위 매매계약의 효력이 미치도록 하기 위해서는 원고가 설립 후 위 매매계약에서의 매수인의 지위를 인수하는 등 특별한 이전행위를 해야 한다고 한다.

다만 이 사건의 경우 소외 사단법인 甲기계공업센터와 매매 계약시에 매수인의 명의가 소외 丙이었으나 원고가 설립등기를 마친 후 소외 사단법인의 동의 아래 계약자명의를 원고로 변경하여 매매계약서를 새로이 작성하였다고 주장하고 있는 바, 원심은 위와 같이 매수계약자명의를 변경하였다는 주장의 취지는 매수자의 지위를 인수하였다는 취지로 보여진다며 원고의 소유권이전등기의 청구를 인정하였다.

그러나 대법원 판결의 일관된 취지는, 처음 계약시에는 설립중의 회사가 성립하지 않아서 제3자의 명의로 매매계약을 체결하였다 하더라도, 설립중의 회사가 성립한 후에 그 지위를 인수함으로써 설립중의 회사가 취득한 권리가 성립후의 회사에 당연히 승계된다는 입장이다. 이러한 판례의 태도는 기본적으로 동일성설의 입장에서 설립중의 회사의 권리·의무의 이전관계를 설명하는 것이다. 즉, 동일성설의 입장에서 성립후의 회사에로의 권리·의무의 당연한 이전이 인정되지만 그것은 발기인이 설립중의 회사의 명의로 또한 발기인의 권한범위 내에서 한 행위에 한한다고 본다. 행위를 발기인조합이나 발기인 개인의 명의로 하거나 발기인의 권한범위를 넘어서 한 때에는 양수나 채무인수 등의 특별한 이전행위가 있어야 한다고 보고 있는 것이다.

이와 같은 판례와 통설의 입장은 타당한 것으로 판단된다.

II. 주식회사의 정관

1. 주식회사정관의 의의

정관(charter, article)이란 실질적으로 회사의 조직·운영에 관한 근본원칙을 말하고, 형식적으로는 그 규칙을 기재한 서면을 말한다. 정관의 법적 성질을 계약으로 보는 학설이 있으나 통설은 이를 자치법규로 본다. 정관은 소정의 절차를 밟지 않고는 변경할 수 없다. 회사설립시 최초로 작성되는 정관을 원시정관이라고 하며, 설립후 변경된 정관을 변경정관이라고 한다.

2. 주식회사정관의 작성

(1) 정관의 작성방법

발기인은 회사의 근본규칙을 확정하고 이를 서면에 기재한 후, 각 발기인이 정관에 기명날인 또는 서명을 하여 책임의 소재를 분명하게 하여야 한다(제289조 제1항).

회사의 설립시에 작성하는 원시정관은 공증인의 인증을 받아야 그 효력이 생긴다(제292조, 공증 제62조 · 제63조). 다만, 자본금 총액 10억원 미만인(소규모회사) 회사를 발기설립할 경우 상법 제289조 제1항에 따라 각 발기인이 정관에 기명날인 또는 서명함으로써 효력이 생긴다.

(2) 정관의 기재사항

1) 절대적 기재사항

정관의 절대적 기재사항이란 법률이 그 기재를 절대적으로 요구하는 사항으로서(제289조 제1항), 그 흠결이 있으면 정관이 무효로 되어 설립무효의 원인이 된다.

(가) 목적

회사의 목적은 업종을 확정할 수 있을 정도로 구체적으로 기재하여야 한다. 목적의 기재는 회사의 권리능력이 정관소정의 목적에 의하여 제한된다는 학설에 의하면 회사의 권리능력의 범위를 정하는 데 중요한 의미가 있고, 제한부정설에 의하더라도 이사에 대한 손해배상청구권(제399조)이나 정관위반행위에 대한 유지청구권(제402조)을 행사함에 있어 중요한 의미를 갖는다.

(나) 상호

상호 중에 주식회사라는 문자를 사용하여야 한다(제19조). 그리고 회사는 수개의 영업을 하더라도 하나의 상호만을 사용하여야 한다.

(다) 회사가 발행할 주식의 총수

이는 이사회에서 신주발행을 할 수 있는 범위를 표시하는 것으로서, 발행예정주식총수(수권주식)에다 주금액을 곱하면 이른바 수권자본액이 산출된다.

회사가 발행할 주식의 총수 중에서 회사의 설립시에 그 일부를 발행하고 잔여 부분에 대하여는 회사 성립 후 이사회의 결의에 의하여 발행한다.

(라) 액면주식을 발행하는 경우 1주의 금액

회사가 액면주식을 발행한 경우 1주의 금액은 100원 이상이어야 하며(제329조 제3항), 균일하여야 한다(동조 제2항). 또한 회사가 정관으로 정한 경우에는 주식의 전부를 무액면주식으로 발행할 수 있다. 다만 무액면주식을 발행한 경우에는 액면주식을 발행할 수 없다(제329조 제1항). 무액면주식의 경우 1주의 금액은 표시되지 않는다. 그리고 자본시장법에 의해 설립된 투자회사의 경우에도 무액면주식의 발행이 허용된다(자본시장법 제196조).

(마) 회사의 설립시에 발행하는 주식의 총수

설립시의 발행주식총수는 발행예정주식총수의 4분의 1 이상이어야 한다((구)상법 제289조 제2항)는 규정은 2011년 개정상법에서는 삭제되었다. 따라서 설립시에 발행하는 주식의 총수는 원시정관에만 기재하면 충분하다.

(바) 본점의 소재지

회사의 주소는 본점소재지에 있는 것으로 하고(제171조), 본점은 전영업을 총괄하는 주된 영업소이므로 정관에 그 소재지를 기재하여야 한다. 본점소재지는 본점이 있는 곳의 최소행정구역을 표시하면 된다.

(사) 회사가 공고를 하는 방법

주주와 회사채권자 기타의 이해관계인을 보호하기 위한 것으로서, 회사는 공고를 하는 방법을 관보 또는 일간신문(제289조 제3항) 중에서 특정하여 정관에 기재한다. 다만 회사는 그 공고를 정관으로 정하는 바에 따라 전자적 방법으로도 할 수 있게 되었다(제289조 제3항 단서).

(아) 발기인의 성명·주민등록번호 및 주소

이는 발기인을 명확히 하여 그 책임소재를 분명히 파악하기 위한 것으로서, 발기인의 동일성을 인식 할 수 있는 정도이면 충분하다고 본다.

2) 상대적 기재사항

상대적 기재사항이란 정관에 기재하지 않으면 그 사항의 효력은 발생하지 아니하나, 그것을 기재하지 않더라도 정관 자체의 효력에는 영향을 미치지 않는 사항을 말한다.

상대적 기재사항에 관하여는 상법이 일일이 규정을 두고 있으나, 특히 회사설립에 중대한 관계가 있는 것은 변태설립사항이다(제290조).

(가) 변태설립사항

변태설립사항이란 회사의 설립을 위하여 일반적으로 필요하고 성립 후의 회사에 그 효력을 귀속시킬 필요가 있는 사항으로서, 발기인이 설립 중의 회사의 기관인 지위에서 약정할 수 있는 사항을 말한다. 변태설립사항이 남용되는 경우 회사외 재산적 기초를 약화시키므로, 정관뿐만 아니라 주식청약서에도 기재하고(제302조 제2항 제2호), 엄격한 설립경과조사를 받도록 되어 있다(제298조, 제299조, 제310조).

① 특별이익

발기인이 받을 특별이익과 이를 받을 자의 성명을 정관에 기재하여야 한다. 특별이익이란 회사설립을 기획한 공로에 대한 대가로서, 그 내용은 이익배당, 잔여재산분배, 신주인수에 관한 우선권 또는 회사설비의 이용에 관한 특권 등이다. 소유주식에 대한 확정이자의 지급, 주금액의 납입면제, 무상주·공로주의 교부 등은 할 수 없다. 특별이익은 발기인이었던 자에 대해서 인정되는 채권자적 권리로서, 주주의 지위와는 상관없는 것이므로 정관에 다른 정함이 없는 한 특별이익만을 분리하여 양도 또는 상속할 수 있다.

② 현물출자

현물출자를 하는 자의 성명과 그 목적인 재산의 종류·수량·가격과 이에 대하여 부여할 주식의 종류와 수를 정관에 기재하여야 한다. 현물출자의 목적이 될 수 있는 재산은 금전 이외의 재산으로서 대차대조표의 자산의 부에 계상할 수 있는 것이라면 무엇이든지 상관없다. 그러므로 예컨대 동산·부동산·유가증권·특허권·광업권·상호 및 영업상의 비결 등 재산적 가치 있는 사실관계와 영업의 전부 또는 일부도 될 수 있다. 현물출자의이행은 납입기일에 출자의 목적인 재산을 인도하고 등기·등록 기타 권리의 성질 또는 이전을 요하는 경우에는 이에 관한 서류를 완비하여 교부하여야 한다(제295조 제2항, 제305조 제3항).

③ 재산인수

발기인이 회사의 성립을 조건으로 하여 금전 이외의 재산을 회사가 양수하기로 약정하는 계약을 재산인수라고 하는데, 이와 같은 재산인수계약을 체결하는 경우에는 그 재산의 종류·수량·가격과 그 양도인의 성명을 정관에 기재하여야 한다. 원칙적으로 발기인은 회사의 설립 자체를 위한 행위와 설립에 필요한 행위만을 할 수 있는 것이지만, 회사성립 후의 회사활동의 원활을 위하여 그 준비행위로서 재산인수를 인정한다. 그러나 재산인수는 현물출자나 다름없이 악용의 위험이 있기 때문에 이를 변태설립사항으로 정한 것이다. 정관에 기재가 없는 재산인수는 무효이며, 창립총회의 승인·회사성립 후의 추인 또는 정관변경(추가기재)이 있더라도 그 무효가 치유될 수 없다. 왜냐하면 추인 등에 의한 무효의 치유를 인정하는 것은 재산인수에 대하여 엄격하게 규제를 하는 법의 취지에 어긋나기 때문이다. 다만 재산인수가 동시에 사후설립의 요건을 충족하는 경우 사후설립이 인정될 뿐이다(제375조).

보강 <사후설립>

회사가 그 성립 후 2년 내에 그 성립 전부터 존재하는 재산으로서 영업을 위하여 계속해서 사용해야 할 것을 자본의 100분의 5 이상에 해당하는 대가로 취득하는 계약을 사후설립이라 하고(제375조), 이 경우에는 주주총회의 특별결의가 필요하다(제374조, 제434조). 사후설립은 현물출자와 재산인수에 관한 상법의 규정을 잠탈할 목적으로 악용될 여지가 있으므로 이를 주주총회의 특별결의를 거치도록 한 것이다. 즉, 회사가 그 성립 후 즉시 회사성립 전부터 존재하는 재산을 자본에 비하여 비교적 큰 금액으로 쉽게 취득할 수 있다고 한다면 이는 재산인수를 잠시 연기한 것에 불과하게 되기 때문이다. 사후설립과 재산인수는 다같이 개인법상의 계약인 점에서 공통점이 있으나, 재산인수는 발기인이 회사의 성립을 조건으로 하여 특정재산의 취득을 목적으로 하는 계약임에 비하여 사후설립은 회사의 성립 후에 대표이사가 회사를 위하여 특정재산의 취득을 목적으로 하는 계약인 점이 다르다.

④ 설립비용과 보수

회사가 부담할 설립비용과 발기인이 받을 보수액을 정관에 기재하여야 한다. 설립비용이란 회사설립을 위하여 필요한 모든 비용이다(예컨대, 인쇄비·설립사무소의 임차료·광고비·통신비·비품비·인건비 등). 개업준비비용은 포함되지 않는다는 것이 통설이다. 등록세는 포함되지 않는다. 등록세는 지방세법상 자본금에 대한 일정비율로 법정되어 있으므로 과다계상의 위험이 없기 때문이며, 정관에 기재하지 않아도 당연히 회사의 부담이 된다. 정관에 규정한 한도액을 초과하는 설립비용은 발기인이 부담하여야 하며, 발기인은 사무관리 또는 부당이득을 이유로 회사에 대하여 그 초과액을 청구할 수 없고, 회사 성립 후 정관변경으로도 이것을 회사의 부담으로 할 수 없다.

보수란 발기인이 설립사무에 종사한 동안의 노력의 대가로서 과다한 보수의 책정을 막기 위하여 정관에 기재해 두도록 한 것이다.

(나) 기타의 상대적 기재사항

변태설립사항 이외의 상대적 기재사항으로서 상법에 산발적으로 규정되어 있는 것은 ① 종류주식발행(제344조), ② 무기명주권의 발행(제357조 제1항), ③ 주식의 전환에 관한 종류주식의 발행(제346조), ④ 의결권의 배제·제한에 관한 종류주식의 발행(제344조의 2), ⑤ 주식의 이익소각(제343조 제1항 단서), ⑥ 주주총회에 의한 대표이사의 선임(제389조 제1항 단서), ⑦ 주주총회에 의한 신주발행사항의 결정(제416조 단서), ⑧ 감사선임의 경우에 의결권제한 비율의 인하(제409조 제2항), ⑨ 주주총회의 보통결의 요건의 완화(제368조 제1항), ⑩ 이사회의 소집통지기간의 단축(제390조 제3항), ⑪ 제3자에 대한 신주인수권의 인정(제418조 제2항), ⑫ 이사의 임기연장(제383조 제3항, 제415조), ⑬ 무액면주식의 발행과 전환(제329조 제1항, 제4항), ⑭ 주주총회에 의한 준비금의 자본전입(제461조 제1항 단서), ⑮ 이사회결의요건의 가중(제391조 제1

항 단서), ⑯ 주주총회에 의한 전환사채의 발행(제513조 제2항 단서)과 신주인수권부사채의 발행(제516조의 2 제2항 단서), ⑰ 회사의 존립기간, 기타의 해산사유(제517조 제1호), ⑱ 주권불소지제도의 배제(제358조의 2 제1항), ⑲ 명의개서대리인의 설치(제337조 제2항), ⑳ 이사선임시의 집중투표제의 배제(제382조의 2 제1항), ㉑ 중간배당의 실시(제462조의 3 제1항), ㉒ 주식매수선택권의 부여(제340조의 2) ㉓ 주식의 양도제한(제335조 제1항), ㉔ 자기주식의 처분(제342조), ㉕ 주식의 전자등록(제356조의 2), ㉖ 사채의 전자등록(제478조 제3항) 등이 있다.

〈설립비용의 부담에 관한 학설〉

학설 \ 구분	설립전	설립후
전액발기인부담설	발기인	발기인(정관의 규정에 따라 회사에 구상)
전액회사부담설(판례)	발기인	회사-회사(정관초과분 발기인에 구상)-회사(회사의 추인이 없는 경우 발기인에 구상)
회사·발기인중첩부담설	발기인	회사·발기인

[사례] 개업준비행위와 설립비용의 부담

자동차 생산을 목적으로 하는 Y주식회사의 발기인 대표 甲은 창립사무소로 사용할 사무실을 乙로부터 300만원에 임차하고, 회사설립후의 자동차 조립을 위해 자동차 부품 을 丙으로 부터 200만원에 구입하였다. 그런데 Y회사와 甲은 회사설립 후에도 임차료와 부품대금을 지급하지 않았다. 위 회사 정관에는 회사가 부담할 설립비용이 200만원이라는 기재가 있을 뿐인 경우 乙, 丙은 Y회사에 임차료와 부품대금 지급을 청구할 수 있는가? 또 위의 두 계약을 창립총회나 주주총회에서 승인한 경우는 어떠한가?

[해설]

1. 甲과 乙사이의 창립사무소 임대차계약에 기한 임차료는 설립비용에 해당하는 바, 회사전액부담설에 따르면 乙은 300만원 전액을 Y회사에 청구할 수 있다. Y회사는 乙에게 300만원을 지급하고, 정관에 기재된 금액을 초과한 100만원에 대

해서는 甲에게 구상할 수 있다. 甲의 대내적 부담부분에 대해 창립총회나 주주총회 결의로 면책시킬 수 없다 .

2. 甲과 丙사이의 자동차부품구입계약은 변태설립사항의 하나로서 재산인수에 해당하나 정관에 기재가 없으므로, Y회사에 대해 무효이고 Y회사의 창립총회나 주주총회에서의 사후 추인도 허용되지 않는다는 견해가 타당하다. 따라서 丙은 Y회사에 대해 부품대금 200만원을 청구할 수 없고, 甲에 대해 이를 청구해야 한다.

3) 임의적 기재사항

임의적 기재사항이란 절대적·상대적 기재사항 외의 임의로 규정을 두는 사항으로서, 법의 강행규정·사회질서 또는 주식회사의 본질에 반하지 아니하는 한 무엇이든 상관없다(예컨대. 이사·감사의 수, 총회의 소집시기, 영업년도 등).

III. 주식발행사항의 결정

설립시에 발행하는 '주식의 종류와 수', '액면 이상의 주식을 발행하는 때에는 그 수와 금액', '무액면주식을 발행한 경우에는 주식의 발행가액과 주식의 발행가액 중 자본금으로 계상하는 금액'에 관하여는 정관에 다른 정함이 없으면 발기인 전원의 동의로 이를 정하여야 한다(제291조). 이 결정이 적법하게 되지 아니한 때에는 설립무효의 원인이 되는데, 발기인 전원의 동의의 방법에는 제한이 없고, 그 시기는 정관작성 후 발기인에 의한 주식인수 전이어야 한다. 설립등기 후라도 동의가 있으면 하자가 보완된다는 학설도 있지만, 적어도 그 설립등기 전에는 동의가 있어야 한다고 본다.

IV. 발기설립에 의한 실체형성

1. 주식의 인수

발기설립에 있어서는 설립시에 발행하는 주식 전부를 발기인만이 인수한다.

인수시기에 관하여는 제한이 없고 또 현실적인 필요도 없으므로 정관작성과 동시에 또는 그 전후라도 무방하다고 본다.

주식인수는 반드시 서면으로 하여야 하나(제293조), 그 서면의 방식에는 제한이 없다. 발기인의 주식인수는 정관의 작성과 더불어 회사의 설립행위를 이루고, 그 설립행위의 법적 성질은 발기인의 일방적 의사표시에 의하여 그 효력이 생기는 합동행위라는 것이 통설이다. 그러나 정관의 작성으로 설립중의 회사가 이미 창립되었으므로 정관작성 후의 발기인의 주식인수는 설립중의 회사에의 입사계약이라고 본다.

2. 출자의 이행

주식총수에 대한 인수가 끝나면 지체없이 각 주식에 대하여 그 인수가액의 전액을 납입하여야 한다(제295조 제1항 제1문), 어음·수표의 경우에는 지급이 있는 때에 납입이 된 것으로 본다. 이 경우 발기인은 납입을 맡을 은행 기타 금융기관과 납입장소를 지정하여야 한다(제295조 제1항 제2문). 현물출자를 하는 발기인도 납입기일에 출자의 목적인 재산을 인도하여야 한다. 그러나 등기·등록 기타 권리의 설정 또는 이전을 필요로 할 경우에는 이에 관한 서류를 완비하여 교부하여야 한다(제295조 제2항). 금전출자의 경우 발기인이 출자의 이행을 하지 않을 경우 채무불이행의 일반원칙에 따라 그 이행을 강제할 수 있다. 그러나 모집설립에서 인정되는 실권절차는 인정되지 않는다(제370조).

3. 이사·감사의 선임

출자의 이행이 끝나면 발기인은 지체없이 발기인총회를 열어 이사와 감사를 선임하여야 한다(제296조 제1항). 그 선임방법은 1주1의결권의 원칙(제296조 제2항)에 따른 과반수결의로 하고, 의결권 없는 주식을 인수한 발기인도 의결권을 행사할 수 있다고 본다. 이사·감사의 자격에는 제한이 없으므로 발기인이 아닌 자도 피선될 수 있다. 발기인은 의사록을 작성하여 의사의 경과와 그 결과를 기재하고 기명날인 또는 서명을 하여야 한다(제297조)

4. 설립경과의 조사

(1) 이사·감사의 조사·보고

이사와 감사는 취임 후 지체없이 회사의 설립에 관한 모든 사항이 법령 또는 정관의 규정에 위반되지 아니하는지의 여부를 조사하여 발기인에게 보고하여야 한다(제298조 제1항). 그러나 이사와 감사 중에 발기인이었던 자, 현물출자자 또는 회사성립 후 양수할 재산의 계약당사자인 자는 회사의 설립경과의 조사·보고에 참가하지 못한다(제298조 제2항). 만약 이사와 감사 전원이 그 조사·보고에 참가할 수 없는 경우에는 이사는 공증인으로 하여금 그 조사·보고를 하게 하여야 한다(제298조 제3항).

(2) 변태설립사항의 조사

정관으로 변태설립사항을 정한 때에는 이사는 그 조사를 위해 검사인의 선임을 법원에 청구하여야 한다(제298조 제4항 본문).

검사인은 변태설립사항과 현물출자의 이행을 조사하여 법원에 보고하여야 한다(제299조 제1항). 다만, ① 현물출자 및 재산인수의 대상이 되는 재산총액이 자본금의 5분의 1을 초과하지 아니하고 대통령령으로 정한 금액을 초과하지 아니한 경우, ② 이러한 재산이 거래에서 시세 있는 유가증권인 경우로서 정관에 적힌 가격이 대통령령으로 정한 방법으로 산정된 시세를 초과하지 아니한 경우, 그 밖에 ①②에 준하는 경우로서 대통령령이 정하는 경우는 검사인의 조사보고를 요하지 않는다(제299조 제2항). 참고로 ①에서 '대통령령으로 정한 금액'이란 5천 만원을 말한다(시행령 제7조 제1항). 그 조사보고서를 작성한 후에는 지체없이 그 등본을 각 발기인에게 교부하여야 한다(제299조 제3항). 만일 검사인의 조사보고서에 사실과 다른 사항이 있으면, 발기인은 이에 대한 설명서를 법원에 제출할 수 있다(제299조 제4항).

정관으로 변태설립사항을 정한 때라도, 이사는 발기인의 특별이익·보수 및 설립비용에 관하여는 공증인의 조사·보고로, 그리고 현물출자의 내용과 그 이행 및 재산인수계약에 관하여는 공인된 감정인의 감정으로 검사인의 조사에 갈음할 수 있다(제298조 제4항, 제299조의 2 전단).

공증인 또는 감정인은 조사 또는 감정결과를 법원에 보고하여야 하며(제299조의 2 후단), 법원은 검사인 또는 공증인의 조사보고서 또는 감정인의 감정결과와 발기인의 설명서를 심사하여 변태설립사항이 부당하다고 인정한 때에는 이를 변경하여 각 발기인에게 통고할 수 있다(제300조 제1항).

법원의 변경처분에 불복하는 발기인은 즉시항고에 의하여 법원의 결정 자체를 다툴 수도 있지만(비송 제75조 제3항), 주식의 인수를 취소할 수도 있다. 이 경우 정관을 변경하여 설립절차를 속행할 수도 있다(제300조 제2항). 법원의 변경처분 통고 후 2주 내에 주식인수를 취소한 발기인이 없으면, 정관은 통고에 따라서 변경된 것으로 본다(제300조 제3항).

V. 모집설립에 의한 실체형성

1. 주식의 인수

(1) 발기인의 주식인수

모집설립의 경우에도 각 발기인이 설립시에 발행하는 주식의 일부를 인수하여야 한다.

(2) 주주의 모집

발기인이 인수하고 남은 부분의 주식에 대하여 발기인은 주주를 모집하여야 한다(제301조). 주주모집은 공모이든 연고모집이든 그 방법에 제한이 없으나, 응모주주를 보호하기 위하여 주식청약서주의(청약의 방식으로 회사조직의 대강과 청약조건 등 중요사항을 기재한 증서의 작성·사용을 강제하는 주의)를 채용하고 있다(제302조).

(3) 주식인수의 청약

주식인수의 청약을 하고자 하는 사람은 2통의 주식 청약서에 인수할 주식의 종류 및 수와 주소를 기재하고 기명날인 또는 서명하여야 한다(제302조 제1항). 청약을 함에는 일정한 증거금을 납입시킬 수 있으나, 오늘날 우리나라의 상장법인 등 대기업이 신주를 발행하는 경우에는 청약할 때에 발행가액 전액을 납입시키고 있다.

주식인수의 법적 성질에 관하여는 장래 성립할 회사에의 입사계약 또는 설립 중의 회사에의 입사계약이라고 본다.

주식인수의 청약은 다수인이 관계하는 자본단체의 설립에 관한 행위이기 때문에, 비진의의사표시의 무효에 관한 일반원칙(民 제107조 제1항 단서)은 적용되지 아니하고(제302조 제3항), 또 같은 이유로 주식인수인이 창립총회에 출석하여 그 권리를 행사한 후나 회사가 성립한 후에는 주식청약서의 요건의 흠결 또는 의사표시의 하자를 이유로 인수의 무효를 주장하거나 또는 취소하지 못한다(제320조). 그러나 의사무능력에 의한 무효를 주장하거나 행위무능력에 의한 취소는 가능하다.

(4) 주식의 배정

주식인수의 청약이 있으면 발기인은 모집주식총수의 범위 내에서 자유로이 배정을 할 수 있다(배정자유의 원칙).

청약에 대한 배정이 있으면 주식의 인수가 성립하여, 주식인수의 청약인은 주식인수인이 되고 주금액납입의무를 지게 된다(제303조).

배정의 통지는 주식 청약서에 기재한 주소 또는 그 자로부터 회사에 통지한 주소로 하면 되고(제304조 제1항), 통지는 보통 그 도달할 시기에 도달한 것으로 본다(제304조 제2항).

가설인 또는 타인명의로써 주식인수를 청약한 사람도 주식인수인으로 되고, 만일 타인명의 사용에 관하여 그 타인의 승낙을 얻었을 때에는 그 타인과 연대하여 납입할 책임을 진다(제332조). 타인의 승낙을 얻어서 그 타인명의로 주식을 인수하는 경우에도 당사자의 의사 및 상법 제332조 제1항의 취지에 비추어 명의차용자가 주주가 된다(실질설)(대판 1980. 9. 19, 80 마 396; 대판 1975. 7. 8, 75 다 410; 대판 1980. 12. 9, 79 다 1989; 대판 1977. 10. 11, 76 다 1448 참조). 이에 대하여 법의 일반원칙상 또는 금반언의 원칙상 명의대여자를 주주로 보아야 한다는 소수설이 있다(형식설).

2. 출자의 이행

(1) 주금액의 납입

설립시에 발행하는 주식총수의 인수가 끝나면 발기인은 지체없이 주식인수인에 대하여 인수가액의 전액을 납입시켜야 한다(제305조 제1항). 그러나 '주식인수인은 납입에 관하여 상계로써 회사에 대항하지 못한다' (구)상법 제334조 규정은 2011년 개정상법에서 삭제되었다. 금전출자의 납입은 주식 청약서에 기재된 납입장소(은행 또는 기타 금융기관)에서 하여야 한다(제305조 제2항). 그리고 납입기일 전에 납입장소를 변경하거나 납입기일 후에 납입금의 보관자를 변경하려면 법원의 허가를 얻어야 한다(제306조).

납입금을 보관한 금융기관은 발기인 또는 이사의 청구가 있는 때에는, 그 보관금액에 관하여 증명서를 교부할 의무가 있으며, 그 증명한 보관금액은 회사 성립시까지 보관하여야 하고, 그 이전에 발기인 또는 이사에게 반환하더라도 회사에 대항하지 못한다고 본다. 그리고 납입금을 보관한 금융기관은 그 증명한 보관금액에 대하여는 납입의 부실이나 그 금액의 반환에 관한 제한이 있음을 이유로 하여 회사에 대항하지 못한다(제318조 제2항), 예컨대, 발기인이 납입취급은행과 공모하여 그 은행으로부터 금전을 차입하여 납입금에 충당하고 회사성립 후에는 차입금을 변제하지 않고는 납입금을 인출하지 않겠다는 것을 그 은행과 약정하는 경우, 회사성립 후 발기인이 그 차입금을 변제하지 않고서 납입금을 인출하려고 하더라도 은행으로서는 그에 대항할 수 없다는 것이다. 이것은 '가장납입에 의한 회사설립'을 방지하려는 것이며, 가장납입행위의 관계자는 5년 이하의 징역 또는 1,500만원 이하의 벌금에 처하게 된다(제628조 제1항). 자본금 총액이 10억 원 미만인 회사(소규모회사)를 발기설립하는 경우에는 보관금액에 관한 증명서를 은행이나 그 밖의 금융기관의 잔고증명서로 대체할 수 있다(제318조 3항).

한편 발기인이 선의의 제3자 또는 아무런 공모 없이 납입취급은행으로부터 납입금 전액을 차입하여 현실적으로 납입을 한 다음 회사가 성립된 후에 즉시 납입금을 인출하여 차입금을 반환하는 경우가 있는데, 이 때에는 현실적으로 납입이 되었었다는 점과, 발기인의 주관적 의도를 문제삼는 것은 단체법에서는 타당하지 않다는 점을 이유로 유효한 납입이 있는 것으로 보아야 한다는 학설이 있으나, 이를 유효라고 한다면 회사의 자본충실은 거의 기대할 수 없을 뿐만 아니라, 강행법규에 대한 탈법행위이며 또 실질적으로도 납입이 없는 결과가 되므로 무효라고 본다. 이 때에도 발기인은 납입가장죄(제628조 제1항), 특별배임죄(제622조)의 처벌을 받으며, 동시에 납입이 완료된 것처럼 등기관에게 허위신고를 하여 등기를 신청함으로써 공정증서원본부실기재죄(형법 제228조 제1항)와 동행사죄(형법 제229조)의 처벌을 받는다(대판 1986. 8. 19, 85 도 2158: 대판 1986. 9. 9, 85 도 2297.).

[사례] 가장납입에 의한 회사의 설립

A주식회사를 설립함에 있어서 발기인 대표 甲은 발기인 전원의 동의를 얻어 乙로부터 1억 원을 차입하여 각 발기인이 인수한 주식의 납입 자금으로 충당하였다. 그 후 발기인 대표 甲은 A주식회사의 대표이사로 선임되어 회사의 설립등기를 마친 직후 주금 납입 취급 은행인 한빛은행 이문동 지점으로부터 1억원을 인출하여 乙에게 변제하였다. 이 경우 甲이 한 회사의 설립은 유효한가? 甲은 A주식회사에 대하여 어떠한 책임을 지는가?

[해설]

1. A주식회사가 위장 납입에 의하여 설립된 경우에는 주금 납입의 효력이 어떻게 되는가에 따라 설립의 효력 및 설립관여자나 대표이사의 책임이 달라지므로 주금 납입의 효력을 먼저 검토하여야 한다. 위장 납입의 경우, 주금 납입의 효력을 인정할 것인가에 대하여는 판례와 소수설은 발기인의 담보 책임에 의하여 어느 정도 회사의 자본 충실을 기할 수 있으므로 주금 납입의 효력을 인정하나 다수설은 주식회사에서 자본 충실의 원칙은 제3자의 보호와 거래 안전을 보호하기 위한 기본 원칙이므로 이를 근본적으로 위협하는 위장 납입은 그 효력을 부정한다.
2. 또한 A주식회사의 설립의 효력에 대하여는 위장 납입의 효력을 인정하는 유효설에 의하면 별다른 문제가 없으나 무효설에 의하면 위장 납입에 의한 회사의 설립은 회사 설립 무효의 소의 원인이 된다.
3. 그리고 발기인 甲은 회사에 대하여 자본 충실 책임인 납입 담보 책임을 지고, 회사 및 제3자에 대하여는 임무 해태로 인한 손해배상 책임을 부담하고 또 형사상

납입가장죄로 처벌 된다. 또한 대표이사 甲은 회사 및 제3자에 대하여 손해배상 책임을 지고 또 형사 책임을 질 수도 있다. 그러나 납입금 보관 은행인 한빛 은행은 일반적으로 책임을 지지 않는 것이 원칙이다.

[사례] 위장납입

발기인 甲, 乙, 丙 3인은 Y주식회사를 모집설립하면서 당초 계획에 자본금이 못 미치자, 제3자인 X로부터 1억원을 차용하여 납입금보관은행인 A은행에 이를 납입하여 납입증명서를 교부받아 총자본액 1억5천만원의 Y회사의 설립등기를 필한 후 이사에 취임하였다. 그 후 대표이사가 된 甲이 원래의 계획대로 그 보관금을 인출하여 X에게 변제하였다. 이 때의 법률관계를 논하라.

[해설]

1. 위장납입의 경우 일련의 과정을 고찰해 본다면 주금의 납입이 있었다고 볼 수 없어 자본충실의 원칙에 반하므로 그 납입행위의 효력에 관하여 무효라고 보는 것이 타당하며, 사안과 같이 3분의2에 해당하는 자본의 흠결이 있는 경우 이는 설립무효사유가 된다고 보아야 한다.
2. 甲, 乙, 丙은 ①발기인의 지위에서는 설립무효사유로 보더라도 회사에 대한 납입담보책임(상법 제321조)을 부담하며 손해배상책임(상법 제322조 제1항), 공동불법행위책임(민법 제760조)을 부담하고, ②이사의 지위에서는 회사에 대한 손해배상책임(상법 제399조), 공동불법행위책임(민법 제760조)을 부담하며, 기타 형사책임으로는 납입가장죄, 공정증서원본부실기재죄가 성립한다.
3. A은행의 경우 설문상 특별한 언급이 없는 것으로 보아 甲, 乙, 丙과의 공모에 의한 악의가 없는 것으로 보이므로 책임이 없으며 주주의 회사에 대한 주금액상환의무를 인정하나 주금납입의 효력에 관한 무효라고 보아, 이를 체당으로 볼 수 없으므로 주주의 회사에 대한 주금납입의무를 직접적으로 인정하여야 한다.

(2) 현물출자의 이행

현물출자의 이행에 관하여는 발기설립의 경우에 준한다(제305조 제3항, 제295조 제2항). 구법에서는 설립시의 현물출자는 발기인만이 이를 할 수 있었으나 1995년 개정상법에 의하여 발기인뿐만 아니라 일반 주식인수인도 이를 할 수 있게 되었다(제294조 삭제).

(3) 실권절차

주식인수인이 주금액을 납입하지 않을 때에는 소송을 통한 강제집행의 방법으로 이를 이행하도록 하여야 하겠으나, 많은 주식인수인에게 그와 같은 조치를 취한다는 것이 현실적으로 어렵기 때문에 상법은 간편한 절차에 의하여 이행지체에 빠진 주식인수인의 권리를 박탈할 수 있는 제도를 두었다. 즉, 발기인은 납입을 해태한 주식인수인에게 소정의 실권예고부납입최고를 하고(제307조 제1항), 그래도 납입을 하지 않아 실권을 하면 그 주식에 대한 주주모집을 할 수 있으며(제307조 제2항), 만약 손해가 있으면 실권한 주식인수인에게 손해배상청구도 할 수 있도록 하였다(제307조 제3항).

현물출자자에 대하여는 이와 같은 실권절차를 취할 수 없다(통설). 현물출자의 경우는 실권을 인정하더라도 타인으로부터 동일한 물건의 확보가 용이하지 않기 때문이다. 따라서 현물출자의 경우에는 강제집행의 방법에 의할 수밖에 없다.

3. 이사·감사의 선임

출자의 이행이 완료되면 창립총회에서는 이사·감사를 선임하여야 한다(제312조). 선임된 이사들은 정관에 달리 정한 바가 없으면 이사회의 결의로 대표이사 또는 대표집행임원을 선임하여야 한다(제389조 제1항, 제408조의 5, 제317조의 제2항 제9호).

4. 설립경과의 조사

정관에 변태설립사항이 기재된 때에만, 발기인은 이에 관한 조사를 하기 위하여 검사인의 선임을 법원에 청구하고(제310조 제1항), 검사인은 조사보고서를 창립총회에 제출하여야 한다(제310조 제2항). 그러나 이 경우에도 발기설립의 경우와 같이 이사는 공증인·감정인의 조사·보고로 검사인의 조사·보고를 갈음할 수 있다(제310조 제3항, 제299조의 2). 변태설립사항이 부당하다고 인정된 때에는 창립총회는 이를 변경할 수 있다(제314조 제1항).

5. 창립총회의 소집

(1) 창립총회의 의의

창립총회(organization meeting)는 주식인수인으로 구성되는 설립 중의 회사의 의결기관이며, 주주총회의 전신이다.

(2) 창립총회의 소집·결의

출자의 이행이 끝나면 발기인은 지체없이 창립총회를 소집하여야 한다(제308조 제1항). 창립총회의 소집절차·의결권·의사록·결의의 하자 등에 관해서는 주주총회에 관한 규정이 준용된다(제308조 제2항). 다만 그 결의방법은 엄격하여 출석한 주식인수인의 의결권의 3분의 2 이상이며, 동시에 인수된 주식총수의 과반수에 해당하는 다수로써 하여야 한다(제309조). 이 규정은 신설합병의 경우에도 준용된다(제527조 제3항).

(3) 창립총회의 권한

창립총회는 최고만능의 의사결정기관이므로 그 권한은 회사설립에 관한 모든 사항에 미치지만, 상법이 특히 규정을 둔 것은 다음과 같다. 즉, ① 회사 창립사항(주식의 인수·납입에 관한 제반상황, 변태설립사항에 관한 실태)에 관한 발기인의 서면보고를 받고(제311조), ② 이사와 감사를 선임하고(제312조), ③ 이사와 감사의 보고서에 의거한 설립경과의 조사를 하며(제313조), ④ 변태설립사항을 변경할 수 있고(제314조), ⑤ 정관변경 또는 설립폐지의 결의도 할 수 있다. 이러한 결의는 소집통지서에 그 뜻의 기재가 없는 경우에도 이를 할 수 있다(제316조).

보강 <발기설립과 모집설립의 차이>

발기설립과 모집설립의 차이점을 열거하면 다음과 같다.

① 주식의 인수·납입

발기설립의 경우는 설립시에 발행하는 주식 전부를 발기인이 인수하여야 하고, 납입해태의 경우 인수인은 일반채무불이행책임을 지는 데 대하여 모집설립의 경우에는 주식의 일부만 발기인이 인수하고 나머지는 주주를 모집하며, 납입해태의 경우에도 법정의 실권절차가 마련되어 있다.

② 창립총회 및 이사·감사의 선임

발기설립의 경우에는 창립총회가 필요 없으며, 이사·감사는 발기인의 의결권의 과반수로 선임하나, 모집설립에 있어서는 반드시 창립총회가 있어야 하며, 이사·감사의 선임은 창립총회에 출석한 주식인수인의 의결권의 3분의 2 이상이며 인수된 주식총수의 과반수에 해당하는 다수로써 선임한다.

③ 변태설립사항의 조사

발기설립의 경우나 모집설립의 경우 다 같이 변태설립사항이 있으면 법원이 선임한 검사인의 조사를 받아야 한다. 다만 발기설립의 경우는 검사인은 변태설립사항과 현물출자의 이행에 관한 사항을 조사하여 법원에 보고하여야 하고 법원은 부당하다고 인정되는 변태설립사항을 변경할 수 있다. 모집설립의 경우에는 검사인은 변태설립사항에 관하여 조사를 하고, 그 조사보고서를 창립총회에 제출한다. 창립총회는 부당하다고 인정되는 변태설립사항을 변경할 수 있다. 기타 주식총수에 대한 인수의 정확여부 및 납입과 현물출자의 이행의 정확여부는 이사와 감사가 조사하여 창립총회에 보고한다.

④ 원시정관의 변경

발기설립에 있어서는 발기인 전원의 동의와 공증인의 인증이 필요하다. 모집설립에 있어서는 창립총회의 결의만 있으면 된다.

〈발기설립과 모집설립의 차이〉

	발기설립	모집설립
주식의 인수	주식은 전부 발기인들이 인수한다(상법 제295조 제1항).	주식의 일부를 발기인이 인수하고, 남은 부분은 인수할 주주를 모집한다(상법 제301조).
주식의 납입	발기인이 지정한 납입은행 기타 금융기관과 납입장소에 하여야 한다(상법 제295조 제1항 후단).	주식청약서에 기재한 은행 기타 금융기관과 납입장소에 하여야 한다(상법 제305조 제2항, 제302조 제2항 9호).
납입의 해태	일반원칙(채무불이행)에 의한다.	실권절차가 있다(상법 제307조).
창립총회	불필요하다.	필요하다(상법 제308조~제316조).
이사 · 감사의 선임	발기인의 의결권의 과반수로 선임한다(상법 제296조 제1항).	창립총회에서 출석한 주식인수인의 의결권의 3분의 2 이상이며, 인수된 주식의 총수의 과반수에 해당하는 다수로 선임한다(상법 제309조, 제312조).
변태설립사항의 조사	변태설립사항은 검사인·공증인·감정인이 조사·감정의 결과를 법원에 보고하고, 법원은 이를 변경할 수 있다(상법 제299조, 제299조의 2, 제300조).	변태설립사항은 검사인·공증인·감정인이 조사·감정의 결과를 창립총회에 보고하고 창립총회는 이를 변경할 수 있다(상법 제310조, 제314조).
설립경과의 조사	주식납입과 현물출자의 이행 기타 사항은 이사와 감사가 조사하여 발기인에게 보고하여야 한다(상법 제298조 제1항).	주식총수에 대한 인수·납입과 현물출자의 이행의 정확 여부는 이사와 감사가 조사하여 창립총회에 보고하여야 한다(상법 제313조 제1항).
설립전의 원시정관의 변경	발기인 전원의 동의와 공증인의 인증이 필요하다.	창립총회의 결의만으로 가능하다.
설립중의 회사의 구성원	발기인	발기인과 주식인수인

VI. 주식회사의 설립등기

1. 등기절차

회사의 실체형성절차가 끝나면, 이사는 그 날로부터(발기설립의 경우에는 설립경과조사종료일, 모집설립의 경우에는 창립총회종결일 또는 변태설립사항의 변경이 종료된 날로부터) 2주 내에 본점소재지에서, 상법 제317조 제2항에서 규정한 사항의 등기를 신청하여야 한다(제317조 제1항, 비송 제149조).

지점설치등기에 관하여는 합명회사의 경우의 특별규정을 주식회사의 경우에도 준용하고 있다(제317조 제4항). 따라서 회사설립과 동시에 지점을 설치하는 경우에는 설립등기 후 2주 내에 지점소재지에서 등기사항(다른 지점의 소재지를 제외한다)을 등기하여야 하고(제181조 제1항), 회사설립 후에 지점을 설치하는 경우에는 본점소재지에서는 2주 내에 그 지점소재지와 설치년월일을 등기하고, 그 지점소재지에서는 3주 내에 등기사항(다른 지점의 소재지는 제외한다)을 등기하여야 한다(제181조 제2항).

설립등기를 게을리한 때에는 이사는 500만원 이하의 과태료의 제재를 받는다(제635조 제1항 제1호).

(1) 본점의 등기사항

등기사항은 ① 목적, ② 상호, ③ 발행예정주식총수, ④ 액면주식을 발행한 경우 1주의 금액, ⑤ 본점의 소재지, ⑥ 공고방법, ⑦ 자본금의 액, ⑧ 발행주식의 총수, 그 종류와 각종 주식의 내용과 수, ⑨ 주식의 양도에 관하여 이사회의 승인을 얻도록 한 때에는 그 규정, ⑩ 주식매수선택권을 부여하기로 정한 때에는 그 규정, ⑪ 지점의 소재지, ⑫ 회사의 존립기간 또는 해산사유를 정한 때에는 그 기간 또는 사유, ⑬ 주식의 이익소각에 관하여 정한 때에는 그 규정, ⑭ 전환주식을 발행한 때에는 그 전환절차에 관한 규정, ⑮ 사내이사, 사외이사, 그 밖에 상무에 종사하지 아니하는 이사, 감사 및 집행임원의 성명과 주민등록번호 ⑯ 대표이사 또는 집행임원의 성명·주민등록번호 및 주소, ⑰ 2이상의 대표이사 또는 대표집행임원이 공동으로 회사를 대표할 것을 정한 경우에는 그 규정, ⑱ 명의개서대리인을 둔 때에는 그 상호 및 본점소재지, ⑲ 감사위원회를 설치한 때에는 감사위원회 위원의 성명 및 주민등록번호이다(제317조 제2항).

(2) 지점의 등기사항

개정상법에서 지점의 등기사항은 본점의 등기사항 중 중요한 몇 가지만을 등기하도록 축소하였다. 즉, 본점의 등기사항 중 위 ①, ②, ⑤, ⑥, ⑫, ⑯ 및 ⑰에 열거한 사항만을 등기하면 된다(제317조 제3항).

(3) 본·지점의 이전등기

본·지점의 이전등기에 관하여도 합명회사의 경우의 특별규정을 준용하고 있다(제317조 제4항). 즉, 회사가 본점을 이전하는 경우에는 2주 내에 구소재지에서는 신소재지와 이전년월일을, 신소재지에서는 소정의 등기사항을 등기하여야 한다(제182조 제1항).

회사가 지점을 이전하는 경우에는 2주 내에 본점과 구지점소재지에서는 신지점소재지와 이전 년월일을 등기하고, 신지점소재지에서는 소정의 등기사항을 등기하여야 한다(제182조 제2항).

(4) 변경등기

등기사항에 변경이 있으면 본점소재지에서는 2주 내에, 지점소재지에서는 3주 내에 변경등기를 하여야 한다(제317조 제4항, 제183조).

2. 등기의 효력

(1) 본질적 효력

설립등기를 함으로써 회사가 성립한다(제172조). 상법 제172조는 등기의 효력에 관한 상법 제37조의 예외적인 규정으로서, 이 경우에는 상대방의 선의·악의를 불문하고 등기하지 아니하는 한 회사의 성립이 인정되지 않는다.

회사가 성립되면 발기인조합과 설립 중의 회사는 소멸하고, 발기인을 통하여 설립 중의 회사에 총유적으로 귀속되어 있던 권리의무는 당연히 회사에 귀속한다. 주식인수인은 주주가 된다.

(2) 부수적 효력

설립등기를 하면 ① 주식인수의 무효 또는 취소의 제한(제320조), ② 권리주양도제한(제319조)의 해제, ③ 주권발행의 허용(제355조 제1항), ④ 발기인의 자본충실책임(제321조) ⑤ 상호권의 발생(제22조), ⑥ 소에 의한 설립무효의 주장(제328조 제1항) 등 특별한 효과가 생긴다.

VII. 주식회사설립의 무효

1. 설립하자의 규제

(1) 설립하자의 의의

회사설립의 하자란 회사가 설립등기를 하여 외관상 유효하게 성립하였으나(제172조), 그 설립절차에 결함이 있는 것을 말한다. 따라서 회사설립의 하자는 '회사의 불성립'(설립절차에 착수했다가 중도에 좌절되어 회사가 설립등기를 하지 못한 경우)이나 '회사의 부존재'(설립절차를 밟지 않고 설립등기만이 되어 있는 경우)와는 구별된다.

(2) 규제이유

주식회사의 설립절차는 복잡하여 하자가 생기기 쉬운데다 이해관계인이 많으므로 법적 생활의 안정을 기하기 위해서는 모든 법률관계를 획일적으로 해결하고 기존의 법률관계를 보호할 필요가 있다. 따라서 상법은 그 하자의 주장방법을 설립무효의 소로써만 주장하게 제한하고, 제소권자·제소기간·소의 절차·판결의 효과 등에 관하여도 일반 민사소송의 경우와는 다른 특별규정을 두고 있다.

2. 설립무효의 원인

주식회사의 설립무효의 원인에 관한 상법의 규정은 없으므로 해석론으로써 그 범위를 확정하여야 하는데, 주식회사는 전형적인 자본단체라는 특질에 비추어 객관적 하자만을 무효원인으로 한다. 객관적 하자란 사원의 주관적 사유와는 관계없는 하자를 말하며, 주관적 하자란 사원의 주관적 사유에 기인한 것, 즉 의사표시상의 하자(예컨대, 의사무능력자의 출자인수행위, 사기·강박으로 인한 출자인수행위)를 말한다. 물적 회사인 주식회사에서는 주주의 개성이 중시되지 않으므로 특정주식인수인의 인수취소는 회사의 재산적 기초를 위태롭게 하지 않는 한 발기인의 인수담보의 책임에 의하여 전보되므로 설립의 무효원인이 되지 않는다. 또한 사원의 주관적 하자에 기인한 설립취소의 소도 주식회사에서는 인정되지 않는다. 즉, 설립절차가 강행법규나 주식회사의 본질에 반하는 경우(예컨대, 정관의 결함(제289조, 제292조), 설립등기의 무효(제317조) 등)와 같은 객관적 하자만을 무효의 원인으로 한다.

3. 소의 제기

설립무효의 원인이 있는 경우에는 남소를 방지하기 위하여 주주·이사 또는 감사에 한하여 회사성립의 날로부터 2년 내에 회사를 상대로 하여 설립무효의 소를 제기할 수 있다(제328조 제1항). 2년의 기간은 제척기간이다. 법원이 선임한 가이사(제386조 제2항), 의결권 없는 주식을 가진 주주, 회사가 성립한 후에 주주가 된 자도 원고가 될 수 있다. 이사가 원고인 때에는 감사가 회사를 대표한다(제394조 제1문). 피고는 회사가 된다. 독점규제법(제7조, 제8조, 제12조)에 위반하는 회사설립의 경우는 공정거래위원회가 설립무효의 소를 제기할 수 있다(동법 제16조 제2항). 소의 성질은 형성의 소이다.

소가 제기된 때에는 회사는 지체없이 이를 공고하여야 한다(제338조 제2항, 제187조).

4. 소의 절차

설립무효의 소는 회사의 본점소재지의 지방법원의 관할에 전속한다(제328조 제2항, 제186조). 법원은 수개의 소가 제기된 때에는 이를 병합심리하여야 하고(제328조 제2항 제188조), 심리 중에 원인이 된 하자가 보완되고 회사의 현황과 제반사정을 참작하여 설립을 무효로 하는 것이 오히려 부적당하다고 인정될 때에는 그 청구를 기각할 수도 있다(제328조 제2항, 제189조). 즉, 법원의 재량기각이 인정된다.

5. 판결의 효과

(1) 원고승소의 경우

원고가 승소하여 설립무효의 판결이 확정되면 그 판결의 효력은 당사자 이외의 제3자에게도 획일적으로 미친다(제328조 제2항, 제190조 본문)(대세적 효력).

또 설립무효판결의 효력은 소급하지도 아니한다. 따라서 설립무효의 확정이 판결확정 전에 생긴 회사와 사원 및 제3자 간의 권리의무에 영향을 미치지 않는다(제328조 제2항, 제190조 단서). 이것은 기존법률관계를 보호하기 위한 것인데, 이른바 '사실상의 회사'를 인정한 것이다. 사실상의 회사를 정리하기 위해서는 해산의 경우에 준하여 청산절차를 밟아야 한다(제328조 제2항, 제193조 제1항). 이 때는 법원은 사원 기타 이해관계인의 청구에 의하여 청산인을 선임할 수 있다(제328조 제2항, 제193조 제2항).

무효판결이 확정된 때에는 본점과 지점소재지에서 등기하여야 하는데(제328조 제2항, 제192조), 이 때는 수소법원이 등기소에 등기를 촉탁한다(비송 제98조).

(2) 원고패소의 경우

원고가 패소한 경우에는 원고에게 악의 또는 중대한 과실이 있는 경우에 한하여 소의 제기로 인하여 회사가 입은 손해에 대하여 연대하여 배상책임을 진다(제328조 제2항, 제191조).

원고패소판결의 효력은 민사소송법의 일반원칙에 따라 당사자간에만 미친다. 따라서 다른 제소권자는 다시 소를 제기할 수 있다.

VII. 주식회사설립에 관한 책임

1. 서 설

주식회사의 설립절차는 복잡하기 때문에 과오나 부정이 생기기 쉽고 또 처음부터 사기의 목적으로 회사를 설립하는 경우도 적지 않다. 더욱이 자본집단인 주식회사의 불건전한 설립은 다수의 이해관계인에게 손해를 미치게 되므로 상법은 발기인·이사·감사·검사인·유사발기인·납입금보관자(제318조) 등 설립관여자에게 엄격한 민사책임을 지울 뿐만 아니라, 형사책임과 행정벌인 과태료의 제재를 가하고 있다(제622조, 제625조, 제628조, 제635조).

〈설립관여자의 책임〉

- 설립관여자의 책임
  - 민사상의 책임
    - 발기인의 책임
      - 회사가 성립한 경우
        - 회사에 대한 책임
          - 자본충실의 책임
            - 인수담보의 책임(상법 제321조 제1항)
            - 납입담보의 책임(상법 제321조 제2항
          - 손해배상책임(상법 제322조 제1항)
        - 제3자에 대한 책임(상법 제322조 2항)
      - 회사가 불성립한 경우(상법 제326조)
    - 이사·감사의 책임
      - 회사에 대한 책임(상법 제323조)
      - 제3자에 대한 책임(상법 제323조, 제322조 제2항 유추)
    - 검사인의 책임
      - 회사에 대한 책임(상법 제325조)
      - 제3자에 대한 책임(상법 제325조)
    - 유사발기인의 책임
      - 회사가 성립한 경우 - 회사에 대한 자본충실의 책임(상법 제327조, 제321조)
      - 회사가 불성립한 경우(상법 제327조, 제326조)
  - 형사상의 책임(상법 제622조, 제625조, 제628조, 제630조) 또는 행정상의 책임

2. 발기인의 책임

발기인의 책임은 회사성립의 경우와 회사불성립의 경우로 나뉜다. 회사성립의 경우에는 회사에 대한 책임과 제3자에 대한 책임으로 나뉘고, 회사에 대한 책임은 자본충실책임과 손해배상책임으로 나뉜다.

(1) 회사성립의 경우

1) 회사에 대한 책임

(가) 자본충실책임

발기인(이었던 자)은 자본충실을 목적으로 하는 인수·납입의 담보책임을 진다. 즉, 회사설립시에 발행하는 주식 중에서 회사 성립 후에 아직 인수하지 아니한 주식이 있거나, 주식인수의 청약이 취소된 때에는 발기인이 이를 공동으로 인수한 것으로 본다(제321조 제1항)(인수담보책임). 그리고 회사성립 후에 납입을 완료하지 아니한 주식이 있는 때에는 발기인이 연대하여 그 납입을 하여야 한다(제321조 제2항)(납입담보책임).

이 책임은 자본단체로서의 주식회사의 자본충실을 기함은 물론, 특히 일부 주식의 인수 또는 납입의 흠결로 인해 회사설립이 무효가 되는 불합리한 결과를 제거하기 위하여, 법이 특별히 정한 '발기인 전원의 무과실연대책임'이다.

그러나 발기인의 자본충실책임은 보충적인 것이므로 인수나 납입의 흠결이 발행주식총수에 비해서 현저하게 커서, 회사자본의 충실이나 사업의 수행에 장애를 줄 만한 경우에는 발기인의 담보책임으로 보완될 수 없고 설립무효의 원인이 된다. 현물출자의 경우에는 그 자체가 개성적·통일적 성격을 지니고 있으므로 발기인의 담보책임을 인정할 수 없다.

어느 발기인이 인수담보책임을 져서 납입까지 한 경우에는 다른 발기인에게 각자의 부담부분에 따라서 구상권을 행사할 수 있다(민법 제425조 제1항). 또 납입담보책임을 지는 경우 발기인이 주주가 되지는 않으나 주주에 대해서 회사의 납입청구권을 대위할 수 있고 회사로부터 주권을 교부받아 유치권을 행사할 수 있다(민법 제481조·제484조 제1항).

(나) 손해배상책임

발기인이 회사의 설립에 관하여 그 임무를 해태한 때에는 그 발기인은 회사에 대하여 연대하여 손해배상책임을 진다(제322조 제1항). 이 책임은 법이 특별히 인정한 과실책임으로서 임무를 해태한 발기인만이 연대책임을 진다. 여기서 발기인의 임무는 법정된 것 뿐만 아니라 회사의 설립에 필요한 모든 행위를 포함한다. 그리고 손해배상의 범위는 상당인과관계가 있는 모든 손해이다.

(다) 책임의 추궁

발기인이 자본충실책임과 손해배상책임을 지는 경우에는 소수주주는 회사를 위하여 발기인에 대한 대표소송을 제기할 수 있다(제324조, 제403조~제406조). 발기인의 자본충실책임은 총주주의 동의로도 면제할 수 없으나, 손해배상책임은 이사의 경우와 같이 총주주의 동의로써 면제할 수 있다(제324조, 제400조). 그리고 발기인의 책임은 회사의 성립시로부터 10년의 시효기간의 경과로 소멸한다.

2) 제3자에 대한 책임

발기인이 악의 또는 중대한 과실로 인하여 그 임무를 해태한 때에는 그 발기인은 제3자에 대하여도 직접 연대하여 손해배상책임을 진다(제322조 제2항). 이것은 이사의 제3자에 대한 손해배상책임(제401조)과 같은 취지로서, 발기인의 기관적 지위와 담당사무의 복잡성을 고려하여 경과실의 경우에는 책임을 면제하고 있다는 점에서 일반불법행위의 경우보다 책임이 경감되는 반면, 악의 또는 중과실은 발기인의 임무해태에 관하여 있으면 되고 직접 제3자에 대한 위법성은 존재할 필요가 없다는 점에서는 발기인의 책임이 가중되고 있다.

여기서 제3자란 설립 중의 회사와 거래한 상대방·주식인수인·주주 등 회사 이외의 모든 자를 가리킨다. 그러나 회사가 손해를 입고 그 결과 주가의 하락 등으로 인하여 간접적인 손해를 입은 주주는 이에 포함되지 않는다고 본다.

또 동일원인으로 이사·감사도 책임을 질 때에는 발기인은 이들과 연대하여 책임을 진다(제323조). 이 책임 역시 제3자를 충분히 보호하기 위하여 상법이 인정한 특별책임이다. 따라서 일반 불법행위책임과 경합될 수 있다.

(2) 회사불성립의 경우

회사 불성립이란 정관작성 등 설립절차에 착수하였으나, 회사성립에는 이르지 못한 것으로 확정된 상태를 말한다. 따라서 회사가 성립하지 못한 경우에, 발기인은 회사의 설립을 위하여 한 행위에 대해서 연대하여 책임을 진다(제326조). 즉 주식인수인에 대해 원상회복의 의무(예컨대, 납입금이나 청약증거금의 반환, 현물출자의 목적물의 반환)를 지고 설립비용을 부담하게 된다.

이 책임은 설립 중의 회사가 성립한 이상 발기인만의 개인적 책임이 될 수는 없으나, 발기인의 경솔한 회사설립행위를 막기 위하여 상법이 특별히 인정한 것으로서, 발기인 전원의 연대책임이고, 과실의 유무를 불문한다.

[사례] 발기인의 책임

甲주식회사를 설립하는 발기인대표 乙은 설립시에 발행하는 주식의 일부를 개인적으로 잘 알고 있는 미성년자인 X에게 배정하였다. 그런데 X는 자력이 없었다. 결국 X는 동 주식의 인수가액을 납입하지 못하다가 회사의 성립후에 자기의 주식인수를 취소하였다. 이 때 乙은 甲회사에 대하여 어떠한 책임을 부담하는가?

[해설]

행위무능력자인 미성년자 X가 법정대리인의 동의없이 한 주식인수의 청약은 취소할 수 있고(민법 제5조 제2항) 이러한 청약의 의사표시를 회사성립 후에 취소하는 경우에도 상법상 아무런 제한이 없으므로 본문에서 X가 회사성립 후에 주식인수의 청약을 취소한 것은 적법하다.

또한 사례의 경우 발기인 대표 乙은 자력이 없는 미성년자인 X에게 주식을 배정하였으므로 乙은 회사설립에 있어서 그 임무를 해태하였다고 볼 수 있다.

발기인에게 과실이 있고 이로 인하여 발기인이 임무를 해태한 경우에는(상법 제322조 제1항) 그러한 발기인은 회사에 대하여 자본충실책임을 부담하는 것과는 별도로 손해배상책임을 진다(상법 제321조 제3항).

따라서 乙은 甲회사에 대하여 X가 인수를 취소한 주식에 대하여 인수 및 납입담보책임을 부담할 뿐만 아니라 이와는 별도로 손해배상책임도 부담한다.

3. 이사 · 감사의 책임

이사 또는 감사는 설립경과의 조사보고임무(제313조 제1항)를 해태하여 회사나 제3자에게 손해를 입힌 경우에는 연대하여 그 배상책임을 진다. 이 때 발기인도 책임을 지면 발기인과도 연대하여 책임을 진다(제323조).

이사 또는 감사의 제3자에 대한 손해배상책임은 발기인의 경우와의 균형상 악의 또는 중과실을 요건으로 한다고 본다. 이사 · 감사에 대한 책임도 소수주주권자가 대표소송(제403조)에 의하여 추궁할 수 있고, 총주주의 동의에 의하여 면제할 수 있다.

4. 검사인의 책임

검사인이 악의 또는 중대한 과실로 인하여 그 임무를 해태한 때에는 회사 또는 제3자에 대하여 손해배상책임을 진다(제325조). 다만 창립총회에서 선임한 검사인의 책임은 이사 · 감사의 책임과 같다.

5. 유사발기인의 책임

유사발기인, 즉 주식청약서 기타 주식모집에 관한 서면에 성명과 회사설립에 찬조하는 뜻을 기재할 것을 승낙한 자는 금반언의 법리에 의하여 발기인과 '동일한 책임'을 진다(제327조). 이 책임은 유사발기인을 신뢰하고 주주모집에 응한 주식인수인을 보호하기 위하여 특별히 인정한 책임이다. 발기인과 동일한 책임이라고는 하나, 이들은 발기인으로서의 직무권한이 없기 때문에 설립에 관한 임무의 해태로 인한 책임은 있을 수 없다. 따라서 ① 회사성립의 경우의 자본충실책임과, ② 회사불성립의 경우의 주식인수인에 대한 원상회복의무만을 질뿐이다.

회사성립의 경우 유사발기인의 자본충실책임은 소수주주의 대표소송으로 추궁할 수 있고, 이 책임은 총주주의 동의로도 면제되지 않는다. 그리고 회사가 성립하지 않은 경우에 유사발기인은 주식인수인 이외의 자에 대하여는 책임이 없다.

6. 공증인 · 감정인의 책임

공증인· 감정인이 법원이 선임하는 검사인의 조사에 갈음하여 변태설립사항을 조사· 평가하는 경우와 공증인이 회사설립경과를 조사하는 경우 그 임무를 해태한 때에 이들의 손해배상책임에 관하여는 상법상 명문규정이 없다. 그러나 공증인· 감정인과 회사와의 관계는 위임관계이므로 이들이 위의 임무를 수행하면서 선량한 관리자의 주의의무를 다하지 못한 경우에는 이사· 감사의 손해배상책임규정(제323조)을 유추적용하여야 한다고 본다.

제3절 주식과 주주

I. 주식의 의의

주식(share, stock)이란 용어에는 법률상 두 가지 뜻이 있다. 그 하나는 자본의 구성분자로서의 주식이고, 다른 하나는 주주의 지위, 즉 주주권으로서의 주식(주식사원권설)이다.

주식이라는 개념은 주식회사의 2개의 실질적 요소인 자본(물적요소)과 사원(인적요소)을 결부시키는 개념이다. 물론 주식이란 말이 때로는 주주권을 표창하는 유가증권 자체를 의미하기도 하나, 이것은 통속적인 용례이고 상법은 이를 '주권'으로 표현하고 있다(제335조 제2항, 제336조).

상법은 주금액의 최저한을 법정하여 액면주식을 발행할 경우 1주의 금액을 100원 이상으로 하였고(제329조 제3항), 그 주식은 금액으로 표시하되(액면주) 그 금액은 균일하여야 한다(제329조 제2항)고 규정하고 있다. 따라서 발행주식의 액면총액이 자본이 되는데(제451조), 다만 이익소각의 경우(제343조 제1항 단서)와 상환주식의 상환의 경우(제345조)에는 발행주식의 액면총액과 자본액이 일치하지 않는 예외의 경우가 발생한다. 만약 회사정관의 정함에 따라 주식 전부를 무액면주식으로 발행하는 경우에는 액면주식은 발행할 수 없다(제329조 제1항). 따라서 무액면주식을 발행한 경우에는 주식발행가액의 2분의 1 이상의 금액으로 이사회에서 자본금으로 계상하기로 한 금액의 총액이 자본금이 되며, 주식의 발행가액중 자본금으로 계상하지 아니한 금액은 자본준비금이 된다(제451조 제2항, 제3항). 물론 무액면주식은 주권에 액면금이 표시되지 않으므로 회사의 자본금은 총발행주식수로 나눈 금액이 주식의 형식적 가치가 된다.

이와 같이 주식회사의 자본을 주식으로 세분화하는 이유는 일반대중이 주식회사에 쉽게 참여할 수 있게 함으로써 대자본의 형성을 용이하게 하고, 사원의 지위를 증권화하여 유통을 가능케 함으로써 투하자본의 회수를 용이하게 하여, 다수의 주주에 대한 집단적 법률관계의 처리를 간명하게 하기 위한 것이다. 따라서 주식회사의 주주는 사원이 한 개의 지분을 갖는(지분단일주의) 합명회사의 사원과는 달리 복수의 지분을 갖는다(지분복수주의).

출자의 기본단위인 주식은 더 이상 세분할 수는 없으나(주식불가분의 원칙), 1개의 주식을 수인이 공유할 수는 있다(제333조). 주식공유의 법률관계에 관하여는 민법의 공유에 관한 규정(민법 제262조 내지 제270조)이 준용된다(민법 제278조). 수인이 공동으로 주식을 인수한 경우 연대하여 납입할 책임이 있고(제333조 제1항), 공유자는 주주의 권리를 행사할 자 1인을 정하여야 하며(제333조 제2항), 권리를 행사할 자가 없는 때에는 회사의 공유자에 대한 통지나 최고는 그중 1인에 대하여 하면 된다(제333조 제3항).

또한 주주총회의 특별결의에 의하여 최저액면금액 100원을 단위로 주식을 분할할 수 있으며(제329조의 2), 자본감소의 한 방법으로 주주총회의 특별결의에 의하여 주식을 병합할 수도 있다(제400조 내지 제444조 참조). 주식의 분할에 관하여는 주식의 병합에 관한 규정이 준용된다(제329조의 2 제3항).

보강 <주식의 성질에 관한 학설>

주식이 표창하는 것이 무엇이냐에 관하여는 종래 물권설, 채권설도 있었으나, 대체로 사원권(주주권)으로 보는 견해와 사원권을 부인하는 견해로 나누어지고 있다. 우리나라에서는 주식사원권설이 통설이다.

1. 주식사원권설(주주권설)

주식사원권설은 사원인 주주가 갖는 여러 가지 종류의 자익권, 공익권 및 출자의무가 개별적이고, 순수하게 채권적인 것이 아니라, 주주가 회사 관계에서 갖는 하나의 지위, 즉 '사원으로서의 지위' 속에 포함되는 것이라고 한다.

2. 사원권부인설

① 단일주주지위설은 주주가 사원으로서 갖는 여러 가지 권리는 그 성격이 각각 다른 점, 특히 공익권은 주주가 기관의 자격에서 갖는 '권한'이지 권리가 아니란 점을 들어 공익권을 사원의 지위의 내용에서 배제한다. 즉, 주식은 자익권 발생의 기초가 되는 사원의 지위를 의미한다고 한다.

② 주식채권설은 주식은 이익배당의 청구를 목적으로 하는 조건부채권 이고, 공익권은 원시적으로 부여되는 인격권(공권)으로서 주식 속에 포함되지 않는다고 하여, 역시 사원권을 부인한다.

③ 주식회사재단설은 주식회사를 영리재단법인으로 보고, 주식은 이익·이자배당 및 잔여재산분배청구권 등을 내용으로 하는 순수한 금전채권이라고 하면서, 이 권리는 양도될 수 있으나, 기타의 자익권 및 공익권은 주주의 의사와 관계없이 주주의 이익을 보호하기 위한 주식법상의 권리로서 양도성이 없다고 한다.

3. 검토

사원권설 이외의 모든 설은 오늘날 대규모 주식회사에 있어서 소유와 경영의 분리 현상을 전제로 한 것이고 중소규모의 주식회사를 대상으로 하는 경우에는 그 타당성이 희박해진다. 회사의 지배는 결국 주식의 소유에 의해서 이루어지는 것이고, 이러한 주주의 공익권은 반드시 회사의 이익만을 위하여 인정한 것이라기 보다 주주의 이익도 고려하여 인정되고 있는 권리라는 점에서 볼 때 사원권설이 타당하다고 본다.

II. 주식의 종류

1. 주식의 다양성

상법이 주식의 유형을 다양하게 한 것은 그 유형에 따른 장단점과 필요성을 고려하여 자유로이 선택할 수 있는 기회를 제공함으로써, 회사의 자금조달의 편의를 도모하기 위한 것이다. 그러나 내용이 다른 여러 가지 주식을 발행한다는 것은 주주평등의 원칙에 대한 예외를 인정하는 것이므로 여러 면으로 엄격한 규제를 받게 된다.

2. 주식의 분류

주식은 ① 주권과 주주명부에 주주의 성명이 기재되는가 않는가에 따라 기명주식과 무기명주식으로, ② 1주의 금액이 결정되고 주권에 기재되는가 않는가에 따라 액면주식과 무액면주식으로, ③ 신주발행시 주식의 취득을 위하여 주금을 납입시켜서 발행하는가 그렇지 않는가(예컨대, 자산재평가적립금이나 준비금의 자본전입의 경우)에 따라 유상주와 무상주로, ④ 회사가 당해 영업년도 전에 발행한 주식인가 당해 영업년도 중에 발행한 주식인가에 따라 구주와 신주로 나눌 수 있고, 이 밖에도 ⑤ 1주 미만의 주식인 단주의 개념을 인정할 수 있다.

보강 <무액면주식>

2011년 개정상법 이전의 (구)상법은 제329조 제4항에서 1주의 금액은 100원 이상으로 하여야 한다고 정하고 있으므로 (구)상법은 액면주식만 인정할 뿐 무액면주식의 발행은 인정하지 않고 있었다. 그러나 2011년 개정상법에 의하면 회사는 정관에서 정한 때 주식의 전부를 무액면주식으로 발행할 수 있게 되었고, 이러한 경우 액면주식은 발행할 수 없게 된다(제329조 제1항). 또한 정관의 정하는 바에 따라 발행을 액면주식을 무액면주식으로 전환하거나 무액면주식을 액면주식으로 전환할 수 있다(제329조 제4항).

이러한 무액면주식이란 정관과 주권에 1주의 금액을 표시하지 않고 주식의 수만을 기재하거나, 정관과 주권에 금액 대신 자본금에 대한 비율을 기재한 주식을 말한다. 무액면주식은 기준액이 없으므로 주식을 발행할 때마다 발행가액을 정하여야 하고, 발행가액의 전액을 자본에 계입함이 원칙이나, 그 일부는 자본준비금으로 계입할 수도 있다. 무액면주식을 발행하면 자본충실을 해할 우려가 있고 주식사기에 악용될 소지가 있다. 그러나 무액면주식은 ① 권면액이 없으므로 권면액을 기준으로 한 할인발행(제330조)의 문제가 없어 자본조달이 쉽고, ② 주식의 가치를 액면과 비교하는 관념을 없애 주며, ③ 액면가를 기준으로 한 배당률에 대한 논쟁을 피할 수 있고, ④ 신주를 발행하지 않고서도 증자를 할 수 있으며, ⑤ 자본감소와 주식분할이 용이하고, ⑥ 신주발행에 있어 액면초과금에 대한 문제가 없다는 등의 장점도 있다.

3. 종류주식

회사는 재산적 내용이 다른 주식(보통주, 우선주, 후배주, 혼합주), 의결권의 내용이 다른 주식(의결권 배제·제한에 관한 종류주식), 상환 또는 전환이 가능한 주식(상환주식·전환주식) 등을 발행할 수 있다. 2011년 개정상법에서는 이를 종류주식이라 한다(제344조~제351조) 따라서 회사는 이러한 종류주식을 조합하여 발행목적 및 필요에 따라 다양한 종류주식을 선택할 수 있다. 즉 다양한 종류주식의 발행은 기업의 자금조달을 보다 용이하게 하고, 경영권방어를 위해서 설계될 수도 있다.

(1) 재산적 내용이 다른 주식

회사는 이익의 배당, 잔여재산의 분배, 주주총회에서의 의결권의 행사, 상환 및 전환 등에 관하여 내용이 서로 다른 종류주식을 발행할 수 있다(제344조 제1항). 이는 주식회사의 자금조달을 용이하게 하기 위하여 인정된 것이다. 종류주식의 발행에 관한 사항은 정관의 상대적 기재사항으로서, 회사가 종류주식을 발행하려면 원시정관 또는 변경된 정관에 각종의 주식의 내용 및 수에 관한 정함이 있어야 한다(제344조 제2항, 제291조 제1호, 제317조 제2항 제3호). 정관에 종류주식의 발행에 관한 규정을 둔 때에는 주식청약서, 신주인수권증서,

신주인수권증권에도 그 내용을 기재하여야 하며(제302조 제2항 제4호, 제420조의 2 제2항 제3호, 제516조의 2 제2항 제3호), 이를 발행한 때에는 주주명부와 주권에도 기재하고(제352조 제1항 제2호, 제356조 제6호) 등기하여야 한다(제317조 제2항 제3호).

회사가 이사회의 결의로 종류주식을 발행하는 때에는 신주의 인수, 주식의 병합·분할·소각 또는 회사의 합병·분할로 인한 주식의 배정에 관하여 정관에 다른 정함이 없더라도 주식의 종류에 따라 특수한 정함을 할 수 있으며(제344조 제3항), 이 때 특정 종류의 주주에게 손해를 주게 될 때에는 이사회 또는 주주총회결의 외에 그 종류의 주주들에 의한 종류주주총회의 결의도 있어야 한다(제435조, 제436조).

재산적 내용이 다른 주식 중 ① 보통주(common share)란 회사가 재산적 내용(리익·이자의 배당 또는 잔여재산의 분배)에 있어서 차등 있는 종류주식을 발행하는 경우에, 그 표준이 되는 주식을 말한다. ② 우선주(preference share, action de priorité)란 재산적 내용에 있어서 보통주보다 우선적 지위가 인정된 주식을 말하며, 이익배당우선주가 일반적으로 이용된다. 우선주는 다시 그 우선권의 내용에 따라서 여러 가지로 분류되는데, 우선권의 존속기간이 한정되어 있는 것이 있는가 하면, 우선배당의 참가방법도 각양각색이다. 즉, 정관에 정한 우선적 배당을 받고 잔여미처분이익이 있을 때 그에 대하여도 보통주와 함께 일정한 비율에 의한 배당에 참가할 수 있는 참가적 우선주(participating share), 정관소정의 배당만 받고 잔여이익은 모두 보통주에 배당되는 비참가적 우선주(non-participating share), 특정 년도의 배당액이 정관에서 정한 우선배당률에 미달하는 때 그 부족액을 후년도의 이익으로부터 우선적으로 배당받을 수 있는 배당추징권이 인정되는 누적적 우선주(cumulative share), 그러한 추징권이 없는 비누적적 우선주(non-cumulative share)를 그 예로 들 수 있다. ③ 후배주(deferred share)란 이익배당 또는 잔여재산분배에 있어서 보통주보다 열후적 지위에 있는 주식, 즉 보통주식에 대하여 소정의 배당을 한 다음 잔여미처분이익이 있는 경우에 배당을 받는 주식을 말하고, ④ 혼합주란 보통주에 비하여 어떤 점에서는 우선권이 있으나 어떤 점에서는 열후적 지위에 있는 주식을 말한다.

(2) 상환주식 · 전환주식

1) 상환주식(redeemable share, callable stock)

상환주식이란 발행당시부터 회사가 이익으로써 소각할 것이 예정된 종류의 주식이다(제345조). 일반적으로 회사가 상환을 요구할 수 있는 주식(상환사유부주식)이 발행되지만, 주주가 상환을 청구할 수 있는 주식(상환청구권부주식)을 발행할 수 도 있다(제345조 제1항, 제3항). 상환주식을 보통주식으로는 발행할 수 없다(제345조 제5항). 상환주식은 회사의 입장에서 일시적인 자기자본의 조달방법으로서 장래의 경리상의 부담을 경감할 수 있는 편리한 제도이고, 투자자에게는 일정한 기간 동안은 우선적 배당을 받고 그 후에는 권면액 또는 그 이상의 상환을 받게 되므로 안전한 투자의 대상이 된다.

상환주식의 발행은 보통의 주식발행절차에 따라(제291조 제1호) 회사설립시에도 할 수 있고 성립 후에도 할 수 있다. 상환주식을 발행하려면 이익으로써 소각할 수 있다는 뜻과, 상환가액 · 상환기간 · 상환방법 등 주식의 내용과 수를 정관에 기재하여야 한다(제345조 제2항 제1문). 회사는 정관에서 정하는 바에 따라 주주가 회사에 대하여 상환을 청구할 수 있는 종류주식을 발행할 수 있다. 이 경우 회사는 정관에 주주가 회사에 대하여 상환을 청구할 수 있다는 뜻, 상환가액, 상환청구기간, 상환의 방법을 정해야 한다(제345조 제3항).

상환은 반드시 이익으로써 하여야 하나, 임의준비금으로써 충당하는 것은 상관없다. 따라서 상환기간을 정한 경우 그 기한이 도래하였다 하더라도 이익이 없으면 상환할 수 없다. 상환방법에는 회사와 주주의 합의에 의한 임의상환(매입상환)과 회사가 일방적으로 하는 강제상환이 있다. 또 주주의 청구가 있으면 회사가 상환의무를 부담하는 의무상환도 있다. 참고로 의무상환의 경우 주주가 주식의 상환을 청구하였음에도 불구하고 회사에 유보된 이익이 없기 때문에 회사가 그 상환에 응할 수 없게 되었다고 하더라도 회사나 이사는 그 주주에게 손해를 배상할 책임이 없다. 이러한 사례의 발생을 막기 위하여 회사는 상환을 위하여 정관으로 매년 이익의 일부를 상환기금(sinking fund)으로 적립할 것을 정하는 경우가 많다. 어느 방법에 의하든 상환주식 상호간에는 주주평등의 원칙이 적용되어야 한다. 또한 회사는 상환주식의 취득의 대가로 현금 외에 유가증권(다른 종류주식은 제외한다)이나 그 밖의 자산을 교부할 수 있다.

이러한 경우 그 자산의 장부가액이 배당가능이익을 초과하여서는 아니된다(제345조 제4항).

상환주식을 상환하면 그 주식은 소멸하므로 발행주식의 총수는 그 수만큼 감소되고, 따라서 변경등기를 하여야 한다(제317조 제2항 제3호, 제183조). 그러나 자본은 감소되지 않는다. 왜냐하면 자본감소는 일정한 채권자보호절차를 밟아야 하는데, 상환주식의 상환에는 이러한 절차가 필요없기 때문이다.

회사가 상환한 부분에 대하여는 다시 신주를 발행할 수 없다.(다수설) 왜냐하면 그 부분에 대한 주식의 발행권한은 이미 행사되었기 때문에, 재발행을 인정하면 이사회에 대한 이중의 발행수권이 되기 때문이다.

2) 전환주식(convertible share)

전환주식이란 종류주식을 발행하는 경우에 정관에서 정한 바에 따라 주주가 인수한 주식을 다른 종류의 주식으로 전환할 수 있는 권리(전환권)가 인정된 주식을 말한다(제344조 제1항, 제346조 제1항). 회사의 영업이 부진할 때는 비참가적 우선주를 발행하고 영업상태가 호전되면 보통주식으로 전환할 수 있게 한다면, 주주로서는 유리하므로 주주의 모집이 용이하게 되고, 결과적으로 회사의 자금조달이 용이하게 된다.

회사가 전환주식을 발행하는 경우(전환청구권부주식)에는, 전환을 청구할 수 있다는 뜻과 전환의 조건, 전환의 청구기간과 전환으로 인하여 발행할 주식의 수와 내용을 정관으로써 정하여야 한다(제346조 제1항). 반면 회사도 일정한 사유가 발생할 때 주주의 인수주식을 다른 종류주식으로 전환할 수 있음을(전환사유부주식)을 정관에 기재할 수 있다. 그리고 위의 사항을 주식청약서 또는 신주인수권증서에도 기재하여야 하고(제347조), 주권과 주주명부에도 전환주식의 발행사항을 기재하여야 한다(제356조 제8호, 제352조 제3항). 주식의 전환은 기존주식의 내용의 변경이 아니라, 기존주식을 소멸시키고 그 대신 신주를 발행하는 것이므로, 회사는 전환청구의 기간 내에는 전환으로 인하여 발행할 주식의 수를 정관에 정한 발행예정주식의 총수(제289조 제1항 제3호) 중에 유보하여야 한다(제346조 제4항).

주식의 전환을 청구하는 자는 언제든지 청구서 2통에 주권을 첨부하여 회사에 제출하기만 하면 된다(제349조 제1항).

주식의 전환은 주주가 전환을 청구한 경우에는 그 청구한 때에, 회사가 전환을 한 경우에는 주권제출 통지기간(2주 이상의 일정기간)이 끝난 때에 그 효력이 발생한다(제350조 제1항), 그러나 주주명부폐쇄기간 중에 전환된 주식의 주주는 그 기간 중의 총회의 결의에 관하여는 의결권을 행사할 수 없고(제350조 제2항), 전환권을 행사한 주식의 이익이나 이자의 배당에 관하여는 그 청구를 한 때가 속하는 영업년도말에 전환된 것으로 본다(제350조 제3항 제1문). 다만 신주에 대한 이익이나 이자의 배당에 관하여는 정관에 정하는 바에 따라 그 청구를 한 때가 속하는 영업년도의 직전 영업년도말에 전환된 것으로 할 수 있다(제350조 제3항 제2문).

전환으로 인하여 신주식을 발행하는 경우에는 전환 전의 발행가액을 신주식의 발행가액으로 하기 때문에(제348조), 전환주식의 발행가액이 그 액면액의 배수인 경우에는 신주식을 그 배수만큼 발행하여야 하므로, 이를 발행하면 자본은 그만큼 증가하게 된다. 즉, 전환주식의 발행 당시에 자본준비금으로 적립하였던 액면초과금액(제459조 제1호)은 자본전입을 하게 된다.

상환주식의 경우와는 달리, 전환에 의하여 소멸된 주식의 수만큼 같은 종류의 전환권 없는 주식을 다시 발행할 수 있다.(다수설) 왜냐하면 전환 자체가 다른 종류의 주식으로의 교체에 불과하므로, 재발행을 인정하더라도 이사회에 이중의 발행수권을 허용하는 것은 아니기 때문이다.

주식전환으로 인한 변경등기는 전환을 청구한 날 또는 제346조 제3항 제2호의 기간이 끝난 날이 속하는 달의 마지막 날부터 2주 내에 본점소재지에 하여야 한다(제351조). 회사가 전환사유부주식을 발행한 경우, 정관으로 일정한 사유가 발생할 경우 회사가 주주의 인수주식을 다른 종류의 주식으로 전환할 수 있음을 정할 수 있다. 이 경우, 전환사유, 전환조건, 전환의 기간과 전환으로 인하여 발행할 주식의 수와 내용을 정하여야 한다(제346조의 제2항).

3) 의결권 등의 내용이 다른 종류주식

2011년 개정상법에 의해 회사는 주주총회에서의 의결권 등에 관하여 내용이 다른 종류주식을 발행할 수 있다(제344조 제1항). 이러한 경우 정관으로 각 종류주식의 내용과 수를 정하여야 한다(제344조 제2항) 상법은 의결권 없는 주식과 의결권 제한에 관한 종류주식만을 인정한다. 보통주에 대하여도 이러한 주식을 발행할 수 있다. 의결권 배제·제한에 관한 종류주식을 발행할 경우에는 정관에 그 내용과 수를 정해야 한다(제344조의 3 제1항).

① 의결권 배제 주식은 의결권이 없기 때문에 의결권을 전제로 하는 권리인 주주총회의 소집통지를 받을 권리(제363조 제8항)와 주주총회 소집청구권이 없다. 주주총회의 정족수를 계산함에도 이러한 주식은 발행주식의 총수에 산입되지 않는다(제371조 제1항, 제344조의 3 제1항). 그러나 이러한 주주도 총회에 출석하여 의견을 진술할 수 있고, 결의 취소·무효의 소·위법행위유지청구권·대표소송 등 각 종 소수주주권을 행사할 수 있다.

정관에서 정한 의결권 부활의 조건성취, 창립총회에서 의결권 행사, 정관변경, 주식교환, 주식이전, 합병 등으로 손해를 입을 경우, 총주주의 동의를 요하는 경우, 주주총회 특별결의가 필요한 경우에 예외적으로 의결권을 행사할 수 있다.

② 의결권 제한 주식은 회사 정관이 정하는 어떤 사항에 관하여 의결권이 없는 주식을 말하는데, 회사는 정관에 의해 일부 사항에 대한 의결권 없는 주식을 발행할 수 있다(제344조의 3 제1항). 예컨대 영업양도·합병승인·이사의 선임 및 해임·배당결정 등에 관하여 의결권 없는 주식을 발행할 수 있다. 의결권 제한 주주는 의결권이 제한되기 때문에 의결권을 행사할 수 없는 사항을 안건으로 하는 주주총회의 소집통지를 받을 권리(제363조 제8항) 및 주주총회 소집청구권이 없다. 정관에서 정한 의결권 부활의 조건이 성취되면 의결권이 부활된다(제344조의 3 제1항).

위의 ①②의 주식은 발행주식총수 4분의 1을 초과하지 못한다. 이러한 제한을 초과하여 발행한 때에는 회사는 지체없이 위 제한을 초과하지 않도록 하기 위한 필요한 조치를 취하여야 한다(제344조의 2 제2항).

III. 주주

1. 주주의 의의

주주(shareholder)란 주식의 귀속주를 말하며, 주식회사의 사원이다. 한 개의 주식을 분할하여 그 일부분에 대한 주주를 인정할 수는 없으나(주식불가분의 원칙), 한 개 또는 여러 개의 주식을 수인이 공유할 수는 있다(주식의 공유)(제333조). 수인이 주식을 공유하는 경우에는 수인 중에서 권리를 행사할 자 1인을 정하여야 한다(제333조 제2항). 주주의 자격에도 원칙적으로 제한은 없다. 자기주식 취득은 원칙적으로 배당가능범위 내에서만 가능하도록 재원규제를 하고 있다(제341조). 주주의 수에도 제한은 없다(제288조).

2. 주주의 분류

주주는 소유주식의 수량에 따라 대주주·소주주로, 주식소유의 동기나 기능에 따라 투자주주·투기주주·기업자주주·종업원주주로 분류하기도 하고, 소유주식의 종류에 따라 보통주주·우선주주·열후주주·상환주주·무의결권주주 등의 이름으로 분류하기도 한다.

3. 주주평등의 원칙

주주평등의 원칙이란 주주가 주주라는 자격에서 가지는 권리의무(법률관계)에 관하여 평등한 대우를 받아야 한다는 원칙을 말한다. 여기서 평등이란 '사람'의 평등대우를 의미하는 것이 아니라, '주식'의 평등대우를 의미하는 것이다. 즉, 자본의 단위인 주식의 균등성(제329조)을 전제로 하여, 주주가 가지고 있는 주식의 수에 비례한 기계적 평등대우(배분적 평등)를 받는 자본적 평등을 의미하는 것으로서, '주식평등의 원칙'이라고도 할 수 있다. 이와 같이 모든 주식은 각각 균등한 권리·의무를 나타내므로 수개의 주식을 소유하고 있는 주주는 수개의 독립된 주주권을 중첩적·복수적으로 갖는다. 이를 지분복수주의라고 하고, 이 점은 유한회사의 사원의 경우에도 같다. 이에 비하여 합명회사나 합자회사의 사원들은 비율은 다르지만 각자 하나의 지분만을 갖는다. 이를 지분단일주의라 한다.

주주평등의 원칙은 '형평의 이념'의 단체법상의 구현이라고 할 수 있는 '사원평등의 원칙'이 주식회사에서 나타난 것으로서, 주식회사에 있어서는 특히 중요한 의미를 지니고 있다. 즉, 주식회사에 있어서는 발행된 주식의 수가 많고, 주주는 상호간에 인적 신뢰관계가 없이 자본적 결합을 하고 있으며, 다수결 원칙이 보편적으로 채택되므로, 이사에 의한 업무집행권의 남용 또는 다수결 원칙의 남용에 의한 대주주의 횡포로부터 일반주주의 이익을 보호하는 방벽의 기능을 하고 있다.

상법에는 주주평등의 원칙의 의의에 관한 규정은 없으나 주주의 이익배당청구권(제464조), 의결권(제369조 제1항), 신주인수권의 내용(제418조), 준비금의 자본전입에 의한 무상주교부(제461조 제2항), 전환사채인수권(제513조의 2 제1항 단서), 신주인수권부사채인수권(제516조의 10, 제513조의 2), 잔여재산분배(제538조) 등에 관하여 각 주식을 평등하게 취급하여야 한다는 취지의 규정을 두고 있다.

주주평등의 원칙의 예외로는 우선권이 있는 종류 주식의 발행(제344조 제1항, 제345조, 제346조, 제370조), 소수주주권의 인정(제366조, 제402조, 제403조, 제466조, 제467조, 제385조 제2항, 제520조, 제539조 계2항), 의결권행사의 제한(제368조 제4항, 제409조 제2항, 제369조 제3항) 등 상법이 인정하는 경우가 있다

주주평등의 원칙은 회사와 주주간에만 적용하는 원칙이며, 주주상호간 또는 주주와 제3자 간에는 적용되지 않는다. 그리고 주주평등의 원칙은 강행법적 원칙이기 때문에 이에 위배되는 정관의 규정, 주주총회 또는 이사회의 결의, 대표이사의 업무집행 등은 무효이나, 해당주주의 동의가 있으면 이에 제한을 가할 수 있다고 본다. 예컨대, 대주주와 소주주에게 각기 이익배당률을 달리 하기로 하는 주주총회의 결의도 할 수 있다.

4. 주주의 권리 · 의무

주주의 권리란 주주가 주주라는 자격에서 회사에 대하여 가지는 권리를 말한다. 주주의 권리는 주식의 내용이 되는 주주권으로서, 주권과 떨어져서 양도

나 전부의 목적이 될 수 없고, 시효에도 걸리지 않는다. 따라서 주주권에 의거해서 구체적으로 확정된 채권, 즉 채권자적 권리(예컨대, 특정액의 이익배당금 지급청구권)와는 구별된다.

주주의 권리는 그 분류기준에 따라 여러 가지로 구분할 수 있다. 즉, ① 권리행사의 목적에 따라서 분류하면, 투자자로서의 주주 개인의 재산적 이익을 확보하기 위하여 인정된 권리인 자익권(예컨대, 이익배당청구권, 신주인수권, 잔여재산 분배청구권, 주권교부청구권, 전환사채 및 신주인수권부사채 인수권 등)과 회사 또는 주주 공동의 이익을 위하여 회사의 운영에 관여하는 권리인 공익권(예컨대, 의결권, 주주총회소집청구권, 회계장부 열람청구권, 유지청구권, 각종의 소권 등), ② 권리행사의 제한방법에 따라서 분류하면, 소정의 비율 이상의 주식소유를 필요로 하는 소수주주권[예컨대, 이사의 위법행위의 유지청구권, 대표소송 제기권(이상 100분의 1), 주주총회 소집청구권, 이사·감사 해임청구권, 회계장부 열람청구권, 청산인 해임청구권, 검사인 선임청구권, 주주제안권, 집중투표청구권(이상 100분의 3), 회사정리법에 의한 회사정리개시청구권 및 회사의 해산판결청구권(이상 100분의 10)]과 1주의 주주라도 행사할 수 있는 단독주주권(예컨대 의결권, 회사설립무효의 소권 등 대부분의 권리)으로 분류하는 것이 보통이다. 또 ③ 정관의 규정이나 주주총회의 다수결로써 박탈할 수 없는 고유권(예컨대, 의결권, 이익배당청구권, 잔여재산 분배청구권, 주식의 자유양도권 등)이나 박탈할 수 있는 비고유권이냐를 구분하여 논의하기도 한다.

주주의 의무란 주주가 사원의 자격에서 회사에 대하여 부담하는 재산의 출자의무를 말하는 것이며, 이 의무는 주식의 인수가액을 한도로 하는 출자의무(제331조)일 뿐, 이 밖에 아무런 의무도 없다(주주유한책임의 원칙). 상법은 출자의무에 관하여 전액납입주의를 취한 결과 보통의 주주라면 회사성립 전 또는 신주발행의 효력발생 전에 출자의무를 전부 이행하게 되므로(제295조, 제305조, 제421조, 제423조), 주식인수인으로서의 의무만 있을 뿐이다.

보강 <주권상장회사 등의 소수주주권에 대한 특칙>

주권상장회사 등의 경우에는 소수주주권 행사에 있어서 요구되는 상법상의 지주요건을 크게 완화함으로써 소수주주권행사의 활성화를 통한 기업경영의 투명성 제고를 도모하고 있다.

① 이사·집행임원·감사·청산인 또는 발기인의 책임을 추궁하는 대표소송제기권(제324조, 제403조, 제408조의 9 , 제415조, 제424조의 2, 제516조 제1항, 제516조의 10, 제542조의 제2항)·이익공여 주주에 대한 이익반환청구권(제467조외 2) 등의 경우에는 "6월 전부터 계속하여 상장회사의 발행주식총수의 0.01% 이상에 해당하는 주식을 보유한 자"를 소수주주권자로 한다(제542조의 6 제6항).

② 이사·집행임원·감사·청산인해임청구권(제385조, 제415조, 제539조 제2항)의 경우에는 "6월 전부터 계속하여 상장회사의 발행주식총수의 0.5%(대통령령이 정하는 법인의 경우에는 0.25%) 이상에 해당하는 주식을 보유한 자"를 소수주주권자로 한다(제542조의 6 제3항).

③ 이사·감사·청산인의 위법행위 유지청구권(제402조, 제408조의 9, 제415조, 제542조 제2항)의 경우에는 "6월 전부터 계속하여 상장회사의 발행주식총수의 0.05%(대통령령이 정하는 법인의 경우에는 0.025%) 이상에 해당하는 주식을 보유한 자"를 소수주주권자로 한다(제542조의 6 제5항).

④ 회계장부열람권(제466조)의 경우에는 "6월 전부터 계속하여 상장회사의 발행주식총수의 0.1%(대통령령이 정하는 법인의 경우에는 0.05%) 이상에 해당하는 주식을 보유한 자"를 소수주권자로 한다(제542조의 6 제4항).

⑤ 주주제안권(제363조의 2)의 경우에는 "6월 전부터 계속하여 상장회사의 발행주식 총수의 1%(대통령령이 정하는 법인의 경우에는 0.5%) 이상에 해당하는 주식을 보유 한 자"를 소수주주권자로 한다(제542조의 6 제2항).

⑥ 집중투표청구권(제382조의 6)의 경우에는 "상장회사의 의결권 없는 주식을 제외한 발행주식총수의 1% 이상에 해당하는 주식을 보유한 자"를 소수주주권자로 한다(제542조의 7 제2항).

⑦ 임시총회소집청구권(제366조, 의결권주식을 기준으로 인정) 및 회사의 업무·재산상태를 조사하기 위한 검사인선임청구권(제467조)은 "6월 전부터 계속하여 상

장회사의 발행주식총수의 1.5% 이상에 해당하는 주식을 보유한 자"를 소수주주권자로 한다(제542조의 6 제1항).

Ⅳ. 주권

1. 주권의 의의

주권(share certificate)이란 주식, 즉 주주의 지위(주주권)를 표창하는 유가증권을 말한다.

주권은 불완전유가증권이며, 요식증권이기는 하나(제356조), 엄격한 요식증권은 아니다. 주권은 주식회사라는 사단관계를 기초로 하여 발행되는 유가증권이므로, 유가증권의 법리뿐만 아니라 사단의 법리에 의해서도 지배된다.

2. 주권의 성질

주권의 법적 성질로는 비설권증권성·요인증권성·비문언증권성·비상환증권성·법률상 당연한 지시증권성 등을 들 수 있다. 즉 사원권은 주권을 교부한 때에 비로소 발생하는 것이 아니라 이미 회사의 설립등기가 있거나 신주 발행의 경우에는 납입기일의 다음날로부터(상법 제423조 제2항) 성립하므로 주권은 비설권증권이며, 증권상의 권리는 원인관계의 존부나 증권의 발생시기에 따라 그 효력이 좌우되는 요인증권이고, 주주권의 내용이 주권에 기재된 문언에 따라 결정되지 않는 비문언증권이며, 주권에는 일정한 법정된 사항을 기재하여야 하므로(상법 제356조) 요식증권이지만 법정기재사항이라도 본질적인 것이 아닌 것은 그것을 기재하지 않더라도 주권은 무효가 되지 않는 점에서 요식증권성은 엄격하지 않고, 주권은 권리의 행사가 계속적이므로 비상환증권이다.

어음·수표는 설권증권이며 요인증권이고 문언증권이며 엄격한 요식증권이고 상환증권으로서 완전유가증권인데 비하여 주권은 불완전유가증권이라고 할 수 있다.

3. 주권의 종류

주권은 권면에 주주의 성명이 기재되어 있는 기명주권과 그 기재가 없는 무기명주권으로 분류할 수 있다. 상법은 기명주권을 원칙으로 하므로 무기명주권은 정관에 규정이 있는 때에만 발행할 수 있다(제357조 제1항). 무기명주권을 가지는 주주는 기명주권으로의 전환청구를 할 수 있으며(제357조 제2항), 또 주주권을 행사하려면 주권을 회사에 공탁하여야 한다(제358조).

주권을 표창하는 주식수에 따라 분류하면 1주권(단일주권)·10주권·100주권(병합주권) 등 정관에 따라 여러 가지 형태가 존재할 수 있다.

4. 주권의 발행

(1) 주권의 기재사항

주권은 요식증권이므로 소정의 사항을 기재하고 대표이사 또는 집행임원이 기명날인 또는 서명을 하여 발행한다(제356조). 법정기재사항으로는 회사의 상호, 회사의 성립 연월일, 회사가 발행할 주식의 총수, 액면주식을 발행하는 경우 1주의 금액, 회사성립 후 발행된 주식에 관하여는 그 발행연월일, 종류주식이 있는 경우에는 그 주식의 종류와 내용, 주식양도에 관하여 이사회의 승인을 얻도록 정한 때에는 그 규정 등이다. 그러나 주권은 엄격한 요식증권은 아니므로, 예컨대 회사의 성립연월일(제356조 제2호), 회사 성립 후에 발행된 주식에 관하여 그 발행연월일 등의 기재는 흠결이 되어도 그 주권은 무효로 되지 아니하며, 주권의 기재사항 중 일부(예컨대, 상호, 발행예정주식총수)의 변경이 있는 경우에도 주권의 효력에는 영향이 없다. 주권의 부실기재에 대하여 이사는 과태료의 제재를 받고(제635조 제1항 제6호), 손해배상책임을 진다.

(2) 발행시기

회사는 회사성립 후 또는 신주의 납입기일 후가 아니면 주권을 발행하지 못한다(제355조 제2항). 이에 위반하여 발행한 주권은 무효이고, 발행자는 손해배상책임을 면할 수 없다(제355조 제3항). 또 회사성립 후 또는 납입기일 후에는 지체없이 주권을 발행하여야 한다(제355조 제1항). 이들 규정에 위반한 경우에 이사는 과태료의 제재를 받는다(제635조 제1항 제19호). '지체없이'란 상법 제335조 제3항 단서의 규정에 비추어 6월 이내라고 본다.

(3) 주권의 효력발생시기

주권은 비설권증권이기 때문에 그 효력발생시점이 언제인지가 명확하지 못하다. 이에 관하여는 ① 주권의 효력은 회사가 주권을 작성하여 회사의 의사에 의하여 주주에게 교부한 때 발생한다고 하는 교부시설, ② 회사가 주권을 작성하여 회사의 의사로 누군가에게 교부한 때에 주권의 효력이 생긴다는 발행시설, ③ 회사가 적법하게 주권을 작성한 때에 이미 주권으로서의 효력이 생긴다고 하는 작성시설(창조설) 등의 학설이 있다.

발행시설과 작성시설에 의하면 주권의 효력이 발생하는 시점이 빠르기 때문에 주권의 유통(선의취득)이 충분히 보호되는 반면에 회사가 정당한 주주에게 주권을 교부하기 전에 도난·분실 등으로 그 주권을 상실하였을 경우, 주주로서는 아무런 귀책사유 없이 주권을 부당하게 상실하게 되고, 반대로 교부시설에 의하면 주주의 권리는 보호되지만 거래의 안전에는 소홀하게 된다. 주주에게 교부하기 전에 분실한 주권을 선의취득한 제3자는 회사 기타 양도인에 대한 손해배상청구나 부당이득반환청구에 의하여 보호받을 수 있기 때문에 교부시설이 가장 타당하다고 본다.

5. 주권불소지제도

주식은 기명주식이든 무기명주식이든 주권의 교부만으로 양도할 수 있다(제336조 제1항). 따라서 일단 주권을 분실·도난당한 경우에는 주권의 점유자는 적법한 소지인으로 추정되므로(제336조 제2항) 제3자가 쉽게 선의취득을 하게 되어(제359조, 수표법 제21조), 주주로서의 정적 안전을 위협받게 된다. 뿐만 아니라 기명주권의 경우 주주명부에 기재되어 있는 한, 주주권을 행사 하는데 주권을 꼭 필요로 하는 것도 아니므로 분실·도난의 위험이 있는 주권을 구태여 소지할 필요가 없게 된다.

따라서 주주는 정관에 다른 정함이 없는 한, 주권의 소지를 하지 아니하겠다는 뜻(주권불소지의 의사)을 회사에 신고할 수 있다(제358조의 2 제1항). 이 경우에 회사는 지체없이 주권을 발행하지 아니한다는 뜻을 주주명부와 그 복본에 기재하고, 그 사실을 주주에게 통지하여야 한다(제358조의 2 제2항 제1문). 만일 회사가 이를 위반한 때에는 이사는 500만원 이하의 과태료의 처벌을 받는다(제635조 제1항 제20호).

한편 회사가 주권불발행의 뜻을 주주명부와 그 복본에 기재한 때에는 회사는 주권을 발행할 수 없음(제358조의 2 제2항 제2문)은 물론, 이미 발행된 주권이 있는 때에는 주주는 이를 회사에 제출하여야 하고(제358조의 2 제3항), 회사는 이 때 제출된 주권을 무효로 하거나 명의개서대리인에게 임치하여야 한다(제358조의 2 제3항). 그러나 주권불소지의 신고를 한 경우에도 주주가 주식의 양도·입질 등과 같이 주식을 처분할 경우에는 언제든지(예컨대, 주주명부폐쇄기간 중에도) 회사에 대하여 주권의 발행을 청구할 수 있다(제358조의 2 제4항).

6. 주권의 상실과 재발행

주권을 상실한 경우에는 공시최고의 절차(민소 제446조 이하)에 의하여 제권판결을 받음으로써 상실한 주권을 무효로 할 수 있으며, 이 경우에만 주권의 재발행을 청구할 수 있다(제360조).

공시최고의 신청권자는 주권의 최종소지인이며, 주식을 입질한 경우에는 질권자가 신청할 수 있다. 일설에 의하면 질권설정자에게도 신청권이 있다고 하나, 질권설정자는 질권설정 후에 공시최고신청을 하여 질권자가 점유하는 주권을 무효화시킬 염려가 있고, 질권자와 질권설정자 양자가 모두 신청을 한 경우에는 누구의 신청을 우선시켜야 할 것인지 문제되기 때문에 타당하지 못하다고 본다.

한편 제권판결선고 전에 그 상실주권에 대하여 선의취득을 하였으나 공시최고기간 중에 권리의 신고나 청구를 하지 않았던 선의취득자와 제권판결취득자 간에는 누가 진정한 권리자인가 하는 것이 문제된다. 이에 관하여는 제권판결취득자우선보호설, 선의취득자우선보호설, 그리고 명의개서를 기준으로 하여 제권판결 이전에 주권의 명의개서를 한 선의취득자는 우선적으로 보호받는다는 절충설이 있다.

명의개서는 회사에 대한 대항력을 갖추는 데 필요한 요건일 뿐인데 이것을 기준으로 권리신고와 동일한 효력을 부여하는 것은 문제가 있고, 무기명주식의 경우에는 명의개서조차 할 수 없으므로 절충설은 타당하지 못하다. 생각건대 제권판결은 선의취득자의 권리를 상실시키는 것은 아니나, 제권판결의 소극적 효력으로서 주권 자체가 무효가 되고, 적극적 효력으로서 주주는 주권이 없이도 주주로서의 권리를 행사할 수 있으므로 법률상 제권판결을 받은 자가 우선적으로 보호받게 된다고 보는 제권판결취득자우선보호설이 옳다고 본다. 다만 제권판결은 권리자를 확정하는 판결이 아니므로 선의취득자는 제권판결취득자에 대하여 제권판결 정본(正本)의 반환을 청구하거나 제권판결 후 재발행된 주권의 반환을 청구할 수 있을 것이다.

7. 주식의 전자등록

주식의 전자등록제도란 회사에 주권을 실제 발행하는 대신 전자등록기관에 주식을 등록하는 것을 말한다. 2011년 개정상법에서는 주식의 전자등록제도를 도입하였다. 즉, 회사는 주권을 발행하는 대신 정관에서 정하는 바에 따라 전자등록기관(유가증권등의 전자등록 업무를 취급하도록 지정된 기관을 말한다. 이하같다)의 전자등록부에 등록할 수 있다(제356조의 2 제1항). 전자등록부에 등록된 주식의 양도나 입질은 전자등록부에 하여야 효력이 발생한다(제356조의 2 제2항). 이러한 전자등록부에 주식을 등록한 자는 그 등록된 주식에 대한 권리를 적법하게 보유한 것으로 추정하며, 전자등록부를 선의로 그리고 중대한 과실없이 신뢰하고 상법 제356조의 2 제2항의 등록에 따라 권리를 취득한 자는 그 권리를 적법하게 취득한다(제356조의 2 제3항). 기타 전자등록의 절차, 방법 및 효과, 전자등록기관의 지정, 감독 등 주식의 전자등록에 관한여 필요한 사항은 대통령령으로 정한다(제356조의 2 제4항).

V. 주주명부

1. 주주명부의 의의

주주명부(register of members)란 주식·주권 및 주주에 관한 사항을 명기하는 장부(제352조)를 말하며, 상업장부는 아니다. 회사는 정관으로 정하는 바에 따라 전자문서로 주주명부를 작성할 수 있다(제352조의 2 제1항) 이를 전자주주명부라고 한다. 이사는 주주명부를 작성하여 회사의 본점 또는 명의개서대리인의 영업소에 비치하고(제396조 제1항), 주주와 회사채권자의 열람청구에 응하여야 한다(제396조 제2항).

2, 주주명부의 내용

회사가 기명주식을 발행한 때에는 주주명부에 주주의 성명과 주소, 각 주주가 가진 주식의 종류와 그 수, 주권을 발행한 때에는 그 주권의 번호, 각 주식의 취득년월일 등을 기재한다(제352조 제1항). 또한 회사가 전자주주명부를 작성하는 경우에는 전자우편주소를 추가적으로 기재하여야 한다(제352조의 2 제2항). 이 밖에 질권등록사항(제340조) 및 주권불소지사항(제358조의 2) 등도 기재한다. 무기명주식을 발행한 때에는 주주명부에 그 종류·수·번호·발행연월일만 기재하면 된다(제352조 제2항). 회사가 전환주식을 발행한 때에는 전환의 취지 조건 및 기간과 새로이 발행할 주식의 내용을 기재하여야 한다(제352조 제3항, 제347조). 이 밖에 임의적 기재사항으로서 공유주식의 권리행사자의 성명과 주소(제333조 제2항 참조) 등이 있다. 주주명부에 기재할 사항을 기재하지 않거나 부실기재한 이사에 대하여는 과태료의 제재가 있다(제635조 제1항 제9호),

3. 주주명부의 효력

주주명부의 효력에 관해 고찰하면 주주명부에 기재된 주주가 실질적 주주로 추정되고(추정적 효력) 회사도 주주명부에 기재된 자를 주주로 취급하면 면책된다(면책적 효력: 따라서 주주명부에 기재된 주주 또는 질권자에게, 주주명부에 기재된 주소로 최고 또는 통지를 하면 충분하다(제353조 제1항). 이 외에, 주주명부는 기명주식이전의 대항요건구비(대항적 효력)(제337조 제1항) 및 기명주식의 질권행사(등록질의 특별한 효력)(제340조)에 있어서도 중요한 의의가 있다. 회사가 명의개서를 하지 않은 주식양수인을 주주로 인정하는 것은 무방하다(통설).

4. 주주명부의 폐쇄와 기준일

(1) 총설

① 주주로서 주주총회에서 의결권을 행사하거나 이익배당을 받을 자는 기명주식의 경우에는 원칙적으로 그 권리를 행사하는 때에 주주명부상의 주주이어야 할 것이다. 그러나 주식은 항상 유통하기 때문에 권리를 행사하는 때에 권리를 행사할 주주를 확정한다는 것은 용이한 일이 아니다. 그리하여 상법은 일정한 기간 주주명부를 폐쇄하여 권리행사자를 확정하거나, 주주명부를 폐쇄하지 않고 일정한 시점의 주주명부상의 주주를 권리행사자로 확정하는 기준일제도를 두고 있다.

② 주주명부가 폐쇄되면 폐쇄기간 중에는 주식을 양수하였더라도 명의개서를 할 수 없기 때문에 주주의 권리를 행사할 수 없게 된다. 그리하여 주주명부의 폐쇄기간 중에는 주식의 양도가 어느 정도 제한이 된다고 할 수 있지만 이 기간중에도 명의개서를 할 수 없다는 것을 전제로 하여 주식의 거래는 사실상 이루어진다. 기준일이 경과한 다음에도 같다. 다만 주주명부의 폐쇄 또는 기준일이 경과하기 전보다 주가가 다소 떨어질 뿐이다. 그런데 배당락의 경우에는 주가가 큰 폭으로 떨어지지 않지만 무상주를 교부한다든지 신주인수권을 갖는 주주를 확정하기 위해서 주주명부를 폐쇄한 때, 즉 권리락의 경우에는 배당락의 경우에 비하여 주가가 큰 폭으로 떨어질 수도 있다.

③ 주주명부가 폐쇄된 때에는 폐쇄기간중에 주식을 양수한 자는 명의개서를 할 수 없기 때문에, 또한 기준일이 경과한 다음에 주식을 양수한 자는 명의개서는 할 수 있어도 권리행사자를 확정하는 기준일이 경과되었기 때문에, 이러한 경우의 주식의 양도는 주주명부상의 주주인 주식의 양도인

이 배당이나 무상주나 신주인수권을 받는다는 것을 조건으로 한 것이라고 할 수 있다. 이러한 경우 주식을 양수하였더라도 배당을 받을 수 없는 주식을 배당락주식이라고 하고 기타의 권리를 행사할 수 없는 것을 권리락주식이라고 한다.

(2) 주주명부의 폐쇄

1) 의의

주주 또는 실권자로서 권리를 행사할 자를 확정하기 위하여 일정기간 주주명부의 기재변경을 정지하는 제도를 주주명부의 폐쇄라 한다. 회사의 정관에 주주명부의 폐쇄에 관하여 아무런 규정이 없는 때에도 이사회의 결의 또는 대표이사가 일정한 기간을 정하여 주주명부의 기재변경을 정지시킬 수 있다(제354조 제1항). 이와는 달리 이사회의 결의는 반드시 있어야 한다는 설도 있다. 그러나 이사회의 결의가 없더라도 대표이사가 한 폐쇄는 유효하다고 할 것이다. 또한 회사는 사무처리의 편의만을 위하여 주주명부를 폐쇄하지는 못한다.

2) 폐쇄기간

주주명부의 폐쇄기간은 3월을 초과하지 못한다(제354조 제2항). 그러므로 폐쇄의 날 이후 권리행사일까지의 기간이 3월을 초과하는 때에는 그 초과하는 기간의 폐쇄는 무효로 보아야 한다. 그러나 폐쇄의 시기가 분명하지 않은 때에는 그 전부가 무효이다. 주주총회의 연기 결의에 의하여 총회가 폐쇄기간의 경과 후에 개최되는 경우에는 폐쇄기간의 경과로 명의개서는 재개되어도 연기된 총회에서의 의결권의 행사는 폐쇄기간중의 주주명부상의 주주만이 할 수 있다.

3) 폐쇄기간의 공고

폐쇄기간을 정한 때에는 그 기간의 2주간 전에 이를 폐쇄의 목적과 함께 공고하여야 한다. 그러나 정관으로 그 기간을 정한 때에는 공고할 필요가 없다(제354조 제4항). 그러므로 공고는 보통 정기적인 폐쇄 이외에 주주가 신주인수권을 갖는 신주발행이나 임시주주총회를 하는 경우에 하게 된다. 공고의 목적은 주식을 양수하였으나 아직 명의개서를 하지 않은 사실상의 주주들로 하여금 주주명부의 폐쇄 전에 명의개서를 하여 권리행사를 할 수 있도록 촉구하는데 있다. 그러므로 공고하지 않았거나 공고의 일수가 부족한 때에는 주주명부의 폐쇄는 효력이 없다고 본다. 이와는 달리 공고에 관한 경미한 사항을 위반한 경우에는 유효하다는 설도 있다.

4) 폐쇄의 효과

폐쇄기간중에는 명의개서는 물론이고 질권의 등록(제340조)도 할 수 없으며, 신탁재산의 표시나 말소도 할 수 없다(신탁법 제3조 제2항). 이와 같이 주주명부가 폐쇄된 경우에는 주주명부에 주주의 이동이 생기지 않으므로 폐쇄개시의 시기의 주주명부상의 주주가 권리자로 확정된다. 그러나 주주명부의 폐쇄중이라도 권리의 변동과 무관한 사항(예컨대 주주의 주소변경, 개명, 법인의 대표자 변경, 기명주권의 불소지신고(제358조의 2 제1항), 불소지신고주주의 주권발행의 청구(제358조의 2 제4항)은 기재변경이 가능하다.

(3) 기준일

1) 의의

회사는 일정한 날을 정하여 그 날에 주주명부에 기재되어 있는 주주 또는 질권자를 권리행사자로서 일률적으로 확정할 수 있다(제354조 제1항). 그 날을 기준일(fixed date) 또는 등록일(record date)이라 한다. 기준일은 주주명부의 기재변경을 정지하지 않고 주주를 확정하는 방법이므로 주주명부를 폐쇄하는 경우와 달리 주식의 자유양도성을 실질적으로 제약하지 않는 이점이 있다. 즉 기준일의 경우에는 명의개서가 거의 정지되지 않기 때문에 기준일에 주주명부상의 주주이면 권리행사시에는 주주명부상의 주주가 아니라도 권리를 행사하게 된다.

2) 설정

기준일은 정관으로 미리 「결산일」로 정할 수 있으나 이러한 경우에도 필요에 따라서 이사회 또는 대표이사가 기준일을 정할 수 있다. 어떠한 경우이든 기준일은 주주 또는 질권자로서 권리를 행사할 날에 앞선 3월 내의 날로 정하여야 한다(제354조 제3항). 이를 현저하게 초과하는 기준일의 설정은 무효라고 보지만 다소 초과되는 경우에는 유효한 것으로 인정하여도 무방하다 할 것이다. 왜냐하면 주주명부를 폐쇄한 경우와 달리 기준일의 설정은 명의개서에 아무런 영향을 미치지 않기 때문이다.

3) 공고

이사회가 기준일을 정한 경우에는 회사는 기준일과 그 목적을 기준일의 2주간 전에 공고하여야 한다(제354조 제4항). 또한 기준일은 주주명부에 기재변경이 생기지 않게 하는 주주명부의 폐쇄와 달리 특정한 권리의 행사자를 확정하는 제도이기 때문에 기준일의 설정공고에는 설정의 목적도 명확하게 공고하여야 한다. 공고가 없거나 공고는 하였더라도 공고기간이 2주간에 미달하는 때에는 기준일의 설정은 무효라고 본다. 그러나 정관으로 기준일을 지정한 때에는 공고할 필요가 없다(제354조 제4항 단서).

4) 주주명부의 폐쇄와 기준일의 병용

회사는 주주명부의 폐쇄와 기준일을 병용할 수 있다. 전자는 장기간에 걸쳐 주식의 양도를 간접적으로 제한하는 결과를 초래하며, 후자는 회사의 사무처리에 있어서 번잡을 면할 수 있다. 그리하여 실제에 있어서는 일반적으로 양자를 병용하여 기준일의 익일부터 주주명부를 폐쇄한다. 즉 결산일을 이익배당의 기준일로 한 경우에 배당을 받을 자와 정기총회에서 의결권을 행사할 자를 일치시키기 위하여 결산일의 익일부터 정기총회의 종결시까지 주주명부를 폐쇄하기도 한다. 이러한 목적의 달성은 주주명부의 폐쇄만으로도 가능하지만 폐쇄기간 중에 신주가 발행되는 경우에는 폐쇄기간 중이라도 신주주는 주주명부에 기재되기 때문에 신주주에게도 이익배당을 하여야 된다는 복잡한 문제가 생기게 된다. 그러므로 결산일을 배당을 위한 기준일로 함과 동시에 그 다음날부터 주주명부를 폐쇄하면 신주주는 이익배당에서 제외되어도 재무제표의 승인결의에서는 의결권을 행사할 수 없으나 기타의 결의사항에 대하여는 의결권을 행사할 수 있게 된다.

Ⅵ. 주식의 양도

1. 주식양도의 의의

주식양도란 법률행위에 의하여 주주권인 주식을 이전하는 것이다. 따라서 주주가 주주로서의 자격에서 회사에 대하여 갖는 일체의 법률관계는 주식의 양도에 의해서 일괄하여 양수인에게 이전된다(사원권설). 주식의 양도행위는 직접 주식 이전의 효과가 생기게 하는 것이므로 그 법적 성질은 준물권계약이다(통설). 따라서 채권계약인 매매나 증여와 같은 원인행위와는 구별하여야 한다.

2. 주식양도의 자유

주주는 자기가 가지고 있는 주식을 자유롭게 타인에게 양도할 수 있는 것이 원칙이다(제335조 제1항). 주식양도자유의 원칙은 유한책임제도와 함께 주식회사의 본질적 특색으로 되어 있다. 주식회사에서는 인적 회사에서와 같은 퇴사제도가 없으므로 그 대신 주식의 자유로운 양도에 의하여 투하자본을 회수할 수 있는 길을 확보해 준다는 점에 그 의의가 있는 것이다. 이를 위해 상법은 원칙적으로 주식양도의 자유를 인정하고 있고 또한 주식매수청구권을 인정하고 있다.

한편 개정 상법에서는 "회사는 정관으로 정하는 바에 따라 그 발행하는 주식의 양도에 관하여 이사회의 승인을 받도록 할 수 있다"고 하였다(제335조 제1항 단서). 따라서 정관에서 주식양도를 제한할 수 있으나 주식양도를 전면적으로 금지할 수는 없다.

3. 주식양도의 제한

주식의 자유양도성은 원칙적으로 보장되는 것이나, 상법상 또는 특별법상의 규정이 있는 경우나 정관에 규정이 있는 경우에는 예외적으로 제한을 받는다.

(1) 상법에 의한 양도제한

1) 권리주양도의 제한

회사성립 전 또는 신주발행의 효력발생 전의 주식인수인으로서의 지위를 '권리주'라 한다. 권리주의 양도를 허용하는 경우에는, 회사의 설립에 있어 사무처리를 번잡하게 하고, 투기행위를 조장할 우려가 있기 때문에 상법은 "권리주의 양도는 회사에 대하여 효력이 없다"고 제한하였다(제319조, 제425조). 회사에 대하여 효력이 없다는 의미는 당사자로부터 회사에 대하여 양도의 효력을 주장할 수 없을 뿐만 아니라, 회사로부터도 그 효력을 인정받지 못한다는 것이다. 발기인 또는 이사가 권리주를 양도한 경우에는 벌칙의 적용을 받는다(제635조 제2항).

2) 주권발행 전의 주식양도의 제한

상법은 회사성립 후 또는 신주의 납입기일 후 지체없이 주권을 발행하도록 의무를 과하는 동시에, "주권발행 전에 한 주식양도는 회사에 대하여 효력이 없다"고 하여 그 양도를 제한하고 있다(제335조 제3항 본문). 제한하는 이유는, 주권발행 전에는 보통 주주명부가 정비되어 있지 않으므로 사무처리를 번잡하게 하고 주식양도를 회사에 대항하기 위하여 필요한 명의개서를 할 수 없다는 기술적 곤란성에 있다. 그러나 회사성립 후 또는 신주의 납입기일 후 6월이 경과하도록 주권발행이 부당하게 지연되는 경우에는 주주는 주권 없이도 유효하게 주식을 양도할 수 있다(제335조 제3항 단서).

[사례] 주권발행전의 주식양도의 효력

X주식회사는 2001. 2. 1. 성립한 회사로서 같은해 5. 1. 까지 주권을 발행하지 않자 같은날 주주 甲은 주권 없이 자신의 주식을 乙에게 양도하였다. 甲은 이러한 주식양도 사실을 회사에 통지하였고 회사는 이를 승락하였다. 같은해 8. 1. X주식회사는 乙에게 주권을 발행하여 주었고, 乙은 같은해 9. 1. 丙에게 주권의 교부와 함께 주식을 양도하였다. 丙은 X주식회사의 주주인가?

[해설]

사안은 회사성립후 6월이 경과하기 전에 주권이 발행되지 않고 주식이 양도된 사안으로서 회사에 대하여서는 효력이 인정되지 않는다. 따라서 원칙적으로 乙은 주주가 될 수 없으나 회사성립후 6월이 지나도록 주권이 발행되자 않았다면 양도의 하자는 치유된다고 본다면 乙에게 발행된 주권은 유효하고 따라서 丙도 乙의 주식을 승계취득하게 되므로 X회사의 주주가 된다 하겠다.

乙이 정당한 주주가 아니라고 할 때 주권의 효력발생시기가 검토되어야 하는바 이는 丙의 주권선의취득여부가 문제될 수 있다.

발행시설과 작성시설에 의하면 주권의 효력이 발생하는 시점이 빠르기 때문에 주권의 유통(선의취득)이 충분히 보호되는 반면에, 회사가 정당한 주주에게 주권을 교부하기 전에 도난·분실 등으로 그 주권을 상실하였을 경우, 주주로서는 아무런 귀책사유 없이 주권을 부당하게 상실하게 되고, 반대로 교부시설에 의하면 주주의 권리는 보호되지만 거래의 안전에는 소홀하게 된다. 주주에게 교부하기 전에 분실한 주권을 선의취득한 제3자는 회사 기타 양도인에 대한 손해배상청구나 부당이득반환청구에 의하여 보호받을 수 있기 때문에 통설과 판례의 입장인 교부시설이 가장 타당하다고 생각한다. 따라서 주권의 효력발생시기와 관련하여 교부시설을 취할 때 선의취득은 불가능하다 하겠다.

[사례] 주권발행전의 주식양도의 효력과 명의개서미필주주의 지위

Y주식회사의 발행주식총수의 20%를 가진 주주 A가 甲에게 자기 주식 전부를 양도하고 그 후 다시 乙에게 동 주식을 이중으로 양도하였고, 발행주식총수의 40%를 가진 주주 B가 丙에게 자기 주식 전부를 양도하였다. 회사는 2003년 4월 현재 회사성립 후 6월이 경과하도록 주권을 발행하지 않고 있다. 甲과 丙은 회사의 대표이사 C로부터 주식양도의 승낙을 받았으나, 甲은 주주명부에 명의개서를 하지 않았고 乙이 명의개서를 하였으며, 丙은 명의개서를 청구하였으나 회사가 이를 거절하였다. 회사는 丙을 제외하고 주주명부상의 주주인 乙 및 나머지 주주들에게 소집통지를 하고 이들의 출석만으로 회사 영업의 중요한 일부의 양도를 의결하고, 그에 따라 C는 丁에게 그 영업의 일부를 양도하였다. 영업 일부의 양도는 유효한가?

[해설]

회사가 영업의 중요한 일부를 양도하기 위해서는 주주총회의 특별결의를 얻어야 하는데(제374조 제1항 제1호), 사안의 경우 회사는 丙의 명의개서청구를 거절하고 그에게 소집통지를 하지 않았고 주주총회에는 주주명부상의 주주인 乙이 출석하여 의결하였는바 이 결의가 유효한지 문제된다.

이 사례에서 乙이 명의개서를 하였다고 하더라도 주주권을 취득하는 것은 아니며 甲이 회사 성립 후6월이 경과한 상태에서 대표이사 C의 승낙 하에 주식을 양수 받았으므로 甲이 주주권자임을 주장하면 乙의 권리 추정력은 깨진다. 따라서 주주는 甲이 되며 甲은 乙명의 명의개서 말소 및 자신 명의로의 명의개서청구를 할 수 있다.

丙은 회사에 대해 대항력을 취득하였고, 이에 기해 명의개서청구권을 행사하였으나 회사가 부당거절하였으므로 명의개서 없이도 주주총회에서 주주권을 행사할 자가 된다.

그리고 주주가 아님에도 회사는 乙에게 주주총회 소집통지를 하였고 乙은 주주총회에 출석하여 결의하였다. 또한 丙은 명의개서 없이도 주주총회에서 주주권을 행사할 자가 됨에도 불구하고 회사는 丙에게 소집통지를 하지 않은 바, 주주총회에 중대한 절차상 하자가 인정되며 이는 결의부존재확인의 소의 원인이 된다.

회사의 영업의 중요한 일부의 양도는 법률에서 주주총회의 특별결의를 거치도록 하고 있는 바 이는 강행규정이고 제3자도 이를 예견할 수 있으므로 상대적무효설에 따라 영업의 일부양도는 무효이다.

3) 자기주식의 취득금지

(구)상법에 의하면 회사는 원칙적으로 자기의 계산으로 자기주식(treasury stock)을 취득하지 못한다((구)상법 제341조). 즉 회사는 자기의 명의와 계산으로 자기주식을 취득할 수 없을 뿐만 아니라 제3자의 명의로도 자기의 계산으로는 자기주식을 취득하지 못한다. 회사가 설립 또는 신주발행의 경우에 자기의 주식을 인수하는 것은, 회사가 동시에 자기의 사원이 될 수 없다는 논리상의 이유와 주금을 납입할 수 없다는 현실적인 이유에서 불가능한 것으로 보았다. 그러나 주식이 발행된 경우에는 하나의 재산권의 객체인 유상증권이 되므로 자기주식의 취득이 이론상 불가능한 것은 아니나, 다음과 같은 정책적인 이유에서 원칙적으로 회사는 자기주식을 취득하지 못한다고 하였다. 즉, ① 자본의

유지를 위협해서 회사채권자의 이익을 해치는 결과가 된다. 주가가 하락하면 회사의 손해가 이중으로 확대되며, 유상취득의 경우에는 실질적으로는 주금의 환급이 되기 때문이다. ② 투기행위의 위험이 있다. 자기주식을 취득함으로써 부당한 투기나 주가를 조작하여 주주가 투자가의 이익을 해칠 우려가 있다. ③ 자기주식의 의결권을 이용해서[타인명의로 취득하는 경우(제625조 제2호 참조)], 회사의 지배권을 유지하는 수단으로 이용할 우려가 있다는 등의 이유를 들었다. 그러나 2011년 개정상법에서는 자기주식의 취득을 원칙적으로 허용하면서 다만 그 절차, 방법 및 취득재원만을 규제하고 있을 뿐이다(제341조).

회사가 상법 제341조의 2에 위반하여 자기주식을 취득한 경우 그 취득행위의 사법상 효력이 어떠한 가에 대하여 3가지 학설이 대립하고 있다.

취득행위의 효력은 주식유통의 동적 안전을 보호하기 위하여 유효라고 보고, 다만 이사에게 위법행위로 인한 손해배상책임(제399조)을 인정하면 된다고 하는 학설(유효설)과, 기본적으로는 법률상 무효이지만 양도인은 선의·악의를 불문하고 무효를 주장하지 못하고, 한편 거래안전을 고려하여 회사·회사채권자·주주도 양도인에게 악의가 없는 한 무효를 주장하지 못한다는 학설(상대적 무효설)도 있으나, 자기주식의 취득은 강행법규를 위반한 것으로서 언제나 무효라고 본다(절대적 무효설). 주식의 취득제한 등에 위반하면 형벌의 제재를 면할 수 없다(제625조의 2).

회사가 배당가능이익으로써 자기주식을 취득하는 방법에 대하여 개정상법은 ① 거래소의 시세있는 주식의 경우에는 거래소에서 취득하는 방법, ② 상법 제345조의 제1항의 주식의 상환에 관한 종류주식의 경우 외에 각 주주가 가진 주식 수에 따라 균등한 조건으로 취득하는 것으로서 대통령령이 정하는 방법에 의하여 자기명의와 계산으로 자기주식을 취득할 수 있다(제341조 제1항 본문)고 규정하고 있다. 자기주식의 취득가액의 총액은 직전결산기의 대차대조표상의 순자산액에서 상법 제462조 제1항 각 호의 금액을 공제한 액을 초과하지 못한다(제341조 제1항 단서). 따라서 회사는 당해 영업연도의 결산기에 대차대조표상의 순자산액이 상법 제462조 제1항 각호의 금액의 합계액에 미치지 못할 우려가 있는 때에는 자기주식의 취득을 하여서는 아니된다(제341조 제3항).

당해 영업연도의 결산기에 대차대조표상의 순자산액이 상법 제462조 제1항 각 호의 금액의 합계액에 미치지 못함에도 불구하고 회사가 자기주식을 취득한 경우 이사는 회사에 대하여 연대하여 그 미치지 못한 금액을 배상할 책임이 있다. 그러나 이사가 상법 제341조 제3항의 우려가 없다고 판단함에 있어 주의를 게을리 하지 아니 하였음을 증명한 때에는 그 책임은 면하게 된다(제341조 제4항, 제462조의 3 제4항 단서).

특정 목적에 의한 자기 주식의 취득은, 회사가 회사의 합병 또는 다른 회사의 영업전부의 양수로 인한 때, 회사의 권리를 실행함에 있어서 그 목적의 달성을 위하여 필요한 때, 단주의 처리를 위하여 필요한 때, 주주가 주식매수청구권을 행사한 경우 등의 경우에 자기의 주식을 취득할 수 있다(제341조의 2). 특별법상 자기주식의 취득이 인정되는 경우로는 주권상장법인은 상법 제341조에서 규정하는 사유 이외에 자본시장법에 따라 자기주식을 취득할 수 있다(자본시장법 제165조의 2). 주권상장법인은 상법 제462조 제1항의 이익배당을 할 수 있는 한도 내에서 자기주식을 취득할 수 있고, 이 한도를 초과하여 취득한 자기주식은 3년 내에 처분하여야 한다(자본시장법 제165조의 2 제1항, 제5항, 동법시행령 제176조의 3).

기타 해석상 자기주식취득금지의 예외가 인정되는 경우로는, ① 위탁매매업을 하는 회사가 위탁의 실행으로서 타인의 계산하에 취득하는 경우, ② 신탁회사가 자기주식의 신탁을 받는 경우, ③ 자기주식을 무상으로 양수하는 경우 등을 들 수 있다.

회사가 자기주식을 보유하는 경우에도 그 주식은 의결권이 없다(제369조 제2항). 그리고 신주인수권·이익배당청구권·잔여재산분배청구권도 휴지되며, 그 밖의 다른 공익권과 자익권도 휴지된다고 본다. 그리고 준비금의 자본전입에 의한 무상주 교부의 경우에는 학설이 나뉘어지나, 준비금의 자본전입에 의한 무상주를 교부받는 것은 허용된다고 본다.

회사가 보유한 자기주식을 처분하는 경우에 처분할 주식의 종류와 수, 처분할 주식의 처분가액과 납입기일, 주식을 처분할 상대방 및 처분방법에 대하여 정관에 규정이 없으면 이사회가 이를 결정한다(제342조).

4) 모회사주식의 취득금지

자회사의 발행주식총수의 100분의 50을 초과하는 주식을 가진 모회사의 주식을 자회사는 취득할 수 없다(제342조의 2 제1항 본문). 모회사와 자회사가, 또는 자회사가 다른 회사의 발행주식총수의 100분의 50을 초과하는 주식을 가진 경우에도 그 다른 (손)회사는 모회사의 주식을 취득할 수 없다(제342조의 2 제3항), 자회사에 의한 모회사주식의 취득은 이른바 주식의 상호소유 (cross-ownership)의 한 형태인데, 주식을 상호소유하게 되면 회사지배가 안정되어 생산재의 확보나 시장 확대를 도모할 수 있고, 재벌산하기업 간의 횡적 결합이 강화될 수 있으며, 기업 간의 경영정보의 교환 및 기술제휴 등의 강점이 있으나, 반면에 자본의 공동화현상, 일반주주의 이익 침해 및 투기행위, 사실상의 조세회피 등의 위험이 있기 때문에 이를 일정한도 내로 제한하고 있는 것이다. 이 밖에도 특별법상 대규모기업집단에 속하는 회사 상호간의 주식상호보유도 금지된다. 그러나 이른바 '고리형 상호보유'(예컨대, 갑→을→병→정→갑의 상호보유)는 해석상 금지되지 않는다.

그러나 예외적으로 ① 주식의 포괄적 교환, 주식의 포괄적 이전, 회사의 합병 또는 다른 회사의 영업전부의 양수로 인한 때, ② 회사의 권리를 실행함에 있어 그 목적을 달성하기 위하여 필요한 때에는 자회사가 모회사의 주식을 취득할 수 있다(제342조의 2 제1항). 취득한 모회사의 주식은 취득한 날로부터 6월 이내에 처분하여야 한다(제342조의 2 제2항). 자회사가 예외적으로 취득한 모회사의 주식은 자기주식의 예외적인 취득의 경우와 같이 의결권 및 기타의 모든 공익권과 자익권도 인정되지 않는다고 본다(통설). 다만 자기주식의 무상취득이 인정되는 것과 같이 준비금의 자본전입에 의한 무상주의 교부를 받는 것은 허용된다고 본다.

모회사주식의 취득금지를 위반한 경우에 그 취득행위의 효력에 관하여는 양도인에게 악의가 없으면 유효하다는 상대적 무효설, 양도인이 악의인 경우에 한하여 취득의 원인행위만을 무효로 다툴 수 있다는 견해 및 절대적 무효설 등이 있으나 자기주식취득금지 위반의 경우와 같이 절대적 무효설이 옳다고 본다.

일정비율을 초과하는 상호보유주식에 대하여는 의결권의 행사가 제한된다.

5) 자기주식의 질취 제한

회사는 발행주식총수의 20분의 1을 초과하여 자기의 주식을 질권의 목적으로 받지 못한다(제341조의 3 본문). 그러나 ① 회사의 합병 또는 다른 회사의 영업 전부를 양수하는 경우, ② 회사의 권리를 실행함에 있어 그 목적을 달성하기 위하여 필요한 경우에는 예외적으로 위의 한도를 초과하여 질권의 목적으로 받을 수 있다. 자기주식의 질취제한의 위반의 효과에 관하여도 무효설, 상대적 무효설, 유효설 등이 있으나 무효설이 타당하다고 본다.

(2) 정관에 의한 양도제한

주식의 양도는 원칙적으로 자유이나, 정관에 정하는 바에 따라 이사회의 승인을 받도록 할 수도 있다(제335조 제1항 단서). 이 경우 이사회의 승인 없이 한 주식의 양도는 당사자 간에는 유효하지만 회사에 대하여는 그 효력이 없다(제335조 제2항).

1) 양도인의 승인청구

(가) 승인청구와 승인통지

주식을 양도하고자 하는 주주는 서면으로 회사에 대하여 양도의 승인을 청구할 수 있다(제335조의 2 제1항). 그 서면에는 양도의 상대방 및 양도하고자 하는 주식의 종류와 수를 기재하여야 한다.

회사는 주식양도의 승인청구가 있는 날로부터 1월 내에 이사회의 결의를 거쳐 그 승인여부를 서면으로 통지하여야 한다(제335조의 2 제2항). 만약 1월이내에 승인거부의 통지를 하지 않으면 주식의 양도를 승인한 것으로 본다(제335조의 2 제3항).

(나) 승인거부와 지정 또는 매수청구

주식의 양도승인을 청구한 주주는 회사의 양도승인거부의 통지를 받은 날로부터 20일 내에 회사에 대하여 양도상대방을 지정해 주거나, 그 주식을 매수해 줄 것을 청구할 수 있다(제335조의 2 제4항).

(다) 양수인 지정과 피지정인의 매도청구권

주주가 양도의 상대방을 지정하여 줄 것을 청구한 경우에 이사회는 매수인을 지정하고, 그 청구를 한 날로부터 2주 내에 주주와 지정된 상대방(매수인)에게 서면으로 이를 통지하여야 한다(제335조의 3 제1항). 만약 그 기간 내에 주주에게 상대방 지정의 통지를 하지 아니한 때에는 주식의 양도에 관하여 이사회의 승인이 있는 것으로 본다(제335조의 3 제2항). 상대방으로 지정된 자(매수인)는 지정통지를 받은 날로부터 10일 이내에 지정청구를 한 주주에게 서면으로 그 주식을 매도해 줄 것을 청구할 수 있다(제335조의 4).

지정된 자가 주식의 매도를 청구한 때에는 주주와의 사이에 그 주식의 매매계약이 성립한다. 이 때 그 주식의 매도가액은 매도주주와 매도청구인 간의 협의로 결정한다(제335조의 5 제1항 본문). 다만 매도청구를 받은 날부터 30일 이내에 협의가 이루어지지 아니한 경우에는 회사 또는 주식의 매수를 청구한 주주는 법원에 대하여 매도가액의 결정을 청구할 수 있다(제335조의 5 제2항, 제374조의 2 제4항). 법원이 주식의 매도가액을 결정하는 경우에는 회사의 재산상태 기타의 사정을 참작하여 공정한 가액으로 이를 산정하여야 한다(제335조의 5 제2항, 제374조의 2 제5항).

(라) 주주의 주식매수청구권

이사회의 승인을 얻지 못하여 주주가 회사에 대하여 주식매수청구권을 행사하는 경우, 회사는 매수청구를 받은 날로부터 2월 이내에 그 주식을 매수하여야 한다(제335조의 6, 제374조의 2 제2항), 이때 주식의 매수가액은 주주와 회사 간의 협의에 의하여 결정하는 것이 원칙이나, 그 매수청구를 받은 날부터 30일 이내에 협의가 이루어지지 아니한 경우에는 회사 또는 주식의 매수를 청구한 주주는 법원에 대하여 매수가액의 결정을 청구할 수 있다. 이때 법원은 회사의 재산상태 기타의 사정을 참작하여 공정한 가액으로 이를 산정하여야 한다(제335조의 6, 제374조의 2 제2항 내지 제5항).

2) 주식취득자의 승인청구

이사회의 사전승인 없이 주주로부터 주식을 취득한 자는 회사에 대하여 그 주식의 종류와 수를 기재한 서면으로 그 취득의 승인을 청구할 수 있다(제335

조의 7 제1항). 이 경우 그 승인청구의 날부터 1월 이내에 승인여부의 통지가 없으면 회사가 승인한 것으로 보게 되고, 만약에 양수인이 승인거부의 통지를 받으면 통지를 받은 날부터 20일 내에 회사에 대하여 양도의 상대방의 지정 또는 그 주식의 매수를 청구할 수 있다(제335조의 7 제2항, 제335조의 2 제2항~제4항).

(3) 특별법에 의한 양도제한

정책적 이유에서 특별법에 의하여 주식의 양도가 제한되는 경우가 있다. 예컨대, 자본시장법상 공공적 법인이 발행한 주식의 대량소유제한(자본시장법 제167조), 공개매수제한(자본시장법 제133조), 외국인의 주식취득 제한(자본시장법 제168조), 내부자거래금지와 단기매매차익의 반환의무(제172조), 금융투자회사 임직원의 매매거래제한(자본시장법 제63조), 우리사주조합원의 처분제한(제165조의 7 제3항) 등이 있다. 또한 공정거래법상 경쟁제한 목적의 주식취득금지(공정거래법 제7조), 지주회사가 자회사 이외의 국내회사 주식을 지배목적으로 소유하는 행위의 금지(공정거래법 제8조의 2), 대규모 기업집단소속회사의 상호출자금지(공정거래법 제9조) 등이 있다. 기타 은행법상 제한(은행법 제15조 , 제37조), 외국인투자촉진법에 의한 제한(외국인투자촉진법 제6조, 제7조, 제23조) 등이 있다.

4. 주식양도의 방법

(1) 교부에 의한 양도

주식은 기명주식이든(제336조 제1항), 무기명주식이든(민법 제523조) 주권을 교부함으로써 양도할 수 있다. 그 교부는 주식양도의 효력발생요건이다. 주권의 교부란 주권의 점유를 이전하는 인도를 말하는데, 현실인도(민법 제196조 제1항), 간이인도(민법 제188조 제2항), 점유개정(민법 제189조), 반환청구권의 양도(민법 제190조)에 의한 방법도 가능하다. 기명주식의 양도를 회사에 대항하기 위해서는 별도의 주주명부에 명의개서를 하여야 한다(제337조). 무기명주식인 경우에는 주권을 회사에 공탁(제358조) 하여야 한다.

보강 <교부에 의한 주식양도>

종래에는 "기명주식의 양도는 주권의 배서 또는 주권과 이에 주주로 표시한 자의 기명날인 있는 양도증서의 교부"에 의하여만 하도록 하였었다((구)상법 제336조 제1항). 이것은 기명주식의 양도방식으로서 배서에 의한 양도와 양도증서에 의한 양도 두 가지를 인정하면서 어느 경우이든 양도인의 '기명·날인'을 요건으로 한다는 것이다. 그런데 기명주식의 양도에 관한 우리 나라의 거래관행을 보면, 배서를 하거나 양도증서를 작성할 때 '기명'이 생략되고 '날인'만을 하거나, 심지어는 '날인' 자체도 완전하지 않은 경우(예컨대, 양도인의 인영이 본인의 성명을 완전하게 표기하지 않는 날인 등)가 허다하였다. 따라서 1984년의 개정상법은 무기명주식과 마찬가지로 주권의 교부에 의하여 양도하도록 하였다.

보강 <증권예탁결제제도>

증권의 예탁결제란, 증권의 소유자가 금융투자회사에 계좌를 개설하여 증권을 예탁하고, 증권투자회사는 다시 예탁결제회사(현재 예탁결재를 전담하는 기관으로 증권예탁결재원이 있다)에 계좌를 개설하여 자기의 유가증권과 고객으로부터 예탁받은 유가증권을 예탁하면 계좌개설자 상호간에는 유가증권의 수수를 하지 않고 계좌간의 대체로 결제하는 제도를 말한다. 이것은 매 거래마다 증권을 교부하여야만 하는 불편과 위험을 제거하기 위하여 마련된 제도이다. 특히 대량의 거래가 반복되는 주식시장에 있어서는 예탁결제제도의 이용은 필수적이다. 증권예탁결제에 관하여는 자본시장법에 상세히 규정되어 있다(동법 제294조, 제308조 내지 제319조 참조).

(2) 대항요건

기명주식의 이전을 회사에 대항하기 위해서는 명의개서를 하여야 한다(제337조 제1항). 명의개서란 주주명부에 취득자의 성명과 주소를 기재하는 것인데, 기명주식의 양수인이 명의개서를 청구하기 위해서는, 주권을 제시하면 된다. 주권의 점유자는 적법한 소지인으로 추정되기 때문이다(제336조 제2항).

만약 명의개서를 하지 않은 자가 실질적인 주주이고 또 그것을 회사가 알고 있는 경우 그 자에게 주주로서의 권리를 인정할 수 있는가에 관하여는 학설이 갈린다. 부정설에 의하면, 회사가 수많은 주주 중에 개별적으로 우연히 알게 된(명의개서를 하지 않은) 양수인에게 권리행사를 인정하게 되면 권리행사자를 획일적으로 확정하기 위한 명의개서제도의 존재이유가 없을 뿐 아니라 주주평등의 원칙에도 위배된다고 한다. 그러나 명의개서는 본질상 권리창설적 효력은 없고 다만 자격수여적 효력밖에 없는 것이므로 긍정설이 타당하다고 본다.

(3) 명의개서대리인

1) 총설

기명주식의 명의개서는 회사의 본점에서 하는 것이 원칙이다(상법 제396조 제1항 참조). 그러나 대량의 주식이 고도로 분산되고 주주가 전국적으로 산재하고 있는 경우에는, 회사의 본점에서만 명의개서를 하게되면 불편하고 번잡하여 주식의 원활한 거래를 기대할 수 없으며 별도의 많은 인력과 시간을 요하게 된다. 그리하여 상법은 회사의 명의개서를 제3자로 하여금 대행시킬 수 있게 하였는데 이 경우에 명의개서업무를 대행하는 자를 명의개서대리인이라 한다.

2) 명의개서대리인의 선임

(가) 정관의 규정

회사가 명의개서대리인을 두는 것은 자유이지만 정관에 명의개서대리인을 둔다는 정함이 있어야 한다(상법 제337조 제2항). 그러므로 명의개서대리인의 선임과 해임은 이사회의 결의로 하지 못한다. 다만 이사회는 정관으로 명의개서대리인을 두기로 한 경우에 그 선임과 위탁에 관한 사항을 결정할 수 있을 뿐이다.

(나) 자격

① 명의개서를 대리하는 업무는 금융감독위원회에 등록한 주식회사만이 영위할 수 있다(자본시장법 제365조 제1항). 그리하여 현재는 예탁결제원, 하나은행 및 국민은행이 명의개서의 대행업무를 담당하고 있다.

② 회사는 지점을 명의개서대리인으로 할 수 있는가 하는 점에 대하여는 기획재정부장관의 허가를 받으면 가능하다는 긍정설도 있으나 현행법하에서 이를 인정하는 것은 회사 자신이 동시에 대리인이 되는 결과가 되므로 이 문제는 입법에 의하여 지점에도 주주명부의 복본을 비치하여 명의개서를 할 수 있는 방안을 마련하여 해결하여야 한다고 본다.

(다) 공시

회사가 정관에 의하여 명의개서대리인을 둔 때에는 그 상호 및 본점소재지를 등기하여야 하고(상법 제317조 제2항 11호), 성명·주소 및 영업소를 (법문에 의하면 등기할 것과 주식청약서등 기재사항이 다르다) 주식청약서·신주인수권증서·사채청약서 등에 기재하여야 한다(상법 제302조 제2항 10호, 제420조 2호, 제420조의 2 제2항 2호, 제474조 제2항 15호). 그리고 명의개서대리인을 둔 때에는 주주명부나 사채원부 또는 그 복본을 명의개서 대리인의 영업소에 비치할 수 있다(상법 제396조 제1항 후단). 즉 주주명부 자체를 명의개서대리인의 영업소에 비치하거나 주주명부는 본점에 두고 그 복본을 비치할 수 있다.

3) 권한

명의개서대리인이 주식취득자의 성명과 주소를 주주명부의 복본에 기재한 때에는 주주명부에 명의개서를 한 것으로 본다(상법 제337조 제2항 후단). 또한 명의개서대리인은 실권의 등록(상법 제340조 제1항), 기명사채의 경우 사채원부에 명의개서를 할 수 있다(상법 제479조 제2항). 이 밖에도 현재 명의개서대리인은 위임계약에 의하여 총회의 소집통지, 주권 및 사채권의 발행, 배당금 및 이자의 지급, 원금의 상환 등의 업무를 담당하고 있다(자본시장법 제366조). 회사가 명의개서대리인을 둔 경우도 이사는 주주명부의 작성업무에 관한 책임을 면할 수 없고, 명의개서대리인이 부당하게 명의개서를 거절하는 경우에 주권의 적법한 소지인은 회사에 대하여 명의개서청구의 소를 제기할 수 있다.

4) 책임

명의개서대리인이 정당한 사유 없이 명의개서를 하지 않거나, 주주명부 또는 그 복본에 기재할 사항을 기재하지 않거나 또는 부실한 기재를 한 때에는 벌칙(500만원 이하의 과태료)의 적용을 받는다(상법 제635조 제1항 7호·9호). 그리고 명의개서대리인의 회사에 대한 관계는 위임이므로, 회사에 대하여 선량한 관리자의 주의로써 명의개서의 대행업무를 처리하여야 한다(민법 제680조, 제681조). 그러므로 이러한 의무를 위반하여 손해가 생긴 경우에는 명의개서대리인은 회사에 대하여 채무불이행의 책임을 진다. 또한 명의개서대리인이 명의개서와 관련하여 제3자에게 손해를 가한 때에는 불법행위의 책임을 지고 회사도 사용자책임(민법 제756조)을 면하지 못한다.

5. 주권의 선의취득

(1) 의의

기명주권이든 무기명주권이든 주권은 교부에 의하여 양도되므로 주권의 소지인은 적법한 권리자로 추정된다(제336조 제2항). 따라서 권리자인 외관을 신뢰하고 주식을 취득한 경우에는, 양수인에게 악의 또는 중대한 과실이 없는 한 양도인이 무권리자(도취자, 습득자)라 하더라도 그 주권의 취득이 유효하여 누구에게도 주권반환의무를 부담하지 않는다(제359조, 수표법 제21조),

(2) 요건·효과

① 유효한 주권의 발행이 있어야 한다. 회사가 정당한 주주에게 발행한 주권만이 적법한 주권이다. ② 양도인이 무권리자이거나 무권대리인, 무처분권자, 무능력자이거나 의사표시에 하자가 있어야 한다. ③ 주권의 선의취득제도는 물론 주권소지인의 지위를 확실하게 하고 주권유통의 안전을 꾀하기 위하여 인정된 것이므로 주권의 교부를 통하여 주식이 양도되어야 한다. 따라서 상속·합병 등에 의하여 주권을 승계취득한 때에는 선의취득제도가 적용되지 않는다. ④ 취득자에게 취득시에 악의 또는 중과실이 없어야 한다.

상법상의 주권의 선의취득제도를 민법상의 선의취득제도(민법 제249조)와 비교하여 보면, ① 경과실이 보호되는 점, ② 도품·유실품에 대한 특례(민법 제260조·제251조)가 없는 점에서 선의취득요건이 완화되어 양수인을 두텁게 보호하고 있다. 주권 소지인의 선의취득이 인정되는 경우 그 주권을 유효하게 취득한다. 그러나 선의취득자가 회사에 대하여 주주권을 행사하기 위하여는 명의개서가 필요하다.

VII. 주식의 입질

주식은 기업자금의 융통을 위하여 담보로 제공되는 경우가 많다. 따라서 주식은 양도의 대상이 됨과 동시에 질권의 목적이 될 수 있다(제338조). 주식의 담보화는 주식양도의 경우와 마찬가지로 원칙적으로 자유이지만 주식양도에 관한 상법과 정관의 규정에 의하여 제한이 되고 자기주식의 질취는 일정한 범위에서만 가능하다. 즉 회사는 발행주식총수의 20분의 1을 초과하지 않는 범위 내에서 자기주식을 질취할 수 있다(제341조의 3 본문).

1. 입질가능성과 그 제한

(1) 입질가능성

주식은 재산적 가치있는 지위이며, 이를 표창하는 주권은 양도성이 보장되어 있으므로 질권의 목적이 될 수 있다. 권리주와 주권발행 전의 주식도 입질할 수는 있으나, 회사에 대하여는 양도의 경우와 마찬가지로 효력이 없다고 본다. 질권은 주식의 재산적 가치를 담보로 확보하려는 것이므로 주주는 입질 후에도 주주로서의 지위를 보유하고, 의결권 기타의 공익권을 행사할 수 있다.

(2) 자기주식의 질취제한

1) 총설

1984년 개정상법은 종래의 자기주식의 취득과 질취의 금지규정이었던 상법 제341조는 자기주식의 취득만을 위한 규정으로 하고 자기주식의 질취에 관하여는 상법 제341조의 2를 신설하였다. 그 이전에는 자기주식의 질취도 취득의 경우와 마찬가지고 원칙적으로 이를 금지하였다((구)상법 제341조). 그 이유는 자기주식의 질취가 취득금지규정의 탈법을 위한 수단으로 악용될 소지가 있었기 때문이다. 그러나 1984년 개정상법은 자기주식의 질취금지원칙을 완화하였다. 그 이유는 가령 회사와 대리점계약을 맺은 경우에 거래상대방이 그 회사의 주식을 담보로 제공할 수 있게 하고, 채무자에게 회사의 주식 이외에 담보물이 없는 경우에도 이를 담보로 할 수 없게 되는 불편을 덜고, 부동산을 담보로 하는 것보다 그 담보권설정의 비용부담이 적어서 채권자·채무자에게 다같이 유리하게 하기 위한 것이라고 한다. 그런데 1999년 개정상법에 의하여 종래의 상법 제341조의 2는 제341조의 3이 되었다.

2) 질취제한

상법은 자기주식의 질취가 예외적으로 인정되는 경우(제341조의 3 단서)와 관계없이 회사로 하여금 일정하게 제한된 범위 내의 자기주식의 질취를 무조건 가능하게 하였다. 이것은 기업금융의 편의를 도모하는 데 그 목적이 있다. 즉 회사는 발행주식총수의 20분의 1을 초과하지 않는 범위 내에서 자기주식의 질취를 할 수 있다(제341조의 3). 이 규정은 자회사가 모회사의 주식을 전부 소유하는 경우에만 적용된다는 설이 있으나, 자회사가 모회사의 주식을 질취하는 경우에도 적용된다고 본다. 이러한 제한범위 내에서 질취한 자기주식의 경우는 처분할 필요가 없다. 한편 자기주식을 양도담보로 받는 것은 질취와 같은 제한을 받는다는 설도 있으나, 자기주식의 취득과 동일시되는 양도담보나 등록양도담보는 발행주식총수의 20분의 1을 초과하지 않는 경우에도 이를 취득하지 못한다고 보는 것이 타당하다.

3) 예외

자기주식의 질취에 관하여도 취득의 경우(제341조 2호·3호)와 마찬가지로 ① 회사의 합병 또는 다른 회사의 영업전부를 양수하는 경우, ② 회사의 권리를 실행함에 있어서 그 목적을 달성하기 위하여 필요한 때에는 제한 없이 자기주식의 질취가 인정된다(제341조의 3 단서). 예컨대 담보제공의무(민법 제432조)가 있는 채무자가 자기주식 이외에 다른 담보를 갖고 있지 않는 때, 무담보채권을 갖고 있는 회사가 채무자의 자력이 악화되어 담보를 확보하고자 할 때, 채무자가 자기주식 이외에 다른 재산이 없거나 부족한 때 등이다. 이 경우에도 회사는 상당한 시기에 질권을 처분하여야 한다. 상당한 시기란 이행기라고 본다. 그러므로 회사는 이행기까지 자기주식을 보유하였다가 채무의 변제가 있으면 이를 반환하고 변제가 없으면 질권을 실행할 수 있다. 이와는 달리 상당한 시기 내에 채무의 이행기가 도래하면 이행기에 질권을 실행하고, 이행기가 도래하지 않으면 전질을 하여야 한다는 설도 있다.

4) 질취제한위반의 효과

(가) 자기주식을 질취한 경우

질취제한에 관한 규정(제341조의 3 본문)에 위반하여 회사가 자기주식을 취득한 때에 그 효과에 대하여는 ① 제한을 초과한 주식의 질취도 유효하다는 유효설과, ② 선의의 질권설정자에 대하여는 무효를 주장할 수 없다는 상대적 무효설이 있으나, ③ 자기주식의 질취는 자기주식취득의 금지규정의 탈법수단으로 악용될 수 있는 소지가 많기 때문에 그 제한을 초과하는 질취는 무효라고 보는 무효설이 타당하다. 그러나 질권설정자는 제한을 초과하는 질취의 무효를 주장할 수 없다고 본다.

자기주식의 질취가 제한을 초과한 경우에 문제가 되는 것은 어느 부분의 질취가 무효인가 하는 것이다. 질취가 순차적으로 이루어진 경우에는 최후에 초과한 부분의 질취가 무효라고 할 수 있으나, 복수의 질취가 동시에 이루어진 경우에는 질취된 주식의 비율에 따라 무효가 된다고 본다.

(나) 이사의 손해배상책임

질취제한의 위반으로 인하여 회사에 손해가 있는 때에는 이사는 회사에 대하여 연대하여 손해배상책임이 있고(제399조), 악의 또는 중대한 과실이 있는 때에는 제3자에 대하여도 연대하여 손해배상책임을 진다(제401조). 그리고 질취 제한규정을 위반한 이사 등에 대하여는 형벌의 제재가 있다(제625조 2호).

5) 질취한 자기주식의 지위

공익권은 질권설정자인 주주가 행사한다. 다만 회사는 우선변제권(민법 제329조)과 전질권(민법 제336조)을 행사할 수 있으며 물상대위가 인정된다(제339조, 제461조 6호), 그러나 약식질의 경우라도 질권자는 회사이므로 압류할 필요가 없다고 본다.

2. 기명주식의 입질

기명주식의 입질방법으로는 약식질과 등록질의 두 가지가 있다.

(1) 약식질

약식질은 질권설정의 합의와 질권자에 대한 주권의 교부로써 성립하고, 질권자가 제3자에게 대항하려면 주권을 계속하여 점유하여야 한다(제338조). 약식질의 경우에는, ① 등록질의 경우에 이익이나 이자의 배당 등을 받을 수 있다고 정한 상법 제340조의 반대해석상 약식질권자가 이익 또는 이자의 배당을 받을 수 없고, ② 이러한 권리가 주어져 있는 등록질제도를 이용하지 않는 것은 그러한 권리를 행사할 의사가 없다고 해석되는 것이며, ③ 따라서 약식질의 경우에는 주식 자체의 재산적 가치만을 담보와 목적으로 하는 것이 당사자의 의사인 만큼, 질권자의 이익 또는 이자배당권을 인정할 수 없다는 견해가 있다. 그러나 ① 질권자는 당연히 과실수취권이 있고(민법 제355조·제343조·제323조), ② 주주명부에의 등록 여부는 형식적 자격 여부를 정하는 의미일 뿐 실질적인 권리관계는 변동이 없다는 점에서 약식질권자의 이익 및 이자배당청구권을 인정하여야 할 것이다. 다만 이익 또는 이자의 지급 전에 압류하여야 한다고 본다. 또 물상대위권(제339조)을 행사하는 경우에도 민법의 원칙에 따라서 주권의 교부 전 또는 금전의 지급 전에 압류를 하여야 한다(민법 제342조), 그 밖에 약식질권자는 신주인수권, 의결권 등의 공익권도 없다.

(2) 등록질

등록질이란 약식질의 요건을 구비하는 외에 질권설정자인 주주의 청구에 의하여 회사가 질권자의 성명과 주소를 주주명부에 기재하고 그 성명을 주권에 기재하는 경우를 말한다. 질권의 등록은 등록질의 효력발생요건인데, 주주명부의 폐쇄기간 중에는 그 등록이나 말소를 할 수 없다. 등록질권자는 이익 또는 이자의 배당을 받아 다른 채권자에 우선하여 자기채권의 변제에 충당할 수 있을 뿐만 아니라(제340조 제1항), 그 지급을 받거나 물상대위권을 행사하는 경우에도 미리 압류를 할 필요없이, 회사에 대하여 당연히 그 권리를 행사할 수 있다(제340조 제2항 제3항). 그러나 명문의 규정이 없는 신주인수권이나 의결권 등의 공익권은 등록질의 경우에도 질권자가 행사할 수 없다.

3. 무기명주식의 입질

무기명주식의 입질은 무기명채권에 대한 질권의 설정방법(민법 제351조)에 따라서 주권을 질권자에게 교부하면 그 효력이 생긴다. 이 경우 질권으로 제3자에게 대항하려면 주권을 계속 점유하여야 한다(제338조 제2항). 무기명주권은 입질하는 동안에는 주주가 그 권리를 행사하지 못한다. 이를 두고 주주가 질권자에게 회사에 대한 권리를 행사할 수 있는 일반적인 권한을 부여한 것이 된다는 학설도 있다. 그러나 입질 후에도 다른 약정이 없는 한 주주가 회사에 대하여 권리를 행사하는 것이 당연하므로 질권자는 주주의 권리행사에 협조하여야 한다고 본다.

4. 주식의 양도담보

주식의 양도담보에 관하여 상법에는 아무런 규정이 없다. 그러나 실무에서는 양도담보는 채권확보가 질권보다 더 유리하고, 그 집행이 간편하여, 질권보다 더 많이 이용되고 있다. 기명주식의 약식양도담보와 무기명주식의 양도담보의 설정방법은 당사자간 양도담보의 '합의'와 '주권의 교부'에 의하여 그 효력이 발생한다(제336조 제1항). 양도담보를 회사 및 제3자에 대하여 대항하기 위하여는 양도담보권자가 '주권을 계속 점유' 하여야 한다(제338조 제2항 유추적용).

VIII. 주식매수선택권

1. 주식매수선택권의 의의 및 법적 성질

주식매수선택권(stock option)이란 정관이 정한 바에 따라 주주총회의 특별결의에 의하여 회사의 설립·경영과 기술혁신 등에 기여하였거나 기여할 수 있는 회사의 이사·집행임원·감사 또는 피용자에게 일정한 기간(행사기간) 내에 미리 정하여진 일정한 유리한 가격(행사가격)으로 일정수량의 신주를 인수하거나 자기주식을 매수할 수 있는 권리이다(제340조의 2 제1항).

주식매수선택권제도는 그동안 주권상장법인·협회등록법인 및 벤처기업에서 회사의 경영혁신과 기술개발 등에 기여하는 유용한 수단으로 활용되고 있는 점에서 비상장 중소기업형태인 주식회사도 이 제도를 이용할 수 있도록 하기 위하여 1999년 개정상법에서 이 제도를 도입하였다(제340조의 2～제340조의 5). 따라서 상법상의 모든 주식회사는 이 제도를 이용하여 최소의 비용으로 유능한 인재를 임직원으로 확보하여 기업의 경쟁력을 높일 수 있게 되었다.

이러한 주식매수선택권은 회사와 주식매수선택권자와의 계약에 의하여 부여되는데, 주식매수선택권자가 이 권리를 행사하면 회사의 승낙을 요하지 않고 그 효력이 발생하므로, 이 권리의 성질은 형성권이다. 이와 같이 주식매수선택권자는 형성권인 주식매수선택권을 행사할 수 있는 권리를 갖는데, 그 권리의 내용은 신주인수권뿐만 아니라 주식매수권 등을 포함하며 이것도 특히 유리한 가격으로 취득할 수 있도록 하는 점에서, 제3자의 신주인수권, 제3자에게 신주인수권부사채를 발행하는 경우 등과 구별된다.

2. 주식매수선택권의 장점과 단점

(1) 장점

주식매수선택권제도는 권리자의 입장에서 주가가 행사가격 이상으로 상승하였을 때에만 이 권리를 행사하여 행사 당시의 시가와 행사가격의 차액만큼 이득을 보기 때문에 회사의 발전에 많은 공헌이 있거나 능력이 있는 임직원에게 장기인센티브 보수제도로서의 장점이 있다. 따라서 주식매수선택권을 부여하는 회사의 입장에서는 최소의 비용으로 우수한 인재를 확보하고, 임직원에게 주인의식을 심어주어 생산성을 향상하며, 재무구조를 개선하는 등의 장점이 있다.

(2) 단점

주식매수선택권자의 입장에서는 주식시장의 침체, 행사기간이나 행사조건이 극히 불리한 경우에 자기의 노력에 대한 보상을 받지 못하는 단점이 있다. 또한 주식매수선택권을 부여하는 회사의 입장에서는 이 권리를 부여받은 임직원의 노력과는 무관한 주식시장 전체의 주가상승에 기인한 부분까지 보상하게 되는 점, 이 권리를 특정한 임직원에게 차등지급하는 경우 상호간에 신뢰나 화합을 저해할 수 있는 점, 이 권리를 부여받는 임·직원들이 장기적 성장의 잠재력보다 단기적 성과에 집착하여 회사발전에 저해할 수 있는 우려가 있다는 점 등의 단점이 있다.

3. 주식매수선택권의 부여방법

우리 상법(제340조의 2 제1항)이 인정하고 있는 주식매수선택권의 부여방법에는 신주인수권방식(신주발행교부방식), 자기주식교부방식, 주가차액교부방식의 3 가지가 있다. 따라서 회사는 이 3 가지 방법 중 하나에 의하여만 부여하여야 하고, 이 이외의 방법을 정하거나 또는 이 세 가지 방법 중 두 가지를 결합하는 것은 허용되지 아니한다.

(1) 신주인수권방식(제340조의 2 제1항 본문)

신주인수권방식이란 주식매수선택권자가 주식매수선택권을 행사하여 행사가격을 회사에 납입한 경우에 회사는 그에게 신주를 발행하여 교부하는 방법을 말한다. 신주인수권방식에 의한 주식매수선택권을 부여하는 경우에는 제3자에게 신주인수권을 부여하는 경우와 같이 주주의 신주인수권은 그 한도에서 배제된다. 그러나 신주인수권방식에 의한 주식매수선택권의 부여는 특히 유리한 가격으로 신주를 인수할 수 있게 하는 점에서 제3자에게 신주인수권을 부여하는 경우와 구별된다. 기존주주에게 신주를 발행하는 기회에 함께 하는 것이 아니라는 점에서는 신주발행의 경우 제3자의 신주인수권과 구별되나, 신주인수권부사채의 경우 신주인수권과 유사하다.

(2) 자기주식교부방식(제340조의 2 제1항 본문)

자기주식교부방식이란 주식매수선택권자가 주식매수선택권을 행사하여 행사가격을 회사에 납입한 경우에 회사는 이미 보유하고 있는 자기주식을 교부하는 방법을 말한다. 따라서 회사는 이를 위하여 자기주식을 취득할 수 있어야 하므로, 상법은 주식매수선택권 부여목적 등을 위하여 회사는 원칙적으로 발행주식총수의 100분의 10을 초과하지 아니하는 범위 안에서 자기의 계산으로 자기주식을 취득할 수 있도록 하였는데, 이 때 자기주식의 취득금액은 배당가능이익의 한도 이내로 하고 있다(제341조의 2 제1항).

회사가 이와 같이 자기주식교부방식을 택하게 되면 기존주주의 소유권이 희생되는 효과가 적으므로 경영권보호에 우려가 큰 기업은 이 방법을 택하게 될 것이다.

(3) 주가차액교부방식(제340조의 2 제1항 단서)

주가차액교부방식이란 주식매수선택권자가 주식매수선택권을 행사한 때에 주식매수선택권의 행사가격이 주식의 실질가격보다 낮은 경우에 회사는 그 차액을 금전으로 지급하거나 그 차액에 상당하는 자기주식을 교부하는 방법을 말한다. 이 방법에 의하는 경우에는 주식매수선택권자가 행사가격을 별도로 납입할 필요가 없는 점에 특색이 있다. 이 방법은 자기주식교부방식의 경우보다 경영권보호에 더 유리한 점이 있다.

4. 주식매수선택권의 실질적 행사요건

(1) 주식매수선택권의 부여주체와 부여대상자

상법상 주식매수선택권을 부여할 수 있는 회사는 '모든 주식회사'이다(제340조의 2 제1항).

그리고 주식매수선택권을 부여받을 수 있는 자는 회사의 이사, 집행임원, 감사 또는 피용자로서, 회사의 설립, 경영과 기술혁신 등에 기여하였거나 기여할 수 있는 자이어야 한다(제340조의 2 제1항). 그러나 2009년 개정상법에서는 상법 제340조의 2 제1항 본문에 규정된 자 외에도 대통령령이 정하는 관계회사의 이사·집행임원·감사 또는 피용자에게도 주식매수선택권을 부여할 수 있다(제542조의3 제1항 본문). 다만 상법 제542조의 8 제2항 제5호의 최대주주 등 대통령령으로 정하는 자에게는 주식매수선택권을 부여할 수 없다(동조 제1항 단서).

또한 예외적으로 대주주 등에 의한 이 제도의 남용을 방지하기 위하여 위의 이사·집행임원·감사 또는 피용자라고 하더라도 그가 ① 의결권 없는 주식을 제외한 발행주식총수의 100분의 10 이상의 주식을 소유한 주주이거나, ② 이사, 감사의 선임과 해임 등 회사의 주요 경영사항에 대하여 사실상 영향력을 행사하는 자이거나, ③ ①과 ②의 자의 배우자와 직계 존·비속은 부여대상자에서 제외된다(제340조의 2 제2항).

(2) 주식매수선택권의 행사가격

상법상 주식매수선택권의 행사가격은, ① 신주를 발행하는 경우에는 주식매수선택권의 부여일을 기준으로 한 주식의 실질가액과 주식의 권면액 중 높은 금액, ② 자기주식을 양도하는 경우에는 주식매수선택권의 부여일을 기준으로 한 주식의 실질가액 이상의 가격이어야 한다(제340조의 2 제4항), 다만, 주식매수선택권의 행사가액이 주식의 실질가액보다 낮은 경우에 회사는 그 차액을 금전으로 지급하거나 그 차액에 상당하는 자기의 주식을 양도할 수 있다. 이 경우 주식의 실질가액은 주식매수선택권의 행사일을 기준으로 평가한다(제340조의 2 제1항 단서).

(3) 주식매수선택권의 부여한도

상법은 주식매수선택권 부여의 남용을 방지하기 위하여 일정한 제한을 두고 있다. 즉 주식매수선택권 부여를 위하여 발행할 신주 또는 양도할 자기주식은 회사의 발행주식총수의 100분의 10을 초과할 수 없다(제340조 의 2 제3항). 그러나 상법은 주식매수선택권자 각각에 대하여 부여할 수 있는 주식매수선택권의 한도에 대해서는 특별한 제한을 두지 않고 회사의 자율에 맡기고 있다. 상장회사의 경우에는 제340조의 2 제3항에도 불구하고 발행주식총수의 100분의 20의 범위 내에서 대통령령으로 정하는 한도까지 주식매수선택권을 부여할 수 있고, 제340조의 2 제1항 본문에도 불구하고 정관으로 정하는 바에 따라 발행주식총수의 100분의 10의 범위 내에서 대통령령으로 정하는 한도까지 이사회가 제340조의 3 제2항 각 호의 사항을 결의함으로써 해당회사의 집행임원 , 감사 또는 피용자 및 제1항에 따른 회사의 이사, 집행임원, 감사 또는 피용자에게 주식매수선태권을 부여할 수 있다(제542조의 3 제2항, 제3항). 벤처기업은 발행주식총수의 100분의 50의 한도 내에서 이를 부여할 수있다(벤처기업육성에 관한 특별조치법 제16조의 3 제4항).

5. 주식매수선택권의 형식적 행사요건

(1) 정관의 규정

상법상 주식회사가 주식매수선택권을 부여하기 위하여는 반드시 정관에 이에 관한 사항이 규정되어야 한다(제340조의 2 제1항). 즉 주식매수선택권을 부여하려면 정관에, ① 일정한 경우 주식매수선택권을 부여할 수 있다는 뜻, ② 주식매수선택권의 행사로 발행하거나 양도할 주식의 종류와 수, ③ 주식매수선택권을 부여받을 자의 자격요건, ④ 주식매수선택권의 행사기간, ⑤ 일정한 경우 이사회의 결의로 주식매수선택권의 부여를 취소할 수 있다는 뜻을 기재하여야 한다(제340조의 3 제1항). 이 때 주식매수선택권의 부여는 '정관의 규정'과 '주주총회의 특별결의'에 의하도록 하면서(제340조의 2 제1항) 그 부여의 취소는 '이사회의 결의'만으로 할 수 있도록 하고 있는 점은 불균형이 있는 면도 있으나, 주식매수선택권을 악용하는 경우 주주총회를 소집하여 이를 취소한다는 것은 사실상 곤란한 점이 있으므로 취소는 정관의 규정에 의하여 이사회의 결의만으로 할 수 있도록 하였다.

(2) 주주총회의 특별결의

상법상 주식회사가 일정한 자에게 주식매수선택권을 부여하기 위하여는 주주총회의 특별결의가 있어야 한다(제340조의 2 제1항). 즉 주주총회의 특별결의에 의하여, ① 주식매수선택권을 부여받을 자의 성명, ② 주식매수선택권의 부여방법, ③ 주식매수선택권의 행사가액과 그 조정에 관한 사항, ④ 주식매수선택권의 행사기간, ⑤ 주식매수선택권을 부여받을 각자에 대하여 주식매수선택권의 행사로 발행하거나 양도할 주식의 종류와 수를 정하여야 한다(제340조의 3 제2항). 다만, 주권상장회사는 발행주식총수의 100분의 10의 범위에서 대통령령으로 정하는 한도 까지는 그 절차를 간소화하여 이사회의 결의로 주식매수선택권을 부여할 수 있다(제542조의 3 제3항).

(3) 주식매수선택권부여계약의 체결

주식회사는 주주총회의 특별결의에 의하여 주식매수선택권을 부여받을 자와 주식매수선택권부여계약을 체결하고 상당한 기간 내에 그에 관한 서면계약서를 작성하여야 한다(제340조의 3 제3항). 상법상 주식매수선택권에 관한 부여계약서의 기재사항에 대하여는 별도의 규정이 없으므로, 기재내용은 당사자간에 자율적으로 정할 수 있다. 그러나 예컨대 주식매수선택권의 행사방법 및 절차, 주식매수선택권부여의 취소에 관한 사항, 주식매수선택권의 담보제공이 제한된다는 뜻 등을 상법규정에 반하지 않는 범위 내에서 정하여야 할 것이다. 그리고 회사는 이 계약서를 주식매수선택권의 행사기간이 종료할 때까지 본점에 비치하고 주주로 하여금 영업시간 내에 이를 열람할 수 있도록 하여야 한다(제340조의 3 제4항).

(4) 등기 및 공시

회사가 주식매수선택권을 부여할 것을 정한 때에는 이를 등기하여야 하고(제317조 제2항 제3의 3호), 주식매수선택권부여 계약서를 주식매수선택권의 행사기간이 종료할 때까지 본점에 비치하고 주주로 하여금 영업시간 내에 이를 열람할 수 있도록 하여야 한다(제340조의 3 제4항).

6. 주식매수선택권의 행사방법

(1) 행사방법

주식매수선택권은 주식매수선택권자의 일방적 의사표시에 의하여 행사한다(형성권). 이러한 주식매수선택권은 주주명부폐쇄기간 중에도 행사할 수 있는데, 이 경우 그 폐쇄기간 중의 주주총회결의에 관하여는 의결권을 행사할 수 없다(제340조의 5, 제350조 제2항).

신주인수권방식에 의하여 주식매수선택권을 부여하는 경우에는 청구서의 작성, 신주인수청약서의 기재사항, 납입은행, 납입금보관자의 변경, 납입금보관자의 증명 등에 관하여 신주인수권부사채권자의 신주인수권 행사에 관한 규정이 준용된다(제516조의 9 제1항, 제3항, 제4항).

(2) 행사기간

주식매수선택권은 주주총회 결의일로부터 2年 이상 재임 또는 재직하여야 행사할 수 있다(제340조의 4 제1항). 이와 같이 상법이 주식매수선택권자가 일정 기간 회사에 재임 또는 재직하여야 주식매수선택권을 행사할 수 있게 한 것은 주식매수선택권을 인정한 취지가 회사에 일정기간 근무하면서 회사에 공헌한 자에게 인정되는 권리라는 점을 고려한 것이며, 이 기간을 2년으로 한 것은 이사의 임기가 3년인 점을 고려한 것이다.

주식매수선택권을 부여받은 자가 정년 기타 본인의 귀책사유가 아닌 사유로 인하여 퇴임 또는 퇴직한 경우에는 2년 이상 재임 또는 재직하지 아니하더라도 주식매수선택권을 행사할 수 있다고 본다(제542조의 3 제4항, 시행령 제9조의 제5항). 행사기간은 구체적으로 주주총회에서 정한다(제340조의 3 제2항 제4호). 또한 주권상장회사의 주식매수선택권자는 주식매수선택권 부여에 관한 주주총회 또는 이사회결의일로부터 당해 법인의 정관에서 정한 주식매수선태권의 행사 만료일까지 그 효력을 가진다. 이러한 경우에 주식매수선택권을 부여 받은 자는 대통령령이 정하는 경우를 제외하고는 주주총회 또는 이사회의 결의일로부터 2년 이상 재임하거나 재직하여야 주식매수선택권을 행사할 수 있다(제542조의 3 제4항).

(3) 주식매수선택권의 양도금지

주식매수선택권은 본인만이 행사할 수 있으며, 타인에게 이를 양도할 수는 없다. 그러나 주식매수선택권을 부여받은 자가 사망한 경우에는 그 상속인이 이를 행사할 수 있다(제340조의 4 제2항).

7. 주식매수선택권의 행사효과

(1) 주식매수선택권 부여회사의 의무

주식매수선택권자가 주식매수선택권을 행사기간 내에 적법하게 행사하면 주식매수선택권이 형성권이라는 성질에서 부여회사는 그에 따른 의무를 부담하게 되는데, 부여회사의 의무는 주식매수선택권의 부여방법에 따라 다르다. 즉 주식매수선택권자가 주식매수선택권을 행사기간 내에 적법하게 행사하면 부여회사는 ① 신주인수권방식의 경우에는 신주를 발행하여 주식매수선택권자에게 교부하여야 할 의무를 부담하고, ② 자기주식교부방식의 경우에는 자기주식을 교부하여야 할 의무를 부담하며, ③ 주가차액교부방식의 경우에는 주식매수선택권을 행사한 때의 주식의 실질가격과 주식매수선택권의 행사가격의 차액을 금전으로 지급하거나 그 차액에 상당하는 자기주식을 교부할 의무를 부담한다.

(2) 주주가 되는 시기

주식매수선택권자가 주주가 되는 시기도 주식매수선택권의 부여방법에 따라 다르다. 즉 ① 신주인수권방식의 경우에는 주식매수선택권자가 주식매수선택권을 행사하고 행사가액을 납입한 때에 주주가 되고(제340조의 5, 제516조의 10), ② 자기주식교부방식의 경우에는 상법에 이에 관한 규정은 없으나 주식양도의 경우와 같이 주식매수선택권자가 주식매수선택권을 행사하고 회사에 행사가액을 납입한 때에 주주가 되며, ③ 주가차액교부방식의 경우에는 회사가 그 차액을 현금으로 교부한 때에는 문제가 되지 않고 자기주식을 교부하는 때에는 주식매수선택권자가 주식매수선택권을 행사한 때에 주주가 된다고 본다.

신주에 대한 이익배당에 관하여는 정관이 정하는 바에 따라 그 주식매수청구를 한 때가 속하는 영업연도의 직전영업연도말에 신주를 발행한 것으로 할 수 있다(제340조의 5, 제350조 제3항 제2문).

8. 변경등기

주식매수선택권을 행사하여, 회사가 신주를 발행하는 경우에는 자본이 증가하게 된다. 따라서 회사는 주식매수선택 을 행사한 날이 속하는 달의 말일부터 2주간 내에 본점소재지에서 소정사항의 변경등기를 하여야 한다(제340조의 5, 제351조).

9. 주식매수선택권의 취소

회사는 정관에 일정한 경우 이사회의 결의로 주식매수선택권의 부여를 취소할 수 있다는 뜻을 기재한 경우에 정관에 정하는 바에 따라 취소할 수 있다(제340조의 3 제1항 제5호).

IX. 주식의 소각

1. 주식소각의 의의

주식의 소각이란 회사의 존속 중에 특정 주식의 소멸을 목적으로 하는 회사의 행위를 말한다. 주식의 소각에 의하여 주주의 자격은 절대적으로 소멸된다.

주식의 소각에는 자본감소의 규정에 의하여 하는 경우와 자기주식을 소각하는 경우가 있다. 이 밖에 상환주식의 상환, 주권상장법인의 특례규정 등이 있다.

특히 2011년 개정상법에서는 자기주식의 취득을 원칙적으로 자유화하면서(제341조), 이익소각도 자기주식의 취득과 배당의 경우와 마찬가지로 회사의 재산을 주주에게 반환하는 것과 같은 법률효과가 있다는 이유로 종래의 이익소각제도((구)상법 제343조 제1항 단서, 제343조의 2)를 폐지하였다. 따라서 회사가 이사회의 결의로 자기주식을 취득하여 소각할 수 있도록 하였다.(제343조 제1항 단서).

2. 주식소각의 방법

(1) 자본금 감소규정에 의한 소각

주식의 소각은 자본금 감소에 관한 규정에 따라서만 소각할 수 있다(제343

조 제1항 본문). 이러한 방법에 의하여 주식을 소각할 경우 채권자를 위한 담보액과 자본금에 속하는 재산이 감소되므로 채권자의 이해관계에 직접적인 영향을 미치게 된다. 따라서 채권자보호절차를 밟아야 한다(제439조 제2항). 주식을 소각하는 방법으로는 자기주식을 소각하거나 주식을 병합하는 방법이 있다.

(2) 이사회 결의에 의한 자기주식의 소각

주주에게 배당할 이익으로써 회사는 이사회 결의에 의하여 자기주식을 소각할 수 있다. 이러한 경우는 자본금 감소규정에 따르지 아니하므로(제343조 제1항 단서) 채권자보호절차를 밟을 필요가 없다. 주주에게 배당할 이익으로 주식을 소각할 것을 정한 때 그 규정은 등기사항이다(제317조 제2항 제6호). 또한 자본금 총액이 10억원 미만인 회사로서 이사가 1명 또는 2명인 회사(제383조 단서)는 각 이사(정관에 따라 대표이사를 정한 경우에는 그 대표이사)가 이사회의 기능을 담당하게 된다(제386조 제6항).

(3) 상환주식의 소각

상환주식은 정관의 규정에 따라서만 발행할 수 있고, 이러한 상환주식은 이익으로써만 소각할 수 있으므로(제345조 제1항), 배당가능이익이 있어야 한다. 즉 이러한 이익이 없다면 상환기간이 도래하여도 소각할 수 없다.

(4) 주권상장법인의 이익소각의 특례

주권상장법인은 다른 법률의 규정에 의하는 경우 외에 주주에게 배당할 이익으로 주식을 소각할 수 있다는 뜻을 상법 제434조에 의해 주주총회 특별결의로, 정관에 정하는 경우에는 이사회의 결의로 주식을 소각할 수 있다(자본시장법 제165조의 3 제1항). 정관규정에 의해 주식을 소각하는 경우 그 소각의 결의 후 최초로 도래하는 정기 주주총회에 자본시장법 제165조의 3 제2항 각 호의 사항과 주식을 소각한 사실을 보고 하여야 한다(자본시장법 제165조의 3 제4항).

3. 주식소각의 효과

주식의 소각이 자본금 감소의 규정에 의하는 때에는 자본금이 감소하지만, 자기주식의 소각의 경우에는 그 재원이 이익이므로 자본금은 감소하지 않는다. 소각의 결과 소각된 주식수는 발행예정주식총수 중에 미발행주식으로 다시 부활하지 않으므로 소각된 만큼 주식을 재발행 하지 못한다. 상환주식을 상환한 경우도 같다. 또한 자기주식에 의한 주식소각의 경우에는 발행주식의 액면총액이 자본금과 일치하지 않게 된다.

X. 주식의 분할

1. 주식분할의 의의

주식의 분할이란 1주를 분할하여 2주로, 혹은 2주를 분할하여 3주로 하는 등 기존 주식을 세분하여 회사재산이나 자본은 증가시키지 않고 발행주식총수만을 증가시키는 것을 말한다. 액면주식에 대한 주식의 분할은 곧 액면분할을 의미하게 된다. 즉, 액면주식의 분할은 기존 주식의 액면가를 나누고(예를 들어 액면가 5,000원을 1,000원 또는 100원 등으로 나눈다), 이에 따라 새로 발행되는 신주를 각 주주에게 그 지주수에 따라 분배하게 된다. 무액면주식의 분할은 액면금액이 없으므로 그 분할 비율에 따라 주식 수가 늘어나게 되고 회사의 자본금을 총 발행주식수로 나눈 주식의 형식적인 가치는 감소하게 된다.

주식의 분할은 주가가 지나치게 높아 주식의 유통성을 증가시키기 위한 경우나, 회사합병에 있어서 합병비율의 결정을 용이하게 하기 위한 경우 등에 이용된다.

2. 주식분할의 절차

1998년 개정상법 이전에는 주식분할에 관한 명문규정이 없었으나, 정관변경의 방법에 의하여(액면가가 정관기재사항이므로) 이를 할 수 있었다. 그러나 1998년 개정상법에서는 이를 명문화하는 한편, 1주의 금액을 100원으로 크게 인하함으로써(제329조 제3항) 주식의 분할이 훨씬 용이하게 되었다.

주식의 분할은 주주총회의 특별결의에 의해 할 수 있다(제329조의 2 제1항). 그러나 주식분할 후의 1주의 금액은 최저액면가인 100원 미만으로 하지 못한다(제329조의 2 제2항).

주식분할의 결과 주식의 액면가가 달라지므로 회사는 새로운 주권을 발행하여 주주에게 교부하여야 한다. 구주권의 제출, 신주권의 교부, 효력발생 등에 관하여는 주식병합에 관한 규정(제440조 내지 제444조)을 준용한다(제329조의 2 제3항).

3. 주식분할의 효과

주식이 분할되면 회사의 발행주식총수가 증가하고 각 주주의 소유주식수도 증가하나, 회사의 자본금이나 재산에는 아무런 변동이 없다. 따라서 각 주주가 가지는 실질적인 지위에도 아무런 변동이 생기지 않는다. 그리고 분할 전후의 주식은 동질성이 인정되므로 분할 전의 구주식에 대한 질권은 분할 후의 신주식에 대하여 행사할 수 있다(제339조).

XI. 주식의 포괄적 교환과 이전

1. 주식의 포괄적 교환·이전의 의의

2001년 개정상법은 기업의 구조조정의 일환으로 지주회사의 설립 등을 용이하게 하기 위하여 회사가 다른 회사의 발행주식의 전부를 소유하여 이른바 완전자회사의 설립을 허용하였다. 그 방법으로서 완전자회사의 주식 전부를 모회사의 주식 일부와 교환하거나(주식의 포괄적 교환) 완전자회사의 주식을 모회사에 이전하고 대신 모회사의 신주식을 발행받는 방법(주식의 포괄적 이전)을 규정하였다(제360조의 2 이하).

2. 주식교환에 의한 완전모회사의 설립

회사는 주식의 포괄적 교환에 의하여 다른 회사(이하 "완전자회사"라 한다)의 발행주식의 총수를 소유하는 회사(이하 "완전모회사"라 한다)가 될 수 있다

(제360조의 2 제1항). 주식의 포괄적 교환(이하 "주식교환"이라 한다)에 의하여 완전자회사가 되는 회사의 주주가 가지는 그 회사의 주식은 주식을 교환하는 날에 주식교환에 의하여 완전모회사가 되는 회사에 이전하고, 그 완전자회사가 되는 회사의 주주는 그 완전모회사가 되는 회사가 주식교환을 위하여 발행하는 신주를 배정받음으로써 그 회사의 주주가 된다(제360조의 2 제2항).

3. 주식교환에 의한 완전모회사의 설립절차

(1) 주식의 포괄적 교환계약서의 작성과 주주총회의 승인

회사가 주식교환을 함에는 주식교환계약서를 작성하여 주주총회의 특별결의에 의한 승인을 얻어야 한다(제360조의 3 제1항·제2항). 주식교환계약서에는 ① 완전모회사가 되는 회사가 주식교환으로 인하여 정관을 변경하는 경우에는 그 규정, ② 완전모회사가 되는 회사가 주식교환을 위하여 발행하는 신주의 총수, 종류와 종류별 주식의 수 및 완전자회사가 되는 회사의 주주에 대한 신주의 배정에 관한 사항, ③ 완전모회사가 되는 회사의 증가할 자본의 액과 자본준비금에 관한 사항, ④ 완전자회사가 되는 회사의 주주에게 지급 할 금액을 정한 때에는 그 규정, ⑤ 각 회사가 승인특별결의를 할 주주총회의 기일, ⑥ 주식교환을 할 날, ⑦ 각 회사가 주식교환을 할 날까지 이익배당 또는 중간배당을 하는 경우에는 그 한도액, ⑧ 신주발행에 갈음하여 회사가 자기의 주식을 이전하는 경우(제360조의 6)에는 이전할 주식의 총수, 종류 및 종류별 주식의 수, ⑨ 완전모회사가 되는 회사에 취임할 이사와 감사 또는 감사위원회의 위원을 정한 때에는 그 성명 및 주민등록번호 등의 사항을 적어야 한다(제360조의 3 제3항). 총회의 소집통지와 공고에는 ① 주식교환계약서의 주요내용, ② 제360조의 5 제1항의 규정에 의한 주식매수청구권의 내용 및 행사방법, ③ 일방회사의 정관에 주식의 양도에 관하여 이사회의 승인을 요한다는 뜻의 규정이 있고 다른 회사의 정관에 그 규정이 없는 경우 그 뜻을 기재하여야 한다(제360조의 3 제4항). 주식교환으로 인하여 주식교환에 관련되는 각 회사의 주주의 부담이 가중되는 경우에는 제360조의 3 제1항 및 제436조의 결의 외에 그 주주 전원의 동의가 있어야 한다(제360조의 3 제5항).

(2) 주식교환계약서등의 공시

이사는 특별결의에 의한 승인을 얻기 위한 주주총회 회일의 2주간 전부터 주식교환의 날 이후 6월이 경과하는 날 까지, ① 주식교환계약서, ② 완전자회사가 되는 회사의 주주에 대한 주식의 배정에 관하여 그 이유를 기재한 서면, ③ 위의 주주총회의 회일의 이전 6월 내의 날에 작성한 주식교환을 하는 각 회사의 대차대조표 및 손익계산서 또는 최종의 대차대조표 및 손익계산서를 본점에 비치하여야 한다(제360조의 4 제1항). 주주는 영업시간 내에 이들 서류의 열람 또는 등사를 청구할 수 있다(제360조의 4 제2항, 제391조의 3 제3항).

(3) 반대주주의 주식매수청구권

주식교환의 승인을 위한 주주총회결의사항에 관하여 이사회의 결의가 있는 때에 그 결의에 반대하는 주주는 주주총회 전에 회사에 대하여 서면으로 그 결의에 반대하는 의사를 통지한 경우에는 그 총회의 결의일부터 20일 이내에 주식의 종류와 수를 기재한 서면으로 회사에 대하여 자기가 소유하고 있는 주식의 매수를 청구할 수 있다(제360조의 5 제1항). 이때 매수가액은 주주와 회사간의 협의에 의하여 결정하되, 회사가 매수청구를 받은 날부터 30일 이내에 협의가 이루어지지 아니한 경우에는 회사 또는 주식의 매수를 청구한 주주는 법원에 대하여 매수가액의 결정을 청구할 수 있다. 법원이 주식의 매수가액을 결정하는 경우에는 회사의 재산상태 기타의 사정을 참작하여 공정한 가액으로 이를 산정하여야 한다(제360조의 5 제2항, 제374조의 2 제3항 내지 제5항).

(4) 신주발행에 갈음할 자기주식의 이전

주식의 포괄적 교환에 의하여 완전모회사가 되는 회사는 주식교환을 함에 있어서 신주발행에 갈음하여 회사가 소유하는 자기의 주식으로서 상당한 시기에 처분하여야 할 자기주식(제342조)을 완전자회사가 되는 회사의 주주에게 이전할 수 있다(제360조의 6).

(5) 완전모회사의 자본금 증가의 한도액

완전모회사가 되는 회사의 자본은 주식교환의 날에 완전자회사가 되는 회사에 현존하는 순자산액에서, ① 완전자회사가 되는 회사의 주주에게 지급할 금액 및 ② 완전자회사가 되는 회사의 주주에게 신주발행에 갈음하여 이전하는 자기주식의 회계장부 가액의 합계액을 공제한 금액을 초과하여 증가시킬 수 없다(제360조의 7 제1항, 제360조의 6). 그러나 완전모회사가 되는 회사가 주식교환 이전에 완전자회사가 되는 회사의 주식을 이미 소유하고 있는 경우에는 완전모회사가 되는 회사의 자본은 주식교환의 날에 완전자회사가 되는 회사에 현존하는 순자산액에 그 회사의 발행주식총수에 대한 주식교환으로 인하여 완전모회사가 되는 회사에 이전하는 주식의 수의 비율을 곱한 금액에서 위 ①과 ②의 금액을 공제한 금액의 한도를 초과하여 이를 증가시킬 수 없다(제360조의 7 제2항).

(6) 주권의 실효절차

주식의 포괄적 교환에 의하여 완전자회사가 되는 회사는 주식의 포괄적 교환계약서에 대한 주주총회의 승인이 있은 때에는(제360조의 3), ① 제360조의 3 제1항의 규정에 의한 주주총회가 승인을 한 뜻, ② 주식교환의 날의 전날까지 주권을 회사에 제출하여야 한다는 뜻, ③ 주식교환의 날에 주권이 무효가 된다는 뜻을 주식교환의 날로부터 1월 전에 공고하고, 주주명부에 기재된 질권자에 대하여 따로 따로 그 통지를 하여야 한다(제360조의 8 제1항). 이때 구주권을 회사에 제출할 수 없는 자가 있는 때에는 회사는 그 자의 청구에 의하여 3월 이상의 기간을 정하고 이해관계인에 대하여 그 주권에 대하여 이의가 있으면 그 기간 내에 제출할 뜻을 청구자의 비용부담으로 공고하고, 그 기간이 경과한 후에 완전모회사가 발행하는 신주권을 청구자에게 교부할 수 있다(제360조의 8 제2항, 제442조). 무기명식의 주권으로서 주권을 제출할 수 없는 경우에도 같은 방식으로 처리한다(제360조의 8 제2항, 제443조, 제444조).

(7) 단주 등의 처리

주식교환에 있어서 단주가 생기는 경우에는 자본금감소의 경우와 같이 처리한다(제360조의 11 제1항, 제443조). 또한 완전자회사가 되는 회사의 주식을 목적으로 하는 질권자는 주식의 교환으로 인하여 종전의 주주가 받을 금전이나 주식에 대하여 물상대위권(제360조의 11 제2항, 제339조)을 행사하고, 등록질권자는 회사에 대하여 종전의 주주가 받을 주식에 대한 주권의 교부를 청구할 수 있다(제360조의 11 제2항, 제340조 제3항).

(8) 주식교환사항을 기재한 서면의 사후공시

이사는 ① 주식교환의 날, ② 주식교환의 날에 완전자회사가 되는 회사에 현존하는 순자산액, ③ 주식교환으로 인하여 완전모회사에 이전한 완전자회사의 주식의 수, ④ 그 밖의 주식교환에 관한 사항 등을 기재한 서면을 주식 교환의 날부터 6월간 본점에 비치하여야 한다(제360조의 12 제1항). 주주는 영업시간 내에 이들 서류의 열람 또는 등사를 청구할 수 있다(제360조의 12 제1항, 제391조의 3 제3항).

(9) 완전모회사의 이사·감사의 임기

주식교환에 의하여 완전모회사가 되는 회사의 이사 및 감사로서 주식교환 전에 취임한 자는 주식교환계약서에 다른 정함이 있는 경우를 제외하고는 주식교환 후 최초로 도래하는 결산기에 관한 정기총회가 종료하는 때에 퇴임한다(제360조의 13).

(10) 간이주식교환

완전자회사가 되는 회사의 총주주의 동의가 있거나 그 회사의 발행주식총수의 100분의 90 이상을 완전모회사가 되는 회사가 소유하고 있는 때에는 완전자회사가 되는 회사의 주주총회의 승인은 이를 이사회의 승인으로 갈음 할 수 있다(제360조의 9 제1항). 간이주식교환의 경우에 완전자회사가 되는 회사는 주식교환계약서를 작성한 날부터 2주 내에 주주총회의 승인을 얻지 아니하고 주식교환을 한다는 뜻을 공고하거나 주주에게 통지하여야 한다. 다만, 총주주의 동의가 있는 때에는 그러하지 아니하다(제360조의 9 제2항).

(11) 소규모주식교환

완전모회사가 되는 회사가 주식교환을 위하여 발행하는 신주의 총수가 그 회사의 발행주식총수의 100분의 5를 초과하지 아니하는 경우에는 그 회사에서는 주식의 포괄적 교환계약서에 대한 주주총회의 승인은 이를 이사회의 승인으로 갈음할 수 있다(제360조의 10 제1항 본문). 이를 소규모주식교환이라 한다. 다만, 완전자회사가 되는 회사의 주주에게 지급할 금액을 정한 경우에 그 금액이 최종 대차대조표(제360조의 4 제1항 제3호)에 의하여 완전모회사가 되는 회사에 현존하는 순자산액의 100분의 2를 초과하는 때에는 주주총회의 승인을 얻어야 한다(제360조의 10 제1항 단서). 이때 신주발행에 갈음하여 완전모회사가 완전자회사가 되는 회사의 주주에게 자기주식을 이전하는 경우(제950조의 6), 그 이전하는 주식은 이를 주식교환을 위하여 발행하는 신주로 본다(제360조의 10 제3항).

소규모주식교환의 경우, 주식의 포괄적 교환계약서에 대한 완전모회사가 되는 회사의 주주총회의 승인(제360조의 3 제1항)을 얻지 아니하고 주식교환을 할 수 있는 뜻을 주식교환계약서에 기재하여야 하며, 이때 주식교환으로 인하여 완전모회사가 되는 회사의 정관변경사항(제360조의 3 제3항 제1호)은 주식교환계약서에 기재하지 못한다(제360조의 10 제3항).

완전모회사가 되는 회사는 주식교환계약서를 작성한 날로부터 2주 내에 완전자회사가 되는 회사의 상호와 본점, 주식교환의 날 및 주식교환계약서에 대한 주주총회의 승인(제360조의 3 제1항)을 얻지 아니하고 주식교환을 할 날을 공고하거나 주주에게 통지하여야 한다(제360조의 10 제4항). 그러나 완전모회사가 되는 회사의 발행주식총수의 100분의 20 이상에 해당하는 주식을 가지는 주주가 제4항에 따른 공고 또는 통지를 한 날로부터 2주 내에 회사에 대하여 서면으로 제1항 본문에 따른 주식교환에 반대하는 의사를 통지한 경우에는 이 조에 따른 주식교환을 할 수 없다(제360조의 10 제5항). 소규모주식교환의 경우에는 반대주주의 주식매수청구권이 인정되지 아니한다(제360조의 10 제7항).

소규모주식교환으로 인하여 완전모회사가 되는 회사의 이사는 주식교환계약서를 작성한 날로부터 2주 내에 완전자회사가 되는 회사의 상호와 본점, 주식교환의 날 및 주주총회의 승인을 얻지 아니하고 주식교환을 할 날을 공고하거나 주주에게 통지하여야 하는데(제360조의 10 제4항), 이와 같은 공고 또는 주주에게 통지한 날로부터 주식교환의 날 이후 6월이 경과하는 날 까지, ① 주식교환계약서, ② 완전자회사가 되는 회사의 주주에 대한 주식의 배정에 관하여 그 이유를 기재한 서면, ③ 주식교환계약서승인을 위한 주주총회 회일 전 6월 내의 날에 작성한 주식교환을 하는 각 회사의 대차대조표 및 손익계산서 또는 최종의 대차대조표 및 손익계산서를 본점에 비치하여야 한다(제360조의 10 제6항, 제360조의 4 제1항).

(12) 주식교환무효의 소

주식교환의 무효는 각 회사의 주주, 이사, 감사나 감사위원회의 위원 또는 청산인에 한하여 주식교환의 날부터 6월 내에 소만으로 이를 주장할 수 있다(제360조의 14 제1항). 주식의 포괄적 교환무효의 소는 완전모회사가 되는 회사의 본점소재지의 지방법원의 관할에 전속한다(제360조의 14 제2항). 주식교환을 무효로 하는 판결이 확정된 때에는 완전모회사가 된 회사는 주식교환을 위하여 발행한 신주 또는 신주발행에 갈음하여 이전한 자기주식(제360조의 6)의 주주에 대하여 그가 소유하였던 완전자회사가 된 회사의 주식을 이전하여야 한다(제360조의 14 제3항). 주식교환을 위하여 발행한 신주 또는 신주발행에 갈음하여 이전한 자기주식을 목적으로 하는 질권이 설정되어 있는 경우, 질권자는 주식교환무효로 인하여 종전의 주주(교환후 무효가 되기 전의 주식에 대한 주주)가 받을 금전이나 주식에 대하여도 종전의 주식(교환후 무효가 되기 전의 주식)을 목적으로 한 질권을 행사할 수 있다(질권의 물상대위)(제360조의 14 제4항, 제339조). 그리고 기명주식의 등록질권자는 회사에 대하여 종전의 주주가 받을 주식에 대한 주권의 교부를 청구할 수 있다(제360조의 14 제4항, 제340조 제3항).

이 밖에 소제기의 공고(제187조), 병합심리(제188조), 하자의 보완 등과 청구의 기각(제189조), 판결의 효력(제190조 본문), 패소원고의 책임(제191조), 설립무효의 등기(제192조), 제소주주의 담보제공의무(제377조), 신주발행무효 판결의 효력(제431조)의 규정은 주식의 포괄적 교환무효의 소에 준용한다(제360조의 13 제4항).

4. 주식의 포괄적 이전

(1) 주식의 포괄적 이전에 의한 완전모회사의 설립

회사는 주식의 포괄적 이전(이하 "주식이전"이라 한다)에 의하여 완전모회사를 설립하고 완전자회사가 될 수 있다(제360조의 15 제1항). 주식이전에 의하여 완전자회사가 되는 회사의 주주가 소유하는 그 회사의 주식은 주식이전에 의하여 설립하는 완전모회사에 이전하고, 그 완전자회사가 되는 회사의 주주는 그 완전모회사가 주식이전을 위하여 발행하는 주식의 배정을 받음으로써 그 완전모회사의 주주가 된다(제360조의 15 제2항).

(2) 주주총회에 의한 주식이전의 승인

회사가 주식이전을 함에는, ① 설립하는 완전모회사의 정관의 규정, ② 설립하는 완전모회사가 주식이전에 있어서 발행하는 주식의 종류와 수 및 완전자회사가 되는 회사의 주주에 대한 주식의 배정에 관한 사항, ③ 설립하는 완전모회사의 자본의 액 및 자본준비금에 관한 사항, ④ 완전자회사가 되는 회사의 주주에 대하여 지급할 금액을 정한 때에는 그 규정, ⑤ 주식이전을 할 시기, ⑥ 완전자회사가 되는 회사가 주식이전의 날 까지 이익배당을 하는 경우에는 그 한도액, ⑦ 설립하는 완전모회사의 이사와 감사 또는 감사위원회의 위원의 성명과 주민등록번호, ⑧ 회사가 공동으로 주식이전에 의하여 완전모회사를 설립하는 때에는 그 뜻 등에 관하여 주주총회의 승인을 받아야 한다(제360조의 16 제1항). 주식의 포괄적 이전에 대한 주주총회의 승인은 특별결의에 의하여야 한다(제360조의 15 제2항, 제434조). 주식교환계약서의 요령은 주주총회 소집의 통지와 공고(제363조)에 기재하여야 한다(제360조의 16 제3항, 제360조의 3 제4항). 주식이전으로 인하여 주식이전에 관련되는 각 회사의 부담이 가중되는 경우에는 제1항 및 제436조의 결의 외에 그 주주 전원의 동의가 있어야 한다(제360조의 16 제4항).

(3) 주식이전의 의안 등의 서류의 공시

이사는 주식의 포괄적 이전승인을 위한 주주총회 회일의 2주간 전부터 주식이전의 날 이후 6월을 경과하는 날까지, ① 주주총회의 의안의 요령, ② 완전자회사가 되는 회사의 주주에 대한 주식의 배정에 관하여 그 이유를 기재한 서면, ③ 주주총회 회일 전 6월 내의 날에 작성한 완전자회사가 되는 회사의 대차대조표 및 손익계산서 또는 최종의 대차대조표 및 손익계산서 등의 서류를 본점에 비치하여야 한다(제360조의 17 제1항). 주주는 영업시간 내에 이사회의사록의 열람 또는 등사를 청구할 수 있다(제360조의 17 제2항, 제391조의 3 제3항).

(4) 완전모회사의 자본금 증가의 한도액

주식의 포괄적 이전에 의하여 설립하는 완전모회사의 자본은 주식이전의 날에 완전자회사가 되는 회사에 현존하는 순자산액에서 그 회사의 주주에게 지급할 금액을 공제한 액을 초과하지 못한다(제360조의 18).

(5) 주권의 실효절차

주식이전에 의하여 완전자회사가 되는 회사는 주주총회에 의한 주식의 포괄적 이전의 승인결의(제360조의 16 제1항)의 규정에 의한 결의를 한 때에는, ① 주주총회의 주식이전에 대한 승인결의를 한 뜻, ② 1월을 초과하여 정한 기간 내에 주권을 회사에 제출하여야 한다는 뜻, ③ 주식이전의 날에 주권이 무효가 된다는 뜻을 공고하고, 주주명부에 기재된 주주와 질권자에 대하여 따로 따로 그 통지를 하여야 한다(제360조의 19 제1항 본문). 이때 주권을 회사에 제출할 수 없는 자가 있는 때에는 회사는 그 자의 청구에 의하여 3월 이상의 기간을 정하고 이해관계인에 대하여 그 주권에 대한 이의가 있으면 그 기간 내에 제출할 뜻을 청구자의 비용부담으로 공고하고 그 기간이 경과 한 후에 신주권을 청구자에게 교부할 수 있다(제360조의 19 제2항, 제442조). 무기명식의 주권이 발행된 경우에도 같은 방법으로 처리한다(재360조의 19 제2항, 제444조).

(6) 주식이전의 등기

주식이전을 한 때에는 설립한 완전모회사의 본점의 소재지에서는 2주 내에, 지점의 소재지에서는 3주 내에 제917조 제2항이 규정한 주식회사 설립등기사항을 등기하여야 한다(제360조의 20).

(7) 주식이전의 효력발생시기

주식이전은 이로 인하여 설립한 완전모회사가 그 본점소재지에서 주식의 포괄적 이전의 등기(제360조의 20)를 함으로써 그 효력이 발생한다(제360조의 21).

(8) 주식병합 등에 관한 규정의 준용

반대주주의 주식매수청구권(제360조의 5), 주식병합 등에 관한 규정(제360조의 11), 주식교환사항을 기재한 서면의 사후공시(제360조의 12) 등에 관한 규정은 주식이전의 경우에도 준용된다(제360조의 22).

(9) 주식이전무효의 소

주식이전무효의 소는 주식교환무효의 소와 똑같은 구조를 가졌으므로, 소제기권자는 각 회사의 주주, 이사, 감사나 감사위원회의 위원 또는 청산인에 한하며, 주식이전의 날부터 6월 내에 소만으로 이를 주장할 수 있다(계360조의 23 제1항). 주식이전의 무효의 소는 완전모회사가 되는 회사의 본점소재지의 지방법원의 관할에 전속한다(제360조와 23 제2항). 주식이전을 무효로 하는 판결이 확정한 때에는 완전모회사가 된 회사는 주식이전을 위하여 발행한 주식의 주주에 대하여 그가 소유하였던 완전자회사가 된 회사의 주식을 이전하여야 한다(제360조의 22 제3항). 이때 주식교환의 경우와 마찬가지로 질권의 물상대위(제339조) 및 질권자의 주권교부청구권(제340조 제3항)이 인정된다(제360조의 22 제4항).

이 밖에 소제기의 공고(제187조), 병합심리(제188조), 판결의 효력(제190조 본문), 패소원고의 책임(제191조), 설립무효의 등기(제192조), 설립무효·취소

판결의 효력(제193조), 제소주주의 담보제공의무(제377조)의 규정은 주식이전의 무효의 소에 준용한다(제360조의 22 제4항).

XII. 소수주식의 전부취득

특정주주가 주식의 대부분을 보유하고 있고 일부 극소수의 주식을 보유한 주주가 있는 경우 대주주와 소수주주는 회사법이 상정하는 정상적인 동업관계를 유지하기 어려운 점이 있다. 회사의 입장에서도 주주총회의 운영 등과 관련해 상대적으로 많은 소수주주관리비용이 소요되고, 소수주주로서도 정상적인 출자회수의 길이 막히는 경우가 발생한다. 따라서 2011년 개정상법에서는 소수주식의 전부취득제도를 신설하여, 지배주주의 주식매도청구권과 소수주주의 매수청구권을 행사할 수 있도록 하였다(제360조의 24~제360조의 26).

1. 지배주주의 매도청구권

회사의 발행주식총수 100분의 95 이상을 자기계산으로 보유하고 있는 주주(이하 '지배주주'라 한다)는 회사의 경영상의 목적을 달성하기 위하여 필요한 경우에는 회사의 다른 주주(이하 '소수주주'라 한다)에게 그 보유주식의 매도를 청구할 수 있다(제360의24 제1항). 이러한 경우 보유주식의 수를 산정함에 있어서는 모회사의 자회사가 보유한 주식을 합산한다. 회사가 아닌 주주가 발행주식총수의 100분의 50을 초과하는 주식을 가진 회사가 보유하는 주식도 그 주주가 보유하는 주식과 합산한다(동조 제2항).

주식의 매도청구는 미리 주주총회의 승인을 받아야 한다(동조 제3항). 승인을 위한 주주총회의 소집을 통지할 때에는 지배주주의 회사 주식의 보유현황, 매도청구의 목적, 매매가액의 산정근거와 적정성에 관한 공인된 감정인의 평가 및 매매가액의 지급보증에 관한 사항을 적어야 하고, 매도를 청구하는 지배주주는 주주총회에서 그 내용을 설명하여야 한다(동조 제4항).

지배주주의 매도청구를 받은 소수주주는 매도 청구를 받은 날로부터 2개월 내에 지배주주에게 그 주식을 매도하여야 한다(동조 제6항). 이러한 경우 그 매매가액은 매도청구를 받은 소수주주와 매도를 청구한 지배주주간의 협의로 결정한다(동조 제7항). 지배주주의 매도청구를 받은 날로부터 30일 내에 매매가액에 대한 합의가 이루어지지 아니한 경우에는 매도청구를 받은 소수주주 또는 매도청구를 한 지배주주는 법원에 매매가액의 결정을 청구할 수 있다(동조 제8항). 법원이 주식의 매수가액을 결정하는 경우에는 회사의 재산상태와 그 밖의 사정을 고려하여 공정한 가액으로 산정하여야 한다(동조 제9항).

2. 소수주주의 매수청구권

지배주주가 있는 회사의 소수주주는 언제든지 지배주주에게 그 보유주식의 매수를 청구할 수 있다(제360조의 25 제1항). 이러한 매수청구를 받은 지배주주는 매수를 청구한 날을 기준으로 2개월 내에 매수를 청구한 주주로부터 그 주식을 매수하여야 한다(동조 제2항). 이러한 경우 그 매수가액은 매수를 청구한 주주와 매수청구를 받은 지배주주간의 협의로 이를 결정한다(동조 제3항). 소수주주의 매수청구를 받은 날로부터 30일내에 매매가액에 대한 합의가 이루어지지 아니한 경우에는 매수청구를 받은 지배주주 또는 매수청구를 한 소수주주는 법원에 대하여 매매가액의 결정을 청구할 수 있다(동조 제4항). 법원이 주식의 매매가액을 결정하는 경우에는 회사의 재산상태와 그 밖의 사정을 고려하여 공정한 가액으로 산정하여야 한다(동조 5항).

3. 주식의 이전 등

지배주주의 매도청구권과 소수주주의 매수청구권에 의하여 주식을 취득하는 지배주주가 매매가액을 소수주주에게 지급한 때 주식의 이전이 이루어진 것으로 본다(제360조의26 제1항). 그러나 매매가액을 지급할 소수주주를 알 수 없거나 소수주주가 수령을 거부할 경우에는 지배주주는 그 가액을 공탁할 수 있다. 이 경우 주식은 공탁한 날에 지배주주에게 이전된 것으로 본다(동조 제2항).

제4절 주식회사의 기관

I. 총 설

1. 회사기관의 의의

회사는 법인이므로 법률상 인격자이기는 하나 구체적인 활동을 하려면 자연인을 통해서 하는 수밖에 없다. 따라서 회사의 내부조직에 있어서 회사의 의사를 결정하고 실행하는 지위에 있는 특정인을 회사의 기관(organe)이라고 한다.

2. 주식회사의 기관의 특색

(1) 기관자격과 사원자격의 분리

주식회사는 법인으로서, 그 존재의 기초가 되는 주주가 있고, 활동의 기초가 되는 기관이 있다. 즉, 인적 회사에서는 기관자격과 사원자격이 분리되지 않아서 사원이 당연히 기관을 구성하는 데(자기기관, 당연기관) 반해서, 주식회사에서는 주주의 개성이 중시되지 않고 주주의 수가 많아서 주주가 곧 기관이 될 수는 없기 때문이다.

이와 같이 제3자기관이 필요하게 되고 기관자격과 사원자격이 분리되는 것은 주식회사의 기관의 한 특색인데, 이것은 결국 주식회사의 중요한 경제적 특색인 기업의 소유와 경영의 분리현상의 법률적 표현인 것이다.

(2) 기관의 재구성과 권한의 재분배

주식회사의 기관은 프랑스혁명 이후 삼권분립의 정치사상의 영향에 의하여 회사의 대내적 의사결정기관으로서 주주총회와 이사회, 업무집행기관으로서의 대표이사·집행임원, 그리고 감독기관으로서 감사 등의 필요적 기관으로 분화되며 또한 필요에 따라 임시기관으로서 검사인을 선임할 수 있다. 이 점이 이사와 사원총회만이 필요적 기관이며 감사는 임의기관인 민법상의 비영리법인이나 유한회사와 다르다(민법 제66조, 상법 제568조).

주주총회에서는 회사의 소유자이자 출자자인 주주가 자신을 대신하여 회사의 경영을 담당할 이사를 선임하여 사업의 수행을 위탁한다. 이러한 이사로 구성된 이사회는 중요한 경영판단사항을 결정하고, 대표이사 또는 업무담당이사를 선임하여 업무를 집행하도록 하며, 이사가 이사회결의를 준수하여 회사의 이익을 위해 성실히 직무를 수행하는지를 감독한다. 이사회에서 선임된 대표이사는 회사를 대외적으로 대표하고 대내적으로 업무를 집행하며, 일상적 업무에 대해 경영판단을 한다. 이러한 점에서 볼 때 주식회사의 지배구조는 위로부터 집행부인 대표이사, 선임·감독·의결기관인 이사회, 출자자로 구성된 주주총회라는 삼층의 피라미드로 구성되어 있다. 그리고 이사의 적정한 업무집행을 확보하기 위해 이사회의 감독 이외에 감사제도를 두고 있다.

의용상법시대(1963년 이전)에는 주식회사에 있어서 기관의 3분화가 뚜렷하였으나, 현행상법은 법정의 의사결정기관으로 주주총회 이외에 영미법상의 이사회제도를 도입하였기 때문에 회사의 의사결정기관으로 양분화 되었다. 즉 1962년의 우리 상법은 이사회제도를 도입하였고 1984년의 개정상법은 이사회의 권한을 크게 강화하였으므로, 이사회도 중요한 의사결정기관이 되었다고 할 수 있다. 또한 감독기관도 이사회제도의 도입에 의하여 종래에는 해석에 의하여 이사회를 업무집행의 감독기관으로 보았고 감사는 회계감사만을 임무로 하는 기관이었다. 그러나 1984년의 개정상법은 이사회의 업무감독권을 법정화함(상법 제393조 제2항)과 동시에 감사의 업무감사권을 다시 부여하고(상법 제412조) 업무감사를 위하여 필요한 권한을 크게 보장하였으며, 1995년의 개정상법도 감사의 임기를 연장하였으며 주주총회의 소집청구권 등을 인정하여 감사의 지위를 강화하였다. 그러나 1999년 개정상법에 의하면 정관으로 감사위원회를 설치하기로 한 때에는 감사를 둘 수 없게 되었다(상법 제415조의 2 제1항). 2011년 개정상법은 이사회의 감독기능을 강화하고, 회사의 업무집행의 효율성을 제고하기 위하여 이사회의 업무집행기능을 분리하여 이를 전담할 집행임원을 둘 수 있도록 하고, 그 도입여부는 회사가 자율적으로 선택할 수 있게 되었다(제408조의 2 내지 제408조의 9). 따라서 집행임원을 둔 때에는 대표이사를 선임할 수 없고(제408조의 2 제1항), 대표집행임원이 회사를 대표하게 된다(제408조의 5 제1항).

특별법에 의하여 직전 사업연도 말의 자산총액이 100억원 이상인 주식회사는 매 사업연도 개시일로부터 4월 이내에 필요적 기관으로 외부감사인을 선임하여야 한다(외감법 제2조). 이밖에도 대부분의 주식회사에서는 대표이사와 업무집행이사들로 구성되는 상무회를 두고 있으나 이는 법정기관이 아니므로 고유한 권한이 없다. 그러므로 이사회의 권한에 속하는 사항의 결정권한이 없는 것이다. 즉 상무회는 대표이사의 자문기관일 따름이다.

상장법인의 경우는 회사경영의 공정과 투자자의 보호를 위하여 1998년 2월 유가증권상장규정의 개정을 통하여 사외이사제도와 사외감사제도를 도입하였다. 사외이사와 사외감사는 각각 상법상 이사와 감사이지만 회사의 상무에 직접 종사하지 않는 자라는 점에서 특이성이 있다. 이들은 경영, 경제, 회계, 법률 또는 관련기술 등에 관한 전문지식이나 경험이 풍부한 자 중에서 선임된다. 상장회사의 경우 자산규모 등을 고려하여 대통령령으로 정하는 경우를 제외하고는 이사총수 4분의 1 이상은 사외이사로 선임하여야 하며, 다만 자산규모 등을 고려하여 대통령령이 정하는 상장회사의 사외이사는 3명 이상으로 하되 이사의 총수의 과반수가 되도록 하여야 한다(제542조의 8 제1항).

Ⅱ. 주주총회

1. 주주총회의 법적 지위

(1) 의의

주주총회(general meeting of shareholders)란 주주의 총의에 의하여 회사의 내부에서 상법 또는 정관에 규정된 사항에 관한 회사의 의사를 결정하는 회사 최고의 필요적 기관이다.

(2) 주주총회 지위의 변천

종래에는 소위 만능설에 의하여 주주총회는 회사의 만능적인 최고기관으로서 그 권한이 극히 광범위하여 강행법규 또는 선량한 풍속과 사회질서에 반하지 않고 정관에 의하여 그 권한을 스스로 제한하지 않는 한 회사의 기본조직과 모든 업무집행에 관하여 회사의 의사를 결정할 수 있었다.

그러나 점차로 기업의 규모가 확대되고 기업간의 경쟁이 심화되어 회사의 경제적 관계는 전문적인 지식이 있고 회사의 업무를 직접 담당하는 이사가 아니고는 파악할 수 없을 정도로 복잡하게 발전되면서 대규모 주식회사의 경영은 주주총회로부터 멀어지는 현상이 나타나기 시작하였다. 이러한 현상은 회사의 주식이 고도로 분산되어 소유와 경영이 분리되는 경우 뚜렷이 나타난다.

이러한 흐름에 따라 우리 상법에서도 이사회의 권한을 강화하고, 반면에 주주총회의 권한을 축소하여 이제 주주총회는 상법 또는 정관에 정하는 사항에 한하여 결의할 수 있는 기관이 되었다(상법 제361조). 그 결과 상법과 정관에 정함이 없는 다른 사항에 대하여는 주주총회가 결의를 하더라도 그것은 무효한 결의로서 이사 및 주주에 대하여 아무런 구속력을 갖지 못한다. 또한 주주총회의 권한에 속하지 않는 사항에 대한 결의를 집행하여 손해가 생긴 경우에 이사는 면책되지 않는다. 더욱이 1984년과 1995년의 개정상법에서는 이사회의 권한을 더욱 강화하였기 때문에 주주총회의 권한은 그만큼 더 축소되었다. 그러나 주주총회는 주식회사의 기본적 구조에 대한 결정과 실질적으로 회사를 지배하고 감독하는 이사·감사의 선임·해임의 권한이 있으며, 또 정관에 의하여 그 권한을 확대시킬 수 있으므로 아직도 중요한 기관이라고 할 수 있다.

한편 자본금의 총액이 10억원 미만인 회사의 경우 1명 또는 2명의 이사만을 둘 수 있다(제383조 제1항 단서). 이러한 회사를 소규모회사라 한다. 소규모회사의 경우는 이사회의 법정권한이 주주총회의 권한이 되는데(제383조 제4항), 이러한 회사의 주주총회는 이사회제도의 도입 전의 주주총회와 마찬가지로 강력한 기관이 아닐 수 없다.

2. 주주총회의 권한

(1) 결의사항의 한정

이사회제도의 채택에 따라 상법은 주주총회의 권한을 축소시켰다. 즉, 상법이나 정관에서 규정해 놓은 사항만을 권한사항으로 한정하였으므로(제361조), 그 밖의 사항에 관하여는 결의를 하더라도 무효가 되는 것이 원칙이다. 이와 같이 그 권한이 한정됨으로써 주주총회의 만능기관성은 변질되었으나, 이사·

감사의 임명권(제382조 제1항, 제385조 제1항, 제409조 제1항, 제415조)뿐만 아니라 정관의 변경권(제433조)도 가지고 있으므로 그 최고기관성에 관하여는 의문의 여지가 없다.

(2) 결의사항과 결의요건

1) 법정결의사항

주주총회의 법정결의사항은 그 결의방법에 따라 보통결의사항, 특별결의사항, 특수결의사항으로 분류할 수 있으나, 대체로 재산권(회사재산)의 처분·수익에 관한 결정권은 주주총회의 권한으로 유보하고, 재산권의 이용에 관한 권한은 경영전문가로 구성되는 이사회·대표이사에게 맡기되 이사의 임명권행사를 통하여 간접적으로 이를 관장한다. 그런데 이사의 1인인 소규모주식회사에 있어서는 이사회의 승인 또는 결의를 요하는 사항의 대부분이 주주총회 권한사항(보통결의사항)으로 되어 있으므로(제383조 제4항) 주주총회의 권한이 그만큼 확대된다.

주주총회의 법정결의사항은 중요한 사항이므로 정관의 규정에 의하더라도 다른 기관에 위임하여 결정할 수 없다.

(가) 보통결의사항과 보통결의요건

보통결의사항으로는 검사인의 선임(제366조 제3항, 제367조, 제542조 제2항), 이사·감사 또는 청산인의 선임·보수의 결정(제382조 제1항, 제409조 제1항, 제388조, 제415조, 제542조 제2항), 이사·청산인의 재무제표 등의 승인(제449조 제1항, 제533조 제1항), 이사·감사 또는 청산인의 책임해제의 유보(제450조, 제542조 제2항), 준비금의 자본전입(제461조 제1항 단서), 주식배당의 결정(제462조의 2), 전환사채의 발생사항의 결정(제513조 제2항 단서), 신주인수권부사채의 발생사항의 결정(제516조의 2 제2항 단서), 청산인의 해임(제539조 제1항), 청산종결의 승인(제540조 제1항)이 있다.

보통결의는 상법 또는 정관에 다른 정함이 없는 한 출석한 주주의 의결권의 과반수와 발행주식총수의 4분의 1 이상의 수로써 하여야 한다(상법 제368조 제1항).

종래에는 보통결의를 하려면 정족수 요건에 의하여 발행주식총수의 과반수에 해당하는 주식을 가진 주주가 출석한 때에만 그 결의가 가능하였으나 1995년 개정상법에서는 총회의 성립을 위한 정족수 요건을 삭제하였다. 이 점에서 보면 보통결의의 요건은 완화되었다고 할 수 있다. 이러한 상법개정의 취지는 주주의 수가 많은 주권상장법인의 총회의 성립과 결의를 용이하게 하기 위한 것이라고 할 수 있다. 그러나 오히려 1995년 개정상법이 보통결의의 요건을 강화한 측면도 없지 않다. 왜냐하면 1995년 상법개정 전에도 보통결의는 이사선임의 경우를 제외하고 정관에 의하여 정족수를 배제하고 출석주주의 과반수로 가능하다고 하는 것이 통설이었는데, 1995년 개정상법에 의하면 출석주주의 의결권의 과반수만으로는 불충분하고 더 나아가 의결권의 과반수가 발행주식총수의 4분의 1 이상이 되어야만 하기 때문이다.

즉, 1995년 개정상법에 의하면 경우에 따라서는 극히 그 지주율이 낮은 주주에 의하여 회사가 지배될 우려가 있었다. 따라서 발행주식총수의 2분의 1까지 의결권 없는 주식을 발행한 경우는 의결권 있는 주식의 4분의 1을 소유하는 주주가 출석하여 전원이 찬성하면 결의가 성립되므로 이는 결국 회사의 의사결정이 발행주식총수의 8분의 1을 가진 주주에 의하여 이루어지는 결과가 되었다.

(나) 특별결의사항과 특별결의요건

특별결의사항으로는 정관의 변경(제433조, 제434조), 자본의 감소(제438조 제1항), 회사의 해산(제518조), 회사의 계속(제519조), 회사의 합병계약서의 승인(제522조), 신설합병 때의 설립위원의 선임(제175조 제2항), 회사의 분할계획서 또는 분할합병계약서의 승인(제530조의 3 제2항), 이사·감사의 해임(제385조 제1항, 제415조), 영업의 전부 또는 중요한 일부의 양도(제374조 제1항 제1호), 영업전부의 임대 또는 경영위임, 이익공동계약(타인과 영업의 손익 전부를 같이하는 계약), 또는 기타 이에 준할 계약(예컨대, 영업의 임차, 경영의 수임, 공동판매카르텔 등)의 체결·변경 또는 해약(제374조 제1항 제2호), 다른 회사의 영업 전부의 양수(제374조 제1항 제3호), 회사의 영업에 중대한 영향을 미치는 다른 회사의 영업 일부의 양수(제374조 제1항 제4호), 사후설립(회사가 그 성립 후 2년 내에 그 성립 전부터 존재하는 재산으로서 영업을 위하여 계속

사용해야 할 것을 자본의 20분의 1 이상에 해당하는 대가로 취득하는 계약)(제375조), 주식의 할인발행(제417조 제1항), 주주 이외의 자에 대한 전환사채의 발행사항의 결정(제513조 제3항), 주주 이외의 자에 대한 신주인수권부사채의 발행사항의 결정(제516조의 2 제4항) 등이 있다.

특별결의는 출석한 주주의 의결권의 3분의 2 이상의 수와 발행주식총수의 3분의 1 이상의 수로써 하는 결의를 말한다(상법 제434조). 그러므로 특별결의의 성립을 위하여는 두 가지 요건이 구비되어야 한다. 그러므로 출석한 주주의 3분의 2 이상의 찬성이 있더라도 그 수가 발행주식총수의 3분의 1 미만인 때에는 결의가 성립되지 않는다. 그리하여 발행주식총수의 3분의 1의 주식을 가진 주주가 출석한 때에는 그 전원이 찬성하여야 결의가 성립된다고 할 것이다. 그런데 발행주식총수의 3분의 1에는 의결권의 행사가 가처분의 결정에 의하여 금지된 주식도 산입한다. 이러한 결의요건은 정관규정으로 완화할 수 없고 가중은 가능하다고 본다. 그러나 가중은 정관으로 발행주식총수의 과반수 출석에 3분의 2 이상의 다수로 하는 범위 내에서의 가중만 가능하다는 설도 있으나, 정관의 규정으로 주주 전원일치를 요한다는 정함도 가능하다고 본다. 왜냐하면 주식회사는 반드시 주주가 많은 회사만이 존재하는 것이 아니라, 사실상 인적회사와 같이 주주의 수가 소수인 경우에는 정관규정에 의해서 전원의 동의도 가능하도록 하여야 할 필요가 있기 때문이다.

(다) 특수결의사항과 특수결의요건

발행주식총수의 전부를 소유하는 총주주의 동의가 필요한 특수결의사항으로는, 발기인·이사·감사 또는 청산인의 회사에 대한 책임의 면제(제324조, 제400조, 제415조, 제542조 제2항), 주식회사의 유한회사로서의 조직변경(제604조) 등이 있다. 이 경우에는 의결권 없는 주식을 소유하는 주주의 동의도 있어야 하고, 정관으로도 결의요건을 완화하지 못한다.

〈주주총회의 결의사항과 결의요건〉

결의의 종류	결의사항	결의요건
특별결의	정관변경(제433조) 영업 전부, 중요한 일부의 양도 등(제374조 제1항) 이사 또는 감사의 해임(제385조 제1항, 제415조) 자본의 감소(제438조), 사후설립(제375조) 임의해산(제518조), 회사의 계속(제519조) 주식의 분할(제329조의 2 제1항), 주식의 할인발행(제417조 제1항) 제3자에 대한 전환사채, 신주인수권부사채 발행(제513조 제3항, 제516조의 2 제4항) 신설합병의 경우 설립위원의 선임(제175조), 합병계약서의 승인(제522조 제3항) 회사분할계획서, 분할합병계약서의 승인(제530조의 3 제1항, 제2항) 휴면회사의 계속(제520조의 2 제3항) 이사 등의 주식매수선택권(제340조의 2 제1항) 주식교환계약서의 승인(제360조의 3의 제2항) 주식이전계획서의 승인(제360조의 16 제2항)	출석한 주주의 의결권의 3분의 2 이상의 수와 발행주식총수의 3분의 1 이상의 수(제434조)
보통결의	이사, 감사, 청산인의 선임 및 그 보수의 결정 (제382조, 제384조, 제389조, 제409조 제1항, 제415조, 제542조 제2항) 재무제표의 승인(제449조 제1항) 주식배당(제462조의 2) 배당금지급시기의 특정(제464조의 2 단서) 청산회사의 재무제표 등의 승인(제533조) 검사인의 선임(제366조 제3항, 제367조, 제542조 제2항) 총회의장의 선임(제366조의 2 제1항) 총회의 연기 또는 속행의 결정(제392조) 청산인의 청산종료의 승인(제540조 제1항) 청산인의 해임(제539조 제2항)	출석한 주주의 의결권의 과반수와 발행주식총수의 4분의 1 이상의 수(제368조 제1항)
특수결의	이사 또는 감사의 회사에 대한 책임 면제(제400조) 유한회사로의 조직변경(제600조)	발행주식총수의 전부를 소유하는 총주주의 동의

보강 <중요한 영업용 재산의 양도>

영업의 전부 또는 중요한 일부의 양도'에서는 '영업'이란 상법총칙에서 말하는 사실관계를 포함한 조직화된 유기적 일체로서의 기계적 재산만을 의미하는 것인가, 아니면 단순히 물건과 권리의 집합체인 중요한 영업용 재산도 포함되는가 의문이다.

판례를 보면 영업용 재산의 양도가 회사의 영업전부 또는 일부를 양도하거나 폐지하는 것과 같은 결과를 가져오는 경우에는 주주총회의 특별결의가 필요하다고 한다. 판례는 결과적으로 상법 제374조 제1항 제1호의 '영업'의 개념과 상법 제41조의 '영업'의 개념은 반드시 일치할 필요가 없다는 것이 된다.

일부 학설에 의하면 ① 동일한 법률에서 사용되는 동일한 용어의 의미는 동일한 것이 원칙이며, ② 판례를 따르면 거래의 안전을 해할 우려가 크고, ③ 주주총회의 권한이 점차 축소되어 가는 경향을 고려한다면 영업용 중요재산의 양도는 이사회의 권한에 속하는 것으로 봄이 타당하다고 한다.

그러나 ① 판례의 내용을 보면, 거의가 회사의 유일무이한 재산의 처분인 경우가 많고, 그 재산의 양도도 영업의 폐지 또는 중단을 초래하게 되는 결과가 되는 경우로서, 실질적으로는 '유기적 일체로서의 기계적 재산'의 양도나 다를 바 없는데, 이를 소수의 이사 마음대로 처분하여 사실상 영업을 폐지하고 결과적으로 회사가 해산에 이르도록 방치한다는 것은 용납될 수 없을 것이다. ② 법의 취지도 거래의 안전을 다소 희생하더라도 회사와 주주의 이익보호에 중점을 두고 있다고 생각되며, ③ 또한 같은 용어도 법규의 내용과 목적에 따라 달리 해석되는 사례도 드물지 않을 것이니, 대법원 판례는 정당하다고 생각한다.

요컨대, 영업의 전부 또는 일부가 폐지 또는 중단되는 사태에 이르게 할 우려가 있는 중요한 영업용 재산에 대한 처분행위도 양도와 동일시하여야 할 것이다.

영업용 재산을 처분할 당시에 이미 사실상 영업을 중단하고 있었던 상태라면 위의 특별결의가 없더라도 그 양도는 유효하다.

보강 <중요한 영업용 재산의 담보제공>

중요한 영업용 재산의 양도에 주주총회의 특별결의를 요한다는 입장에서 문제가 되는 것은 중요한 영업용 재산을 담보로 제공함에 있어서도 위의 결의가 필요한가 하는 점이다. 물론 상법은 '양도'의 경우만을 규정하고 있으므로 저당권의 설정 등 일반적인 담보설정행위에 관하여는 위의 결의를 요하지 않으나, 양도담보의 경우가 문제이다. 판례는 이 경우에도 주주총회의 특별결의가 필요하다고 한다. 판지에 반대하는 학설에 의하면, 매도담보는 실질적으로 자금의 공급을 목적으로 하고 설비의 개선 등 영업의 유지·계속을 전제로 하는 것으로서, 마치 회사가 담보부사채를 발행할 때 회사의 중요한 영업용 재산에 대한 담보권을 설정하는 것과 마찬가지로 이사회의 결의로써 충분하다고 한다.

생각건대, 판례의 입장이 옳다고 본다. 물론 매도담보의 설정으로 영업의 전부 또는 일부가 폐지 또는 중단되는 것을 막고 영업의 유지·존속을 꾀하는 경우도 있겠으나, 매도담보의 경우는 법률상의 소유권이 완전히 채권자에게 이전되고 회사는 담보권자에 대하여 내부적 권리만을 갖게 될 뿐이며, 이 경우 위의 결의가 필요 없다고 한다면 중요한 영업용재산의 양도를 주주총회의 특별결의로 결정하도록 한 법의 취지가 훼손될 우려가 있다.

(라) 기타결의사항

법정결의사항이 아니라도, 성질상 당연히 총회의 권한사항으로 인정되는 것[예컨대, 총회에서 선임한 검사인(제366조 제3항, 제367조)에 대한 보수의 결정 및 해임, 총회의장의 선임, 총회의 연기·속행의 결정(제372조 제1항은 주의적 규정이다)등]은 물론, 정관의 규정에 의하여 총회의 권한사항으로 한 것[예컨대, 상법의 규정이 있는 대표이사의 선임(제389조 제1항 단서), 신주의 발행(제416조), 전환사채의 발행(제513조 제2항 단서), 신주인수권부사채의 발행(제516조의 2 제2항 단서) 등]에 대하여는 결의할 수 있다.

3. 주주총회의 소집

(1) 소집권자

1) 이사회

총회소집의 결정, 즉 일시·장소·의안 등의 결정은 상법에 다른 규정이 없는 한 이사회[청산 중에는 청산인회(제542조 제2항, 제362조)]에서 이를 하고(제362조), 대표이사[대표청산인(제542조 제2항, 제389조 제3항)]가 구체적인 소집절차를 밟는다(제389조 제3항, 제209조). 이사회의 결의 없이 대표이사가 단독으로 소집한 총회에서의 결의는 결의취소의 소의 원인이 된다. 또 회사는 정관으로 대표이사 이외의 자를 소집권자로 정할 수 있다. 소집권한이 없는 자에 의하여 소집된 총회에서의 결의는 원칙적으로 주주총회의 부존재로 본다.

2) 소수주주

발행주식총수(무의결권주식·자기주식을 제외)의 100분의 3 이상에 해당하는 주식을 가진 소수주주는 회의의 목적사항과 소집의 이유를 기재한 서면 또는 전자문서를 이사회(자본금 총액이 10억원 미만인 회사의 경우 1명 또는 2명인 회사의 이사(제383조 제1항 단서))에 제출하여 임시총회의 소집을 청구할 수 있으며(제366조 제1항, 제383조 제6항), 이 청구에 따라 이사회가 지체없이 총회소집절차를 밟지 아니한 때에는 법원의 허가를 얻어 직접 총회를 소집할 수 있다(제366조 제2항). 이때 소집비용은 회사가 부담한다. 2009년 개정상법에 의하면 상장회사의 경우에 6월 전부터 발행주식총수의 1000분의 15 이상에 해당하는 주식을 대통령령이 정하는 바에 따라 보유한 자는 상법 제336조에 의하여 임시주주총회의 소집을 이사회에 청구할 수 있다(제542조의 6 제1항).

3) 감사

감사는 회의의 목적사항과 소집의 이유를 기재한 서면을 이사회(자본금 총액이 10억원 미만인 회사의 경우 1명 또는 2명인 회사의 이사(제388조 제1항 단서))에 제출하여 임시총회의 소집을 청구할 수 있다(제412조의 3 제1항). 이 경우에도 이사회가 지체없이 총회소집절차를 밟지 아니하면, 법원의 허가를 얻어 감사가 직접 총회를 소집할 수 있다(제366조 제2항).

4) 법원

소수주주의 청구에 따라 검사인이 회사의 업무와 재산상태을 조사하고(제467조 제1항), 그 검사인의 조사결과보고에 의하여 필요하다고 인정한 때에는 법원이 대표이사에게 주주총회의 소집을 명할 수 있다(제467조 제3항). 이 경우 대표이사는 이사회의 소집결정을 기다릴 필요없이 바로 소집하여야 한다고 본다. 대표이사가 이 명령을 위반하면 과태료의 제재를 받는다(제635조 제1항 제20호).

(2) 소집시기

주주총회는 그 소집시기를 표준으로 하여 매결산기에 소집되는 정기주주총회와, 필요가 있는 경우에 수시로 소집되는 임시주주총회로 나뉜다(제365조). 정기주주총회이든 임시주주총회이든 효력에 있어서는 차이가 없다. 다만 이사 등의 임기를 계산함에 있어서는 정기주주총회가 기준이 된다(제388조 제3항). 정기총회는 원칙적으로 매년 1회 일정한 시기에 소집하여야 하나(제365조 제1항), 예외적으로 연 2회 이상의 결산기를 정한 회사는 매결산기에 정기총회를 소집하여야 한다(제365조 제2항). 임시총회는 필요한 경우에 수시로 소집된다(제365조 제3항). 회사의 필요에 의하여 임의로 소집되는 경우가 일반적이나, 경우에 따라서는 그 소집이 강제되는 경우가 있다(제467조 제3항, 제526조 제1항, 제533조 제1항, 제540조 제1항).

(3) 소집지 · 소집장소

주주총회는 정관에 다른 정함이 없으면 본점소재지 또는 이에 인접한 지에서 소집하여야 한다(제364조). 이를 위반하면 결의취소의 소의 원인이 된다. 소집장소에 대하여는 상법에 규정이 없으나 '소집지 내의 특정한 장소'로 해석하며, 일반적으로 총회소집의 통지 또는 공고에 함께 기재된다. 소집장소는 소집권한이 있는 자가 선량한 관리자의 주의로써 정하여야 할 것이다.

(4) 소집절차

기명식주권을 발행한 경우에는 각 주주에 대하여 회일의 2주 전에 서면 또는 전자문서로 총회소집통지를 발송하여야 한다(제363조의 제1항 본문). 이 때 대부분의 주주에게 소집통지를 하지 아니한 경우는 결의취소의 사유가 된다. 소집통지서에는 회의의 목적사항을 기재하여야 하고(제363조 제2항), 정관변경·자본감소·회사합병 등 특정한 경우에는 의안의 요령도 기재하여야 하며(제433조 제2항, 제438조 제2항, 제522조 제2항), 영업의 양도·양수·임대 등의 경우에는 반대주주의 주식매수청구권의 내용 및 행사방법을 명시하여야 한다(제374조 제2항). 이를 위반한 경우도 결의취소의 소의 원인이 된다. 그러나 총회의 소집통지서가 주주명부상의 주주의 주소에 계속 3년 간 도달하지 아니한 때에는 회사는 당해주주에게 총회의 소집통지를 하지 아니할 수 있다(제363조 제1항 단서).

다만, 자본금 총액이 10억 원 미만인 회사가 주주총회를 소집하는 경우에는 주주총회일의 10일 전에 각 주주에게 서면으로 통지를 발송하거나 각 주주의 동의를 받아 전자문서로 통지를 발송할 수 있다(제363조 4항). 또한 상장회사가 주주총회를 소집하는 경우에는 발행주식총수(의결권 없는 주식 제외)의 100분의 1 이하를 소유하는 주주에 대하여 정관으로 정하는 바에 따라 주주총회일의 2주 전에 회일을 정하여 둘 이상의 일간신문에 각각 2회 이상 공고하거나 대통령령으로 정하는 바에 따라 전자적 방법으로 공고함으로써 소집통지를 갈음할 수 있다(제542조의4 1항).

회사가 무기명식 주권을 발행한 경우에는 주주총회 회일 3주 전에 총회를 소집하는 뜻과 회의의 목적사항을 공고하여야 한다(제363조 제3항, 제374조 제2항, 제433조 제2항, 제438조 제2항, 제522조 제2항).

1인회사의 경우나 전원출석총회의 경우에는 소집절차를 밟지 않았다고 하더라도 유효하다고 본다. 자본금 총액이 10억원 미만인 회사가 무기명식의 주권을 발행한 경우에는 주주총회일의 2주전에 주주총회를 소집하는 뜻과 회의의 목적사항을 공고할 수 있다(제363조 제4항 후단).

총회에서 회의의 속행 또는 연기의 결의를 한 경우에는 소집절차를 다시 밟을 필요가 없다(제372조).

[사례] 주주총회 소집통지의 흠결

Y 주식회사의 대주주인 소외 甲은 Y회사의 총발행주식 40,000주 중 36,000주를 원고 X에게 양도담보로 제공하기로 약정하고, 그중 16,956주에 해당하는 주권을 X에게 우선 교부하였다. 이에 X는 Y회사에 대하여 그 주권을 제시하여 주주명부에 명의개서를 요구하였으나, 당시 소외 甲의 원고 X에 대한 주식양도의 효력이 다투어져 주주권확인소송이 제기되었던 터라 Y회사는 이에 불응하였다.

그런데 소외 甲은 소외 乙에게 '총발행주식 40,000주 중 주주 A, B, C의 주식 12,500주를 제외한 27,500주를 소외 乙에게 양도한다'는 내용의 주식양도증을 작성하여 주었고, 주식 10,544주를 소외 乙에게 교부하였다. 소외 乙은 주식 10,544주에 대한 명의개서를 하였다.

그 후 Y회사는 임시주주총회개최와 관련하여 원고 X를 제외한 소외 甲, 乙, A, B, C에게 주주총회 소집통지를 하였는바, 주주총회 당일 소외 乙만이 참석하여 안건을 처리하였다.

이에 원고 X는 Y회사에 대하여 명의개서를 거절당한 주식양수인인 본인에게 주주총회소집통지를 하지 않고 주주총회가 이루어졌으므로 이는 주주총회결의의 절차상에 중대한 하자가 있다고 하여 주주총회결의 무효의 소를 제기하였다.

[해설]

1. 주식을 취득한 자가 회사에 대하여 의결권을 주장할 수 있기 위하여는 주주명부에 주주로서 명의개서를 하여야 하므로, 명의개서를 하지 아니한 주식양수인에 대하여 주주총회소집통지를 하지 않았다고 하여 주주총회결의에 절차상의 하자가 있다고 할 수 없다.

   주식을 취득한 자가 회사에 대하여 명의개서를 요구하였다 하더라도, 그 주식 취득자에 대한 주식양도의 효력이 다투어져 주주권확인소송 및 명의개서절차이행청구의 소가 제기되어 있었고, 그 주식 취득자가 명의개서를 청구할 수 있는 주식이 전체 주식의 43%에 불과한 경우에, 회사가 그 주식 취득자의 명의개서 요구에 불응하고 주주명부에 등재되어 있는 자에 대하여만 소집통지를 하여 주주총회를 개최하였다 하더라도 그러한 소집절차상의 하자는 주주총회결의의 무효나 부존재사유가 될 수 없다(대법원 1996. 12. 23. 선고, 96다32768, 32775,

32782 판결).

2. 주식을 취득한 자가 회사에 대하여 의결권을 주장할 수 있기 위하여는 주주명부에 주주로서 명의개서를 하여야 하므로(상법 제337조 제1항), 명의개서를 하지 아니한 원고 X에 대하여 주주총회 소집통지를 하지 아니하였다고 하여 주주총회 결의에 절차상의 하자가 있다고 할 수 없다. 또한 원고 X가 Y회사에 대하여 명의개서를 요구하였는데 Y회사가 이에 불응하였다고 하더라도, X에 대한 주식양도의 효력이 다투어져 주주권확인소송 등이 진행되고 있었고, 또 X가 Y회사에 대하여 명의개서를 청구할 수 있는 주식은 전체 주식의 43%에 불과하다면, Y회사가 X의 명의개서요구에 불응하고 주주명부에 등재되어 있는 자에 대하여만 소집통지를 하여 주주총회를 개최하였다고 하더라도, 그러한 주주총회 소집절차에 중대한 하자가 있어 주주총회결의의 무효사유나 부존재사유가 된다고 볼 수 없다. 따라서 본 대법원 판결의 태도에 찬동한다.

(5) 주주제안권

1) 의 의

주주제안권이라 함은 소수주주가 회사에 대하여 일정한 사항을 주주총회의 의제와 의안으로 할 것을 제안할 수 있는 권리를 말한다. 1998년 상법개정 전까지는 소수주주권자는 이사회에 주주총회의 소집할 수는 있었으나 의제와 의안을 제안할 수는 없었는데, 1998년 개정상법은 소수주주권의 강화를 위하여 종래 증권거래법에 의하여 주권상장법인에 한하여 인정되어 오던(구증권거래법 제191조의 14 제1항) 주주제안권에 관한 규정을 신설하였다((구)상법 제363조의 2). 2009년 개정상법은, 기업경영에 발달된 IT환경을 접목시키기 위하여 주주가 주주제안을 하는 경우 서면 외에 전자문서(E-mail 등)로도 주주총회의 의안을 제안할 수 있도록 규정하고, 주주는 서면 외에 전자문서로도 임시총회의 소집을 청구할 수 있도록 하였다(제363조의2, 제366조 1항).

2) 제안권자 및 상대방

주주제안권을 행사할 수 있는 자는 의결권 없는 주식 및 자기주식을 제외한 발행주식총수의 100분의 3 이상을 소유한 소수주주이다(제363조의 2 제1항).

주주제안권의 상대방은 이사이다(제363조의 2 제1항).

> **보강 <주권상장회사 등에 대한 특칙>**
>
> 상장회사의 경우 6개월 전부터 계속하여 의결권 없는 주식을 제외한 발행주식총수의 1천분의 10이상에 해당하는 주식을 보유한 소수주주가 제안권을 가진다(제542조의6 제2항). 단, 대통령령이 정하는 법인은 그 비율이 1천분의 5로 되어 있다.

3) 제안권의 내용

주주제안권을 행사할 수 있는 소수주주권자는 이사에 대하여 회일의 6주 전에 서면 또는 전자문서로 일정한 사항을 총회의 목적사항으로 할 것을 제안할 수 있으며(의제제안권)(제363조의 2 제2항), 회의의 목적으로 할 사항에 추가하여 당해 주주가 제출하는 의안의 요령을 총회의 소집통지 및 공고에 기재할 것을 청구할 수 있다(의안제안권)(제363조의 2 제2항).

4) 행사의 효과

소수주주가 주주제안권을 행사한 경우 이사는 이를 이사회에 보고하고, 이사회는 주주제안의 내용이 법령 또는 정관에 위반되는 경우를 제외하고는 이를 총회의 목적사항으로 하여야 하며, 그 주주의 청구가 있는 경우에는 총회에서 당해 의안을 설명할 기회를 주어야 한다(제363조의 2 제3항). 회사가 주주의 의제제안을 무시하고 한 총회결의는 주주가 제안한 의제에 관한 어떠한 결의가 있었던 것이 아니므로 다른 결의는 유효하고 다만 이사는 그러한 주주에 대하여 손해배상책임을 지고 또한 과태료의 제재를 받으나(상법 제635조 제1항 19의 3), 주주의 의안제안을 무시하고 한 총회결의는 결의취소의 소(상법 제376조)의 원인이 된다고 본다.

4. 주주의 의결권

(1) 의결권의 성질

의결권(voting right)은 주주가 총회에 출석하여 결의에 참가할 수 있는 권리로서, 재산권자로서의 지위 내지 이익을 확보하기 위하여 회사의 경영에 참여하는 기본적 권리이다. 의결권은 회사의 의사결정방법으로 채용한 다수결원리의 이론적 전제가 되는 것으로서 공익권이며, 법이 특히 인정한 경우를 제외하고는 이를 박탈하지 못하는 고유권이다.

(2) 의결권의 수

1) 1주1의결권의 원칙

주주의 의결권은 한 주에 한 개를 원칙으로 한다(제369조 제1항)(1주1의결권의 원칙).

따라서 상법상 별다른 정함이 없는 한 정관으로써도 1주1의결권의 원칙에 대한 예외를 두지 못한다. 총회결의의 결과가 가부동수인 경우에는 부결된 것으로 보며, 이 때 의장에게 그 결정권을 줄 수 없다. 이사의 선임시 모든 주식에 대하여 1주마다 선임할 이사의 수와 동일한 수의 의결권을 인정하는 집중투표제도(제383조의 2)는 2인 이상의 이사의 선임을 일괄하여 1개의 결의사항으로 하는 것으로서 의결권의 행사방법이 보통의 경우와 다른 것뿐이고, 1주1의결권의 예외가 아니다.

2) 예외

상법상 1주1의결권의 원칙에 대한 예외로서 의결권이 없는 경우가 있다. 즉, 회사가 가진 자기주식(제369조 제2항) 및 회사가 특정비율(총발행주식의 10분의 1) 이상을 소유하고 있는 상호보유주식(제369조 제3항)에는 의결권이 없다. 또한 의결권이 제한되는 경우로는 특별이해관계인의 의결권제한(제368조 제4항) 및 감사선임의 경우 대주주의 의결권제한(제409조 제2항)이 있다.

⑶ 의결권의 행사

기명주식을 가진 주주는 주주명부상의 명의개서만으로 주권의 제시 없이 의결권을 행사할 수 있고, 무기명주식의 주주는 회일의 1주 전에 그 주권을 회사에 공탁함으로써 의결권을 행사할 수 있다(제368조의 제2항).

1) 행사방법

주주는 본인 자신이 의결권을 행사하는 것을 원칙으로 한다. 그러나 대리인으로 하여금 대리권을 증명하는 서면(위임장)을 제출하고 의결권을 행사하게 할 수도 있다(제368조 제3항). 이때 정관에 의하여 대리인의 자격을 그 회사주주로 한정하는 것이 보통인데, 이것이 실질상 주주의 의결권행사를 제한하는 것으로서 무효라고 하는 견해도 있으나, 주주 이외의 자가 주주총회에 참석함으로써 총회가 교란되는 것을 방지하고 회사의 이익보호를 위하여 이러한 제한도 가능하다고 본다. 그러나 의결권의 대리행사 자체는 정관으로도 이를 금할 수 없다.

2) 서면에 의한 의결권의 행사

(가) 의의

1999년 개정상법에 의하면 주주는 정관의 규정에 따라 총회에 출석하지 아니하고 서면에 의하여 의결권을 행사할 수 있다(상법 제368조의 3 제1항)고 규정하여 서면투표제도를 도입하였다. 그러므로 회사는 소집통지서에 서면에 의한 의결권행사에 필요한 서면과 참고자료를 첨부하여야 한다(동조 제2항). 서면투표제는 위임장권유의 경우와 달리 주주의 의사가 중간 개입자를 통하지 않고 직접 의결권행사에 반영되는 것을 말한다. 즉 주주는 의결권행사에 필요한 서면에 필요한 사항을 기재하여 회사에 송부함으로써 그 의사를 의결권행사에 구체화시킬 수 있는 것이다. 특히 2009년 개정상법은 자본금 총액이 10억원 미만인 소규모 주식회사에 대하여 정관에 규정이 없어도 서면에 의한 결의로써 주주총회의 결의를 갈음 할 수 있도록 규정하였다(제363조 5항).

(나) 입법취지

주주가 광범위한 지역에 분산되어 있는 대규모 회사의 경우는 회사의 본점 소재지에 거주하지 않는 주주가 많고 이들이 주주총회에 출석하여 의결권을 행사한다는 것은 사실상 기대하기 어렵다. 물론 대리인으로 하여금 의결권을 행사하도록 할 수 있으나, 주주가 직접 적합한 대리인을 찾는다는 것도 용이한 일이 아니다. 주권상장법인의 경우는 (구) 증권거래법에 의하여 위임장규칙에 의한 위임장권유제도가 있었으나, 이는 회사와 주주간의 의결권행사를 위한 대리인선정의 중개계약에 불과하여 회사가 그 계약에 반하여 대리인을 선정하지 않거나 선정을 하였더라도 대리인이 의결권을 행사하지 않거나 주주의 의사와 달리 의결권을 행사함으로써 주주의 의사가 확실하게 의결권의 행사에 반영되지 않는 경우가 발생하였다. 그리하여 1999년 개정상법은 보다 더 확실하게 주주의 의사가 총회의 의사결정에 반영될 수 있도록 서면투표제도를 도입한 것이다.

즉 서면투표제도는 소수주주의 회사경영에의 참여를 유도하고, 주주총회의 원활한 진행에 이바지하며 주주의 수에 크게 구애받지 않고 주주총회의 장소를 모색할 수 있고, 또한 외국인주주의 의결권행사에 있어 편의를 도모할 수 있다는 점에서 그 도입의 의미를 찾을 수 있다.

(다) 문제점

서면투표제도는 일종의 부재자투표제도로서 주주 전원이 서면에 의하여 의결권을 행사하게 되면 주주총회에서의 의견교환이나 질의응답과 토론이 없이 회사의 의사결정이 이루어지므로 반드시 합리적인 결정을 기대할 수 없다. 우리나라에서는 소규모의 기업에 속하는 비상장법인도 서면투표제도를 이용할 수 있게 되었으므로, 대주주의 서면투표에 의하여 회사의 의사가 사실상 총회의 결의 전에 결정됨으로써 총회가 개최된다 하더라도 소수주주의 주주권행사는 무의미하게 되어 회사는 개인기업으로 전락할 염려가 크다고 할 것이다.

또한 총회에서 새로운 의견이 제출되고 활발한 토의가 이루어졌더라도 결의의 결과에는 아무런 영향을 미치지 못하게 된다. 그리하여 미국에서는 총회결의에 필요한 의결권을 갖는 주주가 총회의 의안에 대하여 서면동의를 한 때에는 총회를 개최하지 않고 총회에 갈음하는 주법이 다수 있다. 그리고 의결권을 서면으로 행사하는 경우는 주주의 의사가 찬반이나 기권 중에 하나로 명시될 뿐이므로, 총회의 회의장에서 제출된 수정안이나 부대결의, 기타의 동의에 대하여는 아무런 영향을 미치지 못한다는 것이 단점이라고 할 것이다. 그러므로 회사의 경영진에게는 백지위임장을 받은 경우보다 불리하게 된다.

(라) 요건

주주가 서면투표에 의하여 의결권을 행사하려면 정관에 이를 허용하는 규정이 있어야 한다(제368조의 3 제1항). 회사는 모든 주주에게 주주총회의 소집을 통지하면서 의결권 행사에 필요한 서면과 참고 자료를 첨부하여야 한다(동조 제2항)

(마) 행사방법

서면에 의하여 의결권을 행사하려는 주주는 회사가 소집통지에 첨부한 서면에 필요한 사항을 기재하고 총 회일의 전일까지 회사에 제출하여야 한다. 이러한 경우에 의결권의 대리행사 및 불통일 행사가 가능하다고 본다.

(바) 행사의 효과

주주가 서면에 의한 의결권을 행사한 경우 주주가 직접총회에 참석한 것과 같은 효과가 있다. 즉 서면투표된 수는 출석정족수의 산정에 있어 발행주식총수에 산입되고(제371조 제1항 참조), 의결정족수의 산정에 있어서도 출석한 주주의 의결권의 수에 산입된다(제371조 제2항 참조).

3) 의결권의 불통일행사

주주가 2개 이상의 의결권을 가지고 있는 때에는 이를 통일하지 아니하고 행사할 수 있다(제368조의 2 제1항 제1문). 이는 신탁회사나 증권회사의 보유주식의 경우와 같이, 명의상의 주주와 실질상의 주주가 다른 때에는, 명의상의 주주가 여러 실질상의 주주의 의사에 따라 의결권을 달리 행사할 실제상의 필요가 있기 때문이다. 그러나 주주가 의결권의 불통일행사를 하는 데에는 총회의 운영상의 편의를 위하여 회일의 3일 전에 회사에 대하여 서면 또는 전자문서로 그 뜻과 이유를 통지하여야 한다(제368조의 2 제1항 제2문). 그러나 통지를 하였다고 해서 반드시 불통일행사를 하여야만 하는 것은 아니다. 한편 주주가 주식의 신탁을 인수하였거나 기타 타인을 위하여 주식을 가지고 있는 경우 이외에는 실제상의 필요성을 인정할 수 없기 때문에 회사는 주주의 의결권의 불통일 행사를 거부할 수 있게 하였다(제368조의 2 제2항).

4) 행사의 제한

주주는 누구나 주주총회에서 의결권을 행사할 수 있는데, 이는 주주의 고유권이므로 상법 기타 특별법에 규정이 있는 경우를 제외하고는 정관으로도 그 행사를 제한할 수 없는 것이 원칙이다. 그러나 법률상 다음과 같이 제한되는 경우가 있다. 즉, ① 회사가 가진 자기주식(제369조 제2항), ② 회사, 모회사의 자회사, 또는 자회사가 다른 회사의 발행주식의 총수의 10분의 1을 초과하는 주식을 취득한 때에는 그 다른 회사에 대하여 지체없이 이를 통지하여야 하는데(제369조의 3), 그 다른 회사가 가지고 있는 회사 또는 모회사의 주식(제369조 제3항), 그 다른 회사가 가지고 있는 회사 또는 모회사의 주식(제369조 제3항)에 대하여는 의결권이 인정되지 않으며, ③ 주권을 공탁하지 아니한 무기명주주(제368조 제2항), ④ 특별이해관계인(제368조 제4항)도 의결권을 행사할 수 없다. 뿐만 아니라, ⑤ 감사선임결의에서는 발행주식총수의 100분의 3을 초과하는 주식을 가진 대주주는 그 초과부분의 의결권이 없고(제409조 제2항·3항), ⑥ 은행법(제16조), 자본시장법(제167조 제1항 내지 제3항) 등 특별법상의 의결권의 행사가 제한되는 경우가 있다.

5) 전자적 방법에 의한 의결권 행사(전자투표제도)

① 전자적 방법에 의한 의결권행사란 이사회의 결의로 주주가 총회에 출석하지 아니하고 전자적 방법으로 의결권을 행사하는 것이며(제368조의4 1항), 2009년 개정상법이 새로이 도입한 제도이다. ② 회사는 주주총회의 소집통지나 공고를 할 때에는 주주가 전자적 방법으로 의결권을 행사할 수 있다는 내용을 통지하거나 공고하여야 한다(동조 제2항). ③ 회사가 전자적 방법에 의한 의결권행사를 정한 경우에 주주는 주주 확인절차 등 대통령령으로 정하는 바에 따라 의결권을 행사하여야 하며, 이 경우 회사는 의결권행사에 필요한 양식과 참고자료를 주주에게 전자적 방법으로 제공하여야 한다(동조 제3항). ④ 동

일한 주식에 관하여 서면에 의하거나 전자적 방법에 의하여 의결권을 행사하는 경우에는 서면 또는 전자적 방법 중 어느 하나의 방법을 선택하여야 한다(동조 제4항). ⑤ 전자적 방법에 의한 의결권의 행사는 직접 출석하여 의결권을 행사한 것과 같은 효력이 있다(동조 제1항). ⑥ 화사는 의결권 행사에 관한 전자적 기록을 총회가 끝난 날로부터 3개월간 본점에 갖추어 두어 열람하게 하고 총회가 끝난 날부터 5년간 보존하여야 한다(동조 제5항). ⑦ 주주 확인절차 등 전자적 방법에 의한 의결권행사의 절차와 그 밖에 필요한 사항은 대통령령으로 정한다(동조 제6항).

5. 주주총회의 의사와 진행

(1) 의사진행

총회의 진행에 있어 정관에서 정함이 없는 때에는 총회에서 의장을 선임한다(제366조의 2 제1항). 기타 주주총회의 의사진행에 관하여는 상법에 규정을 두지 않았으므로, 정관이나 총회결의의 정함에 따라서 혹은 관습에 따라서 의사를 진행한다.

(2) 의사록

총회의 의사에는 의사록을 작성하여야 하는데(제373조 제1항), 의사록에는 의사의 경과요령과 그 결과를 기재하고, 의장과 출석한 이사가 기명날인 또는 서명을 하여야 한다(제373조 제2항).

이사는 이 의사록을 본점과 지점에 비치하여야 하며, 주주나 회사채권자는 영업시간 내라면 언제든지 그 열람 또는 등사를 청구할 수 있다.

(3) 종류주주총회

회사가 종류주식을 발행한 경우에 ① 정관을 변경함으로써 어느 종류의 주주에게 손해를 주게 될 때에, 주식의 종류에 따라 신주의 인수, 주식의 병합·분할·소각 또는 회사의 합병·분할로 인한 주식의 배정에 관하여 특수한 정함을 하는 경우(제344조 제3항)에, 어느 종류의 주주에게 손해를 주게 되는 경우 주주총회의 특별결의 외에 그 종류주주만으로 구성된 주주총회의 결의가 있어야 한다(제435조 제1항, 제436조).

종류주주총회의 결의는 출석한 종류주주의 의결권의 3분의 2 이상의 수와 그 종류의 발행주식총수의 3분의 1 이상의 수로써 하여야 한다(제435조 제2항). 무의결권주주들의 종류주주총회에서는 무의결권주주도 의결권을 행사할 수 있음은 당연하다.

종류주주총회도 일종의 주주총회이므로 그 소집·의사·결의 등 모두 주주총회의 규정이 준용된다(제435조 제3항). 마찬가지로 결의로 하자에 대하여도 주주총회의 결의의 하자에 관한 규정이 준용된다고 본다.

(4) 결의반대주주의 주식매수청구권

1) 의의

회사영업의 기반에 관한 중요한 사항이나 회사의 기본조직을 변경하는 영업양도 등이나 합병을 위한 주주총회의 특별결의를 하는 경우에 이에 반대하는 소수주주를 보호하기 위한 장치가 필요하다. 그리하여 상법은 총회의 다수결에 의한 결의에 반대하는 주주에게 주식매수청구권을 인정하고 있다. 즉 회사가 영업양도 등이나 합병, 분할 또는 분할합병에 관하여 이사회의 결의가 있는 때에는 이에 반대하는 주주는 회사에 대하여 자기의 소유주식을 매수할 것을 청구할 수 있는 주식매수청구권을 갖는다(제374조의 2 제1항, 제522조의 3 제1항, 제530조의 11 제2항). 이러한 권리는 형성권이다. 주식매수청구권은 다수파주주들에게는 회사의 중요한 사항의 결정과 수행을 가능하게 하고, 다른 한편으로는 다수파주주의 횡포 등에 의한 일방적인 결정으로부터 소수주주들을 보호하기 위하여 투하자본을 회수할 수 있는 예외적인 경우를 인정하기 위한 제도라고 할 수 있다.

2) 주식매수청구권이 인정되는 경우

① 영업양도의 전부 또는 중요한 일부의 양도(제374조 제1항 1호), ② 영업 전부의 임대 또는 경영위임, 타인과 영업의 손익 전부를 같이하는 계약 기타 이에 준할 계약의 체결, 변경 또는 해약(제374조 제1항 2호), ③ 다른 회사의

영업 전부의 양수(제374조 제1항 3호), ④ 회사의 영업에 중대한 영향을 미치는 다른 회사의 영업일부의 양수(제374조 제1항 4호), ⑤ 합병승인결의(제522조 제1항), ⑥ 분할합병승인결의(제530조의 11 제2항, 제522조의 3), ⑦ 주식교환계약서의 승인결의(제360조의 5), ⑧ 주식이전의 승인결의(제360조의 22, 제360조의 5) 등이다. 이 밖에 상법에서는 회사가 양도제한주식에 대하여 양도승인을 거부한 때에도 주주의 주식매수청구권을 인정하고 있으나(제335조의 2 제4항), 이 경우에 주식매수청구권은 다수결반대주주의 경우와 그 목적과 요건을 달리한다(제334조 이하 참조).

3) 주식매수청구권자

주식매수청구권을 행사할 수 있는 주주는 회사에 대하여 주주의 권리를 행사할 수 있는 자이어야 한다. 따라서 명의개서를 하지 않은 주식의 양수인은 이 권리를 행사할 수 없다. 의결권 없는 주식을 소유하는 주주도 청구권자에 포함되는가 하는 문제에 대하여는 이 제도가 의결권을 전제로 하고 명문규정이 없다는 이유로 이를 부정하는 설도 있다. 그러나 주주는 이사회의 합병 등의 결의에 대하여 반대하는 의사만 통지하면 되고 총회의 참석이나 의결권의 행사는 주식매수청구권의 행사를 위한 요건이 아니며 주식매수청구권제도는 소수주주의 경제적 이익을 도모하는데 그 목적이 있으므로 무의결권주주도 청구권자에 포함된다고 할 것이다. 그리하여 (구)증권거래법 제191조 제1항에서는 이를 명문으로 분명히 하고 있다. 1995년 개정상법 제522조의 3에서는 이 점에 관하여 언급하고 있지 않으나 (구)증권거래법과 달리 해석하여야 할 이유는 없다고 본다.

합병 등의 사실이 발표된 다음에 주식을 취득한 자는 주식매수청구권이 없다는 설도 있으나, 주식매수청구권은 주식에 대하여 인정한 자익권이므로 명문의 제한규정이 없는 한 주식매수청구권이 있다고 본다.

4) 주식매수청구의 절차

회사는 영업양도 등과 합병의 결의를 위하여 주주총회를 소집하는 경우에, 그 통지 또는 공고를 함에 있어서는 주주로 하여금 서면에 의한 반대의사표시를 할 수 있도록 주식매수청구권의 내용 및 행사방법을 명시하여야 한다(제374

조 제2항). 결의사항에 반대하는 주주는 주주총회 전에 회사에 대하여 서면으로 그 결의에 반대하는 의사를 통지하여야 한다. 주주는 총회에 출석하여 다시 결의에 반대하여야 하는 것은 아니며 통지만 하여도 매수청구를 할 수 있다고 할 것이다. 그러므로 의결권 없는 주식을 소유하는 주주도 반대의 의사를 통지만 하면 매수청구를 할 수 있는 것이다.

반대의 통지를 한 경우에 한하여 주주는 총회의 결의일로부터 20일 이내에 주식의 종류와 수를 기재한 서면으로 회사에 대하여 자기가 소유하고 있는 주식의 매수를 청구할 수 있다(제374조의 2 제1항). 이 기간은 제척기간이다.

5) 주식매수청구의 효과

반대주주의 청구에 대하여 당해 회사는 그 청구를 받은 날로부터 2월 이내에 당해 주식을 매수하여야 한다(제374조의 2 제2항). 주식매수청구권은 형성권으로서 매수의 청구에 의하여 당해 회사와의 매매계약이 성립하고 회사의 승낙의 의사표시를 필요로 하지 않는다. 그러나 2월의 주식대금지급기간 동안은 이행지체가 되지 않고 대금지급과 주권의 교부는 동시이행의 관계에 있게 된다. 이와는 달리 주식의 매수청구가 있으면 회사는 매수가격협의의무를 질뿐이라는 견해도 있으나, 매매가격을 유보한 매매계약도 가능하다고 볼 수 있고 '회사는 … 주식을 매수하여야 한다'(제374조의 2 제2항)는 규정의 해석으로도 타당하지 못하다고 할 것이다.

매수가액은 회사와 주주간의 협의에 의하여 정할 수 있으나(제374조의 2 제3항), 매수청구를 받은 날부터 30일 이내에 그 협의가 이루어지지 아니하는 경우에는 회사 또는 주식의 매수를 청구한 주주는 법원에 대하여 매수가액의 결정을 청구할 수 있다(동조 제4항). 법원이 주식의 매수가액을 결정하는 경우에는 회사의 재산상태 기타의 사정을 참작하여 공정한 가액으로 이를 산정하여야 한다(동조 제5항).

주권비상장법인의 주식의 평가는 시장가격이 존재하지 않으므로 어떻게 하여야 할 것인가 하는 문제가 있다. 만약에 그 업종과 규모가 동일하거나 유사한 주권상장법인이 있는 때에는 그 회사주식의 일정기간 동안의 시장가격을 기준으로 할 수 있을 것이다. 이것도 불가능할 때에는 주식의 투자가치와 자산가치를 기준으로 할 수 밖에 없지만 그 평가는 청산가격이 아니라 기업의 존속을 전제로 하여 평가하여야 할 것이다.

6) 주식매수청구의 실효

회사가 영업양도 등이나 합병의 결의를 철회하는 결의를 하고 그 절차를 중단한 경우와, 주주와 회사간의 매수가액의 협의가 청구를 받은 날로부터 30일 이내에 이루어지지 않은 경우에 회사 또는 주식의 매수를 청구한 주주가 법원에 대하여 매수가액의 결정의 청구(제374조의 2 제4항)를 하지 않은 경우에는 주식매수청구는 효력을 상실한다.

7) 주식매수청구와 하자결의의 소

주식매수청구를 한 주주는 영업양도 등이나 합병결의를 반대하는 입장이므로 매수청구의 원인인 결의의 취소·무효·부존재의 소를 제기할 수 있는가 하는 문제가 있다. 이에는 ① 주식매수청구권은 결의가 유효하다는 것을 전제로 하는 권리이므로 결의하자의 소권과 주식매수청구권을 택일적으로 행사하여야 하며 주식매수를 청구한 때에는 결의하자의 소권은 포기하여야 한다는 학설(택일설)과, ② 주식매수청구권의 행사에는 그 기간의 제한이 있기 때문에 양자의 병존적 행사를 인정하고 결의하자의 판결이 확정될 때까지 가격결정의 절차가 중지된다는 학설(병존설)이 있다.

택일설에 의하면 주식매수청구권이 결의의 유효성을 전제로 한다고 하나, 주식매수청구권을 행사한다고 하여 결의의 하자가 치유되는 것은 아니고 결의하자의 소권을 포기한 것으로 볼 수 있는 근거도 없으므로 부당하다고 할 것이다. 그러므로 병존설이 타당하다고 본다. 그러나 병존설의 경우에 주식매수청구를 한 때에는 가격결정의 절차가 중지된다는 것은 그 이유가 모호하다. 그러므로 매수주식의 대금이 지급되기 전에 결의하자의 판결이 확정된 때에는 주식매수청구가 실효하며 판결 전에 매수주식의 대금이 지급된 때에는 원고는 주주의 지위를 상실하므로 결의하자의 소는 소의 이익이 소멸하여 각하된다고 하는 입장이 타당하다.

〈결의반대주주의 주식매수청구권〉

기 준	상 법	자본시장법
인정되는 경우	제360조의 3, 제60조의 9, 제360조의 16, 제374조, 제522조, 제527조의 2, 제530조의 3	동일(자본시장법 제165조의 5 제1항)
청구권자	주주명부상의 주주 의결권 없는 주주 포함	동일 의결권 없는 주주 포함(자본시장법 제165의 5 제1항)
절차 총회의 소집통지 · 공고(매수청구권의 내용 · 행사방법 명시)	제374조 제2항, 제530조 제2항, 제360조의 3 제4항, 제360조의 16 제3항	의결권 없는 주주에게도 통지(자본시장법 제165조의 5 제5항)
결의반대의사의 서면통지	영업양도 등의 경우(총회결의 전)(제374조의 2 제1항) 합병의 경우(이사회결의 후 총회결의 전)(제522조의 3) 주식교환 등의 경우(이사회결의 후 총회결의 전)(제360조의 5 제1항)	이사회결의 후 총회결의 전 (자본시장법 제165조의 5 제1항)
서면에 의한 매수 청구	총회결의일로부터 20일 이내(제374조의 2 제1항, 제522조의 3, 제360조의 5 제1항)	동일(자본시장법 제165조의 5 제2항)
회사의 매수	청구일로부터 2월 이내 (제374조의 2 제2항, 제530조 제1항)	매수청구기간 종료일부터 1월 이내(자본시장법 제165조의 5 제2항)
매수가액의 결정	1. 회사와 주주의 협의(제374조의 2 제3항) 2. 협의불성립의 경우 법원(제374조의 2 제4항)	1. 동일(자본시장법 제165조의 5 제3항) 2. 협의불성립의 경우 이사회결의일 이전의 주식의 거래가격을 기준으로 하여 대통령령으로 정하는 방법에 따라 산정된 금액(자본시장법 제165조의 5 제3항 단서) 3. 해당법인이나 매수청구주주가 2.에 의한 가격에 대하여도 반대하면 법원에 결정청구(자본시장법 제165조의 5의 제3항 단서)
매수주식의 처분	상당한 시기(제342조)	자본시장법 제165조의 5 제4항

(5) 이익공여의 금지

종래의 주식회사의 주주총회에 있어서 고질적인 병폐는 이른바 총회꾼에 의한 총회운영의 교란과 총회의 유명무실화 내지 형해화이다. 총회장의 교란행위에 대해서는 총회의장의 질서유지권으로 대처하고 있으나(제366조의 2), 총회꾼의 배후작용에 의한 총회의 형식화에 대해서는 상법상 권리행사방해 등에 관한 증수뢰죄(제631조) 및 이익공여금지(제467조의 2 제1항)을 두고 대비하고 있다. 이익공여금지란 회사는 누구에게든지 주주의 권리행사와 관련하여 재산상의 이익을 공여할 수 없다는 것이다(제467조의 2 제1항). 예컨대, 총회꾼이 총회의 개최와 관련하여 회사에 대하여 부당하게 금품을 요구하고, 금품을 제공한 회사와 미리 짠 각본대로 일반주주의 발언을 봉쇄한 채 단기간 내에 총회를 종료시키는 등의 경우를 막고자 하는 것이다. 물론 이러한 경우에 권리행사방해 등에 관한 증수뢰죄를 적용하면 될 것이다. 이는 재산상의 이익의 수수 또는 공여가 '부정한 청탁'하에 이루어질 것을 요건으로 하므로 그 입증이 매우 곤란하고, 따라서 별로 실효성이 없다.

이익공여자는 회사인데, 여기서의 회사란 '회사의 계산으로'라는 뜻이다. 따라서, 예컨대 이사·감사 기타 회사의 사용인이 자기의 계산으로 이익을 공여한 때에는 여기에 포함되지 않지만, 반대로 회사 이외의 자의 명의로 하였다고 하더라도 회사의 계산으로 공여한 때에는 회사에 의한 이익공여가 된다. 이익공여의 상대방에는 제한이 없다.

회사가 특정주주에 대하여 한 무상의 이익공여 및 반대급부가 현저하게 적은 유상의 이익공여는 주주의 권리행사와 관련하여 한 것이라고 추정된다(제467조의 2 제2항). 이것은 이익공여의 입증을 용이하게 한 것이다. 이 때의 주주의 권리는 모든 주주권으로서 자익권과 공익권을 포함하며, 권리의 불행사를 조건으로 하는 경우도 포함된다. 또 이익공여가 그 성질상 불법원인급여(민법 제764조)로 취급되어 회사에 대한 반환이 부인될 염려가 있기 때문에 이익의 공여를 받은 자는 이를 회사에 반환하여야 하고, 회사에 대하여 반대급부를 한 때에는 그 반환을 받을 수 있다고 규정하고 있다(제467조의 2 제3항). 이익의 반환과 대가의 반환은 동시이행의 관계에 있다. 그리고 회사에 의한 이익의 반환에 관하여 주주는 대표소송을 제기할 수 있다(제467조의 2 제4항).

이익공여금지규정의 위반에 대하여는 1년 이하의 징역 또는 300만원 이하의 벌금에 처한다(제634조의 2). 이 외에 법령을 위반하여 이익공여를 한 이사는 회사에 대하여 손해배상책임이 있음은 물론이고(제339조), 감사도 이사의 이익공여에 관하여 그 임무를 해태하였으면 회사에 대하여 손해배상책임을 진다(제414조 제1항). 소수주주는 위의 책임을 추궁하기 위하여 대표소송을 제기할 수 있다. 그러나 이익의 수령은 의결권행사의 한 가지 동기에 불과하므로 이익을 얻은 대가로 의결권을 행사하였다고 하더라도 주주총회의 결의 자체는 유효하다.

(6) 총회의 질서유지

총회의 의장은 총회꾼들이 총회장에서 회의질서를 교란하여 총회의 진행을 방해하는 것을 막고 주주총회의 운영을 원활하게 하기 위하여 총회의 질서를 유지하고 의사를 정리할 권한이 있다(제366조의 2 제2항). 그리고 총회의 의장은 그 총회장에서 고의로 의사진행을 방해하기 위한 발언·행동을 하는 등 현저히 질서를 문란하게 하는 자에 대하여 그 발언의 정지 또는 퇴장을 명할 수 있다(제366조의 2 제3항).

6. 통신수단을 이용한 주주총회

(1) 화상회의 방식의 주주총회

1) 총설

주주총회를 화상회의방식으로 진행하는 것을 생각해 볼 수 있다. 화상회의 방식의 주주총회는 주로 두 가지 경우를 상정할 수 있다. 하나는 주주의 수가 너무 많아서 모든 주주들을 하나의 장소에 모아 놓고 회의를 하는 것이 기술적으로 불가능할 뿐만 아니라 각 참석주주에게도 실질적인 회의참여를 보장할 수 없어서, 하나의 건물 내 또는 인접한 건물에 있는 여러 개의 회의실에 주주들을 분산수용하여 각 회의실마다 대형 스크린과 카메라 등 중계방송장비를 설치하여 주주총회를 진행하는 경우이다. 이것은 단일한 소집지 내에 있는 복수의 소집장소에서 동시에 주주총회를 개최하는 것이 된다.

또 하나의 경우는 여러 지역에서 주주총회를 분산개최하고 이를 화상회의방식으로 연결하는 경우이다. 이러한 주주총회의 분산개최는 한 국가 내의 여러 도시에서 동시에 주주총회를 개최하는 경우와 외국 증권시장에 주식이 상장된 회사의 경우에 주식을 상장한 증권거래소가 있는 곳마다 동시에 주주총회를 개최하는 경우가 있을 수 있다. 이것은 복수의 소집지와 복수의 소집장소에서 동시에 주주총회를 개최하는 것이다. 주주총회를 분산개최하게 되면, 주주총회에 참석하기 위하여 많은 시간과 비용이 들기 때문에 주주총회에 참서하지 않던 주주들도 주주총회에 참석하게 되고, 자본시장의 국제화로 인한 주주총회 개최의 어려움도 덜게 될 것이다.

2) 법적 가능성

주주총회에 관하여는 이사회에 관한 상법 제391조 제2항과 같은 규정이 없으므로 주주총회를 화상회의방식으로 개최하는 것이 허용되지 않는다는 견해가 있을 수 있다. 그러나 모든 주주들에게 평등하게 주주총회의 참석이 허용되고 총회장에서 충분한 의견표명과 질의 및 토론이 가능한 방법이 있다면 반드시 단일한 장소에 모여 회의를 하여야 한다고 할 필요는 없다. 따라서 정관으로 주주총회의 소집지를 여러 곳으로 정하는 것은 모든 주주에게 평등하게 주주총회 참석이 보장되고 의안의 신중한 토의와 결의가 가능한 한 허용된다고 본다. 또한 현실적으로 주주총회에 참석을 원하는 주주를 모두 수용할 수 있는 공간이 없어서 일부의 주주를 회의장에 입장시키지 못한 경우를 생각해 볼 수 있다. 이 때 만약 총회를 강행한다면 총회결의하자의 소의 대상이 될 것이다. 이런 경우는 인접한 다른 공간에 주주를 수용하여 화상회의방식으로 총회를 개최하였다고 해서 이를 문제삼을 수는 없다.

또한 다수의 주주를 수용하기 위해서 초대형의 회의장소, 예컨대 축구장에서 주주총회를 할 경우에 이사회와 감사의 보고 등이 모든 참석자에게 전달되도록 하기 위해서 대형화면과 스피커를 사용하는 것을 생각해 보면, 이 경우는 전혀 문제될 것이 없다. 그런데 이러한 주주들을 2개 이상의 공간에 분산수용하여 똑같은 장비를 사용한 경우에 달리 보아야 할 이유가 없다. 이와 같이 다수의 소집장소에서 주주총회를 분산개최하는 것이 허용된다고 한다면, 다수의 소집지에서 주주총회를 분산개최하는 것도 허용되어야 할 것이다. 이와 같이 주주총회를 분산개최할 경우에 그 전제조건인 '모든 참석주주가 평등하게 의사진행에 참여할 수 있고 토의를 할 수 있을 것'을 기술적으로 가능하게 하는 것이 화상회의방식이다. 물론 정관에 주주총회를 화상회의로 할 수 있다는 규정이 있어야 한다.

주주총회를 분산개최하고 화상회의방식으로 진행하려면 소집통지에는 복수의 소집지와 소집장소를 기재하고 화상회의방식으로 총회가 진행된다는 사실을 기재하여야 할 것이고, 의사록에는 상법 제373조 제2항에 정한 사항과 함께 총회가 화상회의방식에 의하여 개최되었다는 점을 기재하여야 할 것이다. 주주총회가 분산개최되는 점 이외에 주주총회의 운영에 관한 사항은 통상의 주주총회와 다를 바가 없다.

(2) 인터넷을 이용한 주주총회

1) 총설

주주총회의 진행이 인터넷을 통하여 실시간 중계되고, 주주들은 인터넷을 통하여 가상공간의 주주총회에 참여하여 토의를 하고 의결권을 비롯한 주주권을 행사하는 것이 온라인주주총회이며, 이를 가상주주총회 또는 사이버공간 주주총회 등으로 부르기도 한다. 주주들은 인터넷을 통한 전자우편과 대화기능 그리고 실시간 동영상을 이용하여 주주가 직접 총회장에 있는 것과 같이 발언을 하고 토론을 할 수 있으며, 전자투표의 방법으로 의결권을 행사한다. 개정상법은 제368조의 4에서 '전자적 방법에 의한 의결권의 행사'에 대하여 규정하고 있다.

주주는 회사에 미리 신고한 ID와 암호를 이용하거나, 회사가 정하여 주주에게 알려준 암호를 이용하여 주주총회 사이트에 로그인함으로써 총회에 출석한다.

총회의 의장은 회의진행 프로그램을 통하여, 전통적인 주주총회의 경우보다 훨씬 용이하게 주주에게 발언권을 부여하고 총회의 질서를 유지하고 의사를 정리한다. 현재 다수가 인터넷을 통하여 회의를 할 수 있는 프로그램의 개발이 속속 이루어지고 있으며, 기술적 문제는 더 이상 온라인 주주총회로 가는 길에 장애가 아니다. 그리고 온라인 주주총회를 하는 경우는 주주총회의 소집을 위한 모든 절차도 인터넷을 통하여 이루어지게 될 것이다. 예컨대 주주총회의 소집통지와 소집통지에 첨부되는 회의목적사항 관련자료들도 전자우편을 통하여 발송되고, 주주의 회사에 대한 통지들도 전자우편을 통하게 된다.

인터넷주주총회를 하는 방법은 두 가지를 생각해 볼 수 있다. 첫째 완전한 온라인 주주총회, 즉 가상공간에서만 주주총회를 하는 것이 하나의 방법이며, 둘째는 실제로 주주들이 참석하는 오프라인 주주총회와 온라인 주주총회를 병행하는 방법이다.

2) 법적 가능성

상법규정의 자구와 전체적인 문맥에서 볼 때에 주주총회는 주주들이 일정한 장소에서 회동하는 것을 전제로 하고 있다고 할 수 있지만, 이와 같은 전통적인 해석만이 가능하다고 볼 근거는 없다. 온라인 주주총회에 있어서 문제가 될 수 있는 것은 총회의 소집과 출석이다. 총회는 정관에 다른 정함이 없으면 본점소재지 또는 이에 인접한 지에 소집하여야 하므로(상법 제364조), 정관에서 온라인 주주총회를 하기로 정한 경우는 이를 위하여 개설한 인터넷 사이트의 가상공간에 소집할 수 있다고 본다.

소집절차에 관한 상법의 규정들도 온라인 주주총회의 소집에 그대로 적용할 수 있다. 가상공간에서의 주주총회를 인정하는 한, 출석도 문제될 것이 없다. 주주가 주주총회 사이트에 접속하여 입장함으로써 가상공간의 주주총회에 출석한 것이 된다. 상법상 '출석'의 개념이나 주주총회에 관한 규정의 전 취지에서 볼 때 주주가 총회에 실제로 출석하는 것을 요구하는 것은 아니다. 또한 주주가 가상공간의 온라인 주주총회에 가상출석하면, 주주는 인터넷을 통하여 주주총회의 전과정에 참여하여 스스로 보고 들으므로, 실제로 오프라인 주주총회에 출석하고 있는 것과 별 차이가 없다.

온라인 주주총회를 개최할 경우에 현행법상 주주총회에 관한 규정은 거의 대부분 그대로 적용할 수 있다. 즉 온라인 주주총회를 개최할 경우의 절차는 전통적인 오프라인 주주총회의 통상적인 절차와 본질적인 차이가 있는 것이 아니다.

7. 주주총회결의의 하자

(1) 4종의 소

주주총회결의의 하자란 외관상 주주총회의 결의로 인정할 수 있는 것이 존재하나, 그 결의의 절차·내용이 법령·정관을 위반했거나 부당하여 그 효력을 인정할 수 없는 경우뿐만 아니라, 총회의 소집절차 또는 결의방법에 총회결의가 존재한다고 볼 수 없을 정도의 중대한 하자가 있는 경우를 말한다.

하자있는 결의라 하더라도 그 하자를 함부로 주장하게 하여 기존법률관계를 뒤엎는다면 주주·채권자 및 일반공중의 법적 생활의 안정은 도저히 기할 수 없을 것이다. 이에 상법은 단체법적 고려하에 집단적인 회사관계의 획일적 확정 및 거래관계의 법적 확실의 요청과 주주 등 이해관계인의 이익보호의 요청을 합리적으로 조정하기 위하여 4종의 소를 인정하였다. 즉, 결의취소의 소(제376조)·결의부존재확인의 소(제380조), 결의무효확인의 소(제380조), 특별이해관계인에 의한 부당결의취소·변경의 소(제381조)가 그것이다.

보강 <주주총회결의의 하자에 관한 소와 자본감소무효의 소 등과의 관계>

자본감소 · 화사합병 등의 절차에는 주주총회의 특별결의가 필요하고, 정관에서 신주발행을 주주총회의 결정사항으로 한 경우 신주발행에는 주주총회의 결의가 필요한데, 이들 주주총회에 하자가 있는 경우 각 이해관계인은 주주총회결의의 하자를 다투는 소를 제기하여야 하는지 아니면 하자무효 · 합병무효 · 신주발행무효의 소 등 특수한 소를 제기하여야 하는지 의문이다.

판결의 효력에 있어서는 어느 소나 대세적 불소급효가 있다는 점에서 유사하지만, 주주총회결의의 하자에 관한 소는 결의일로부터 2월 내에 제기하여야 하는데 비하여 위의 특수한 소는 등기일(신주발행의 경우는 신주발행)로부터 6월 내에 제기할 수 있는 점에서 차이가 있다.

이에 관하여 크게 두 가지로 학설이 나뉜다. ① 특수한 소송이 일반주주총회결의의 하자에 관한 소를 흡수하되 결의하자에 관한 소의 제기기간(2월)이 경과한 후에는 하자가 치유되므로 이를 이유로 특수한 소송도 제기할 수 없다는 흡수설(통설 · 판례 : 대판 1960. 11. 24, 4292 민상 880)과, ② 결의하자에 관한 소의 제기기간 전에는 양소송제도 중 어느 것이나 자유로이 선택하여 제기할 수 있고, 그중 어느 하나라도 확정되면 자본감소 · 합병 · 신주발행이 무효로 된다는 병용설이 있다. 생각건대, 특수절차가 일반절차에 우선하고, 병용설이 주장하듯 일반주주총회결의의 하자에 관한 소가 확정하면 자본감소 · 합병 · 신주발행이 당연히 무효가 된다고 볼 수도 없는 것이므로 흡수설이 옳다고 본다.

(2) 결의취소의 소

1) 소의 원인

총회의 소집절차 또는 결의방법이 법령 또는 정관을 위반하거나 현저하게 불공정한 때 또는 그 결의의 내용이 정관을 위반한 때에는, 주주·이사 또는 감사는 결의의 날로부터 2월 내에 회사를 상대로 하여 결의취소의 소를 제기할 수 있다(제376조 제1항).

소집절차에 하자가 있는 경우로는, 예컨대 이사회의 결의 없이 또는 하자있는 이사회의 결의에 따라 주주총회를 소집한 경우, 대표이사 직무대행자가 법원의 허가를 얻지 아니하고 임시주주총회를 소집한 경우, 일부주주에 대한 소집통지흠결의 경우, 소집통지기간의 부족, 소집통지서의 흠결, 총회개최일시 및 장소가 부적당한 경우 등이다.

결의방법이 법령 또는 정관에 위반한 경우로는 주주 또는 그 대리인이 아닌 자의 결의참가, 가결요건위반, 의장에 관한 정관규정의 위반, 이사의 불출석, 소집통지서에 기재하지 않은 사항의 결의, 결의방법에 있어 주주평등의 원칙에 위배되는 경우, 재무제표 및 감사보고서 비치가 안 된 경우, 총회의 연기 또는 속행의 결의에 하자가 있는 경우 등이 있다.

그리고 결의방법의 불공정의 예로서는 발언의 부당한 제한, 특정주주의 부당한 강제퇴장, 부당한 설명생략 등의 상황하에서의 결의강행 등을 들 수 있다.

결의의 내용이 정관을 위반한 경우로는 정관소정의 원수 이상의 이사의 선임 같은 것을 들 수 있다.

결의취소의 소의 성질은 '형성의 소'이고 2월의 기간은 제척기간이다. 2월 후에는 새로운 취소원인을 추가할 수도 없다고 본다. 결의취소의 소권은 공익권이므로 무의결권주주에게도 이를 인정하여야 할 것이다. 그리고 제소한 주주는 당해소송의 판결이 확정될 때까지 계속 주주인 자격을 유지하여야 하며, 주식을 양도하는 경우에는 양도인의 소송상의 지위는 승계되지 않는다.

2) 소의 절차

원고가 회사의 본점소재지를 관할하는 지방법원에 취소의 소를 제기하면(제376조 제2항, 제186조), 회사는 지체없이 이를 공고하여야 한다(제376조 제2항, 제187조). 이 때 피고는 회사가 되면, 대표이사가 회사를 대표한다. 다만 원고가 이사인 때에는 감사가 회사를 대표이다(제394조). 또 이사 또는 감사가 아닌 주주가 소를 제기한 경우에는 그 주주의 악의를 소명한 회사의 청구에 따라(제377조 제1항, 제176조 제4항), 법원은 주주에 대하여 상당한 담보의 제공을 명할 수 있다(제377조 제1항). 이 경우에 악의란 주주가 정당한 이유 없이 회사를 곤경에 빠뜨리려는 의도가 있는 것을 말한다.

법원은 수개의 소가 제기된 때에는 이를 병합심리하여야 하고(제376조 제2항, 제188조), 결의의 내용·회사의 현황과 제반사정을 참작하여 오히려 그 취소를 하는 것이 부적당하다고 인정될 때에는 그 청구를 기각할 수 있다(제379조). 결의취소의 소는 다수인간의 권리·의무의 확정을 구하는 것이므로 당사자 사이의 화해나 인낙은 허용되지 않는다.

3) 판결의 효과

원고가 승소하여 취소의 판결이 확정되면, 판결의 효력은 당사자 이외의 제3자에게도 미친다(대세적 효력)(제376조 제2항, 제190조 본문). 법률관계의 획일적 처리를 위해서 민사소송법상의 기판력의 주관적 범위(민소 제204조)에 대한 예외적 확장을 인정한 것이다.

결의사항이 등기된 경우에는 결의취소판결이 확정되면 본점과 지점의 소재지에서 이를 등기하여야 한다(제378조).

원고가 패소한 경우에는 대세적 효력은 없으므로 다른 사람이 다시 제소할 수 있지만, 실제로는 제소기간의 경과로 결의취소의 주장이 어려울 것이다. 원고가 패소한 경우에는 원고에게 악의 또는 중대한 과실이 있는 경우에 한하여 회사에 대하여 연대하여 손해배상책임을 진다(제376조 제2항, 제191조). 이것은 주주들의 제소권의 남용을 방지하려는 것이다. 한편 주주총회 결의 내용, 회사의 현황과 제반사항을 참작하여 오히려 그 취소를 하는 것이 부적당하다고 인정될 때에는 법원은 그 청구를 기각할 수 있다(제379조). 법원의 재량기각 판결은 대세적 효력은 없으나 기존의 상태를 보호하기 위하여 원고의 정당한 청구를 기각한 것이므로 대세효가 있다고 볼 수 있고, 원고는 손해배상책임을 지지 않는다. 왜냐하면, 원고의 청구에 법률적으로 타당한 취소사유가 존재하기 때문이다.

(3) 결의무효확인의 소

1) 소의 원인

총회의 결의내용이 법령을 위반한 경우에는, 원칙적으로 누구든지, 언제든지, 어떠한 방법으로든지 그 무효를 주장할 수 있으며, 필요하면 결의무효확인의 소를 제기할 수도 있다(제380조). 이와 같이 결의무효확인의 소의 제소권자에는 제한이 없으나, 확인의 이익은 있어야 한다. 따라서 회사에 대하여 주주로서의 자격이 인정되지 않는 자(예컨대, 명의대여주주·주권발행 전 또는 명의개서 전의 주식양수인)는 소의 이익이 없다. 해임된 이사·감사는 그 해임결의의 무효확인을 구할 이익이 있으나, 사임한 이사·감사는 재임시의 자신의 행위의 효력이 문제되지 않는 한 다른 총회결의의 무효를 다툴 소의 이익이 없다. 그러나 사채권자는 자신의 권리 또는 법적 지위에 영향을 미친 총회결의의 무효확인을 구할 이익이 있다. 의결권이 없는 주식을 가진 주주도 같다.

결의의 내용이 법령을 위반한 경우란, 예컨대 결의의 내용이 주주평등의 원칙에 위반한 경우, 유한책임원칙을 위반한 결의, 주식회사의 본질에 반하는 결의, 자산평가원칙에 위반하여 작성된 제무제표의 승인, 법률에 위반한 이익배당안의 승인, 기타 결의의 내용이 선량한 풍속 기타 사회질서에 위반하는 때 등이다.

결의무효확인의 소의 성질을 '형성의 소'로 보는 견해도 있으나 '확인의 소'라고 본다.

2) 취소의 소와의 차이

결의무효확인의 소의 성질을 어떻게 보든간에 결의무효확인의 소를 제기하는 경우에는 제소권자와 제소기간의 제한이 없는 것 및 법원의 재량기각이 인정되지 않는 것(제380조는 제379조를 불준용)이 결의취소의 소의 경우와 다른 점이다. 그 밖에 피고·관할법원·회사의 공고·원고의 담보제공·소의 절차 및 판결의 효과 등도 결의취소의 소의 경우와 꼭 같다(제380조).

보강 <무효확인의 소의 성질>

주주총회결의무효확인의 소(결의부존재의 확인의 소도 같다)(제380조)의 성질에 관하여는 형성의 소라는 학설과 확인의 소라는 학설이 대립되어 왔다. 이것이 형성의 소라고 한다면 결의의 무효는 소로써만 주장할 수 있다는 것이 되고, 확인의 소라고 한다면 기타 다른 방법으로도 주장할 수 있다는 차이가 있다. 이러한 논란이 발생한 근본적인 이유는 상법 제380조가 제190조를 준용하여 결의무효의 소에 불소급효를 인정한 때문이다.

그러나 1995년의 개정상법에서는 상법 제380조에서 190조 본문만을 준용함으로써, 명문으로 해결하였다. 따라서 소의 성질론에 대한 논쟁은 의미가 없게 되었다.

(4) 결의부존재확인의 소

총회의 소집절차 또는 결의방법에 총회결의가 존재한다고 볼 수 없을 정도의 중대한 하자가 있는 경우에는 필요하면 결의부존재확인의 소를 제기할 수도 있다. 결의부존재로 볼 수 있는 원인에는, 예컨대 소집권한이 없는 자에 의한 총회소집, 소집절차를 밟지 않은 총회의 결의, 의사록에만 결의가 있었던 것으로 기록되어 있으나 실제로는 결의가 없었던 경우, 일반주주에게만 소집통지를 한 때 등이 있다.

(5) 부당결의 취소·변경의 소

특정 주주가 특별이해관계로 인하여 주주총회에서 의결권을 행사할 수 없었던 경우에(제368조 제4항), 그 결의가 현저하게 부당하고, 그 주주가 의결권을 행사하였더라면 부당결의를 저지할 수 있었을 때에는, 그 특별이해관계가 있는 주주는 결의의 날로부터 2월 내에 회사를 피고로 하여 결의의 취소 또는 변경을 청구하는 소를 제기할 수 있다(제381조 제1항).

부당결의 취소·변경의 소의 성질은 '형성의 소'이고, 소의 절차나 판결의 효과 등은 결의취소의 소의 경우와 꼭 같다(제381조 제2항).

〈주주총회결의의 하자의 소의 차이점〉

기 준 종류	취소의 소 (제376조~제379)	무효확인의 소 (제380조)	부존재확인의 소 (재380조)	부당결의취소·변경의 소(제381조)
소의 원인	**형식적 하자** 소집절차·결의방법의 법령위반·현저한 불공정·정관의 위반	**실질적 하자** 결의내용의 법령의 위반	**중대한 형식적 하자** 소집절차·결의방법의 중대한 하자	결의가 현저하게 부당한 경우
소의 성질	형성의 소	확인소송설 형성소송설	확인소송설 형성소송설	형성의 소
제소권자	주주, 이사, 감사	소의 이익이 있는 자	소의 이익이 있는 자	특별이해관계인인 주주
피고	회사			
제소기간	결의일로부터 2월	x	x	결의일로부터 2월
소의 절차	전속관할·소제기의 공고·병합심리·제소주주의 담보제공의무·등기 동 일			
법원의 재량기각	0 (제379조)	x	x	x
판결의 대세적 효력	0	0	0	0
판결의 소급효	0	0	0	0
패소한 원고의 책임	고의·중과실의 경우에 회사에 대한 연대책임 동 일			

III. 이사·이사회·대표이사·집행임원

1. 이사회중심주의

상법은 이사회제도를 채택하여 의용상법상의 주주총회중심주의를 수정하였다. 즉, 주주총회의 권한을 한정하고 업무집행 기타 총회의 권한사항 이외의 모든 것을 이사 전원으로 구성하는 이사회에서 신중하게 토의하고 적절하게 결정하도록 하였다. 그리고 이사회의 결정에 따라서 직접 업무를 집행하고 일상 업무의 세부적 사항을 결정하거나 대외적으로 회사를 대표하는 권한은 이사회에서 선임하는 대표이사 또는 집행임원에게 부여한다. 따라서 주식회사의 업무집행기관은 의사결정기관인 이사회와 집행 및 대표기관인 대표이사 또는 집행임원으로 분화되고, 이사는 기관이 아니라 이사회의 구성원으로서 대표이사의 전제자격에 지나지 않는다. 그러나 예외적으로 이사가 1인인 소규모주식회사의 경우에는 이사회가 존재하지 아니하고 그 기능이 주주총회와 대표이사에게 분산되므로(제383조 제6항), 이사회중심주의가 무너지고 업무집행기관이 대표이사로 일원화된다.

2. 이 사

(1) 이사의 법적 지위

이사는 이사회의 구성원이므로 회사의 업무집행에 관한 의사결정에 참여할 권한이 있음은 물론, 주주총회에 출석할 수 있고, 총회의 의사록에 기명날인 또는 서명을 하여야 하며(제373조 제2항), 총회결의취소의 소(제376조) 등 각종의 소(제328조, 제429조, 제445조, 제529조)를 제기할 수 있는 권한이 부여되고 있다. 이사가 1인인 소규모주식회사의 경우에는 예외적으로 이사는 업무집행기관 및 대표기관으로서의 지위를 갖는다(제383조 제6항). 이사와 회사의 관계는 위임이다(제382조 제2항). 따라서 민법상 위임에 관한 규정이 준용된다.

(2) 이사의 선임

1) 선임방법

이사는 주주총회에서 보통결의로 선임된다(제382조 제1항). 제3자나 다른 기관에 그 선임을 위임할 수 없다. 다만 회사의 설립시에는 발기설립의 경우에는 발기인들이 호선하고(제296조 제1항), 모집설립의 경우에는 창립총회에서 선임한다(제312조). 또한 2009년 개정상법에 의하면 회사는 사내이사, 사외이사, 그 밖에 상무에 종사하지 아니하는 이사로 구분하여 등기하도록 되어있다(제317조

제2항 제8호).

한번의 주주총회에서 2인 이상의 이사를 선임하는 경우에는 1998년의 개정 상법에 의하여 집중투표제가 인정된다. 집중투표제는 1주에 대하여 선임할 이사의 수와 동수의 의결권을 부여하고 각 주주가 그 의결권을 1인에게 집중적으로 행사할 수 있도록 하는 것으로서, 소수주주의 이익을 대표하는 이사의 선임이 가능하도록 하는 제도이다.

즉, 의결권 없는 주식을 제외한 발행주식총수의 100분의 3 이상에 해당하는 주식을 가진 주주는 정관에서 달리 정하는 경우를 제외하고는 회사에 대하여 집중투표의 방법으로 이사를 선임할 것을 회일의 7일 전까지 서면 또는 전자문서로써 청구할 수 있다(제382조의 2 제1항·제2항). 이러한 청구가 있는 경우에 각 주주는 1주마다 선임할 이사의 수와 같은 수의 의결권을 가지며, 이를 이사후보자 1인 또는 수인에게 집중하여 행사할 수 있다(제382조의 2 제3항). 이 경우 최다득표자로부터 순차적으로 이사에 선임된다(제382조의 2 제4항).

보강 <집중투표제>

1. 의의

1998년 개정상법은 이사선임에 관하여 집중투표제도를 규정하고 있다. 집중투표라 함은 동일한 주주총회에서 2인 이상의 이사를 선임하는 경우에 소수주주가 1주마다 선임할 이사의 수와 동일한 의결권을 가지는 제도를 말하며, 이사선임에 관한 일종의 비례대표제라 할 수 있는 것이다. 예컨대 2인의 이사를 동일한 총회에서 선임하는 경우에 소수주주의 의결권 있는 주식의 수가 10,000주라고 하면 그 주주의 이사선임에 관한 의결권은 10,000주×2=20,000, 즉 20,000이 되므로 이 수의 의결권을 1인의 이사후보에게 집중적으로 투표행사할 수 있는 것이다. 만일 집중투표제를 채택하지 아니한 경우에는 그 주주의 이사선임에 관한 의결권의 수는 각 이사후보마다 10,000개가 되는데 그친다. 그러므로 소수주주로서는 집중투표에 의한 집중적 의결권 행사의 방법이 이사선임에 보다 큰 영향을 미치게 된다.

2. 집중투표의 청구

(1) 청구자

집중투표를 청구할 수 있는 자는 의결권 있는 발행주식총수의 100분의 3 이상에 해당하는 주식을 가진 주주이다(제382조의 2 제1항). 기명주식의 경우는 주주명부에 기재된 주주이며, 주식의 보유기간의 제한은 없다. 의결권 없는 주식, 회사의 자기주식(제369조 제2항), 모회사의 주식을 가진 자회사(제342조의 2), 주식의 상호보유관계에 있는 회사(제369조 제3항)는 의결권이 없으므로 집중투표의 청구를 하지 못한다.

(2) 청구의 시기

2인 이상의 이사의 선임을 목적으로 하는 총회의 소집이 있는 때에는 청구자인 주주는 정관에서 정하는 경우를 제외하고 회사에 대하여 집중투표에 의할 것을 청구할 수 있다(상법 제382조의 2 제1항). 이 청구는 총회의 회일의 7일 전까지 서면 또는 전자문서로 하여야 하며(동조 제2항), 이것은 회사의 집중투표의 준비를 위하여 필요한 기간이다.

집중투표가 인정되는 것은 회사성립 후의 주주총회에서 2인 이상의 이사가 선임하는 경우이며, 창립총회에서 선임되는 최초의 이사(상법 제312조)에는 집중투표가 인정되지 않는다. 집중투표의 청구는 총회소집통지를 발송한 후에 할 수 있으며 총회소집통지 전에 청구한 것은 효력이 없다.

(3) 총회소집의 통지·공고

정관으로 집중투표제를 배제하지 아니한 회사는 총회소집통지·공고(제363조)에 선임할 이사의 수를 기재하여야 하며, 이를 기재하지 아니한 경우에는 총회결의취소의 소(제376조)의 원인이 된다. 주주총회에서는 이 통지에 기재된 수보다 많은 수 또는 적은 수의 이사의 선임은 허용되지 않는다.

(4) 청구서의 비치

집중투표를 청구하는 서면은 총회가 종결될 때까지 회사의 본점에 비치하고 주주가 열람할 수 있도록 하여야 한다(제382조의 2 제6항). 회사가 이 청구서를 비치하지 아니한 때에는 총회결의취소의 소(제376조)의 원인이 된다.

(5) 청구의 방법

집중투표의 청구는 서면 또는 전자문서로 하여야 한다(제382조의 2 제2항). 서면의 방식에 관하여는 규정이 없으나 집중투표를 청구하는 취지와 청구하는 주주의 기명날인 또는 서명이 있으면 된다.

(6) 청구의 철회

집중투표를 청구한 주주는 그 청구를 철회할 수 있다. 철회의 시기는 제한이 없으며 투표 전에 언제든지 할 수 있다. 청구한 주주가 총회에 출석하지 않는 때에는 철회한 것이 된다.

3. 집중투표의 실시

(1) 의장의 선언

소수주주에 의한 집중투표의 청구가 있은 때에는 총회의 의장은 의결에 앞서 그러한 청구가 있었다는 취지를 알려야 한다(제382조의 2 제5항). 의장이 이 절차 없이 집중투표를 실시한 경우에는 결의방법의 위법이 되어 총회결의취소의 소(상법 제376조)의 원인이 된다.

(2) 절차

소수주주는 1주마다 선임할 이사의 수와 동일한 수의 의결권을 가지며 각 주주는 1인의 이사후보에게 집중적으로 투표(기명투표)할 수도 있고 2인 이상의 후보에게 분산하여 투표하는 방법으로 의결권을 행사할 수도 있다(제382조의 2 제3항). 이 경우에는 투표의 최다수를 얻은 자로부터 순차적으로 이사에 선임되는 것으로 한다(제382조의 2 제4항). 즉 상대적 다수에 의하여 이사선임자가 정하여지는 것이다.

4. 정관의 집중투표에 관한 규정의 효과

(1) 집중투표제의 배제

상법은 '정관에서 달리 정하는 경우를 제외하고' 집중투표에 의할 것을 청구할 수 있다(제392조의 2 제1항)고 하여 정관에 의한 집중투표제의 배제를 인정하고 있다. 이와 관련하여 집중투표의 전면적 배제 이외에 정관으로 집중투표자의 요건인 '100분의 3 이상'을 강화 또는 완화하거나 단독주주권으로 할 수도 있다.

(2) 청구주의의 배제에 관한 규정

상법은 '정관에서 달리 정하는 경우를 제외하고' 소수주주가 집중투표를 청구할 수 있다(제382조의 2 제1항)고 청구주의를 규정하고 있으므로 정관에 의하여 주주의 청구없이 자동적으로 집중투표를 할 수 있도록 하는 규정도 무방하다고 본다.

(3) 상장회사 집중투표에 관한 특례

대통령령으로 정하는 대규모 상장회사에 대한 집중투표 청구권의 행사요건을 완화하는 한편, 집중투표를 도입하거나 배제하려는 경우에는 의결권 없는 주식을 제외한 발행주식총수의 100분의 3을 초과하는 주식에 대해서는 의결권을 행사할 수 없도록 하였다(제542조의7).

2) 원수·임기

이사의 인원수은 원칙적으로 3인 이상이어야 한다. 다만 예외적으로 자본의 총액이 10억원 미만인 소규모주식회사의 경우에는 1인 또는 2인으로 할 수 있다(제383조 제1항).

이사의 임기는 3년을 초과할 수 없으나(제383조 제2항), 정관으로 그 임기중의 최종의 결산기에 관한 정기주주총회의 종결시까지 연장할 수 있다(제383조 제3항). 임기의 기산점은 선임결의시가 아니라, 실제로 이사에 취임한 때라고 보아야 한다.

3) 자격

이사의 자격에는 원칙적으로 제한이 없으며, 이사는 주주가 아니어도 된다. 그러나 정관으로 이사가 가질 주식의 수를 정한 경우에는(자격주), 다른 규정이 없는 한 이사는 그 수의 주권을 감사 또는 감사위원회(대표위원)에게 공탁하여야 한다(상법 제387조, 제415조의 2 제6항). 특히 사외이사의 자격에는 엄격한 제한이 있다(제382조의 제3항 참조). 주권상장회사의 사외이사는 추가적으로 상장회사 주식총수의 100분의 10 이상을 소유하거나 이사·집행임원·감사의 선임 및 해임 등 주요 경영사항에 영향력을 행사하는 주주 및 그 배우자와 직계존속·비속, 대통령령으로 별도로 정하는 법률에 위반하여 해임되거나 면직된 후 2년이 지나지 아니한 자 등에 해당할 때에도 그 자격을 상실한다(제542조의 8 제2항).

법인은 재산관리인은 될 수 있으나, 발기인이나 이사는 될 수 없다고 본다. 법인인 이사가 자연인인 이사보다 대외적 신용이나 자력에 있어 나은 경우가 많은 점, 비업무담당이사는 법인이 되지 못할 이유가 없다는 점 등의 이유로 법인도 이사가 될 수 있다고 하는 학설이 있다. 그러나 대외적 신용이나 자력은 인적회사의 무한책임사원의 경우에는 중요한 의미가 있지만, 주식회사의 이사의 자격과는 무관한 것이 원칙이고, 업무담당이사와 비업무담당이사를 구별하는 것도 쉽지 않다. 또 이사는 업무를 담당하거나 업무담당이사의 업무집행을 감독하는 지위에 있기 때문에 그 능력과 개성이 요구되고, 또한 대표이사의 전제자격이 된다는 점에서 이사는 자연인에 한한다고 본다. 이사는 자연인인 이상 행위능력의 유무를 묻지 아니하나(민법 제117조 유추적용), 파산자 또는 금치산자는 이사가 되지 못한다고 보아야 할 것이다. 또 감사는 직무의 성질상 그 회사 및 자회사의 이사가 되지 못한다(상법 제411조).

이사를 선임하였을 때에는 이를 등기하여야 한다(제317조 제1항·제2항 제8호·제3항, 제183조).

(3) 이사의 종임

1) 종임사유

회사와 이사 간의 관계는 위임관계이므로(제382조 제2항), 이사는 언제든지 사임할 수 있으며(민법 제689조), 이사의 사망·파산·금치산, 또는 회사의 파산으로 종임이 된다(민법 제690조). 그리고 임기의 만료, 정관소정의 자격상실, 해임 또는 회사의 해산으로 인해서도 종임이 된다. 그런데 합병 후의 존속회사 또는 신설회사의 이사로서 합병 전에 취임한 자는 합병계약서에 다른 정함이 있는 경우를 제외하고는 합병 후 최초로 도래하는 결산기의 정기총회가 종료하는 때까지 그 임기가 연장된다(제527조의 4).

이사의 해임은 주주총회의 특별결의에 의하여 언제든지 할 수 있으나, 정당한 이유없이 임기만료 전에 해임된 이사는 회사에 대하여 손해배상청구를 할 수 있다(제385조 제1항). 또 이사의 해임결의가 총회에서 부결된 경우에는 소수주주권자가 그 결의가 있는 날로부터 1월 내에 법원에 해임청구를 할 수 있는 특칙도 있다(제385조 제2항). 이 때에는 이사와 회사가 공동피고로 된다. 왜냐하면 이사해임청구의 소는 회사의 이사해임결의의 수정을 목적으로 하면서 그 판결의 효력은 해임될 이사에게도 미치기 때문이다. 주권상장회사의 경우에는 소수주주권의 행사에 있어서 지주요건이 완화된다(제542조의 6 제3항).

이사해임청구의 소의 성질은 형성의 소이다. 이사가 종임된 때에는 변경등기를 하여야 한다(제317조 제3항, 제183조).

2) 결원의 경우 조치

이사의 결원이 생기는 경우에는 임기의 만료 또는 사임으로 인하여 퇴임한 이사는 새로 선임된 이사가 취임할 때까지 이사의 권리의무를 계속 가진다(제386조 제1항). 이 경우 필요하다고 인정할 때에는 법원은 이사·감사 기타 이해관계인의 청구에 의하여 일시 이사의 직무를 행할 자(가이사)를 선임할 수 있으며, 이 경우에는 본점소재지에서 그 등기를 하여야 한다(제386조 제2항). 가이사의 권한은 법원이 이를 제한한 경우가 아니면 본래의 이사의 권한과 같다.

(4) 이사의 직무집행정지 및 직무대행자의 선임

이사선임결의의 무효나 취소의 소 또는 이사해임의 소가 제기된 경우에 그 이사가 판결확정시까지 직무를 맡게 하는 것은 부적당하다. 그러므로 상법은 특칙을 두어 법원은 당사자의 신청에 의하여 소제기 후 또는 급박한 사정이 있는 때에는 본안소송의 제기 전이라도 가처분으로써 이사의 직무집행을 정지시키고 직무대행자를 선임할 수 있게 하였다(제407조 제1항). 그리고 법원은 당사자의 신청에 의하여 그 가처분을 변경 또는 취소할 수도 있다(제407조 제2항).

직무대행자는 가처분명령에 다른 정함이 있거나, 법원의 허가를 얻은 경우가 아니면 회사의 상무에 속하지 아니한 행위를 하지 못한다(제408조 제1항). 만약 직무대행자가 이를 위반하여 행위를 하더라도 회사는 선의의 제3자에 대하여 책임을 져야 한다(제408조 제2항).

법원의 가처분 또는 그 변경이나 취소의 처분이 있는 때에는 본점과 지점의 소재지에서 등기하여야 한다(제407조 제3항).

(5) 이사의 보수

이사의 보수란 이사의 직무집행에 대한 대가로 회사가 지급하는 것으로서 봉급·각종의 수당·상여금·퇴직위로금 등 그 명칭을 불문한다. 이사의 보수액은 정관에 그 액을 정하지 아니한 때에는 주주총회의 결의로 이를 정하여야 한다(제388조).

보강 <사외이사>

1. 의의

사외이사란 전문적인 지식과 능력을 갖추고 경영실무를 담당하지 않으면서 업무집행기관으로부터 독립적인 지위에서 이사회의 구성원으로서 활동하는 이사라고 할 수 있다. 2011년 개정상법에서는 사외이사란 회사의 상무에 종사하지 않는 이사를 말한다고 규정하고 있다(제382조 제3항). 비상임이사(공기업경영구조개선 및 민영화에 관한 법률 제9조)로 지칭되기도 하나, 업무집행기관으로부터의 독립성 유무에 의해 사내이사와 사외이사를 구분하는 것이 적절하다. 즉 사외이사란 회사의 경영과 업무집행에는 직접 참여하지 않고 비상근으로서 이사회에 출석하여 회사의 경영에 대한 의사결정에 참가하는 이사라고 할 수 있다. 이에는 다른 회사의 경영인, 기관투자자의 대표자를 비롯하여 변호사, 공인회계사, 교수 등이 선임된다.

이에 비하여 사내이사란 상근으로 회사의 경영과 업무집행을 담당하고 있는 이사를 말한다. 사외이사는 이사회의 구성원으로서 상법상 이사에게 인정된 권한을 가지며 의무와 책임을 부담한다. 이러한 점에서 사내이사와 그 법적 지위의 면에서 차이가 없고, 다만 그 역할을 감안하여 법적 지위에 있어 몇 가지 다른 예외가 인정되고 있다.

2. 입법취지

종래에 이사회는 사내이사만으로 구성되어 형해화되기 쉬웠고 그 결과 회사의 경영은 지배주주의 독단에 의해 좌우되었다. 이러한 문제점을 해결하기 위해 경영감시 장치로서 사외이사제도를 도입하였는데, 궁극적으로 이사회제도를 활성화하여 회사의 건전한 경영을 도모하고 주주와 채권자를 보호하고자 하는 것이 사외이사제도의 취지이다. 이러한 제도적 취지에 비추어 볼 때 사외이사는 회사의 업무집행에 관한 중요한 의사결정이 이사회를 통해 이루어지도록 이사회를 활성화시키고, 경영이사가 적정하게 업무를 집행하도록 이사회를 통하여 감독권을 행사하여야 한다.

3. 사외이사의 수

주권비상장회사의 경우는 사외이사의 선임이 강제되지는 않으나 정관으로 감사위원회를 설치하는 경우에는 그 위원회의 3분의 2 이상은 사외이사이어야 한다(제415조의 2 제2항). 2009년 개정상법에 의하면 상장회사는 이사총수의 4분의 1 이상을 사외이사로 선임하여야 하고, 자산규모 등을 고려하여 대통령령이 정하는 상장회사의 사외이사는 3명 이상이어야 하되, 이사총수의 과반수가 되도록 하여야 한다(제542조의 8 제1항). 한편 사외이사의 사망이나 사망 등의 사유로 사외이사의 수가 소정의 원수에 미달하게 되는 경우에는 그 사유가 발생한 최초로 소집되는 주주총회에서 소정의 원수에 합치되도록 사외이사를 선임하여야 한다(제542조의 8 제3항).

4. 자격

2009년 및 2011년 개정상법에 의하면 사외이사가 될 수 없는 자는 회사의 상무에 종사하는 이사·집행임원 및 피용자 또는 최근 2년 이내에 회사의 상무에 종사한 이사·집행임원·감사 및 피용자, 최대주주가 자연인인 경우 본인과 그 배우자 및 직계 존·비속, 최대주주가 법인인 경우 그 법인의 이사·집행임원·감사 및 피용자, 이사·감사·집행임원의 배우자 및 직계 존·비속, 회사의 모회사 또는 자회사의 이사·집행임원·감사 및 피용자, 회사와 거래관계 등 중요한 이해관계에 있는 법인의 이사·집행임원·감사 및 피용자, 회사의 이사·집행임원 및 피용자가 이사로 있는 다른 회사의 이사·집행임원·감사 및 피용자 등이 이에 해당한다(제382조 3항).

또한 상장회사의 사외이사가 될 수 없는 자의 범위는 다음과 같다. 미성년자·금치산자 또는 한정치산자 등의 무능력자, 파산자로서 복권되지 아니한 자, 금고 이상의 형을 선고받고 그 집행이 끝나거나 집행이 면제된 후 2년이 지나지 아니한 자, 대통령령으로 별도의 법률에 위반하여 해임되거나 면직된 후 2년이 지나지 아니한 자, 상장회사의 주주로서 의결권 있는 발행주식총수를 기준으로 본인 및 대통령령으로 정하는 특수관계인이 소유하는 주식 수가 가장 많은 경우 당해 본인 및 특수관계인, 누구의 명의로 하든지 자기의 계산으로 의결권 없는 주식을 제외한 발행주식총수의 100분의 10이상의 주식을 소유하거나 이사·집행임원·감사의 선임과 해임 등 상장회사의 주요 경영사항에 대하여 사실상의 영향력을 행사하는 주주("주요주"라 한다) 및 그의 배우자와 직계 존·비속, 기타 사외이사로서의 직무를 충실하게 수행하기 곤란하거나 상장회사의 경영에 영향을 미칠 수 있는 자로서 대통령령이 정하는 자 등이다(제542조의8 2항).

5. 권한

사외이사는 이사회의 구성원으로서 ① 이사회의 소집권 및 참가권(제390조), ②각종 소의 제기권(제328조, 제376조 제1항, 제429조, 제529조), ③ 검사인의 선임청구권(제298조 제4항), ④ 주주총회의 의사록에 대한 기명날인권(제373조 제2항), ⑤ 대표이사에 대한 다른 이사 또는 피용자의 업무에 관한 보고요구권(제393조 제3항) 등을 갖는다.

6. 의무와 책임

사외이사는 상법상의 이사이므로, 일반적 의무로서 ①선관주의의무(제382조 제2항), ② 충실의무(제382조의 3)를 부담하며, 개별적 의무로서 ① 경업피지의무(제397조), ② 자기거래금지의무(제398조), ③ 손해위험보고의무(제412조의 2) 등을 부담한다. 또한 사외이사는 이사와 마찬가지로 회사에 대한 책임(제399조), 제3자에 대한 책임(제401조), 대표소송(제403조) 등에 관한 규정의 적용을 받는다.

3. 이사회

(1) 이사회의 법적 지위

이사회(Board of Directors)는 회사의 업무집행에 관한 의사결정과 대표이사의 직무집행을 감독할 권한을 갖는, 이사 전원으로 구성되는 주식회사의 필요상설기관이다. 이사회는 회의체기관이므로 의사결정을 하려면 회의를 열어야 한다. 이 이사회의도 상법은 이사회라고 부르고 있다. 그러나 이사가 1인인 소규모주식회사의 경우에는 이사회가 성립할 수 없으므로 그 이사가 단독으로 업무집행에 관한 의사결정을 하게 된다(제383조 제6항)

(2) 이사회의 권한

이사회는 주주총회의 권한사항을 제외하고는 회사의 업무집행에 관한 모든 의사결정을 할 권한이 있으며(제393조 제1항), 대표이사의 직무집행을 감독할 권한이 있다(제393조 제2항). 업무집행의 세목까지 이사회가 직접 결정할 필요는 없다 하더라도 적어도 기본적 사항, 특히 법정권한사항은 그 결정을 다른 기관(예컨대, 상무회 등)에 위임하지 못한다.

상법상 이사회의 결의사항으로 명기된 것으로는, 주주총회의 소집(제362조), 주주제안 내용의 법령 또는 정관위반 여부 결정(제363조의 2 제3항), 이사회소집권자의 특정(제390조 제1항 단서), 중요한 자산의 처분 및 양도, 대규모 재산의 차입, 지점의 설치·이전 또는 폐지(제393조 제1항), 지배인의 선임·해임(제393조 제1항), 대표이사의 선정과 공동대표의 결정(제389조), 이사의 경업의 승인과 개입권의 행사(제397조 제1항·제2항), 이사와 회사 간의 거래에 대한 승인(제398조), 신주발행사항의 결정(제416조), 재무제표의 승인(제447조), 영업보고서의 승인(제447조의 2), 준비금의 자본전입(제461조 제1항 본문), 중간배당의 실시 결정(제462조의 3 제1항), 사채발행의 결정(제469조), 주주에 대한 전환사채의 발행사항의 결정(제513조 제2항 본문), 주주에 대한 신주인수권부사채의 발행사항의 결정(제516조의 2 제2항 본문) 등이 있다.

이와 같은 권한을 행사하기 위하여 이사는 대표이사로 하여금 다른 이사 또는 피용자의 업무에 관하여 이사회에 보고할 것을 요구할 수 있고(제393조 제3항), 이사는 3월에 1회 이상 업무의 집행상황을 이사회에 보고하여야 한다(제393조 제4항).

(3) 이사회의 소집

이사회는 각 이사가 소집하지만, 정관이나 이사회에서 소집권자를 따로 정해 놓을 수도 있다(제390조 제1항). 소집통지는 회일의 1주 전에 각 이사 및 감사에게 발송하여야 한다(제390조 제3항 본문). 이 기간은 정관으로 단축할 수 있으며(제390조 제3항 단서), 이사 및 감사 전원의 동의가 있는 때에는 소집절차를 생략할 수도 있고(제390조 제4항), 정관이나 이사회규칙에 정예회일이 정해져 있는 때에도 생략할 수 있다. 또 소집통지서에는 회의의 목적사항도 기재하여야 한다고 본다. 통지하지 아니한 사항에 대한 결의는 모든 이사가 참가한 경우가 아니면 무효라고 본다.

(4) 이사회의 결의

이사회의 결의는 이사 과반수의 출석(출석정족수)과 출석이사의 과반수(의결정족수)로 하되, 정관으로 그 비율을 높게 정할 수 있다(제391조 제1항). 여기서 이사란 재임이사를 말하고, 재임이사의 수가 법률 또는 정관에서 정한 이사의 수에 미달하는 때에는 법률 또는 정관에서 정한 수가 정족수가 된다. 결의에 특별한 이해관계가 있는 이사는 의결권을 행사하지 못한다(제391조 제2항, 제368조 제4항). 특별이해관계인인 이사의 수는 이사회의 성립을 위한 정족수의 계산에는 포함되나, 출석한 이사의 의결권의 수에는 산입되지 않는다. 가부동수인 경우에 대표이사나 특정인에게 결정권을 주는 것은 법적근거 없이 특정인에게 복수의결권을 주는 것이 되므로 이를 부정하는 것이 옳다고 본다. 이사회의의 성질상 의결권의 대리행사나 서면결의는 허용되지 않는다(통설).

그러나 회사는 정관에서 달리 정하는 경우를 제외하고 이사의 전부 또는 일부가 직접 회의에 출석하지 않고 모든 이사가 동영상 및 음성을 동시에 송·수신하는 통신수단에 의하여 결의에 참가하는 것을 허용할 수 있다. 이 경우 당해 이사는 이사회에 직접 출석한 것으로 본다(제391조 제2항).

이사회결의의 하자에 관하여는 특별규정이 없으므로 당연히 무효가 된다. 다만 무효인 이사회결의에 따라서 한 이사의 행위의 효력은 그것이 대내적 사항이면 무효로 보고, 대외적 사항이면 거래의 안전을 도모하기 위하여 유효로 보아야 할 것이다.

(5) 이사회의 의사록

이사회의 의사에 관하여는 의사록을 작성하고(제391조의 3 제1항), 이를 본점에 비치하여야 한다(제396조). 의사록에는 의사의 안건, 경과요령, 그 결과, 반대하는 자와 그 반대이유를 기재하고 출석한 이사 및 감사가 기명날인 또는 서명하여야 한다(제391조의 3 제2항).

주주는 영업시간 내에 이사회 의사록의 열람 또는 등사를 청구할 수 있다(제391조의 3 제3항). 회사는 주주의 이사회 의사록의 열람 또는 등사청구에 대하여 이유를 붙여 이를 거절할 수 있다. 회사가 거절하는 경우 주주는 법원의 허가를 얻어 이사회 의사록을 열람 또는 등사할 수 있다(제391조의 3 제4항).

결의에 참가한 이사는 의사록에 이의를 한 기재가 없는 한 그 결의에 찬성한 것으로 추정한다(제399조 제3항).

(6) 이사회 내 위원회

이사회는 정관에서 정하는 바에 따라 위원회를 설치할 수 있다(제393조의 2 제1항). 이는 이사회 내에 각종의 위원회를 설치하도록 함으로써 이사회의 운영에 효율을 기하고 의사결정의 객관성을 확보하고자 하는 것이다.

위원회는 2인 이상의 이사로 구성되는데(제393조의 2 제3항), 이사회는 ① 주주총회의 승인을 요하는 사항의 제안, ② 대표이사의 선임 및 해임, ③ 위원회의 설치와 그 위원의 선임 및 해임, ④ 정관에서 정하는 사항을 제외한 이사회의 권한을 위원회에 위임할 수 있다(제393조의 2 제2항).

위원회의 운영에 관하여는 이사회의 운영에 관한 규정이 준용되며(제393조의 2 제5항), 위원회는 결의된 사항을 각 이사에게 통지하여야 하는데, 이 때 통지를 받은 각 이사는 이사회의 소집을 요구하여 그 결의를 번복할 수도 있다(제393조의 2 제4항). 위원회는 2인 이상의 이사로 구성한다(제393조의 2 제3항). 위원회는 결의된 사항을 각 이사에게 통지하여야 한다. 이 경우에 이를 통지 받은 각 이사는 이사회의 소집을 요구할 수 있으며, 이사회는 위원회가 결의한 사항에 대하여 다시 결의할 수 있다(제393조의 2 제4항).

참고로 미국의 예를 보면, 집행위원회(executive committee), 감사위원회(audit committee), 지명위원회(nominating committee), 보수위원회(compensation committee) 등을 가진 회사가 많고, 회사에 따라서는 회사자금의 투자를 검사하고 자본의 수요와 분배를 검토하는 재무위원회(finance committee), stock-option

위원회(stock-option committee), 연금위원회(pension committee), 공공정책위원회(public policy committee), 회사책임위원회(corporate responsibility committee) 및 환경위원회(environmental committee) 등을 두고 있는 회사가 많다.

(7) 1인 이사의 회사의 특례

이사가 1인인 소규모주식회사의 경우에는 이사회가 성립할 수 없어 1인 이사가 업무집행에 관한 의사를 결정하고 이를 집행하게 되므로, 상법상 이사회에 관한 사항에 대하여 다음과 같은 특례가 인정된다.

1) 이사회의 권한사항을 주주총회의 권한사항으로 하는 경우

이사회의 권한사항 중 주식양도의 승인(제335조 제1항 단서·제2항, 제302조 제2항 제5호 제2항 제3호의 2, 제365조 제6호의 2), 주식양도승인의 청구(제335조의 2 제1항·제3항), 주식양도상대방의 지정청구(제335조의 3 제1항·제2항), 주식양수인의 승인청구(제335조의 7 제1항), 이사의 경업승인 및 개입권행사(제397조 제1항·제2항), 이사와 회사간의 거래의 승인(제398조), 신주방행사항의 결정(제416조), 준비금의 자본전입(제461조), 중간배당(제462조의 3, 제464조의 2 제1항), 사채의 모집(제469조), 전환사채의 발행(제513조 제2항), 신주인수권부사채의 발행(제516조의 2 제2항) 등에 있어서 이사회의 승인 또는 결의를 요하는 사항은 주주총회의 승인 또는 결의를 요하는 것으로 한다(제383조 제4항).

2) 이사회의 권한사항을 1인 이사가 단독으로 하는 경우

이사회의 권한사항 중 주총소집 결정(제362조), 주주제안사항의 의제상정(제363조의 2 제3항), 업무집행, 지배인의 선임과 해임 및 지점의 설치·이전 또는 폐지(제393조 제1항) 등은 1인 이사 단독으로 하며(제383조 제6항), 소수주주에 의한 주총소집 청구(제366조 제1항), 감사에 의한 임시총회 소집청구(제412조의 3 제1항) 등은 1인의 이사에 대하여 한다(제383조 제6항).

3) 1인 이사의 회사에 적용하지 아니하는 경우

이사회에 관한 규정 중 이사회 소집(제390조), 결의방법(제391조), 감사의 이사회출석(제391조의 2), 의사록(제391조의 3), 이사회의 연기·속행(제392조), 이사의 직무집행 감독(제393조의 제2항), 이사회결의에 찬성한 이사의 회사에 대한 책임(제399조 제2항) 등의 규정은 이사가 1인인 회사의 경우에는 적용되지 아니한다(제383조 제5항).

또한 회사합병에 관한 규정 중 이사회의 공고로 갈음하는 보고총회 및 창립총회(제526조 제3항, 제527조 제4항), 간이합병 및 소규모합병(제527조의 2, 제527조의 3, 제527조의 5 제2항)등의 규정도 같다(제383조 제5항).

[사례] 이사회결의 하자와 대표행위의 효력

A주식회사의 정관을 보면 A주식회사가 다른 회사와 보증계약을 체결함에는 이사회의 결의를 요하도록 하고, 이사회의 결의 요건에 있어서는 재적과반수로 하되, 가부동수인 경우에는 이사회의 의장인 대표이사의 결정에 따르도록 규정하고 있다. A주식회사의 대표이사 甲은 B회사와 연대보증계약을 체결하면서 이사회 재적이사 6인중 자신을 포함한 이사 3인의 출석과 이들 전원의 찬성으로 이 의안을 결의하여 이러한 사실을 입보결의서 등의 관계 서류에 기재하여 첨부하였고, B회사는 이 관계 서류를 검토한 뒤 연대보증계약을 체결하였다. 그 후 B회사가 A주식회사를 상대로 보증채무의 이행을 청구하자 A주식회사는 이사회 결의의 하자를 이유로 위의 연대보증계약이 무효라고 주장하고 있다. 이 경우 B회사의 청구는 타당한가? 또한 B회사의 구제수단은 무엇인가?

[해설]

이 문제는 이사회 결의의 하자와 대표 행위의 효력에 관한 문제로서 대체로 다음과 같은 것이 논점이 될 것이다.

1. B회사의 보증채무이행청구의 타당성과 관련하여 연대보증계약의 유효여부가 다루어져야 하는 바, 그 논의의 전제로서 A회사의 이사회 결의의 효력을 상법 제

391조 1항 본문과 A주식회사의 정관규정과의 관련 속에서 검토하여야 한다.

2. 이사회 결의에 하자가 있다면 후속대표행위의 효력은 어떻게 되는지가 문제가 되는 바, 본 사례의 경우 입보서류에 이러한 사실이 기재되어 있는 점을 어떻게 평가할 것인지가 검토되어야 할 것이다.
3. B회사의 계약상 청구가 부정된다면 ① A주식회사에 대한 불법행위책임의 추궁 ② 갑에 대한 불법행위책임 및 이사의 제3자에 대한 책임추궁, 무권대리인의 책임추궁에 의한 권리구제 가능성에 대하여 검토할 필요가 있다.

(문제의 해결)

1. A주식회사의 이사회의 결의는 가부동수인 경우 대표이사의 결정권행사가 위법할 뿐 아니라 강행규정인 상법 제391조 1항을 위반한 하자가 있으므로 이사회의 결의는 하자있는 결의이고 이러한 하자의 주장방법에는 아무런 제한이 없으므로 A주식회사의 하자주장은 받아들여질 것이다.
2. 하자있는 이사회의 결의에 의한 대표행위의 효력에 관하여는 상대방의 선의, 무과실인 경우에 유효하다고 볼 수 있는 바, 본 사례의 경우 B회사가 입보결의서 등의 관계서류를 통하여 이사회 결의의 하자를 알 수 있었으므로 연대보증계약의 효력은 인정되지 않고 B의 청구는 받아들이기 어려울 것이다.
3. B회사는 A주식회사 및 갑에 대해 상법 제389조 3항, 제210조의 책임을 물을 수 있고, 갑에 대해서는 별도로 제401조의 책임을 물을 수 있으나 이 때 자신의 과실에 대한 과실상계가 인정될 것이다. 그러나 갑에 대한 무권대리인의 책임은 B회사가 사전에 갑의 행위가 대표권제한에 위반된다는 사실을 알 수 있었으므로 물을 수 없다.

[사례] 이사회 결의없이 대표이사가 제3자를 위하여 행한 보증행위의 효력

A회사의 대표이사 甲은 B회사(대표이사는 乙이며 乙은 甲의 아들이다)가 C회사와의 거래에서 발생할 책임을 담보하기 위해 가입한 D보증보험회사를 보증채권자로 하는 연대보증계약을 D보증보험회사와 체결하였다. 그런데 A회사의 정관에는 회사의 대표이사가 보증계약을 체결할 경우에는 이사회의 결의를 거치도록 되어 있으나 甲은

이를 위반하여 보증계약을 체결하였다. 결국 B회사가 채무를 이행하지 못하여 D보증보험회사가 보험금을 C회사에 지급하였고 D회사는 A회사에 구상권을 청구하였다. 이에 대해 A회사는 대표이사 甲이 이사회의 결의 없이 보증행위를 한 것이므로 무효라고 주장하였다.

[해설]

사례에서 D보증보험회사가 연대보증계약을 체결함에 있어 A회사의 정관에 대표이사의 대표권을 제한하는 규정이 있다는 사실이나 연대보증계약체결에 관한 A회사 이사회의 결의가 없었다는 사실을 알고 있었다기보다는 그러한 규정이 있다는 사실을 몰랐거나 이사회의 결의를 적법하게 거친 것으로 믿었다고 볼 수 있다. 따라서 A회사는 D보증보험회사에 대하여 대표이사 甲이 대표권제한을 위반하였다는 이유로 甲의 보증계약체결행위를 무효라고 주장하지 못한다.

사례의 연대보증계약은 A회사의 영업과는 상관없이 A회사의 대표이사인 甲이 자기 아들인 乙을 위하여 개인적으로 한 것이다. 이와 같이 주식회사의 대표이사가 회사의 이익을 위해서가 아니고 자기 또는 제3자의 이익을 도모할 목적으로 그 권한을 행사한 경우에, 상대방이 그와 같은 사실에 대하여 알았거나 알 수 있었던 것이면서도 그로부터 권리를 취득하고 그 권리를 행사한다면 권리남용이 된다. 이 사례에서 연대보증계약이 A회사의 대표이사인 甲이 개인이나 제3자의 이익을 도모할 목적으로 행해진 것이라는 점을 D보증보험회사가 알았거나 알 수 있었다면 A회사는 대표이사 甲의 보증계약체결행위를 무효라고 주장할 수 있다.

4. 대표이사

(1) 대표이사의 법적 지위

대표이사는 대외적으로 회사를 대표하고 대내적으로 업무집행을 하는 회사의 필요적 상설기관이다. 주주총회나 이사회의 결정사항을 구체적으로 집행하는 기관으로서, 이사회와 대등하게 병립하는 업무집행의 실행기관이다.

대표이사가 이사회로부터 파생된 이른바 '파생기관'인가 아니면 이사회로부터 독립한 '독립기관'인가에 관하여는 학설이 나뉜다. 이사회를 유일한 업무집행기관으로 보면 대표이사는 이사회로부터 집행권의 위임을 받은 파생기관이라고 보게 된다. 이 학설은 이사회의 대표이사에 대한 감독권의 존재이유를 명확히 설명할 수 있는 장점이 있다. 그러나 이사회는 회의체기관이므로 그 성격상 업무집행 자체를 할 권한을 가진다고 보기 어렵기 때문에, 이사회는 업무집행의 의사결정을 하는 기관이고 대표이사는 그것을 집행하고 대외적으로 회사를 대표하는 기관으로서, 양자는 별개의 기관이라고 보는 이른바 독립기관설이 타당하다고 본다. 또한 주주총회에서 직접 대표이사를 선임할 수 있고, 근대적 기업에 있어서는 합리적 경영방법으로서 분업조직이 일반적이라는 점에서도 독립기관설이 옳다고 본다.

(2) 대표이사의 선임

대표이사는 원칙적으로 이사회에서 선임하는 것이지만(제389조 제1항 본문), 정관에 의하여 주주총회에서 직접 선임할 수도 있다(제389조 제1항 단서). 그러나 이사가 1인인 소규모주식회사의 경우에는 그 이사가 당연히 대표이사가 된다(제383조 제6항). 대표이사의 자격에 관하여는 제한이 없으므로 이사이면 누구나 대표이사가 될 수 있다. 그리고 인원수에도 제한이 없다. 대표이사의 성명은 등기사항이다(제317조 제2항 제9호).

(3) 대표이사의 종임

대표이사는 그 전제자격인 이사의 자격을 상실하면 종임이 되지만, 이 밖에 스스로 대표이사직을 사임하거나 이사회에서 해임결의를 함으로써 종임한다. 대표이사의 종임으로 인하여 대표이사의 소정의 원수를 결하게 된 때에는 새로 선임된 대표이사가 취임 할 때까지 대표이사의 권리의무가 있고, 필요에 따라 이사·감사 기타 이해관계인이 법원에 가대표이사의 선임을 청구할 수 있다(제389조 제3항, 제386조).

(4) 대표이사의 권한

1) 대표권

대표이사는 대외적으로 회사를 대표한다(제389조 제1항). 그 범위는 회사의 영업에 관한 재판상 또는 재판 외의 모든 행위에 미치며, 이 권한을 제한하여도 선의의 제3자에게 대항하지 못한다(제389조 제3항, 제209조). 다만 대표이사의 대표권이 법률상 제한되는 경우로서, 이사외 회사 간에 소에 있어서는 감사가 회사를 대표한다(제394조). 이는 이사의 이익과 회사의 이익이 충돌하는 경우 회사의 이익을 보호하기 위한 것이다. 그리고 영업양도, 사후설립, 사채발행, 신주발행 등도 법률상 주주총회나 이사회의 결의를 얻어서 대표행위를 하여야 한다. 또 대표권이 없는 경우로서, 청산 중의 회사는 대표 청산인이 대표하며(제542조 제1항, 제254조 제3항), 파산회사는 파산관재인이 회사를 대표한다(파산법 제147조 이하).

보강 <대표권의 남용>

대표권의 남용이란 객관적으로 대표권의 범위 내에 속하는 행위이기는 하지만 주관적으로 대표이사 자신이나 제3자의 이익을 위하여 대표행위를 하는 것을 말한다(대표권의 제한을 위반한 경우는 대표이사 자신 또는 제3자의 이익을 위한 행위이었는지 여부를 문제삼지 않는 점에서 대표권의 남용과는 구별된다). 대표권을 남용한 대표이사는 회사에 대하여 손해배상책임을 져야 하나 거래한 선의의 상대방의 보호가 문제된다.

① 비진의표시설(심리유보설) : 대표권을 남용한 이사의 행위는 원칙적으로 회사에 대하여 유효하지만, 상대방이 그 대표이사의 진의(즉, 대표권남용의사)를 알았거나 알 수 있었을 때에는 민법 제107조 제1항 단서의 규정을 유추적용하여 그 행위는 무효가 된다고 한다. 그러나 회사는 이와 같은 무효사유를 선의의 제3자에게 대항하지 못한다고 한다.

② 권리남용설 : 대표이사의 대표권 남용행위는 원칙적으로 회사에 대하여 유효하지만 악의의 상대방이 회사에 대하여 권리를 행사하는 것은 권리남용 또는 신의칙 위반으로 허용되지 않는다고 한다.

③ 상대적 무효설(이익교량설) : 자기나 제3자의 이익을 위하여 대표권을 행사한 대표이사의 행위는 원칙적으로 회사에 대하여 무효이지만, 선의의 상대방에 대하여는 신의칙상 또는 통정허위표시의 법리상 회사에 대하여 유효하다고 한다.

④ 대표권 제한설(내부적 제한설) : 대표권제한설은 대표권의 남용을 대표이사의 대표권에 대한 제한의 위반으로 보아 회사는 이로써 선의의 제3자에 대하여 대항할 수 없다고 한다(상법 제389조 제3항, 제209조 제2항). 대표권제한설은 대표이사의 대표권에는 선량한 관리자의 주의의무 내지 충실의무에 의한 제한이 내재되어 있다는 것을 전제로, 대표권의 남용은 그 제한에 위반하였다는 것이다.

⑤ 검토 : 생각건대 대표권은 포괄·정형성의 성질을 갖고 있고 이 정형성은 주관적으로 판단되는 것이 아니라 객관적으로 판단되는 것이므로, 대표행위가 객관적으로 대표권의 범위 내의 행위라면 당연히 대표행위로서 유효하여 회사는 이에 대하여 책임을 진다. 다만 제3자가 이를 알고 있거나 또는 중과실로 모른 경우에 권리를 주장하는 것은 신의칙위반 또는 권리남용에 해당하여(민법 제2조) 회사는 그 이행을 거절할 수 있다고 본다(권리남용설에 찬성). 이 때에 제3자의 악의 또는 중과실의 입증책임은 회사가 부담하고, 제3자에게 선의 또는 경과실이 있는 경우에는 회사는 신의칙위반을 주장할 수 없다고 본다.

[사례] 부적법한 대표행위

A주식회사의 대표이사 甲은 이사회의 결의 없이 신주를 발행하였다. 이에 주주 乙이 甲을 문책하고자 주주총회의 소집을 요구하였고, 경영권의 위협을 느낀 甲은 평이사인 丙을 시켜 이사회의 결의 없이 일부 주주에게만 구두로 소집통지하여 주주총회를 소집하게 하였다. 동주주총회에서는 丙이 대표이사로 선출되었고 등기를 마쳤다. 丙은 대표이사 자격에서 A회사 소유의 부동산을 丁에게 매도하고 소유권이전등기를 하여 주었다.

1) A주식회사의 신주발행은 유효한가
2) 회사 소유의 부동산을 매각하는데 주주총회의 특별결의를 요하는가
3) 丁명의의 소유권이전등기는 유효한가

[해설]

1. 신주발행은 본질적으로는 회사와 사원간에 이루어지는 내부적 행위이나, 일단

신주가 발행되면 유통되므로 순수한 내부적 행위와 같이 볼 수 없어서 이사회 결의 없는 경우 그 효력이 문제된다. 이에 대한 학설은 무효설, 유효설, 절충설이 있는데 이사회의 결의 여부는 내부적인 사항이어서 외부의 제3자가 알기 어려우며, 대표이사의 대표권을 신뢰한 상대방의 보호를 위하여 또 신주발행 사무의 획일적인 처리를 위하여 유효설이 타당하다고 보며, 유효설의 입장에서 대표이사 甲이 이사회의 결의없이 한 신주발행은 유효하다.

2. 회사의 부동산 매각행위가 상법 제374조의 적용을 받아 주주총회의 특별결의를 요하는 것인지는 동조의 영업양도의 의미를 상법총칙상의 영업양도와 같게 볼 것인지에 따라 달라진다.

상법 제374조 제1호의 영업양도와 법 제41조의 영업양도의 의의를 동일하게 해석하여 영업용 재산 또는 중요재산만의 양도에는 주주총회의 특별결의를 요하지 않는다고 보는 형식설과, 상법 제374조와 제41조는 입법목적이 달라 동일하게 해석할 필요가 없으므로 영업용 재산 또는 중요재산만의 양도에도 주주총회의 특별결의를 요한다고 보는 실질설, 거래의 안전을 우위에 두어 원칙적으로 형식설을 취하면서 동설의 단점인 주주 등의 이익보호를 위하여 상법 제374조의 적용범위에 사실상의 영업양도를 포함시키는 절충설이 있다.

판례는 기본적으로는 상법 제41조의 영업양도와 상법 제374조의 영업양도를 동일하게 보면서도 " 단순한 영업용재산의 양도라 하더라도 그 양도의 결과 회사영업의 전부 또는 일부를 양도하거나 폐지하는 것과 같은 결과를 가져오는 경우에는 상법 제374조를 유추적용하여 주주총회의 특별결의를 요한다"고 판시하고 있다(대법원 1969. 11. 25. 선고, 64 다 569 판결; 대법원 1987. 4. 28. 선고, 86 다카 553 판결).

형식설은 주주 등의 보호에 문제가 있을뿐더러 상법 제374조1항1호 후단의 「영업의 일부의 양도」를 사문화시킬 우려가 있으며, 실질설은 같은 상법상의 영업양도의 개념을 다르게 해석하므로 법해석의 통일성을 기하지 못한다는 점과 제374조의 적용범위를 너무 확대하여 거래의 안전을 해할 우려가 있다는 점에서 옳지 못하다. 그리고 절충설은 사실상의 영업양도의 개념이 주관적이며 애매하여 옳지 못하므로 법 제374조의 영업양도의 개념은 판례와 같이 해석하는 것이 가장 타당하다.

사안에서 A회사의 부동산 매각이 영업양도가 아님은 명백하다. 다만 해당 부동산이 회사 존립의 기초가 되는 중요한 영업용 재산이어서 그 양도가 회사영업의 전부 또는 일부를 양도하거나 폐지하는 것과 같은 결과를 가져오는 경우인지가 문제되는데, 설문상으로는 그러한 내용의 설시가 없어 단순한 재산의 양도로 밖에 볼 수 없어 주주총회의 특별결의를 요한다고 할 수 없다.

3. 사례와 같이 주주총회의 소집권한이 없는 평이사가 이사회 결의 없이 일부 주주에게만 구두로 소집통지를 하여 주주총회를 소집한 경우는 총회의 소집절차에 중대한 하자가 존재하는 경우로서 주주총회결의부존재확인의 소의 원인이 된다. 그런데 결의부존재확인의 인용판결에는 소급효가 있어 丙의 대표이사 선임은 무효가 되며, 대표권없는 丙에 의한 丁과의 부동산매매계약 역시 무효가 된다. 그러나 A회사가 丁의 악의를 입증하지 못하는 한 丁은 상법 제39조와 제395조에 의해 보호받을 수 있으므로 丁명의의 소유권이전등기는 유효하다.

[사례] 대표이사 행위의 효력

Y주식회사의 대표이사 A가 다음과 같은 행위를 한 경우, 그 행위의 효력은 어떠한가?

(1) 이사회결의 없이 주주총회를 소집한 경우
(2) 주주총회의 결의 없이 기존 주주들에게 이익배당을 한 경우
(3) 이사회결의 없이 자기의 부동산을 Y회사에게 매도한 경우
(4) 주주총회의 결의 없이 이를 모르는 X에게 영업의 중요한 일부를 양도한 경우
(5) 이사회결의 없이 신주를 발행하여 기존 주주들에게 배정한 경우
(6) 이사회결의 없이 사채를 발행한 경우

[해설]

(1) 이사회의 결의 없이 대표이사가 주주총회를 소집하여 주주총회의 소집절차에 하자가 있는 경우에 대하여는 상법에 별도의 규정이 있으므로(상법 제376조 제1항), 이는 위법한 대표행위의 효력으로 다룰 문제가 아니다. 따라서 이는 주주의 개별적인 선의·악의에 관계없이 언제나 주주총회결의의 취소의 소의 원인

이 된다(상법 제376조 제1항). 따라서 이 경우 주주·이사 또는 감사가 그 결의의 날로부터 2월 내에 결의취소의 소를 제기하지 안거나 또는 결의취소의 소를 제기하여 패소판결을 받게 되면 그러한 주주총회의 결의는 유효하게 된다. 또한 결의취소의 소가 제기된 경우에도 법원은 결의의 내용·회사의 현황과 제반사정을 참작하여 그 취소가 부적당하다고 인정하면 취소의 청구를 기각할 수 있는데(상법 제379조), 이 경우에도 주주의 선의·악의에 상관없이 주주총회결의의 효력은 유효하게 된다.

(2) 이익배당의 결정(이익잉여금처분계산서의 승인)은 주주총회의 전권사항인데(상법 제449조 제1항), 대표이사가 이러한 주주총회의 승인을 받지 않고 이익배당을 한 것은 위법한 대표행위로서 대내적 행위이므로 당연무효라고 본다. 따라서 기존 주주들은 배당받은 이익을 부당이득의 법리에 의하여 회사에 반환하여야 할 것이다(민법 제741조, 제748조).

위법배당이라는 것은「배당가능이익(상법 제462조 제1항 참조)이 없음에도 불구하고 이익배당을 하거나, 배당가능이익을 초과하여 이익배당을 하는 것」을 말하기 때문에, 이 문제는 위법배당과 구별되어야 한다.

(3) 이사와 회사간에 이해충돌을 생기게 할 염려가 있는 재산상의 행위에는 회사의 이익을 위하여 반드시 이사회의 승인을 받도록 되어 있는데(상법 제398조), 대표이사가 이러한 이사회의 승인 없이 회사와 한 행위의 효력에 대해서는 회사의 이익과 제3자의 이익을 어떻게 조화시킬 것인가의 문제와 관련하여 견해가 나뉘어 있다. 즉 이에 대하여는 회사의 이익에 중점을 두는 무효설, 제3자의 이익에 중점을 두는 유효설도 있으나, 통설·판례는 대내적 행위는 무효이고 대외적 행위는 유효로 보고 있다(상대적 무효설). 이러한 통설·판례가 타당하다고 본다. 이렇게 보면 사례의 경우 Y회사의 대표이사인 A와 Y회사간의 거래는 대내적 행위와 동일하게 볼 수 있어 A의 Y회사에 대한 부동산의 매도행위는 무효가 된다고 본다.

(4) 상법에 의하여 주주총회의 특별결의를 받아 대표이사가 집행하도록 되어 있는 사항을 대표이사가 이러한 결의를 받지 않고 제3자와 거래한 경우(위법한 대표행위의 경우), 그 행위의 효력이 어떠한지의 문제는 주주의 이익과 제3자의 이익을 어떻게 조화시킬 것인가의 문제로 귀착된다. 이러한 대표이사의 행위에 대하여 우리 나라의 통설은 그 행위 자체는 위법이라고 하지 않을 수 없으므로 그

행위가 대내적인 행위인 경우에는 언제나 무효이나, 대외적인 행위인 경우에는 거래의 안전을 위하여 상대방이 선의인 경우에는 유효라고 본다. 그러나 상법 또는 특별법에 의하여 주주총회의 결의를 요하는 사항(상법 제374조, 제375조 등)은 그러한 법률의 규정이 강행규정이며 또한 제3자도 미리 이를 예견하고 있다고 볼 수 있는 점, 또 법률의 규정에 의하여 주주총회의 특별결의사항으로 되어 있는 것은 특히 회사 또는 주주의 이익을 보호하기 위한 것이므로 이익교량의 면에서 이로 인하여 제3자의 이익(즉 거래의 안전)이 희생되는 것은 부득이한 일이라는 점에서 볼 때, 선의의 상대방(제3자)에 대하여도 무효라고 본다. 본 사례의 경우 A가 주주총회의 특별결의 없이 이를 모르는 X에게 영업의 중요한 일부를 양도한 행위는 무효가 된다.

(5) 정관에 다른 규정이 없으면 신주발행사항은 이사회의 결의를 받아야 하는데(상법 제416조), 이러한 이사회의 결의없이 대표이사가 신주를 발행하여 기존 주주들에게 배정한 경우 그 행위의 효력은 집단적 행위라는 특성과 또한 신주발행무효의 소와의 관계에서 문제된다.

이사회의 결의 없이 대표이사가 발행한 신주발행의 효력에 대하여는 이는 수권자본제도의 한계를 넘는 것이라고 하여 무효로 보는 견해도 있으나, 상법은 이를 회사의 업무집행에 준하는 것으로 취급하고 있으므로 거래의 안전을 중시하여 유효로 보아야 할 것으로 생각한다.

이와 같이 이를 유효로 보는 경우에는 선의의 주주에 대하여만 유효가 되고 악의의 주주에 대하여는 무효가 된다고 볼 수 없다. 따라서 신주발행과 같은 집단적 행위에는 주주 또는 제3자의 선의·악의에 의하여 개별적으로 그 효력이 달라지는 것으로 볼 수는 없고 획일적으로 보아야 하기 때문에, 언제나 유효라고 본다. 그러나 이 때 이를 안 주주는 사전에 그 대표이사에 대하여 신주발행유지청구권을 행사할 수 있으며(상법 제424조), 또 그 대표이사는 사후에 회사 또는 제3자에 대하여 손해배상책임을 진다(상법 제399조, 제401조).

또한 본 사례의 경우 신주발행무효의 소의 원인이 될 수 있는 것으로 생각할 수도 있으나(상법 제429조~제432조), 신주발행무효의 소의 원인을 비교적 가벼운 위법행위는 제외하고 주식회사의 본질에 반하는 중대한 위법행위(예컨대, 수권자본제·자본충실의 원칙에 반하는 경우 등)만으로 제한하여 해석하면 본 사례의 경우 신주발행무효의 소의 원인이 된다고 볼 수는 없다.

따라서 A의 신주발행은 유효하고, 다만 A는 Y회사 또는 제3자에게 손해배상책임을 부담한다고 본다.

(6) 사채발행은, 사채발행무효의 소 및 사채발행유지청구권 등의 제도가 없는 점에서 신주발행의 경우와 구별된다.

회사는 이사회의 결의에 의하여 사채를 발행할 수 있다(상법 제469조). 그런데 Y회사의 대표이사 A가 이사회의 결의 없이 사채를 발행한 경우에는 이사회의 결의 없이 신주를 발행한 경우와 같이 집단적 행위라는 특성이 있고, 또한 상법은 이를 회사의 업무집행에 준하는 것으로 취급하고 있으므로 거래의 안전을 중시하여 유효로 보아야 할 것으로 생각한다. 이와 같이 이를 유효로 보는 경우에는 선의의 사채권자에 대하여만 유효가 되고 악의의 사채권자에 대하여는 무효가 된다고 볼 수는 없고, 신주발행의 경우와 같이 집단적 행위이므로 사채권자의 선의·악의에 따라서 개별적으로 그 효력을 달리 볼 수는 없고 획일적으로 보아야 하기 때문에 언제나 유효라고 본다.

그런데 신주발행의 경우와는 달리 이러한 사채발행에 대하여는 사전에 유지청구도 할 수 없고, 또한 사후에 무효의 소를 제기할 수 있는 제도가 상법에 없다. 따라서 이 경우에 대표이사 A는 사후에 법령위반을 원인으로 회사에 대하여 손해배상책임을 부담하고(상법 제399조 제1항), 악의 또는 중대한 과실로 인한 임무해태가 있으면 제3자에 대하여 손해배상책임을 진다(상법 제401조 제1항).

따라서 결론적으로 A가 발행한 사채발행은 유효하고, 다만 A는 Y회사 또는 제3자에 대하여 손해배상책임을 진다.

[사례] 대표이사의 대표권제한과 남용

뉴마트주식회사는 이문시장주식회사를 인수하기로 하고, 이문시장주식회사의 주식 전부를 매수하였고 뉴마트주식회사의 직원 A가 이문시장주식회사의 대표이사가 되었다. 뉴마트주식회사는 이문시장주식회사 소유의 서울 이문동 277 소재 토지 위에 이문프라자라는 주상복합 건물을 신축하기로 하였고 甲 등에게 이 건축 예정 건물을 미리 분양하여 대금을 수령하면서 뉴마트주식회사 명의의 예치금 내역 확인서를 교부하였다. 그러나 상가 및 아파트 신축 사업이 진척되지 못하여 분양을 받은 사람들로부터 예치금을 반환하여 달라는 항의를 받자 이문시장주식회사의 대표이사 A는 이사회

결의없이 뉴마트주식회사의 명의로 발급된 예치금 내역 확인서와 상환으로 분양자 명의가 이문시장주식회사로 된 예치증을 작성·교부하여 주었다. 그 후 A가 대표이사직을 사임하고 B가 대표이사에 취임하였는데 甲 등은 이문시장주식회사가 뉴마트주식회사의 모든 권리의무를 승계하였으며 위 건물 분양 예치금을 반환할 의무가 있다고 주장하면서 소송을 제기하였다. 이에 대하여 이문시장주식회사는 대표이사 A가 위 예치증을 발급하여 준 것은 ①"공익을 목적으로 하는 시장관리·부동산 임대 및 매매업, 기타 관련된 부대사업"을 영위하도록 되어있는 이문시장주식회사의 정관소정의 목적범위 외의 행위로서 무효이고, ②이사회의 결의가 없었던 행위로서 무효이며, ③이문시장주식회사의 영리목적과 관계없이 자기 또는 제3자의 이익을 도모할 목적으로 권한을 남용한 것이므로 이문시장주식회사에게 책임이 없다고 주장한다. 이문시장주식회사의 항변은 정당한가?

[해설]

본 사안의 논점은 다음의 세 가지로 요약할 수 있다. ① 정관소정의 목적에 의한 회사의 권리능력의 제한여부, ② 대표이사의 대표권의 제한과 그 효력, ③ 대표이사의 대표권의 남용과 그 효력 등이다.

1. 뉴마트주식회사가 이문시장 주식회사의 주식을 전부 매수하고 이문시장 주식회사의 소유토지에 상가를 신축하기로 한 것으로서 뉴마트주식회사가 이문시장 주식회사의 단독 주주이고, 뉴마트주식회사의 직원이었던 A가 이문시장 주식회사의 대표이사가 된 것이므로 양 회사는 실질적으로 하나의 회사와 다름이 없다고 할 것이다. 그러나 신축될 건물의 분양주체는 법률상 이문시장 주식회사가 된다. 따라서 뉴마트주식회사가 발행하였던 예치금 내역 확인서를 이문시장 주식회사가 예치증으로 교환해 준 행위는 이문시장 주식회사가 장래 신축될 상가를 분양·매도하는 행위에 속한다고 할 수 있다. 그런데 이문시장 주식회사의 정관에 의하면 그 목적 등에 '부동산 임대 및 매매업'이 포함되어 있다. 따라서 이문시장 주식회사의 대표이사 A가 예치증을 발행한 행위는 회사의 목적범위내의 행위를 한 것으로 볼 수 있다. 이 점에 관한 이문시장 주식회사의 주장은 정당하지 못하다고 할 것이다.
2. 이문시장 주식회사의 대표이사 A가 분양을 받은 甲 등에게 뉴마트주식회사 명의

로 발행된 예치금 내역 확인서를 이문시장 주식회사 명의로 된 예치증으로 교환해준 행위가 이사회의 결의를 거쳐야 할 사항인지는 분명하지 아니하다. 본래 회사의 업무집행은 이사회의 결의로 하도록 되어있다(상법 제393조). 또한 피고회사가 예치증을 발행해 준 행위는 채무인수 행위로서 중요한 사항이라고 볼 때 이사회의 결의를 거쳐야만 할 행위로 볼 수 있다. 본 사례에서 대표이사 A의 행위는 이사회의 결의를 거치지 아니한 행위임이 명백하다. 그러나 그 행위는 대외적인 행위로서, 그 효력은 제3자가 선의인지 악의인지의 여부에 따라 달라진다. 이 사건에서 제3자인 甲의 선의가 추정되고 악의가 입증되지 않고 있으므로 이문시장 주식회사의 대표이사 A의 대표행위가 대표권의 제한을 위반한 위법한 대표행위인지는 문제되지 아니한다. 즉, 예치증 발행행위는 유효한 행위로 보아야 할 것이다.

3. 이문시장 주식회사 대표이사 A의 예치금 채무의 인수에 관한 의사표시 행위는 분양사업의 추진과정에서 대표권의 범위 내에서 행해진 지극히 당연한 행위라고 할 수 있다. 다만, 위의 행위가 자기 또는 제3자의 이익을 도모할 목적으로 그 권한을 남용하였는지가 문제이나, 그 행위가 대표이사 A 자신이나 이문시장 주식회사의 이익을 도모할 목적으로 권한을 남용한 증거가 없으며 또한 이문시장 주식회사가 대표이사 A의 그러한 진의를 알았거나 알 수 있었다는 점을 인정할 증거도 없다. 따라서 대표이사 A의 행위는 대표권의 남용행위에 해당되지 않는다고 볼 것이다.

   결론적으로 이문시장 주식회사의 항변은 부당하다고 할 것이고, 본 사례의 실제 사건인 대법원 판결(대판 1997. 8. 29 97다18059) 및 대법원에서 파기 환송된 서울고등법원 판결도 이와 같은 입장을 취하고 있다(서울고판 1998. 6. 16 97나45480).

[사례] 회사의 영업용 중요재산의 양도와 대표권 남용

관광호텔사업을 목적으로 설립된 X회사는 호텔 신축부지로서 A토지를 매입하여 X회사의 명의로 소유권이전등기를 하였다. 그러나 X회사는 그 사무실로 쓰던 건물이 소유주에게 명도당하여 사무실도 없어지고, A토지도 개발제한 구역으로 편입됨에 따라 관광호텔 건축이 불가능하게 되었다. X회사는 영업을 더 이상 계속할 수 없게 되자 그 주주 및 이사들은 영업을 중단하기로 하여 이후 영업활동을 한 바가 일절 없었다. 그후 X회사의 대표이사인 甲이 A토지를 乙에게 매도담보로 제공하고 금 10억원을 차용하여 이를 횡령하였는 데, 이때 이사회결의(사안과 같은 경우 X회사 정관에는 이사회결의를 요하고 있다) 및 주주총회 특별결의를 거친 바 없었다.

이에 대해 X회사는 乙에게 그 등기의 말소를 청구하고 있는바, 그 청구는 타당한가?

[해설]

사안에서 X회사의 청구의 당부를 판단함에 있어서는 X회사의 대표이사 甲이 A토지를 乙에게 매도담보로 제공한 행위가 유효한가가 문제인바, 이를 위해서는 ① A토지의 매도담보 제공이 상법 제374조의 영업양도에 해당하는지, ② 영업양도에 해당하지 않는다고 할 때 영업중요재산 양도시 상법 제374조를 유추적용할 수 있는지, ③ 이사회 결의없는 대표이사 행위의 효력은 어떠한지, ④ 대표이사 甲이 차용한 금원을 횡령하였을 경우 즉, 대표권남용에 대한 법적효과는 어떠한지가 각각 검토되어야 한다.

영업양도라고 하기 위해서는 영업의 동일성을 유지하면서 영업재산이 이전될 것이 요구되는바, 영업동일성의 판단에 있어서는 영업조직의 유지 여부가 관건이라 하겠다. 판례는 '영업양도라 함은 일정한 영업목적에 의하여 조직화된 총체, 즉 인적·물적 조직을 그 동일성을 유지하면서 일체로서 이전하는 것을 말하고, 영업의 일부만의 양도도 가능하지만 이 경우에도 해당 영업부문의 인적·물적 조직이 그 동일성을 유지한 채 일체로서 이전되어야 한다'라고 판시하면서 영업조직 중에서도 인적 조직의 승계를 중요시하여 근로관계를 청산하고 물적 시설 일체만을 양수받기로 하는 것은 영업양도가 아니라고 하고 있다.

이렇게 볼 때 사안에서 관광호텔 사업을 목적으로 설립된 X회사가 그 호텔신축부지를 처분하는 것은 영업용 중요재산에는 해당할 수 있으나, 영업양도로는 볼 수 없다 하겠으므로 상법 제374조를 당연히 적용할 수 있는 사안이라고는 볼 수 없다.

영업용 중요재산의 양도가 영업의 폐지 또는 중단을 가져오는 경우에는 상법 제374조 소정의 규정에 의하여 주주총회의 특별결의를 요한다 하겠으나, 사안과 같이 이미 사실상 영업을 중단한 상태라면 주주총회의 특별결의가 필요없다 하겠다. 따라서 이를 이유로 X회사가 등기의 말소를 구함은 타당하지 않다.

또한 사안의 경우 乙에게 이사회결의 없음에 대해서 악의나 과실이 있다면 X회사의 등기말소 청구가 타당할 수 있겠으나 그러한 특별한 사정이 없는 경우 등기말소를 청구함은 타당하지 않다.

乙이 거래당시 대표이사 甲이 차용금을 개인적인 용도로 횡령할 것이라는 사실을 알고 있었던 경우라면 위 거래행위는 무효가 되어 X회사의 등기의 말소청구는 타당하다 하겠으나, 그러한 특별한 사정이 없는 사안에서는 이를 이유로 무효를 주장할 수 없고 등기말소청구도 타당하다고 볼 수 없다.

사안에서 X 회사의 등기말소 청구의 원인으로 상법 제374조 상의 주주총회특별결의의 흠결, 이사회결의의 흠결 및 대표권남용을 주장할 수 있겠으나, 이를 받아들일 수 있는 요건이 충족되지 않으므로 X회사의 청구는 타당하지 않다.

[사례] 주주총회 특별결의 없는 영업전부양도의 효력

1985년 3월 26일 A주식회사의 대표이사이던 丙과 甲은 甲이 A주식회사에 대하여 약 금 11억 5천만원 상당의 채권을 가지고 있음을 확인하고, 그 변제에 갈음하여 A주식회사가 甲에게 A의 모든 영업재산인 기계류 · 집기 · 원자재 · 상품재고 · 미수금채권 · 임차보증금반환채권 · 영업권 · 상표권 등을 양도하여 주기로 한다는 내용의 계약을 체결하고, 같은 계약의 일부로서 A주식회사의 제3자에 대한 모든 채무를 A와 공동으로 책임진다는 채무인수의 약정을 하였다. 그런데 乙은 이러한 약정이 이루어지기 이전인 1984년 11월 18일, 같은 달 28일, 같은 해 12월 5일 세 번에 걸쳐 A주식회사에게 도합 금 1억 5천만원을 대여하였다. 乙은 A주식회사뿐만 아니라, A주식회사의 대외채무인수자인 甲을 상대로 대여금청구소송을 제기한 것이다.

이에 대하여 甲은 위 회사재산의 영업양도 · 양수계약 및 그 일부로서 이루어진 회사의 채무부담에 관한 약정은 주주총회의 특별결의사항인데, 주주총회의 특별결의가 없었기 때문에 효력이 발생하지 아니하였다고 항변하고 나왔다. 이에 대하여 원심은 甲의 항변을 인정하였다. 따라서 乙이 상고하게 된 것이다.

[해설]

원심은 채택증거에 의하여 A주식회사와 甲 사이에 위 회사의 모든 영업재산을 甲에게 양도하기로 하는 내용의 계약을 체결하면서 A주식회사의 제3자에 대한 모든 채무를 A주식회사와 甲이 공동으로 책임을 진다는 채무인수의 약정이 이루어진 사실을 인정하고, 위의 계약은 전체적으로 볼 때 A주식회사의 영업전부의 양도에 관한 계약이며, 따라서 상법의 규정에 따라 주주총회의 특별결의를 요한다고 판단하였는바, 이는 정당하다. 乙이 주장하는 것처럼 A주식회사가 甲에게 A회사의 재산을 양도하는 계약과 甲이 A주식회사의 채무를 인수하는 약정이 별개의 계약이라고 볼 것은 아니며, 위 재산의 양도에 관한 약정이 유효요건을 갖추지 못하여 그 효력을 발생하지 못하는 경우 계약전체의 효력이 발생하지 아니하며 따라서 대가관계에 있는 채무인수에 관한 약정도 그 효력이 없다 할 것이고, 나아가 A주식회사의 재산양도에 대하여 이는 A주식회사의 영업을 전부 폐쇄하는 결과를 가져오는 것으로서 상법 제374조 제1항 소정의 영업 전부의 양도에 해당한다 하여 주주총회의 특별결의가 있어야 한다고 한 원심판단은 정당하므로 법리오해의 위법이 있다고 할 수 없는 것이다(대법원 1991. 11. 8. 선고, 91다11148 판결 참조).

2) 업무집행권

상법은 대외적인 대표권에 관해서만 직접 규정을 두었으나(제389조 제3항, 제209조), 주주총회나 이사회의 결정에 따른 대내적 업무집행권이 있다. 주권·사채권의 기명날인(제356조, 제478조 제2항)과 같이 상법상 대표이사의 권한사항으로 명시한 것도 있으나, '이사'의 직무권한으로 규정하고 있는 것이 많은데, 예컨대 주식·사채의 청약서의 작성(제420조, 제474조 제2항), 정관·주주명부·사채원부·의사록(주주총회, 이사회)의 비치(제396조 제1항), 재무제표 및 부속명세서·영업보고서의 작성·제출·비치·공고(제447조, 제447조의 2, 제447조의 3, 제448조의 제1항, 제449조의 제2항)등은 성질상 모두 대표이사의 직무로 해석하여야 할 것이다.

3) 업무결정권

대표이사는 이사회의 위임범위 내에서 업무집행에 관한 세목적 사항이나 일상적인 업무사항을 스스로 결정하고 집행할 수 있다.

4) 대내적 요건을 위반한 대표행위의 효력

대표이사가 이사회의 권한에 속하는 사항에 관하여 그 결의가 없거나 또는 결의에 위반하여 행위를 한 경우에는 상대방이 선의인 한 원칙적으로 유효하다. 그러나 주주총회의 특별결의를 거치지 않은 영업의 전부 또는 중요한 일부의 양도는 무효라고 본다. 이 경우에는 주주총회의 결의가 계약의 효력 발생요건이기 때문이다. 또 단순히 내부적인 행위인 회사와 이사 간의 거래(제398조), 준비금의 자본전입(제461조) 등도 무효라고 본다.

5) 공동대표이사

이사회가 대표이사를 선임함에 있어 수인의 대표이사가 공동으로 회사를 대표할 것을 정할 수 있다(제389조 제2항). 이를 공동대표이사라고 하고, 이 경우에는 등기하여야 한다(제317조 제2항 제10호). 공동대표이사는 공동으로 업무를 결정·집행하고 회사를 대표하여야 한다. 공동대표이사 간에 의견이 일치하지 않을 때에는 다수결의 원칙이 적용되지 않으므로 이사회의 결의에 의하여만 한다. 다만 제3자의 회사에 대한 의사표시는 수인 중 1인에 대하여 하면 효력이 있다(수동대표 : 제389조 제3항, 제208조 제2항).

공동대표이사 중에 1인이 다른 공동대표이사에게 자신의 권한을 포괄적으로 위임하는 것은 공동대표이사제도의 본질에 위배되므로 허용되지 않으나, 공동지배인의 경우와 마찬가지로 특정 사항에 대한 개별적인 위임은 가능하다고 본다.

[사례] 공동대표이사

실질적으로 Y회사의 영업활동을 하여 온 甲이 Y회사 명의로 수주한 공사를 함에 있어서 甲으로 하여금 사업자금을 쉽게 조달할 수 있게 하기 위하여 甲의 X에 대한 채무를 Y회사의 공동대표이사인 乙이 연대보증하였다.

이에 X는 Y회사에 대해 연대보증인으로서 甲의 채무를 변제할 것을 청구하였으나 Y회사는 乙의 연대보증행위가 Y회사의 목적범위외의 행위이며 또한 乙이 Y회사의 공동대표이사임에도 불구하고 단독으로 대표권을 행사하였다고 주장하여 X의 청구를 거절하자 소를 제기하였다.

[해설]

본 사건에서 대법원은 Y회사는 공동대표의 등기가 되어 있던 기간 중에 Y회사의 공동대표이사인 乙이 단독으로 대표이사의 명칭을 사용하여 행동하는 것을 방임해 온 사실에 비추어 Y회사는 공동대표의 정함이 있음에도 불구하고 乙이 단독으로 대표권한을 행사하여 한 위 차용금에 대한 연대보증행위를 묵인하였다 할 것이고 X는 乙이 Y회사를 대표할 수 있다고 믿은 선의의 제3자라고 할 것이므로 Y회사는 X에게 이 사건 연대보증책임을 이행할 의무가 있다고 판단하였다. 다만 회사가 단지 공동대표이사에게 대표이사라는 명칭의 사용을 용인 내지 방임한 경우에도 회사는 상법 제395조에 의한 표현책임을 면할 수 없다고 판시하여 단독대표권이 있는 것으로 인정되는 명칭을 사용하여 행위를 하였는지에 대해서는 고려하고 있지 않으므로 적용긍정설 중 확장설의 입장을 따르고 있는 것으로 보여진다.

그러나 적용긍정설 중 한정설에 따른다면 이 경우에 상법 제395조를 유추적용하기 위해서는 단순히 대표이사라는 명칭 외에 단독대표권이 있는 것으로 인정될 만한 부수적인 사정이 존재하여야 할 것이므로, 대법원은 Y회사의 공동대표이사인 乙이 X에 대하여 연대보증행위를 함에 있어 그가 단독대표권을 가지고 있다고 인정될 만한 부수적인 상황이 있는지를 고려하여 판단했어야 할 것이다(대법원 1991. 11. 12. 선고, 91다 19111 판결 참조).

6) 표현대표이사

사장·부사장·전무·상무·기타 회사의 대표권이 있는 것으로 오인할만한 명칭을 사용한 이사의 행위에 대하여는, 회사는 선의의 제3자에 대하여 책임을 져야 한다(제395조).

상법 제395조 이사인 자가 대표권이 있는 것으로 보이는 명칭을 사용한 경우에 적용되는 것이지만 이사가 아닌 사용인이 그러한 명칭을 사용할 때나, 이사직을 사임한 자가 그러한 명칭을 사용한 때에도 유추적용되어야 할 것이다. 그리고 본조가 적용되기 위하여는 회사에 그러한 외관작출에 대한 귀책사유가 있어야 한다. 상법 제395조는 소송상의 행위에 대하여는 적용되지 않는다.

[사례] 표현대표이사1

甲주식회사는 A, B를 공공대표이사로 두고 있는데 A가 단독으로 甲회사 『전무』라는 명칭을 사용하여 C로부터 기계를 구입하는 계약을 체결하고 약속어음을 발행하여 주었다. 이에 대하여 甲회사의 이사 전원의 5분의 3이 적극적으로 허용하였다. 이러한 경우 甲회사는 A의 약속어음 발행행위에 대하여 책임을 지는가?

[해설]

본 사례에서 A, B는 공동대표이사로 묶여 있는데 A가 단독으로 회사를 대표할 명칭을 사용하여 대외적 행위를 한 경우 표현대표이사의 법리를 적용할 수 있는지가 논점이 되고 있다.

여기서 공동대표이사 중 1인이 사장, 부사장, 전무, 상무 등의 회사를 대표할 권한이 있는 것으로 인정될 만한 명칭을 회사로부터 허락받아 사용하면서 단독으로 회사의 대표행위를 하는 경우에는 다른 요건이 갖추어지는 한 상법 제395조를 적용하는 것이 다수설의 입장이다. 따라서 본 사례의 경우에는 공동대표이사의 1인인 A가 회사의 『전무』라는 명칭을 사용하여 외부적 행위를 하였으므로 이러한 다수설과 판례를 미루어 보면 甲회사는 A의 약속어음 발행행위에 대하여 지급책임을 진다.

[사례] 표현대표이사2

1. Y주식회사의 대표이사인 A가 퇴임하였음에도 불구하고 이를 말소등기하기 전에 A가 X로부터 대표이사의 권한에 속하는 자금을 Y회사 명의로 차입한 경우 Y회사는 변제할 책임을 지는가?
2. Y주식회사의 대표이사인 A를 이사로 선임한 주주총회의 결의에 소집절차상 중대한 하자가 있어 주주총회 결의부존재확인의 소가 제기되어 승소 판결이 확정되기 전에 A가 Y회사 명의로 X로부터 대표이사의 권한에 속하는 자금을 차입한 경우 Y회사는 이를 변제할 책임을 지는가?
3. Y주식회사는 A와 B가 공동대표이사로 되어 있는데, A만이 Y주식회사를 대표하여 X로부터 대표이사의 권한에 속하는 자금을 차입한 경우 Y회사는 이를 변제할 책임이 있는가?

[해설]

이 문제는 각종 형태의 표현대표이사의 행위에 관한 것인데, 설문1은 상법 제39조(부실등기의 공신력)와 상법 제395조와의 관계에 관한 문제이고, 설문2는 상법 제380조(주주총회 결의부존재확인의 소)와 상법 제395조와의 관계에 관한 것이고, 설문3은 상법 제389조 2항(공동대표이사)과 상법 제395조와의 관계에 관한 것이다.

1. 설문1

Y주식회사의 대표이사인 A가 퇴임하였음에도 불구하고 이를 말소등기 하기 전에 A가 "Y주식회사 대표이사 A"의 명의로 X로부터 대표이사의 권한에 속하는 자금을 차입한 경우 이는 상법 제39조의 부실등기의 공신력에 해당될 수도 있고, 상법 제395조의 표현대표이사에도 해당될 수 있다.

① 등기신청권자(Y회사의 적법한 대표이사)의 고의 · 과실로 인하여 대표이사의 변경등기를 하지 않고 또한 이로 인하여 X가 A를 적법한 대표이사라고 믿고 Y회사에게 자금을 대여한 경우에는 Y회사는 X에게 A가 대표권이 없음을 이유로 대항할 수 없다. 따라서 이 경우 Y회사는 X에게 차입금을 변제할 책임을 진다.

② 이 경우 Y회사는 A가 Y회사의 대표명의를 사용하여 제3자와 거래한 것을 적극적 또는 묵시적으로 허용하였다고 할 수 있는 사정이 있고, 또한 그러한 사정을 X가 입증할 수 있으며, X가 A를 적법한 대표이사라고 믿었다면, Y회사는 상법 제395조의 표현대표이사의 법리에 의하여 X에게 차입금을 변제할 책임을 진다.

③ 본 설문의 경우 X가 Y회사의 고의 · 과실로 인하여 대표이사의 변경등기를 하지 않음으로 인하여 A를 적법한 대표이사로 믿고 Y회사에게 자금을 대여하였다면, X는 이미 상법 제39조에 의한 부실등기의 공신력에 의하여 보호받고 있으므로, 다시 Y회사의 A에 대한 적극적 또는 묵시적인 명칭사용의 허용사실을 입증하여 상법 제395조의 적용을 주장할 필요는 없을 것이다. 그러나 X로서는 상법 제39조에 의하여 Y회사의 변제책임을 주장하고, 예비적 청구로서 상법 제395조에 의한 책임을 주장할 수 있을 것이다.

2. 설문2

A를 이사로 선임한 주주총회 결의에 소집절차상 중대한 하자가 있어 A가 대표이사로 될 수 없음에도 불구하고 A가 "Y주식회사 대표이사 A"의 명의로 X로부터 자금을 차입한 경우, 주주총회결의의 하자를 다투는 자가 Y회사는 X에게 차입금을 변제할 책임이 없다고 주장할 것이다. 본 사례의 경우 주주총회 결의부존재확인의 승소 판결 이전의 A를 "사실상의 대표이사"라고 하는데, 이러한 사실상의 대표이사가 제3자와 한 행위에 대하여도 상법 제395조가 유추적용되는지가 문제가 된다. 주주총회 결의부존재확인의 승소 판결의 효력은 95년 개정 상법에 의하여 소급효가 있으므로, 이러한 승소 판결이 있으면 X는 대표이사가 아님은 물론 이사도 아닌 A에게 자금을 대여한 것이 된다. 그런데 X가 A에게 자금을 대여할 당시에는 주주총회 결의부존재확인의 승소 판결이 있기 이전이므로 X는 A를 Y회사의 적법한 대표이사라고 믿고 Y회사에게 자금을 대여한 것이므로 X의 이러한 신뢰는 보호되어야 할 것이다. 따라서 이 경우에 (ⅰ) Y회사에게 A의 그러한 명칭사용에 귀책사유가 있고, (ⅱ) A는 거래의 통념상 회사 대표권이 있다고 인정될 만한 명칭을 사용하고, (ⅲ) X는 A를 Y회사의 적법한 대표이사라고 믿은 경우에는 상법 제395조를 유추적용하여 Y회사의 X에 대한 변제책임을 인정하여야 할 것으로 본다.

3. 설문3

A와 B가 공동대표이사임에도 불구하고 A가 "Y주식회사 대표이사 A"의 형식으로 X와 거래한 경우에 Y주식회사는 X에게 차입금을 변제할 책임이 있는가의 문제이다. 회사는 이사회의 결의에 의하여 수인의 대표이사가 공동으로 회사를 대표할 것을 정할 수 있는데, 이 때 회사가 제3자에 대하여 하는 의사표시는 반드시 공동대표이사가 공동으로 하여야 한다. 우리나라에서는 대표이사의 권한남용을 방지하고자 하는 공동대표이사제도의 입법취지에서 상법 제395조의 적용을 부정하는 견해도 있으나, 대표이사라는 명칭은 가장 뚜렷하게 대표권이 있다는 외관을 나타내는 명칭임에도 불구하고 회사의 책임이 없는 것으로 한다면, 대표권이 전혀 없는 표현대표이사의 행위에 대하여도 회사가 책임을 지는 것과 형평에 반하며 또 거래의 안전을 위하여 이 경우에도 상법 제395조를 적용하여 회사의 책임을 인정하여야 할 것으로 본다. 따라서 본문의 경우, A만이 Y회사를 대표하여 X로부터 자금을 차입한 경우에도 Y회사에게 이러한

명칭사용에 대한 귀책사유가 있고, X가 선의이면 Y회사는 상법 제395조에 의하여 X에게 이를 변제할 책임이 있다고 본다.

보강 <표현대표이사제도(상법 제395조)와 상업등기(상법 제37조)와의 관계>

상법 제37조에 의하면 등기사항을 등기하면 제3자는 정당한 사유가 없는 한 등기사항을 안 것으로 즉, 악의로 간주된다(상업등기의 적극적 공시의 효력). 그런데 표현대표이사제도는 등기되어 있지 않은 자의 대표행위를 신뢰한 상대방을 보호하는 제도이므로, 이 제도에 의하면 등기부를 열람하지 아니한 과실이 있는 상대방이 자동적으로 보호되는 결과가 되고, 이는 상법 제37조와 정면으로 모순된다. 이에 학설은 표현대표이사의 경우에는 등기사항에 대한 선 · 악의 문제는 고려하지 않는다는 데 그 견해가 일치하나, 그 이론적 근거에 대하여는 학설이 갈린다.

① 이차원설(異次元說)은 등기의 적극적 공시의 효력은 등기기초사실이 있을 때 이를 공시하는 효과가 있는 것이지, 그 외 여타사실은 없다는 것을 공시하는 것은 아니므로 위 두 가지 제도는 각기 차원을 달리한다고 한다.

② 정당사유설은 거래의 상대방이 대표이사라는 명칭에 의하여 대표권이 있는 것으로 오인한 것은 상법 제37조 제2항의 정당한 사유에 속하기 때문에 그 상대방에 대하여는 적극적 공시의 효력이 발생하지 않는다고 한다.

③ 예외규정설은 상법 제395조는 제37조의 예외규정이라는 학설이다.

④ 생각건대, 회사의 대표이사와 거래하는 제3자가 거래시마다 일일이 등기부를 열람하여 대표권유무를 확인하는 것은 제3자에게 너무 가혹하고 또 집단적 · 계속적 · 반복적 · 대량적인 회사기업의 거래실정에도 맞지 않는 점을 고려하면, 상법 제395조는 상법 제37조의 예외규정이라고 보아야 할 것이다.

보강 <공동대표이사와 표현대표이사>

공동대표이사 중 1인이 단독으로 대표행위를 한 경우에도 표현대표이사에 관한 법리를 적용할 수 있는가에 관하여 긍정설과 부정설의 대립이 있다. 부정설에 의하면 이를 긍정할 경우 공동대표이사의 목적이 사실상 유명무실해 진다고 한다. 그러나 이를 부정하면 이사가 아닌 자의 표현대표행위에 대하여도 회사의 책임을 물으면서 표현대표이사보다 광범위한 권한을 가진 공동대표이사에 대하여는 표현책임을 묻지 못하게 되어 형평에 맞지 않는다. 따라서 긍정설이 옳다고 본다. 거래의 안전을 보호하는 측면에서도 긍정설이 타당할 것이다.

[사례] 공동대표와 표현대표이사

원고 X는 피고 Y 주식회사가 분양하는 아파트를 분양받을 목적으로 대표이사인 소외 甲과 아파트분양계약을 체결하였다. 그러나 원고 X가 단독대표이사라고 믿고 계약을 체결한 소외 甲은 실제 단독대표이사가 아닌 공동대표이사 중 1인이었다. 그 후 단독대표이사가 된 소외 乙이 원고 X와 소외 甲과의 아파트분양계약을 추인하였다.

그러나 피고 Y 주식회사는 소외 甲의 원고 X와의 아파트분양계약체결은 공동대표의 정함에 반하는 대표권행사인 점을 들어 무효라고 하였다. 이에 원고 X는 소외 甲의 단독행위를 적법한 대표행위라 믿고 거래하였으므로 본 사안의 분양계약은 정당한 것으로 보호받아야 한다고 주장하였다.

[해설]

1. 회사가 수인의 대표이사가 공동으로 회사를 대표할 것을 정하고 이를 등기한 경우에도, 공동대표이사 중의 1인이 대표이사라는 명칭을 사용하여 법률행위를 하는 것을 용인하거나 방임한 때에는, 그 공동대표이사가 단독으로 회사를 대표하여 한 법률행위에 관하여 회사가 선의의 제3자에 대하여 상법 제395조에 따른 책임을 진다(대법원 1993. 12. 28. 선고, 93다47653 판결).
2. 공동대표이사 중 1인이 단독으로 대표행위를 한 경우에는 상대방의 선의·악의에 불문하고 무효이므로 상대방에게 불측의 손해를 줄 수 있다. 물론 공동대표이사는 등기사항이기는 하지만, 등기는 공시방법으로서 매우 불완전하므로 충분히 보호하는 수단이 되지 못한다. 따라서 공동대표라는 사실을 모른채 공동대표 1인의 단독행위를 적법한 대표행위로 믿고 거래한 자를 보호할 필요가 있다. 특히 「대표이사」라는 명칭은 가장 뚜렷이 대표권이 있다는 외관을 나타내는 명칭임에

도 불구하고 회사의 책임이 없는 것으로 한다면 대표권이 전혀 없는 표현대표이사의 행위에 대하여도 회사가 책임을 지는 것과 형평에 반하므로 사안의 경우에도 상법 제395조의 표현대표이사규정을 적용하여 회사의 책임을 인정해야 할 것이다.

본 사안의 대법원 판결에서도 공동대표 중 1인이 대표이사라는 명칭을 사용하는 것을 회사가 묵인하였다는 점에 근거하여 일반적인 표현대표이사의 요건을 갖추었다고 판단하고 회사에 표현책임을 인정하였다.

5. 이사의 의무

(1) 총설

이사는 회사에 대한 일반적 의무로서 선관의무(제382조 제2항, 민법 제681조)를 부담하는데, 상법은 이와 별도로 충실의무(제382조의 3)에 대하여 규정하고 있다. 또한 상법은 이사와 회사간의 이익조정을 위하여 이사에게 경업피지의무(제397조), 회사의 기회 및 자산의 유용금지(제397조의 2), 자기거래금지의무(제398조) 및 비밀유지의무(제382조의 4)를 규정하고 있으며, 감사 또는 감사위원회에 의한 감사의 실효성을 확보하고 회사의 손해를 사전에 방지하기 위하여 이사의 감사 또는 감사위원회에 대한 보고의무(제412조의 2, 제415조의 2 제6항)를 규정하고 있다.

(2) 이사의 충실의무

이사는 회사와 위임관계에 있으므로 선량한 관리자의 주의를 다하여 충실하게 회사의 업무를 집행하여야 한다. 나아가 이사와 회사 간에는 신뢰관계(fiduciary relation)가 존재하므로 이사는 그 지위를 이용하여 자기 또는 제3자의 이익을 도모할 목적으로 회사의 이익을 해하여서는 안된다는 이른바 이사의 충실의무가 있다.

1998년 개정상법은 "이사는 법령과 정관의 규정에 따라 회사를 위하여 그 직무를 충실하게 수행하여야 한다(제382조의 3)"는 충실의무 규정을 신설하였다. 이러한 충실의무의 법적 성격에 대하여는 선관의무의 구체적 표현이라는 동질설과 선관의무는 이사가 직무를 수행함에 있어서 준수하여야 할 주의의 정도에 관한 규정이고 충실의무는 이사가 그 지위를 이용하여 회사의 이익을 고려하지 않고 자기 또는 제3자의 이익만을 추구하여서는 안된다라고 하는 것을 내용으로 하는 의무라는 이질설이 있다. 또한 이사가 기관의 자격에서 상당한 주의를 기울여야 할 의무는 선관의무이고 개인의 자격에서 회사의 이익을 우선 시켜야 할 의무는 충실의무라고 하는 학설도 있다.

이질설이 추구하는 바가 회사이익에 반하는 이사의 행위를 회사와의 관계에서 금지하는 취지라면 선관의무의 법리로도 동일한 결론에 이를 수 있기 때문에 구별의 실익은 거의 없다 할 것이다. 따라서 1998년 개정상법이 이사의 충실의무를 명문화한 것은 회사의 경영을 위임받은 이사는 회사의 이익을 위하여 성실히 그 직무를 수행하여야 할 의무가 있음을 명확히 하려는데 그 취지가 있다고 할 수 있다.

(3) 경업피지의무

상법은 이사의 선관의무를 구체화하여 회사의 이익을 보호하기 위하여 이사의 경업피지의무에 대하여 규정하고 있다(제397조). 이사의 이러한 경업피지의무는 상업사용인의 그것과 마찬가지로 법으로 정한 부작위의무인데, 이에는 경업금지위무와 겸직금지의무가 있다. 각각의 내용 및 그 위반효과는 상업사용인의 그것과 거의 같다.

1) 경업금지의무(협의의 경업피지의무)

이사는 이사회의 승인이 없으면 자기 또는 제3자의 계산으로 회사의 영업부류에 속한 거래를 하지 못한다(제397조 제1항 전단). 이사가 회사의 영업부류에 속한 거래를 자기 또는 제3자의 계산으로 하기 위하여는 상업사용인의 경우에는 영업주의 허락이 있어야 하는데, 주식회사의 경우에는 이사회의 승인이 있어야 한다.

이사가 경업금지의무에 위반한 경우에 위반한 거래 자체는 유효하나, 회사는 ① 이사를 해임할 수 있고(제385조), ② 이사에 대하여 손해배상을 청구할 수 있으며(제399조), ③ 개입권을 행사할 수 있음(제397조 제2항)은, 상업사용인의 경우와 같다. 다만 회사가 개입권을 행사하고자 하면 이사회의 결의를 얻어야 하며(제397조 제2항 전단), 개입권의 행사기간이 '거래가 있은 날로부터 1년'인 점(제397조 제3항)은 상업사용인의 경우와 구별되고 있다.

2) 겸직금지의무

이사는 이사회의 승인이 없으면 동종영업을 목적으로 하는 회사의 무한책임사원이나 이사가 되지 못한다(제397조 제1항 후단). 이사의 겸직금지의무가 상업사용인의 그것과 다른 점은, 상업사용인의 경우는 '다른 모든 회사의 무한책임사원·이사 또는 다른 상인의 사용인'이나, 주식회사의 이사의 경우는 '동종영업을 목적으로 하는 다른 회사의 무한책임사원·이사'에 한한다는 점이다.

① 이사가 겸직금지의무에 위반한 경우에 회사는 그 이사를 해임할 수 있으며(제385조) ② 손해가 있는 경우에는 손해배상청구를 할 수 있는 점은(제399조), 상업사용인의 경우와 같다.

[사례] 이사의 경업금지의무

인디언주식회사는 서울에서 다수의 점포망을 가지고 주로 서민용 신사복의 판매를 영업으로 하면서 지방으로 진출할 계획을 세우고 있었다.

1. 인디언주식회사의 이사 A는 회사와는 아무런 상의 없이 춘천에 "인디언주식회사 춘천지점"이라는 점포를 개설하여 고급신사복의 판매를 개시하였다. 이 경우 인디언주식 회사는 이사 A에 대하여 어떠한 조치를 취할 수 있는가?
2. A가 "인디언유한회사"라는 회사를 설립하여 그 이사로 취임하여 역시 춘천에서 고급 신사복의 판매를 개시한 경우에는 어떠한가?

[해설]

1. 이사의 경업금지의무의 위반

설문 ①에 있어서 인디언주식회사의 이사 A가 고급신사복을 판매한 것은 이사회의 승인없이 `자기의 계산으로' 인디언주식회사의 영업부류에 속하는 거래를 한 것이고, 또 본 사례의 설문 ②에 있어서 인디언주식회사의 이사 A가 인디언유한회사의 이사로서 고급신사복을 판매한 것은 이사회의 승인없이 인디언유한회사, 즉 `제3자의 계산으로' 인디언주식회사의 영업부류에 속하는 거래를 한 것이다.

그러므로 인디언주식회사는 이사회의 결의에 의하여 개입권을 행사하여 이사 A에 대하여 본 사례의 설문 ①의 경우에는 그 판매로 인하여 취득한 금전, 물건, 채권 등의 양도를 청구할 수 있고, 또 설문 ②의 경우에는 보수, 보수청구권 등의 이득의 양도를 청구할 수 있으며, 이 외에도 손해배상을 청구할 수 있고 또 이사 A를 해임할 수 있다 . 또한 본 사례의 설문 ②의 인디언주식회사 이사 A가 인디언유한회사의 이사로 된 것은 이사회의 승인없이 동종영업을 목적으로 하는 다른 회사의 이사로 된 것이므로 인디언주식회사는 이사 A에 대하여 손해배상을 청구할 수 있고(상법 제399조 제1항), 또 주주총회의 결의에 의하여 이사 A를 해임할 수도 있다(상법 제385조 제1항).

2. 상호부정사용금지의 위반

설문 ①의 "인디언주식회사 춘천점"이라는 상호와 본 사례의 설문 ②의 "인디언유한회사"라는 상호는 인디언주식회사의 영업으로 오인할 수 있는 상호로 볼 수 있으므로, 인디언주식회사는 이사 A와 인디언유한회사에 대하여 상호사용의 폐지와 손해배상을 청구할 수 있다.

(4) 회사사업기회의 유용금지

이사는 이사회의 승인 없이 현재 또는 장래에 회사의 이익이 될 수 있는 사업기회로서, 그 직무를 수행하는 과정에서 알게 되거나 회사의 정보를 이용한 사업기회 또는 회사가 수행하고 있거나 수행할 사업과 밀접한 관계가 있는 사업기회를 자기 또는 제3자의 이익을 위하여 이용하여서는 아니된다. 이러한 경우에 이사회의 승인은 이사 3분의 2이상의 수로써 하여야 한다(제397조의 2 제1항 참조). 사업기회유용금지는 이사가 회사와 거래하는 것이 아니라는 점에서 "이사 등과 회사 간의 거래"(상법 제298조)와는 다른 개념이다.

회사의 기회유용금지는 우리 상법에서 인정하고 있는 이사의 충실의무에 속한다. 이사회의 승인을 받아야 하는 사람으로는 이사 및 집행임원이 해당된다.

또한 금지되는 회사사업기회유용의 범위는 ① 직무를 수행하거나 과정에서 알게 되거나 회사의 정보를 이용한 사업기회(제397조의 2 제1호), ② 회사가 수행하고 있거나 수행할 사업과 밀접한 관계가 있는 사업(제397조의 2 제2호) 등이다. 회사사업기회유용금지 위반의 효력은 회사에 손해를 발생시킨 이사 및 승인한 이사는 연대하여 손해를 배상할 책임이 있으며 이로 인하여 이사 또는 제3자가 얻은 이익은 손해로 추정한다(동조 제2항).

(5) 이사 등과 회사 간의 거래

자기거래라 함은 이사가 자기 또는 제3자의 계산으로 회사를 상대방으로 하여 하는 재산상의 법률행위를 말한다. 이러한 자기거래는 회사의 이익을 희생시킬 우려가 있으므로 그 이사가 대표이사든 아니든 사전에 개별적으로 이사회의 승인을 얻어야만 한다(제398조 제1문). 따라서 이사회의 승인만 있으면 이사가 대표이사라 하더라도 쌍방대리금지에 관한 민법 제124조의 규정은 적용되지 않는다(제398조 제2문).

이사회의 승인을 받아야 하는 사람은 ① 이사 또는 제542조의 8 제2항 제6호에 따른 주요주주, ② ①의 배우자 및 직계존비속, ③ ①의 배우자의 직계존비속, ④ ①부터 ③까지의 자가 단독 또는 공동으로 의결권 있는 발행주식총수의 100분의 50 이상을 가진 회사 및 그 자회사, ⑤ ①부터 ③까지의 자가 ④의 회사와 합하여 의결권 있는 발행주식총수의 100분의 50 이상을 가진 회사의 이사 등이다.

제한되는 거래는 이사와 회사 간의 직접거래뿐만 아니라 회사가 이사개인의 채무를 보증하는 행위와 같은 간접거래의 경우도 포함된다. 그러나 행위의 성질상 회사와 이사 간의 이해관계가 충돌할 염려가 없는 거래행위는 제한할 필요가 없음은 물론이다. 따라서 예컨대, ① 채무의 이행, ② 상계, ③ 약관에 의해서 행해지는 정형적 거래행위(예금계약·운송계약·창고임치계약 등), ④ 이사의 증여행위 등은 이사회의 승인결의를 필요로 하지 않는다.

어음행위도 자기거래로서 이사회의 승인을 얻어야 하느냐 하는 점에 관해서는, 어음행위를 자기거래에 포함시키는 학설(긍정설)과 포함시키지 않는 학설(부정설)이 나누어지고 있다. 부정설에 의하면 어음행위는 원인관계와는 구별되는 거래의 수단적 행위에 불과하므로, 그 자체로서는 이해충돌이 있을 수 없다. 따라서 이사와 회사 간의 거래에 관한 규정이 적용되지 않고, 어음관계 자체는 전체적으로 유효하며, 다만 원인관계가 승인을 얻지 못해 무효가 된다면 그것이 인적 새로운 어음채무를 부담하는데, 이 어음채무는 항변의 절단, 거증책임의 전환, 부도로 인한 거래정지처분 등 불이익을 수반하게 되므로 어음행위를 이해충돌이 있을 수 없는 행위로 보기는 어렵다. 따라서 어음행위는 자기거래에 포함되므로 승인을 얻어야 한다.

이사회의 승인은 이익충돌행위의 당사자인 이사의 요구에 의하여 개별적으로 사전에 하여야 한다. 이 때 당사자인 이사는 특별이해관계인으로서 의결권을 행사하지 못한다.

이사회의 승인이 없는 이사의 자기거래행위의 효력에 대하여는, 다음과 같이 크게 세 가지의 견해가 있다. 즉 ① 상법 제398조를 강행규정으로 보고 이에 위반하여 행위를 일단 무효로 보나, 이사회의 사후승인이 있으면 유효로 될 수 있다고 하며 선의의 제3자는 선의취득규정에 의하여 보호된다고 하는 무효설, ② 상법 제398조를 명령규정으로 보고 이에 위반하는 행위를 유효로 보며 회사의 이익은 이사의 손해배상책임과 악의의 항변의 원용에 의하여 보호된다고 하는 유효설, ③ 상법 제398조의 위반의 효력을 대내적으로는 무효이고 대외적으로는 상대방인 제3자의 악의를 회사가 입증하지 못하는 한 유효라고 하여 거래의 안전과 회사의 이익보호라는 두 가지 요청을 함께 만족시키고자 하는 상대적 무효설(통설)이 있다.

생각건대 이사회에 의한 사후승인을 인정하지 않는 점과 관련하여 보면 무효설은 이와 모순됨은 물론 또한 거래의 안전을 지나치게 희생하는 결과가 되어 타당하지 않고, 또 유효설은 상법 제398조의 존재의의를 거의 반감시키므로 타당하지 않다고 본다. 따라서 거래의 안전과 회사의 이익을 두루 보호할 수 있는 상대적 무효설에 찬성한다. 이 때 거래의 무효를 주장할 수 있는 자는 회사이지 이사나 제3자가 아니다.

한편 이사가 이사회의 승인을 받지 않고 회사와의 자기거래를 한 경우에는, 그 이사는 법령위반의 행위를 한 것이므로 회사에 대하여 손해배상의 책임을 진다(제399조). 이 책임은 총주주의 동의로 면제될 수 있다(제400조).

[사례] 주주전원의 동의에 의한 이사의 자기거래의 효력

Y주식회사의 주주 전원은 동 회사의 이사인 X에게 월 금1,000,000원씩의 생활비를 지급하기로 사전에 동의하였는데, 이사회의 승인은 없었다. X가 Y 회사에게 이 금액의 지급을 청구하자 Y 회사는 이사회의 승인이 없어서 Y회사의 그 채무부담행위는 효력이 없다고 항변하였다.

이에 대하여 원심은 X의 청구를 인정하자, Y가 상고하게 된 것이다.

[해설]

이사의 자기거래의 제한은 회사의 이익과 이사의 이익이 충돌하는 경우에 이사가 그 지위를 이용하여 회사의 이익을 희생하고 자기 또는 제3자의 이익을 도모하는 것을 방지하기 위한 것으로서, 이는 이사의 경업피지의무(상법 제397조)와 함께 영미법상의 이른바 충실의무(fiduciary duty of loyalty)에 기한 것이다.

상법상 이사의 자기거래의 승인기관은 이사회이고(상법 제398조), 승인 시기는 사전에 한하고 사후승인(추인)은 인정되지 않으며, 승인방법은 원칙적으로 개개의 거래에 관하여 개별적으로 하여야 하며 반드시 이사회의 회의의 방법에 의하지 않더라도 이사들의 합의가 있으면 무방하다고 해석되고 있다. 이러한 상법의 규정에서 보거나, 상법상 이사회의 권한사항을 정관의 규정에 의하여 주주총회의 권한사항으로 할 수 없는 점에서 보거나, 이사회의 권한사항은 주주만의 이익을 위한 것이 아니라 회사의 이익을 위한 것이라는 점 등에서 볼 때, 이사의 자기거래가 이사회의 승인 없이 주주 전원의 동의에 의하여 유효하게 될 수는 없다고 본다.

이사회의 권한사항은 정관의 규정에 의해서도 주주총회의 권한사항으로 할 수 없다는 점에서 보면, 위의 사안과 같이 주주 전원의 동의가 있었다고는 하나 정관의 규정에 의한 주주총회의 결의도 아니라는 점에서 보면 더욱 이러한 주주 전원의 동의를 이사회의 승인에 갈음할 수 없다고 본다.

이 사례에서 주주 전원에 의한 동의를 이사회의 승인에 갈음할 수 없다고 보면 위의 이사의 자기거래는 이사회의 승인 없는 자기거래가 되겠는데, 이러한 거래의 사법상의 효력이 문제된다. 이에 대하여는 ① 상법 제398조를 강행규정으로 보아 이에 위반하는 행위를 무효로 보는 무효설, ② 상법 제398조를 명령규정으로 보아 이에 위반하는 행위를 유효로 보는 유효설, ③ 상법 제398조의 위반의 효력을 대내적으로는 무효로 보고 대외적으로는 상대방인 제3자의 악의를 회사가 입증하지 못하는 한 유효라고 보는 상대적 무효설 등이 있는 바, 거래의 안전과 회사의 이익을 두루 보호할 수 있는 상대적 무효설이 가장 타당하다고 본다. 그런데 상대적 무효설은 이사가 자기의 이익을 위하여 회사를 대표하여 회사 이외의 제3자와 거래를 하는 간접거래의 경우에 그 의미가 있다고 본다. 따라서 이 사례가 회사의 이사에 대한 채무부담이 회사가 이사를 위하여 제3자인 채권자와 보증계약을 체결하는 경우 등의 경우라면, 이는 간접거래에 속하므로 상대적 무효설에 의하면 주주 전원의 동의를 이사회의 승인에 갈음할 수 없다고 하여도 회사가 그 거래에 관하여 이사회의 승인을 받지 않은 것과 제3자인 채권자의 악의를 입증하지 못하는 한 그 거래는 유효하게 된다. 그러나 이 사례가 회사가 이사로부터 직접 채무를 인수하는 등의 경우와 같이 직접거래에 속하는 경우에는, 상대적 무효설에 의하는 경우에도 이사회의 승인 없는 이사의 자기거래는 무효가 된다.

[사례] 이사의 자기거래의 제한

컴퓨터 제조회사인 甲주식회사는 A와의 사이에 컴퓨터 판매대리점계약을 체결하고 컴퓨터를 공급하여 왔는데, A는 컴퓨터 판매업을 목적으로 하는 乙주식회사를 설립하고 그 대표이사가 된 다음, 乙주식회사를 대표하여 甲주식회사와의 사이에 A의 甲에 대한 3천만원의 물품거래채무를 인수하였다. 그 후 甲주식회사가 乙주식회사에 대하여 물품거래 채무의 이행을 구하자 乙회사는 위 채무인수는 상법 제398조에 위반한 거래로서 무효라는 이유로 그 이행을 거절하였다. 乙회사의 주장은 옳은가?

[해설]

상법 제398조에서 말하는 거래라고 함은 이사와 회사간의 직접거래뿐만 아니라 회사와 이사사이에 이해관계가 상반되는 회사와 제3자간의 거래, 이른바 간접거래도 포함된다는데 학설 판례상 이론이 없다. 따라서 A가 乙 주식회사를 대표하여 甲주식회사와의 사이에 채무인수계약을 체결하였다고 하더라도 상법 제398조가 적용된다. 이사회의 승인없이 이루어진 자기거래의 효력에 관하여 무효설을 취하면 위 채무인수는 무효로서 乙회사는 그 채무의 이행을 거절할 수 있다. 그러나 상대적 무효설을 취하는 입장에 의하면 위 채무인수가 무효라 하더라도 거래의 안전 및 선의의 제3자를 보호하기 위하여 乙주식회사로서는 채무인수에 관하여 이사회의 승인이 없었다는 사실 및 甲회사가 그 정을 알고 있었다는 사실(악의)을 주장 입증하지 못하는 한, 甲회사의 청구를 거부할 수 없을 것이다.

(6) 보고의무

1) 감사에 대한 보고의무

이사는 회사에 현저하게 손해를 미칠 염려가 있는 사실을 발견한 때에는 즉시 감사 또는 감사위원회에 이를 보고하여야 한다(제412조의 2, 제415조의 2 제6항). 이는 감사의 실효성을 확보하기 위하여 1995년 개정상법에 의하여 신설된 것이다. 이로써 이사는 소극적으로 감사의 요구가 있는 때 보고할 의무(제412조 제2항)뿐만 아니라, 그 요구가 없더라도 스스로 적극적으로 보고하여야 할 의무를 부담한다.

이사가 감사에 대한 보고의무를 부담하는 경우는 모든 업무집행과정에서 보고하는 것이 아니라, "회사에 현저하게 손해를 미칠 염려가 있는 사실을 발견한 때"에 한한다. 이 때 이사의 위법행위가 존재하는지의 여부는 불문한다. 보고방법에는 제한이 없으므로 구두 또는 서면으로 보고할 수 있고, 감사가 수인이면 그중 1인에게 보고하고 감사위원회에 보고하는 경우에는 위원 중의 1인에게 보고하면 된다.

이사가 이러한 보고의무에 위반하고 이로써 회사에 손해가 발생하면 이사는 회사에 대하여 법령을 위반한 것으로서 손해배상책임을 지고(제399조 제1항), 감사는 이를 감사보고서에 기재하여야 한다(제447조의 4 제2항 제10호).

2) 이사회에 대한 보고의무

이사는 대표이사로 하여금 다른 이사 또는 피용자의 업무에 관하여 이사회에 보고할 것을 요구할 수 있고(제393조 제3항), 이사는 3월에 1회 이상 업무의 집행상황을 이사회에 보고하여야 하므로(제393조 제4항), 이사는 이사회에 대한 보고의무도 있다.

(7) 감시의무

이사는 이사회를 통하여 대표이사를 포함하여 다른 이사의 직무의 집행을 감독한다(제393조 제2항). 따라서 대표이사·공동대표이사·업무담당이사·대표권도 없고 업무도 담당하지 않는 비업무담당이사(비상근이사)도 대표이사를 포함하여 다른 이사에 대하여 감시의무를 부담한다. 그런데 비업무담당이사의 경우 이사회를 통하지 않고 개별적으로 회사의 업무전반에 관하여 다른 이사에 대하여 감시의무를 부담하는가에 관하여, ① 이사의 직무집행에 대한 감독 및 이사의 의무위반에 대한 책임에 관한 상법의 규정을 엄격하게 해석하여 평이사에게 그러한 감시의무가 없다는 견해도 있다(일본의 소수설). 그러나 ② 이사는 회사에 대하여 개인적으로 선관의무를 가지며, 이사 개인에게 감시의무를 부과하면 이사의 직무집행에 대한 이사회의 감독기능의 효율성을 높일 수 있을 것이므로 이를 인정하여야 할 것이다.

업무집행을 담담하지 않는 평이사의 직무는 단지 이사회의 일원으로서 이사회의 의안에 대한 찬부의 의사표시를 하는데 그치지 않고 대표이사 등 업무담당이사의 전반적인 업무집행을 감시할 수 있는 것이므로, 업무담당이사의 업무집행이 전반적인 업무집행을 감시할 수 있는 것이므로, 업무담당이사의 업무집행이 위법하다고 의심할만한 사유가 있음에도 불구하고 평이사가 이러한 감시의무를 위반하여 이를 방치한 때에는 이로 인하여 회사가 입은 손해를 배상할 책임이 있다.

이사가 감시의무를 부담한다고 하더라도, 업무집행을 담당하지 않는 이사가 회사의 모든 업무집행에 관하여 적극적으로 상황을 파악하여 위법 또는 부당한지 여부에 대한 감시를 한다는 것은 사실상 불가능하다. 따라서 비업무담당이사는 다른 이사의 업무집행이 위법함을 알았거나 또는 알 수 있었을 경우에만 감시의무를 부담하는 것으로 해석하여야 한다.

이사가 감시의무를 위반하면 선관의무에 위반하여 임무를 해태한 것이 되므로, 그 이사는 회사에 대하여 손해배상책임을 지고(제399조), 악의 또는 중과실이 있으면 제3자에 대하여도 손해배상책임을 진다(제401조). 이사·감사의 회사에 대한 임무해태로 인한 손해배상책임은 위임관계로 인한 채무불이행책임이므로 그 소멸시효기간은 10년이다.

(8) 이사의 비밀유지의무

이사는 재임중뿐만 아니라 퇴임 후에도 직무상 알게 된 회사의 영업상 비밀을 누설하여서는 아니된다(제382조의 4). 이는 2001년 개정상법에서 신설된 것으로, 이사의 이러한 의무는 회사의 이익을 보호하기 위하여 정책적으로 인정한 법정의무로서, 이사가 퇴임 후에도 이러한 의무를 부담하도록 하는 점에서 의미가 있다고 볼 수 있다.

6. 이사의 책임

(1) 책임의 근거

회사와 이사의 법률관계는 민법의 위임규정에 따르므로(제382조 제2항, 민법 제681), 이사는 선량한 관리자로서의 주의의무를 부담하게 되고, 그 위반에 대해서는 채무불이행이나 때로는 불법행위의 책임을 지게 된다. 그러나 이러한 일반법상의 책임 외에도 상법상 특별책임을 지고 있으니, 이사는 이사회의 구성원으로서 회사의 업무결정에 참여하므로, 그 차지하는 지위의 중요성과 그 행위가 미치는 영향의 지대성에 비추어 엄격한 법정책임을 지우고 있는 것이다.

(2) 이사의 회사에 대한 책임

1) 손해배상책임

이사가 고의 또는 과실로 법령 또는 정관에 위반한 행위를 하거나 그 임무를 게을리 한 경우에는 그 이사에 대하여 회사에 대하여 연대하여 손해를 배상할 책임이 있다(제399조 제1항). 그 이사가 법령 또는 정관에 위반한 행위를 한 경우란, 예컨대 위법배당의안을 제출하거나(제462조), 이사회의 승인 없이 자기거래를 한 경우(제398조) 등이다.

이 책임은 무과실책임이라는 견해도 있으나, 법령 또는 정관에 위반한 경우에도 과실책임의 원칙을 벗어날 불가피성을 인정할 이유가 없으므로 과실책임이라고 본다. 한편 2011년 개정상법에서는 이사의 법령 또는 정관으 위반한 책임도 이사가 그 임부를 게을리 한 경우와 마찬가지로 이사의 고의 또는 과실로 인하여 발생한 손해에 대하여 배상할 책임이 있다고 하며, 이사의 회사에 대한 책임을 이사 지위의 특수성을 고려하지 않고, 일반적인 근대사법의 과실책임의 원칙을 도입하였다. 따라서 책임의 성질에 대한 해석상의 논의는 불필요하게 되었다.

이사의 손해배상책임은 연대책임이라는 것도 특색인데, 실제로 위법행위를 하거나 임무를 게을리한 대표이사나 이사는 물론, 그 행위가 이사회의 결의에 기하여 이루어졌을 때에는 이사회에서 그 결의에 찬성한 이사로서 이의를 한 기재가 의사록에 없는 자는 그 결의에 찬성한 것으로 추정한다(제399조 제3항).

2) 자본충실의 책임

신주발행으로 인한 변경등기가 있은 후에 아직 인수하지 아니한 주식이 있거나 주식인수의 청약이 취소된 때에는 이사가 이를 공동으로 인수한 것으로 본다(제428조 제1항). 이것은 회사의 자본충실을 기하기 위해서 법정된 이사의 인수담보책임으로서 그 성질은 무과실책임이며, 이사 전원이 공동인수인으로 연대하여 납입할 책임을 진다(제333조 제1항). 그러나 인수담보책임을 이행한 후에도 회사에 손해가 있으면 이사는 연대하여 손해배상책임을 지는데(제428조 제2항), 이 책임은 임무해태로 인한 손해배상책임이며 과실책임이다.

3) 책임의 추궁

회사가 이사에 대하여 책임추궁의 소를 제기하지 않는 경우에는 소수주주는 일정한 요건에 따라 직접 이사에 대하여 회사를 위하여 소를 제기할 수 있다(제403조 이하)(대표소송). 나아가 그 이사의 해임청구의 소(제385조 제2항)도 제기할 수 있다.

4) 책임의 면제·해제

이사의 회사에 대한 손해배상책임은 총주주의 동의로 면제할 수 있다(제400조). 그러나 이사의 자본충실책임은 회사채권자의 보호를 위해 총주주의 동의가 있어도 면제할 수 없다고 본다. 또 정기총회에서 재무제표의 승인을 한 후 2년 내에 다른 결의(책임추궁이나 책임보류 등)가 없는 때에는 이사에게 부정행위가 없는 한 회사는 이사의 책임을 해제한 것으로 간주한다(제450조). 그 밖에 이사의 회사에 대한 채무불이행책임은 10년의 시효완성으로 소멸하고(민법 제162조), 자본충실의 책임의 경우도 같다. 2011년 개정상법은 "회사는 정관으로 정하는 바에 따라 상법 제399조에 따른 이사의 회사에 대한 책임을 이사가 그 행위를 한 날 이전 최근 1년간의 보수액(상여금과 주식매수선택권의 행사로 인한 이익 등을 포함한다)의 6배(사외이사의 경우는 3배)를 초과하는 금액에 대하여 면제할 수 있다" 라고 하고 "다만, 이사가 고의 또는 중대한 과실로 손해를 발생시킨 경우와 상법 제397조, 제397조의2 및 제398조에 해당하는 경우에는 그러하지 아니하다" 라고 규정하고 있다(제400조 제2항).

(3) 이사의 제3자에 대한 책임

1) 책임의 내용

이사가 고의 또는 중대한 과실로 인하여 그 임무를 게을리 한 때에는 그 이사는 제3자에 대하여 연대하여 손해배상책임을 진다(401조 제1항). 이 책임은 업무수행을 신중하게 하여 제3자를 보호하도록 하기 위한 것이나, 이사는 번잡한 업무를 집단적으로 신속하게 처리하여야 하기 때문에 경과실에 대하여는 책임을 지지 않게 한 것이다.

2) 책임의 성질

이사의 제3자에 대한 책임의 성질에 관하여는, ① 법률이 제3자 보호를 위하여 특별히 인정한 책임이라는 법정책임설, ② 불법행위의 요건 중에서 경과실을 면제한 불법행위책임이라는 불법행위책임설, ③ 상법이 인정한 특수한 불법행위 책임이라는 특수불법행위책임설로 학설이 나뉜다. ①설과 ③설에 의하면 일반불법행위책임과의 경합이 인정될 수 있지만, ②설에 의하면 경합이 인정되지 않는다. 또한 ①설에 의하면 책임의 소멸시효는 10년이지만, ②설과 ③설에 의하면 소멸시효는 3년이다. 이사의 제3자에 대한 책임은 이사가 직접 제3자와의 관계에서 고의 또는 중과실로 인하여 지는 책임이 아니므로 불법행위책임과는 성질이 다르고, 따라서 이것은 제3자를 보호하기 위한 법정책임으로 본다(법정책임설 지지 · 다수설).

3) 제3자의 범위

이러한 제3자의 범위에 주주도 포함되는가에 대하여, 학설의 대립이 있다. 즉 ① 주주가 직접손해를 입은 경우(예컨대 이사의 임무해태로 주가가 하락하여 손해를 입은 경우)에는 제3자의 범위에 주주가 포함되나, 회사가 손해를 입음으로써 주주가 간접손해를 입은 경우에는 회사가 손해의 배상을 받음으로써 주주의 손해는 간접적으로 보상되는 것이므로(만일 이 때 제3자의 범주에 주주를 포함시키면 주주가 회사채권자에 우선하여 변제를 받는 결과가 되므로) 제3자의 범위에 주주가 포함되지 않는다고 보는 견해(소수설)와, ② 주주는 언제나 제3자의 범위에 포함된다고 보는 견해(통설)로 나뉘어 있다.

통설과 같이 주주가 언제나 제3자의 범위에 포함된다고 보더라도 주주의 이사에 대한 손해배상청구방법에는 차이가 있다. 즉 ① 주주는 그가 입은 직접손해(예컨대 이사의 허위정보를 믿고 주식을 인수·매수하거나 또는 매도할 기회를 잃은 주주의 손해)에 대하여는 상법 제401조에 의하여 해당 이사에 대하여 직접 손해배상청구권을 행사할 수 있다. ② 그러나 주주가 입은 간접손해(예컨대 이사가 회사재산에 대하여 손해를 가하였기 때문에 이익배당을 받지 못한 주주가 입은 손해)에 대하여는, 주주는 그 이사에 대하여 자기에게 직접 손해배상을 할 것을 청구할 수는 없고 회사에게 손해배상을 할 것을 청구할 수 있을 뿐이다(그러나 회사채권자인 제3자는 이러한 간접손해에 대하여도 상법 제401조에 의한 손해배상청구권이 있다). 그런데 이때에 주주는 대표소송(제403조)을 제기할 수 있으므로 주주는 이에 의하여 그의 간접손해가 전보될 수도 있다. 이렇게 보면 이 경우에는 주주를 제3자의 범위에 포함시키는 실익이 없는 것으로 생각될 수도 있겠다. 그러나 이 때 주주를 제3자의 범위에 포함시키지 않으면 주주는 대표소송(제403조 이하)의 요건이 구비된 경우에 한하여 이러한 권리를 주장할 수 있고 또 일정한 경우에는 담보를 제공하여야 하나(제403조 제5항, 제176조 제3항), 주주를 제3자의 범위에 포함시키면 이러한 요건이나 제한없이 이사에 대하여 회사에게 손해배상을 할 것을 청구할 수 있다는 점에서 차이가 있으므로, 이 때에도 주주에게 상법 제401조에 의한 권리를 인정할 실익이 있게 된다.

그리고 제3자의 범위에 공법관계인 국가와 지방자치단체는 포함되지 않는다.

4) 책임의 연대성

책임사유가 있는 경우 당해이사가 연대책임을 지는 것은 물론이고(제401조 제1항), 그 행위가 이사회의 결의에 의한 것인 때에는 그 결의에 찬성한 이사도 연대책임을 지고 결의에 참가한 이사로서 이의를 한 기재가 의사록에 없는 자는 그 결의에 찬성한 것으로 추정하는 점(제401조 제2항, 제399조 제2항·제3항)은 회사에 대한 책임의 경우와 같다.

7. 이사에 대한 업무집행지시자 등(사실상의 이사)의 책임

(1) 사실상의 이사의 의의

1998년 개정상법은 법률상의 이사는 아니지만 회사에 대한 자신의 영향력을 이용하여 사실상 이사로서의 기능을 수행하는 자(이하 '사실상의 이사'라 한다)에 대하여도 법률상의 이사와 같이 회사 또는 제3자에 대하여 책임을 지도록 하는 규정을 신설하였다(제401조의 2).

사실상의 이사라 함은 법률상의 이사가 아니면서 회사에 대한 자신의 영향력을 이용하여 이사에 대하여 업무집행을 지시한 자(제401조의 2 제1항 제1호), 이사의 이름으로 직접 업무를 집행한 자(제401조의 2 제1항 제2호, 제1호에 해당하는 자와 합하여 배후이사라 한다)와 이사가 아니면서 명예회장·회장·사장·부사장·전무·상무·이사 기타 회사의 업무를 집행한 자(제401조의 2 제1항 제3호, 이러한 자를 표현이사라 한다)를 말한다.

(2) 책임의 내용

1) 회사에 대한 책임

상법상 법률상의 이사는 회사에 대하여 자본충실책임(제428조)과 손해배상책임(제399조)을 지나 사실상의 이사는 손해배상책임만을 부담한다. 사실상의 이사의 회사에 대한 책임의 원인·내용·추궁·면제·해제 등은 이사의 회사에 대한 손해배상책임과 동일하다(제401조의 2 제1항, 제399조, 제403조).

2) 제3자에 대한 책임

사실상의 이사의 제3자에 대한 책임 역시 그 내용, 성질 등은 이사의 제3자에 대한 책임과 동일하다(제401조의 2 제1항, 제401조).

3) 책임의 연대성

사실상의 이사가 회사 또는 제3자에 대하여 손해배상책임을 지는 경우에 이사도 책임이 있을 때에는 그 이사는 사실상의 이사와 연대하여 책임을 진다(제401조의 2 제2항).

8. 업무집행에 대한 주주의 직접감독

(1) 직접감독의 필요성

회사의 업무집행에 대한 감독은 이사회에서 하고, 주주는 주주총회에서의 이사의 선임·해임 및 재무제표의 승인을 통해서 간접적으로 감독권을 행사하는 데 그친다. 그러나 상법은 주주지위의 강화 요청에 따라 주주에게 회사의 기관적 지위를 인정하여 업무집행에 대한 직접적인 감독시정권을 인정하되 그 권리행사의 신중을 기한다는 뜻에서 소수주주권으로 하였으니, 사전적 예방조치로서의 주주의 위법행위유지청구권과 사후적 구제조치로서의 대표소송제도가 그것이다.

(2) 위법행위유지청구권

1) 의의

주주의 위법행위유지청구권이란 이사가 법령 또는 정관에 위반한 행위를 하여 이로 인하여 회사에 회복할 수 없는 손해가 생길 염려가 있는 경우에 회사를 위하여 그 이사에 대하여 그 행위를 유지할 것을 청구할 수 있는 권리이다(제402조).

주주의 유지청구권은 사전조치이나, 대표소송권(제403조)은 사후조치라는 점에서 양자는 근본적으로 구별되고 있다. 또한 주주의 위법행위유지청구권은 회사에 회복할 수 없는 손해가 생길 염려가 있는 경우에 회사의 손해방지를 직접의 목적으로 하나, 신주발행유지청구권(제424조)은 주주 자신이 불이익을 받을 염려가 있는 경우에 주주의 개인적인 손해방지를 직접의 목적으로 하는 점에서 양자는 근본적으로 구별된다.

2) 요건

① 이사가 법령 또는 정관에 위반한 행위를 하여야 하고(제402조), ② 이러한 이사의 행위로 인하여 회사에 회복할 수 없는 손해가 생길 염려가 있어야 한다(제402조).

3) 당사자

청구권자는 감사나 감사위원회 또는 발행주식총수의 100분의 1 이상에 해당하는 주식을 가진 주주(소수주주)이고, 피청구자인 위법행위유지청구의 상대방은 법령 또는 정관에 위반한 행위를 한 이사이다(제402조, 제415조의 2 제6항).

4) 행사방법

위법행위유지청구는 이사가 그 행위를 하기 전에 행사하여야 하지만, 소에 의해서 할 수도 있고, 소 이외의 방법에 의하여 할 수도 있다. 소에 의하여 하는 경우에는 이 소를 본안으로 하여 가처분으로 그 행위를 유지시킬 수 있다(민사집행법 제300조).

5) 효과

감사나 감사위원회 또는 소수주주가 위법행위유지청구권 행사의 요건이 구비된 경우에 그 청구권을 행사하면, 그 이사는 당해 행위를 중지하여야 한다. 만일 이사가 유지청구에도 불구하고 당해 행위를 계속 하였다면, 유지청구가 그 행위의 사법상의 효력에는 영향이 없고, 이사는 법령 또는 정관에 위반한 행위를 하였음이 나중에 확정된 경우에 한하여 책임을 진다(제399조 제1항). 이사의 이러한 책임은 주주 등이 유지청구권을 행사하였는지 여부에 불문하고 생기는 것이므로, 이러한 책임이 유지청구권의 효과라고도 볼 수 없다. 다만 이사의 그러한 행위가 그 후에 법령 또는 정관에 위반한 행위로 확정되고 이로 인한 이사의 책임을 과실책임으로 보면, 그러한 이사는 중과실이 의제되어 언제나 상법 제399조에 의한 책임을 부담한다고 본다.

(3) 대표소송

1) 의의

대표소송은 소수주주가 회사를 위하여 이사의 책임을 추궁하기 위하여 제기하는 소송으로서(제403조), 미국법상의 Representative Suit제도를 계수한 것이다. 원래 이사의 책임은 회사가 추궁하는 것이 일반적이라고 생각되지만, 이사들 사이에는 특수한 인간관계가 형성되고 있어서 실제로 회사가 이사의 책임을 추궁하기를 기대하기는 어렵다. 따라서 상법은 소수주주권자가 직접 회사를 위하여 소를 제기할 수 있는 길을 열어 놓은 것이다.

이러한 대표소송은 소수주주가 회사의 이익을 위하여 회사를 대신하여 회사의 대표기관의 자격에서 소송을 수행하는 것이므로, 제3자의 소송담당에 해당한다.

참고로 유지청구권과 비교하면, 유지청구권은 사전적인 방지책인데 비하여, 대표소송은 사후적인 구제방법이라 할 수 있다. 그리고 유지청구는 감사도 할 수 있으나, 대표소송은 소수주주권자만이 제기할 수 있다.

2) 인정범위

대표소송의 대상이 되는 이사의 책임범위에 대하여 이사가 상법 제399조 및 제428조에 의하여 회사에 대하여 부담하는 채무만을 의미한다고 보는 견해도 있으나(소수설), 이러한 채무 이외에 이사가 회사에 대하여 부담하는 모든 채무(예컨대 이사와 회사간의 거래에서 이사가 회사에 대하여 부담하는 모든 거래상의 채무 및 손해배상책임, 이사로 취임하기 전에 회사에 대하여 부담한 채무, 상속 또는 채무인수에 의하여 승계취득한 채무 등)도 포함한다고 본다(다수설).

회사가 파산절차 중에는 주주가 이사나 감사의 책임을 추궁하는 이러한 대표소송을 제기하지 못한다(대법원 2002. 7. 12. 선고, 2001다2617 판결).

3) 당사자

원고는 소제기시에 발행주식총수의 100분의 1 이상의 주식을 가진 주주이다(제403조 제1항 전단). 대표소송을 제기하는 소수주주가 보유하여야 할 이러한 주식의 비율은 '소제기시'에만 유지하면 되고, 그의 보유주식이 제소 후 발행주식총수의 100분의 1 미만으로 감소한 경우(발행주식을 보유하지 아니하게 된 경우를 제외한다)에도 제소의 효력에는 영향이 없다(제403조 제5항).

피고는 이사 또는 이사이었던 자인데, 이사가 아닌 업무집행지시자 등도 이에 포함된다고 본다(제401조의 2 제1항).

4) 요건

대표소송은 ① 먼저 무의결권주를 포함하여 발행주식총수의 100분의 1 이상에 해당하는 주식을 가진 주주(소제기시에 보유)가 회사(감사 또는 감사위원회)(제394조 후단)에 대하여 이유를 기재한 서면으로 이사의 책임을 추궁하는 소의 제기를 청구하여야 하고(제403조 제1항, 제2항), ② 다음으로 회사가 이러한 청구를 받은 날로부터 30일 내에 소를 제기하지 않을 때에는, 위의 소수주주는 즉시 회사를 위하여 직접 소를 제기할 수 있다(제403조 제4항).

5) 절차

이사의 책임을 추궁하는 소는 본점소재지의 지방법원의 전속관할에 속한다(제403조 제7항, 제186조). 소수주주가 악의(원고인 주주가 피고인 이사를 해한다는 것을 아는 것)로 대표소송을 제기하는 경우, 피고인 이사는 원고인 주주의 악의를 소명하여 주주에게 상당한 담보를 제공하게 할 것을 법원에 청구할 수 있다(제403조 제7항, 제176조 제3항, 제4항).

소수주주가 제소한 경우에 회사는 소송참가를 할 수 있는데(제404조 제1항), 이때 소송참가의 기회를 주기 위하여 지체 없이 회사에 대하여 소송의 고지를 하여야 한다(제404조 제2항). 회사의 이러한 소송참가의 법적 성격은 공동소송참가를 의미한다(대법원 2002. 3. 15. 선고, 2000다9086 판결).

회사가 제403조 제1항의 청구에 따라 소를 제기하거나 주주가 제3항과 제4항의 소를 제기한 경우 당사자는 법원의 허가를 얻지 아니하고는 소의 취하,

청구의 포기·인락, 화해를 할 수 없다(제403조 제6항).

이사의 책임을 추궁하는 소가 제기된 경우에 원고와 피고의 공모로 인하여 소송의 목적인 회사의 권리를 사해할 목적으로 판결을 하게 된 때에는, 회사(소수주주가 원고인 경우) 또는 주주(회사가 원고인 경우이며, 여기에서의 주주는 소수주주에 한하지 않는다)는 확정된 종국판결에 대하여 재심의 소를 제기할 수 있다(제406조 제1항).

6) 효과

대표소송은 제3자의 소송담당의 한 경우이므로, 원고인 주주가 승소하든 패소하든 판결의 효력은 당연히 회사에 미치게 된다(민사소송법 제218조 제3항).

원고인 소수주주가 승소하면 그 주주는 회사에 대하여 소송비용 및 그 밖에 소송으로 인하여 지출한 비용 중 상당한 금액의 지급을 청구할 수 있다(제405조 제1항 1문). 이 경우 소송비용을 지급한 회사는 패소한 이사 또는 감사에 대하여 구상권이 있다(제405조 제1항 2문). 반대로 주주가 패소한 경우에는 악의가 없는 한 비록 과실이 있다 하더라도 회사에 대하여 손해배상의 책임을 지지 아니한다(제405조 제2항).

8. 집행임원·대표집행임원

(1) 총설

2011년 개정상법에서는 이사회의 감독기능을 강화하고 회사의 업무집행의 효율성을 제고하기 위하여 이사회의 업무집행기능을 분리하여 이를 전담할 집행기관인 집행임원제도를 도입하였다. 이 제도의 도입여부는 개별 회사가 자율적으로 선택할 수 있다(제408조의 2~408조의 9). 집행임원이나 대표집행임원은 회사의 기관으로서 집행임원제도를 도입하지 않은 회사의 업무담당이사나 대표이사와 유사하지만 이사가 아니라도 될 수 있다는 점이 다르다.

(2) 집행임원의 선임 및 해임

집행임원의 선임 및 해임은 이사회의 결의에 의한다(제408조의2 제3항). 선임 및 해임을 이사회의 권한으로 한 것은 회사의 업무집행을 담당하는 집행임원의 선임은 회사의 업무집행기관의 선임이므로 회사를 위한 중요한 결정사항이기 때문이다. 사외이사, 감사, 감사위원은 집행임원이 될 수 없다.

집행임원의 해임도 이사회의 결의에 의한다. 이사의 해임이 주주총회의 특별결의에 의하는 것과 다르고, 집행임원이 없는 회사의 대표이사의 대표권이나 업무집행이사의 업무집행권의 박탈이 이사회의 권한에 속하는 것과 같다고 할 수 있다.

(3) 집행임원의 수 및 임기

회사는 1인 또는 수인의 집행임원을 선임할 수 있다. 집행임원이 수인인 경우에 이사회는 집행임원의 직무분담 및 지휘, 명령관계 기타 집행임원의 상호관계에 관한 사항을 정하여야 한다(제408조의2 제3항 제5호). 집행임원의 임기는 정관에 다른 규정이 없으면 2년을 초과하지 못한다. 임기는 정관으로 그 임기중의 최종의 결산기에 관한 정기주주총회가 종결한 후 최초로 소집하는 이사회의 종결시까지로 할 수 있다(제408조의 3).

(4) 집행임원 설치회사의 이사회의 권한

집행임원이 설치된 회사의 이사회는 집행임원 및 대표집행임원의 선임 및 해임, 집행임원의 업무집행에 대한 감독, 집행임원과 회사와의 소에서 회사를 대표할 자의 선임, 집행임원에 대하여 업무집행에 관한 의사결정의 위임, 집행임원이 수인인 경우 집행임원의 직무분담 및 지휘·명령 관계 기타 집행임원의 상호관계에 관한 사항, 정관에 규정이 없거나 주주총회의 승인이 없는 경우 집행임원의 보수 결정 등에 관하여 권한을 갖는다(제408조의 2 제3항).

이사회의 법정권한사항은 그 결정을 집행임원이나 대표집행임원에게 위임하지 못한다(제408조의2 제3항 제4호).

(5) 집행임원의 권한 및 의무

집행임원의 권한은 집행임원 설치 회사의 업무집행(제408조의4 제1항)과 정관 또는 이사회의 결의에 의하여 위임받은 업무집행에 관한 의사결정을 들 수 있다(동조 제2항). 집행임원은 필요한 때에는 회의의 목적사항과 소집이유를 기재한 서면을 이사(소집권자가 있는 경우에는 소집권자)에게 제출하여 이사회의 소집을 청구할 수 있다(동조 제1항).

집행임원의 의무로는 집행임원은 3개월에 1회 이상 업무의 집행상황을 이사회에 보고하여야 하는 보고의무(제408의 6 제1항)와 이 외에도 이사회의 요구가 있는 때에는 언제든지 이사회에 출석하여 요구한 사항을 보고하는 수동적 보고의무(동조 제2항)가 있다. 또한 회사에 현저하게 손해를 미칠 염려가 있는 때에는 즉시 감사 또는 감사위원회에 보고하여야 할 의무를 부담한다(제408조의9, 제412조의 2). 이 밖에 회사와 집행임원과의 관계는 위임에 관한 규정이 준용되므로 선관주의 의무, 충실의무, 비밀유지의무, 경업금지의무, 회사와의 자기거래 승인요구 의무 등이 있다.

(6) 대표집행임원

2명 이상의 집행임원이 선임된 경우에는 이사회 결의로 집행임원 설치회사를 대표할 대표집행임원을 선임하여야 한다. 다만, 집행임원이 1명인 경우에는 그 집행임원이 대표집행임원이 된다(제408조의 5 제1항). 대표집행임원에 관하여 상법에 다른 규정이 없는 것은 주식회사의 대표이사에 관한 규정을 준용한다(동조 제2항). 집행임원 설치회사에 대하여도 표현대표이사의 행위에 대한 회사의 책임에 관한 제395조를 준용한다(동조 제3항).

또한 회사는 이사회의 결의로 수인의 대표집행임원을 공동으로 회사를 대표할 것을 정할 수 있다(동조 제2항). 공동대표집행임원을 정한 때에는 그 규정을 등기하여야 한다(제317조 제2항 10호). 대표집행임원은 회사의 영업에 관하여 재판상 또는 재판 외의 모든 권한이 있고 그 권한에 대한 제한은 선의의 제3자에 대하여 대항하지 못한다(동조 제2항, 제389조 제3항, 제208조 제2항).

(7) 집행임원의 책임

집행임원이 고의 또는 과실로 법령 또는 정관에 위반한 행위를 하거나 그 임무를 해태한 때에는 그 집행임원은 회사에 대하여 손해를 배상할 책임이 있다(제408조의 8 제1항). 이러한 집행임원의 책임은 총주주의 동의가 없으면 면제되지 않는다(제408조의 9, 제400조). 집행임원의 책임은 정관에 의하여 경감할 수 있다(제408조의 9, 제400조 제2항 본문).

집행임원이 고의 또는 중대한 과실로 인하여 그 임무를 해태한 때에는 그 집행임원은 제3자에 대하여 손해를 배상할 책임이 있다(제408조의8 제2항). 또한 집행임원이 회사 또는 제3자에 대하여 손해를 배상할 책임이 있는 경우에 다른 집행임원, 이사 또는 감사도 그 책임이 있는 때에는 다른 집행임원, 이사 또는 감사와 연대하여 배상할 책임이 있다(동조 제3항).

Ⅳ. 감사 · 감사위원회 · 외부감사인 · 검사인 · 준법지원인

1. 주식회사의 감사제도 개관

전형적인 물적 회사인 주식회사에서는 출자자인 주주의 이익보호와 채권자의 이익보호를 위하여 회사가 건전하고 적정하게 운영되고 있는지의 여부를 감독할 감사제도가 매우 중요하다. 상법은 주요 감사기관으로서 필요 · 상설기관인 감사 또는 이사회 내의 감사위원회와 임시적 감사기관인 검사인제도를 두고 있으나, 실제로는 여러 개의 기관이 중첩적으로 감사기능을 수행한다. 즉, 감사의 종류는 대체로 업무감사와 회계감사로 대별되는데, 감사 · 감사위원회 · 주주총회 · 검사인은 업무감사와 회계감사 양자를, 이사회는 업무감사를, 그리고 외부감사인은 회계감사를 할 수 있다. 또한 단독주주와 소수주주도 임시총회의 소집청구 · 회계장부의 열람 등을 통하여 회계감사에 참여할 수 있다.

2. 감사

(1) 감사의 법적 지위

감사는 이사의 직무행위를 감사하는 필요적 · 상설적 기관이다. (구)상법상의 감사는 회계감사기관이었으나, 1984년의 개정상법은 감사의 권한을 강화하여 업무감사권까지 인정하였는데, 1995년의 개정상법에서 한층 더 강화되었다. 감사의 충실화를 도모하기 위하여 업무감사권 외에도 여러 가지 권한과 대책을 마련하는 한편, 군소주주들에 의한 감사선임의 길을 열어 놓음으로써 감사기능의 실효성을 확보하도록 여러 가지 조치를 마련하였다.

(2) 감사의 선임·종임·보수

감사는 주주총회에서 선임한다(제409조 제1항). 그 선임방법은 보통결의의 방법에 의하되, 1주1의결권의 원칙에 대한 중대한 예외를 인정하여 대주주의 의결권을 제한하였으니, 의결권이 없는 주식을 제외한 발행주식총수의 100분의 3을 초과하는 수의 주식을 가진 대주주는 그 초과하는 주식에 관하여는 의결권을 행사하지 못한다(제409조 제2항). 그리고 회사는 정관에 의하여 제100분의 3보다 낮은 비율을 정하여 의결권제한을 강화할 수는 있어도 높은 비율을 정하여 완화할 수는 없다(제409조 제3항).

감사의 인원수·자격에는 제한이 없으나, 당해 회사 또는 자회사의 이사 또는 지배인 기타의 사용인의 직무를 겸하지 못한다(제411조). 감사가 수인인 경우에도 각 감사가 독립된 감사기관을 구성한다. 임기는 3년이나, 취임 후 3년 내의 최종의 결산기에 관한 정기총회의 종결시까지이다(제410조).

감사의 종임사유는 대체로 이사의 경우와 같다(제415조, 제385조, 제386조). 또 이사와 마찬가지로 주주총회의 특별결의에 의하여 해임이 가능한데(제415조, 제385조 제1항), 이 경우에는 당해 감사는 주주총회에서 자신의 의견을 진술할 수 있다(제409조의 2). 입법론으로는 감사선임의 경우 대주주의 의결권행사의 제한(제409조 제2항)과 균형을 맞추어 해임요건을 강화시키는 것이 바람직하다고 본다. 회사가 해산하더라도 감사의 감사기능은 필요하므로 해산에 의해서 당연히 감사가 종임되는 것은 아니다(제534조 참조).

한편 상장회사의 감사선임에 있어서 최대주주와 그 특수관계인 그 밖에 대통령령이 정하는 자가 소유하는 상장회사의 의결권 있는 주식의 합계가 해당 회사의 의결권 없는 주식을 제외한 발행주식총수의 100분의 3을 초과하는 경우 그 주주는 그 초과하는 주식에 관하여 감사의 선임에 있어서는 의결권을 행사하지 못한다. 다만, 정관에서 이보다 낮은 비율을 정할 수 있다(제542조의12 제3항). 상장회사가 주주총회에사 감사를 선임하고자 하는 경우에는 상법 제542조의5 제2항 제2문의 규정에 따라 통지 또는 공고된 후보자 중에서 선임하여야 한다(제542조의5). 또한 대통령령이 정하는 상장회사는 주주총회 결의에 의하여 회사에 상근하면서 감사업무를 수행하는 감사(이하 '상근감사'라고 한다)를 1명 이상 두어야 한다(제542조의10 제1항). 감사의 종임에 있어서는 주권상장법인 또는 코스닥상장법인의 경우는 감사의 해임의 경우에도 선임의 경우와 같이 100분의 3 이상을 소유하는 주주는 의결권을 행사하지 못한다. 이 경우 3%의 주식을 산정함에 있어서는 선임의 경우와 같이 주주와 특수관계자 등이 소유하는 주식을 합계하여야 한다(제542조의12 제3항).

감사의 보수에 대하여는 이사에 관한 규정을 준용한다(제415조, 제388조). 그러나 상장회사의 감사의 보수는 이사의 보수와 일괄하여 결의 할 수 없도록 별도의 안건으로 의결하여야 한다(제542조의12 제5항).

(3) 감사의 권한

1) 업무 및 회계감사권

감사는 이사의 직무집행을 감사할 권한을 갖는다(제412조 제1항). 이것은 감사가 회계감사를 포함하여 업무집행 전반을 감사할 권한을 갖는다는 것을 의미한다. 감사의 업무감사권의 범위에 대하여는 위법성감사에 한하는가 또는 타당성감사를 포함하는가에 관하여 견해가 나뉘어 있다. 즉 ① 원칙적으로 위법성감사에 한하는데, 상법에 명문의 규정(제413조, 제447조의 4 제2항 5호, 제8호)이 있는 경우에는 타당성감사에도 미친다는 견해(다수설), ② 원칙적으로 위법성감사에 한하는데, 예외적으로 타당성감사에도 미치는 경우는 상법에 명문의 규정이 있는 경우뿐만 아니라 이사의 업무집행이 현저하게 타당성을 결하는 경우에도 미친다는 견해, ③ 이사회에 의한 위법성감사에 공정을 기대할 수 없고 또 위법성과 공정성은 명확히 구별되지 않는다는 이유로 위법성감사에 한하지 않고 타당성감사에도 미친다는 견해로 나뉘어 있다.

생각건대 이사의 업무집행에 대한 타당성감사에 관한 권한은 이사회에 있으므로(제393조 제2항), 감사는 상법에 명문규정이 있는 경우를 제외하고는 위법성감사만을 할 수 있다고 보아 다수설의 견해에 찬동한다.

2) 감사의 직무와 보고요구·조사권

감사는 언제든지 이사에 대하여 영업에 관한 보고를 요구하거나, 회사의 업무와 재산상태를 조사할 수 있다(제412조 제2항). 감사는 회사의 비용으로 전문가의 도움을 구할 수 있다(제412조 제3항). 또한 1995년 개정상법에 의하여 이사는 회사에 현저하게 손해를 미칠 염려가 있는 사실을 발견한 때에는 감사의 요구가 없다 하더라도 즉시 이를 감사에게 보고하여야 할 의무를 부담한다(제412조의 2). 따라서 이사는 감사의 요구에 의하여 보고의무를 부담하는 경우(소극적 보고의무)와 스스로 보고의무를 부담하는 경우(적극적 보고의무)가 있다. 감사의 이러한 조사를 방해하거나 요구를 거부한 때에는 과태료의 제재가 있고(상법 제635조 제1항 3호, 4호), 감사는 필요한 조사를 할 수 없었다는 뜻 및 그 이유를 감사보고서에 기재하여야 한다(제447조의 4 제2항 11호).

3) 자회사에 대한 보고요구·조사권

모회사의 감사는 그 직무를 수행하기 위하여 필요한 때에는 자회사에 대하여 영업의 보고를 요구할 수 있는데(제412조의 5 제1항), 이 때 자회사가 지체없이 보고를 하지 아니하거나 보고를 한 경우로서 그 보고의 진부를 확인할 필요가 있는 때에는 자회사의 업무와 재산상태를 조사할 수 있다(제412조의 5 제2항). 이 때 자회사는 정당한 이유가 없는 한 이러한 보고 또는 조사를 거부하지 못한다(제412조의 5 제3항). 이는 모회사가 자회사를 이용하여 분식결산을 하는 경우가 있을 수 있으므로 모회사의 감사에 의한 감사의 실효를 거두기 위하여 감사의 권한 강화의 하나로 1995년 개정상법에 의하여 신설된 것이다.

4) 이사회소집청구·출석·의견진술·기명날인 또는 서명권

감사는 필요하면 회의의 목적사항과 소집이유를 서면에 적어 이사(소집권자)에게 제출하여 이사회 소집을 청구할 수 있다(제412조의 4 제1항). 소집청구를 하였는데도 이사가 지체없이 이사회를 소집하지 아니하면 그 청구한 감사가 이사회를 소집할 수 있다(제412조의 4 제2항).

감사는 이사회에 출석하여 의견을 진술할 수 있다(제391조의 2 제1항). 따라서 이사회의 소집통지는 감사에게도 하여야 한다(제390조 제3항). 그러나 감사는 의결권이 없으므로 감사가 의견을 진술한다는 것은 의안에 대한 찬반의사를 표시하는 것을 뜻하는 것이 아니다. 감사는 이사회회의록의 정확·진정을 보장하기 위하여 이에 대한 기명날인권 또는 서명권이 있다(제391조의 3 제2항).

5) 이사의 위법행위유지청구권

감사는 이사가 법령 또는 정관에 위반한 행위를 하여 이로 인하여 회사에 회복할 수 없는 손해가 생길 염려가 있는 경우에는, 이사에 대하여 그 행위를 하지 말도록 유지청구할 수 있다(제402조).

6) 이사와 회사간의 소에 관한 회사대표권

회사가 이사에 대하여 또는 이사가 회사에 대하여 소를 제기하는 경우에 감사는 그 소에 관하여 회사를 대표한다(제394조 제1항 1문). 이 때 감사는 회사를 대표하여 이사에 대하여 소를 제기할 것인지의 여부를 결정할 수 있고, 소수주주가 회사에 대하여 이사의 책임을 추궁하는 소의 제기를 청구할 때(제403조 제1항)에는 감사에 대하여 이를 청구하여야 한다(제394조 제1항 2문). 이에 위반하여 대표이사가 회사를 대표하여 수행한 소송행위는 무효가 된다.

7) 주주총회의 소집청구권

감사는 회의의 목적사항과 소집의 이유를 기재한 서면을 이사회에 제출하여 임시총회의 소집을 청구할 수 있는데(제412조의 3 제1항), 이 때 이사회가 지체없이 총회소집의 절차를 밟지 아니하면 감사가 법원의 허가를 얻어 총회를 직접 소집할 수 있다(제412조의 3 제2항, 제366조 제2항). 이는 감사의 조사나 이사의 보고에 따라 감사가 이사회에 적절한 조치를 촉구하여도 이사회가 이를 받아들이지 않는 경우에 감사가 직접 임시총회를 소집하여 이에 대한 대책을 강구할 수 있도록 하기 위하여 감사의 권한강화의 하나로 1995년 개정상법에 의하여 신설된 것이다.

8) 각종의 소권

감사는 회사법상 각종의 소를 제기할 권한을 갖는다. 즉 감사는 회사설립무효의 소(제328조), 주주총회결의취소의 소(제376조 제1항), 신주발행무효의 소(제429조), 자본감소무효의 소(제445조), 합병무효의 소(제529조 제1항), 회사분할·분할합병무효의 소(제530조의 11 제1항, 제529조 제1항) 등을 제기할 수 있다.

(4) 감사의 의무

감사는 이사와 마찬가지로 회사에 대하여 비밀유지의무를 부담한다. 따라서 감사는 재임 중뿐만 아니라 퇴임 후에도 직무상 알게 된 회사의 영업상 비밀을 누설하여서는 아니된다(제415조, 제382조의 4).

또한 회사와 감사는 민법상 위임관계에 있으므로 감사는 선량한 관리자의 주의로써 그 위임사무를 처리하여야 한다. 그러나 감사는 경업금지의무가 없고, 자기거래도 제한되지 않는다. 이 밖에 감사는 이사가 법령 또는 정관에 위반한 행위를 하거나, 그 행위를 할 염려가 있다고 인정한 때에는 이사회에 이를 보고하여야 한다(제391조의 2 제2항). 또 감사는 이사가 주주총회에 제출할 의안 및 서류를 조사하여, 법령 또는 정관에 위반하거나 현저하게 부당한 사항이 있는지의 여부에 관하여 주주총회에 그 의견을 보고하여야 한다(제413조).

감사는 또 감사록을 작성하여야 한다(제413조의 2 제1항). 감사록에는 감사의 실시요령과 그 결과를 기재하고, 감사를 실시한 감사가 기명날인 또는 서명을 하여야 한다(제413조의 2 제2항).

감사는 이사로부터 정기총회회일의 6주 전에 재무제표와 그 부속명서서(제447조) 및 영업보고서(제447조의 2)의 제출을 받아 이를 받은 날로부터 4주 내에 감사보고서를 이사에게 제출하여야 한다(제447조의 4 제1항). 2009년 개정상법은 주권상장회사의 감사는 감사보고서를 주주총회일의 1주 전까지 이사에게 제출할 수 있게 특례규정을 두었는데(제542조의 12 제6항), 이는 외부감사인이 감사보고서를 주주총일의 1주 전에 제출하도록 한 것이고(외감법 제8조), 주식회사의 외부감사에 관한 법률(외감법) 제7조와도 균형이 맞는다.

(5) 감사의 책임

감사가 그 임무를 해태한 때에는 회사에 대하여 연대하여 손해배상책임을 진다(제414조 제1항). 이 책임은 총주주의 동의가 있어야 면제할 수 있고, 또 책임을 추궁하기 위하여 대표소송을 제기할 수 있는 것은 이사의 경우와 같다(제415조, 제400조, 제403조~제406조). 2009년 개정상법에 의하면 주권상장회사의 경우는 소송을 제기할 수 있는 지주요건이 완화된다(제542조의 6 제6항).

감사의 제3자에 대한 손배배상책임도 이사의 경우와 같다(제414조 제2항).

감사가 회사 또는 제3자에 대한 손해배상책임을 지는 경우에 이사도 그 책임이 있는 때에는 그 이사와 감사는 연대하여 배상책임을 진다(제414조 제3항).

[사례] 이사 · 감사의 제3자에 대한 책임

자본금이 5억원인 甲철강주식회사의 대표이사 A는 신중한 고려도 없이 30억원을 들여 독단적으로 공장의 설비를 무모하게 증강하여 IMF사태를 맞아 결국 회사를 도산시키고 말았다. 이렇게 되자 이 회사의 채권자 B는 甲회사로부터 1억원의 채권을 추심할 수 없게 되었다. 이 경우 채권자 B는 甲회사의 이사와 감사에 대하여 손해배상책임을 물을 수 있는가?

[해설]

통설인 법정책임설에 의하면 甲회사의 대표이사 A가 이사회의 결의를 거치지 아니하고 독단으로 과잉설비투자를 하여 甲회사가 도산한 것은 고의 또는 중대한 과실로 임무를 해태한 것이고 또 평이사가 이에 대하여 아무런 조치를 취하지 아니한 것은 이른바 평이사의 능동적 감시의무의 위반으로서 고의 또는 중대한 과실로 임무를 해태한 것이며 이들의 이러한 임무해태로 채권자 B가 甲회사로부터 채권을 추심할 수 없게 되어 손해를 보게 된 것이므로 대표이사 A와 평이사는 B에 대하여 련대하여 그 손해를 배상할 책임이 있다.

또한 대표이사 A의 과잉설비투자로 甲회사가 도산하게 되었는데도 감사가 적정하게 상시감사를 하지 아니하고 이사회에의 의견진술(제391조의 2 1항)이나 이사의 위법행위유지청구(제402조) 등의 조치를 취하지 아니한 것은 고의 또는 중대한 과실로 그 임무를 게을리 한 것이며 이러한 감사의 임무해태로 채권자 B가 甲회사로부터 채권을 추심할 수 없게 되어 손해를 보게 된 것이므로 감사는 B에 대하여 련대하여 그 손해를 배상할 책임이 있다.

이사가 제3자에 대하여 손해배상책임을 지는 경우에 감사도 제3자에 대하여 손해배상책임을 지는 때에는 그 이사와 감사가 연대하여 손해배상책임을 지므로(제414조 3항), 이 사례의 대표이사 A, 평이사 및 감사는 채권자 B에 대하여 련대하여 손해배상책임을 진다.

이러한 이사 · 감사의 채권자 B에 대한 손해배상책임은 10년의 소멸시효에 의한다.

[사례] 감사의 제3자에 대한 책임

甲회사는 지류압출제품의 제조 및 판매업 등을 목적으로 설립된 회사이다. Y1은 甲회사를 인수하여 대표이사로 취임하고, 그 상호를 신안제지공업주식회사로 변경하여 사실상 1인회사로 경영하였다. 그 후 Y1은 甲회사를 Y2에게 양도하고, Y2가 대표이사로 취임하여 경영을 전담하였다. 한편 대표이사직에서 물러난 Y1은 甲회사의 감사로 취임하였다.

Y1이 甲회사의 대표이사직을 사임하고 감사로 취임할 때는 이미 회사의 재산상태가 좋지 아니하였고, 새로 대표이사로 취임한 Y2는 회사 또는 그 개인명의의 약속어음을 발행하여 회사의 운영자금을 조달하여 왔으며 또한 회사의 자금조달과 관리를 乙에게 일임하여 그 실상을 제대로 파악하고 있지 못하고 있었다.

乙은 이 회사의 자금조달책임을 맡고 있는 것을 기화로, Y1이 대표이사로 있던 때부터 Y1 명의의 명판 및 미신고의 직인으로 대표이사 Y1 또는 대표이사 Y2를 발행인으로 하는 약속어음을 발행하고, 또 이들 어음의 신용을 높이기 위하여 甲회사에 보관중인 Y1, Y2의 실인을 도용하여 대표이사 Y1으로 발행한 어음에는 乙과 Y2의 배서를 하고 대표이사 Y2로 발행한 어음에는 乙과 Y1의 배서를 하였다. 乙은 이렇게 변칙적으로 발행한 약속어음을 사채시장에서 할인하여 그 일부는 甲회사의 운영자금으로 사용하고 나머지는 자기의 개인적 용도에 소비하였다. 그러나 X 등이 자신들이 취득한 약속어음들을 각각 그 지급기일에 지급제시하였으나, 무거래 또는 예금부족 등의 이유로 모두 지급거절되었다.

한편 Y1은 甲회사의 감사로 취임한 때로부터 甲회사가 도산할 때까지 8개월 동안 단 한번도 회계감사를 한 적이 없이 수수방관하였다.

이에 X등은 甲회사의 감사인 Y1에게 손해배상을 청구하였다.

[해설]

乙이 대표이사 Y1 또는 대표이사 Y2의 명의로 위 약속어음을 발행하고 이에 타인의 배서를 하여 어음의 할인을 받은 행위는 다른 사람이 쉽게 알 수 없도록 교묘한 수법으로 행한 것이 아니고 또한 위 약속어음이 약 1년간에 걸쳐 대량으로 발행된 것이다. 따라서 甲회사의 감사인 Y1이 상시감사의 수단인 회사의 업무·재산상태의 조사를 적정하게 행하였다면 乙의 부정행위를 용이하게 알 수 있었을 것인데도 이러한 조사를 전혀 하지 아니하였고, 더욱이 Y1은 甲회사의 감사로 취임한 때로부터 甲회사가 도산될 때까지 무려 8개월 동안에 단 한번의 업무감사도 하지 아니하고 수수방관하였다.

이와 같이 Y1이 감사의 상시감사의 수단인 회사의 업무·재산상태의 조사를 행하였다면 乙의 부정행위를 용이하게 발견하여 이를 중지시킬 수 있었을 것인데도 무려 8개월 동안에 전혀 이러한 조사를 하지 아니하고 또 보고도 요구하지 않은 것은 감사로서 그 직무를 태만히 한 것이다.

그러므로 Y1이 감사로서 그 직무를 태만히 하여 그 결과 회사가 도산되고 제3자인 X 등에게 손해가 발생했다면, Y1이 악의 또는 중대한 과실로 인한 임무해태를 한 것이므로 X 등에 대한 손해배상책임을 면할 수 없는 것이다.

참고로 본 사례의 경우에 甲회사의 대표이사인 Y2도 중대한 과실로 인하여 그 임무를 해태한 것이라고 볼 수 있으므로 Y2도 甲회사 및 X등에게 그 손해배상책임이 있다고 본다. 이때 Y1과 Y2는 甲회사 및 X등에게 연대하여 그 손해배상책임이 있다(상법 제414조 3항).

이 경우 소수주주의 대표소송제기의 청구를 누구에게 하며 또 그 소송에 관하여 누가 회사를 대표하는가에 대하여는 상법에 명문의 규정이 없는데, 이사회에 그 선임을 청구하고 이사회에서 그 대표자를 선임하여야 한다고 본다. 1999년 개정상법에 의하면 감사위원회의 위원이 訴의 당사자인 경우에는 감사위원회 또는 이사는 법원에 회사를 대표할 자를 선임하여 줄 것을 신청하도록 규정하고 있다(상법 제394조 2항).

3. 감사위원회

(1) 감사위원회의 의의

이사회의 위원회 중 상법에 규정된 것으로 감사위원회가 있다. 즉, 회사는 정관이 정한 바에 따라 감사에 갈음하여 이사회 내의 위원회 하나로서 감사위원회를 설치할 수 있다(제415조의 2 제1항 제1문). 즉, 감사위원회는 이사회의 하위기관이다. 감사위원회를 설치한 경우에는 감사를 둘 수 없다(제415조의 2 제1항 제2문). 감사위원회는 이사회의 하부기관이고, 그 위원은 이사회의 구성원인 이사 중에서 선임되므로 기본적으로 업무집행을 담당하는 이사가 다시 그 직무를 감사한다는 것은 감사위원회의 독립성이 확보되지 못한다는 문제점이 있다. 이에 따라 2009년 개정상법은 감사위원회가 결의하여 이사에게 통지한 사항에 대하여 이사회가 다시 결의할 수 없도록 하였다(제415조의 2 제6항). 최근 사업연도말 현재 자산총액이 2조원 이상인 주권상장회사의 경우 감사위원회 설치를 의무화 하고(제542조의 11 제1항), 감사위원회의 위원을 선임하거나 해임하는 권한을 주주총회로 규정하여 (제542조의 12 제1항) 감사위원회의 독립성 확보를 도모하였다.

(2) 감사위원회의 구성

1) 위원의 수 및 위원의 자격

감사에 갈음하여 감사위원회를 설치하는 경우, 감사위원회는 이사회 내 위원회의 일종이기는 하나 이사회 내 위원회가 2인 이상의 이사로 구성되는데 반하여(제393조의 2 제3항), 감사위원회는 반드시 3인 이상의 이사로 구성한다 (제415조의 2 제2항 분문).

다만 상법상 감사위원회 위원은 ① 회사의 업무를 담당하는 이사 및 피용자 또는 선임된 날부터 2년 이내에 업무를 담당한 이사 및 피용자이었던 자, ② 최대주주가 자연인인 경우 본인·배우자 및 직계존·비속, ③ 최대주주가 법인인 경우 그 법인의 이사·감사 및 피용자, 이사·감사 및 피용자, 최대주주가 법인인 경우 그 법인의 이사·감사 및 피용자, ⑤ 회사와 거래관계 등 중요한 이해관계에 있는 법인의 이사·감사 및 피용자, ⑦ 회사의 이사 및 피용자가 이사로 있는 다른 회사의 이사·감사 및 피용자가 위원의 3분의 1을 넘을 수 없다 (제415조의 2 제2항 단서). 즉 이는 회사의 업무를 집행하는 이사·피용자 및 이에 영향을 미치거나 이해관계를 갖는 자와 독립된 지위를 갖는 사외이사인 감사위원회 위원의 비율이 감사위원회 총 위원 중 3분의 2 이상이어야 한다는 것이다.

한편 2009년 개정상법에 의하면 상법 제542조의10 제2항 각 호의 어느 하나에 해당하는 자는 상장회사의 사외이사가 아닌 감사위원회 위원이 될 수 없고 이에 해당하게 된 경우에는 그 직을 상실하게 된다(제542조의11 제3항).

2) 위원의 선임·종임 및 임기

감사위원회 위원은 이사 중에서 이사회의 결의로 선임된다(제415조의 2 제1항 1문, 제391조 제1항 참조). 감사위원회 위원은 이사총수의 3분의 2 이상의 결의로 하는 이사회결의로 해임된다(제415조의 2 제3항). 이는 감사위원회 위원의 독립성을 보장하기 위하여 선임과는 달리 해임의 요건을 엄격하게 한 것이다. 2009년 개정상법은 주권상장회사로서 감사위원회가 설치가 의무화 되는 자산총액 2조원 이상인 회사는 감사위원회 위원의 선임을 주주총회에서 선임하는 이사 중에서 선임하여야 한다(제542조의 12 제1항, 제2항). 주권상장회사의 감사위원회의 위원의 선임 및 해임에 있어서는 의결권 없는 주식을 제외한 발행주식총수의 100분의 3 이상의 주식을 소유하는 주주는 그 초과하는 주식에 관하여 의결권을 행사하지 못 한다(제542조 12 제3항). 또한 사외이사인 감사위원회의 위원을 선임할 때에는 발행주식총수(의결권 없는 주식 제외)의 100분의 3을 초과하는 주식에 관해서는 의결권을 행사하지 못한다. 다만, 정관에서 이 보다 낮은 주식보유비율을 정할 수 있다(제542조의 12 제4항).

감사위원회 위원의 임기에 대하여는 상법에 규정이 없다. 따라서 이에 관하여 정관에 규정이 있으면 그에 의하고, 정관의 규정이 없으면 이사회가 이를 정할 수 있는데, 이사회에서도 이를 정하지 아니하면 이사의 지위의 종료와 함께 감사위원회 위원의 임기도 종료된다고 본다.

회사의 합병의 경우 합병 전에 취임전에 취임한 감사위원회 위원은 합병계약서에 다른 정함이 있는 경우를 제외하고는 합병 후 최초로 도래하는 결산기의 정기총회가 종료하는 때에 퇴임한다(제415조의 2 제6항, 제527조의 4).

(3) 감사위원회의 운영

감사위원회는 이사회와 마찬가지로 3인 이상으로 구성되는 회의체이므로 감사위원회는 그 결의로 위원회를 대표할 자(대표위원)를 선정하여야 한다. 이 경우 수인의 위원이 공동으로 위원회를 대표할 것을 정할 수 있다(공동대표위원)(제415조의 2 제4항).

감사위원회는 그 감독기능을 실질적으로 수행하기 위하여 외부 전문가의 도움을 받아야만 하는 경우가 있다. 이때 감사위원회는 회사의 비용으로 전문가의 조력을 구할 수 있다(제415조의 2 제5항).

(4) 감사위원회의 권한

회사가 감사위원회를 채택하는 경우 감사제도는 폐지하여야 하며, 대신 감사가 행사할 수 있는 모든 권한은 감사위원회가 이를 행사할 수 있게 된다. 상법상 감사의 권한에 관한 조문은 모두 감사위원회에 준용된다(제415조의 2 제6항). 즉, 발기설립의 경우 임원선임(제296조), 모집설립의 경우 임원의 선임(제312조), 검사인의 선임(제367조), 자격주(제387조), 이사의 위법행위에 대한 감사의 보고권(제391조의 2 제2항), 이사와 회사간의 소에 관한 대표(제394조 제1항)(감사위원회 위원이 소의 당사자가 된 경우에는 감사위원회 또는 이사는 법원에 회사를 대표할 자를 선임하여 줄 것을 신청하여야 한다), 회사에 대한 책임면제(제400조), 유지청구권(제402조), 주주의 대표소송(제403조 내지 제407조의 3), 감사보고서(제447조의 4), 감사의 책임해제(제450조), 감사의 임기(제527조의 4), 분할계획서상의 감사의 성명과 주민등록번호 기재(제530조의 5 제1항 제9호), 분할합병계약서상의 감사의 성명과 주민등록번호 기재(제530조의 6 제1항 제10호), 대차대조표·사무보고서·부속명세서의 감사(제534조) 등에 관한 규정은 모두 감사위원회에 준용되고, 상기 법문에서 '감사'는 '감사위원회의 위원'으로 보면 된다.

4. 외부감사인

(1) 총설

주식회사의 외부감사에 관한 법률(이하 '외감법'이라 한다)에 의하면 직전사업연도말의 자산총액이 일정한 기준액(대통령령이 정하는 기준액 100억 원)이상인 주식회사는 감사에 의한 회계감사와 독립된 외부의 감사인에 의한 회계감사를 받아야 한다(외감법 제2조).

이것은 동법 제1조에서 이 법의 목적이 "주식회사로부터 독립된 외부의 감사인이 그 주식회사에 대한 회계감사를 실시하여 회계처리의 적정을 기하게 함으로써 이해관계인의 보호와 기업의 건전한 발전에 기여함에 있다"고 하였다(외감법 제1조). 이러한 외부감사인은 중립적인 지위에 있어야 하기에 주식회사의 기관이라고 할 수 없다.

(2) 자격

감사인은 회계법인 또는 한국공인회계사회에 등록한 감사반이어야 한다(외감법 제3조 제1항). 금융위원회는 감사인의 형태와 공인회계사의 수 등을 참작하여 감사인이 감사할 수 있는 회사규모 등을 총리령으로 정하는 바에 따라 제한할 수 있다(동조 제2항). 그러나 감사의 대상인 회사와 이해관계가 있거나 있었던 자는 감사인이 될 수 없다(동조 제3항). 회계법인인 감사인은 동일한 이사로 하여금 회사의 연속하는 6개 사업연도에 대한 감사업무를 행하게 할 수 없다(동조 제4항).

회계법인인 감사인은 그 소속 공인회계사를 주권상장법인 또는 코스닥상장법인인 회사에 대한 감사업무의 보조자로 함에 있어서 동일한 보조자로 하여금 당해 회사의 연속하는 3개 사업연도에 대한 감사업무를 행하게 한 경우 그 다음 사업연도에는 그 보조자의 3분의 2 이상을 교체하여야 한다(동조 제5항). 그리고 한국공인회계사회에 등록한 감사반인 감사인은 코스닥상장법인인 회사의 연속하는 3개 사업연도에 대한 감사업무를 행한 경우 그 다음 사업연도에는 그 감사에 참여한 공인회계사의 3분의 2이상을 교체하여야 한다(동조 제6항).

(3) 선임

회사는 매 사업년도의 개시일로부터 4월 이내에 감사인을 선임하여야 한다. 이 경우 재무제표·연결재무제표 및 결합재무제표의 감사인은 동일하여야 한다(외감법 제4조 제1항). 다만 주권상장법인이 연속하는 매 3개년 연도의 감사인을 동일감사인으로 하여 최초의 사업연도 개시일부터 4월 이내에 선임하여야 한다(외감법 제4조의 2 제1항). 감사인은 감사 또는 감사인 선임위원회의 승인을 얻어 선임하고, 선임후 최초로 소집되는 정기주주총회에 이를 보고하거나 주주에게 통지 또는 공고하여야 한다(외감법 제4조 2항, 제3항).

(4) 임기

감사인의 임기에 관하여는 특별한 규정이 없으나, 주권상장법인의 감사인은 3년의 임기로 선임하여야 한다(외감법 제4조의 2 제1항). 증권선물위원회가 감사인을 지정하는 경우에도 3년의 범위 안에서 임기를 정할 수 있다(외감법 제4조의 3 제1항). 회계법인인 감사인은 동일한 이사로 하여금 회사의 연속하는 6개 사업연도에 대한 감사업무를 행하게 할 수 없다(외감법 제3조 제4항).

(5) 종임

감사인은 임기만료 기타 감사계약에 정하여진 종임사유로 인하여 종임한다. 3년 임기로 선임된 감사인이라도 그가 임기중 직무상 의무를 위반하는 등 일정한 사유가 있는 경우에는 회사는 매 사업연도 종류후 3월 이내에 감사인 선임위원회의 승인을 얻어 감사인을 해임할 수 있다(외감법 제4의2 제2항).

(6) 권한

감사인은 언제든지 회사 및 관계회사와 계열회사의 회계에 관한 장부와 서류를 열람 또는 등사할 수 있고, 회계에 관한 자료의 제출을 요구할 수 있으며, 직무의 수행을 위하여 특히 필요한 때에는 회사의 의무와 재산상태를 조사할 수 있다(외감법 제6조 제1항). 회사의 감사는 이사의 직무수행에 관하여 부정행위 또는 법령이나 정관에 위반되는 중대한 사실을 발견한 때에는 이를 외부감사인에게 통보하여야 한다(외감법 제10조 제3항).

(7) 의무

감사인은 재무제표 및 그 부속명세서에 관하여 감사보고서를 작성하여 일정한 기간내에 회사·증권선물위원회 및 한국공인회계사에 제출하여야 하고(외감법 제8조), 그 직무를 수행함에 있어서 이사의 직무수행에 관하여 부정행위 또는 법령이나 정관에 위반되는 중대한 사실을 발견한 때에는 이를 감사 또는 감사위원회에게 통보하고 주주총회에 보고하여야 한다(외감법 제10조). 또한 감사인은 주주총회의 요구가 있을 때 이에 출석하여 의견을 진술하거나 질문에 답변하여야 하고(외감법 제11조), 감사인이 소속된 공인회계사 또는 감사업무와 관련된 자는 그 직무상 알게 된 비밀을 누설하여서는 안 된다(외감법 제9조).

(8) 책임

감사인이 그 임무를 해태하여 회사에 손해가 발생한 때에는 회사에 대하여 손해배상책임을 진다. 이 경우 한국공인회계사회에 등록한 감사반인 감사인의 경우는 당해 회사에 대한 감사에 참여한 공인회계사가 연대하여 손해를 배상할 책임을 지고(외감법 제17조 제1항). 감사인이 중요한 사항에 관하여 감사보고서에 기재하지 아니하거나 허위의 기재를 함으로써 제3자에게 손해가 발행한 때에는 제3자에 대하여도 손해배상책임을 진다(동조 제2항).

그러나 감사인 또는 감사에 참여한 공인회계사는 그 임무를 해태하지 않았음을 증명하면 손해배상책임을 지지 않고(동조 제5항), 감사인이 회사 또는 제3자에 대하여 손해배상책임이 있는 경우에 이사 또는 감사도 그 책임이 있는 때에는 이들이 모두 연대하여 손해를 배상할 책임이 있다(동조 제4항). 이러한 손해배상책임은 그 청구권자가 당해 사실을 안 날로부터 1년 이내 또는 감사보고서를 제출한 날로부터 3년 이내에 청구권을 행사하지 아니하면 소멸한다(동조 제7항).

감사인의 회사 및 제3자에 대한 책임을 보장하기 위하여 감사인은 대통령령이 정하는 바에 따라 손해배상 공동기금의 적립 또는 보험가입 등의 필요한 조치를 취하여야 한다(동조 제6항).

(9) 벌칙

감사인 또는 그에 소속된 공인회계사나 감사업무와 관련된 자에 대하여는 엄격한 벌칙이 정하여져 있다(외감법 제20조).

5. 검사인

(1) 의의

검사인은 주식회사의 설립절차나 회사의 업무 및 재산상태의 조사를 직무로 하는 임시적 감사기관이다. 검사인의 회사와의 관계는 위임관계로 본다.

(2) 선임기관 및 직무권한

검사인은 법원 또는 주주총회에 의하여 선임된다.

1) 법원이 선임하는 경우

법원이 검사인을 선임하는 경우로는 ① 설립시 변태설립사항의 조사를 위한 때(제298조 제4항, 제310조 제1항), ② 할인발행의 인가 여부를 결정하기 위한 경우(제417조 제3항), ③ 신주발행시 현물출자를 검사하기 위한 경우(제422조 제1항), ④ 업무집행에 관하여 부정행위 또는 법령이나 정관에 위반한 중대한 사실이 있는 경우(제467조) 등이다.

2) 주주총회가 선임하는 경우

주주총회가 검사인을 선임하는 경우로는 ① 소수주주권자에 의한 임시총회에서 회사의 업무와 재산상태를 조사하기 위한 때(제366조 제3항), ② 이사 또는 청산인이 제출한 서류와 감사 또는 감사위원회의 보고서에 대한 조사를 하기 위한 때(제367조, 제542조 제2항) 등이다. 어느 경우에나 자연인인 한 그 자격에는 아무런 제한이 없다.

(3) 책임

회사의 설립경과조사를 위하여 법원이 선임한 검사인이 악의 또는 중대한 과실로 인하여 그 임무를 해태한 경우 회사 및 제3자에 대하여 책임을 진다(제325조).

주주총회가 선임한 검사인은 회사와의 관계에서 위임관계라고 볼 수 있으므로 위임에 관한 일반 원칙에 따라 선량한 관리자의 주의의무(민법 제681조)는 물론 회사에 대하여 수임인으로서 채무불이행책임(민법 제309조)을 진다. 제3자에 대하여는 불법행위책임(민법 제750조)을 부담한다. 그리고 검사인에 대하여도 형벌(제625조, 제630조) 또는 과태료의 제재(제635조)에 관한 규정이 적용된다.

6. 준법지원인

(1) 총설

2011년 개정상법은 자산 규모 등을 고려하여 대통령령으로 정하는 상장회사는 법령을 준수하고 회사경영을 적정하게 하기 위하여 임직원이 그 직무를 수행할 때 따라야 할 준법통제에 관한 기준 및 절차(이하 "준법통제기준"이라 한다)를 마련하고(제542조의 13 제1항), 상장회사는 준법통제기준의 준수에 관한 업무를 담당하는 사람(이하 "준법지원인"이라 한다)을 1인 이상 두어야 한다(동조 제2항). 대통령령이 정하는 상장회사란 최근 사업연도 말 현재 자산총액이 5천억 원 이상인 회사를 말한다. 다만, 다른 법률에 따라 내부통제기준 및 준법감사인을 두어야 하는 상장회사는 제외한다(시행령 제39조). 또한 준법통제기준에는 다음의 사항이 포함되어야 한다. 즉, 준법통제기준의 제정 및 변경의 절차에 관한 사항, 법 제542조의 13 제2항에 따른 준법지원인의 임면절차에 관한 사항, 준법지원인의 독립적 직무수행의 보장에 관한 사항, 임직원이 업무수행과정에서 준수해야 할 법규 및 법적 절차에 관한 사항, 임직원에 대한 준법통제기준 교육에 관한 사항, 임직원의 준법통제기준 준수 여부를 확인할 수 있는 절차 및 방법에 관한 사항, 준법통제기준을 위반하여 업무를 집행한 임직원의 처리에 관한 사항, 준법통제에 필요한 정보가 준법지원인에게 전달될 수 있도록 하는 방법에 관한 사항, 준법통제기준의 유효성 평가에 관한 사항 등이다(시행령 제40조).

(2) 준법지원인의 임면 · 자격 · 임기

대통령령으로 정하는 상장회사는 준법지원인을 임면하려면 이사회의 결의를 거쳐야 한다(제542조의 13 제4항). 준법지원인은 다음 각 호의 사람 중에서 임명하여야 한다. 변호사의 자격이 있는 사람, 고등교육법 제2조에 따른 학교의 법률학 조교수 이상의 직에 5년 이상 근무한 사람, 그 밖에 법률적 지식과 경험이 풍부한 사람으로서 대통령령이 정하는 사람 등이다(동조 제5항). 대통령령으로 정하는 사람이란 상장회사에서 감사·감사위원·준법감시인 또는 이와 관련된 법무부서에서 근무한 경력이 합산하여 10년 이상인 사람, 법률학 석사학위 이상의 학위를 취득한 사람으로서 상장회사에서 감사·감사위원·준법감시인 또는 이와 관련된 법무부서에서 근무한 경력이 합산하여 5년 이상인 사람을 말한다(시행령 제41조). 준법지원인의 임기는 3년으로 하고, 준법지원인은 상근으로 한다(동조 제6항).

(3) 준법지원인의 의무

준법지원인은 선량한 관리자의 의무로 그 직무를 수행하여야 한다(동조 제7항). 준법지원인은 준법통제기준의 준수여부를 점검하여 그 결과를 이사회에 보고하여야 한다(동조 제3항). 준법지원인은 재임중 뿐만 아니라 퇴임후에도 그 직무상 알게 된 회사의 영업상 비밀을 누설하여서는 아니 된다(동조 제8항). 또한 준법지원인은 자신의 업무수행에 영향을 줄 수 있는 영업 관련 업무를 담당해서는 아니 된다(시행령 제42조).

(4) 상장회사의 의무 및 적용법규

대통령령으로 정하는 상장회사는 준법지원인이 그 직무를 독립적으로 수행할 수 있도록 하여야 하고, 회사의 임직원은 준법지원인이 그 직무를 수행할 때 자료나 정보의 제출을 요구하는 경우 이에 성실하게 응하여야 한다(동조 제9항). 회사는 준법지원인이었던 사람에 대하여 그 직무수행과 관련된 사유로 부당한 인사상의 불이익을 주어서는 아니 된다(동조 제10항).

준법지원인에 관하여 다른 법률에 특별한 규정이 있는 경우를 제외하고는 이 법에서 정하는 바에 따른다(동조 제11항 본문). 준법통제기준과 준법지원인에 관하여 필요한 사항은 대통령령으로 정한다(동조 제12항).

제5절 신주의 발행

I. 자금조달방법

주식회사의 기업활동이 본궤도 위에 올라 발전을 거듭하면 할수록 그 만큼 자금의 수요가 커진다. 회사설립시에 주금액의 납입을 통하여 집적된 회사재산만으로는 그 자금의 수요를 충족시킬 수 없게 되므로, 계속 소요되는 자금을 기동성있게 원활히 조달할 수 있느냐 없느냐가 그 기업의 성패를 판가름한다고 하여도 과언이 아닐 것이다.

이러한 자금의 조달방법은 이른바 타인자본에 의한 조달방법과 자기자본에 의한 조달방법으로 분류할 수 있다. 전자의 경우는 개별적인 금전소비대차계약에 의한 차입과 사채발행으로 다시 분류되고, 후자의 경우가 바로 신주발행인 것이다.

II. 신주발행의 의의

1. 보통의 신주발행

보통의 신주발행이란 회사성립 후 회사의 자본조달을 직접적인 목적으로 수권주식총수의 범위 내에서 미발행주식을 발행하는 것을 말한다.

수권자본제를 채용한 상법하에서는 증자에 의한 자금의 조달은 수권주식총수의 범위 내에서 신주발행의 형식에 의하여 원칙적으로 이사회에서 자유로이 할 수 있다. 이에 의하여 증자절차는 간단하고 회사의 자금조달은 기동성을 갖게 된다. 그러나 이사회에 이러한 강력한 권한을 주는 반면에, 그 권한의 남용을 방지하고 주주의 정당한 이익을 보호하는 방안으로 상법은 ① 수권주식총수의 범위 내에서만 신주를 발행할 수 있도록 제한하여 이사회에 의한 신주의 남발을 억제하고, ② 주주에게 원칙적으로 신주인수권을 인정하고(제418조 제1항), ③ 불공정한 신주발행을 예방하기 위하여 각 주주에게 신주발행유지청구권을 인정하고 있다(제424조).

보통의 신주발행방법은 누구에게 신주를 인수시킬 것인가에 따라 주주배정·제3자배정·모집의 3가지가 있다. 주주배정의 방법은 주주에게 신주인수권이 인정된 경우이고, 제3자 배정의 방법은 제3자에게 신주인수권이 인정된 경우이며, 모집의 방법은 누구에게도 신주인수권이 인정되지 않는 경우이다.

2. 특수한 신주발행

특수한 신주발행의 경우에는 그 목적이 운영자금의 조달에 있는 것이 아니라 다른 특수한 요청(자본구성의 시정, 현금의 사외유출방지 등)에 따른 것이므로 자본이나 회사재산의 증감관계를 일률적으로 말할 수는 없다. 특수한 신주발행으로는, ① 전환주식의 전환에 의한 신주발행(제346조 이하), ② 주식분할에 의한 신주발행(제329조의 2), ③ 자본감소를 위한 주식병합에 의한 신주발행(제440조~제444조), ④ 준비금의 자본전입에 의한 신주발행(제461조), ⑤ 주식배당에 의한 신주발행(제462조의 2), ⑥ 전환사채의 전환에 의한 신주발행(제515조, 제516조), ⑦ 신주인수권부사채권자의 청구에 의한 신주발행(제516조의 8)을 들 수 있고, ⑧ 이 밖에도 특별법상 합병에 의한 존속회사의 신주발행(제523조 제3호), ⑨ 회사의 분할·합병의 경우 신주발행(제530조의 5, 제530조의 6), ⑩ 자산재평가적립금의 자본전입에 의한 신주발행, ⑪ 회사정리계획에 의한 신주발행의 경우를 들 수 있다.

III. 신주인수권

1. 신주인수권의 의의

신주인수권이란 회사의 성립 후 신주를 발행하는 경우에 그 신주를 우선적으로 인수하는 권리를 말한다. 신주인수권을 누구에게 줄 것이냐 하는 문제는 주주의 이익보장과 자금조달의 기동성·편의성의 확보라는 요청과 관계되는 것인데, 상법은 주주의 이익을 보호하기 위해서 주주의 신주인수권을 원칙적으로 인정하고(제418조), 정관으로써 제3자에게도 신주를 배정할 수 있게 하였다(제418조, 제420조 제5호). 다만 이 경우에는 신기술의 도입, 재무구조의 개선 등 회사의 경영상 목적을 달성하기 위하여 필요한 경우에 한한다(제418조 제2항). 주주 외의 자에게 신주를 배정하는 경우 회사는 신주의 종류와 수, 신주의 발행가액과 납입기일, 무액면주식의 경우에는 신주의 발행가액 중 자본금으로 계상하는 금액, 신주의 인수방법, 현물출자를 하는 자의 성명과 그 목적인 재산의 종류, 수량, 가액과 이에 대하여 부여할 주식의 종류와 수 등의 사항을 그 납입기일의 2주 전까지 주주에게 통지하거나 공고하여야 한다(제418조 제4항).

2. 주주의 신주인수권

(1) 의의

주주의 신주인수권(Preemptive right)이란 주주가 종래 가지고 있던 주식의 수에 비례하여 신주의 우선적 배정을 받는 권리이다(제418조). 주주의 신주인수권은 추상적 신주인수권과 구체적 신주인수권으로 구별할 수 있다. 먼저 추상적 신주인수권은 정관이나 이사회의 결정에 의해서 비로소 생기는 것이 아니라, 법률의 규정에 의하여 주주에게 당연히 주어지는 권리이며, 구체적 신주인수권은 신주발행의 경우에 이사회의 결의로 주주가 취득한 권리를 말한다.

(2) 법적 성질 및 양도성

추상적 신주인수권은 주주권의 한 내용을 이루고 있으므로 주식과 분리하여 양도 기타의 처분을 하지 못하는 동시에 주식이 양도됨에 따라서 당연히 이전된다. 그러나 추상적 신주인수권의 법적 성질은 비고유권이므로 원시정관에서나 정관변경에 의하여 어느 때든지 이를 배제 또는 제한할 수 있다고 본다.

구체적 신주인수권은 추상적 신주인수권으로부터 유출된 지분권으로서, 이사회의 신주발행결의에 의하여 구체화된 권리이다. 즉 이것은 마치 이익배당청구권으로부터 구체적인 배당금지급청구권이 생기는 것과 같다. 구체적 신주인수권은 주식과는 독립된 채권적 권리이므로 주식과 별도로 양도할 수 있다. 다만 이사회결의에 따라 신주인수권증서를 교부받아 그 증서로써 양도하여야 한다(제420조의 3 제1항).

(3) 주식의 배정과 주주평등의 원칙

주주는 정관에 다른 정함이 없는 한, 지주수에 따라 평등하게 신주의 배정을 받을 권리가 있다. 신주인수권의 내용은 신주를 평등하게 우선적으로 배정받는 것이므로 주식의 발행조건(발행가액 같은 것)의 우대를 의미하는 것은 아니다. 지주수에 따라서 평등하게 신주를 배정하는 것이 원칙이지만 다음과 같은 예외가 인정된다. 즉, 종류주식을 발행하고 있는 경우에는 정관에 정함이 없더라도 신주의 인수로 인한 주식의 배정에 관하여 주식의 종류에 따라 특수한 정함을 할 수 있으며(제344조 제3항), 자기주식을 가지고 있는 회사는 그 주식에 대한 신주인수권이 없다고 보아야 할 것이다. 단주에 관하여는 자본감소의 경우와 같은 단주의 처리에 관한 명문규정(제443조)이 없으므로 이사회가 그 처리에 관하여 자유로이 정할 수 있다는 견해도 있으나, 주주평등의 원칙상 단주를 시가로 처분하여 발행가액과의 차액을 단주주에게 분배하는 것이 타당하리라고 본다. 참고로 주권상장법인 또는 주식을 신규로 상장하고자 하는 법인의 주식을 모집 또는 매출하는 경우에 당해법인의 우리사주조합원은 모집 또는 매출하는 주식총수의 100분의 20 범위 안에서 우선적으로 주식을 배정받을 권리가 있다(자본시장법 제165조의 7 제1항 본문). 따라서 우리사주조합원에게 배정되는 주식에는 주주의 신주인수권이 미치지 못한다.

(4) 신주인수권이 없는 경우

주주는 원칙적으로 장래에 발행되는 모든 주식(현재의 미발행주식뿐만 아니라 정관변경 후의 미발행주식도 포함)에 대하여 신주인수권을 갖게 되지만, 다음과 같은 경우에 발행되는 주식은 신주인수권의 대상이 될 수 없다. 즉, ① 준비금의 자본전입의 경우(제461조), ② 전환주식 · 전환사채의 전환의 경우(제348조, 제516조), ③ 주식배당의 경우(제462조의 2). ④주식분할의 경우(제329조의 2), ⑤ 주식병합의 경우(제440조, 제442조), ⑥ 회사합병의 경우(제523조 제3호), ⑦ 회사의 분할 · 분할합병의 경우(제530조의 5, 제530조의 6), ⑧ 현물출자의 경우, ⑨ 실권주 처리의 경우(제419조 참조), ⑩ 신주인수권부사채권자의 청구의 경우(제516조의 8), ⑪ 이 밖에 '자본시장법'(제165조의 7)과 '채무자회생 및 파산에 관한 법률'(제265조 2항, 제266조 3항)을 두고 있다.

(5) 신주인수권의 효력

회사가 주주의 신주인수권을 무시하여 신주를 발행한 경우, 주주는 신주발행의 유지를 청구할 수 있고(제424조), 회사 또는 이사를 상대로 손해배상을 청구할 수 있다(제339조, 제210조, 제401조). 이때 발행된 신주의 효력은 ① 주주의 신주인수권이 대부분 무시된 경우 무효라는 학설과, ② 지배권에 영향을 미칠 때만 무효라는 학설, ③ 신주인수권의 일부라도 무시되면 무효라는 학설이 있으나 ③설이 옳다고 본다. ①설은 그 한계가 모호하고, ②설은 지배권에만 영향이 없으면 상관없다는 것으로 부당하다고 생각된다.

(6) 주주의 신주인수권의 양도

1) 신주인수권의 양도성

추상적 신주인수권은 주식과 분리하여 타인에게 양도할 수 없으나 구체적 신주인수권은 이를 양도할 수 있다. 이로써 자력이 없어서 신주를 인수하지 못하는 주주도 그 인수권을 양도함으로써 자신의 이익을 보호할 수 있게 된다.

2) 양도의 요건

주주의 신주인수권은 정관의 규정이나 정관에 의한 주주총회의 결의 또는 이사회의 결의가 있어야 그 양도가 인정된다(제416조 제5호). 이와 같은 정함이 없는 경우에는 그 신주인수권은 양도성이 없다는 것이 다수설의 입장이다. 왜냐하면 ① 신주인수권의 양도에 관한 사항은 이사회 등에서 결정하도록 법정되어 있고, ② 신주인수권은 신주인수권증서의 교부에 의하여서만 양도할 수 있는데(제420조의 3), ③ 신주인수권증서는 이 결의가 있을 때에만 발행하기 때문(제420조의 2)이다. 따라서 이를 양도하더라도 회사에 대하여 효력이 없고, 다만 권리주양도의 효력만 있다고 한다. ④ 또한 상법은 신주인수권의 양도방법을 신주인수권증서의 교부에 의하도록 하였는 바(제420조의 3 제1항), 이는 주식의 양도방법을 주권의 교부에 의하도록 한 것과(제336조 제1항) 균형을 맞추기 위한 것이다.

그러나 구체적 신주인수권은 채권적 성질을 갖는 권리이기 때문에 당연히 양도성이 있다고 본다. 다만 그 양도는 회사에 대하여는 효력이 없으나, 회사가 임의로 승낙하면 회사에 대하여도 유효한 것이 된다.

3) 신주인수권증서의 발행

신주인수권의 양도는 신주인수권증서의 발행·교부에 의해서만 할 수 있다(제420조의 2 제1항, 제420조의 3 제1항). 신주인수권증서(option warrant, stock purchase warrant)는 신주인수권을 표창하는 유가증권이다.

회사는 신주인수권만의 분리 양도를 인정한 경우 신주인수권증서의 발행청구기간을 정한 때에는 그 기간 내에 청구한 주주에 대하여 이를 발행하고(제416조 제6호), 청구기간을 정하지 아니한 때에는 신주청약기일의 2주 전에 청구에 관계없이 모든 주주에게 이를 발행하여야 한다(제420조의 2 제1항). 이에 위반하면 과태료의 제재가 있다(제635조 제1항 제16호). 청구기간 내에 청구를 하지 않은 주주는 신주인수권증서가 없으므로 주권과 분리하여 신주인수권만을 양도할 수는 없으나, 당연히 신주를 인수할 수 있고, 주권발행 후 이를 양도할 수 있음은 물론이다.

신주인수권증서에는 신주인수권증서라는 뜻의 표시, 주식청약서의 기재사항(제420조), 신주인수권의 목적인 주식의 종류와 수, 일정기일까지 주식을 청구하지 않으면 그 권리를 잃는다는 뜻을 기재하고 이사가 기명날인 또는 서명을 하여야 한다(제420조의 2 제2항). 그러나 신주인수권증서는 엄격한 요식증권이 아니므로 법정기재사항 외에 가감이 있더라도 상관없다. 또 중요한 기재사항이 흠결된 경우라도 신주발행의 변경등기를 한 날로부터 1년이 지나거나 주주의 권리를 행사한 후에는 신주인수의 무효를 주장할 수 없다(제427조).

4) 신주인수권양도의 효력

신주인수권의 양도는 원칙적으로 신주인수권증서의 교부에 의하여서만 할 수 있다(제420조의 3 제1항). 따라서 신주인수권증서에 의하지 아니한 양도는 회사에 대하여서는 효력이 없으나, 회사가 임의로 승낙하면 회사에 대하여서는 유효한 것이 된다.

신주인수권증서의 점유자는 적법한 소지인으로 추정되고, 이러한 소지인으로부터 악의·중과실 없이 이를 양수한 경우에는 선의취득이 인정된다(제420조의 3 제2항, 제336조 제2항).

신주인수권증서가 발행된 경우에는 신주인수권증서에 의하여 신주를 청약한다(제420조의 5).

(7) 신주인수권의 전자등록

회사는 신주인수권증서를 발행하는 대신 정관에서 정하는 바에 따라 전자등록기관의 전자등록부에 신주인수권을 등록할 수 있다. 이러한 경우에는 주식의 전자등록에 관한 규정을 준용한다(제420조의 4, 제357조의 2 제2항 내지 제4항).

3. 제3자의 신주인수권

(1) 의 의

제3자의 신주인수권이란 정관 또는 특별법에 의하여 주주 이외의 특정한 제3자가 일정한 신주의 우선적 배정을 받을 수 있는 권리를 말한다. 회사는 정관에 정하는 바에 따라 주주외의 자에게 신주를 배정할 수 있는데, 다만 제3자에 대한 신주의 배정은 신기술의 도입, 재무구조의 개선 등 회사의 경영상 목적을 달성하기 위하여 필요한 경우에 한하므로 제3자란 공모의 경우의 일반인을 의미하지 않는다(제418조 제2항, 제420조 제5호). 이 때 이러한 제3자는 정관의 규정만으로는 신주인수권을 취득하지 않고 '회사와 제3자간의 계약'이 있어야 비로소 신주인수권을 취득한다고 본다.

자본시장법에 따르면 주권상장법인은 정관으로 정하는 바에 따라 이사회 결의로써 대통령령으로 정하는 일반공모증자 방식으로 신주를 발행할 수 있으므로(자본시장법 제165조의 6 제1항), 상장법인의 경우 일반공모증가가 가능하게 되었다. 이에 따라 일반공모증자 방식으로 발행되는 신주의 발행가격은 대통령령으로 정하는 방법에 따라 산정한 가격이상이어야 한다(자본시장법 제165조의 6 제2항).

(2) 양도

제3자의 신주인수권을 양도할 수 있는가에 대하여는 학설이 나누어진다. 즉

① 이는 계약상의 권리라는 점에서 양도할 수 있다는 견해, ② 이는 제3자와 회사간의 특별한 관계에서 인정되는 권리이므로 양도할 수 없다고 보는 견해, ③ 회사가 승인한 경우에만 양도가 가능하다고 보는 견해로 나뉘어 있다.

정관에 의하여 제3자에게 신주인수권이 인정된 경우에도 제3자의 이익을 보호하기 위해서나 또는 회사의 자금조달의 편의를 위해서나, 정관에 반하지 않는 한 신주인수권의 양도를 인정하여야 할 것으로 본다.

(3) 위반의 효과

회사가 제3자의 신주인수권을 무시하고 신주발행을 한 경우에는, 회사는 채무불이행을 한 것이므로 제3자에 대하여 손해배상책임을 지나 그 신주발행이 무효가 되는 것은 아니다(통설)(민법 제390조). 이 때 이사가 고의 또는 중과실로 그 임무를 해태한 경우에는 그는 제3자에 대하여 연대하여 손해배상할 책임을 부담한다(제401조). 그러나 이 경우에 회사가 주주의 신주인수권을 무시하고 신주발행을 한 경우에 주주에게 인정되는 신주발행유지청구권(상법 제424조)·신주발행무효의 소(제429조 이하) 등은 제3자에게 인정되지 않는다.

4. 이사·감사·피용자의 주식매수선택권

(1) 의의

1999년 개정상법에서는 1997년에 주권상장법인에 한하여 (구)증권거래법상 규정된 바 있는 주식매수선택권(stock option)제도를 도입하였다. 따라서 이 제도는 주권상장법인뿐만 아니라 주권비상장법인인 주식회사의 경우에도 도입이 가능하게 되었다. 주식매수선택권이란 회사가 정관이 정한 바에 따라 상법 제434조의 규정에 의한 주주총회의 특별결의로 회사의 설립·경영과 기술혁신 등에 기여하거나 기여할 수 있는 회사의 이사·집행임원·감사 또는 피용자 등 임직원에게 미리 정한 가액으로 신주를 인수하거나 자기의 주식을 매수할 수 있는 권리를 주는 것을 말한다(상법 제340조의 2 제1항). 이 제도는 기업의 임직원을 위한 보상제도의 일종으로서 당해 기업의 임직원에게 주식을 가격이나 수량 또는 기한 등에 있어서 유리한 조건으로 매수할 수 있는 권리를 주는 것이다.

(2) 법적 성질

임직원의 주식매수선택권은 회사의 승낙을 요하지 않고 행사할 수 있는 권리이므로, 그 성질은 형성권이다. 그런데 임직원이 주식매수선택권을 행사하여 취득한 주식의 시가와 행사가액과의 차이가 상법 제388조의 보수에 해당하는가 하는 문제가 있다. 그러나 보수와 다른 점은 임직원에게 부여된 주식매수선택권은 제3자에게 양도할 수 없고, 주식의 시가가 행사가액보다 항상 상승한다는 보장이 없다는 점이다. 그러나 보수란 직무집행에 대한 대가로 지급된다는 점에서 보면, 주식매수선택권을 행사하여 취득한 주식의 시가와 행사가액과의 차액은 보수에 해당한다고 할 수 있을 것이다. 선택권을 부여하려면 정관의 규정에 기하여 주주총회의 특별결의가 있어야 하므로, 별도의 보수에 관한 상법 제388조에 의한 주주총회의 결의는 필요가 없다고 본다.

(3) 입법취지

주식매수선택권은 기업이 전문경영인이나 전문기술보유자 등을 고용하고자 하는 경우에, 실제로 많은 자금의 부담이 없이도 기업과 당해 임직원의 이해관계를 일치시켜서 주인의식을 고취하고 성취의욕에 대한 동기를 부여하는데 그 목적이 있는 것이다. 이러한 점에서 이는 종업원지주제도와 유사하다고 할 수 있다. 그러나 우리사주조합제도는 종업원만을 대상으로 하였고 임원이 제외되었으므로, 임원에게는 경영성과의 향상을 위한 직접적인 동기를 부여하지 못하였다. 이는 경영성과의 향상에 의한 주가의 상승이 임직원의 이익과 결부되어 주주의 이익과 임직원의 이익이 일치되어 주주중심의 경영을 도모할 수 있는 효과가 기대된다.

Ⅳ. 신주발행의 절차

1. 신주발행사항의 결정

실질상 증자를 위한 보통의 신주발행사항은 정관에 의하여 주주총회에서 정하기로 정한 경우를 제외하고는 수권주식의 범위 내에서 이사회가 결정하는데, 상법 제416조 각 호의 사항 중에서 정관에 규정이 없는 사항을 결정한다(상법 제416조).

특히 이사가 1인인 회사는 이사회가 없으므로, 신주발행사항은 주주총회에서 결정하게 된다(제383조 제4항).

(1) 신주의 종류와 수

정관에 종류주식에 관한 규정을 두면 여러 가지 종류의 주식을 발행하여 신주모집을 쉽게 할 수 있다(제344조~제351조). 그러나 종류주식 중에서 어떤 종류의 주식을 몇 주 발행할 것인지는 그때 그때 회사의 형편에 따라 결정될 문제이므로, 우선 이사회에서 이에 대한 결정을 하여야 한다. 이때 이사회는 정관에 다른 정함에 없는 경우에도 주식의 종류에 따라 신주의 인수, 주식의 병합, 소각 또는 합병, 분할로 인한 주식의 배정에 관하여 특수한 정함을 할 수 있고(제344조 제3항), 새로 전환주식을 발행하는 경우에는 전환의 조건·청구기간 및 전환으로 인하여 발행할 주식의 수와 내용도 결정하여야 한다(제346조).

(2) 신주의 발행가액과 납입기일

이사회에서는 신주의 발행가액을 정하여야 한다. 대개 이 발행가액은 주금액(액면가액)과 같은 것이고, 또 배정가액(인수가액)과도 같은 것이 보통이나, 이 세 가액은 별개의 것이므로 반드시 일치하는 것은 아니다.

액면초과발행을 하거나 액면가액으로 발행하는 경우에는 별문제가 없으나, 액면미달발행(할인발행)을 하는 경우에는 주주총회에서 정한 최저발행가액의 범위 내에서 구체적인 발행예정가액을 이사회에서 결정하는 것이다.

주식의 할인발행은 자본유지의 원칙에 위배되는 것이므로 원칙적으로 인정할 수 없다. 그러나 시중의 주가가 주금액을 하회하는 경우에는 신주발행을 하려면 액면미달발행을 하지 않을 수 없다. 우리나라의 주식의 할인발행제도는 영국회사법에서 도입한 것인데 수권자본제도의 보완책으로서 무액면주식제도 대신에 이용되고 있는 것이다. 그러나 이 할인발행은 자본유지의 원칙의 중대한 예외이므로, 다음과 같은 엄격한 법적 조치를 강구하고 있다. 즉, 주식의 액면미달발행을 하려면, 회사가 성립한 날로부터 2년을 경과한 후이어야 하고(제417조 제1항), 주주총회의 특별결의가 있어야 하며(제417조 제2항), 법원의 인가를 얻어야 한다(제417조 제1항). 뿐만 아니라 법원의 인가를 얻은 날로부터 1월 내 또는 법원이 특별히 연장한 기간 내에 주식을 발행하여야 하며(제417조 제4항), 회사채권자를 보호하기 위하여 주식청약서와 신주발행으로 인한 변경등기에 권면액과 발행가액의 차액 중 미상각액을 기재 및 등기하여야 하고(제420조 제4호, 제426조), 액면미달금액의 총액을 대차대조표 자산의 부에 이연자산으로 기재하였다가 3년 내의 매결산기에 균등액의 이상의 상각을 하도록 하였다(제455조).

또 이사회에서는 납입기일도 정하여야 하는데, 납입기일에 인수와 납입이 완료된 주식에 대해서만 신주발행의 효력이 발생하도록 하기 위한 것이다(제423조).

(3) 무액면주식을 발행하는 경우 자본금

회사가 무액면주식을 발행하는 경우 회사의 자본금은 주식발행가액의 2분의 1 이상의 금액으로서 이사회 또는 주주총회에서 자본금으로 계상하기로 한 금액의 총액으로 한다(제451조의 3 제2항 제1문). 이처럼 회사가 무액면주식을 신주로 발행할 경우에는 발행가액 중 자본금으로 계상하는 금액을 정하여야 한다(제416조 제2의 2호).

(4) 신주의 인수방법

정관으로 주주의 신주인수권을 배제하였거나 주주가 신주를 인수하지 아니하는 경우에 한하여 신주의 인수방법을 결정할 필요가 있다. 이런 경우 신주의 공모 여부, 단주 및 실권주의 처분방법 등을 결정한다. 그 밖에 주금납입을 취급할 금융기관, 청약증거금을 수령하는 방법 등은 대표이사에게 위임할 수 있다.

(5) 현물출자에 관한 사항

현물출자를 하는 자의 성명과 그 목적인 재산의 종류·수량·가액과 이에 대하여 부여할 주식의 종류와 수를 이사회에서 결정하여야 한다. 현물출자자의 제한은 없으나, 현물출자의 부당평가를 막기 위하여 검사인의 검사 또는 공인감정인의 감정을 받아야 한다(제422조). 2011년 개정상법은 현물출자를 하더라도 소규모에 그쳐 자본충실을 해할 위험이 크지 않거나 출자가액의 평가가 불공정해질 염려가 없는 경우에는 검사를 면제하기 위한 규정을 신설하였다(제422조 제2항). 현물출자자는 이사회의 결의가 있는 때가 아니라 회사와 현물출자의 계약이 성립한 때 주식인수인이 된다. 회사설립시와는 달리 현물출자에 관한 사항은 정관의 기재사항이 아니다.

(6) 신주인수권의 양도에 관한 사항

이사회는 정관에 다른 정함이 없는 한, 신주발행시에 신주인수권의 양도에 관한 사항을 정하여야 한다(제416조 제5호). 아무런 결정이 없는 때에는 주주의 신주인수권은 양도성이 없다(다수설).

그러나 구체적 신주인수권은 채권적 성질을 갖는 권리로서 당연히 양도성이 있으나, 그 양도는 회사에 대하여는 효력이 없다고 본다. 다만 회사가 임의로 양도를 승낙하면 회사에 대하여도 유효하다고 본다.

(7) 신주인수권증서의 발행청구에 관한 사항

신주인수권증서(option warrant, stock purchase warrant)는 신주인수권을 표창하는 유가증권이다. 상법은 신주인수권의 양도방법으로 신주인수권제도를 채택하였으나(제420조의 3 제1항), 회사의 사무번잡과 신주인수권증서의 상실에 대비하기 위하여 신주인수권증서의 발행을 일반적으로 강제하지 아니하고, 이사회의 결의로 주주의 청구가 있는 때에만 발행한다는 것과 그 청구기간을 정할 수 있도록 하였다(제416호 제6호).

신주인수권증서는 그 청구기간을 정한 때에는 그 기간 내에, 그 기간을 정하지 아니한 때에는 신주청약기일(제419조 제1항)의 2주 전에 발행하여야 한다. 특히 후자의 경우에는 신주인수권자인 주주의 청구가 없더라도 모든 주주에 대한 신주인수권증서의 발행·교부가 회사에 강제된다. 이는 신주인수권의 양도성을 인정하면서 신주인수권증서의 발행청구기간을 정하지 아니한 경우에 신주인수권의 양도성을 주주에게 보장하기 위한 것이다.

2. 신주배정일의 지정·공고

주식의 양수인은 명의개서가 없는 한 회사에 대항할 수 없으며(제337조), 따라서 신주인수권도 행사할 수 없게 된다. 물론 상법상 주주명부의 폐쇄와 기준일 제도(제354조)가 있으나, 이것만으로 주주의 신주인수권보호에 만전을 기할 수는 없다. 이에 상법은 실질적 주주인 주식양수인이 명의개서를 해태함으로써 신주인수권행사의 기회를 놓치는 일이 없도록 하기 위하여, 신주발행시에는 반드시 신주배정일을 정하고 그 2주 전에 이를 공고하도록 하고 있다(제418조 제3항 본문). 다만 신주배정일이 주주명부폐쇄기간 중인 경우에는 폐쇄기간의 초일의 2주 전에 공고하여야 한다(제418조 제3항 단서). 그리고 신주인수권을 양도할 수 있는 경우에는 그 뜻도 공고의 내용에 포함시켜야 한다(제418조 제3항 본문).

3. 신주인수권자에 의한 청약최고

회사는 일정한 기일(청약기일)을 정하여 그 기일의 2주 전에 신주인수권자에게 그 자가 인수권을 가지는 종류와 수 및 그 기일까지 주식인수의 청약을 하지 아니하면 그 권리를 잃는다는 뜻의 통지(실권예고부청약최고)를 하여야 하며(제419조 제1항·제3항), 회사가 무기명주식의 주권을 발행한 때에는 청약기일의 2주 전에 같은 사항을 공고하여야 한다(제419조 제2항·제3항). 회사가 위에 말한 통지 또는 공고를 하였음에도 불구하고 신주인수권자가 그 기일까지 주식인수의 청약을 아니 하는 때에는 그 권리를 잃게 된다(제419조 제4항).

4. 주주의 모집

정관에 의한 신주인수권의 제한 때문에 그 대상으로 되지 아니한 주식과 신주인수권자의 실권주식에 관하여는 회사가 일반 공중으로부터 주주를 모집할 수 있다.

5. 신주인수의 청약

주식인수의 청약을 하고자 하는 자는 현물출자자의 경우를 제외하고는 대표이사가 작성한 주식청약서 2통에 법정사항을 기재하여 청약을 하여야 한다(제420조, 제425조, 제302조 제3항). 주식인수의 청약시에 청약인으로부터 발행가액 전액에 상당하는 청약증거금을 납입시켜서 납입기일에 이를 납입금에 충당하는 것이 관행으로 되어 있다.

신주인수권증서를 발행한 경우에는 신주인수권증서에 의해서 주식의 청약을 한다(제420조의 5 제1항). 신주인수권증서를 상실한 경우에는 주식청약서에 의해 청약을 할 수 있으나, 이 청약은 신주인수권증서에 의한 청약이 있는 때에는 그 효력을 잃는다(제420조의 5 제2항). 회사는 신주인수권증서를 발행하는 대신 정관으로 정하는 바에 따라 전자등록기관의 전자등록부에 신주인수권을 등록할 수 있다(제420조의 4).

6. 신주의 배정과 인수

대표이사는 신주인수권자의 청약에 대하여는 당연히 주식의 배정을 하여야 하나, 일반 대중의 청약에 대하여는 적당히 배정을 할 수 있다. 청약에 대한 배정이 끝나면 청약자는 주식인수인으로서 배정된 주수에 따라 주금액의 납입의무를 부담한다(제425조, 제303조). 주식인수의 법적 성질은 주식인수의 청약과 배정에 의하여 성립하는 주식청약인과 회사 사이의 입사계약이다.

7. 현물출자의 검사

현물출자를 하는 경우에는 현물출자에 관한 이사회의 결정이 합당한가를 조사받기 위하여 이사는 검사인의 선임을 법원에 청구하여야 한다. 이 경우 공인된 감정인의 감정으로 검사인의 조사에 갈음할 수 있다(제422조 제1항). 다만, 현물출자 재산이 회사의 규모에 비추어 비중이 낮은 경우(자본금 5분의 1 이하), 현물출자의 목적인 재산이 거래소의 시세 있는 유가증권인 경우, 주금납입채무와 회사에 대한 채권의 상계의 경우 등은 검사인에 의한 가액평가를 생략할 수 있다(제422조 제2항). 법원은 검사인의 조사보고서 또는 감정인 감정 결과를 심사하여 현물출자에 관한 사항이 부당하다고 인정한 때에는 이를 변경하여 이사와 현물출자를 한 자에게 통고할 수 있다(제422조 제3항). 그 변경처분에 불복하는 현물출자자는 그 주식의 인수를 취소할 수 있으나(제422조 제4항), 법원의 통고가 있은 후 2주 내에 주식의 인수를 취소한 현물출자자가 없는 경우에는 그 통고에 따라 변경된 것으로 본다(제422조 제5항).

8. 출자의 이행

신주인수인은 납입기일에 그 인수한 각 주식에 대한 인수가액의 전액을 납입하고, 현물출자를 하는 자도 납입기일에 지체없이 출자의 목적인 재산을 인도하고, 권리의 설정 또는 이전에 등기나 등록을 필요로 하는 경우에는 그 서류를 완비하여 교부하여야 한다(제421조, 제425조, 제305조 3항, 제295조 제2항). 이 경우 납입장소·납입금보관자 또는 납입장소의 변경·납입금의 보관증명 등은 모집설립에 관한 규정을 준용한다(제425조, 제305조 제2항, 제306조, 제318조).

9. 신주발행의 효력발생시기

신주인수인이 납입기일에 납입 또는 현물출자의 이행을 하면 그 날의 다음 날에 신주발행의 효력이 생기는데(제423조 제1항 제1문), 회사의 자본도 이때부터 증가하고, 그 신주에 대한 이익이나 이자의 배당에 관하여는 정관이 정하는 바에 따라 그 영업연도의 직전 영업연도말에 발행된 것으로 하여 배당기일을 소급시킬 수 있다(제423조 제1항 제2문, 제350조 제3항). 만약 납입기일까지 출자의 이행을 하지 못하면 실권절차(제307조) 없이도 당연히 신주인수권을 상실하고(제423조 제2항) 당해 주식은 미발행주식으로 남게 된다. 이 경우 회사는 실권한 신주인수인에게 손해배상을 청구할 수 있다(제423조 제3항). 회사는 실권한 주식에 대하여 다시 주주를 모집할 수 있다.

신주의 납입기일 후 회사는 지체없이 주권을 발행하여야 하나(제355조 제1항), 납입기일 후가 아니면 주권을 발행하지 못한다(제355조 제2항). 납입기일 전에 발행한 주권은 무효이고, 이때 이를 발행한 자는 손해배상책임을 진다(제355조 제3항). 또 신주의 납입기일 후 6월이 경과하지 않은 한 주권발행 전에 한 주식의 양도는 회사에 대하여 효력이 없다(제335조 제3항).

10. 변경등기

신주발행의 효력이 발생하면 회사의 발행주식의 총수 및 자본의 총액 등의 등기사항(제317조 제2항 제2호, 제3호)에 변동이 생기므로 변경등기를 하여야 한다(제317조 제4항, 제183조). 회사는 납입기일로부터 본점소재지에서는 2주 내에, 지점소재지에서는 3주 내에 자본의 총액과 발행주식총수에 관한 변경등기를 하여야 하고(제317조), 액면미달발행의 경우에는 주식발행에 따른 변경등기에는 그 미상각액도 등기하여야 한다(제426조).

변경등기를 한 날로부터 1년이 경과하면 주식청약서 또는 신주인수권증서의 요건흠결을 이유로 그 인수의 무효를 주장하거나 사기, 강박 또는 착오를 이유로 인수를 취소하지 못하고, 신주인수인이 그 권리를 행사한 때에도 같다(제427조).

〈신주발행의 절차〉

신주발행, 발행사항 결정(제416조)

↓

신주배정일의 지정, 공고(제418조 제2항 본문)

↓

신주인수권자에 대한 최고(제419조)

↓

주식인수의 청약
주식청약서(제425조, 제302조 제1항) 신주인수권증서(제420조의 4)

↓

신주의 배정

↓

출자의 이행(제421조, 제425조, 제305조 제3항, 제295조 제2항)

↓

신주발행의 효력발생(제423조 제1항)

↓

변경등기(제317조 제2항 제2호, 제3호)

V. 신주의 위법·불공정발행에 대한 조치

1. 총설

수권자본제도하에서의 신주발행은 원칙적으로 이사회의 권한에 속하므로 자금조달에 기동성을 기할 수는 있으나, 그 반면에 이사회의 위법·불공정한 신주발행에 의하여 회사·주주 또는 회사채권자의 이익을 해할 우려가 있다. 따라서 상법은 이에 대하여 3가지의 구제방법을 규정하고 있는데, ① 그러한 불공정한 신주발행으로 인하여 불이익을 받을 염려가 있는 각 주주는 회사에 대하여 신주발행유지청구권을 행사할 수 있도록 한 점(제424조), ② 이사와 통모하여 현저하게 불공정한 발행가액으로 주식을 인수한 자에 대하여 회사에게 공정한 발행가액과의 차액에 상당한 금액을 지급하도록 주주는 대표소송을 제기할 수 있도록 한 점(제424조의 2 제2항), ③ 주주는 신주를 발행한 날로부터 6월 내에 회사를 상대로 하여 신주발행무효의 소를 제기할 수 있도록 한 점이 그것이다.

2. 주주의 신주발행유지청구권

회사의 신주발행이 법령·정관에 위반하거나 또는 현저하게 불공정한 방법에 의하여 이루어지게 되어, 이로 인하여 주주가 불이익을 받을 염려가 있는 경우에는 그 주주는 회사에 대하여 신주발행을 유지할 것을 청구할 수 있다(제424조).

회사가 주주의 신주발행유지청구를 무시하고 신주발행절차를 속행한 경우에는 신주발행유지의 소가 제기되어 이에 기한 유지의 판결이나 가처분이 있음에도 불구하고 이에 위반하여 한 신주발행은 무효가 된다고 본다(통설). 그러나 신주발행유지청구를 소 이외의 방법으로 한 경우에 이를 무시하고 한 신주발행은 무효원인이 되지 않고, 다만 이사의 책임이 생길 뿐이다(통설).

3. 통모인수인의 책임

신주의 발행가액이 현저하게 불공정하고 또 이사의 주식인수인이 그 점에 관하여 통모를 한 경우에는, 회사의 자본충실을 기하고 또한 기존주주의 이익을 보호하기 위하여 주식인수인에게 공정한 가액과 발행가액과의 차액을 직접 회사에 지급할 의무를 부담시키고 있다(제424조의 2). 통모인수인의 책임은 이사와의 통모를 요건으로 하므로 법률적으로는 회사에 대한 일종의 불법행위에 기한 손해배상책임이라고 할 수 있으나, 책임의 내용은 불공정한 발행가액과 공정한 발행가액과의 차액을 지급하는 것이므로 실질적으로는 회사의 자본충실을 위한 추가출자의무로서의 성질을 갖고 있으며 주주유한책임의 원칙(제331조)의 예외가 된다고 할 수 있다.

통모인수인이 지급한 금액은 실질적으로 추가출자이므로 상법 제59조 제1호의 액면초과액에 준하는 것으로 보아 자본준비금으로서 적립되어야 할 것으로 본다. 통모인수인의 이러한 책임은 원래 회사가 추궁하여야 할 것이나, 이사와 통모한 자에 대하여 회사가 그 책임을 추궁하는 것은 사실상 기대할 수 없으므로 '주주의 대표소송'이 인정된다(제424조의 2 제2항). 통모인수인이 이러한 책임을 지는 경우에도, 이사는 회사(제399조) 및 주주(제401조)에 대한 책임을 면하지 못한다(제424조의 2 제3항).

4. 신주발행의 무효

(1) 신주발행무효의 의의

신주발행의 무효란 신주발행이 법령이나 정관에 위반한 하자가 있는 경우에 새로이 발행되는 주식의 전부를 무효로 하는 것으로서, 개개의 주식인수의 무효와 구별된다.

(2) 신주발행의 무효원인

신주발행유지청구의 대상으로 할 수 있거나(제424조) 또는 이사의 손해배상책임(제399조, 제401조) 등에 의하여 해결될 수 있는 비교적 가벼운 위법행위는 이를 모두 무효로 할 필요가 없고, 주식회사의 본질에 반하는 중대한 위법행위만을 신주발행의 무효원인으로 보아야 할 것이다. 예컨대 수권주식총수를 초과하는 신주발행, 정관이 인정하지 않는 종류의 신주발행, 법정의 절차를 밟지 않고 한 액면미달의 신주발행, 주주의 신주인수권을 무시한 신주발행 등이 이에 속한다고 볼 수 있다.

신주발행을 위한 이사회결의 또는 주주총회결의에 하자가 있는 경우 신주발행이 효력을 발생하기 전에는 이러한 결의의 하자에 관한 소를 제기할 수 있으나, 신주발행이 효력을 발생한 후에는 이러한 하자는 신주발행의 무효원인에 흡수되어 별도의 소를 제기할 수 없다고 본다.

(3) 신주발행무효의 소의 절차

신주발행무효는 주주·이사 또는 감사에 한하여, 신주를 발행한 날로부터 6월 내에 회사를 상대로 하는 소만으로 주장할 수 있다(제429조). 그 밖의 소의 절차에 관하여는 회사의 설립무효의 소에 관한 규정이 준용된다(제430조, 제186조-제189조, 제190조 본문, 제191조, 제192조). 또한 제소주주의 담보제공의무(제377조)는 주주총회결의취소의 소에 관한 규정이 준용된다(제430조).

(4) 신주발행무효판결의 효력

신주발행무효판결이 확정된 때에는 법률관계의 획일적 처리를 위하여 대세적 효력이 인정되고(제430조, 제190조 본문), 또한 거래의 안전을 기하기 위하여 그 신주발행은 판결이 확정된 때부터 장래에 대하여만 그 효력이 없게 된다(상법 제431조 제1항).

(5) 신주발행무효판결 후의 처리

신주발행무효의 판결이 확정되면 회사는 지체없이 그 신주가 무효가 된 뜻과 3월 이상의 일정기간 내에 신주의 주권을 회사에 제출할 것을 공고하고, 주주명부에 기재된 주주와 질권자에 대하여는 각별로 그 통지를 하여야 한다(제431조 제2항).

이와 동시에 회사는 신주의 주주에 대하여 납입금액을 환급하여야 한다(상법 제432조 제1항). 그러나 납입금액과 무효판결확정시의 회사의 재산상태를 비교하여 환급할 금액이 현저하게 부당한 때에는 회사는 환급금액의 감액을, 신주주는 그 증액을 법원에 청구할 수 있으며, 법원은 사정에 따라 그 증감을 명할 수 있다(제432조 제2항). 또 신주주가 환급을 받는 경우 신주의 질권자의 권리는 그 환급금액 위에 물상대위한다(제432조 제3항, 제339조, 제340조 제1항 · 제2항).

(6) 신주발행의 부존재

신주발행의 실체가 전혀 없고 다만 신주발행의 변경등기만 있는 경우에는 신주발행의 부존재가 된다. 이 경우에는 누구나 언제든지 또 어떠한 방법으로도 그 무효를 주장할 수 있는데, 필요한 경우에는 신주발행부존재확인의 소도 제기할 수 있다.

제6절 사 채

I. 서 설

1. 사채의 의의

사채란 주식회사가 채권발행의 방법에 의하여 직접 또는 간접으로 일반대중으로부터 기채하여 부담하는 채무를 말한다. 따라서 사채란 협의의 공채인 국채·지방채와 구별된다.

합명회사나 합자회사의 기채에 관하여 상법에 아무런 규정이 없다고 하여 반드시 금지하는 것은 아니라고 본다. 왜냐하면 인적회사에 있어서는 사원의 전부 또는 일부가 회사의 채무에 대하여 연대·무한책임을 지기 때문에 채권자 보호에 관한 규정 등 간섭적 규정을 둘 필요가 없기 때문이라고 생각된다. 따라서 인적 회사의 경우도 사채발행이 가능하다고 본다. 유한회사의 경우는 각 사원의 책임이 유한책임임에도 불구하고 채권자보호를 위한 아무런 규정이 없는 점 및 상법 제600조 제2항과 제604조 제1항에서 사채의 상환을 완료하지 아니한 주식회사는 유한회사를 존속회사 또는 신설회사로 하는 회사합병 및 유한회사로의 조직변경을 금하고 있는 점으로 미루어 볼 때 사채를 발행할 수 없다고 보는 것이 통설이다.

2. 사채와 주식의 비교

사채와 주식은 주식회사의 자금조달방법으로서 이사회의 결의에 의하여 발행을 결정하고(제469조, 제416조) 일반대중으로부터 청약서에 의하여 모집하되 유가증권을 발행하게 된다.또한 자본구성의 면에 있어서나 귀속자의 지위에 있어서 다음과 같은 차이점을 찾아볼 수 있는가 하면, 한편 서로 접근해 가는 현상도 볼 수 있다.

(1) 공통점

① 주식이나 사채는 모두 장기자금조달의 목적으로 발행된다. ② 주식이나 사채는 모두 균등한 비례적 단위로 분할되고, 또 유가증권화하여 유통성을 높이고 있다. ③ 주식이나 사채는 모두 그 발행을 원칙적으로 이사회가 결정한다(제416조, 제469조). ④ 주식이나 사채는 모두 인수에 일정한 형식을 갖춘 청약서에 의하도록 하고 있다(제420조, 제474조). ⑤ 주식이나 사채는 모두 기명식과 무기명식으로 발행할 수 있는데, 기명식으로 발행한 경우에는 그의 이전에 소정의 대항요건을 갖추어야 한다(제337조, 제479조).

(2) 차이점

① 주식발행에 의하여 조달된 금액은 회사의 자기자본을 형성하여 회사는 이를 반환할 채무를 부담하지 않으나, 사채발행에 의하여 조달된 금액은 회사의 타인자본이 되어 회사는 이를 반환할 채무를 부담한다. ② 주식에는 현물출자가 인정되나, 사채에는 금전납입만이 인정된다(제476조 참조) ③ 주식의 납입에는 전액납입이 요구되나(제295조, 제305조), 사채의 납입에는 분할납입이 인정된다(제476조 제1항). ④ 주식에 대하여는 주주권을 표창하는 주권이 발행되나, 사채에 대하여는 순수한 채권을 표창하는 채권이 발행된다. ⑤ 주식에 대하여는 이익이 있는 경우에만 존재하는 이익배당이 있으나, 사채에 대하여는 이익의 유무에 불구하고 존재하는 확정이자가 있다. 따라서 이를 표창하는 유가증권의 측면에서 보면 주식은 설권증권이라고 볼 수 있는데 대하여, 사채는 투자증권(이자증권)이라고 볼 수 있다. ⑥ 주주는 회사의 사원으로서 회사의 관리·운영에 참여하지만, 사채권자는 회사의 채권자에 불과하므로 회사의 관리·운영에 참여하지 못한다. ⑦ 주식은 원칙적으로 회사의 존속 중에 상환되지 않으나(예외적으로 상환주식은 상환됨), 사채는 상환기에 상환된다. 또한 회사해산의 경우에 사채가 주식에 우선하므로 회사는 사채권자에게 변제한 후에 주주에게 잔여재산을 분배할 수 있다(제542조 제2항, 제260조). ⑧ 주식의 입질에 관하여는 특별규정이 있으나(제338조, 제340조), 사채의 입질에 관하여는 특별규정이 없다.

(3) 양자의 접근현상

주식과 사채는 서로 특색을 흡수하여 비슷해지고 있으나, 자본단체인 주식회사의 본질상 주식의 사채로의 전환은 인정할 수 없으므로 주식의 사채화현상에는 넘을 수 없는 한계가 있다.

1) 주식의 사채화

① 의결권 배제 주식은 의결권 없는 사채와 비슷하다. ② 비참가적·누적적 우선주는 고정적인 이익배당을 받게 되어 사채와 비슷하다. ③ 상환주식은 상환조항에 따라서 주금액을 상환하는 것이므로 원본을 상환하는 사채와 비슷

하다.

2) 사채의 주식화

① 전환사채는 사채이면서도 회사사업이 호황인 때에는 주식으로 전환하게 된다. ② 외국의 입법례에 의하면, 이익참가사채(일정률의 이자지급뿐만 아니라 이익배당에도 참가하는 사채), 소득사채(기업의 이익이 있는 것을 조건으로 이자가 지급되는 사채), 또는 영구사채(상환을 하지 않는 사채)도 있어서 사채는 주식과 매우 유사하게 되고 있다.

3. 사채의 종류

(1) 무담보사채와 담보부사채

사채의 원리금의 변제를 담보하기 위하여 물상담보권이 설정되었는가에 따르는 구별로서, 담보부사채신탁법에 의하여 물상담보권이 설정된 것을 담보부사채라 하고 그렇지 않은 것을 무담보사채라고 한다. 우량기업이 발행하는 사채는 대부분 무담보사채이다. 상환사채에 대하여는 상법 이외에 특별법인 담보부사채신탁법이 적용된다.

(2) 보통사채와 특수사채

사채권자에게 특수한 권리가 부여된 사채를 특수사채라 한다. 즉, 사채권자에게 사채를 신주로 전환할 수 있는 권리가 부여된 것을 전환사채라 하고, 신주를 인수할 수 있는 권리가 부여된 사채를 신주인수권부사채라 한다. 이 밖에 이익참가부사채, 교환사채, 상환사채, 파생결합사채 등이 있다(제469조 제2항). 이러한 특수사채에 비하여 아무런 권리도 부여되지 않은 사채를 보통사채라 한다.

(3) 기명사채와 무기명사채

사채권에 사채권자의 성명을 기재한 사채를 기명사채라 하고, 이를 기재하지 않은 것을 무기명사채라 한다. 양자간에는 상호 전환을 청구할 수 있다(제

480조).

(4) 현물사채와 등록사채

사채를 발행하는 경우에 사채전액의 납입이 완료한 때에는 원칙적으로 채권을 발행하여야 하는데(제478조), 이와 같이 채권이 발행되는 사채를 현물사채라 하고 공사채등록법에 의하여 사채권자의 청구에 의하여 등록기관에 등록한 사채를 등록사채라 한다. 등록사채에 대하여는 채권이 발행되지 않고(동법 제5조 제1항), 이미 발행된 채권은 회수하여야 한다(동법 제5조 제2항). 등록한 무기명식의 공사채를 이전하거나, 담보권의 목적으로 하거나, 신탁재산으로 위탁한 때에는 이를 등록하지 아니하면 당해 공사채의 발행자 기타 제3자에 대항하지 못한다(동법 제6조 제1항). 등록한 기명식의 공사채의 경우에는 이전 등을 위하여 등록하고 발행자가 비치하는 공사채원부에 그 뜻을 기재하지 않으면 당해 공사채의 발행자 기타 제3자에 대항하지 못한다(동법 제6조 제2항).

(5) 내국채와 외국채

사채의 모집지가 국내인 사채를 내국채라 하고, 그것이 외국인 사채를 외국채라 한다.

II. 사채의 발행

1. 사채발행의 의의

회사는 이사회의 결의에 의하여 사채를 발행할 수 있다(제469조 제1항). 사채는 다음의 사채를 포함한다. 즉, 이익배당에 참가할 수 없는 사채, 주식이나 그 밖의 다른 유가증권으로 교환 또는 상환할 수 있는 사채, 유가증권이나 통화 또는 그 밖에 대통령령이 정하는 자산이나 지표 등의 변동과 연계하여 미리 정하여진 방법에 따라 상환 또는 지급금액이 결정된 사채 등이다(제469조 제2항). 이러한 사채는 내용 및 발행방법 등 발행에 필요한 구체적인 사항은 대통령령으로 정한다(제469조 제3항). 또한 이사회의 결의에도 불구하고 정관으로 정하는 바에 따라 이사회는 대표이사에게 사채의 금액 및 종류를 정하여 1년을 초과하지 아니하는 기간 내에서 사채를 발행할 것을 위임할 수 있다(제469조 제4항).

2. 사채의 발행방법

(1) 총액인수

총액인수의 방법은 특정인(자본시장법 제6조 제2항, 제8조 제2항의 투자매매업자)에게 사채의 총액을 일괄하여 인수시키는 방법인데(제475조), 인수인은 그 인수한 사채를 매출하여 그 차액을 취득하게 된다.

(2) 공모발행

공모발행의 방법은 일반대중으로부터 사채권자를 모집하는 방법인데, 다음의 네 가지 방법이 있다.

① 직접모집의 방법은 회사가 직접 사채의 발행사무를 보는 것인데, 우리 상법은 이를 중심으로 규정하고 있다. 이 방법은 중개자에 대한 수수료를 절감할 수 있는 장점이 있으나, 오늘날 사채발행사무처리는 전문화되었기 때문에 이를 직접 처리한다는 것은 많은 인력을 소모하므로 비능률적이어서 이 방법에 의하여 발행하는 경우는 거의 없다.

② 위탁모집의의 방법은 회사가 다른 회사에 사채의 발행사무를 위탁하는 것이다. 이 때 위탁회사는 무담보사채의 경우는 은행·신탁호사 또는 증권회사(1962년 상법부칙 제6조)이며, 담보부사채인 경우에는 담보의 수탁회사이다. 이들 수탁회사는 사채모집절차의 진행, 채권의 발행·사채의 상환·이자의 지급 등에 관하여 광범위한 권한을 갖는다(담보부사채신탁법 제18조).

③ 인수모집(도급모집)의 방법은 수탁모집의 한 형태로서 수급인인 인수모집자가 응모액이 사채총액에 미달하는 경우 그 부족액을 인수하는 것이다.

④ 매출발행의 방법은 사채총액을 확정하지 않고 일정기간 중 사채권을 대중에게 매출하는 것이다. 그러나 채권은 사채금액의 납입이 완료된 후가 아니면 발행할 수 없도록 되어 있으므로(제478조), 일반 주식회사의 경우에는 매출발행을 할 수 없고, 특별법에 의한 예외적인 경우에 한하여 발행할 수 있다.

3. 사채의 발행절차

(1) 이사회의 결의

사채의 발행에는 먼저 이사회의 결의가 있어야 한다(제469조). 이사회의 결의에서는 사채의 총액·각 사채의 금액·이율·발행가액·상환방법 및 기한 등 사채의 주요 내용을 정하여야 한다.

(2) 사채계약의 성립

공모발행의 경우에는 기채회사 또는 위탁회사가 법정사항을 기재하여 작성한 사채청약서(제474조 제2항·제3항) 2통에 응모자가 인수할 사채의 수와 주소를 기재하고 기명날인 또는 서명을 함으로써 청약을 한다(제474조 제1항). 적법한 사채청약서를 작성하지 아니하면 과태료의 제재를 받는다(제635조 제1항 제16호). 이에 대하여 기채회사 또는 수탁회사가 배정을 함으로써 사채계약이 성립한다. 그러나 총액인수의 경우와 사채모집의 수탁회사가 인수하는 일부에 대해서는 사채청약서에 의할 필요가 없다(제475조). 사채는 주식과 달리 인수권자가 따로 없기 때문에 기채회사 또는 수탁회사는 청약자에게 자유로이 배정할 수 있다.

(3) 사채의 납입

사채모집이 끝나면 이사(위탁모집의 경우는 수탁회사)는 지체없이 인수인에게 사채의 전액납입 또는 제1회의 납입을 시켜야 한다(제476조 제1항). 사채의 납입에는 반드시 전액납입을 요하지 않고 상계도 금지되지 않는다.

Ⅲ. 사채의 유통

사채의 유통성을 확보하기 위하여 상법은 채권의 발행을 인정하고, 그 양도에 관하여도 특별규정을 두고 있다.

1. 채권

채권이란 사채계약상의 권리를 표창하는 유가증권을 말하며, 사채권이라고도 한다. 채권에는 법정사항을 기재하고 대표이사가 기명날인 또는 서명을 하여야 한다(제478조 제2항). 사채권은 요식증권이긴 하나 엄격한 요식증권은 아니다. 채권에는 기명식과 무기명식이 있으며, 사채권자는 원칙으로 양자 간의 전환을 청구할 수 있다(제480조). 채권은 사채총액의 납입이 완료된 후가 아니면 발행하지 못하고(제478조 제1항), 이를 위반하면 과태료의 제재를 받는다(제635조 제1항 제24호). 그러나 사채계약이 존재하는 한 전액납입이 없는 채권도 무효는 아니다. 회사는 채권을 발행하는 대신 정관에서 정하는 바에 따라 전자등록기관의 전자등록부에 채권을 등록할 수 있다(제478조 제3항).

2. 사채원부

사채원부란 사채에 관한 사항을 명백히 하기 위하여 작성하는 장부를 말하며, 법정사항을 기재하여야 한다(제488조). 이사는 사채원부를 작성하여 본점 또는 명의개서대리인의 영업소에 비치하여 영업시간 내에는 언제든지 주주와 회사채권자가 열람 또는 등사를 할 수 있게 하여야 한다(제396조). 사채원부는 기명채권이전의 대항요건(제479조), 사채권자에 대한 통지·최고(제489조 제1항, 제353조), 신탁의 표시(신탁법 제3조 제2항) 등이 경우에 중요한 의의가 있다.

3. 사채의 양도와 입질

사채의 양도와 입질은 자유이며, 주식의 경우와는 달리 자기채권의 취득도 금지되지 않는다.

(1) 무기명사채

무기명사채의 양도와 입질에 관하여는 상법에 규정이 없으므로 민법의 규정에 따른다. 즉, 양수인이나 질권자에게 채권을 교부함으로써 그 효력이 생긴다(민법 제523조·제351조).

(2) 기명사채

기명사채는 지시식으로 발행되지 않은 한 지명채권으로 보아야 할 것이다. 따라서 기명사채의 양도는 의사표시와 채권의 교부로써 효력이 발생하고, 제3자에게 대항하려면 취득자의 성명과 주소를 사채원부[또는 명의개서대리인을 두는 경우에는 사채원부의 등본(제479조 제2항)]에 기재하고 그 성명을 채권에 기재하여야 한다(제479조 제1항). 또 기명사채의 입질도 의사표시와 채권의 교부로써 효력이 발생하고(민법 제346조·제347조), 회사에 대한 통지 또는 회사의 승낙이 있어야 회사에 대항할 수 있다고 본다(민법 제349조).

Ⅳ. 사채의 이자지급과 상환

1. 이자지급

사채의 이율·이자지급의 방법과 기한은 사채발행조건이 정하는 바에 따르는 데, 이 조건은 사채청약서·사채권·사채원부의 기재사항이다(제474조 제2항 제7호·제8호, 제478조 제2항, 제488조 제3호). 흔히 볼 수 있는 무기명채권에는 이권이 붙어 있는데, 이권(interest coupon)은 이자지급청구권을 표창하는 사채권으로부터 독립된 유가증권이므로 이와 상환으로 이자를 지급하게 되고, 이 때 사채권 자체는 제시할 필요가 없다.

무기명사채를 기한 전에 상환하는 경우에 이권이 흠결된 때에는 그 이권에 상당한 금액을 상환액으로부터 공제하여야 하며(제486조 제1항). 그 이권의 소지인은 언제든지 그 공제액을 청구할 수 있다(제486조 제2항).

이자지급청구권의 소멸시효기간은 5년이다(제487조 제3항).

2. 상환

사채의 상환이란 회사가 사채권자에 대하여 채무를 변제하는 것을 말한다. 상환방법과 기한은 사채의 발행조건으로 정해져서 사채청약서·사채권·사채원부에 기재되는데(제474조 제2항 제8호, 제478조 제2항, 제488조 제3호), 일정한 기간 거치한 후 매년 일정한 금액을 상환하는 것이 보통이다. 회사가 만기에 상환한 금액은 권면액이 원칙이나, 권면액을 초과하여 상환할 것을 정한 때에는 그 초과액은 각 사채에 대하여 동률이어야 한다(제473조). 회사가 상환을 게을리 할 때에는 사채총액에 대하여 기한의 이익을 잃게 하는 등 여러 가지 특별규정(제505조, 제506조)을 두고 있다.

사채상환청구권의 소멸시효기간은 10년이다(제487조 제1항).

V. 사채권자의 단체성

사채권자는 잡다한 대중이므로 개개인이 자신의 이익과 권리를 수호하기에는 어려움이 있지만, 상호간에는 이해관계를 같이하므로 일종의 이익공동체를 이룩하여 단체행동을 할 수 있는 소지가 있다. 이런 점을 고려하여 상법은 사채관리회사와 사채권자집회에 관한 특별규정을 두어 사채권자를 보호하고 있다.

1. 사채관리회사

회사는 사채를 발행하는 경우에 사채관리회사를 정하여 변제의 수령, 채권의 보전, 그 밖에 사채의 관리를 위탁할 수 있다(제408조의 2). 은행, 신탁회사, 그 밖에 대통령령으로 정하는 자만이 사채관리회사가 될 수 있다(제408조의 3 제1항). 사채관리회사는 기채회사와는 위임관계에 있으나, 사채권자와는 특별한 관계가 없다. 사채관리회사는 사채를 발행한 회사와 사채권집회의 동의를 받아 사임할 수 있고, 부득이한 경우 법원의 허가를 받은 경우에도 같다(제481조). 사채관리회사는 사채권자를 위하여 사채에 관한 채권을 변제받거나 채권의 실현을 보전하기 위하여 필요한 재판상 또는 재판 외의 모든 행위를 할 수 있는 권한이 있다(제484조 제1항). 사채관리회사는 사채권자를 위하여 공평하고 성실하게 사채를 관리하여야 하며(제484조의 2의 제1항), 사채권자에 대하여 선량한 관리자의 주의 로 사채를 관리하여야 한다(제484조의 2 제2항). 사채관리회사가 상법이나 사채권자집회결의에 위반한 행위를 한 때에는 사채권자에 대하여 연대하여 손해를 배상할 책임이 있다(제484조의 2 제3항). 사채관리회사, 대표자 또는 집행자는 사채에 관한 채권을 변제받은 금액에서 사채권자보다 우선하여 보수와 비용을 변제받을 수 있다(제507조).

2. 사채권자집회

(1) 의의

사채권자집회란 사채권자의 이익을 보호하기 위하여 동일 종류의 사채권자로 조직되어 사채에 관한 일정한 중요사항을 결의하는 임시적 회의체이다. 사채권자집회는 회사의 기관은 아니나, 회사 외의 회의체이다. 사채권자와 발행회사는 채권자와 채무자로서 서로 대립되는 관계에 있기 때문이다. 사채권자집회의 다수결에 의한 결의는 총사채권자를 구속하는 점에서 주주총회와 비슷하여 주주총회에 관한 규정(제363조, 제368조 제3항·제4항, 제369조 제2항, 제371조~제373조)이 준용되기도 한다(제510조).

(2) 소집

사채권자집회는 필요한 때에 수시로 소집되며, 그 소집권자는 원칙적으로 사채를 발행한 회사 또는 사채관리회사(제491조 제1항), 해당 종류사채총액(상환 받을 액을 제외)의 10분의 1 이상에 해당하는 소수 사채권자도 법원의 허가를 얻어 직접 소집할 수 있는 경우가 있다(제491조 제2항·제3항, 제366조 제2항).

(3) 결의

각 사채권자는 그가 가지는 해당 종류의 사채 금액의 합계액(상환받은 액은 제외)에 따라 의결권을 가진다(제492조 제1항). 무기명 채권을 가진 자는 회일의 1주간 전에 그 채권을 공탁하여야 의결권을 행사할 수 있다(동조 제2항). 결의방법은 원칙적으로 주주총회의 특별결의와 같은 방법으로 결의한다(제495조 제1항, 제434조). 사채권자가 집회 전일까지 의결권행사 서면을 소집자에게 제출하면(제495 제4항), 사채권자집회에 출석하지 않고 서면으로 의결권을 행사할 수 있다(제495조 제3항). 이러한 경우에 출석한 의결권자의 의결권 수에 포함된다(제495조 제5항). 특히 전자적 방법으로도 의결권을 행사할 수 있다(제495조 제6항, 제368조의 4).

(4) 결의의 효력과 집행

채권자집회의 결의는 법원의 인가를 받음으로써 효력이 생긴다. 다만 그 종류의 사채권자의 전원이 동의한 결의는 법원의 인가가 필요 없다(제498조 제1항). 따라서 사채권자집회의 소집자는 결의한 날로부터 1주 내에 결의의 인가를 법원에 청구하여야 한다(제496조).

법원은 다음과 같은 경우에 인가를 하지 못한다. 즉, ① 사채권자집회소집절차 또는 그 결의방법이 법령이나 사채모집계획서의 기재에 위반한 때, ② 결의가 부당한 방법에 의하여 성립한 때, ③ 결의가 현저하게 불공정한 때, ④ 결의가 사채권자 일반의 이익에 반하는 때 등이다(제497조 제1항). 그러나 ①과 ②의 경우에는 결의의 내용 기타 모든 사정을 참작하여 인가 할 수도 있다(제497조 제2항).

결의의 집행은 따로 정한 집행자, 사채관리회사, 또는 집회의 대표자가 행한다(제500조, 제501조, 제503조). 사채권자집회는 해당 종류의 사채 총액(상환받은 금액 제외)의 500분의 1 이상을 가진 사채권자 중에서 1명 또는 여러 명의 대표자를 선임하여 그 결의할 사항의 결정을 위임할 수도 있다(제500조 제1항). 대표자가 수인인 경우에는 그 과반수의 찬성으로 결정한다(제500조 제2항).

(5) 비용과 보수의 부담

사채권자집회에 관한 비용은 원칙적으로 사채발행회사가 부담한다(제508조 제1항).

법원에 결의의 인가를 청구하는 비용도 기채회사가 부담하여야 하나, 법원은 이해관계인의 신청 또는 직권으로 그 전부 또는 일부에 관하여 따로 부담자를 정할 수 있다(제508조 제2항).

보강 <사채권자집회와 주주총회와의 비교>

1. 공통점

사채권자집회는 주주총회와 더불어 주식회사에 인정되는 제도이며, 다음과 같은 점에서 공통된다. ① 양자는 모두 단체의 의사결정기관이며, ② 다수인으로 구성되는 회의체의 기관이고, 소집에 의하여 구성된다. ③ 그 의사결정은 다수결에 의하고 의결권에 있어서는 단위마다 1개의 의결권이 부여되고, ④ 의결권의 대리행사가 인정되며, ⑤ 특별이해관계인은 의결권을 행사하지 못하고, 자기사채에 대하여도 의결권을 행사하지 못한다(제510조 제1항, 제368조 제3항 · 제4항, 제369조 제2항).

2. 차이점

사채권자집회는 ① 1회사에 있어서 사채의 종류마다 수개 성립하며, ② 회의 구성은 모두 임시적이며, ③ 법정권한의 확장에 있어서는 법원의 허가를 요한다 (제490조), ④ 결의요건에 있어서는 주주총회의 특별결의에 해당하는 것을 원칙으로 하고(제495조), ⑤ 결의의 효력발생에는 법원의 인가를 요한다(제498조). 이 밖에 ⑥ 결의무효의 소나 결의취소의 소의 제도가 법정되어 있지 않으며, ⑦ 사채권자집회는 회사의 관여가 인정되어 있다(제493조).

Ⅵ. 특수한 사채

1. 전환사채

(1) 의의

전환사채(convertible bonds)란 주식으로 전환할 수 있는 권리(전환권)가 인정된 사채를 말한다. 전환사채는 회사의 영업성적이 부진한 때에는 확정이자를 받되 좋은 업적을 내면 이익배당을 받는 주식으로 전환할 수 있는 사채(잠재적 주식)이므로, 사채모집이 용이하게 되어 편리한 자금조달방법이 될 수 있다.

전환사채는 그 발행 이후 전환권을 행사하기 전까지는 채권적 유가증권이라고 할 수 있고, 그 이후에는 사원권적 유가증권이라고 할 수 있다.

(2) 발행

전환사채의 발행방법에는 주주배정·제3자배정·모집의 3가지 방법이 있는데, 제3자배정 및 모집에 의한 전환사채의 발행을 상법은 주주 이외의 자에 대하여 전환사채를 발행하는 경우로 규정하고 있다(제513조 제3항, 제4항). 따라서 전환사채의 발행은 주주배정에 의한 전환사채의 발행의 경우와, 주주 외의 자에 대하여 전환사채를 발행하는 경우로 나누어진다.

주주배정에 의한 전환사채를 발행하는 경우에는 정관으로 주주총회에서 결정하기로 정한 경우를 제외하고, 이사회에서 ① 전환사채의 총액(제513조 제2항 제1호), ② 전환의 조건(제513조 제2항 제2호), ③ 전환으로 인하여 발행할 주식의 내용, ④ 전환을 청구할 수 있는 기간, ⑤ 주주에게 전환사채의 인수권을 준다는 뜻과 인수권의 목적인 전환사채의 액을 결정하여야 한다(제513조 제2항).

주주 외의 자에 대하여 전환사채를 발행하는 경우에는 위 ①,②,③,④의 사항 및 ⑤ 주주 외의 자에게 전환사채를 발행하는 것과 이에 대하여 발행할 전환사채의 액에 대하여, 이사회의 결의 외에 다시 주주총회의 특별결의가 있어야 한다(제513조 제3항 1문). 그런데 이 경우에는 신기술의 도입, 재무관리의 개선 등 회사의 경영상 목적을 달성하기 위하여 필요한 경우에 한한다(제513조 제3항 2문). 이 때에는 주주 외의 자에게 전환사채를 발행한다는 내용의 의안의 요령을 주주총회의 소집에 관한 통지 또는 공고에 기재하여야 한다(제513조 제4항).

전환사채의 발행절차는 일반사채의 발행절차(제469조 이하)와 크게 다를 바 없으나, 이와 다른 점은 사채청약서·채권과 사채원부에 이에 관한 사항을 기재하여 공시하여야 하고(제514조), 또 전환사채의 등기를 하여야 하는 점이다(제514조의 2). 주주배정에 의한 전환사채의 발행의 경우에 전환사채의 인수권을 가진 주주는 그가 가진 주식의 수에 따라 전환사채를 배정받을 권리가 있는 점(제513조의 2), 실권예고부청약최고를 하여야 하는 점(제513조의 3) 등은 주주배정에 의한 신주발행을 하는 경우와 유사하다. 주주 외의 자에게 전환사채를 발행하는 경우는 주주 외의 제3자에게 전환사채인수권을 주는 제3자 배정의 경우와 모집에 의하여 전환사채를 발행하는 경우가 있는데, 제3자 배정의 경우에는 제3자에게 소정의 전환사채를 배정하고 모집의 경우에는 일반사채와 동일한 방법으로 배정한다.

회사가 법령 또는 정관에 위반하거나 현저하게 불공정한 방법에 의하여 전환사채를 발행함으로써 주주가 불이익을 받을 염려가 있는 경우에는, 주주는 회사에 대하여 그 발행을 유지할 것을 청구할 수 있고(제516조 제1항, 제424조), 이사와 통모하여 현저하게 불공정한 가액으로 전환사채를 인수한 자는 회사에 대하여 공정한 발행가액과의 차액에 상당한 금액을 지급할 의무가 있다(제516조 제1항, 제424조의 2 제1항). 통모인수의 경우에는 주주의 대표소송이 인정되고(제516조 제1항, 제424조의 2 제2항), 이사는 회사 또는 주주에 대하여 손해배상책임을 진다(제516조 제1항, 제424조의 2 제3항). 그러나 상법상 신주발행무효의 소에 대응하는 전환사채무효의 소의 제도는 인정되지 않는다.

(3) 전환의 청구

전환의 청구는 전환기간 중 언제든지 할 수 있는데, 2통의 청구서에 소정사항을 기재하고 채권을 첨부하여 회사에 제출하여야 한다(제515조). 전환사채의 전환에 관하여는 전환주식에 관한 규정이 대폭 준용된다(제516조 제2항, 제349조 제3항, 제350조, 제339조).

전환은 그 청구의 한 때에 효력이 발생하여(제516조 제2항, 제350조 제1항), 사채권자는 주주가 된다. 이 경우 전환권을 행사한 주식의 이익이나 이자의 배당에 관하여는 그 청구를 한 때가 속하는 영업연도말에 전환된 것으로 본다(제516조 제2항, 제350조 제3항 제1문). 그러나 신주에 대한 이익이나 이자의 배당에 관하여는 정관이 정하는 바에 따라 그 청구를 한 때가 속하는 영업연도의 직전 영업연도말에 전환된 것으로 할 수도 있다(제516조 제2항, 제350조 제3항 제2문). 사채권자가 주주로 됨으로써 새로 주식이 발행되는데, 이 경우 전환 전의 사채의 발행가액을 신주식의 발행가액으로 한다(제516조, 제348조). 전환사채에 질권이 설정된 경우에는 전환으로 인하여 사채권자가 받을 주식에 대해서도 질권을 행사할 수 있다(물상대위)(제516조, 제339조).

(4) 전환의 효력

전환청구권은 일종의 형성권이므로, 전환은 전환사채권자가 전환을 청구한 때에 효력이 생긴다. 즉 이 때 전환사채는 소멸하므로 전환사채권자는 사채권자로서의 지위를 잃고 새로이 발행된 주식의 주주가 된다. 다만 사채의 이자지급 또는 주식의 이익이나 이자의 배당에 관하여는 전환에 의하여 신주가 발행된 때가 아니라 그 청구한 때가 속하는 영업영도말에 전환된 것으로 보는데, 이 경우 신주에 대한 이익이나 이자의 배당에 관하여는 정관이 정하는 바에 따라 그 청구를 한 때가 속하는 영업연도의 직전영업연도말에 전환된 것으로 할 수 있다(제516조 제2항, 제350조 제3항). 또 전환사채를 목적으로 하는 질권에는 전환으로 인하여 발행된 신주에 물상대위가 인정된다(제516조 제2항, 제339조).

전환사채의 전환에 의하여 신주가 발행되므로 회사는 전환기간 중 전환에 의하여 발행될 주식의 수를 미발행주식수 중에 유보하여(상법 제516조 제1항, 제346조 제2항), 전환이 있으면 유보되었던 미발행주식수 중에서 신주를 발행하여야 한다. 전환사채의 전환에 의하여 회사에서는 전환청구를 받은 전환사채의 금액만큼 사채가 감소하고, 이에 상당하는 자본이 증가한다. 전환사채의 전환이 있으면 등기사항(상법 제514조의 2 제2항 제1호, 제317조 제2항 제2호 · 제3호 등)이 변경되므로 이에 관한 변경등기를 하여야 한다(상법 제516조 제2항, 제351조).

[사례] 경영권방어와 전환사채의 발행

甲은 주권상장법인인 A회사의 경영권을 취득하기 위하여 A회사의 주식을 매집하였다. 이에 A회사의 경영진(이사 X, Y, Z)은 자기들과 우호관계에 있는 K에게 집중적으로 정관이 정한 범위 내에서 전환사채를 발행하여 주었다. 당시 이 회사의 정관에는 전환사채는 그 다음 날 주식으로 전환할 수 있게 되었기 때문에 K는 전환사채를 발행받은 2-3일 사이에 전환사채를 모두 주식으로 전환하였다. 이에 대하여 甲이 취할 수 있는 조치는 무엇인가?

[해설]

본 사례는 경영진이 자기의 우호세력에게 사모의 방식으로 전환사채를 발행하여 주고, 주식으로 전환하게 한 경우에 이러한 행위가 주주의 신주인수권과 관련하여 유효한 행위인지, 그리고 이러한 경우에 신주발행무효의 소송의 제기가 가능한 것인지가 중요 논점이 된다고 할 수 있다.

먼저 이 회사 정관 규정이 무효인지 여부이다. 상법 제513조 제3항에서는 주주 외의 자에 대하여 전환사채를 발행할 경우 정해야 할 사항으로 발행할 수 있는 전환사채의 액, 전환의 조건, 전환으로 인해 발행할 주식의 내용과 전환을 청구할 수 있는 기간에 관해서만 규정할 뿐 "주주 외의 자"를 구체적으로 정할 것을 요구하지도 않고 있고, 해석론상 그럴 필요도 없다고 보고 있으므로 정관규정을 무효로 볼 수는 없다.

주주의 신주인수권을 침해했는지 여부와 관련하여 이 사건 전환사채발행은 구지배세력이 지주비율을 역전시켜 경영권을 방어하기 위한 방편으로 채택된 것으로서 전환사채제도를 남용하여 사실상 신주를 발행한 것이므로 주주의 신주인수권을 실질적으로 침해한 위법이 있다고 보아야 한다.

본 사례에서 신주발행무효의 소에 관한 상법 제429조를 준용할 수 있다고 보아야 한다. 그리고 준용할 수 있다고 하면 상법 제430조에 의하여 상법 제190조 본문만이 준용되어 소급효가 인정되는데 이것과 상법 제431조 제1항의 신주발행의 무효판결은 신주를 장래에 향하여 효력을 잃게 하는 것과의 조화문제가 대두된다. 이는 1995년에 상법을 개정하면서 제190조 본문만을 준용하여 소급효가 인정되는데 비하여 상법 제431조를 그대로 유지한데 따른 입법의 미비라고 볼 수 있다. 입법을 정비하기까지는 상법 제431조에 의하여 기존관계는 유효하되 무효판결이 확정되면 신주무효절차를 밟고, 납입금액을 반환하여 주어야 한다고 해석된다.

본 사례와 관련된 서울고법 1997. 5. 13. 선고, 97라36 판결은 1. 전환사채의 발행에 무효사유가 있는 경우 그 무효를 인정하여야 하고, 그 방법은 신주발행무효의 소에 관한 상법 제429조를 유추적용할 수 있다. 2. 이사회가 경영권을 방어하기 위하여 제3자인 우호세력에게 사모의 방법으로 전환사채를 발행하였다면, 이는 전환사채제도를 남용하여 전환사채라는 형식으로 사실상 신주를 발행한 것으로 보아야 하며, 이는 주주의 신주인수권을 실질적으로 침해한 위법이 있어 무효로 보아야 한다. 3. 이사회가 사모의 방법으로 제3자에게 전환사채를 발행한 경우에 그 주된 목적이 경영권분쟁 상황하에서 우호적인 제3자에게 신주를 배정하여 경영권을 방어하기 위한 것인 점, 경영권을 다투는 상대방인 감사에게는 그 발행을 결의하는 이사회에 참석할 기회를 주지 않는 등 철저히 비밀리에 발행함으로써 발행유지가처분 등 사전구제수단을 사용할 수 없도록 한 점, 발행된 전환사채의 물량은 지배구조를 역전시키기에 충분한 것이었고, 전환기간에도 제한을 두지 않아 발행 즉시 주식으로 전환될 수 있도록 한 점, 결과적으로 인수인들의 지분이 경영권방어에 결정적인 역할을 한 점 등에 비추어 그 전환사채의 발행은 현저하게 불공정한 방법에 의한 것으로서 무효라고 보아야 한다고 판시하였다.

2. 신주인수권부사채

(1) 신주인수권부사채의 의의

신주인수권부사채(bond with stock purchase warrants)란 사채권자에게 신주의 발행을 청구할 수 있는 권리가 부여된 사채를 말한다. 신주인수권부사채는 사채권자가 신주인수권을 행사하면 결국 주주가 될 수 있다는 점에서 전환사채와 유사하나, ① 신주인수권을 행사하여도 사채가 소멸하지 아니하고 사채권자의 지위도 상실되지 않는 점, ② 신주발행의 대가로 별제의 출자를 필요로 하는 점, ③ 새로 발행하는 주식의 발행가액의 합계액이 각 신주인수권부사채의 금액을 초과할 수 없는 점, ④ 분리형의 경우 사채권과 신주인수권증권이 따로 발행되는 점 등이 전환사채와 다른 점이다.

(2) 신주인수권부사채의 형태

신주인수권부사채에는 비분리형과 분리형 두 가지 형태가 있다. 비분리형은 일매의 채권이 사채권과 신주인수권을 함께 표창하여 항상 함께 양도되는 것이고, 분리형은 사채권과 신주인수권을 각각 별개의 증권(즉, 사채권과 신주인수권증권)이 표창하므로(제516조의 2 제2항 제4호, 제516조의 5 제1항), 각각 독립하여 양도할 수 있는 것(제516조의 6)을 말한다. 우리 상법은 비분리형을 원칙으로 하고 분리형을 예외로 하고 있다.

(3) 신주인수권부사채의 발행

신주인수권부사채의 발행사항에 관한 결정은 정관에 규정이 없거나 주주총회에서 결정하기로 규정하지 아니하였으면 이사회에서 한다(제516조의 2 제2항). 이사회는 ① 신주인수권부사채의 총액, ② 각 신주인수권부사채에 부여된 신주인수권의 내용, ③ 신주인수권의 행사기간, ④ 신주인수권만을 양도할 수 있는 것에 관한 사항, ⑤ 사채상환에 갈음하여 신주의 납입이 있는 것으로 본다는 대용납입에 관한 사항, ⑥ 주주에게 신주인수권부사채의 인수권을 준다는 뜻과 인수권의 목적인 신주인수권부사채의 액, ⑦ 주주 이외의 자에게 신주인수권부사채를 발행하는 것과 이에 대하여 발행할 신주인수권부사채의 액 등을 정한다(제516조의 2 제2항). 각 신주인수권부사채에 부여된 신주인수권의 행사로 인하여 발행할 주식의 합계액은 각 신주인수권부사채의 금액을 초과할 수 없으며(제516조의 2 제3항), 새로 발행할 주식의 수는 신주인수권의 행사기간 중에는 발행예정주식총수 중에 유보하여 두어야 한다(제516조의 10, 제516조 제1항, 제346조 제2항). 주주 외의 자에게 신주인수권부사채를 발행하려면 정관 또는 주주총회의 특별결의로써 그 발행할 수 있는 신주인수권부사채의 액, 신주인수권의 내용과 신주인수권을 행사할 수 있는 기간을 정하여야 한다(제516조의 2 제4항). 그런데 이 경우에는 신기술의 도입·재무구조의 개선 등 회사의 경영상 목적을 달성하기 위하여 필요한 경우에 한한다(제516조 24항 2문, 제418조 제2항 단서). 그 밖에 주주의 신주인수권부사채의 인수권 및 단수에 대한 예외(제513조의 2 제1항), 배정일의 결정과 그 공고(제513조의2 제2항), 발행절차에 하자가 있는 경우의 유지청구, 통모인수인의 책임(제516조 제1항) 등은 전환사채에서 설명한 것과 같다(제516조의 10 참조). 다만 신주인수권부사채의 특수성으로 인한 특칙으로서 신주인수권의 분리양도나 대용납입에 관한 사항의 결정이 있는 때는 이를 통지 및 공고하여야 하며, 신주인수권부사채의 인수권을 가진 주주에 대하여는 실권예고부청약최고의 통지를 하여야 한다(제516조의 3). 또 사채청약서·채권·사채원부에는 일반사채청약서의 기재사항 외에도 신주인수권부사채라는 뜻, 신주인수권의 내용, 행사기간, 분리양도성, 대용납입 등에 관한 이사회의 결정사항을 기재하여야 하되(제516조의 4 본문), 신주인수권증권을 발행하는 경우에는 채권에 이를 기재할 필요가 없다(제516의 4 단서). 신주인수권증권에는 법정기재사항과 번호를 기재하고 대표이사가 기명날인 또는 서명을 하여야 한다(제516조의 5 제2항).

회사는 신주인수권증권을 발행하는 대신 정관으로 정하는 바에 따라 전자등록기관의 전자등록부에 신주인수권을 등록할 수 있다. 이 경우에는 주식의 전자등록에 관한 규정을 준용한다(제516조의 7, 제356조의 2).

(4) 신주인수권의 행사

신주인수권을 행사하려는 자는 신주인수권의 행사기간 중 언제든지 행사할 수 있는데, 2통의 청구서에 소정사항을 기재하여 회사에 제출하고, 신주의 발행가액의 전액을 납입하여야 한(제516조의 9 제1항). 이 때 신주발행시의 납입금 보관자변경을 위한 법원의 인가(제306조), 납입금보관증명의 효력(제318조) 등에 관한 규정이 준용된다(제516조의 9 제4항). 그리고 그 청구서를 제출할 때에는 분리형인 경우에는 신주인수권증권을 첨부하고, 비분리형인 경우에는 채권을 제시하여야 한다(제516조의 9 제2항). 주금액의 대용납입에 관한 정함이 있는 경우(제516조의2 제2항, 제5호)에는 신주인수권자는 분리형이든, 비분리형이든 청구서에 채권을 첨부하여야 한다.

(5) 신주인수권의 양도

① 비분리형인 경우에는 사채권과 신주인수권이 항상 함께 이전하게 된다. 따라서 신주인수권부사채의 신주인수권은 채권의 교부에 의하여 사채와 더불어 양도된다.

② 분리형인 경우에는 신주인수권의 양도는 신주인수권증권의 교부에 의하여서만 하게 된다(제516조 제1항). 따라서 신주인수권증권의 점유자는 적법한 소지인으로 추정되고, 선의취득이 인정된다(제516조의6 제2항, 제336조 제2항, 수표법 제21조). 또 이 증권을 상실한 자는 제권판결을 받아 재발행을 받게 된다(제516조의 6 제2항, 제360조).

(6) 신주인수권행사의 효과

신주인수권을 행사한 자는 신주발행가액의 전액을 납입한 때에 주주가 된다(제516조의 10). 다만 주금납입의제, 즉 대용납입의 경우(제516조의 2 제2항 제5호)에는 현실적인 납입이 없으므로 신주발행청구서를 회사에 제출한 때에 주주가 된다(제516조의 9 제1항 · 제2항). 그러나 신주식에 관한 권리행사와 이익배당에 관하여는 전환주식의 경우와 같다(제516조의 10 제2문, 제350조 제2항 · 제3항).

(7) 등기

신주인수권부사채의 납입이 완료되면 그 날로부터 본점소재지에서 2주간내에 소정의 등기를 하여야 한다(제516조의 8, 제514조의2 제1항). 그리고 신주인수권을 행사하여 신주의 효력이 생기면 발행주식의 총수와 자본의 총액(제317조 제2항 제2호 · 제3호)이 증가하므로 소정기간 내에 그 뜻의 변경등기를 하여야 한다(제516조의 8 제2항, 제514조의 2, 제183조).

3. 이익참가부사채

(1) 의의

이익참가부사채(participating bond: PB)는 사채권자가 그 사채발행회사의 이익배당에 참가할 수 있는 사채를 말한다(제469조 제2항 제1호). 종래에는 자본시장법에 따라 주권상장법인만 이익참가부사채를 발행할 수 있었으나(자령 제176조의12 제1항), 개정상법이 제469조 제2항 제1호에서 이익참가부사채를 규정함에 따라 모든 주식회사가 이익참가부사채를 발행할 수 있게 되었다.

이익참가부사채는 이익배당에 참가할 수 있다는 점에서 처음부터 주식의 성질을 가지며, 이 점에서 장래 주식으로 변할 가능성을 가지는 사채인 전환사채나 신주인수권부사채와 다르다.

자본시장법상 이익참가부사채는 "사채권자가 사채의 이율에 따른 이자를 받는 외에 이익배당에도 참여할 수 있는 사채"인데, 상법상 이익참가부사채는 "이익배당에 참가할 수 있는 사채"로서 "사채의 이율에 따른 이자를 받는 외에"라는 요건이 없어서 자본시장법상 이익참가부사채에 비하여 보다 넓게 규정하였다.

이익참가부사채의 발행 요건 및 절차에 관한 규정인 상법 시행령 제21조의 규정은 개정상법시행령 시행일인 2012. 4. 15. 이후 최초로 이사회의 결의로 이익참가부사채를 발행하는 경우부터 적용한다.

(2) 법적 성질

이익참가부사채는 전환사채와 신주인수권부사채와 더불어 주식과 사채의 중간형태로서, 회사가 투자가들의 호기심을 자극하여 자금조달을 손쉽게 하기 위하여 고안된 제도이다.

그러나 이익참가부사채는 전환사채와 달리 장차 주식으로 전환되는 것이 아니고, 그렇다고 신주인수권부사채와 같이 사채권자의 신주에 대한 납입의무와 회사의 사채상환의무가 서로 대가적 관계에 있는 것도 아니다. 이익참가부사채는 사채의 내용이 소정이자 이외에 이익배당에도 참가할 수 있는 점에서 처음부터 주식으로서의 성질을 겸하고 있다. 다시 말하면 전환사채나 신주인수권부사채는 장차 주식으로 변하는 가능성을 가지고 있는 사채인 데 대하여, 이익참가부사채는 처음부터 주식으로서의 성질이 병존하고 있는 사채인 것이다. 따라서 이것은 주식(투자성)과 사채(안전성)의 양 성질을 겸하고 있는 명실상부한 주식과 사채의 혼합형태이다.

(3) 상법시행령상 이익참가부사채

1) 발행사항의 결정

(가) 주주에게 발행하는 경우

① 발행사항의 결정

이익참가부사채를 발행하는 경우에는 다음의 사항으로서 정관에 규정이 없는 것은 이사회가 이를 결정한다. 그러나 정관으로 주주총회에서 이를 결정하도록 정할 수 있다(시행령 제21조 제1항).

1. 이익참가부사채의 총액
2. 이익배당 참가의 조건 및 내용
3. 주주에게 이익참가부사채의 인수권을 준다는 뜻과 인수권의 목적인 이익참가부사채의 금액

이익참가부사채의 인수권을 가진 주주는 그가 가진 주식의 수에 따라 이익참가부사채의 배정을 받을 권리가 있다. 다만, 각 이익참가부사채의 금액 중 최저액에 미달하는 끝수에 대해서는 그러하지 아니하다(시행령 제21조 제4항)

② 배정기준일공고

회사는 일정한 날을 정하여, 그 날에 주주명부에 기재된 주주가 이익참가부사채의 배정을 받을 권리를 가진다는 뜻을 그 날의 2주일 전에 공고하여야 한다. 다만, 그 날이 주주명부폐쇄기간 중일 때에는 그 기간의 초일의 2주일 전에 이를 공고하여야 한다(시행령 제21조 제5항).

③ 실권통지·공고

주주가 이익참가부사채의 인수권을 가진 경우에는 각 주주에게 그 인수권을 가진 이익참가부사채의 액, 발행가액, 이익참가의 조건과 일정한 기일까지 이익참가부사채 인수의 청약을 하지 아니하면 그 권리를 잃는다는 뜻을 통지하여야 한다(시행령 제21조 제6항). 회사가 무기명식의 주권을 발행하였을 때에는 제6항의 사항을 공고하여야 한다(시행령 제21조 제7항). 제6항에 따른 통지 또는 제7항에 따른 공고는 제5항에 따른 기일의 2주일 전까지 하여야 한다(시행령 제21조 제8항). 제6항에 따른 통지 또는 제7항에 따른 공고에도 불구하고 그 기일까지 이익참가부사채 인수의 청약을 하지 아니한 경우에는 이익참가부사채의 인수권을 가진 자는 그 권리를 잃는다(시행령 제21조 제9항).

(나) 주주 외의 자에게 발행하는 경우

① 발행요건

주주 외의 자에게 이익참가부사채를 발행하는 경우에 그 발행할 수 있는 이익참가부사채의 가액과 이익배당 참가의 내용에 관하여 정관에 규정이 없으면

법 제434조에 따른 주주총회의 특별결의로 정하여야 한다(시행령 제21조 제2항). 이익참가부사채를 발행하면 결국 주주에게 배당할 이익이 줄어들게 되므로 주주의 이익을 보호하기 위한 것이다.

② 소집통지 · 공고

이익참가부사채 발행에 관한 결의에 있어서 이익참가부사채의 발행에 관한 의안의 요령은 주주총회의 소집통지 · 공고에 기재하여야 한다(시행령 제21조 제3항).

상법상 파생결합사채의 발행주체에 대하여는 아무런 제한이 없다. 이와 관련하여, '자본시장과 금융투자업에 관한 법률'의 규정을 살펴보면 투자매매업은 누구의 명의로 하든지 자기의 계산으로 금융투자상품의 매도 매수, 증권의 발행 인수 또는 그 청약의 권유, 청약, 청약의 승낙을 영업으로 하는 것을 말하는데(동법 제6조 제2항), 금융위원회로부터 투자매매업인가를 받아야 투자매매업을 할 수 있는 것으로 되어 있다. 그런데 주식회사가 발행하는 파생결합사채는 금융투자상품이므로 위 규정상 투자매매업의 인가 없이 이를 발행할 수 없다고 보아야 한다.

그러나 기업이 자금조달을 목적으로 증권을 발행하는 경우에 자본시장법이 규제대상으로 하는 투자매매업으로 보기는 곤란하다. 따라서 자본시장법도 자기가 증권을 발행하는 경우에는 투자매매업으로 보지 아니한다고 규정하고 있다(동법 제7조 제1항). 따라서 비상장회사도 투자매매업인가를 받지 않고 파생결합사채를 발행할 수 있다.

다만, 계속적이고 반복적으로 영리를 목적으로 증권을 발행하는 경우에는 투자자보호를 위하여 투자매매업에 포함시켜야 할 필요가 있다. 이에 자본시장법은 ⅰ) 투자신탁의 수익증권, ⅱ) 파생결합증권 중 대통령령으로 정하는 것, ⅲ) 투자성 있는 예금, 보험 등의 경우에는 자기가 증권을 발행하더라도 투자매매업에서 배제하지 않는다고 규정하고 있다. 따라서 이러한 증권을 발행하려는 회사는 상장 여부를 불문하고 투자매매업인가를 받아야 한다.

(다) 사채청약서 · 채권 · 사채원부

이익참가부사채를 발행하는 경우에는 사채청약서 · 채권 · 사채원부에도, 1.

이익참가부사채의 총액, 2. 이익배당 참가의 조건 및 내용, 3. 주주에게 이익참가부사채의 인수권을 준다는 뜻과 인수권의 목적인 이익참가부사채의 금액 같은 발행사항을 기재하여야 한다(시행령 제25조 제1호).

2) 이익참가부사채의 등기

회사가 이익참가부사채를 발행한 때에는 법 제476조의 규정에 의한 납입이 완료된 날부터 2주간 내에 본점 소재지에서 다음 사항을 등기하여야 한다(시행령 제21조 제10항).

1. 이익참가부사채의 총액
2. 각 이익참가부사채의 금액
3. 각 이익참가부사채의 납입금액
4. 이익배당에 참가할 수 있다는 뜻과 이익배당 참가의 조건 및 내용

이익참가부사채의 등기사항에 변경이 있는 때에는 본점소재지에서는 2주일 내, 지점소재지에서는 3주일 내에 변경등기를 하여야 한다(시행령 제21조 제11항, 제514조의2 제3항, 제183조). 그리고 외국에서 이익참가부사채를 모집한 경우에 등기할 사항이 외국에서 생겼을 때에는 그 등기기간은 그 통지가 도달한 날부터 기산한다(시행령 제21조 제12항, 제514조의2 제4항).

4. 교환사채

(1) 의의

교환사채(exchangeable bond: EB)는 "주식이나 그 밖의 다른 유가증권으로 교환할 수 있는 사채"이다 (제469조 제2항 제2호). 종래에는 자본시장법에 따라 주권상장법인만 교환사채를 발행할 수 있었으나(자령 제176조의13 제1항), 2011년 개정상법이 제469조 제2항 제2호에서 교환사채를 규정함에 따라 모든 주식회사가 교환사채를 발행할 수 있게 되었다.

(2) 상법시행령상 교환사채

1) 발행사항의 결정

교환사채를 발행하는 경우에는 이사회가 다음 사항을 결정한다(시행령 제22조 제1항) 사채청약서·채권·사채원부에도 다음의 사항을 기재하여야 한다(시행령 제25조)

1. 교환할 주식이나 유가증권의 종류 및 내용
2. 교환의 조건
3. 교환을 청구할 수 있는 기간

교환사채의 발행을 위하여 정관의 규정이나 주주총회의 결의는 요구되지 않는다. 교환사채의 교환으로 인하여 신주가 발행되는 것이 아니므로 주주의 이익을 침해하지 않기 때문이다. 주주 외의 자에게 발행회사의 자기주식으로 교환할 수 있는 사채를 발행하는 경우에 사채를 발행할 상대방에 관하여 정관에 규정이 없으면 이사회가 이를 결정한다(시행령 제22조 제2항).

2) 교환의 대상

교환의 대상은 "사채권자가 회사 소유의 주식이나 그 밖의 다른 유가증권으로 교환할 수 있는 사채"이다(시행령 제22조 제1항). "회사 소유의 주식"이라는 표현상, 자기주식도 교환의 대상이다. 종래에는 회사의 자기주식보유는 원칙적으로 금지되었지만, 개정상법은 자기주식취득을 원칙적으로 허용하므로, 자기주식을 교환대상으로 하는 교환사채의 발행도 가능하도록 한 것이다.

상법 시행령 제22조 제1항 제1호의 "교환할 주식"에는 회사가 발행하는 신주는 포함되지 않는다. 교환사채의 교환으로 인하여 신주가 발행되는 것이 아니므로 정관의 주주총회의 결의는 요구되지 않는다.

국공채·회사채와 같이 이율에 의한 수익이 기대되는 증권은 교환의 대상이 될 의미가 없으므로, 결국 교환대상 증권은 주식·전환사채·신주인수권부사채·외국주식예탁증서(DR) 등인데, 현실적으로 주식을 교환대상으로 하는 경우가 대부분일 것이다.

3) 교환대상 증권의 예탁

교환사채를 발행하는 회사는 사채권자가 교환청구를 하는 때 또는 그 사채의 교환청구기간이 끝나는 때까지 교환에 필요한 주식 또는 유가증권을 한국예탁결제원에 예탁하여야 한다. 이 경우 한국예탁결제원은 그 주식 또는 유가증권을 신탁재산임을 표시하여 관리하여야 한다(시행령 제22조 제3항). 예탁결제원은 교환사채의 상환기일 도래시 교환사채의 발행회사에 교환대상 증권을 인도한다.

4) 교환조건

교환사채와 교환 할 증권의 종류와 수량을 미리 정하여야 한다. 교환사채의 발행가액에 관하여 법령에 아무런 규정이 없지만 교환 할 주식의 액면금액 이상이어야 한다고 본다. 교환대상 주식의 발행회사가 주식배당을 하거나, 준비금의 자본금전입을 하거나, 교환가액보다 낮은 가액으로 유상신주를 발행하는 경우에는 교환가액을 조정하여야 한다. 이때 조정을 위한 계산방식은 전환사채의 전환가액의 조정방법과 같다.

5) 교환청구절차

교환을 청구하는 자는 교환청구서 2통에 사채권을 첨부하여 회사에 제출하여야 한다(시행령 제22조 제4항). 교환청구서에는 교환하려는 주식이나 유가증권의 종류 및 내용, 수와 청구 연월일을 적고 기명날인 또는 서명하여야 한다(시행령 제22조 제5항).

(3) 프랑스 상사회사법상의 교환사채

프랑스법도 상장법인에 한하여 교환사채를 발행할 수 있는 점은 우리 나라와 같으나(동법 200조), 교환대상이 되는 주식을 기채회사가 사채발행과 동시에 발행하여 그 주식을 교환의무자가 보유하고 있다가 이 교환의무자가 사채권자의 요구에 의하여 사채와 주식을 교환하여 준다(동법 201조, 202조). 이는 사채의 발행에 의한 타인자본의 조달과 주식의 발행에 의한 자기자본의 조달을 동시에 충족시키는 기능을 갖는다.

이러한 교환사채의 발행에 관한 사항과 교환의무자와의 합의내용은 주주총회의 특별결의에 의한 승인을 받아야 한다(동법 201조, 202조). 교환사채의 발행가액은 사채권자가 교환할 때에 받을 주식의 액면가액 이상이어야 하며(동법 203조), 교환의무자는 사채의 발행에서 주식교환기간이 만료될 때까지 인수한 주식에 관한 모든 권리를 행사하여야 한다(동법 204조). 교환의무자는 사채권자의 청구에 의하여 수시로 사채를 주식과 교환해 주어야 할 의무를 부담한다.

이 교환사채는 수시로 교환이 가능하다는 점에서 전환기간이나 신주인수권의 행사기간이 정해져 있는 교환사채나 신주인수권부사채와 다르다.

교환될 주식은 그것이 교환사채와 교환될 때까지 기명식이어야 하며 또 명의개서도 하지 못한다. 명의개서는 교환의 증명에 의하여서만 할 수 있다(동법 205조).

참고로 프랑스와 같이 교환사채에 관하여 상세한 규정을 둔 나라에서도 전환사채가 주로 이용되고, 교환사채는 거의 이용되고 있지 않은 실정이다. 다만, 모자회사간에서 예컨대 모회사가 교환사채를 발행하면서 자회사의 주식을 교환하기로 하여 이를 교환의무자에게 보관하게 하는 경우에 가끔 이용되고 있다.

5. 상환사채

(1) 의의

상환사채는 회사가 소유하는 주식이나 그 밖의 유가증권으로 상환할 수 있는 사채를 말한다(시행령 제23조 제1항), 교환사채는 주주가 교환을 청구할 수 있는 사채이고, 상환사채는 회사가 상환을 청구할 수 있는 사채이다.

(2) 발행사항의 결정

1) 주주에게 발행하는 경우

상환사채를 발행하는 경우에는 이사회가 다음 사항을 결정한다(시행령 제23조 제1항). 정관의 규정이나 주주총회의 결의는 요구되지 않는다.

1. 상환할 주식이나 유가증권의 종류 및 내용
2. 상환의 조건
3. 회사의 선택 또는 일정한 조건의 성취나 기한의 도래에 따라 주식이나 그 밖의 다른 유가증권으로 상환한다는 뜻

2) 주주 외의 자에게 발행하는 경우

주주 외의 자에게 발행회사의 자기주식으로 교환할 수 있는 사채를 발행하는 경우에 사채를 발행할 상대방에 관하여 정관에 규정이 없으면 이사회가 이를 결정한다(시행령 제23조 제2항).

3) 사채청약서·채권·사채원부

상환사채의 발행사항은 사채청약서·채권·사채원부에도 기재하여야 한다(시행령 제25조 제3호).

(3) 상환사채의 예탁

교환사채를 발행하는 회사는 사채권자가 교환청구를 하는 때 또는 그 사채의 교환청구기간이 끝나는 때까지 교환에 필요한 주식 또는 유가증권을 한국예탁결제원에 예탁하여야 한다. 이 경우 한국예탁결제원은 그 주식 또는 유가증권을 신탁재산임을 표시하여 관리하여야 한다(시행령 제23조 제3항). 예탁기간은 조건성취 여부가 확정될 때 또는 소정의 기한이 도래한 때까지이다.

(4) 상환사채의 상환

상법과 시행령에는 상환사채의 상환에 대한 규정을 두지 않고 있는데, 회사의 상환통지와 사채권자의 채권제출 등의 절차가 필요하다. 회사는 상환사채에 대하여 반드시 회사가 소유하는 주식이나 그 밖의 유가증권으로 상환하여야 하는 것이 아니고, 회사의 선택에 따라 금전으로 상환할 수 있다.

6. 파생결합사채

(1) 의의

파생결합사채란 유가증권이나 통화 또는 그 밖에 대통령령으로 정하는 자산이나 지표 등의 변동과 연계하여 미리 정하여진 방법에 따라 상환 또는 지급금액이 결정되는 사채를 말한다(제469조 제2항 제3호). 자본시장법상 파생결합증권은 "기초자산의 가격·이자율·지표·단위 또는 이를 기초로 하는 지수 등의 변동과 연계하여 미리 정하여진 방법에 따라 지급금액 또는 회수금액이 결정되는 권리가 표시된 것"을 말한다(자본시장법 제4조 제7항).

(2) 발행주체

상법상 파생결합사채의 발행주체에 대하여는 아무런 제한이 없다. 이와 관련하여, '자본시장과 금융투자업에 관한 법률'의 규정을 살펴보면 투자매매업은 누구의 명의로 하든지 자기의 계산으로 금융투자상품의 매도 매수, 증권의 발행 인수 또는 그 청약의 권유, 청약, 청약의 승낙을 영업으로 하는 것을 말하는데(동법 제6조 제2항), 금융위원회로부터 투자매매업인가를 받아야 투자매매업을 할 수 있는 것으로 되어 있다. 그런데 주식회사가 발행하는 파생결합사채는 금융투자상품이므로 위 규정상 투자매매업의 인가 없이 이를 발행할 수 없다고 보아야 한다.

그러나 기업이 자금조달을 목적으로 증권을 발행하는 경우에 자본시장법이 규제대상으로 하는 투자매매업으로 보기는 곤란하다. 따라서 자본시장법도 자기가 증권을 발행하는 경우에는 투자매매업으로 보지 아니한다고 규정하고 있다(동법 제7조 제1항). 따라서 비상장회사도 투자매매업인가를 받지 않고 파생결합사채를 발행할 수 있다.

다만, 계속적이고 반복적으로 영리를 목적으로 증권을 발행하는 경우에는 투자자보호를 위하여 투자매매업에 포함시켜야 할 필요가 있다. 이에 자본시장법은 ⅰ) 투자신탁의 수익증권, ⅱ) 파생결합증권 중 대통령령으로 정하는 것, ⅲ) 투자성 있는 예금, 보험 등의 경우에는 자기가 증권을 발행하더라도 투자매매업에서 배제하지 않는다고 규정하고 있다. 따라서 이러한 증권을 발행하려는 회사는 상장 여부를 불문하고 투자매매업인가를 받아야 한다.

(3) 발행사항의 결정

파생결합사채를 발행하는 경우에는 이사회가 다음 사항을 결정한다(시행령 제24조). 사채청약서, 채권, 사채원부에도 다음의 사항을 기재하여야 한다(시행령 제25조 제4호).

1. 상환 또는 지급 금액을 결정하는 데 연계할 유가증권이나 통화 또는 그 밖의 자산이나 지표
2. 제1호의 자산이나 지표와 연계하여 상환 또는 지급 금액을 결정하는 방법

제7절 자본금의 감소

I. 자본금감소의 의의

자본금감소란 회사가 보유할 재산액의 기준이 되는 자본금을 감소하는 행위 또는 그 행위의 법적 효과를 말한다. 자본금의 액은 등기에 의하여 공시될 뿐(제317조 제2항 제2호), 정관의 절대적 기재사항이 아니므로 상법상 자본금의 감소는 정관의 변경을 가져오는 것이 아니다. 그러나 물적 회사인 주식회사에 있어서의 자본금은 회사의 탄력적인 재무관리의 필요성과 주주와 회사채권자의 이해와 밀접한 관계가 있는 것이므로, 그 자본금의 감소에 관해서는 엄격한 절차를 거치도록 하고 있다. 그리고 자본금 감소에서의 자본금은 발행주식의 액면총액(제451조 제1항)이므로 자본금의 감소란 발행주식의 액면총액의 감소만을 말하고, 발행주식이 아닌 보유자산의 감소는 기업회계상의 부채와 자본의 등식에 따라 변동되는 것으로 여기서 말하는 자본금의 감소는 아니다.

자본금감소는 그 목적에 따라 실질상의 자본금감소와 계산상의 자본금감소로 분류할 수 있다. 실질상의 자본금감소란 법률상 자본금을 감소함과 동시에 실질적으로 이에 상당하는 회사의 적극재산을 감소하는 것을 말한다. 그 목적

은 대개 회사사업의 영업에 불필요한 과잉자본금액을 감소하여 회사의 자본금 규모를 줄이고 주식의 이익배당율을 높이는 데 있다. 이에 대하여 계산상의 자본금감소란 이미 감소되어 있는 회사재산에 맞추어 법률상 자본금을 감소하는 것으로서 명의상의 자본금감소라고도 한다. 그 목적은 대개 자본금의 결손이 크게 생긴 경우 장기간 이익배당을 할 수 없어서 회사의 대외적 신용이 떨어지고 주가도 떨어지게 되므로, 자본금액과 회사재산액을 일치시킴으로써 이익배당을 가능케 하고 주가의 인상을 꾀하는 데 있는데, 계산상(회계장부상)의 자본금만 줄며, 실제로 회사총재산은 감소하지 않는다. 실무상 행하여지는 자본금감소는 계산상의 자본금감소가 대부분이다.

Ⅱ. 자본금감소의 방법

자본금은 발행주식의 액면총액으로(제451조 제1항) 자본금감소의 방법에는 ① 주금액의 감소, ② 주식수의 감소, ③ 주금액과 주식수의 동시감소의 세 가지가 있는데, 어느 경우이든 주주평등의 원칙에 따라야 한다. 그러나 ③의 방법은 복잡하여 실제로는 거의 이용되지 않고 있다.

1. 주금액의 감소

주식발행수는 줄이지 않으면서 주식의 액면가액만을 낮추는 방법으로 주금액을 감소하는 데는 절기(명목상감자)와 환급(실질적감자)의 두 가지 경우가 있는데, 절기란 이미 납입된 주금의 일부를 주주의 손실로 주금액에서 상계하여 삭제하는 것이며, 환급이란 납입된 주금액의 일부를 주주에게 반환하고 그 남은 금액으로써 새로운 주금액으로 하는 것을 말한다. 또한 절기는 계산상의 자본금감소에 이용되고 환급은 실질상의 자본금감소에 이용된다. 그런데 어느 방법으로 감자를 하든 남은 잔액이 새로운 주금액이 되므로 그 액면가가 최저 100원 이상이어야 하고(제329조 제4항), 주금균일의 원칙(제329조 제3항)에 위반하여서는 안된다. 또한 1주의 금액은 정관의 절대적 기재사항으로 주금액을 감소하려면 정관변경의 절차를 거쳐야 함은 물론이다(제289조 제1항 제4호).

2. 주식수의 감소

주식수를 감소하는 방법에도 주식의 소각과 주식의 병합이란 두가지 경우가 있다. 즉, 주식의 소각이란 회사가 특정한 주식을 소멸시키는 것인데, 주식의 소각에는 회사와 주주 사이의 자유로운 계약에 의하여 특정한 주식을 실효시키는 임의소각과, 안분비례나 추첨 등의 방법에 의하여 주주의 의사와 관계없이 특정한 주식을 실효시키는 강제소각이 있다.

주식의 병합이란 주식의 분할과는 반대로 동일주주에게 속하는 수개의 주식을 합쳐 종전의 주식수를 줄이는 것을 말하는데, 예컨대, 1주 액면가가 5,000원의 2주를 병합하여 1주 액면가 5,000원 1주로 하는 것이다. 주식의 병합은 통상 단주를 발생시켜 각 주주의 이해에 영향을 줄 수 있으므로 예외적인 경우, 즉 자본금감소(제440조)나 회사 합병(제530조 제3항)의 경우에 한하여 주식의 병합을 할 수 있다. 주식병합으로 발행된 신주권은 병합 전의 주식을 표창하고 그와 동일성을 유지한다(대법원 2005. 6. 23. 2004다51887).

III. 자본금감소의 절차

1. 감자결의

자본금감소는 정관기재사항의 변경은 아니지만 이것은 주주의 권리의 소멸 또는 그 범위의 축소를 가져오는 중대한 사항이므로 정관변경의 경우와 같이 주주총회의 특별결의를 거쳐야 한다(제438조 제1항). 2011년도 개정상법에서는 자본금감소절차는 정관변경의 특별결의에 의하여야 하나, 결손전보를 위한 자본금감소절차는 주주총회 보통결의로 그 절차를 완화하였다(제438조 제2항). 그리고 자본금감소의 경우에는 주주총회소집의 통지·공고를 준용한다(제438조 제3항).

액면주식을 발행하는 경우 1주의 금액은 정관의 절대적 기재사항이므로(제289조 제1항 제4호) 주금액을 감소하는 경우에는 정관변경결의(제434조)도 하여야 하는지 의문이나, 감자결의가 주총특별결의를 거칠 경우에는 양결의의 방식이 동일하므로 별도로 정관변경결의를 거칠 필요가 없이 감자결의만 하면 충분하다고 본다. 또 감자주주총회소집의 통지와 공고에는 의안의 요령을 기재하여야 한다(제438조 제2항).

주주총회의 특별결의의 내용은 단순히 자본금감소를 결정하는 데 그치지 않고, 감자방법, 감자액 등 구체적인 내용이 있어야 한다(제439조 제1항). 이는 감자방법의 결정이 주주의 이익과 중대한 관계가 있기 때문이다. 그리고 감자방법에 대한 결정이 없으면 그 감자결의는 무효가 된다. 또 감자방법의 결정을 이사회에 일임하는 결의도 허용되지 않는다. 다만 자본금감소에 대한 요강을 총회에서 결정한 이상 그 실행방법의 세목은 이사회에 맡겨도 상관없다고 본다.

주주총회의 결의내용이 어느 종류의 주주에게 손해를 주게 될 경우에는 그 종류주주총회의 결의도 거쳐야 한다(제436조, 제344조 제3항).

2. 채권자보호절차

환급(실질상의 감자)은 회사의 실재산이 감소하고, 절기(명목상의 감자)도 이익배당의 가능성이 생기게 되므로 어느 경우에나 직·간접적으로 회사 채권자의 일반적 담보력에 영향을 준다. 상법은 이에 대한 보호책으로 회사의 합병의 경우에 준하여 채권자보호절차를 밟도록 하고 있다. 다만, 결손의 보전을 위하여 자본금을 감소하는 경우에는 그러하지 아니한다(제439조 제2항). 즉, 자본금감소의 결의일로부터 2주간 내에 회사채권자에 대하여 감자에 이의가 있으면 1개월 이상의 일정한 기간 내에 이의를 제출할 것을 공고하고, 알고 있는 채권자에 대하여 따로따로 최고하여야 한다(제232조 제1항). 채권자가 그 기간 내에 이의를 제출하지 않으면 자본금감소를 승인한 것으로 간주하고(제232조 제2항), 이의를 제출한 회사채권자에 대하여는 회사는 변제 또는 상당한 담보를 제공하거나 이를 목적으로 하여 상당한 재산을 신탁회사에 신탁하여야 한다(제232조 제3항). 이에 반할 경우에는 자본금감소무효의소(제445조)의 원인이 되고, 과태료의 처분도 받는다(제635조 제1항 제14호). 사채권자가 이의를 제출하려면 사채권자집회의 결의를 거쳐야 한다(제439조 제3항). 이 경우에 법원은 이해관계인의 청구에 의하여 사채권자를 위하여 이의의 기간을 연장할 수 있다(제439조 제3항).

3. 자본금감소의 실행절차

자본금감소의 실행절차는 자본금감소의 방법에 따라 다를 것이나, 상법은 주식의 병합과 강제소각에 관하여서만 특별규정을 두고 있다. 환급방법에 있어서는 현실적으로 주금액을 반환하고, 절기방법에 있어서는 회사의 일방적 의사표시에 의하여, 임의소각에 있어서는 주주와의 계약에 의해서 주권을 취득·파훼하면 되므로 문제될 것이 없다.

① 주식의 강제소각을 하려면, 회사는 1개월 이상의 기간을 정하여 그 뜻과 그 기간 내에 주권을 회사에 제출할 것을 공고하고, 주주와 등록질권자에 대하여는 개별적으로 그 통지를 하여야 한다(제343조 제2항, 제440조).

② 주식의 병합의 경우에도 강제소각의 경우와 같은 방법으로 공고·통지를 하여야 한다(제440조). 그리고 만약 구주권을 회사에 제출할 수 없는 자가 있으면, 회사는 그 자의 청구에 의하여 3개월 이상의 기간을 정하고 이해관계인에 대하여 그 주권에 대한 이의가 있으면 그 기간 내에 제출할 뜻을 공고하고, 그 기간이 경과한 후에 신주권을 그 청구자에게 교부할 수 있다(제442조 제1항). 공고의 비용은 청구자가 부담한다(제442조 제2항). 병합에 부적당한 단주가 있는 경우에는 그 병합에 적당하지 아니한 부분에 대하여 발행할 신주를 경매하든가 거래소의 시세있는 주식은 거래소를 통하여 매각하고, 거래소의 시세없는 주식은 법원의 허가를 얻어 임의매각하여 각 주수에 따라 그 대금을 종전의 주주에게 지급하여야 한다(제443조 제1항). 대금지급에 있어서도 단주권을 제출할 수 없는 자가 있는 경우에 소정의 공고를 하고 그 공고된 기간이 만료된 후에 대금을 지급할 수 있다(제443조 제2항, 제442조). 주식의 병합에 있어서 회사에 제출하지 않은 무기명주권이 있는 경우에도 이에 준하여 처리하여야 한다(제444조).

자본금감소의 결과 감자잉여금이 생기면, 자본준비금으로 전액을 적립하여야 한다(제459조 제2호). 감자잉여금이란 자본금감소의 경우 그 감소액이 주식의 소각 또는 주금의 반환에 소요된 금액 및 결손의 전보에 충당한 금액을 초과할 때 그 초과금액을 말한다.

4. 자본금감소의 효력발생시기

자본금감소는 채권자보호절차 및 자본금감소의 실행절차를 종료한 때에 그 효력이 생긴다. 따라서 주식의 소각·병합의 경우에 있어서 주권제출기간이 만료되었다 하더라도 채권자보호절차가 종료되지 않았다면 그 종료된 때에 효력이 생기며(제441조), 임의소각의 경우에는 회사가 소각을 위하여 취득한 주식을 소멸시킨 때, 그리고 주금액감소의 경우에는 회사의 의사표시가 모든 주주에게 도달한 때 효력이 생긴다고 본다.

5. 자본금감소의 등기

자본금감소는 자본금의 총액, 1주의 금액 또는 발행주식총수의 감소를 가져오는데, 그 어느 것이나 등기사항의 변경이므로, 자본금감소의 효력이 생긴 때로부터 본점소재지에서는 2주간 내에, 지점소재지에서는 3주간 내에 변경등기를 하여야 한다(제317조 제4항, 제183조).

Ⅳ. 자본금감소의 무효

1. 자본금감소무효의 의의

자본금감소는 주주·채권자 및 기타 이해관계인에게 중대한 영향을 미치므로 그 내용이나 절차에 하자가 있으면 당연히 무효이나, 상법은 회사를 둘러싼 법률관계의 안정과 획일적 처리를 위하여 자본금감소무효의 소로써만 무효를 주장할 수 있게 하고, 제소권자와 제소기간을 제한하여 판결의 대세적 효력과 소급효를 인정하고 있다(제446조, 제190조 본문).

2. 자본금감소무효의 원인

자본금감소절차에 하자가 있는 경우에는 자본금감소가 무효로 되는데, 예컨대 ① 감자결의의 무효·취소사유가 있거나, 또는 종류주주총회를 개최하지 않은 때, ② 채권자 보호절차의 불이행 또는 이의제출채권자에 대한 정당한 조치가 없었던 경우, ③ 감자방법의 주주평등원칙위반 등이다. 전술한 바와 같이 감자결의에 하자가 있는 경우에는 감자의 효력이 발생하면 감자무효의 원인으로 흡수된다(흡수설).

3. 자본금감소무효의 소

자본금감소무효의 소의 당사자의 원고는 주주·이사·감사·청산인·파산관재인 또는 자본금감소를 승인하지 아니한 채권자에 한하며, 피고는 회사이다(제445조). 그리고 자본금감소무효의 소의 제소기한은 자본금감소로 인한 변경등기가 있은 날로부터 6월 내에 소만으로 주장할 수 있다(제445조).

소의 절차에 있어서는 소의 관할·소제기의 공고·소의 병합심리·하자의 보완 등과 법원의 청구기각·패소원고의 책임·무효판결의 등기 등 회사설립무효에 관한 규정이 준용되고(제446조, 제186조~제189조, 제191조, 제192조). 원고인 채권자 또는 주주의 담보제공의무에 관하여는 주주총회결의취소의 소에 관한 규정이 준용되고 있다(제446조, 제377조).

그리고, 주주총회의 감자결의에 하자가 있는 경우 감자의 효력이 발생하기 전에는 감자무효의 소를 제기할 수 없고 총회결의하자에 관한 소를 제기할 수 밖에 없지만, 감자의 효력이 발생하면 감자무효의 원인으로 흡수된다. 그러나 예컨대, 주총결의취소의 소의 경우에는 결의일로부터 2개월 내에 제기되어야 하고, 원고가 감자무효의 소의 제소권자인 경우에는 감자무효의 소 제기기간 내에 소의 변경절차에 따라 결의취소의 소를 감자무효의 소로 변경하여야 할 것이다.

4. 자본금감소무효판결의 효력

자본금감소를 무효로 하는 판결이 확정된 때 즉, 원고 승소시에는 그 효력은 소송당사자 뿐만 아니라 제3자에게도 미치나(대세적 효력), 신주발행무효판결(상법 제431조 제1항)의 경우와는 달리 소급효는 인정된다(상법 제446조, 제

190조 본문). 이것은 제446조가 종래에는 제190조 전체를 준용하였으나, 1995년 개정법에서는 제190조 본문만을 준용하므로 소급되는 것이다. 따라서 자본금감소절차에서 채권자에 대한 변제나 판결전에 이루어진 주식의 양도는 원고승소판결이 확정되면 판결의 소급효에 따라 모두 무효가 된다. 자본금감소가 무효가 됨에 따라 자본금은 감소 이전의 상태로 회복하고, 주금액을 감액한 경우에는 감액전의 주금액으로 회복하고, 소각된 주식은 부활하며, 병합된주식은 병합전 주식으로 분할된다.

감자무효의 판결이 확정된 때에는 본점과 지점의 소재지에서 등기하여야 한다(제446조, 제192조). 원고가 패소한 때에는 원고에게 악의 또는 중과실이 있는 경우에 한하여 회사에 대하여 연대하여 손해를 배상할 책임이 있다(제446조, 제191조).

제8절 주식회사의 계산

I. 주식회사계산의 중요성

회사의 계산이라 함은 회사가 주체가 되어 일정한 결산기를 단위로 하여 회사의 재산상태와 손익을 인식·평가하고, 이익 또는 손실을 처리하기 위한 의사결정을 하는 일련의 행위를 말한다. 주식회사는 영리단체인 동시에 자본단체인 까닭으로 회사의 손익계산관계나 재산의 처리방법에 관하여는 진실·적정·명료하게 할 필요가 있다.

2011년 개정상법에서는 상법의 회계규정을 대폭삭제하고, 구체적인 회계기준을 '국제회계기준'에 맞추어 규정을 신설하였다. 즉 상법 제446조의2에서 "회사의 회계는 이 법과 대통령령으로 규정한 것을 제외하고는 일반적으로 공정하고 타당한 회계관행에 따른다"는 내용을 마련하였다. 그리고 구법에는 있었지만 이번에 삭제된 규정은 제452조(자산의 평가방법), 제453조(창업비의 계상), 제453조의2(개업비의 계상), 제454조(신주발행비용의 계상), 제455조(액면미달금액의 계상), 제456조(사채차액의 계상), 제457조(배당건설이자의 계상),

제457조의2(연구개발비의 계상) 등이다.

Ⅱ. 재무제표

1. 재무제표의 의의

상법상 재무제표란 주식회사의 결산을 위해 작성하고 주주총회의 승인을 받아 확정되는 회계서류를 말한다.

재무제표에 대해 개정전에는 대차대조표, 손익계산서, 이익잉여금처분계산서 또는 결손금처리계산서를 재무제표로 규정하였으나(개정전 제447조 각호), 개정 상법에서는 이익잉여금처분계산서와 결손금처리계산서를 재무제표에서 제외하였다. 대신 개정상법 제447조 제1항 제3호는 「그 밖에 회사의 재무상태와 경영성과를 표시하는 것으로서 대통령령으로 정하는 서류」를 시행령으로 정하도록 하였는데, 시행령에서는 「자본변동표」를 이에 해당하는 서류로 규정하고 있다. 즉, 2007년 말 국제회계기준을 반영하여 만들어진 한국채택국제회계기준(2011년 시행)은 이익잉여금처분계산서 및 결손금처리계산서를 재무제표에서 삭제하고 대신 「자본변동표」를 재무제표에 추가하였다.

2. 연결재무제표

지주회사등의 경우 지주회사의 재무실적이 종속회사의 경영실적에 따라 크게 영향을 받는 경우에는 동 기업들을 하나의 조직체로 간주하여 재무제표를 작성하는 것이 기업의 실상을 파악하는데 도움이 된다. 이때 작성하는 것이 연결재무제표이다(외감 제1조의2 제3호).

주식회사의 외부감사에관한법률(이하 "외감법")과 기업회계기준에서는 지배·종속관계에 있는 회사들에게 연결재무제표의 작성을 요구하고 있다.

개정 전 상법에서는 연결재무제표 작성에 대한 근거조항이 없었지만 2011년 개정상법 제447조 제2항은 대통령령이 정하는 회사의 이사는 연결재무제표를 작성하도록 규정하고 있다. 이는 연결재무제표 작성을 기본으로 하는 국제회계기준(IFRS)이 2011년부터 전면시행되고 최근 주식교환이나 주식이전제도를 통해 기업결합이 활발하게 이루어지고 있는 점을 감안하여 연결재무제표 작성과 관련한 근거조항을 신설한 것으로 볼 수 있다.

3. 재무제표 등의 작성 · 제출 · 공시

대표이사는 재무제표와 그 부속명세서(제447조), 영업보고서(제447조의 2)를 정기총회회일의 6주간 전에 작성하여 이사회의 승인을 얻은 후 감사에게 제출하여야 한다(제447조의3, 제415조의2 제7항).

외부감사를 받아야 하는 회사의 경우에는 외부감사인에게 주주총회 6주전까지 외부감사대상인 재무제표(상법상의 재무제표와 현금흐름표 및 연결재무제표 또는 결합재무제표)를 제출하여야 한다(외감법 제7조, 외감령 제6조).

감사는 이 서류를 받은 날로부터 4주간 내에 감사보고서를 작성하여 대표이사에게 제출하여야 한다(제447조의4). 감사의 감사보고서에는 ① 감사방법의 개요, ② 회계장부 · 대차대조표 · 손익계산서 · 영업보고서 · 이익잉여금처분계산서 또는 결손금처리계산서 등의 서류가 법령 또는 정관의 규정에 따라 적합하게 기재되고 회사의 상황을 정확하게 표시하고 있는지, 또 이들 서류 중 부속명세서가 있는 경우에는 그 부속명세서의 기재가 이들 서류상의 기재와 합치하지 않거나, 기재누락 또는 부실기재가 있는 경우에는 그 뜻, ③ 회사의 회계방침이 변경된 경우에도 그 타당성의 여부, ④ 이사의 직무대행에 관하여 부정행위 또는 법령 · 정관에 위반하는 중대한 사실 및 필요한 조사를 할 수 없었던 경우에는 그 뜻과 이유 등을 기재하여야 한다(제447조의4 제2항).

이사는 정기총회회일의 1주 전부터 재무제표, 부속명세서 및 영업보고서와 감사가 제출한 감사보고서를 첨부하여 본점에 5년간, 그 등본을 지점에 3년간 비치하여야 한다(제448조 제1항).

주주와 회사채권자는 이 기간 동안 영업시간 내에는 언제든지 그 비치서류를 열람할 수 있으며, 일정한 비용을 지급하면 그 등본이나 초본을 청구할 수 있다(제448조 제2항).

4. 재무제표 등의 승인 및 그 효과

이사는 재무제표를 정기총회에 제출하여 그 승인을 요구하여야 하고(제449조 제1항), 영업보고서를 정기총회에 제출하여 그 내용을 보고하여야 한다(제449조 제2항). 반면 부속명세서와 감사보고서는 이를 제출하여 승인을 받을 필요는 없고, 본점 또는 지점에 비치하기만 하면 된다. 주주총회는 보통결의로 재무제표를 승인하며, 그의 거부 및 수정도 가능하다. 이때 감사는 이사가 제출한 서류를 조사하여 법령 또는 정관의 위반이나 현저하게 부당한 사유가 있는지의 여부에 대해 주주총회에 의견을 진술해야 하고(제413조), 주주총회는 필요시 이사가 제출한 서류와 감사의 보고서를 조사하게 하기 위하여 검사인을 선임할 수 있다(제367조). 이사는 주주총회의 승인 후 지체없이 정관에 정한 방법으로 대차대조표를 공고하여야 한다(제449조 제3항). 외부감사를 받은 때에는 외부감사인의 명칭과 감사의견도 병기하여야 한다(주식회사의 외부감사에 관한 법률 제14조 제2항).

정기총회에서 일단 재무제표를 승인하게 되면 재무제표에 기재되었거나 그것으로부터 알 수 있는 사항에 관하여 그 후 2년 이내에 임원의 책임을 추궁하거나 책임면제를 보류하는 결의가 없는 한 이사와 감사의 책임은 부정행위가 있는 경우를 제외하고는 해제된 것으로 보게 된다(제450조, 제415조의2 제7항). 한편 이미 퇴직한 이사에 대하여는 상법 제450조가 적용되지 않는 다고 보는 것이 판례의 입장이다(대법원 1997. 6. 28, 77다295).

2011년 개정상법 제449조의2에 따라 재무제표에 대한 외부감사인의 적정의견과 감사(감사위원회)전원의 동의가 있으면 이사회가 주주총회 대신 재무제표를 승인할 수 있고 이때는 재무제표를 총회에 보고하면 되고, 이 경우는 제450조에 따라 이사와 감사의 책임이 해제될 수 있는 것으로 되었다.

5. 2011년 개정상법상의 자산의 평가방법

개정상법은 제446조의2에서 「회사의 회계는 이 법과 대통령령으로 규정한 것을 제외하고는 일반적으로 공정하고 타당한 회계관행에 따른다」는 회계의 원칙에 관한 규정을 두고, 제447조에서 회계서류의 종류, 자본금, 준비금, 배당재원 등 상법에는 회계에 관한 기본적이고 일반적인 사항만을 규정하는 대신, 제452조에서 제457조의2까지를 삭제하였다. 이것은 일반적으로 법률에 구체적인 회계규정을 두지 않는 세계적 추세를 고려하고 상법과 기업회계기준과의 괴리를 제거하여 변화하는 회계관행에 신속하고 적절히 대응할 수 있도록 하기 위한 것이다.

참고로 삭제된 조문은 제452조(자산의 평가방법), 제453조(창업비의 계상), 제453조의2(개업비의 계상), 제454조(신주발행비용의 계상), 제455조(액면미달금액의 계상), 제456조(사채차액의 계상), 제457조(배당건설이자의 계상), 제457조의2(연구개발비의 계상) 등이다.

Ⅲ. 준비금

1. 준비금의 의의

준비금이라 함은 자본금액을 초과하는 회사의 재산액을 일정한 목적을 위하여 회사에 적립하여 두는 계산상의 금액이며, '적립금'이라고도 한다. 준비금은 실질적으로는 회사의 이익의 유보액이며, 회계원리상으로는 대차대조표 상의 대변에 부채의 부와 자본금 계정과 함께 기재하고 차변의 자산과의 차액에 따른 차익금산출을 함에 있어서 공제항목이 되는 금액이다(제462조 제1항 참조).

기존의 준비금제도는 통상 자본금의 개념을 전제로하여 배당가능이익의 산출에 있어서 공제항목으로서(제462조 제1항 제2호·제3호) 회사 재산의 사외유출을 억제하는 기능을 하였고, 또한 주식회사에서는 회사재산만이 회사채권자의 유일한 담보가 되므로, 상법은 자본금을 확정하고 그 자본금액에 상당하는 회사의 재산을 보유하도록 엄격한 규제를 하고 있다(자본금유지의 원칙). 그러나 자본금액을 초과하는 재산을 전부 배당한다면, 장래에 회사가 손실을 보게 되는 경우에는 회사뿐만 아니라 주주·회사채무자에게도 곤란하게 되므로, 회사의 건전한 발전을 도모하고 회사채권자를 보호하기 위하여 자본금액을 초과하는 재산의 일부를 회사에 적립하게 한 것이다.

2. 준비금의 종류

준비금에는 법률의 규정에 의하여 그 적립이 강제되는 법정준비금과 회사가 자치적으로 정관이나 주주총회의 결의에 의하여 적립하는 임의준비금이 있다. 법정준비금은 적립하는 재원에 따라 이익준비금(제458조)과 자본준비금(제459조)으로 구분된다.

(1) 이익준비금

이익준비금이란 회사의 영업거래에서 생긴 이익을 적립하는 준비금을 말한다. 즉, 회사는 그 자본금의 2분의 1이 될 때까지 매결산기 이익배당액의 10분의 1 이상을 이익준비금으로 적립하여야 한다. 다만, 주식배당의 경우에는 그러하지 아니하다(제458조). 이익준비금은 본래 주주에게 배당할 것이지만 장래의 손실에 대비해서 회사의 재산적 기초를 견실하게 하기 위하여 적립하는 것인데, 적립한계를 초과한 금액은 임의준비금이 된다.

여기서의 이익배당은 금전 및 현물로도 가능하고, 주식배당의 경우를 제외하고 그 결산기에 주주에게 배당하기로 결정된 금액을 말한다. 그러므로 실제로 주주에게 지급된 액수와는 다른 의미이다. 또한 금전 및 현물에 의한 이익배당액은 금전 및 현물의 사외유출이 없는 주식배당을 포함시키지 않는 것은 당연하다 할 것이다. 이는 주식배당은 배당가능이익을 재원으로 하기 때문에 이익준비금의 적립대상이 아니기 때문이다.

이익준비금의 적립한도도 「자본금의 2분의 1이 될 때까지」이므로, 자본금의 2분의 1을 초과한 금액은 정관규정에 비록 이익준비금으로 규정된 것이라도 임의준비금으로 된다.

(2) 자본준비금

자본준비금이란 회사의 자본금거래에서 생긴 이익을 적립하는 준비금을 말한다. 자본준비금의 재원은 회사의 자본금의 증감거래에서 생긴 이익, 즉 개정 전 상법 제459조에 열거된 액면초과금액, 감자잉여금, 합병잉여금, 기타 자본금거래에서 발생한 잉여금과 자산재평가법 제28조에 의한 재평가적립금인데,

이것은 주주의 출자의 일부 기타 자본금에 준할 성질의 금액으로서, 그 성질상 이익배당에 충당하는 것이 부적당하므로 그대로 적립하는 것이다. 따라서 적립한도도 있을 수 없다. 그런데 기존 상법상의 준비금은 자본금과 함께 주주에 대한 배당을 억제하는 역할을 하는 장부상의 액일 뿐 실제로 준비되는 금액은 아니다. 통상 상법상의 준비금은 이익준비금과 자본준비금으로 구분하며, 실제 회계적으로는 이러한 용어를 사용하지 않아 혼란이 있었으며 또한 이러한 준비금은 회계상 잉여금과의 금액과는 반드시 일치하는 것도 아니었다. 이러한 이유 등으로 그간의 회계관련규정은 혼란을 가중시키고 세계적인 회계관행도 고려되지 않은 것으로 그 수정의 필요성이 계속 제기되어 왔었다. 이에 따라 개정상법은 회사의 자본거래에 발생한 잉여금을 대통령령으로 정하는 바에 따라 자본준비금으로 적립하도록 하고(제459조 제1항), 합병이나 분할합병의 경우 소멸되는 회사의 이익준비금이나 그 밖의 법정준비금은 합병·분할·분할합병 후 존속하는 회사와 신설되는 회사가 승계할 수 있도록 개정하였다(제459조 제2항)

(3) 임의준비금

임의준비금이란 주주총회의 결의 또는 정관의 규정에 의하여 법정준비금을 공제한 잔여이익에서 적립하는 준비금을 말한다. 즉, 임의준비금의 처분에도 정관규정이나 주주총회의 특별결의를 통해서 자유로이 변경·폐지할 수 있으며, 따라서 당초의 적립목적 외로도 유용할 수 있는 것이고, 그 적립은 대개 장래의 사업확장, 배당의 평준화, 사채의 상환, 손실의 전보, 주식의 소각 등에 대비하여 적립하나, 그 적립률이나 한도에는 역시 제한이 없다.

3. 준비금의 용도

임의준비금의 폐지·변경·사용은 정관의 변경 또는 주주총회의 결의에 의하여 자유로 할 수 있으나, 법정준비금의 용도는 다음 두 경우에 한정되어 있다.

(1) 자본금의 결손전보

자본금의 결손이란 회사의 순자산액(대차대조표상의 자산의 액 - 부채의 액)이 법정준비금의 합계액보다 적을 때를 말하며, 결손의 전보란 계산상 대차대조표의 부채의 부에서 법정준비금의 액을 감하고 그만큼 자산의 부에서 손실액을 감하는 것을 말한다. 즉, 결손금과 법정준비금을 함께 줄임으로써 누적손실금(결손금)을 줄이는 것을 말한다. 법정준비금은 자본금의 결손전보에 충당하는 경우 외에는 처분하지 못한다(제460조). 법정준비금이 있더라도 자본금의 결손을 전보하든 아니면 이월하든 이는 회사의 자유이나, 이를 이월하였을 때에 다음 영업연도에 이익이 발생하더라도 먼저 그 자본금결손을 전보하지 않으면 이익배당을 할 수 없다.

(2) 법정준비금의 자본금전입

1) 자본금전입의 의의

법정준비금의 자본금전입이란 회사의 계산상 준비금계정에 속하는 금액을 자본금계정으로 이체하는 것으로서, 즉 '준비금의 자본금화'를 의미한다.

법정준비금의 전부 또는 일부의 자본금전입을 하면 자본금이 증가되고 증가된 자본금에 대해서는 신주(무상주)가 발행되므로, 실질적으로는 주식의 분할과 같은 경제적 효과를 거두게 된다. 따라서 자본금전입은 너무 높은 주가를 조절하여 주식거래와 신주발행을 쉽게 하는 데도 도움이 된다.

2) 자본금에 전입할 수 있는 준비금

상법 제461조의 '준비금의 자본전입'에 관하여 임의준비금도 자본금에 전입할 수 있다는 학설과 법정준비금만을 자본금에 전입할 수 있다는 학설이 대립되어 있으나, 자본금으로 전입할 수 있는 준비금은 법정준비금에 한한다고 본다. 그 이유는 ① 상법이 일반적으로 준비금으로서 규정하고 있는 것은 법정준비금에 관한 것이고(상법 제470조의 준비금도 사채권자의 안전을 도모하기 위하여 법정준비금으로 보아야 한다), ② 임의준비금은 특정 목적에 따라 정관이나 주주총회의 결의에 의하여 적립된 것인데, 그 목적과는 관계없이, 더구나 이사회의 결의로 자본금전입을 한다는 것은 부당한 까닭이다. 또 ③ 자본금전입에 의하여 자본금구성의 정당화를 기할 필요가 생기는 것도 자본준비금에 한하기 때문이다.

3) 자본금전입의 결정

자본금전입의 결정은 이사회의 결의사항인데(제461조 제1항 본문), 정관으로 주주총회에서 결정하기로 정할 수도 있다(제461조 제1항 단서).

법정준비금은 자본금에 전입되더라도 회사채권자는 물론 주주의 이익을 해하는 것이 아니므로 이사회결의로써 충분한데, 그 결의에서는 전입한다는 뜻뿐만 아니라 전입할 준비금의 종류와 그 금액 및 주식발행사항 등을 정하여야 한다. 상법은 전입의 순서를 정하지 않았으므로 이익준비금과 자본준비금 중에서 어느 것을 먼저 전입하든, 또는 어느 한 편만을 전입하든 상관이 없다고 본다.

4) 자본금전입의 효력

자본금전입의 효력은 이사회에서 정한 신주배정일 또는 주주총회에서 결의를 한 때에 발생하는 것이 원칙이다(제461조 제3항·제4항). 그러나 그 결의에 조건이나 기한을 붙인 경우에는, 조건의 성취 또는 기한의 도래로 인하여 그 효력이 생긴다. 자본금전입의 효력이 생기므로 말미암아 전입액만큼 준비금이 감소하고 동시에 자본금본이 증가함은 당연한 것으로서 기술한 바이다.

위법한 자본금전입, 예컨대 이사회 또는 주주총회의 결의 없이 자본금전입을 한다든가, 법정준비금이 없는데도 자본금전입의 결의를 한 경우에는 그 자본금전입은 당연히 절대적으로 무효이다. 따라서 그 무효의 주장방법에도 아무런 제한이 없다.

5) 자본금전입에 의한 신주발행

법정준비금을 자본금에 전입하면 회사의 자본금이 증가하므로 이에 따라 신주를 발행하여야 한다. 따라서 주주전원에 대하여 그 지주수에 따라 평등하게 무상으로 신주가 배정된다(제461조 제2항 제1문). 자본금전입의 법적 성질이 주식의 분할이기 때문에 회사가 보유한 자기주식에 대하여도 신주발행청구권이 있다고 본다. 신주발행에 있어서 단주가 생기는 경우에는 각 주주에게 배정되는 단주를 합하여 매각하고, 그 대금을 단주주에 분배해야 한다(제461조 제2항 제2문). 이 경우 발행되는 신주에 대한 이익이나 이자의 배당에 관하여는 전환주식의 경우와 같이 정관이 정하는 바에 따라 자본금전입의 결의가 있는 영업연도의 직전 영업년도말에 전입된 것으로 하여 배당기산일을 소급처리할 수 있다(제461조 제6항).

자본금전입에 의하여 무상의 신주가 배정되지만 동시에 유상증자도 병행할 수 있다. 그러나 유상증자의 청약을 조건으로 하는 무상신주의 발행(이른바 포괄증자)은 허용되지 않는다.

신주를 발행하는 경우, 주주는 신주배정일 또는 주주총회에서 자본금전입결의가 있은 때로부터 신주의 주주가 되는데(제461조 제3항·제4항), 총회결의에 의하여 발행될 신주의 배정을 받을 주주를 확정하기 위하여, 신주배정일을 정하거나 주주명부의 폐쇄를 할 수 있는 것은 물론이다(제354조).

자본금전입에 의한 신주의 발행은 정관에 규정된 발행예정주식총수의 범위 내(제289조 제1항 제3호)에서 인정되며, 또한 종류주식을 발행하는 경우에도 정관에 규정된 발행예정주식총수의 범위 내(제344조~제346조, 제370조)에서 허용된다. 따라서 그 이상의 신주를 발행하려면 정관변경절차가 선행되어야 할 것이다.

보강 <포괄증자>

포괄증자란 준비금의 자본금전입을 하면서 동시에 유상의 신주발행을 하여 증자하는 방법이다.

포괄증자시 유상의 신주인수·납입을 포기하면 준비금의 자본금전입에 의한 무상주도 포기하는 것으로 간주된다. 따라서 포괄증자는 주주의 신주 인수·납입을 실질적으로 강제하는 효과가 있고, 주식의 가격이 매우 낮은 경우에는 주주에게 매우 불리하게 된다. 이는 곧 주주의 무상주에 대한 권리를 박탈할 뿐 아니라 회사가 주식을 남발하여 주주의 지위를 불안하게 할 우려가 있다. 따라서 상법에 명문의 규정은 없으나 포괄증자는 허용되지 않는다고 본다.

7) 통지·공고·등기

자본금전입의 결의가 있으면 이사는 지체없이 신주를 받은 주주와 주주명부에 기재된 질권자에 대하여 그 주주가 받은 주식의 종류와 수를 통지하고, 무기명주권을 발행한 때에는 그 결의의 내용을 공고하여야 하며(제461조 제5항), 소정의 변경등기를 하여야 한다(제317조 제3항, 제183조).

8) 신주에 관한 질권의 효력

구주에 대한 질권자는 주주가 받을 신주 또는 단주의 처분에 의한 매득금 위에 물상대위권을 행사할 수 있다(제461조 제6항, 제339조).

4. 준비금의 감소

(1) 의의

개정회사법은 「준비금의 감소」라는 제도를 신설하였다. 즉, 회사는 적립된 자본준비금 및 이익준비금의 총액이 자본금의 1.5배를 초과하는 경우에 주주총회의 결의에 따라 그 초과한 금액 범위에서 자본준비금과 이익준비금을 감액 할 수 있도록 규정(제461조의2)하고 있다.

통상 준비금은 자기자본을 구성하는 고정된 금액이므로 자본충실에는 기여하나, 과다하게 적립된 경우 배당가능이익의 산출을 어렵게 하는 불편이 따르게 된다. 따라서 준비금이 자본금과 적절한 비례관계에서 유지되는 한 이익처분에 탄력성을 부여하고자 신설한 제도이다.

준비금의 감소는 준비금을 결손보전을 위해 사용하거나(제460조), 자본금에 전입할 경우(제461조)도 포함되므로 넓은 의미의 준비금 감소는 결손의 보전을 위한 준비금의 사용과 준비금의 자본전입도 포함한다고 할 수 있다. 그러나 결손의 보전도 준비금을 적립하는 본래의 목적에 사용하는 것이며, 자본금전입은 임시적 성격의 준비금을 영구적인 자본금으로 회계상 전환시키는 것임에 대해, 개정회사법에 신설된 「준비금의 감소」란 준비금으로서의 용도를 포기하고 미처분 상태의 잉여금으로 전환시키는 것을 말한다. 이는 미처분잉여금의 증액이라는 의미가 크다.

(2) 요건

1) 감소가능한 준비금

자본준비금 및 이익준비금의 합계액이 자본금의 1.5배를 초과할 때 초과금의 일부 또는 전부를 감액할 수 있다. 여기서 자본준비금을 준비금감소의 대상으로 한 것은 자원의 효율적 배분의 측면에서 주주가 출자한 재원이라도 회사 내부에서 투자기회를 찾지 못하면 주주에게 배분하여 주주로 하여금 보다 수익률이 높은 투자기회를 찾도록 하는 것이 더 효율적이라고 보았기 때문이다.

2) 결손과의 상계

준비금을 감소하기 위해서는 준비금에서 결손금을 차감한 잔액이 1.5배를 초과하여야 하고 그 초과한 부분에 대해 감액할 수 있다. 이는 감소된 준비금은 미처분잉여금으로써 바로 배당의 재원으로 운용될 수 있는데, 결손을 방치한 채, 회계처리상 자본금에 준하는 준비금을 감소시키면 배당을 실시한 효과가 발생되어 자본금의 잠식을 가져오는 결과가 발생하기 때문이다.

(3) 절차

① 준비금의 감소는 주주총회의 보통결의에 의한다(제462조의2). 자본금의 감소는 특별결의를 요하나(제438조)준비금의 감소는 보통결의로 족하게 한 것은 준비금의 감소가 자본금의 감소보다 자본충실에 미치는 영향이 적기 때문이다.

② 준비금감소 절차에서 그 방법론으로 결손보전을 병행 할 수도 있는데 예를 들어 700만원의 결손이 있는 회사에서 1,000만원의 준비금을 감소하면서 700만원은 결손금 전액을 전보처리하고 300만원은 미처분잉여금 계정으로 전환시키는 것을 말한다.

(4) 효과

준비금 감소의 결의가 이루어지면 감소된 액만큼 미처분잉여금이 증가한다.

(5) 준비금감소의 무효

준비금감소가 무효일 때에는 감자무효의 소에 관한 규정(제445조)을 유추적용 할 것이다.

Ⅳ. 이익배당

1. 이익배당의 의의

주식회사는 영리단체이고, 여기서의 영리성은 단순히 이익을 창출하는 것이 아니라 궁극적으로 회사의 이익을 주주에게 배분하는 것을 의미한다. 이익배당이란 회사가 영업활동의 결과로서 발생한 이익을 주주에게 분배하는 것을 말한다. 영리단체인 주식회사의 이익은 궁극적으로는 주주에게 귀속되어야 하는데, 그 귀속방법은 회사를 청산하여 잔여재산을 분배할 수도 있으나, 오늘날의 주식회사는 대개 청산을 예정하지 않으므로, 정기적 결산을 통하여 당해기의 이익을 배당하게 된다.

주주의 이익배당청구권은 고유권이며, 그것을 박탈하거나 장기간 제한하는 것은 고유권의 침해가 되나 주주가 이를 포기하는 것은 상관없다. 그러나 이익없이 하는 배당은 곧 회사의 부실화를 초래하므로 상법은 이익배당에 관하여 엄격한 규제를 하고 있다.

2. 이익배당의 개정내용

(1) 개정취지

종전의 상법규정을 보면 이익배당에 대한 최종결정권은 주주총회에 있고, 이사회는 배당에 대한 제안만 할 수 있을 뿐, 주주총회에 출석한 주주들이 배당 여부 및 범위를 결정하도록 하고 있다(제449조 제1항). 이와 같이 재무제표 승인과 배당결정권을 주주총회의 권한으로 한 것은 이익의 처분에 대하여 회사의 소유자인 주주가 회사의 중요정책을 스스로 결정하는 것이 타당하다고 보고 주주에게 이사를 감독할 기회를 부여하기 위한 것이었다고 볼 수 있다.

그러나 실무에서 보면 전문적이고 매우 기술적인 계산에 기초하여 작성한 재무제표를 주주가 판단하기가 쉽지 않았고 그 승인도 매우 형식적이었다고 할 수 있다. 따라서 계산의 정확성만 담보할 수 있다면, 그 내용은 주주총회에 보고만 하면 된다는 것이다. 즉, 반드시 주주총회의 승인을 요구하지 않고 다른 자에 의한 승인도 가능하도록 하는 것이 개정상법의 취지이다.

(2) 개정내용

원칙적으로는 재무제표 확정의 승인과 배당결정은 주주총회의 권한이나 개정 상법은 정관의 정함에 의하여 일정한 요건을 갖춘 경우에는 재무제표의 확정의 승인을 이사회의 결의로 할 수 있게 하고(제449조의2), 이러한 회사에 한하여 이사회에서 배당을 결정하도록 하였다(제462조 제2항 단서). 이는 기본적으로 배당정책은 투자 및 자본조달정책과 같은 재무관리상의 결정이라는 것을 고려한다면 회사경영에 정통한 이사들이 배당을 결정하는 것이 보다 합리적이라고 볼 수 있기 때문이다. 또한 채권자보호에의 측면에서도 중립성을 띠는 이사에게 배당에 관한 결정권을 맡기는 것이 더 바람직할 것이다.

그리고 미실현이익은 모두 실현 전에 미리 이익으로 계상되며 추후 자산의 처분으로 이익이 실현될 때에는 종전에 계상된 미실현이익과 규모면에서 상당한 차이가 있을 수 있으므로 개정법에서는 기업회계기준을 상법에 받아들여 시가평가에 의한 미실현이익을 배당가능이익으로 처리하여야 하는 문제와 관련하여 상법상 조정이 필요하여 순자산액에서 일부항목의 미실현 이익을 공제할 수 있도록 하였다. 그리고 미실현이익의 배당이익 산입 여부는 대통령령으로 정할 수 있도록(제462조 제1항 제4호)하였다.

3. 이익배당청구권

이익배당 청구권은 주주의 권리중 가장 중요한 고유권에 해당한다고 볼 수 있다.

따라서 그것을 박탈하거나 장기간 제한하는 것은 주주의 자익권중 가장 중요한 권리를 침해한다고 할 수 있다.

그러나 오늘날 이익배당 청구권은 무조건적이고, 절대적인 주주의 고유권이라고는 볼 수 없고, 이익의 사내유보 등을 위해서 정관 또는 주주총회의 결의로 제한하거나 박탈할 수 있다. 물론 그 제한이 완전한 제한이나, 장기적인 박탈이 되어서는 아니될 것이다. 즉, 배당가능이익이 나더라도 그 전부를 반드시 주주에게 배당하여야 되는 것은 아니고 기업자체의 장기적인 존속과 발전 및 사회적 책임의 이행을 위해서는 일시적인 제한이나 박탈은 가능한 것으로 본다.

4. 이익배당의 요건

적법한 이익배당이 되려면 실질적 요건과 형식적 요건을 구비하여야 한다.

(1) 실질적 요건

이익을 배당하려면, 실질적 요건으로 '배당가능이익'(제462조 제1항)이 있어야 한다. 즉, 배당가능이익은 대차대조표상의 순재산액으로부터, ① 자본금의 액, ② 그 결산기까지 적립된 자본준비금과 이익준비금과의 합계액, ③ 그 결산기에 적립하여야 할 이익준비금의 액을 공제한 차액, ④ 대통령령으로 정하는 미실현 이익을 말하는 것이다. 그 밖에 자산재평가적립금도 공제하여야 하며, 정관 또는 주주총회의 결의로 임의준비금을 적립하기로 한 때에는 이것도 공제하여야 한다.

주주는 배당가능이익의 한도 내에서 이익배당을 받는다. 보통주주이든 우선주주이든 이익배당이 보장된 것은 아니므로, '이익 없으면 배당 없다'는 원칙은 주식회사의 기본원칙이다. 그러나 이 원칙에 대한 예외로서 들 수 있는 것은, 기존상법에서 있었던 건설이자배당의경우(제463조)가 유일한 경우이었다. 건설이자제도는 회사가 성립하였더라도 그 사업의 성질상 곧 영업을 개시할 수 없기 때문에 장기간 이익배당을 할 수 없는 경우를 고려하여 예외적으로 엄격한 요건을 갖추어 일정한 시기까지 일정한 이자를 배당하는 제도로 건설이자의 지급은 출자의 환급내지 장래 발생할 이익배당의 선지급의 성격으로서 회사채권자에게 불리할 수 있다. 자본잉여금과 이익잉여금 등 재원규제의 완화가 진행되면서 유연하고 다양한 배당재원이 인정되므로 개정 상법에서는 건설이자제도를 폐지하였다.

(2) 형식적 요건

이익배당을 위한 형식적 요건으로 '주주총회의 승인결의'가 있어야 한다(제462조 본문).

재무제표 중에 이익잉여금 처분계산서에 기재된 이익처분안은 일반적으로 주주총회 결의로 재무제표를 승인함으로써 확정되지만(제449조 제1항), 주주총회는 이익처분에 관하여 다른 결의도 할 수는 있다.

그리고 회사는 정관에 의하여 이사회의 결의로 재무제표를 승인할 수 있으나, 이 경우 상법 제447조에서 규정한 서류를 법령 및 정관에 따라 회사의 재무상태 및 경영성과를 적정하게 표시하고 있다는 외부감사인의 의견이 있고, 감사(감사위원회 설치 회사의 경우는 감사위원)전원의 동의가 있어야 한다(제449조의2 제1항). 또한 재무제표를 이사회가 승인한 경우에는 이사는 상법 제447조 각호의 서류의 내용을 주주총회에 보고하여야 한다(제449조의2 제2항)

주주총회에서 이익잉여금처분계산서를 승인하면 구체적인 배당금지급청구권이 생기는데, 이 권리는 독립하여 양도·압류·전부명령 등의 목적이 될 수 있고, 5년의 시효에도 걸리게 된다(제464조의 2 제2항).

5. 배당금지급청구권

주주의 기본적인 권리로 일반적·추상적인 이익배당청구권이 있지만, 주주총회에서 이익처분안을 포함한 이익잉여금처분계산서의 재무제표를 승인하면 구체적인 권리로 배당금지급청구권을 갖게 된다.

따라서 추상적인 이익배당금청구권은 의결권과 마찬가지로 독립적인 권리가 아니므로 주주권으로부터 독립하여 양도·압류·전부명령 등을 할 수 없지만, 배당금지급청구권은 주주총회의 결의가 있으면 사원권과 분리되어 독립된 채권으로서 주주의 지위와 상관없이 양도·압류·입질·전부명령 등의 목적이 된다. 그러므로 적법한 주주총회의 승인결의후 발생된 배당금지급청구권을 취득한 양수인은 회사에 대하여 채권자의 지위에 서게 된다. 그리고 그 권리는 5년간 행사하지 않으면 소멸 시효의 완성으로 소멸한다(제464조의2 제2항).

6. 이익배당의 방법

(1) 이익배당의 기준

이익의 배당은 주주총회의 배당결의시의 주주명부상의 주주를 대상으로 하되 각 주주가 가진 주식의 수에 따라서 평등하게 지급한다(제464조 본문). 다만 배당내용이 다른 종류주식을 발행한 경우(제464조 단서)에는 차등을 둘 수 있다. 신주가 발행된 경우 신주발행의 효력발생일 이후의 일수에 비례하여 이익배당을 하는 이른바 일할배당이 실무계의 관행이다. 일할배당에 관하여는 상법에 규정이 없으므로 회사는 주주총회의 결의에 의하여 일할배당을 할 수 있다고 본다. 회사가 보유한 자기주식은 이익배당청구권이 없다.

한편 국민경제상 중요한 산업을 영위하는 상장법인 또는 등록법인의 경우에는 이익을 배당함에 있어서 정부에게 지급할 배당금의 전부 또는 일부를 우리사주조합원이나 일정소득수준 이하인 주주에게 배당할 수 있다(자금 제165조의14 제1항).

(2) 이익배당시기

이익배당은 영업연도말의 대차대조표상에서 생기는 이익만으로써 하고, 정기총회에서 확정되므로 매결산기에 1회로 한정되나, 중간배당의 예외가 있다. 즉, 1998년 개정상법은 1년의 영업연도 중에서 1회에 한하여 이사회의 결의로 일정한 날을 정하여 그 날의 주주에 대하여 금전으로 중간배당을 할 수 있게 하였다(제462조의3).

(3) 이익배당금

이익배당은 금전과 주식및 현물로 할 수 있다. 그러나 주주총회의 결의에 의하여 이익배당을 주식으로써 할 경우에는 이익배당총액의 2분의 1에 상당하는 금액을 초과하지 못한다(제462조의2 제1항). 그 밖에 2011년 개정상법이 새로 채택한 정관에서 금전외의 배당 즉, 현물배당을 할 수 있음을 정할 수 있다(제462조의4 제1항). 따라서 현물배당을 결정한 회사는 ① 주주가 배당되는 금전외의 재산 대신 금전의 지급을 회사에 청구할 수 있도록 한 경우에는 그 금액 및 청구할 수 있는 기간(제462조의4 제1항 제1호)과 ② 일정수 미만의 주식을 보유한 주주에게 금전외의 재산 대신 금전을 지급하기로 한 경우에는 그 일정수 및 금액을 정할 수 있다(제462조의4 제1항 제2호).

(4) 이익배당금지급시기

배당금은 이익잉여금처분계산서가 주주총회나 이사회의 결의를 한 날로부터 1월 이내에 지급되어야 하나(제464조의2 제1항 본문), 주주총회나 이사회에서 따로 정한 경우에는 그러하지 아니하다(제464조의2 제1항 단서). 소정의 배당기간 내에 회사가 배당금을 지급하지 않은 때는 과태료의 제재를 받는다(제635조 제1항 제27호).

7. 위법배당의 효과

위법배당이란 회사가 실질적 요건인 배당가능이익(제462조 제1항 각호)이 있어야 하고 형식적 요건인 주주총회결의 또는 이사회의 승인결의(제462조 제2항)가 있어야 하는데, 이와 같은 요건을 갖추지 못하였거나, 실질적으로 분식결산에 의해 가공자산의 부당계상 또는 감가상각의 부족 및 부채의 과소계상 등으로 산출한 이익을 배당한 경우 등을 말한다.

이익배당의 요건·기준·절차에 하자가 있는 위법배당의 경우에는 그 배당은 원칙적으로는 무효이고, 이사와 감사는 회사 및 제3자에 대하여 손해배상책임을 지고(제399조, 제401조, 제414조 제1항), 벌금의 제재를 받는다(제625조 제3호). 그리고 외부감사인을 선임한 경우(주식회사의 외부감사에 관한 법률 제2조)에는 외부감사인이 허위의 감사보고서를 작성한 경우에도 회사 및 제3자에 대하여 손해배상책임을 진다(주식회사의 외부감사에 관한 법률 제17조). 그리고 회사는 주주에 대하여 배당무효에 기한 부당이득반환청구권을 갖는다(민법 제741조, 제748조). 이 때 이익배당이 주주총회의 하자 있는 결의에 의하여 이루어진 경우, 주주총회결의무효확인의 소의 성질을 확인의 소라고 볼 때 별도의 결의무효확인의 소를 거칠 필요가 없다. 한편 회사채권자도 주주에 대하여 위법배당액을 회사에 반환할 것을 청구할 수 있다(제462조 제3항). 회사채권자란 청구 당시의 전채권자이고 위법배당 당시의 채권자만에 한하지 않는다. 반환청구를 소로써 하는 경우에는 그 소는 본점소재지의 지방법원의 관할에 전속한다(제462조 제4항, 제186조).

V. 주식배당

1. 주식배당의 의의와 성질

주식배당(stock dividends)이란 이익배당을 금전에 갈음하여 새로이 발행되는 주식으로 하는 것을 말한다. 회사가 주식배당을 하면 필요한 자금의 사내유보를 가능하게 하는 등 여러 가지 이점이 있다. 주식배당의 법적 성질에 관하여는 이를 이익배당의 일종으로 보는 이익배당설, 준비금의 자본금전입에 의한 신주의 무상교부와 같이 비율적 단위로서의 주식의 분할에 불과하다는 주식분할설, 그리고 주식배당은 실질에 있어서는 배당가능이익의 자본금전입에 불과하다는 자본금전입설 등이 있다. 그러나 주식배당은 ① 배당가능이익의 존재를 전제로 하며, ② 주식배당의 결의는 주주총회에서 한다는 점, ③ 주식배당의 결과 자본금이 증가되는 점, ④ 주식배당의 결과로 생기는 단주에 대하여는 금전으로 배당하는 점 등에서 이익배당설이 타당하다고 본다. 따라서 회사가 보유하는 자기주식은 주식배당청구권이 없다.

2. 주식배당의 요건

주식배당도 이익배당의 일종이므로 배당가능이익이 존재하여야 함은 물론이다. 다만 주식배당은 이익배당총액의 2분의 1에 상당하는 금액을 초과하여 하지 못한다(제462조의2 제1항 단서). 다만 상장회사의 경우에는 당해주식의 시가가 권면액에 미달하는 경우를 제외하고는 이러한 제한이 없다(자금 제165조의13). 그리고 주주총회의 보통결의로 주식배당을 하되(제462조의2 제1항), 발행예정주식총수 중에 미발행주식이 있어야만 한다. 금전에 의한 배당과는 달리 주식배당의 경우에는 이사회의 승인(제462조 제2항)규정이 적용되지 않는다(제462조의2 제1항). 신주의 발행가액은 주식의 권면액으로 하나, 종류주식을 발행한 때에는 같은 종류의 주식으로 할 수 있다(제462조의2 제2항). 신주의 발행가액을 주식의 권면액으로 하는 이유는, 신주를 권면액이하로 발행하면 회사의 자본충실을 해하고, 액면가 이상으로 발행하면 신주의 이익을 침해할 우려가 있기 때문이다. 주식으로 배당할 이익의 금액 중 주식의 권면액에 미달하는 단주가 있는 때에는 그 부분에 대하여는 자본금감소의 경우와 같이 처리한다(제462조의2 제3항).

3. 주식배당의 효과

주식배당을 받는 주주는 주식배당의 결의를 한 주주총회가 종결한 때로부터 신주의 주주가 된다(제462조의2 제4항). 주주총회의 결의가 있는 때에는 지체없이 배당을 받을 주주와 등록질권자에게 배당될 주식의 종류와 수를 통지하여야 하고, 무기명주권을 발행한 때에는 주식배당에 관한 결의의 내용을 공고하여야 한다(제462조의2 제5항). 회사는 주식배당결의를 한 주주총회의 종결 후 지체없이 주권을 발행하여 주주에게 교부하여야 한다(제355조). 이 때 질권자에게는 물상대위권이 인정된다(제462조의2 제6항).

주식배당의 결과 회사가 발행한 주식총수와 자본금의 증가에 따른 변동이 생기므로 이에 대한 변경등기가 필요하다(제183조).

4. 위법한 주식배당의 효과

위법한 주식배당에 대하여는 신주발행의 무효를 주장할 수 있고(제429조), 배당 전이라면 신주발행의 유지를 청구할 수 있다(제424조). 위법배당으로 인하여 회사에 손해가 있는 때에는 이사·감사가 손해배상책임을 지고 과태료의 제재를 받는다(제399조, 제414조, 제625조 제3호). 그러나 이 경우 이사에게 자본충실책임은 없다고 본다.

신주발행이 무효로 된 경우 무효인 주권에 대하여도 주권실효절차를 취하여야 할 것이다. 그러나 신주발행의 무효가 소로서 다루어지지 않고 배당된 신주가 유통되고 있는 경우에는 실제로 회사재산의 사외유출은 없고 단지 자본금전입의 효과만 있기 때문에, 회사채권자가 제462조 제3항에 의한 반환청구권을 행사할 수는 없다고 본다.

Ⅵ. 중간배당

1. 중간배당의 의의

중간배당은 영업연도를 1년으로 하여 연1회의 결산기를 정한 회사가 정관에 의하여 이사회의 결의로 영업연도중 1회에 한하여 일정한 날을 정하여 그날의 주주에 대하여 금전으로 이익을 배당하는 것을 말한다(제462조의3 제1항). 이 때 이사가 1인인 회사는 그 주주총회의 결의로 족하다(제383조 제1항 단서·제4항).

중간배당에 관하여는 이익배당에 관한 규정 대부분이 준용되고(제462조의3 제5항), 위법한 중간배당의 경우에도 위법한 이익배당에 관한 규정이 준용된다(제462조의3 제6항).

2. 중간배당의 성질

중간배당의 법적 성질에 관하여는 그 재원이 무엇이냐에 따라 전기에서 이월된 이익을 분배하는 것으로 보는 전기이익후급설과 당기에 발생한 이익을 단지 시기적으로 앞당겨 선급(가지급)하는 것으로 보는 이익배당선급설이 대립하고 있다.

상법상 중간배당은 이익배당과 본질적으로 다르지 않으나 단지 중간결산이라는 제도가 없기 때문에 전기의 이월이익을 기준으로 배당하는 것이며, 실질적으로 보면 당기의 배당가능이익을 전제로 하는 예상이익의 배당으로서 기말의 이익배당과 성질이 같고, 다만 배당시기의 차이가 있을 뿐이다. 따라서 중간배당은 이익배당의 선급으로 보는 것이 타당하다고 본다. 다만, 이익배당의 선급이라고 하더라도 기말에 배당액이 조정되거나 정산되는 일은 없기 때문에 가지급은 아니라고 본다.

3. 중간배당의 요건

중간배당을 하려면 실질적요건으로 중간배당가능이익(제462조의3 제2항)이 있어야 한다. 즉, 직전결산기의 대차대조표상의 순자산액으로부터 ① 직전결산기의 자본의 액, ② 직전결산기까지 적립된 자본준비금과 이익준비금의 합계액, ③ 직전결산기의 정기총회에서 이익으로 배당하거나 또는 지급하기로 정한 금액, ④ 중간배당에 따라 당해 결산기에 적립하여야 할 이익준비금을 공제하고 남은 금액을 말한다. 여기서 상법 제462조의 이익배당에서는 제1항 제4호에서 대차대조표의 순자산액으로 부터 공제할 항목으로 '대통령령으로 정하는 미실현이익'이 추가되었는데, 중간배당에서는 공제항목에서 이 부분이 누락 되어있다. 이에 대해서는 통상의 이익배당과 달리 중간배당에서만 미실현이익을 배당할 수 있다고 할 논리적 이유가 없으므로 미실현이익은 중간배당에서도 배당가능이익에서 공제가 되는 항목으로 하는 것이 타당할 것이고, 향후 제462조의 3 제2항에 미실현이익도 공제하여야 한다는 점을 명확히 하는 것이 좋다고 본다.

그리고 형식적요건으로 결산기를 연1회로 정한 회사로서 정관에 중간배당규정을 두고 있어야 한다. 그리고 이러한 회사가 중간배당을 하기 위해서는 이사회의 결의가 있어야 한다(제462조의3 제1항). 이사회에서 중간배당 결정을 하면 중간배당금지급청구권이 생기며, 이 권리는 독립하여 양도·압류·전부명령 등의 목적이 될 수 있고 5년간 이를 행사하지 않으면 소멸시효가 완성된다(제464조의2 제2항).

4. 중간배당의 방법

(1) 중간배당의 기준

중간배당은 정관에 정하는 바에 따라 이사회가 결정한 날에 주주명부에 기재된 주주를 대상으로 각 주주가 가진 주식의 수에 따라 평등하게 지급한다(제462조의3 제1항·제5항, 제464조 본문). 단, 종류주식이 발행된 경우에는 차등을 둘 수 있다(제462조의3 제5항, 제464조 단서).

(2) 중간배당시기와 지급방법

중간배당은 영업연도 중 1회로 한정된다(제462조의3 제1항). 중간배당금은 이사회의 결의가 있을 날로부터 1월 이내에 지급되어야 한다(제464조의2 제1

항 본문). 단, 이사회에서 지급시기를 따로 정한 경우에는 그러하지 아니하다(제464조의2 제1항 단서). 소정의 기간 내에 회사가 중간배당금을 지급하지 않는 경우에는 과태료의 제재를 받는다(제635조 제1항 제27호).

5. 위법중간배당의 효과

중간배당의 요건·기준·절차에 하자 있는 위법한 중간배당의 경우에는 그 중간배당은 원칙적으로 무효이고, 이사와 감사는 회사 및 제3자에 대하여 손해배상책임을 지고(제463조의3 제5항, 제399조, 제401조, 제414조), 벌금의 제재를 받는다(제625조 제3호). 그리고 회사는 주주에 대하여 중간배당무효에 기한 부당이득반환청구권을 갖는다(민 741조).

한편, 회사채권자도 주주에 대하여 위법한 중간배당금을 회사에 반환 할 것을 청구할 수 있다(제462조의3 제6항, 제462조 제2항). 이때 그 반환청구를 소로써 하는 경우에는 위법배당반환청구의 소를 준용한다(제462조의3 제6항, 제462조 제4항, 제186조).

또한 당해결산기에 이익발생이 예상되지 않는 경우에는 중간배당을 하지 못함과 아울러(제462조의3 제3항), 이를 위반시 이사로 하여금 회사에 대하여 연대하여 그 차액을 배상토록 하는 책임을 지우고 있다(제462조의3 제4항 본문). 단만 이사가 그러한 우려가 없다고 판단함에 있어 주의를 게을리 하지 아니하였음을 증명한 때에는 그 책임을 면한다(제462조의3 제4항 단서).

Ⅶ. 현물배당

종전의 상법은 중간배당에 관해서만 금전으로 이익을 배당한다고 명시하였을 뿐(제462조의3 제1항), 정기배당과 관련해서는 명문의 제한을 두지 않아 상법의 해석상 주식배당 이외의 현물배당은 허용되지 않는다고 보는 것이 다수의 견해였다. 이에 대해 2011년 개정상법은 이러한 불명확성을 입법적으로 제거하기 위하여 제462조의4(현물배당)를 신설하여 회사는 정관으로 현물배당을 할 수 있도록 하여 배당재산 유형의 다양화에 대한 실무상의 수요를 반영하였다. 따라서 개정상법은 정기배당은 물론 중간배당의 경우에도 금전외에 현물로 배당할 수 있도록 하였다. 또한 배당재산의 유형을 금전이외의 현물로 확대하는 경우 금전과 현물로 받는 것의 가치에 문제가 발생할 수 있기 때문에 금전에 대한 주주의 기대를 보호하기 위해 주주에게 현물로 받을 것인지의 여부를 결정 할 기회를 부여하였다(제462조의4 제2항 제1호).

회사도 일정수 미만의 주식을 보유한 주주에 대해서는 금전외의 재산 대신 금전을 교부할 수 있게 하고 배당의 대상이 되는 현물과 관련하여 별도의 제한을 하지 않도록 하였다(제462조의4 제2항 제2호).

Ⅷ. 주주의 경리감사권

이사회제도의 채택과 함께 주주의 지위강화책이 요청되므로, 상법은 주주로 하여금 영업집행에 관여할 수 있는 길을 열어줌과 동시에(예컨대, 이사해임청구권, 대표소송권, 이사의 위법행위유지청구권 등) 경리감독권까지도 주주에게 부여하였다.

1. 재무제표열람권(단독주주권)

주주는 누구나 회사의 의무와 재무상태를 정확히 파악하기 위하여 이사가 정기총회 회일의 1주간 전부터 본점 · 지점에 비치하는 재무제표 및 그 부속명세서와 감사보고서, 영업보고서, 외부감사를 받는 회사는 외부감사인의 감사보고서 등의 서류를 영업시간 내에는 언제든지 열람 · 등사를 할 수 있고, 소정의 비용을 지급하고 그 등본 또는 초본의 교부를 청구할 수 있다(제448조, 주식회사의 외부감사에 관한 법률 제14조 제1항 · 제5항).

2. 회계장부열람권(소수주주권)

재무제표를 열람하고도 그 실정을 충분히 파악할 수 없는 경우에는 다시 그 원자료인 회계장부(원장, 일기장, 분개장, 전표 등)와 서류(신서, 계약서, 영수증 등)를 열람 · 등사할 수 있다(제466조 제1항). 그러나 회계장부의 공개는 회사의 이익을 크게 해하게 되므로, 그 열람권의 남용을 방지하기 위하여, 소수주주권자(발행주식총수의 100분의 3 이상에 해당하는 주식을 가진 주주)에 한하여 이유를 붙인 서면으로만 청구할 수 있게 하였다(이 때에도 주권상장법인의 경우에는 소수주주권자의 지주요건이 완화된다. 제542조의6 제1항). 회사는 주주의 청구가 부당함을 증명하지 아니하면 이를 거부하지 못한다(제466조 제2항).

3. 검사인의 선임청구권(소수주주권)

회사의 업무집행에 관하여 부정행위 또는 법령이나 정관에 위반한 중대한 사실이 있음을 의심할 사유가 있는 때에는 발행주식총수의 100분의 3이상에 해당하는 주식을 가진 주주는 회사의 의무와 재산상태를 조사하게 하기 위하여 법원에 감사인의 선임을 청구할 수 있다(제467조 제1항)(이 때에도 주권상장법인의 경우에는 소수주주권자의 지주요건이 완화된다. 제542조의6 제1항).

법원은 검사인의 조사보고(제467조 제2항)에 따라 필요하다고 인정한 때에는 대표이사에게 주주총회의 소집을 명할 수 있는데, 이 때에는 검사인도 주주총회에 조사보고서를 제출하여야 하고, 이사·감사도 지체없이 검사인의 보고서의 정확 여부를 주주총회에 보고하여야 한다(제467조 제3항·제4항).

IX. 회사사용인의 우선변제권

주식회사와 고용관계가 있는 사용인은 고용관계로 인하여 회사에 대하여 여러 가지 채권(예컨대 신용보증금반환채권·직장예금반환채권·급료채권·퇴직금채권 등)을 갖는 경우가 많은데, 사용인의 이러한 채권은 회사의 재산상태가 악화된 경우에 대채권자(大債權者)에 의하여 희생될 염려가 있다. 따라서 상법은 신원보증금의 반환을 받을 채권 기타 회사와 사용인간의 고용관계로 인한 채권(예컨대, 월급, 상여금)이 있는 자는, 회사의 총재산에 대하여 우선변제를 받을 권리를 인정하였다(제468조 본문). 그러나 사용인의 우선변제권도 질권이나 저당권에는 우선하지 못한다(제468조 단서). 이 우선변제권은 상법이 사회정책적인 입장에서 특별히 인정한 '법정담보물권'이다.

제9절 주식회사 정관의 변경

I. 정관변경의 의의

정관의 변경이란 회사의 근본규칙(실질적 의의의 정관)을 변경하는 것을 말한다. 따라서 형식적 의의의 정관인 정관기재의 서면을 변경하는 것은 포함되지 않는다. 왜냐하면 정관기재의 서면의 변경은 실질적 의의의 정관변경의 효력이 생긴 다음에 그 결과로서 대표이사가 해야 할 의무에 속하는 사항이기 때문이다(제396조 참조). 정관의 변경은 회사의 내부사정에 따라 변경의 필요성이 생기므로 원칙적으로 자유이나, 신중을 기하기 우하여 엄격한 법적 절차를 밟아야 한다. 다만 특별법상 은행·보험회사·신탁회사·한국전력공사 등이 정관을 변경할 때에는 감독기관 또는 주무관청의 인가가 있어야 한다(은행법 제10조 제1항 제1호, 자금 제418조 제2항, 한전 제5조 제2항).

II. 정관변경의 절차

1. 결의의 요건

정관의 변경은 주주총회의 특별결의에 의하여야 하는데(제433조 제1항, 제434조), 그 총회의 소집의 통지와 공고에는 의안의 요령을 기재하여야 한다(제433조 제2항). 그리고 회사가 종류주식을 발행한 경우에 정관을 변경함으로써 어느 종류의 주주에게 손해를 주게 될 때에는 다시 그 종류의 주주총회의 의결도 있어야 하는데(제435조 제1항), 종류주주총회의 결의는 출석한 종류주주의 의결권의 3분의 2 이상의 수와 그 종류의 발행주식총수의 3분의 1 이상의 수로써 하여야 한다(제435조 제2항). 그러므로 종류주주총회의 결의가 없으면 정관변경의 효력이 생기지 아니한다. 또한 정관변경의 내용은 '상호변경시는 신상호를, 목적변경시에는 추가 또는 삭제되는 업종을, 이사의 보수를 변경시에는 그 변경액'등으로 구체적으로 표시하여야 한다. 그렇지 않고 단순히 '정관변경의 건' 또는 '정관 제X조의 변경의 건'이라고만 기재한 때에는 결의취소의 소의 원인이 된다.

2. 예외

단순히 사실만을 기초로 하는 규정은 그 사실의 변경(예컨대, 본점·지점소재지의 변경·회사가 공고하는 일간신문의 명칭변경 또는 행정구역의 변경)에 의하여 당연히 정관이 변경되며, 법령의 개정으로 인하여 정관의 규정이 변경 또는 실효되는 경우에도 같다. 이들 경우에는 총회의 결의가 필요없다.

정관변경으로 등기사항이 변경되면 변경등기를 하여야 한다(제317조 제4항, 제183조).

Ⅲ. 정관변경의 효력발생

정관변경은 원칙적으로 주주총회의 결의에 의하여 즉시 효력이 발생하고, 정관서면의 경정은 사후적 절차에 불과하고 원시정관의 경우와 달리 공증인의 인증(제292조)도 필요없다.

Ⅳ. 발행예정주식총수의 변경

발행예정주식총수는 정관의 절대적 기재사항이므로(제289조 제1항 제3호), 그것을 변경하려면 정관변경절차를 밟아야 하는데, 그 증가의 폭에는 아무런 제한이 없다. 발행예정주식총수의 변경은 변경등기를 하여야 한다(제317조 제2항 제1호·제4항, 제183조).

제10절 주식회사의 해산과 청산

I. 주식회사의 해산

1. 주식회사해산의 의의

주식회사의 해산이란 회사의 법인격소멸의 원인이 되는 법률사실을 말한다. 법인인 회사의 경우는 상속과 같은 포괄적인 승계가 인정되지 않으므로 회사가 해산한 때에는 스스로 기존의 법률관계를 처리하여야 한다. 이러한 처리과정을 청산절차라 하고, 해산 후 청산의 목적을 위하여 존속하는 회사를 청산회사라고 한다. 청산회사도 해산 전의 회사와 동일성이 있지만, 그 목적이 청산의 범위 내에 한정된다는 점이 다르다.

2. 주식회사해산의 사유

주식회사의 해산사유(제517조)로는 ① 존립기간의 만료 기타 정관으로 정한 사유의 발생, ② 합병·파산(제517조 제1호, 제227조 제4호·제5호) ③ 법원의 해산명령과 소수주주의 청구에 의한 해산판결(제520조, 제517조 제1호) ④ 주주총회의 특별결의(제518조), ⑤ 회사의 분할 및 분할합병(제517조 제1호의2)을 들 수 있다. 이 밖에도 회사정리법에 의하여 법원이 정리계획을 허가함으로써 회사가 해산하고(동법 제227조·제261조). 보험사업자의 경우에도 보험업법에서 정한 보험계약 전부의 이전 등과 같은 별도의 해산사유가 있다(보험업법 137조 제1항). 주식회사의 경우는 사원이 1인이 되더라도 해산하지 않는다(제517조 제1호 참조). 또한 회사의 목적의 달성이나 불가능, 영업의 양도나 폐지, 기업의 임대차나 경영위임 등은 회사의 해산사유가 아니다. 즉, 영업의 전부를 양도하고 회사를 해산하고자 할 때에는 양도결의와 동시에 또는 별도의 해산결의를 하여야 한다.

(1) 해산명령

해산명령이란 공익상 회사의 존속을 허용할 수 없다고 인정되는 일정한 경우에 법원이 이해관계인이나 검사의 청구에 의하여 또는 직권으로 회사의 해산을 명하는 재판이다(제176조 제1항). 법률이 회사라는 단체에 법인격을 부여하는 것은 사회적으로 유용한 임무를 담당하고 그 사회적 가치가 인정되기 때문이므로, 그 존재가치를 상실한 경우(특히 반사회성을 띤 경우)에는 법인격을 박탈하는 것이 당연하다. 해산명령은 사회설립에 관한 준칙주의에 수반되기 쉬운 폐단을 시정하기 위한 것으로, 민법상 인정되는 법인의 설립허가취소제도(민법 제38조)에 해당하는 제도이다.

해산명령의 목적은 공익유지에 있으므로 그 사유는, ① 회사의 설립목적의 불법(제176조 제1항 제1호), ② 부당한 개업지연·영업휴지(회사가 정당한 사유 없이 설립 후 1년 내에 개업을 하지 않거나 또는 1년 이상 영업을 휴지하는 때)(제176조 제1항 제2호), ③ 업무집행기관의 불법행위(이사 또는 업무집행사원의 행위가 법령 또는 정관을 위반했을 뿐만 아니라 회사의 존속을 허용할 수 없는 때)(제176조 제1항 제3호)이다.

해산명령청구가 있는 때에는 법원은 재산의 은닉을 방지하기 위하여 해산명령 전일지라도 관리인의 선임 기타 회사재산의 보전에 필요한 처분을 할 수 있다(제176조 제2항).

그리고 남소방지를 위해 이해관계인이 해산명령을 청구한 때에는 법원은 회사의 청구에 의하여 상당한 담보의 제공명령을 할 수 있으나(제176조 제3항), 회사가 담보제공명령을 청구함에는 이해관계인의 청구가 악의임을 소명하여야 한다(제176조 제4항). 여기서 악의란 부당하게 회사의 이익을 해하려는 의도가 있는 것을 말한다.

(2) 해산판결

해산판결이란 회사영업의 정돈(停頓)·실당(失當) 등 난관을 타개할 수 없는 경우에 주주의 청구에 의하여 법원이 회사를 해산시키는 판결이다(제520조). 즉, ① 회사의 업무가 현저한 정돈상태를 계속하여 회복할 수 없는 손해가 생긴 때 또는 생길 염려가 있는 때, ② 회사재산의 관리 또는 처분의 현저한 실당으로 인하여 회사의 존립을 위태롭게 한 때에, 주주총회에서 해산판결도 할 수 없으면 부득이 발행주식총수의 100분의 10 이상에 해당하는 주식을 가진 주주는 법원에 회사의 해산을 청구할 수 있다(제520조 제1항, 제191조).

해산판결청구의 소는 회사를 피고로 하는 형성의 소로서, 회사는 판결의 확정으로 해산한다. 원고가 패소한 경우에 악의 또는 중대한 과실이 있으면 회사에 대하여 연대하여 손해배상책임을 진다(제520조 제2항, 제191조).

3. 주식회사해산의 공시

주식회사가 해산한 때에는 파산의 경우 외에는 이사는 지체없이 주주에 대하여 해산의 통지를 하고, 무기명주권을 발행한 때에는 이를 공고하여야 한다(제521조). 또 해산사유가 있는 날로부터 본점소재지에서는 2주간내, 지점소재지에서는 3주간 내에 해산등기를 하여야 한다(제521조의2, 제228조).

4. 회사의 계속

회사의 계속이란 일정한 해산사유로 인하여 해산한 회사가 다시 해산 전의 회사로 돌아가는 것을 말하며, 이것은 회사의 합병·회사의 조직변경과 더불어 기업유지의 이념이 제도화된 것이다. 상법은 회사가 존립기간의 만료, 기타 정관에 정한 사유의 발생 또는 주주총회의 결의에 의하여 해산한 경우에는 주주총회의 특별결의에 의하여 회사를 계속할 수 있다고 규정하고 있다(제519조). 회사의 계속은 해산등기 후에도 할 수 있으나, 이 경우에는 법정기간 내에 회사의 계속등기를 하여야 한다(제521조의2, 제229조 제3항). 또 파산으로 인하여 해산한 경우에도 파산법이 정하는 바에 따라 회사를 계속할 수 있다(채무자회생 및 파산에 관한 법률 제241조).

II. 주식회사의 청산

1. 청산의 의의

청산이란 회사가 합병·분할·분할합병 또는 파산 이외의 사유로 인하여 해산한 경우에 그 재산관계를 원만히 처리하고 회사의 법인격을 소멸시키는 절차를 말한다. 회사설립무효의 판결이 확정된 때에도 해산의 경우에 준하여 청산하여야 한다(제328조 제2항, 제193조 제1항). 특히 주식회사에 있어서는 대주주의 횡포를 막고 회사채권자의 이익을 보호하기 위하여 임의청산(제247조)은 인정되지 않고, 법정청산의 방법만 인정된다.

2. 청산회사의 권리능력

청산회사의 권리능력은 청산의 목적 범위로 한정되나(제542조, 제245조), 청산중의 회사라도 소송상의 당사자능력은 있다.

3. 청산회사의 기관

청산중인 회사에서는 정관에 다른 정함이 있거나 주주총회에서 타인을 청산인으로 선임하지 아니한 한 원칙적으로 이사가 청산인으로 되나(제531조), 주주 기타 이해관계자의 청구에 의하여 법원이 선임하는 경우도 있다(제328조, 제193조, 제542조 제1항, 제252조, 제613조 제1항). 감사는 청산인으로 될 수 없다(제542조 제2항, 제411조). 청산인은 2인 이상이어야 하나 그 임기에 관하여는 제한이 없다. 청산인은 법원이 선임한 경우 외에는 언제든지 주주총회의 보통결의로 해임할 수 있다(제539조 제1항). 청산인이 그 업무를 집행함에 현저하게 부적임하거나 중대한 임무위반행위가 있는 때에는 발행주식총수의 100분의 3 이상을 가진 소수주주권자가 법원에 그 청산인의 해임을 청구할 수 있다(제539조 제2항)(이 때에도 주권상장법인의 경우에는 소수주주권자의 지주요건이 완화된다. 제542조의6 제3항). 청산인의 선임과 해임은 등기사항이다. 주주총회나 감사는 그대로 존속하며, 감사인도 선임할 수 있다. 그 밖에 주주총회, 감사의 권리의무, 이사의 권리의무에 관한 규정이 청산 중의 회사에도 준용된다(제542조).

청산인은 그 전원으로 청산회사의 사무집행기관인 청산인회를 구성한다(제542조 제2항). 청산인회는 그 결의의 집행과 청산에 관한 사무의 결정·집행을 담당할 대표청산인을 정하여야 한다(제542조 제2항, 제389조). 청산인회 및 대표청산인에 관하여도 주식회사의 이사회 및 대표이사에 관한 규정이 준용된다(제542조).

4. 청산절차

(1) 주된 청산사무

주식회사는 물적회사이므로 임의청산은 허용되지 않고, 다음과 같은 법정청산절차를 밟아야 한다. 즉, 청산인은 주된 청산사무로서 ① 해산 당시의 미결사무를 정리하고, ② 채권의 추심과 채무의 변제, ③ 재산의 환가처분, ④ 잔여재산의 분배를 하여야 한다(제254조, 제269조, 제542조 제1항, 제613조 제1항).

위 ②의 채무의 변제를 위하여 청산인은 취임한 날로부터 2월 내에 회사채권자에 대하여 2개월 이상의 기간을 정하여 그 채권을 신고할 것과, 그 기간 내에 신고하지 않으면 청산에서 제외된다는 뜻을 2회 이상 공고로써 최고하여야 하며(제535조 제1항), 청산인은 알고 있는 채권자에 대하여는 각별로 그 채권의 신고를 최고하여야 하고 이 경우에는 그 채권자가 신고하지 아니한 경우에도 이를 청산에서 제외하지 못한다(제535조 제2항). 청산인은 위의 신고기간 내에는 채권자에 대하여 변제를 하지 못한다. 그러나 회사는 그 변제의 지연으로 인한 손해배상의 책임을 져야 한다(제536조 제1항). 다만 청산인은 소액의 채권, 담보 있는 채권 기타 변제로 인하여 다른 채권자를 해할 염려가 없는 채권에 대하여는 법원의 허가를 얻어 변제할 수 있다(제536조 제2항). 변제에 있어 조건부채권, 존속기간의 불확정한 채권, 기타 가액이 불확정한 채권에 대하여는 특칙이 있다(제542조 제1항, 제259조).

청산에서 제외된 채권자는 분배되지 아니한 잔여재산에 대하여서만 변제를 청구할 수 있고, 이미 일부 주주에 대하여 재산을 분배한 경우에는 그와 동일한 비율로 다른 주주에게 우선적으로 분배하여야 하고, 그 나머지를 청산에서 제외된 채권자에게 분배한다(제537조).

위 ④의 잔여재산의 분배는 종류주식을 발행한 경우를 제외하고, 각 주주가 가진 주식수에 따라 하여야 한다(제538조, 제344조 제1항). 다툼이 있는 채무에 대하여는 그 변제에 필요한 재산을 보류하고 분배할 수 있다(제542조 제1항, 제260조).

(2) 부수적 청산사무

청산인은 부수적 청산사무로써 ① 법원에 대한 신고(제532조), ② 회사재산의 조사보고(제533조), ③ 감사에 대한 보고(제534조 제1항·제2항), ④ 주주총회의 소집(제542조 제2항, 제534조 제5항, 제362조, 제366조), ⑤ 재무제표 등의 제출·비치·공시(제534조 제3항·제4항, 제448조 제2항, 제449조 제3항) 등을 하여야 한다.

청산사무가 종결되면, 지체없이 결산보고서를 작성하여 주주총회에서 승인을 얻고(제540조), 총회의 승인이 있은 날로부터 본점소재지에서는 2주간 내에, 지점소재지에서는 3주간 내에 청산종결등기를 하여야 한다(제542조 제1항, 제264조, 제613조 제1항). 청산종결등기를 하였더라도 실제로 청산이 종결되지 않았다면 회사의 법인격은 소멸하지 아니한다. 회사의 장부, 기타 영업과 청산에 관한 중요한 서류는 본점소재지에서 청산종결의 등기 후 10년간 보존하여야 하나, 전표 또는 이와 유사한 서류는 5년간 보존하여야 한다(제541조 제1항).

그 보존인과 보존방법은 청산인 기타 이해관계인의 청구에 의하여 법원이 정한다(제541조 제2항, 제613조 제1항).

Ⅲ. 휴면회사의 정리

1. 휴면회사 정리제도의 의의

휴면회사란 사실상 영업을 폐지하고 있거나 이미 도산된 회사로서 장기간 변경등기를 하지 않고 있는 회사를 말한다.

이와 같이 장기간 변경등기도 없이 방치된 휴면회사는 ① 동종영업을 하는 타인이 동일한 상호를 사용하는 것을 방해하고(제22조), ② 실제와 등기 사이의 불일치로 인한 등기부관리상의 부담을 가중시키며, ③ 이른바 회사매매의 대상으로 악용되어 경제범죄를 유발하는 등 많은 불편과 부조리를 야기한다. 1984년의 개정상법은 주식회사제도의 남용대책의 일환으로서 휴면회사를 정리하기에 이른 것이다(제520조의2).

2. 휴면회사의 해산의제

법원행정처장은 최후의 등기 후 5년을 경과한 회사(휴면회사)는 본점의 소재지를 관할하는 법원에 아직 영업을 폐지하지 아니하였다는 뜻을 신고 할 것을 관보로써 공고한다. 이 경우에 법원은 해당 회사에 대하여 그 공고가 있었다는 뜻을 통지하여야 한다(제520조의2 제2항). 그리고 이 공고한 날에 이미 최후의 등기 후 5년을 경과한 회사로서 공고한 날로부터 2월 이내에 대통령령이 정하는 바에 의하여 신고를 하지 아니한 때에는 그 회사는 그 신고기간이 만료된 때에 해산한 것으로 본다(제520조의2 제1항 본문). 그러나 그 신고기간 내에 등기를 한 회사는 해산이 의제되지 아니한다(제520조의2 제1항 단서).

3. 휴면회사의 청산의제

휴면회사는 기업유지의 견지에서 그 해산의제일로부터 3년 내에 주주총회의 특별결의에 의하여 회사를 계속할 수 있으나(제520조의2 제3항). 그렇지 아니한 경우에는 해산의제일로부터 3년이 경과한 때에 청산한 것으로 의제되어 그 등기부에서 삭제하게 된다(제520조의2 제4항).

제3장 합명회사

제1절 총 설

I. 합명회사의 의의

합명회사란 무한책임사원만으로 구성된 회사를 말한다. 무한책임사원은 회사에 대하여 출자의무를 부담할 뿐만 아니라, 회사채권자에 대하여 직접·연대·무한의 책임을 지고, 정관에 다른 정함이 없는 한 회사의 업무를 집행하고 회사를 대표한다. 따라서 합명회사는 대외적 신용의 기초가 사원의 인적 신용에 있고 대내적 결합에 있어서도 사원의 개성이 극히 중요시되는 전형적인 인적 회사이다.

합명회사는 자본의 결합보다 노동력의 결합에 중점이 있다.

II. 합명회사의 법률관계의 특질

합명회사는 개인기업의 공동경영형태라고도 볼 수 있으니, 기업의 영속성과 그 업무처리의 간편성을 도모하기 위하여 형식상 법인으로 하였으나(제169조), 그 실질은 조합의 성격을 띠고 있다. 그러나 민법상의 조합은 법인격이 없는 단체인 점에서 법인격이 부여된 합명회사와 구별된다. 이와 같이 합명회사의 실체가 조합성을 띠고 사단법인성의 농도가 희박하므로, 그 조합적인 법률관계의 성격이 합명회사의 법률관계에 나타나고 있다. 즉 합명회사에 있어서는 법인으로서의 법률관계(회사와 사원과의 법률관계, 회사와 제3자 간의 법률관계) 이외에, ① 사원과 제3자간의 직접적인 법률관계도 일정한 조건 아래 규제의 대상이 되고(사원의 직접·무한책임)(제212조), ② 사원 상호간의 법률관계도 규제의 대상이 되며(제197조, 제204조), ③ 사원 상호간의 내부관계에는 조합에 관한 규정을 준용하고 있다(제195조).

Ⅲ. 합명회사에 관한 법규의 성격 및 적용순서

합명회사의 법률관계를 규율하는 규정 중 내부관계를 규율하는 규정은 당사자간의 사적자치의 원칙이 존중되어야 하므로, 원칙적으로 임의규정이다. 따라서 합명회사의 내부관계에 있어서는 원칙적으로 정관, 상법의 규정(임의규정), 민법의 조합규정의 순으로 적용된다(제195조 참조).

합명회사의 법률관계를 규율하는 규정 중 외부관계를 규율하는 규정은 거래의 안전이 존중되어야 하므로, 대부분 강행규정이다. 따라서 합명회사의 외부관계에 있어서는 원칙적으로 상법의 규정(강행규정), 정관, 민법의 조합규정의 순으로 적용된다.

제2절 합명회사의 설립

Ⅰ. 서 설

합명회사의 설립절차는 정관의 작성과 설립등기로 끝난다. 이론적으로는 합명회사에서도 설립 중의 회사와 같은 개념이 있을 수 있으나, 합명회사에서는 설립행위로서 정관작성행위밖에 없고 설립기간이 단기이어서 실제로는 문제가 되지 않는다. 따라서 발기인에 관한 규정도 없으며, 정관작성에 의하여 회사의 실체가 이룩되므로 별도로 복잡한 실체형성절차를 밟을 필요도 없는 것이 주식회사와 다른 특색이다. 예컨대, 사원이 정관으로 확정되므로 사원모집절차가 필요 없고, 사원이 제3자에 대하여 직접·무한책임을 지므로 모든 사원이 반드시 회사성립 전에 출자의 이행을 완료할 필요도 없으며, 실체형성절차를 검사할 검사절차 또는 감독절차도 없다. 또 각 사원이 회사의 업무집행권과 회사대표권이 있으므로 회사설립시에 기관을 구성할 필요도 없다. 합명회사의 설립행위는 회사설립을 목적으로 하는 합동행위이다.

Ⅱ. 합명회사의 설립절차

1. 합명회사의 정관작성

합명회사를 설립하려면 사원이 되고자 하는 자 2인 이상이 정관을 작성하여야 한다(제178조). 정관에 공증인의 인증을 받을 필요는 없다.

정관에는 절대적 기재사항으로서 ① 목적, ② 상호, ③ 사원의 성명·주민등록번호 및 주소, ④ 사원의 출자의 목적과 그 가격 또는 평가의 표준, ⑤ 본점의 소재지, ⑥ 정관의 작성연월일을 기재하고, 총사원이 기명날인 또는 서명을 하여야 한다(제179조).

정관의 상대적 기재사항으로는, ① 특정사원의 업무집행권의 제한(제200조 제1항), ② 회사의 존립기간(제227조 제1호), ③ 퇴사사유(제218조 제1호), ④ 퇴사사원의 지분환급의 제한(제222조), ⑤ 회사의 해산사유(제227조 제1호) 등을 들 수 있다.

2. 합명회사의 설립등기

정관을 작성하고 본점소재지에서 등기사항을 등기함으로써(제180조) 합명회사가 성립한다(제172조).

Ⅲ. 합명회사의 설립하자

합명회사에 있어서도 설립절차에 하자가 있으면 설립무효를 소로써 주장할 수 있는 것은 당연하다. 그러나 합명회사에 있어서는 사원의 개성이 중시되기 때문에 설립무효의 소 이외에 설립취소의 소 제도를 두고 있다. 이 점이 주식회사의 경우와 다르고 유한회사 및 합자회사와 같다.

1. 합명회사 설립무효의 소

회사설립절차가 법령이나 정관에 위반하거나 합명회사의 본질에 반하는 경우, 즉 설립절차에 객관적 하자가 있는 경우에 설립무효의 원인이 된다. 그러나 합명회사에서는 이 외에도 설립에 참여한 사원 개개인의 의사무능력, 비진의 의사표시, 허위표시와 같은 주관적 하자도 설립무효의 원인이 된다(통설). 그러나 이에 대하여 설립행위는 합동행위이고, 합동행위의 성질상 상대방이 없으므로 주관적 하자로 인하여 설립무효가 되는 일은 없고, 거래안전의 보호를 위하여도 주관적 하자는 설립무효의 원인이 될 수 없다고 보는 것이 옳다는 소수설이 있다.

2. 합명회사 설립취소의 소

사원의 무능력·의사표시의 하자와 같은 취소사유로 인해 설립취소의 소를 제기할 수 있으며, 채권자도 사해행위로 인한 설립이란 것을 들어 설립취소의 소를 제기할 수 있다(제184조·제185조).

설립무효·취소의 소의 성질은 둘다 법률관계의 변동을 목적으로 하는 소이므로 형성의 소이다. 따라서 소의 대상인 법률관계는 오직 당사자의 소제기와 그에 따른 판결의 확정에 의해서만 변동될 수 있다.

3. 합명회사 설립의 무효·취소의 소의 절차 및 효력

설립의 무효·취소의 주장방법·시기·판결의 효과 등은 주식회사의 경우와 같다(제184조~제193조). 즉, 설립의 취소나 무효는 반드시 소에 의하여서만 주장할 수 있고, 회사성립의 날로부터 2년 내에 설립무효의 소는 사원에 한하여, 그리고 설립취소의 소는 취소권자에 한하여 회사를 상대로 각각 이를 제기할 수 있다(제185조). 사해행위로 인한 설립취소의 소는 채권자가 회사와 그 사원을 상대로 이를 제기한다(제185조). 그 밖에 소의 전속관할(제186조), 병합심리(제188조), 재량기각(제189조) 등은 주식회사의 설립무효의 소의 경우와 같다. 판결의 효력으로서 원고 승소판결의 경우 대세적·불소급효(제190조), 설립무효의 판결 또는 설립취소의 판결이 확정된 때에는 본점과 지점의 소재지에서 등기하여야 하고(제192조), 회사의 계속(제194조), 원고패소의 경우 악의·중과실 있는 원고의 손해배상책임(제191조) 등도 주식회사 설립무효의 소의 경우와 같다.

제3절 합명회사의 내부관계

I. 서 설

합명회사의 법률관계는 내부관계와 외부관계로 분류할 수 있는데, 내부관계란 ① 회사와 사원간의 관계, ② 사원 상호간의 관계를 말한다. 합명회사의 내부관계에 관하여는 정관 또는 상법에 다른 규정이 없으면 조합에 관한 민법의 규정이 준용된다(제195조). 내부관계는 사원 상호간의 개인적 신뢰를 기초로 하고, 또 사원만의 이익에 관한 것이므로 사원의 자치에 맡길 수 있다. 따라서 이에 관한 상법의 규정도 정관에 의하여 변경할 수 있는 보충적인 임의법규로서의 성질을 띠고 있다.

II. 출 자

1. 출자의 의의 및 종류

출자란 사원이 회사사업의 수행을 위하여 그 의무로서 회사에 대하여 하는 급여를 말한다. 그 급여의 목적을 출자의 목적이라고도 하며, 혹은 단지 출자라고도 한다. 모든 사원은 출자의무를 지며, 출자의 목적·가격·평가의 표준은 정관에서 정하여진다(제179조 제4호, 제195조, 민법 제703조).

출자는 재산뿐만 아니라 노무와 신용도 그 목적으로 할 수 있다(제222조). 재산출자에는 금전출자와 현물출자가 있고, 노무출자란 회사를 위하여 정신적·육체적 노무를 제공하는 것이며, 신용출자란 사원의 성명을 상호로 사용한다든가 담보를 제공하는 등 출자자의 신용을 이용하게 하는 것을 말한다.

2. 출자의무의 발생 · 이행 및 소멸

출자의무는 정관의 작성 또는 변경에 의하여 생기며, 그 이행의 시기와 방법은 정관의 정하는 바에 따르고, 그러한 정함이 없으면 보통의 업무집행의 방법에 의한다. 합명회사에서는 회사성립 전 또는 입사시에 반드시 출자를 이행하여야 할 법적 의무는 없다. 그러나 출자의무의 불이행은 제명 또는 업무집행권·대표권의 상실원인이 된다(제220조 제1항 제1호, 제205조, 제216조).

채권을 출자의 목적으로 한 사원은 그 채권이 변제기에 변제되지 아니한 때에는 그 채권을 변제할 책임이 있고, 이 경우 그 사원은 이자의 지급 외에 이로 인하여 회사에 손해가 생긴 때에는 이를 배상하여야 한다(제196조).

출자의무는 그 이행을 하든가 사원의 지위를 상실하면 소멸한다.

Ⅲ. 지 분

1. 지분의 의의

사원은 회사에 대하여 일정한 지분을 갖는다. 사원은 반드시 자연인이어야 하나(통설), 무능력자라도 상관없다(제7조, 민법 제117조 참조). 지분이란 말은 회사사원의 지분 이외에도 공유자의 지분(민법 제262조), 조합원의 지분(민법 제714조·제719조), 선박공유자의 지분(제756조) 등 여러 가지 경우에 쓰이며 법률상 그 뜻을 달리한다.

합명회사의 사원의 지분에는 두 가지 듯이 있다고 한다(지분사원권설). 그 하나는 사원권, 즉 사원이 사원의 자격에서 회사에 대하여 가지는 법률상의 지위를 뜻하며, 다른 하나는 회사의 해산 또는 사원의 퇴사의 경우 사원이 사원의 자격에서 회사에 대하여 청구하거나 지급할 계산상의 수액을 뜻한다.

각 사원은 지분의 대소와 상관없이 하나의 지분을 갖고, 동일한 의결권을 갖는다. 지분의 일부가 양도되면 양도인과 양수인이 각각 하나의 지분을 갖는다. 이를 지분단일주의라고 하고, 이는 합자회사의 경우에도 같다.

2. 지분의 양도

지분의 양도란 사원권을 계약에 의하여 이전하는 것을 말한다. 지분의 양도는 곧 정관변경의 한 경우이므로 당사자간의 합의 외에 다른 사원의 승낙을 얻어야 하므로(제197조) 그 요건이 극히 엄격하다. 또 지분의 양도제한에 관한 정관의 규정도 합명회사의 대내관계규정의 성질상 유효하다고 본다.

지분양도의 효력을 제3자에게 대항하려면 정관변경의 등기를 하여야 한다(제183조, 제37조, 제40조). 지분을 전부 양도한 사원은 퇴사의 경우에 준하여(제225조 제2항), 새로이 지분을 양수한 사원은 신입사원에 준하여(제213조) 각각 책임을 진다.

3. 지분의 입질 및 압류

지분의 입질에 관하여는 사원권으로 보는 개념을 고수하면 그 입질은 불가능하다고 볼 수 있으나, 이를 경제적가치 즉, 재산적가치 있는 채권적 성질로 보면, 비록 상법상 규정은 없으나 사원권은 권리질의 목적이 될 수 있다고 본다. 입질의 방법은 지분의 양도에 준하므로(민법 제346조) 당사자간의 합의 외에 총사원의 동의가 있어야 한다고 본다(제197조). 이에 대하여 질권의 행사로서 경매하기 위하여서만 총사원의 동의가 필요하고 경매에 이르기 전에는 질권자는 다른 사원의 동의 없이도 이익배당청구권 등을 행사할 수 있다는 견해도 있다.

사원의 채권자는 그 지분을 압류할 수 있는데, 이 경우에는 사원의 구체적 배당금지급청구권과 지분환급청구권에 대하여도 압류의 효력이 미친다(제223조). 또 사원의 지분을 압류한 채권자는 6월 전에 예고를 하고 영업년도 말에 그 사원을 퇴사를 시킬 수 있다(제224조 제1항). 다만 사원이 6월내 변제를 하거나, 담보를 제공한 때에는 그 예고는 효력을 잃는다(제224조 제2항).

4. 지분의 상속

사원이 사망하면 퇴사하므로(제128조 제3호), 그 상속인은 지분환급청구권을 상속하게 된다. 그러나 정관으로 상속인의 지분상속에 관하여 규정을 둔 경우에는, 상속인은 상속의 개시를 안 날로부터 3월 내에 회사에 대하여 피상속인의 권리의무에 관한 승계 또는 포기의 통지를 발송하여야 하고(제129조 제1항), 만약 이 통지를 하지 않고 3월이 경과하면 그 지분의 상속권을 포기한 것으로 본다(제219조 제2항). 그러나 회사가 해산한 경우에는 상속인이 당연히 사원의 지위를 승계한다(제246조).

Ⅳ. 업무집행

1. 업무집행의 의의

업무집행이란 회사가 정관으로 정한 목적을 달성하기 위하여 하는 대내적·대외적 활동을 말하며, 정관변경·영업양도·회사해산·조직변경 등 회사의 기본적 사항에 관한 행위는 포함되지 않는다.

2. 업무집행기관

합명회사에서는 사원이 무한책임을 지는 대신, 원칙적으로 모든 사원에게 회사의 업무를 집행할 권리와 의무가 있다(제200조 제1항). 즉, 기관자격과 사원자격이 일치하고 기업의 소유와 경영이 일치하며, 기관의 분화가 이루어지지 않았다는 점이 주식회사의 경우와 크게 다른 점이다.

정관의 규정에 따라 1인 또는 수인의 사원만을 업무집행사원으로 할 수는 있으나(제201조 제1항), 전사원의 업무집행권을 박탈하거나 사원 아닌 자를 업무집행사원으로 할 수는 없다. 또 정관 또는 총사원의 동의로써 업무집행사원 중 특히 대표사원을 정할 수도 있다(제207조 단서). 업무집행사원이 업무를 집행함에 현저하게 부적임하거나 중대한 의무위반행위가 있는 때에는, 사원의 청구에 의하여 법원이 업무집행권한의 상실을 선고할 수도 있다(제205조 제1항). 업무집행권상실선고판결이 확정된 때에는 본점과 지점소재지에서 이를 등기하여야 한다(제205조 제2항). 업무집행자인 사원은 정당한 사유 없이 「사임」하지 못하며, 다른 사원의 일치가 아니면 「해임」하지 못한다(제195조, 민법 제708조).

3. 업무집행의 방법

업무집행의 의사결정은 원칙적으로 사원 또는 업무집행사원의 과반수로써 한다(제195조, 민법 제706조 제2항). 의결권은 인적 회사로서의 특징 때문에 1인1의결권의(두수주의)에 의한다. 업무집행의 실행 및 일상업무의 결정·실행은 업무집해사원이 단독으로 할 수 있으나(단독업무집행의 원칙), 그 업무집행에 대하여 다른 사원이나 다른 업무집행사원의 이의가 있는 때에는 곧 그 행위를 중지하고 총사원의 과반수 또는 업무집행사원의 과반수 결의에 의하여 다시 결정하여야 한다(제200조 제2항, 제201조 제2항).

지배인의 선임과 해임에 관하여는 특칙이 있으니, 이에 관하여 정관에 다른 정함이 없으면 「총사원의 과반수결의」에 의하여야 한다(제203조). 또 공동업무집행사원을 정관으로 정한 때에는 업무집행에 관한 행위를 함에는 그 전원의 동의가 있어야 한다. 그러나 지체의 염려가 있는 때에는 그러하지 아니하다(제202조). 그 밖에 정관의 변경(제204조), 회사의 해산(제227조 제2호) 등 회사의 기본에 관한 사항은 총사원의 동의가 있어야 한다.

4. 업무집행의 감시

업무집행권이 없는 사원도 무한책임을 지므로 회사의 업무와 재산상태를 언제든지 검사할 수 있는데(제195조, 민법 제710조), 이 권한을 업무감시권이라고 한다. 이 업무집행의 감시권은 정관으로도 박탈하거나 제한하지 못한다(통설).

V. 경업금지의무와 자기거래의 제한

회사와 기관인 사원과의 관계는 위임이므로 사원은 선량한 관리자의 주의로써 회사의 업무집행·회사대표 등의 권한을 행사하여야 하나, 상법은 사원의 업무집행기관으로서의 지위 때문에 사원에게 경업금지의무와 자기거래제한 등 특별의무를 지도록 하고 있다.

1. 사원의 경업금지의무

사원은 다른 사원의 동의가 없으면 자기 또는 제3자의 계산으로 회사의 영업 부류에 속하는 거래를 하지 못하며, 동종영업을 목적으로 하는 다른 회사의 무한책임사원 또는 이사가 되지 못한다(제198조 제1항). 사원이 경업거래를 한 경우에 회사는 개입권을 행사할 수 있다(제198조 제2항). 개입권은 다른 사원 과반수의 결의에 의하여 행사하되, 다른 사원의 1인이 그 거래를 안 때로부터 2주 내, 또는 거래가 있은 날로부터 1년 내에 행사하여야 한다(제198조 제4항). 개입권을 행사하더라도 손해배상청구권의 행사에는 영향이 없다(제198조 제3항). 또한 회사는 다른 사원의 과반수의 결의로써 위반행위를 한 사원의 제명(제220조 제1항 제2호)의 선고, 업무집행권 또는 대표권 상실의 선고(제205조, 제216조)를 법원에 청구할 수 있다.

2. 사원의 자기거래제한

사원은 다른 사원 과반수의 결의가 있는 때에 한하여 자기 또는 제3자의 계산으로 회사와 거래를 할 수 있다. 이 때 민법의 쌍방대리에 관한 규정은 적용되지 아니한다(제199조). 이 제한을 위반한 사원은 손해배상책임을 지는 외에 제명, 업무집행권 또는 대표권의 상실선고청구의 원인이 되는 것은 경업금지 의무위반의 경우와 같다.

VI. 손익의 분배

1. 손익의 의의

이익이란 대차대조표상의 순재산액이 회사의 자본금, 즉 사원의 재산출자의 총액을 초과하는 경우 그 초과액을 말하며, 반대의 경우의 부족액을 손실이라 한다. 노무출자와 신용출자의 평가액은 손익계산의 기초가 되는 자본금 중에 산입하지 않는다.

2. 손익분배의 표준

손익분배의 표준에 관하여는 상법상 규정이 없으므로 정관 또는 총사원의 동의로 자유로이 결정할 수 있다. 정관에 별다른 규정이 없거나 총사원의 동의에 의한 별도의 정함이 없으면 손익의 분배는 사원의 출자의 가액에 비례한다(제195조, 민법 제711조 제1항). 또 손익의 어느 한쪽에 대한 분배비율만을 정한 경우에는 그 비율은 이익과 손실에 공통된 것으로 추정한다(제195조, 민법 제711조 제2항).

3. 손익분배의 시기 및 방법

회사는 매결산기에 회계장부에 의하여 대차대조표를 작성하여야 하므로(제30조 제2항), 영업년도 말에 손익을 분배하게 된다. 이익의 분배는 현실적으로 금전배당을 하는 것이 보통이겠으나, 이익을 적립하고 계산상의 지분의 평가액을 증가시킬 수도 있다. 또 합명회사의 사원은 무한책임을 지므로 이익이 없는 경우에 배당을 하여도 위법은 아니다. 손실의 분배는 계산상 지분평가액이 감소하는 데 그칠 뿐 추가출자를 하는 것은 아니지만, 퇴사의 경우에는 분담손실액을 납입하여야 한다. 사원의 출자가 유한임에 반하여 이러한 손실부담은 무한이다.

VII. 정관변경

합명회사정관의 변경은 정관에 다른 정함이 없으면 총사원의 동의로써 할 수 있다(제204조). 변경되는 정관이란 정관의 규정을 말하는 것이다. 합명회사에는 사원총회라는 기관이 없으므로 동의는 각 사원의 개별적인 동의로도 무방하고, 반드시 회의를 하여야 하는 것은 아니다. 또 동의는 구두로 하여도 무방하다. 물론 합명회사의 정관변경은 내부관계에 속하는 사항으로 정관변경을 통해 총사원의 동의가 아닌 사원의 3분의 2이상의 동의로 정관을 변경 할 수 있다는 내용을 정관에 규정하는 것은 가능하다고 본다.

제4절 합명회사의 외부관계

I. 서 설

합명회사의 외부관계란 ① 회사와 제3자와의 관계, ② 사원과 제3자와의 관계를 말한다. 외부관계는 제3자의 이해와 밀접한 관계가 있으므로, 이에 관한 규정은 대체로 강행법규이며, 따라서 정관의 규정 또는 총사원의 동의로써도 이를 변경할 수 없다.

II. 회사대표

1. 대표기관의 구성

합명회사의 사원은 정관에 다른 규정이 없으면 모두 업무집행권이 있으므로(제200조 제1항), 회사의 대표기관이 된다(자기기관의 원칙). 그러나 수인의 업무집행사원을 정하거나 특정대표사원을 정한 경우에는 그 사원만이 각자 회사를 대표한다(제207조 제2문). 정관 또는 총사원의 동의가 있으면 공동대표를 정할 수 있으나(제208조 제1항), 이 경우에도 제3자의 회사에 대한 의사표시는 공동대표의 권한 있는 사원 1인에게 함으로써 유효하다(제208조 제2항). 대표사원의 공동대표는 등기하여야 한다(제180조 제4호 · 제5호).

대표사원에 대하여도 일정한 경우에 업무집행사원의 경우와 동일한 권한상실선고를 할 수 있다(제216조, 제205조, 제206조). 또 회사와 사원 간의 소에 있어서 대표사원이 없을 때에는, 다른 사원 과반수의 결의로 그 소에 관한 임시대표자를 선정하게 된다(제211조).

2. 대표사원의 권한

회사를 대표하는 사원은 회사의 영업에 관한 재판상 또는 재판 외의 모든 행위를 할 권한이 있다(제209조 제1항). 그리고 이러한 대표사원의 대표권에 관하여 제한을 하더라도 그 제한을 선의의 제3자에게는 대항하지 못한다(제209조 제2항).

3. 손해배상책임

회사를 대표하는 사원이 그 업무집행으로 인하여 타인에게 손해를 가한 때에는 회사는 그 사원과 연대하여 배상할 책임이 있다(제210조).

III. 사원의 책임

1. 책임의 성질 및 내용

합명회사의 사원은 전원이 연대하여 회사채무에 관해서 직접 채권자에게 무한의 책임을 지나(제212조). 회사설립 후에 입사한 합명회사사원이라 하더라도 그가 입사 전에 생긴 회사채무에 대하여 다른 사원과 동일하게 무한책임을 진다(제213조).

사원의 책임은 제2차적인 책임이므로 보증채무와 같이 주채무인 회사채무에 종속한다. 따라서 사원은 회사의 항변권을 직접 원용할 수 있으며(제214조 제1항), 회사의 권리를 원용하여 변제의 청구를 거부할 수 있다(제214조 제2항). 또 사원은 회사재산으로써 회사채무를 완제할 수 없거나, 회사재산에 대한 강제집행이 주효하지 못한 때에만 변제책임을 진다(제212조 제1항·제2항). 다만 사원이 회사에 변제능력이 있으며 집행이 용이한 것을 입증하면 책임을 지지 않는다(제212조 제3항).

채권자가 사원의 책임을 추궁하려면 그 사원에 대하여 직접 소를 제기하여야 하고, 회사에 대한 채무명의로써 사원의 재산에 강제집행할 수는 없다. 사원이 회사채무를 변제한 때에는 회사 및 다른 사원에 대해서 구상권을 행사할 수 있고, 회사채권자에 대위할 수도 있다(민법 제481조).

2. 책임의 소멸

해산의 경우에는 등기 후 5년, 퇴사 및 지분의 전부양도의 경우에는 그 등기 후 2년이 경과하여야 사원의 책임이 소멸한다(제267조, 제225조).

3. 자칭사원의 책임

자칭사원은 사원이 아니지만, 외관주의에 입각해서 그를 사원으로 오인하고 거래한 자에 대하여 사원과 같은 책임을 지도록(제215조) 특별규정을 두고 있다. 자칭사원도 회사의 채무에 대하여 무한책임을 지나, 자칭사원은 회사의 사원이 아니므로 다른 사원과는 부진정연대책임을 진다. 따라서 자칭사원이 회사의 채무를 변제함에는 회사가 갖는 항변으로써 대항할 수는 있으나, 다른 사원이 갖는 항변을 원용할 수는 없다.

제5절 합명회사의 사원의 입사와 퇴사

I. 합명회사 사원의 입사

입사란 회사성립 후에 원시적으로 사원자격을 취득하는 것을 말한다. 입사의 경우는 신입사원이 회사와 체결한 입사계약에 따라서 출자를 하게 되므로, 회사에 대한 새로운 출자 없이 지위만을 승계취득하는 지분의 양수나 상속의 경우와는 구별된다.

입사는 정관변경을 가져오므로 총사원의 동의가 있어야 하며(제179조 제3호, 제204조), 또 등기사항(제180조 제1호)의 변경이므로 변경등기를 하여야 한다(제183조).

신입사원은 입사전에 생긴 채무에 대하여도 다른 사원과 동일한 책임이 있다(제213조).

Ⅱ. 합명회사 사원의 퇴사

1. 퇴사의 의의

퇴사란 회사존속 중에 특정사원이 그 사원자격을 절대적으로 상실하는 것을 말한다. 따라서 지분의 전부양도에 의한 특정사원의 자격상실(제225조 제2항), 이른바 탈퇴와는 구별된다. 또 회사해산 후에는 퇴사가 인정되지 않는다.

2. 퇴사의 원인

퇴사는 퇴사원인에 따라 다음과 같이 임의퇴사·강제퇴사 및 당연퇴사로 구분할 수 있다.

(1) 임의퇴사의 경우

정관으로 회사의 존립기간을 정하지 아니하거나 어느 사원의 종신까지 존속할 것을 정한 때에는, 사원은 6월 전에 예고를 하고 영업년도 말에 퇴사할 수 있다(제217조 제1항). 또 사원은 부득이한 사유가 있을 때에는 언제든지 퇴사할 수 있다(제217조 제2항). 임의퇴사의 경우 다른 사원의 동의는 필요치 않다.

(2) 강제퇴사의 경우

사원의 지분을 압류한 채권자는 회사와 그 사원에 대하여 6월 전에 예고를 하고 영업년도 말에 그 사원을 퇴사시킬 수 있다(제224조 제1항). 그러나 이 예고는 사원이 변제를 하거나 상당한 담보를 제공한 때에는 그 효력을 잃는다(제224조 제2항).

(3) 당연퇴사의 경우

법률상 당연히 퇴사하는 사유로는 ① 정관에 정한 사유의 발생(제218조 제1호), ② 총사원의 동의(제218조 제2호), ③ 사원의 사망(제218조 제3호), ④ 사원이 금치산선고를 받았을 때(제218조 제4호), ⑤ 사원이 파산선고를 받았을 때(제218조 제5호), ⑥ 사원의 제명(제218조 제6호, 제220조), ⑦ 회사계속의 불동의(제229조 제1항 단서), ⑧ 특정사원에 한한 사유로 인한 설립무효 또는 설립취소의 경우 다른 사원 전원의 회사계속의 동의(제194조 제1항·제2항) 등을 들 수 있다.

3. 퇴사의 효과

사원이 퇴사하면 퇴사에 따른 변경등기를 하여야 한다(제180조 제1호, 제183조). 사원은 퇴사함으로써 사원자격을 상실하게 된, 퇴사등기 후 2년간은 퇴사등기 전에 생긴 회사채무에 대해서도 책임을 진다(제225조). 또 퇴사한 사원은 퇴사 당시의 회사재산상태에 따라서 회사에 대하여 손실분담납입의무를 지거나 지분환급청구권을 행사하게 된다. 이 지분환급청구권은 노무·신용출자의 경우에도 있으며(제222조 본문), 환급은 금전으로 할 수 있다(제195조, 민법 제719조). 또 퇴사한 사원의 성명이 회사의 상호 중에 사용된 경우에는 그 사원은 회사에 대하여 그 사용금지를 청구할 수 있다(제226조).

제6절 합명회사의 해산과 청산

Ⅰ. 합명회사의 해산

1. 합명회사의 해산사유

합명회사의 해산사유(제227조)로는 ① 존립기간의 만료 기타 정관으로 정한 사유의 발생, ② 총사원의 동의, ③ 사원이 1인으로 된 때, ④ 합병, ⑤ 파산, ⑥ 법원의 명령 또는 판결이 있는 경우 등으로 법정되어 있다. 법원의 해산명령은 주식회사의 경우와 같고, 해산판결은 부득이한 사유가 있는 경우에 각 사원의 청구에 따라 선고를 하게 된다(제241조).

2. 합명회사의 해산등기

회사가 해산하면 영업능력을 잃고, 합병과 파산의 경우 외에는 청산절차를 밟게 되므로, 법정기간(본점소재지에서는 2주간, 지점소재지에서는 3주간) 내에 해산등기를 하여야 한다(제228조).

회사채권자에 대한 사원의 책임은 본점소재지에서 해산등기를 한 후 5년이 경과하면 소멸한다(제267조 제1항). 그러나 5년이 경과하더라도 분배하지 아니한 잔여재산이 있으면 채권자는 변제를 청구할 수 있다(제267조 제2항). 이 때 사원의 책임은 잔여재산을 한도로 한다고 본다.

3. 합명회사의 계속

합명회사가 존립기간의 만료 기타 정관으로 정한 사유의 발생 또는 총사원의 동의로 해산한 때에는 사원의 전부 또는 일부의 동의로 회사를 계속할 수 있으며, 이 경우 동의하지 아니한 사원은 퇴사한 것으로 본다(제229조 제1항). 또 사원이 1인으로 되어 해산한 때에는 새로 사원을 가입시켜 회사를 계속할 수 있다(제229조 제2항). 해산등기 후에 회사를 계속하는 경우에는 계속등기를 하여야 한다(제229조 제3항).

II. 합명회사의 청산

1. 합명회사의 청산방법

청산은 해산한 회사의 법률관계를 정리하고 그 재산을 처분하는 절차인데, 회사와 사원간의 재산관계의 처리가 주 목적이다. 합명회사의 청산방법에는 임의청산과 법정청산의 두 가지가 있다. 임의청산을 할 수 있는 것이 주식회사나 유한회사의 경우와 다른 점이다.

법정청산을 하여야 할 경우로는, ① 사원이 1인으로 된 때와 ② 법원의 명령 또는 판결로 인하여 해산한 경우인데(제247조 제2항), 이들 경우에는 청산의 공정을 기할 필요가 있기 때문이다. ③ 그리고 회사가 존립기간의 만료 기타 정관으로 정한 사유의 발생 또는 총사원의 동의에 의하여 해산한 때(제227조 제1호·제2호), 정관 또는 총사원의 동의로 재산의 처분방법을 정하지 아니한 경우에도 법정청산에 의한다. 그 밖에는 임의청산에 의한다.

2. 임의청산

(1) 임의청산의 의의

임의청산이란 법정절차에 의하지 않고 정관 또는 총사원의 동의로써 정한 방법에 따라 회사재산을 처분하는 것을 말한다(제247조 제1항). 따라서 회사재산을 현물로 분배하든, 환가처분하여 현금분배를 하든 상관없다.

(2) 채권자보호절차

임의청산을 하려면 채권자보호절차를 밟아야 한다. 즉 ① 지분압류채권자가 있는 경우에는 그 동의를 얻어야 하고(제247조 제4항), ② 그 밖의 일반채권자를 위해서는 합병의 경우에 준한 보호절차를 밟아야 하는데, 회사는 해산사유가 있는 날로부터 2주 내에 재산목록과 대차대조표를 작성하여야 하고(제247조 제1항 제2문), 각 채권자에게 최고 후 이의가 있으면 변제 혹은 담보를 제공하여야 한다(제247조 제3항).

회사가 채권자보호절차를 밟지 않고 재산을 처분한 경우에는, 채권자는 그 처분의 취소를 법원에 청구할 수 있다(제248조, 제249조). 이 소송은 본점소재지의 지방법원의 전속관할에 속한다(제248조 제2항, 제186조). 그러나 재산처분행위로 인하여 이익을 받은 자나 전득한 자가 그 행위 또는 전득시에 채권자를 해함을 알지 못한 경우에는 그 처분의 취소를 구하지 못한다(제248조 제2항, 민법 제406조 제1항 단서). 이 소는 취소원인을 안 날로부터 1년, 처분이 있은 날로부터 5년 내에 제기하여야 하고(제248조 제2항, 민법 제406조 제2항), 그 판결은 모든 채권자의 이익을 위하여 그 효력이 있다(제248조 제2항, 민법 제407조).

(3) 청산종결등기

회사가 재산의 처분을 완료한 날로부터 본점소재지에서는 2주 내에, 지점 소재지에서는 3주 내에 청산종결의 등기를 하여야 한다(제247조 제5항).

3. 법정청산

(1) 법정청산의 의의

법정청산이란 법정절차에 따라서 하는 청산절차(제250조~제265조)로서, 대체로 주식회사의 경우와 같다. 법정청산의 경우에 엄격한 절차를 요구하는 것은 사원의 이익을 보호하는 데 목적이 있으며, 회사채권자를 보호하기 위한 것은 아니다. 왜냐하면 합명회사의 사원은 해산등기 후에도 책임을 지기 때문이다.

(2) 청산인의 선임과 해임

청산사무를 집행할 청산인의 선임·해임은 경우에 따라 다르다. 즉 청산인의 선임은 ① 회사가 해산한 때에는 총사원 과반수의 결의로 선임하나, ② 선임이 없는 때에는 업무집행사원이 청산인이 된다(제251조). ③ 사원이 1인으로 된 때, 해산명령 또는 해산판결에 의하여 해산한 때에는 법원에 의하여 청산인이 선임된다(제252조). 청산인은 반드시 사원일 필요는 없다.

청산인의 해임은 사원이 선임한 경우에는 총사원 과반수의 결의로 할 수 있으며(제261조), 직무집행에 부적임하거나 임무위반행위가 있으면 법원이 해임할 수도 있다(제262조).

청산인에 관한 사항은 등기하여야 한다(제253조).

(3) 청산인의 지위

회사와 청산인의 관계는 위임관계에 있으므로 청산인은 선량한 관리자의 주의로써 청산사무를 수행하여야 한다. 청산인이 수인인 때에는 청산의 직무에 관한 행위를 그 과반수의 결의로 하되(제254조 제2항), 영업의 전부 또는 일부를 양도함에는 총사원 과반수의 결의가 있어야 한다(제257조).

청산인은 원칙적으로 각자 청산 중의 회사를 대표하나, 정관 또는 총사원의 동의로 회사를 대표 또는 공동으로 대표할 사원을 정할 수 있다(제265조, 제

207조, 제208조). 그러나 업무집행사원이 계속 청산인이 된 경우에는 해산 전의 정함에 따라 회사를 대표하고, 법원이 청산인을 선임한 경우에는 법원이 대표자 또는 공동대표자를 정할 수 있다(제255조).

대표청산인은 청산인의 직무에 관하여 재판상·재판외의 모든 행위를 할 권한이 있고(제254조 제3항), 이에 대한 제한은 선의의 제3자에게 대항하지 못한다(제209조 제2항, 제265조).

대표청산인은 대표행위와 관련하여 발생한 제3자의 손해에 대하여 회사와 연대하여 배상할 책임이 있다.

(4) 청산인의 직무

청산인은 ① 현존사무의 종결, ② 채권의 추심과 채무의 변제, ③ 재산의 환가처분, ④ 잔여재산의 분배 등을 하여야 하고(제254조 제1항 제1호 내지 제4호), ⑤ 취임 후 지체 없이 회사의 재산상태를 조사하고 재산목록과 대차대조표를 작성하여 각 사원에게 교부하여야 하며(제256조 제2항), ⑥ 사원의 청구가 있는 때에는 언제든지 청산의 상황을 보고하여야 하며(제256조 제2항), ⑦ 청산 도중 파산원인을 발견한 때에는 파산선고를 신청하고 이를 공고하여야 한다(제254조 제4항, 민법 제93조).

청산인은 회사와 제3자에 대하여 주식회사의 이사와 동일한 책임을 진다(제265조, 제399조, 제401조).

(5) 청산의 종결

청산인은 그 임무를 완료한 때에는 지체 없이 계산서를 작성하여 각 사원에게 교부하고 그 승인을 얻어야 한다. 계산서를 받은 사원이 1월 내에 이의를 제기하지 아니한 때에는 청산인에게 부정행위가 있는 경우를 제외하고 그 계산을 승인한 것으로 본다(제263조 제2항). 청산인의 계산보고는 청산사무의 정확 여부에 관한 감시의 기회를 주기 위한 것이다. 청산사무가 종결되면, 청산인은 총사원의 동의가 있는 날로부터 본점소재지에서는 2주 내에, 지점소재지에서는 3주 내에 청산종결등기를 하여야 한다(제264조). 회사의 장부와 영업 및 청산에 관한 중요서류는 본점소재지에서 청산종결등기를 한 후 10년간 이를 보존하여야 하고, 전표 또는 이와 유사한 서류는 5년간 보존하여야 한다(제266조 제1항). 이 경우 회사는 총사원의 과반수의 결의로 보존인과 보존방법을 정하여야 한다(제266조 제2항).

제4장 합자회사

제1절 총 설

I. 합자회사의 의의

합자회사란 대외적으로 직접·연대·무한의 책임을 지는 무한책임사원과 직접·연대·유한의 책임을 지는 유한책임사원으로 구성된 2원적 조직의 회사를 말한다(제268조). 무한책임사원은 합명회사의 사원과 같고 유한책임사원은 회사채권자에 대하여 재산출자의 가액을 한도로(제279조) 직접·연대책임을 지되, 그 대신 회사의 업무집행권·대표권은 없고(제278조) 감시권을 가질 뿐이다(제277조).

합자회사는 10세기 경부터 지중해 연안에서 널리 이용된 콤멘다(commenda) 계약에서 유래된 것으로, 그 연혁은 익명조합과 같다. 콤멘다계약은 자본가와 기업가 사이의 출자 및 업무집행계약이라 할 수 있다. 이후 자본가가 표면에 나타나고 채권자에 대하여 출자액을 한도로 책임을 지는 것은 합자회사가 되고, 자본가가 밖으로 나타나지 않는 형태는 익명조합이 되었다.

Ⅱ. 합자회사의 법률관계의 특질

합자회사는 유한책임사원이 있다는 점에서 합명회사와 구별되지만, 개인적 신뢰를 기초로 하는 조합적인 공동기업형태란 점에서는 합명회사와 흡사한 인적 회사이다. 따라서 유한책임사원에 관한여 특별히 규정하고 있는 사항을 제외하고는, 대체로 합명회사에 관한 규정을 준용한다(제269조).

합자회사는 이원적(二元的)인 구성원으로 조직되었다는 점에서 상법상의 익명조합과 그 경제적 기능에서는 유사하나, 합자회사는 사단법인이고 익명조합은 법인격이 없는 조합이라는 접에서 양자는 근본적으로 구별된다.

제2절 합자회사의 법률관계

Ⅰ. 합자회사 설립절차의 특색

합자회사의 설립절차는 합명회사의 경우와 같이 정관의 작성과 설립등기로 구성되나, 유한책임사원이 있기 때문에 정관의 절대적 기재사항과 등기사항에 다음과 같은 약간의 차이가 있을 뿐이다.

1. 합자회사 정관의 절대적 기재사항

합명회사의 정관에는 합명회사의 정관기재사항(제179조) 외에 각 사원의 책임이 무한책임인가 또는 유한책임인가를 기재하여야 한다(제270조).

2. 합자회사의 설립등기

합자회사의 설립등기에 있어서는 합명회사의 등기사항(제180조) 외에 각 사원의 책임이 무한책임인가 또는 유한책임인가를 등기하여야 한다(제271조 제1항).

II. 내부관계의 특색

합자회사의 내부관계에 관한 규정도 합명회사에서와 같이 임의규정이므로, 회사의 성질이나 강행법규에 어긋나지 아니하는 한 정관으로 다른 정함을 할 수 있다. 또 무한책임사원에 관하여는 합명회사의 경우와 같다.

1. 출 자

합자회사에서 무한책임사원의 출자의 목적은 합명회사의 경우와 같다. 따라서 무한책임사원은 재산출자 외에 노무출자와 신용출자가 가능하다(제269조). 그러나 합자회사의 유한책임사원의 출자는 재산출자에 한정되며, 신용 또는 노무를 출자의 목적으로 하지 못한다(제272조). 이는 사원 전원이 유한책임을 지는 물적회사에서 자본충실이 강조되는 것과 같은 취지이다. 무한책임사원은 자연인이어야 하지만, 유한책임사원은 기타 법인도 될 수 있다.

2. 지분의 양도

유한책임사원의 지분양도에는 무한책임사원만의 전원동의가 있으면 되고, 또 지분양도가 사원의 변동을 가져와서 정관변경을 하게 되는 경우에도 같다(제276조).

유한책임사원의 지분은 상속도 가능하다. 상속인이 수인인 때에는 사원의 권리를 행사할 자 1인을 선정하여야 한다. 이를 정하지 아니한 때에는 회사의 통지 또는 최고는 그중 1인에 대하여 하면 전원에 대하여 효력이 있다(제283조).

3. 업무집행 및 경업피지의무 · 자기거래금지의무

무한책임사원은 정관에 다른 정함이 없는 경우에는 각자가 회사의 업무를 집행 할 권리와 의무가 있다.(제273조). 다만 지배인의 선임과 해임에는 업무집행사원이 있는 경우에도 무한책임사원 과반수의 결의에 의하여야 한다(제274조). 유한책임사원은 업무집행권이 없고(제273조, 제278조), 따라서 경업금지의

무도 없다(제275조). 그 대신 업무집행에 대한 감시권을 갖는다(제277조). 그러나 유한책임사원도 자기거래는 금지된다고 본다(제199조).

III. 외부관계의 특색

1. 회사대표

유한책임사원은 업무집행권도 회사대표권도 없으므로 무한책임사원만이 회사를 대표한다(제278조).

2. 유한책임사원의 책임

유한책임사원의 책임은 무한책임사원의 책임과 같으나, 다만 출자의 가액을 한도로 하는 점만이 다르다(제279조 제1항). 따라서 유한책임사원이 출자의무를 이행하면 그 범위 내에서 그 사원의 책임은 소멸되고, 또 회사채권자에 대한 책임의 이행은 그만큼 출자의무를 소멸시킨다. 또 회사에 이익이 없는데도 불구하고 배당을 받은 경우에는 변제책임을 정함에 있어서 이를 가산하여야 한다(제279조 제2항).

유한책임사원은 그 출자를 감소한 후에도 본점소재지에서 그 등기를 하기 전에 생긴 회사채무에 대하여 등기 후 2년 내에는 그 책임을 면하지 못한다(제280조).

3. 자칭무한책임사원의 책임

유한책임사원이 타인에게 자기를 무한책임사원이라고 오인시키는 행위를 한 때에는, 오인으로 인하여 회사와 거래한 자에 대하여 무한책임사원과 동일한 책임이 있으며, 유한책임사원이 그 책임의 한도를 오인시키는 행위를 한 경우에도 역시 같은 책임이 있다(제281조). 이것은 외관법리에 의한 규정으로 상호 중에 유한책임사원의 성명이나 아호(雅號)를 사용한 때에도 이를 신뢰한 선의의 제3자에 대하여 무한책임을 져야 할 것이다.

Ⅳ. 기타의 특색

1. 입사와 퇴사에 관한 비교

합자회사사원의 입사와 퇴사에 관하여 살펴보면 합명회사의 경우와 대체로 같다. 다만, 유한책임사원은 사망하거나 금치산선고를 받은 경우에도 무한책임사원과는 달리 퇴사원인이 되지 않으며, 사망한 경우에는 상속인이 사원으로 된다(제283조, 제284조).

2. 해산과 청산에 관한 비교

합자회사의 해산과 청산은 합명회사의 경우와 대체로 같다(임의청산과 법정청산 방법 인정). 다만 무한책임사원 또는 유한책임사원 전원이 퇴사한 경우에는 회사가 해산하되(제285조 제1항), 이 때 잔존사원 전원의 동의로 새로 다른 사원을 가입시켜 회사를 계속할 수 있다(제285조 제2항).

청산인은 무한책임사원 과반수의 결의로 선임할 수 있으나, 이를 선임하지 아니한 때에는 업무집행사원이 청산인이 된다(제287조).

《합자회사 사원의 권리 · 의무》

구 분	무한책임사원	유한책임사원
업무집행권	있다(제200조 제1항)	없다(제278조)
업무감시권	있다(제195조, 민법 제710조)	있다(제277조)
대표권	있다(제207조의 제1항)	없다(제278조)
이의권	있다(제200조 제2항)	없다
경업피지의무	있다(제198조)	없다(제275조)
책임	무한책임(제212조)	유한책임(제279조)
사망	퇴사(제218조 제3호)	상속인의 지분승계(제283조 제1항)

제 5 장 유한책임회사

제1절 총 설

I. 유한책임회사의 의의

유한책임회사(Limited Liability Company : LLC)란 미국식 유한책임회사제도를 참고하여 2011년 개정상법에서 도입된 제도로서, 설립, 운영, 해산과 관련하여 사적자치를 폭넓게 인정하여 내부적으로는 조합의 실질을 갖고 외부적으로는 사원의 유한책임이 확보되는 기업형태를 말한다. 유한책임회사는 이사회·업무집행조합원 등 조직구성에서 구성원간 사적자치를 보장하고, 이익배당·의결권분배·퇴사·지분양도의 자율결정을 인정하는 것으로 최근 인적자산의 중요성이 높아짐에 따라 인적자산을 적절히 수용할 수 있는 공동기업형태에 대한 수요가 늘고 있어 부동산, 첨단기술, 외국과의 합작투자회사 등 고도의 모험사업, 컨설팅, 회계법인, 법무법인 등 전문서비스 업종 등 사적자치가 중요한 소규모 기업에 유한책임회사제도가 활용될 수 있을 것으로 기대되고 있다.

II. 유한책임회사의 특질

유한책임회사는 내부적으로는 인적회사의 성질을 가지고 있고 외부적으로는 물적회사의 성질을 가지고 있는 하이브리드(hybrid:혼합)형 회사이다. 그러나 유한책임회사를 조직변경할 때에는 주식회사로 하도록 하고 있다(제287조의43 제2항).

제2절 유한책임회사의 설립

I. 정관의 작성

유한책임회사의 설립은 사원이 정관을 작성함으로써 시작하며(제287조의2), 실체를 형성하고 설립등기를 함으로써 종결된다.

상호에는 "유한책임회사"라는 문구를 사용하여야 한다(제19조).

정관에는 목적, 상호, 사원의 성명·주민등록번호, 주소, 본점의 소재지, 정관의 작성년월일, 사원의 출자 목적과 가액, 자본금의 액, 업무집행자의 성명(법인인 경우에는 그 명칭)과 주소를 적고 각 사원이 기명날인하거나 서명하여야 한다(제287조의3, 제179조). 유한책임회사는 1인설립도 가능하며, 법인도 사원이 될 수 있고, 사원의 총수는 제한이 없다. 물론 상법상 회사란 영리를 목적으로 하므로(제169조), 유한책임회사도 영리성이 있어야 한다.

II. 사원의 출자

사원은 정관의 작성 후 설립등기를 하는 때까지 금전이나 그 밖의 재산의 출자를 전부 이행하여야 한다(제287조의4 제2항). 현물출자를 하는 사원은 납입기일에 지체 없이 유한책임회사에 출자의 목적인 재산을 인도하고, 등기, 등록, 그 밖의 권리의 설정 또는 이전이 필요한 경우에는 이에 관한 서류를 모두 갖추어 교부하여야 한다(제287조의4 제3항). 그리고 사원은 신용이나 노무를 출자의 목적으로 하지 못한다(제287조의4 제1항).

Ⅲ. 설립등기 및 설립 무효와 취소

유한책임회사는 본점의 소재지에서 다음 사항을 등기함으로써 성립한다. 목적, 상호, 본점의 소재지 및 지점을 둔 때에는 그 소재지, 존립기간 기타 해산사유를 정한 때에는 그 기간 또는 사유, 자본금의 액, 업무집행자의 성명, 주소 및 주민등록번호. 다만, 유한책임회사를 대표할 업무집행자를 정한 경우에는 그 외의 업무집행자의 주소는 제외한다(제287조의5 제1항). 유한책임회사를 대표할 자를 정한 경우에는 그 성명, 주소 및 주민등록번호 그리고 정관에서 공고방법을 정한 경우에는 그 공고방법, 둘 이상의 업무집행자가 공동으로 회사를 대표할 것을 정한 경우에는 그 규정, 위의 각 사항이 변경된 경우에는 본점 소재지에서는 2주 내에, 지점 소재지에서는 3주 내에 변경등기를 하여야 한다(제287조의5 제4항). 유한책임회사가 지점을 설치하거나 본점, 지점의 이전등기를 할 경우에는 합명회사에 관한 규정을 준용한다(제287조의 5 제2항, 제3항). 그리고 유한책임회사의 업무집행자의 업무집행을 정지하거나 직무대행자를 선임하는 가처분을 하거나 그 가처분을 변경 또는 취소하는 경우에 본점 및 지점이 있는 곳의 등기소에서 등기하여야 한다(제287조의5 제5항).

유한책임회사의 설립의 무효와 취소에 관하여는 합명회사 설립의 무효와 취소에 관한 제184조부터 제194조까지의 규정을 준용한다. 설립무효의 소의 제소권자는 사원외에 사원이 아닌 업무집행자도 포함된다(제287조의6).

제3절 유한책임회사의 내부관계

유한책임회사의 내부관계에 관하여는 정관이나 상법에 다른 규정이 없으면 합명회사에 관한 규정을 준용한다(제287조의18).

I. 기관구조

1. 사원총회

유한책임회사에는 사원총회가 없다. 회사가 임의로 두는 것은 무방하다. 사원총회에서 어떤 결의를 할 경우나 업무집행자와 유한책임회사 간의 거래의 승인에서 사원 과반수의 결의(제287조의11) 등을 할 경우, 각 사원의 의결권은 지분의 크기가 아닌 인원수에 따른다(제195조, 민법 제706조 제2항).

2. 업무집행자

유한책임회사는 정관으로 사원 또는 사원이 아닌 자를 업무집행자로 정하여야 한다(제287조의12 제1항). 즉, 법인도 업무집행자가 될 수 있는데, 이 경우 그 법인은 해당 업무집행자의 직무를 행할 자를 선임하고, 그 자의 성명과 주소를 다른 사원에게 통지하여야 한다(제287조의15 제1항).

1명 또는 2명 이상의 업무집행자를 정한 경우에는 업무집행자 각자가 회사의 업무를 집행할 권리와 의무가 있다. 2명 이상의 업무집행자가 행사한 업무집행권의 의견의 불일치가 있을 때에는 과반수의 결의에 의하도록 한 합명회사의 업무집행사원에 관한 제201조 제2항을 준용한다(제287조12 제2항).

업무집행자는 자기 또는 제3자의 계산으로 회사의 영업부류에 속하는 거래를 하지 못하는 경업 금지의 규정도 적용받으며 사원 전원의 동의를 받은 때에는 그러하지 아니하다. 또한 같은 종류의 영업을 목적으로 하는 다른 회사의 업무집행자, 이사 또는 집행임원이 되지 못한다(제287조10 제1항). 업무집행자가 경업금지의무를 위반하여 거래를 한 경우에는 합명회사의 사원의 경업거래금지에 관한 규정을 준용한다(제287조의10 제2항, 제198조 제2항부터 제4항까지).

유한책임회사가 직무대행자를 선임할 경우(제287조의5 제5항), 직무대행자의 권한은 합명회사의 직무대행자의 권한에 관한 제200조의2를 준용한다(제287조의13) 직무대행자도 업무집행인과 동일하게 경업이 금지되고(제287조의11), 자기거래가 금지된다(제287조의12) (287조의15 제2항).

3. 감사기관

유한책임회사는 감사와 같은 감독기관을 별도로 두지 않으나, 회사가 임의로 감사를 두는 것은 상관이 없다. 유한책임회사의 업무집행자가 아닌 사원은 합자회사의 유한책임사원에게 인정되는 감시권을 갖는다(제287조의14, 제277조).

II. 지분의 양도·양수

유한책임회사의 사원의 지분의 양도에 관하여는 사적자치가 인정되어 정관에 이에 관한 사항을 정해 둘 수 있다(제287조의8 제3항). 정관에 정함이 없는 경우에는 유한책임사원의 사원은 다른 사원의 동의를 받지 아니하면 그 지분의 전부 또는 일부를 타인에게 양도하지 못한다(제287조의8 제1항). 그러나 업무를 집행하지 아니한 사원은 업무를 집행하는 사원 전원의 동의가 있으면 지분의 전부 또는 일부를 타인에게 양도할 수 있다(제287조의8 제2항 본문). 단, 업무를 집행하는 사원이 없는 경우에는 사원 전원의 동의를 받아야 한다(제287조의8 제2항 단서).

유한책임회사는 자기지분의 양수가 금지되어, 회사가 그 지분의 전부 또는 일부를 양수할 수 없다(제287조의9 제1항). 만약 유한책임회사가 지분을 취득하는 경우에는 그 지분은 취득한 때에 소멸한다(제287조의9 제2항).

III. 유한책임회사와 사원 간의 소 및 정관의 변경

유한책임회사가 사원에 대하여 또는 사원이 유한책임회사에 대하여 소를 제기시에는 유한책임회사를 대표할 사원이 없을 때에는 다른 사원의 과반수의 결의로 대표할 사원을 선정하여야 한다(제287조의21). 그리고 정관의 변경에 대해서는 정관에 다른 규정이 없는 경우 총사원의 동의가 있어야 한다(제287조의16).

제4절 유한책임회사의 외부관계

I. 사원의 책임

유한책임회사의 사원의 책임은 원칙적으로 그 출자금액을 한도로 유한책임을 부담한다(제287조의7)

II. 유한책임회사의 대표

유한책임회사는 업무집행자가 1인일 경우는 그 업무집행자가 회사의 대표가 되고(제287조의19 제1항), 업무집행자가 2인 이상인 경우에는 정관이나 총사원의 동의로 대표를 정할 수 있다(제287조의19 제2항). 단 업무집행자가 아닌 자를 대표자로는 선임할 수 없으나, 업무집행자는 사원이 아니어도 되므로(제287조의12), 사원이 아닌자가 업무집행자가 되면 대표자로 될 수 있다. 유한책임회사는 정관 또는 총 사원의 동의로 2인 이상의 업무집행자가 공동으로 회사를 대표할 것을 정할 수 있다(제287조의 19 제3항). 공동대표의 경우에 제3자의 유한책임회사에 대한 의사표시는 공동대표의 권한이 있는자 1인에 대하여 함으로써 그 효력이 발생한다(제287조의19 제4항). 유한책임회사를 대표하는 업무집행자는, 합명회사 대표사원의 권한과 같이 회사의 영업에 관한 재판상, 재판외의 모든 행위를 할 권한이 있으나, 그 권한은 선의의 제3자에게 대항하지 못한다(제287조의19 제5항, 제209조).

III. 손해배상책임

유한책임회사를 대표하는 업무집행자가 그 업무집행으로 타인에게 손해를 입힌 경우에는 회사는 그 업무집행자와 연대하여 배상할 책임이 있다(제287조의20). 대표소송에 관하여는 주식회사 주주의 대표소송에 관한 규정(제403조 제2항부터 제4항까지, 제6항, 제7항, 제404조부터 제406조까지)을 준용한다(제287조의22 제2항).

사원은 회사에 대하여 업무집행자의 책임을 추궁하는 소의 제기를 청구할 수 있다(제287조의22 제1항).

제5절 기 타

I. 사원의 입사와 퇴사

유한책임회사는 정관을 변경함으로써 새로운 사원을 가입시킬 수 있다(제287조의23 제1항). 따라서 사원의 가입은 그 정관을 변경한 때에 효력이 발생한다(제287조의23 제2항 본문). 단, 정관을 변경한 때에 해당 사원이 출자에 관한 납입 또는 재산의 전부 또는 일부의 출자를 이행하지 아니한 경우에는 그 납입 또는 이행을 마친 때에 사원이 된다(제287조의23 제2항 단서).

유한책임회사의 사원의 퇴사는 정관에서 달리 정하지 않는 경우에는 합명회사의 사원과 마찬가지로 퇴사의 자유가 인정된다(제287조의24, 제217조 제1항). 단, 합명회사의 사원과는 달리 즉시퇴사(제217조 제2항)은 인정되지 않는다. 사망한 경우 권리승계의 통지에 관하여 합명회사의 경우와 같고(제287조의26, 제219조), 제명의 경우에도 합명회사 사원의 제명이 준용된다(제287조의27, 제220조). 그리고 사원의 지분을 압류한 채권자(지분압류채권자)는 합명회사 사원의 강제퇴사와 같이 6개월 전에 예고하고 강제퇴사 시킬 수 있다(제287조의29, 제224조).

퇴사 사원의 지분 환급에 대하여도 정관에 달리 정하지 않은 한(제287조의28 제3항) 퇴사 사원은 그 지분의 환급을 금전으로 받을 수 있다(제287조의28 제1항). 그 환급금액은 퇴사 시의 회사의 재산 상황에 따라 정한다(제287조의28 제2항).

II. 회계에 관한 사항

유한책임회사의 회계는 상법과 대통령령으로 규정한 것 외에는 일반적으로 공정하고 타당한 회계관행에 따른다(제287조의32). 업무집행자는 매 결산기마다 대차대조표, 손익계산서, 그 밖의 유한책임회사의 재무상태와 경영성과를 표시하는 대통령령으로 정하는 서류를 작성(제287조의33)하고, 작성한 재무제표를 본점에 5년간, 그 등본을 지점에 3년간 비치하여 공시(제287조의34 제1항)하여야 하며, 사원과 유한책임회사의 채권자는 영업시간내 언제든지 열람과 등사를 청구할 수 있다(제287조의34 제2항).

유한책임회사의 자본금은 사원이 출자한 금전이나 그 밖의 재산의 가액(제287조의35)으로 하는데, 정관의 변경의 방법으로 자본금을 감소할 수 있다(제287조의36). 자본금의 감소시 채권자의 이의권이 인정되나(제287조의36 제2항 본문, 제232조), 감소 후 자본금액이 순자산액 이상인 경우에는 그러하지 아니하다(제287조의36 제2항 단서).

유한책임회사는 대차대조표상의 순자산액에서 자본금액을 뺀 잉여금을 한도로 그 잉여금액을 분배할 수 있고(제287조의37 제1항), 이때 분배는 정관에 다른 규정이 없으면 각 사원의 출자한 가액에 비례하여 분배한다(제287조의37 제4항). 이를 위반하여 잉여금을 분배한 경우 유한책임회사의 채권자는 그 잉여금을 분배받은 자에 대하여 회사에 반환을 청구할 수 있다(제287조의37 제2항). 잉여금반환청구의 소는 본점소재지의 지방법원의 관할에 전속한다(제287조의37 제3항)

III. 합병 · 조직변경 · 해산 · 청산

유한책임회사의 합병에 관하여는 합명회사의 합병에 관한 제230조부터 제240조까지의 규정을 준용한다(제287조의41).

유한책임회사는 총사원의 동의에 의하여 주식회사로 조직변경을 할 수 있고(제287조의43 제2항), 주식회사는 총회에서 총주주의 동의에 의한 결의로 유한책임회사로 그 조직을 변경할 수 있다(제287조의43 제2항)

유한책임회사의 사원은 부득이한 사유가 있을 때 법원에 해산을 청구할 수 있고(제287조의42 제241조), 유한책임회사의 청산에 관하여는 합명회사의 청산에 관한 제245조, 제246조, 제251조부터 제257조까지, 제259조부터 제267조까지의 규정을 준용한다(제287조의45).

《유한책임회사와 유한회사의 비교》

구 분	유한책임회사	유한회사
성격	인적회사에 가까움	물적회사
출자자의 책임	유한책임(제287조의7)	유한책임(제553조)
현물출자의 가부	가능(제287조의4 제3항)	가능(제548조)
사원의 총수	제한없음	제한없음
출자지분의 양도제한	다른 사원의 동의(제287조의8 제1항)	정관으로 가능(제556조 단서)
정관변경절차	총사원의 동의(제287조의16)	사원총회의 특별결의(제584조)
사채발행의 가부	가능	불가능
업무집행자	원칙적으로 각 사원	이사 또는 대표이사

제6장 유한회사

제1절 총 설

I. 유한회사의 의의

유한회사란 다수의 균등액의 출자로써 이룩된 자본금을 가지고(제546조), 사원은 회사에 대하여 출자의무를 부담할 뿐(제553조) 회사채권자에 대하여는 아무런 책임을 지지 않는 회사이다. 유한회사는 사원이 간접유한책임을 진다는 점, 따라서 대내적 활동의 기초·대외적 회사신용의 기초가 인적 요소인 사원이 아니라, 물적 요소인 회사재산에 있다는 점에서 물적 회사이다. 다만 경우에 따라서는 사원이 전보책임을 지게 되므로 엄격한 간접유한책임을 지는 주식회사와 구별된다.

유한회사는 독일에서 소수인에 의한 중소기업이 유한책임의 이점을 이용하고자 19세기 말 유한책임회사법을 제정하였고, 이에 따라 설립된 회사형태이다. 유한회사는 주식회사의 변종으로서 제2의 물적회사이다.

II. 유한회사의 특질

유한회사는 물적 회사와 인적 회사의 양요소를 유기적으로 융합한 중간형태의 회사이다. 유한책임제도를 활용하되, 한정된 소수인이 비교적 자유롭게 조직하여 활동할 수 있는 중소기업에 적합한 회사이다. 그 실질적인 특질은 ① 회사의 유한성, ② 회사조직의 간편성, ③ 법적 감독의 관대성, ④ 사원구성과 회사기업의 폐쇄성 ⑤ 사원 상호간 관계의 자치성, ⑥ 자본단체성 등이다.

〈주식회사와 유한회사의 차이점〉

기준 / 총설	유한회사	주식회사
1. 성질 2. 기업형태 3 수권자본제	인적회사성의 물적회사 중소기업 불인정	물적회사 대기업 인정(제289조 제1항 제3호·제5호 참조)
설립		
4. 방법 5. 최초의 이사 6. 변태설립사항의 조사 7. 설립취소제도	단순설립 정관규정·선임(제547조 제1항) 불요 인정(제552조)	발기설립·모집설립 선임(제296조 제1항, 제312조) 필요(제310조) 불인정
사원		
8. 지분의 증권화 9. 사원의 자본충실책임	불인정(제555조) 인정(제550조, 제551조, 제593조)	인정(제355조, 제1항) 불인정
기관		
10. 이사의 임기 11. 이사의 원수 12. 이사회제도 13. 감사 14. 사원총회의 서면결의 15. 1주(좌) 1의결 원칙	무제한 무제한 불인정 임의기관(제568조 제1항) 인정(제577조) 임의법규	제한(3년)(제383조 제2항) 제한(3인이상)(제383조 제1항) (10억 미만 회사, 1명 또는 2명) (제383조 제1항 단서) 인정(제390조 이하) 필요기관(제409조 제1항) 불인정(서면투표 인정) 강행법규
기타		
16. 자본금의 증감 17. 사채발행 18. 대차대조표의 공고 19. 이익배당기준 20. 잔여재산분배기준	정관변경 불인정(제600조 제2항·제604조 제1항 참조) 불요 임의법규(제580조) 임의법규(제612조)	정관변경 불요 인정(제469조) 필요(제449조 제3항) 강행법규(제464조) 강행법규(제538조)

제2절 유한회사의 설립

I. 서 설

유한회사의 설립절차는 ① 정관의 작성, ② 실체의 형성, ③ 설립등기로 끝난다. 회사의 기관을 선임하고 사원이 출자전액을 납입하여야 하는 점에서 인적 회사의 경우와 다르고, 정관작성단계에서 사원과 출자가 확정되므로 발기인이란 개념도 지분의 인수행위도 따로 필요하지 않은 점, 검사인에 의한 설립경과조사제도가 없는 점 등은 주식회사의 경우와 다른 점이다.

II. 유한회사의 설립절차

1. 유한회사 정관의 작성

유한회사를 설립함에는 사원이 정관을 작성하여야 한다(제543조 제1항). 정관에는 일정한 사항을 기재하고 총사원이 기명날인 또는 서명을 하여야 한다(제543조 제2항). 공증인의 인증을 받아야 하는 점은 주식회사의 경우와 같다(제543조 제3항, 제292조).

정관의 절대적 기재사항(제543조 제2항)은 ① 목적·상호·사원의 성명 및 주소·본점의 소재지, ② 자본금의 총액(100원 이상으로 균일하여야 한다)(제546조 제1항), ③ 각 사원의 출자좌수이며, 상대적 기재사항으로는 현물출자·재산인수·설립비용의 3항목(제544조) 외에도 감사의 채용(제568조 제1항), 이익배당의 차별(제580조) 등을 들 수 있다. 이 밖에 유한회사의 본질이나 강행법규에 반하지 않는 한 회사의 조직과 운영에 관한 여타의 사항을 임의적 기재사항으로 정관에 기재할 수 있다.

2. 이사·감사의 선임

정관으로 이사를 정하지 아니한 때에는 각 사원이 회사성립 전에 사원총회를 소집하여 이를 선임하야야 한다(제547조). 감사는 임의기관이나 정관으로 정하지 아니한 때에는 이사의 경우와 같이 사원총회에서 선임한다(제568조, 제547조).

3. 출자의 이행

이사는 회사성립 전에 사원으로 하여금 출자전액의 납입 또는 현물출자의 목적인 재산전부의 급여를 시켜야 한다(제548조 제1항). 이 경우에도 등기·등록에 필요한 서류를 갖추어 교부하여야 한다(제548조 제2항, 제295조 제2항). 유한회사에서는 노무 또는 신용출자는 허용되지 않는다.

유한회사에서는 설립, 증자 및 조직변경시에 현물출자 기타 출자의 이행 및 그 정확성 여부에 관한 검사 내지 조사절차가 없는 대신 후술하는 바와 같이 사원, 이사, 감사 등에게 재산실가전보책임(제550조, 제593조, 제607조제4항) 및 출자미필액전보책임(제551조)를 지도록 하는 점이 특색이다.

4. 유한회사의 설립등기

출자의 이행이 끝나면 2주 내에 본점소재지에서 설립등기를 함으로써 회사가 성립한다(제549조, 제179조 제1호·제2호·제5호, 제181조~제183조, 제543조 제2항 제2호·제3호).

III. 유한회사 설립의 무효와 취소

유한회사의 설립하자에 관하여는 설립취소의 소를 제기할 수 있는 점을 제외하고는 주식회사의 경우와 거의 같다(제552조 제1항). 또한 유한회사의 설립무효·취소의 소에 있어서는 합명회사에 관한 규정(제184조 제2항, 제185조~제193조)이 준용된다(제552조 제2항).

IV. 유한회사 설립에 관한 책임

유한회사의 설립에 있어서는 그 절차의 간편성과 법적 감독의 관대성이 특색인데, 그 대신 사원·이사 및 감사에게 엄격한 자본충실책임을 지우고 있다. 이 밖에도 이들은 설립 중의 회사에 대하여 선량한 관리자의 주의의무를 지기 때문에 이 의무에 위반하면 회사에 대하여 손해배상책임을 짐은 당연하고, 제3자에 대하여 불법행위책임을 지는 경우도 있을 것이다.

1. 사원의 재산실가전보책임

현물출자 또는 재산인수의 목적인 재산의 회사설립 당시의 실가가 정관에 정한 가격에 현저하게 부족한 때에는 회사설립 당시의 사원은 회사에 대하여 그 부족액을 연대하여 지급할 책임이 있다(제550조 제1항). 특히 이 전보책임은 무과실책임이며, 절대적인 것으로 면제할 수도 없다(제550조 제2항).

2. 사원·이사 및 감사의 출자미필액전보책임

출자금액의 납입 또는 현물출자의 이행이 완료되지 아니하였음이 회사성립 후에 발견된 때에는 회사성립 당시의 사원은 이사·감사와 함께 회사에 대하여 그 미납금액이나 이행미필현물의 가액을 지급할 연대책임을 진다(제551조 제1항). 이 책임은 무과실책임이며, 이사·감사의 책임은 총사원의 동의로 면제할 수 있어도, 사원의 책임은 면제할 수 없다(제551조 제2항·제3항). 입법론으로는 유한회사의 인적회사성을 고려할 때 이사·감사의 책임도 면제할 수 없도록 하는 것이 바람직하다고 생각된다.

제3절 유한회사 사원의 지위

I. 유한회사 사원의 자격 및 원수

유한회사의 사원의 자격에는 별다른 제한이 없다. 따라서 자연인은 물론, 회사 기타 법인도 사원이 될 수 있고, 사원의 수도 제한이 없다.

Ⅱ. 유한회사 사원의 권리 · 의무

1. 사원의 권리

유한회사의 사원의 권리에는 주식회사의 주주의 권리와 같이 자익권과 공익권이 있다. 자익권으로는 이익배당청구권(제580조) · 잔여재산분배청구권(제612조) · 출자인수권(제588조) 등이 있으며, 공익권으로는 의결권(제575조) · 서류열람청구권(제566조 제3항, 제579조의 3 제2항, 제448조 제1항) · 각종의 소제기권(제552조, 제578조, 제595조, 제597조, 제603조, 제613조) 등 단독사원권과, 사원총회소집청구권(제572조) · 이사해임청구권(제567조, 제385조) · 회계장부열람권(제581조) · 업무재산상태감독권(제582조) · 청산인해임청구권(제613조 제2항, 제539조), 100분의 3 이상에 해당하는 출자좌수를 가진 사원에게 인정되는 이사의 위법행위유지청구권(제564조의2) 등의 소수사원권이 있다.

2. 사원의 의무

유한회사의 사원은 출자금액을 한도로 하는 간접유한책임을 지므로(제553조) 회사에 대한 재산출자의무가 있을 뿐이며, 추가출자의 의무는 없다. 사원의 책임은 정관 또는 총회의 결의로도 가중시킬 수 없다. 유한회사의 사원은 회사 성립 후 또는 자본증가의 효력발생 후에는 회사에 대하여 아무런 의무를 지지 않는다. 다만, 예외적으로 설립시나 증자시에 자본금전보책임을 지는 예외의 경우가 있을 뿐이다(제550조, 제551조, 제593조).

Ⅲ. 유한회사 사원의 지분

1. 지분의 의의

유한회사의 지분이란 사원이 회사에 대해 갖는 법률상의 지위를 말한다. 유한회사의 사원은 그 출자좌수에 따라 지분을 가진다(제554조). 그러나 유한회사의 폐쇄성으로 인하여 지분의 유가증권화는 인정하지 않는다. 따라서 출자증서는 발행할 수 있어도 지시식 또는 무기명식의 유가증권은 발행하지 못한다(제555조). 유한회사는 지분을 공유할 수 있다(제558조).

2. 지분의 양도

사원은 그 지분의 전부 또는 일부를 양도하거나 상속할 수 있다. 다만, 정관으로 지분의 양도를 제한할 수 있다(제556조) 그러나 상속인이 사원이 아니더라도 상속으로 인한 지분의 취득에 관하여는 이를 제한할 수 없다고 본다.

지분의 이전을 회사와 제3자에게 대항하려면 취득자의 성명·주소와 그 목적이 되는 출자좌수를 사원명부에 기재하여야 한다(제557조).

3. 지분의 입질

유한회사의 지분은 재산적 가치가 있으므로 질권의 목적이 될 수 있으나(제559조 제1항), 자기지분을 질권의 목적으로 받는 경우에는 총발행출자좌수의 20분의 1을 초과하지 못한다(제560조, 제341조의3). 입질의 제한과 대항요건에 관하여는 지분양도의 경우와 같고(제559조, 제556조, 제557조), 질권자의 지위는 주식의 경우와 같다(제560조 제1항, 제339조, 제340조 제1항·제2항).

제4절 유한회사의 관리

I. 서 론

유한회사에서는 회사의 관리를 위하여 기관과 계산을 동일한 절에서 규정하고 있다. 기관으로는 상설기관으로서 사원총회·이사·감사가 있고 임시기관으로서 검사인이 있다. 그러나 이사회제도가 채택되지 않았으므로 이사가 업무집행기관이고, 감사는 임의기관이란 점에서 주식회사의 경우와는 크게 다르다.

유한회사는 그 조직도 소규모로 간편하지만 물적회사란 점에서 주식회사와 공통점이 있으므로 주식회사의 계산관계규정을 대부분 준용하여 회사재산의 합리적 관리를 꾀하고 있다.

Ⅱ. 사원총회

1. 사원총회의 의의

사원총회는 회사의 의사를 결정하는 최고의 필요적 기관이다. 대체로 주주총회와 비슷하여 많은 규정이 준용되나, 소집 및 결의방법이 간단하고 권한에 제한이 없는 점에서 주주총회와는 다르다.

2. 사원총회의 소집

사원총회는 이사가 소집하는 것이 원칙이며, 임시총회만은 감사도 소집할 수 있다(제571조 제1항). 또 소수사원의 소집청구권이 예외적으로 인정되는 것은 주주총회의 경우와 같으나(제572조 제1항 · 제3항), 정관으로 다른 정함을 할 수 있는 점은 다르다(제572조 제2항).

사원총회를 소집 할 때에는 사원총회일의 1주일 전에 각 사원에 서면으로 통지서를 발송하거나 각 사원의 동의를 받아 전자문서로 통지서를 발송하여야 한다(제571조 제2항). 총사원의 동의가 있으면 소집절차 없이 총회를 열 수도 있다(제573조).

3. 의결권

사원은 출자 1좌 마다 1개의 의결권을 갖는 것이 원칙이나, 정관으로 의결권의 수에 관하여 다른 정함을 할 수 있다(제575조). 의결권의 대리행사(제368조 제3항) · 특별이해관계인의 의결권행사의 제한(제368조 제4항, 제371조 제2항) · 회사의 자기지분의 의결권의 휴지(제369조 제2항 · 제3항)등에 관하여는 주주총회의 경우와 같다(제578조).

4. 의사 · 결의

의사의 진행(제372조)과 의사록의 작성(제373조)에 관하여도 주주총회의 경우와 같다(제578조).

사원총회의 결의방법은 의결정족수에 따라 보통결의, 특별결의 및 총사원의 일치에 의한 결의로 나눌 수 있다. ① 보통결의는 총사원의 의결권의 과반수를 가지는 사원이 출석하고 그 의결권의 과반수로써 결의하되, 정관으로 달리 정할 수도 있다(제574조). ② 특별결의는 출자좌수와는 상관없이 사원의 수를 기준으로 총사원의 반수 이상이고, 동시에 총사원의 의결권 4분의 3 이상을 가지는 자의 동의로 결의한다(제585조 제1항). 이 경우에 의결권을 행사할 수 없는 사원은 이를 총사원의 수에 그 행사할 수 없는 의결권은 이를 의결권의 수에 각각 산입하지 아니 한다(제585조 제2항).

사원총회의 특별결의요건은 총사원의 반수 이상을 요구하면서 동시에 의결권 4분의 3이상의 동의를 요구한다는 점에서 주주총회의 특별결의 요건보다 가중되어 있다. 특별결의사항은 지분의 양도(제556조)·정관변경(제584조, 제585조)·영업양도 등과 사후설립(제576조)·회사의 해산(제609조 제2항)·회사의 계속(제610조) 등 상법이 규정하고 있다. ③ 총사원의 일치에 의한 결의가 필요한 경우로는, 출자미필액에 대한 이사·감사의 책임면제(제551조 제3항, 제594조 제3항), 사원총회의 소집절차생략(제573조) 및 서면결의에 대한 동의(제577조 제1항), 주식회사로의 조직변경(제607조 제1항) 등이 있다.

서면결의란 서면에 의한 찬부의 의사표시를 집계하여 회사의사를 결정하는 편법인데, 유한회사에서는 총사원의 동의가 있는 때에는 서면결의를 할 수 있는 점(제577조 제1항)이 특색이다. 뿐만 아니라 결의의 목적사항에 대하여 총사원이 서면으로 동의를 한 때에는 서면에 의한 결의가 있는 것으로 본다(제577조 제2항).

결의의 무효·취소·변경에 관하여는 주주총회에 관한 규정(제376조~제381조)이 준용된다(제578조).

Ⅲ. 이 사

1. 이사의 의의

유한회사의 이사는 회사의 업무를 집행하고 회사를 대표하는 필요상설기관이다. 유한회사의 이사는 이사회제도를 채택한 주식회사의 이사의 법적 지위와 달라서 각 이사가 독립된 업무집행기관이다. 그러나 상법은 주식회사의 이사에 관한 규정 제382조(회사와의 관계), 제385조(해임), 제386조(이사의 원수를 결한 경우), 제388조(보수), 제395조(표현대표이사의 행위와 회사의 책임), 제397조(경업금지), 제399조(회사에 대한 책임), 제400조(회사에 대한 책임의 면제), 제401조(제3자에 대한 책임), 제407조(직무집행정지, 직무대행자선임), 제408조(직무대행자의 권한)을 대부분 유한회사의 이사에 준용한다(제567조).

2. 이사의 선임 · 해임

이사는 사원총회에서 선임하나(제567조, 제382조 제1항), 초대이사는 정관으로 정할 수 있다(제547조). 이사의 자격 · 임기 · 인원수에는 제한이 없다. 이 밖에 이사의 해임 및 결원의 경우 등의 조치에 관해서는 주식회사의 이사에 관한 규정을 준용한다(제567조, 제385조).

3.이사의 직무 · 권한

이사는 업무집행기관이므로 각자가 업무집행을 하고 회사를 대표하는 것이 원칙이다. 그러나 이사가 수인인 경우에는 정관에 다른 정함이 없으면 사원총회에서 대표이사를 선정하여야 하며(제562조 제2항), 또 정관 또는 사원총회는 수인의 이사가 공동으로 회사를 대표할 것을 정할 수 있다(제562조 제3항). 이사와 회사간의 소송에 있어서도 사원총회가 그 소에 관하여 회사를 대표할 자를 선정하여야 한다(제563조).

이사가 수인인 경우에는 정관에 다른 정함이 없으면 회사의 업무집행, 지배인의 선인 · 해임과 지점의 설치 · 이전 또는 폐지는 이사 과반수의 결의에 의하여야 하고(제564조 제1항), 이사가 자기 또는 제3자의 계산으로 회사와 거래하는 경우에는 감사가 있으면 그 승인을 얻어야 하고, 감사가 없으면 사원총회의 승인결의가 있어야 한다(제564조 제3항). 표현대표이사의 행위에 관하여는 주식회사에 있어서의 표현대표이사의 행위에 대한 책임에 관한 규정이 준용된다(제567조, 제395조). 그리고 합명회사에 있어서의 대표사원의 대표권의 범위(제209조), 대표사원의 행위에 대한 사원 및 회사의 책임(제210조)에 관한 규정도 유한회사의 이사에게도 준용된다(제567조).

이사의 업무집행과 관련하여 법정된 중요한 직무는 정관·사원총회의 의사록·사원명부 등의 비치(제566조 제1항), 사원총회의 소집(제571조 제1항), 재무제표 등의 작성·비치·공시·제출·보고(제579조 제1항·제2항, 제579조의 2, 제579조의 3, 제583조, 제449조 제1항·제2항) 등이다.

4. 이사의 의무와 책임

이사는 선량한 관리자의 주의로써 회사의 업무를 집행하고 회사를 대표하여야 할 의무가 있다. 유한회사에는 이사회제도가 없으므로 사원총회의 승인을 받아서 경업을 할 수 있다(제567조, 제397조). 이사는 자기거래도 제한되나, 자기거래는 감사가 있는 때에는 감사의, 감사가 없는 때에는 사원총회의 승인을 받아야 한다(제564조 제3항).

유한회사의 이사의 회사에 대한 책임은 주식회사의 이사의 책임과 같다. 다만 자본충실책임에 있어서 이사는 회사설립시나 증자시 및 조직변경시에 납입담보책임·인수담보책임·출자미필액전보책임을 지게 되는데(제551조, 제594조, 제607조), 설립시 및 조직변경시에는 사원·감사와 더불어 지는 연대책임이다. 소수사원은 대표소송으로 이사의 책임을 추궁할 수 있고(제565조), 유지청구권도 있다(제564조의2).

Ⅳ. 감사 및 검사인

1. 감 사

유한회사의 감사도 회계감사뿐만 아니라 업무감사의 권한을 가지는 회사의 감사기관이다. 유한회사의 감사는 주식회사의 경우와 대체로 같으나(제570조), 다음과 같은 점이 다르다. 주식회사의 감사는 필요적 상설기관이나 유한회사의 감사는 임의기관에 불과하므로 회사의 형편에 따라 두어도 좋고 두지 않아도 위법이 아니다. 이 밖에도 ① 초대감사는 정관으로 정할 수 있는 점(제568조 제2항, 제547조), ② 해임의 소를 제기할 수 없는 점(제570조, 제385조 제1

항), ③ 임기의 제한이 없는 점, ④ 임시총회소집권(제571조 제1항, 제582조 제3항)이 있는 점, ⑤ 자본금전보책임(제551조, 제594조)이 있는 점 등이 다르다. 그 외에 사원총회에서 감사를 선임하는 점(제568조 제2항, 제570조, 제382조 제1항), 감사와 회사와의 관계(제382조 제2항), 총회의 결의에 의한 감사의 해임(제385조 제1항), 원수를 결한 경우 임무의 계속과 임시감사의 선임(제386조), 감사의 보수(제388조), 감사의 직무집행정지 및 직무대행자의 선임(제407조), 감사의 겸직금지(제411조) 등 주식회사의 감사에 관한 규정이 준용된다(제570조).

감사의 권한으로서 감사는 언제든지 회사의 업무와 재산상태를 조사할 수 있으므로 당연히 업무감사권과 회계감사권이 있고, 이사에 대하여 영업에 관한 보고를 요구할 수 있다(제569조). 주식회사의 감사는 주주총회 소집청구권이 있으나(제412조의3), 유한회사의 감사는 임시사원총회소집권(제571조 제1항 단서) 만이 있고, 이 밖에도 설립무효 및 증자무효의 소 제기권(제552조, 제595조), 이사의 자기거래에 대한 승인권(제564조 제3항) 등을 갖는다.

2. 검사인

검사인은 회사의 업무와 재산상태를 조사하는 임의기관으로서, 사원총회(제578조, 제367조)와 법원(제582조)이 선임할 수 있음은 주식회사의 경우와 같으나, 설립경과의 조사의무가 없는 점이 다르다.

V. 유한회사의 계산

회사의 합리적인 관리를 위하여 상법은 유한회사의 계산에 관하여 주식회사의 계산규정을 거의 다 준용하고 있다. 다만 유한회사의 폐쇄성이 반영되어 다음과 같은 특색을 나타내고 있다. 즉 대차대조표의 공고의무(제449조 제3항)에 관한 규정은 준용되지 않으며, 원칙으로 소수사원에게 부여된 회계장부와 서류의 열람권을 정관으로 각 사원에게 부여할 수 있다(제581조 제2항). 이익배당에 있어서도 그 기준은 각 사원의 출자좌수에 따르는 것이 원칙이나 정관으로 달리 정할 수도 있으며(제580조), 중간배당은 인정된다(제583조, 제462조의

3). 이 밖에 주식회사 특유의 주식배당제도(제462조의2)와 현물배당제도(제462조의4)는 없다. 그리고 유한회사의 폐쇄성으로 인해서 사채모집(제469조 이하)도 인정되지 않는다. 그리고 법정준비금제도는 유한회사에도 준용되지만(제583조, 제458조~제460조), 자본금전입에 관한 규정은 준용되지 않는다.

제5절 유한회사 정관의 변경

I. 서 설

정관변경은 사원총회의 특별결의에 의하여 할 수 있다(제584조, 제585조). 그런데 주식회사의 경우와는 달리 자본금이 정관의 절대적 기재사항이므로(제543조 제2항 제2호), 자본금의 증감은 정관변경의 한 경우가 된다. 따라서 유한회사에서는 자본금의 증가와 감소를 정관의 변경과 동일한 절에서 규정하고 있다.

II. 자본금의 증가

1. 자본금증가의 방법

유한회사에서는 사채를 발행할 수 없으므로, 자금조달책으로는 개별적인 소비대차에 의하든가 자본금을 증가할 수 밖에 없다. 자본금의 증가방법으로는 ① 출자좌수의 증가, ② 출자 1좌의 금액의 증가, ③ 양자의 병용의 세 가지가 있는데, 출자 1좌의 금액을 증가하는 데는 유한책임의 원칙의 예외에 속하므로 증자결의 이외에 총사원의 동의가 있어야 한다.

2. 자본금증가의 절차

(1) 사원총회의 결의

자본금을 증가하려면 정관변경에 필요한 사원총회의 특별결의(제585조)가 있어야 한다. 증가결의에서는 현물출자·재산인수 및 증자부분의 출자인수권에 관한 사항을 정할 수 있다(제586조).

(2) 출자의 인수

사원의 증가자본금에 대하여 그 지분에 따라 출자의 인수를 할 권리가 있다(제588조). 다만 예외적으로 정관 또는 증자결의에 의하여 지정인에게 인수권을 부여하는 경우(제586조 제3항)와 사원총회의 특별결의에 의하여 특정인에게 장래 출자인수권을 부여할 것을 약속하는 경우(제587조)에는 사원의 법정인수권이 배제된다.

주식회사의 경우와 다른 점은 제3자의 인수권에 관하여 정관에 미리 규정하지 않아도 되는 점, 인수인의 공모가 금지된 점(제589조 제2항), 증자액에 대한 출자 전좌(全座)의 인수가 있어야 하는 점 등이다.

인수는 요식행위이므로 서면에 인수할 출자의 좌수와 주소를 기재하고 기명날인 또는 서명을 하여야 한다(제589조 제1항).

(3) 출자의 이행

인수가 끝나면 이사는 인수인으로 하여금 출자전액의 납입 또는 현물출자의 목적재산 전부의 급여를 시켜야 한다(제596조, 제548조). 이 경우 인수인은 납입에 관하여 상계로써 회사에 대항하지 못한다(제596조, 제421조 제2항).

(4) 증자의 등기

출자의 이행이 끝나면 회사는 2주 내에 본점소재지에서 증자로 인한 변경등기를 하여야 하는데(제591조), 증자의 효력은 증자등기를 한 때에 발생한다(제592조). 다만 출자자는 출자이행기일로부터 이익배당에 관하여 사원과 동일한 권리를 가진다(제590조).

3. 자본금증가에 관한 책임

(1) 사원의 증자재산실가전보책임

현물출자와 재산인수의 목적인 재산의 증자결의 당시의 실가가 증자결의에 의하여 정한 가격에 현저하게 부족한 때에는 그 결의에 동의한 사원은 회사에 대하여 그 부족액을 지급할 연대책임을 진다(제593조 제1항). 이 책임은 총사원의 동의로도 면제할 수 없다(제593조 제2항, 제550조 제2항).

(2) 이사 · 감사의 증자미필액전보책임

이사와 감사는 증자 후 등기사항과 실제가 다를 경우에는 인수 · 납입 및 현물출자의 이행에 대한 담보책임을 진다(제594조 제1항, 제2항). 이 책임은 총사원의 동의가 있으면 면제할 수 있다(제594조 제3항, 제551조 제3항).

4. 사후증자

증자에 관한 규제가 엄격하여 탈법적 행위가 이루어질 수 있으므로 사후증자에 관하여도 규정을 하고있다. 즉 회사가 증자 후 2년 내에 증자 전부터 존재하는 재산으로서 영업을 위하여 계속 사용할 것을, 증자자본금의 20분의 1 이상에 상당한 대가로 취득하는 계약을 체결하는 경우에는, 사원총회의 특별결의가 있어야 한다(제596조, 제576조 제2항).

III. 자본금의 감소

자본금을 감소하려면 사원총회의 특별결의 · 채권자보호절차 · 감자의 실행절차를 거쳐(제597조, 제439조 제1항 · 제2항) 감자등기(제549조 제4항, 제183조)를 하여야 한다. 그러나 이 경우의 등기는 효력발생요건은 아니므로, 자본금감소의 효력은 감자의 실행절차가 종료된 때에 발생한다. 주식회사에서의 단주의 처리(제443조) 및 감자무효의 소(제445조, 제446조)에 관한 규정은 유한회사의 단주분의 처리 및 감자무효의 소에 준용된다(제597조).

Ⅳ. 증자·감자의 무효

증자·감자의 무효에 관하여도 주식회사의 경우와 거의 같고(제595조, 제597조), 다만 증자무효의 소에 있어서, 제소기간이 등기한 날로부터 6월인 점이 다르다(제595조 제1항).

제6절 유한회사의 해산과 청산

Ⅰ. 유한회사의 해산

유한회사의 해산원인은 ① 존립기간의 만료 기타 정관으로 정한 사유의 발생, ② 합병, ③ 파산, ④ 법원의 해산명령 또는 해산판결, ⑤ 총사원의 특별결의(해산결의)이다(제609조). ①~⑤의 사유로 해산한 때에는 사원총회의 특별결의로 회사를 계속할 수 있다(제610조 제1항). 이 경우 이미 해산등기를 한 후에는 회사계속의 등기를 하여야 한다(제611조).

Ⅱ. 유한회사의 청산

유한회사의 청산도 주식회사의 경우와 같이 임의청산은 인정되지 않고 법정청산만이 인정된다(제613조 참조). 다만 청산인회제도가 없으므로 청산인이 청산회사의 업무집행·대표기관이 되는 점이 주식회사의 경우와 다를 뿐이다. 청산중의 유한회사에 있어서는 이사가 청산인이 되지만 사원총회와 감사는 그대로 존손한다.

잔여재산의 분배는 정관의 규정에 의해서 하되, 별다른 규정이 없으면 각 사원의 출자좌수에 따라서 분배한다(제612조).

제7장 합자조합

제1절 총 설

2011년 개정상법은 새로운 기업형태로서 업무집행조합원과 유한책임조합원으로 구성되는 합자조합(Limited Partnership : LP)제도를 도입하였다. 그러나 모든 조합원이 조합의 채무에 대하여 무한책임을 지는 민법상의 조합과 다르다. 또한 이 제도는 주식회사와 조합의 장점을 살릴 수 있는 새로운 기업형태로 합자회사와 유사한 형태이지만 합자회사는 법인이고 유한책임사원은 원칙적으로 기업경영에 참여할 수 없는 것에 반해, 합자조합은 조합으로서 사적자치가 광범위하게 인정되어 유한책임조합원도 기업경영에 참여가 가능하다.

제2절 합자조합의 내용

I. 합자조합의 의의

합자조합은 업무집행조합원과 유한책임조합원이 영업을 위하여 상호출자하여 공동사업을 경영할 것을 약정함으로써 그 효력이 생긴다(제86조의2)

II. 합자조합의 설립

합자조합을 설립하려면 업무집행조합원이 될 자와 유한책임조합원이 될 자가 조합계약을 체결하고 총조합원이 기명날인 또는 서명하여야 하는데 조합계약은 다음의 사항을 기재하여야 한다(제86조의3) ① 목적, ② 명칭, ③ 업무집행조합원의 성명 또는 상호 및 주소, 주민등록번호, ④ 유한책임조합원의 성명 또는 상호 및 주소, 주민등록번호, ⑤ 주된 영업소의 소재지, ⑥ 조합원의 출자에 관한 사항, ⑦ 조합원에 대한 손익분배에 관한 사항, ⑧ 유한책임조합원의 지분의 양도에 관한 사항, ⑨ 수인의 업무집행조합원이 공동으로 합자조합의 업무를 집행하거나 대리할 것을 정한 때에는 그 규정, ⑩ 업무집행조합원 중 일부 업무집행조합원만 합자조합의 업무를 집행하거나 대리할 것을 정한 경우에는 그 규정, ⑪ 조합의 해산시 잔여재산분배에 관한 사항, ⑫ 조합의 존속기간 기타 해산사유에 관한 사항, ⑬ 조합계약의 작성연월일 등이다.

업무집행조합원은 합자조합 설립 후 2주내에 조합의 주된 영업소에서 다음의 사항을 등기하여야 한다. 즉 ① 상법 제86조의3 제1호 내지 제3호(제4호의 경우에는 유한책임조합원이 업무를 집행하는 경우에 한정한다), 제5호, 제9호, 제10호, 제12호, 제13호의 사항, ② 조합원의 출자 목적, 재산출자에는 그 가액과 이행한 부분, ③ 존속기간 기타 해산사유를 정한 경우에는 그 기간 또는 사유 등이다(제86조의4 제1항). 등기한 기재사항에 변경이 있을 때는 2주내에 변경등기를 하여야 한다(제86조의4 제2항).

III. 합자조합의 업무집행

업무집행조합원은 조합계약에 다른 규정이 없는 때에는 각자가 합자조합의 업무를 집행하고 대리할 권리와 의무가 있다(제86조의5 제1항). 그러나 조합계약으로 유한책임조합원에게 업무집행의 권리와 의무를 부과할 수 있다고 본다. 업무집행조합원은 선량한 관리자의 주의로써 업무를 집행하여야 한다(제86조의5 제2항). 이는 조합계약에 의하여 업무를 집행하는 유한책임조합원도 같다. 수인의 업무집행조합원이 있는 경우에 조합계약에 다른 정함이 없으면 그 각

업무집행조합원의 업무집행에 관한 행위에 대하여 다른 업무집행조합원의 이의가 있는 때에는 그 행위를 중지하고 업무집행조합원의 과반수의 결의에 의하여야 한다(제86조의5 제3항).

Ⅳ. 유한책임조합원의 책임

유한책임조합원은 조합계약에서 정한 출자가액에서 이미 이행한 부분을 공제한 가액을 한도로하여 조합채무를 변제할 책임이 있다(제86조의6 제1항). 이 경우에 유한책임조합원이 회사에 이익이 없음에도 불구하고 배당을 받은 때에는 그 금액은 변제책임을 정한 때에 변제책임의 한도액에 더한다(제86조의6 제2항).

Ⅴ. 조합원의 지분양도

업무집행조합원은 다른 조합원 전원의 동의를 얻지 아니하면 그 지분 전부 또는 일부를 타인에게 양도하지 못한다(제86조의7 제1항). 그러나 유한책임조합원의 지분은 조합계약에서 정한 바에 따라 양도할 수 있다(제86조의7 제2항). 유한책임조합원의 지분을 양수한 자는 양도인의 조합에 대한 권리의무를 승계한다(제86조의7 제3항).

제3절 준용규정

합자조합에 대하여 제182조 제1항, 제228조, 제253조, 제264조, 제285조를 준용한다(제86조의8 제1항). 업무집행조합원에대하여는 제183조의2, 제198조, 제199조, 제200조의2, 제208조 제2항, 제209조, 제212조 제287조를 준용한다. 다만, 제198조와 제199조는 조합계약에 다른 정함이 있는 경우에는 그러하지 아니한다(제86조의8 제2항). 제199조, 제272조, 제275조, 제277조, 제278조, 제283조, 제284조의 규정은 조합계약에 다른 규정이 없으면 유한책임조합원에 대하여 준용한다(제86조의8 제3항). 합자조합에 관하여 상법 또는 조합계약에서 다른 규정이 없으면 민법 중 조합에 관한 규정을 준용한다. 다만 민법 제712조, 제713조는 유한책임조합원에 대하여는 준용하지 아니한다(제86조의9).

제4절 과태료

합자조합의 업무집행조합원은 제86조의9에 따라 준용되는 제183조의2 또는 제253조에 따른 직무대행자 또는 청산인이 이 장(章)에 정한 등기를 게을리한 경우에는 500만원 이하의 과태료를 부과한다(제86조의9).

제8장 회사의 합병·분할과 조직변경

제1절 총 설

I. 회사의 구조변경

회사는 자본금의 증감 또는 정관의 변경에 따라서 그것이 회사의 규모의 축소이든 확대이든 간에 구조변경을 가져오게 마련이다. 그러나 이러한 변경은 어디까지나 회사의 내부적 조직의 변경에 그치므로 대외적 권리의무관계에 변동을 가져오지는 않는다.

대외적 권리·의무의 포괄적 승계에 의한 권리주체의 변동 또는 사원의 책임내용의 변동을 가져오는 구조변경으로는 회사의 합병·분할과 조직변경을 들 수 있다.

II. 회사의 합병·분할·조직변경의 경제적 효용

회사의 합병이나 조직변경은 기업유지의 이념을 구현하는 제도이다. 합병이나 조직변경이나 회사의 계속성이 있다는 점이 그 특색이다. 형식적으로는 해산을 하게 되나, 청산을 할 필요 없이 회사의 권리·의무가 당연히 승계되고 사원이 인계된다. 따라서 합병과 조직변경은 사실상의 합병이나 사실상의 조직변경에 따르는 절차의 번잡과 시간·노력·경비의 낭비를 피하고, 기존 회사의 명성과 고객관계의 확보까지도 할 수 있는 장점이 있다.

이에 대하여 회사의 분할은 기업의 해체와 재편성에 의하여 사업부문의 전문화를 기할 수 있으므로 이른바 구조조정의 한 수단이라고 할 수 있다. 합병과 분할을 비교하면 전자는 기업의 집중이고 후자는 그 분산이라는 차이가 있다. 하나의 기업이 수개 부문의 사업을 경영하는 경우, 각 부문의 사업을 분리하고, 분리된 사업을 별도의 한 회사가 전업으로 경영하게 되면 합병에서 나타나는 지나친 경업의 회피, 경영의 합리화, 기업의 집중, 시장의 독점이익의 확보 등의 경제상의 목적을 달성할 수 있게 되고, 장기적으로는 기업가치를 높이는 효과가 있게 된다.

제2절 회사의 합병

I. 회사합병의 의의와 성질

합병이란 당사회사의 일부 또는 전부가 경제적으로나 법률적으로 독립성을 잃고 합체가 되어 단일회사가 되는 가장 완전한 기업합동형태이다. 합병은 상법의 특별규정에 따라 청산절차를 거치지 않는 점에서, 해산·영업양도·사원수용 등의 방법에 의하는 사실상의 합병과 다르고, 사원은 수용하는 점에서 회사의 영업만을 양수하는 이른바 매수와도 구별된다. 또한 합병은 기업합동의 가장 완전한 형태이나, 수개의 기업이 법률상 각각 독립성을 보유하는 카르텔, 트러스트, 콘체른과도 구별된다.

합병에는 흡수합병과 신설합병의 두 가지 유형이 있다. 흡수합병은 당사회사 중 한 회사만이 존속하고 다른 회사는 해산하되, 존속회사가 해산하는 회사의 재산 및 사원을 수용하는 것이고, 신설합병은 당사회사가 모두 해산하고 동시에 신회사를 설립하되, 신설회사가 해산하는 회사의 재산 및 사원을 수용하는 것이다.

합병의 본질과 합병계약의 법적 성질에 관하여는 견해가 대립되어 있으나,

합병의 본질은 "2개 이상의 회사가 계약에 의하여 1개의 회사로 합동하는 효력을 발생하는 법률요건"이며, 그 합병계약의 법적 성질은 "일반사법상의 계약과 다른 일종의 특별한 사단법상의 계약"으로서 해산회사의 권리·의무의 포괄적 이전이라는 준물권적 효력이 발생한다(인격합일설지지).

Ⅱ. 회사합병의 자유와 제한

회사 간의 합병은 원칙으로 자유이나(제174조 제1항), 다음과 같은 제한이 있다. 합병을 하는 회사의 일방 또는 쌍방이 주식회사 또는 유한회사인 때에는 합병 후 존속하는 회사 도는 합병으로 인하여 설립되는 회사는 주식회사 또는 유한회사이어야 한다(제174조 제2항). 이것은 주식회사의 주주나 유한회사의 사원이 합병 또는 합자회사의 사원이 되어 제3자에 대하여 직접 유한 또는 무한책임을 지는 일이 없도록 하기 위한 것이다. 다만 그 회사가 주식회사이면 법원의 인가를 얻어야 한다(제600조 제1항). 이것은 회사합병이 유한회사 사원의 자본충실책임면탈 또는 주식회사에서 설립시 또는 신주발행시에 요구되는 엄격한 검사절차를 잠탈하기 위한 방편으로 악용되는 것을 방지하기 위한 것이다. 또 존속회사가 유한회사이면 소멸된 주식회사의 사채의 상환을 완료하여야 한다(제600조 제2항). 해산 후의 회사는 존립 중의 회사를 존속회사로 하는 경우에 한하여 합병할 수 있다(제174조 제3항).

한편 특별법상의 제한으로는 독점규제법상 거래의 객체별·단체별 또는 지역별로 경쟁관계에 있거나 경쟁관계가 성립될 수 있는 분야에 있는 기업 간의 합병은 금지된다(독점규제 및 공정거래에 관한 법률 제7조 제1항 제3호). 이들 기업 간의 합병은 사전에 공정거래위원회에 신고하여야 하며, 신고 후 30일이 경과하지 아니하면 합병할 수 없다(독점규제 및 공정거래에 관한 법률 제12조 제1항 제4호·제5항). 자본시장법에 의하면 주권상장법인은 다른 법인과 합병을 하려면 대통령령으로 정하는 요건·방법 등의 기준에 따라야 한다(자금 제165조의4 제1호) 은행·보험·신탁 등 특수업종에 종사하는 회사는 금융위원회 등 주무관청의 인가를 받아야 하고(은행법 제55조 제1항, 보험업법 제116조), 정리절차 중인 회사는 정리계획안에 의해서만 합병할 수 있다(채무자회생 및 파산에 관한 법률 제193조, 제210조, 제211조).

III. 회사합병의 절차

1. 합병계약

합병당사회사 간에 합병에 관한 합의, 즉 합병계약이 체결되면, 그 계약에 따라 합병절차가 진전된다. 합병계약은 요식행위는 아니다. 당사회사가 주식회사 또는 유한회사이거나 합병에 의하여 신설 또는 존속하는 회사가 주식회사일 경우에는 법정사항을 기재한 합병계약서를 작성하여야 한다(제522조 제1항, 제523조~제525조, 제603조).

합병계약은 단체법상의 특수한 채권계약이다. 이 채권계약의 성질에 관하여는 ① 합병계약은 가계약 또는 예약이라는 가계약설, ② 합병계약은 주주총회 또는 사원총회의 승인결의를 정지조건으로 하는 계약이라고 보는 정지조건설, 그리고 ③ 합병계약이란 독립계약이고 독자적으로 효력을 발생하여 승인결의 등과 같이 합병의 효력발생을 위한 법률요건의 하나로 보는 독립계약설 등으로 견해가 갈린다. 이 중 정지조건설이 우리나라의 다수설이다.

2. 합병계약서 등의 공시

물적 회사의 경우 합병계약이 체결되면 당사회사의 이사는 합병결의를 위한 총회 회일의 2주 전부터 합병을 한 날 이후 6월이 경과하는 날까지 합병계약서, 소멸회사의 주주에게 발행하는 주식의 배정에 관하여 그 이유를 기재한 서면, 각 회사의 최종의 대차대조표와 손익계산서를 본점에 비치하여야 한다(제522조의 2 제1항, 제603조). 또 사원 및 회사채권자는 영업시간 내에는 언제든지 위의 서류의 열람을 청구하거나, 소정의 비용을 지급하고 그 등본 또는 초본의 교부를 청구할 수 있다(제522조의2, 제603조).

3. 합병결의

합병계약이 체결되면 당사회사에서는 각각 합병결의를 하여야 한다. 이 결의는 합명회사와 합자회사에서는 총사원의 동의(제230조, 제269조), 주식회사에서는 주주총회의 특별결의(제522조), 유한회사에서는 사원총회의 특별결의(제598조)에 의하여야 한다. 당사회사 중 어느 회사에서 합병결의가 성립하지 못하는 경우에는 합병계약의 효력이 없어지고 다른 회사의 합병결의도 무효로 된다. 그러나 주식회사의 흡수합병의 경우 간이합병(제527조의 2)과 소규모합병(제527조의 3)에 있어서는 합병에 관한 주주총회의 특별결의가 생략된다.

(1) 간이합병

소멸회사의 총주주의 동의가 있거나, 소멸회사의 발행주식총수의 100분의 90 이상을 존속회사가 소유하고 있는 경우에는 소멸회사의 주주총회의 승인은 이를 이사회의 승인으로 갈음할 수 있다(제527조의2 제1항).

이 경우 소멸회사의 총주주의 동의가 있는 경우를 제외하고는 소멸회사는 합병계약서를 작성한 날로부터 2주 내에 주주총회의 승인을 얻지 아니하고 합병을 한다는 뜻을 공고하거나 주주에게 통지하여야 한다(제527조의2 제2항).

(2) 소규모합병

존속회사가 합병으로 인하여 발행하는 신주의 총수가 그 회사의 발행주식총수의 100분의 10을 초과하지 아니하는 경우에는 존속회사의 주주총회의 승인은 이를 이사회 승인으로 갈음할 수 있다(제527조의3 제1항 본문). 다만 소멸회사의 주주에게 지급할 금액을 정한 경우에 그 금액이 존속회사의 최종 대차대조표상으로 현존하는 순자산액의 100분의 5를 초과하는 때에는 주주총회의 특별결의를 거쳐야 한다(제527조의3 제1항 단서).

이 경우 존속회사의 합병계약서에 주주총회의 승인을 얻지 아니하고 합병한다는 뜻을 기재하여야 하고(제527조의3 제2항), 존속회사는 합병계약서를 작성한 날로부터 2주 내에 소멸회사의 상호 및 본점소재지, 합병을 할 날, 주주총회의 승인을 얻지 아니하고 합병한다는 뜻을 공고하거나 주주에게 통지하여야 한다(제527조의3 제3항). 합병 후 존속회사의 발행주식총수의 100분의 20 이상에 해당하는 주식을 소유하는 주주가 이러한 공고 또는 통지를 한 날로부터 2주 내에 회사에 대하여 서면으로 소규모합병에 반대하는 의사를 통지한 때에는 소규모합병을 할 수 없고 주주총회의 결의를 거쳐야 한다(제527조의 3 제4항).

(3) 삼각합병

삼각합병은 회사법상 개념과 세법상 개념으로 나눌 수 있다. 2011년 개정상법에 도입된 삼각합병(triangular merger)을 소개하면 다음과 같다. 즉, 회사법상의 삼각합병이란 회사의 흡수합병시 소멸회사의 주주에 대해서 합병대가로써 존속회사의 모회사 주식이 교부되는 경우를 말한다. 예를 들면, P사가 모회사인 자회사 S사가 존속회사가 되어, T사를 소멸회사로 하는 흡수합병이 있는 경우, 그 대가로 T사 주주에게 P사 주식이 교부되는 것을 가리킨다(이를 '정삼각합병'(forward triangular merger)이라 한다). 한편 이와는 달리 S사를 소멸회사로 하고 T사를 존속회사로써 P사 주식을 교부하는 것을 '역삼각합병'(reverse triangular merger)이라고 한다. 따라서 개정상법은 "상법 제342조의2(자회사에 의한 모회사 주식취득 금지)에도 불구하고 제523조(흡수합병계약서) 제4호에 따라 소멸하는 회사의 주주에게 제공하는 재산이 존속하는 회사의 모회사주식을 포함하는 경우에는 존속회사는 그 지급을 위하여 모회사의 주식을 취득할 수 있다." 라고 규정하고 있다. 이러한 규정은 합병대가를 보다 유연하게 제공할 수 있도록 흡수합병의 존속회사는 그 대가를 전부 또는 일부를 금전이나 기타 재산으로 제공할 수 있도록 개정하였다. 따라서 우리나라에서도 삼각합병의 활용이 가능하게 되었다.

〈정삼각합병〉

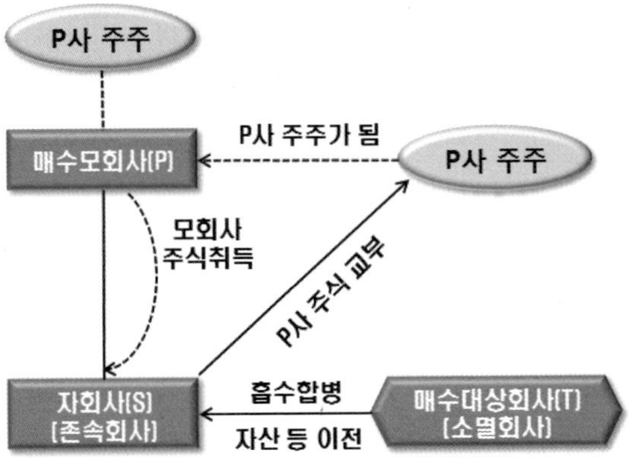

〈역삼각합병〉

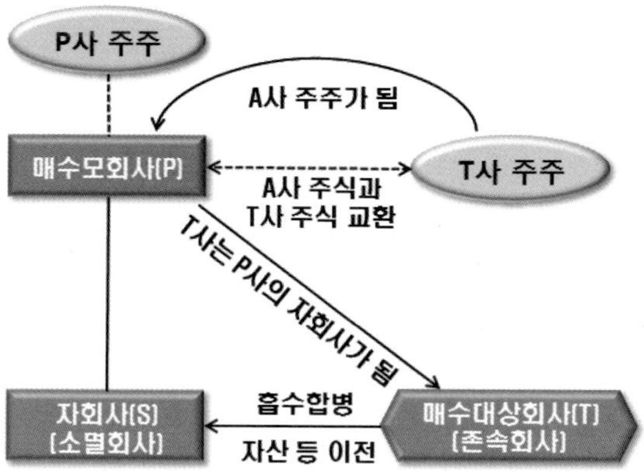

참고로 일본의 경우에도 회사법 제정 전의 통설은 합병대가로써 존속회사주식 이외의 재산을 교부하는 것을 인정하지 않았으나, 회사법에서는 명문으로 이를 인정하여 존속회사 주식 이외의 금전 등을 합병대가로 하는 것이 가능해졌다(이른바 '합병대가의 유연화'라 한다).

4. 합병반대주주의 주식매수청구권

주식회사의 경우 합병결의사항에 관하여 이사회 결의가 있는 때에는 그 결의에 반대하는 주주는 주주총회 전에 회사에 대하여 그 반대의사를 서면통지한 경우에는, 그 총회의 결의일부터 20일 내에 회사에 대하여 자기가 소유하고 있는 주식의 매수를 서면으로 청구할 수 있다(제522조의3 제1항). 주식매수청구권의 행사에 관한 처리방법은 영업양도 등에 반대하는 주주의 주식매수청구의 경우와 같다(제530조 제2항, 제374조의2 제2항~제5항).

그러나 간이합병의 경우에는 소멸회사가 주주총회의 승인을 얻지 아니하고 합병한다는 뜻을 공고하거나 주주에게 통지한 날로부터 2주 내에 회사에 대하여 그 반대의사를 서면통지한 주주는 그 2주가 경과한 날로부터 20일 이내에 회사에 대하여 주식매수청구를 할 수 있다(제522조의3 제2항). 다만 소규모합병의 경우에는 존속회사의 주주의 주식매수청구권은 인정되지 아니한다(제527조의3 제5항).

5. 회사채권자의 보호절차

합병은 당사회사의 채권자의 이익에 중대한 영향을 미치므로 채권자에게 이의권을 인정하여 보호하고 있다(제232조, 제269조, 제527조의5, 제603조). 회사채권자보호절차에 위반하면 합병을 승인하지 아니한 채권자는 합병무효의 소를 제기할 수 있고(제529조), 또한 과태료의 제재를 받게 된다(제635조 제1항 제14호).

6. 기타의 절차

(1) 회사의 설립

신설합병의 경우 정관의 작성 기타 설립에 관한 행위는 각 회사에서 합병결의와 동일한 방법에 의하여 선임한 설립위원이 공동으로 하여야 한다(제175조).

(2) 보고총회 · 창립총회

신설회사 또는 존속회사가 주식회사이거나 유한회사인 때에는 신설회사의 설립위원 또는 존속회사의 이사는 합병절차가 완료된 후 지체 없이 창립총회 또는 사원총회를 소집하고 합병에 관한 사항을 보고하여야 한다(제526조, 제527조, 제603조).

그러나 주식회사에 있어서는 흡수합병의 경우 뿐 만 아니라 신설합병의 경우에도 이사회의 결의로 보고사항을 공고함으로써 총회의 보고에 갈음할 수 있다(제526조 제3항, 제527조 제4항).

(3) 합병에 관한 서류의 사후공시

주식회사의 경우에는 합병을 한 후 이사는 채권자보호절차의 경과, 합병을 한 날, 소멸회사로부터 승계한 재산의 가액과 채무액 기타 합병에 관한 사항을 기재한 서면을 합병을 한 날로부터 6월간 본점에 비치하여야 한다(제527조의6 제1항). 주주 및 회사채권자는 영업시간 내에는 언제든지 위의 서류의 열람을 청구하거나, 그 등본 또는 초본의 교부를 청구할 수 있다(제527조의6 제2항, 제522

조의2 제2항).

7. 합병등기

회사의 합병이 실현되면 본점소재지에서는 2주 내, 지점소재지에서는 3주 내에, 존속회사는 변경등기, 소멸회사는 해산등기, 신설회사는 설립등기를 하여야 한다(제233조, 제269조, 제528조 제1항, 제602조). 이 등기는 합병의 효력발생요건이다(제234조, 제269조, 제530조 제2항, 제603조).

Ⅳ. 회사합병의 효과

1. 회사의 소멸

존속회사를 제외하고 당사회사는 소멸한다(제227조 제4호, 제269조, 제287조의38, 제517조 제1호, 제609조 제1항 제1호). 합병이 해산사유로 되어 있으나, 청산절차를 거치지 않고 합병과 동시에 소멸하는 것이다.

2. 회사의 설립 또는 정관변경

신설합병의 경우에는 회사가 신설되고, 흡수합병의 경우에는 존속회사가 정관변경이 생긴다.

3. 사원의 수용

소멸회사의 사원은 존속회사 또는 신설회사의 사원이 된다. 다만 주식매수청구권을 행사한 주주는 그러하지 아니하다. 사원의 지위는 존속회사 또는 신설회사의 종류, 그리고 합병계약의 내용에 따라 정해진다.

4. 권리의무의 포괄적 이전

존속회사 또는 신설회사는 소멸회사의 권리의무를 포괄적으로 승계한다. 공법상의 권리·의무도 마찬가지이다. 따라서 개별적인 이전행위는 필요가 없고,

제3자에 대한 대항요건을 갖추면 된다. 기명주식은 주주권을 행사하려면 회사에 대한 대항요건으로서 명의개서를 하여야 한다.

5. 이사·감사의 임기

주식회사에 있어서 흡수합병의 보고총회는 이사회의 결의에 의한 보고사항의 공고로써 갈음하여 생략할 수 있다. 이 경우 이사·감사의 선임이 불가능하게 되는 점을 감안하여 1998년 개정상법은 존속회사 또는 신설회사의 이사 및 감사로서 합병 전에 취임한 자는 합병계약서에 다른 정함이 있는 경우를 제외하고는 합병 후 최초로 도래하는 결산기의 정기총회가 종료하는 때까지 그 임기가 연장되도록 규정하였다(제527조의4 제1항).

6. 소송절차의 중단

합병으로 인하여 당사자인 법인이 소멸된 때에는 소송절차가 중단된다. 이 경우에는 합병에 의하여 설립된 법인 또는 합병한 뒤의 존속법인이 소송절차를 수계(受繼)하여야 한다(민사소송법 제234조).

V. 회사합병의 무효

1. 무효의 원인

합병이 합병을 제한하는 법규정에 위반한 경우, 합병계약서에 하자가 있는 경우, 합병결의에 하자가 있는 경우, 그리고 채권자보호절차를 위반한 경우 등 합병절차에 하자가 있으면 합병무효의 소를 제기할 수 있다.

2. 합병무효의 소

합병의 무효는 소에 의해서만 주장할 수 있다. 사원·이사·감사·청산인·파산관재인 또는 합병불승인채권자는 합병등기가 있는 날로부터 6월 내에 본점 소재지의 지방법원에 합병무효의 소를 제기할 수 있다(제236조, 제240조, 제

186조, 제269조, 제529조, 제530조 제2항, 제603조). 독점규제와 공정거래에 관한 법률을 위반하여 합병된 때에는 공정거래위원회가 합병무효의 소를 제기한다(동법 제16조 제2항). 소의 전속관할·소제기의 공고·소의 병합심리·법원의 재량권 등은 설립무효의 경우와 같다(제240조, 제269조, 제530조 제2항, 제603조).

3. 합병무효판결의 효과

합병무효의 판결이 확정되면 합병 전의 당사회사로 환원하게 되므로, 본·지점의 소재지에서 존속회사는 변경등기, 신설회사는 해산등기, 소멸회사는 회복등기를 하여야 한다(제238조, 제269조, 제530조 제2항, 제603조). 합병무효판결은 대세적 효력이 있어서 당사자 이외의 제3자에게도 그 효력이 미치나(제240조, 제190조 본문, 제269조, 제530조 제2항, 제603조), 판결의 확정 전에 생긴 회사와 사원 및 제3자간의 권리·의무에는 영향을 미치지 아니한다(제240조, 제190조 단서, 제269조, 제530조 제2항, 제603조). 따라서 합병 후 무효판결확정시까지의 이익배당·지분 또는 주식의 양도·회사와 제3자 간의 거래 등은 모두 유효하다.

합병 후 무효판결확정시까지 존속회사 또는 신설회사가 부담한 채무와 취득한 재산의 처리가 문제되나, 상법은 그 조정규정을 두고 있다. 즉 존속회사 또는 신설회사가 합병 후 부담한 채무에 대하여는 합병당사회사가 연대하여 변제할 책임을 지고, 취득한 재산은 합병당사회사의 공유로 하며, 이 경우에 당사회사의 협의로 그 부담부분 또는 지분을 정하지 못한 때에는 법원이 그 청구에 의하여 합병 당시의 각 회사의 재산상태 기타의 사정을 참작하여 이를 정한다(제239조, 제269조, 제530조 제2항, 제603조).

원고가 패소한 경우 악의 또는 중대한 과실이 있으면 회사에 대하여 연대하여 손해를 배상할 책임을 진다(제240조, 제191조, 제269조, 제530조 제2항, 제603조).

제3절 회사의 분할

Ⅰ. 회사분할의 의의

회사분할이라 함은 회사가 분할에 의하여 1개 또는 수개의 회사를 설립(단순분할)하거나, 분할하여 1개 또는 수개의 존립중의 회사와의 합병(분할합병)하고(물적분할), 신설된 회사 또는 존립중인 회사의 주식이 분할된 회사의 출자자(주주)에게 귀속하되(인적분할) 해산하는 회사는 청산을 요하지 아니하는 회사법상의 절차를 말한다(제530조의2 제1항, 제2항). 우리 상법은 그동안 회사의 합병에 관하여는 규정을 두고 있으면서 분할에 관하여는 직접적인 아무런 규정이 없었는데, 1998년 개정상법에서 기업구조조정을 지원하기 위하여 회사분할제도를 도입하였다.

회사분할은 ① 일반적으로 기업의 규모가 비대한 회사가 영업부문별 또는 지역별로 분할하여 적절한 경영규모로 조절하려는 경우, ② 채산이 부진한 사업부문을 분리하여 별개의 독립회사로서 자조적으로 운영하게 함으로써 경영의 효율화를 기하려는 경우, ③ 신규사업을 개시하는 경우의 위험부담을 자회사를 통하여 회피하고자 하는 경우, ④ 이익을 분산하여 절세의 효과를 기하려는 경우, ⑤ 임원 자리의 증설 내지 인사재배치 등의 노무관리상의 필요가 있는 경우 등에 이용된다.

Ⅱ. 회사의 분할에 관한 입법례

회사의 분할에 관한 외국의 입법례는 1966년의 프랑스상사회사법을 들 수 있으며, 동법 제371조 제2항과 제3항에 회사를 분할할 수 있음을 규정하고 그 이하에 이에 관한 여러 규정을 두고 있다. 프랑스상사회사법은 EU 분할지침에 따라 1988. 1. 5. 법률 제88-17호에 의하여 개정된 바 있다. 영국에서는 1987년 회사법개정규칙으로, 독일은 1995년 사업재편법의 개정으로 회사의 분할을 입법화하였다. 미국에서는 1924년 연방내국세입법상 회사분할의 경우 세제상의 혜택을 주는 제도를 마련해 두고 있다. 한편 일본에서는 1997년 합병법제의 합리화를 위한 상법의 개정이 이루어졌고, 1999년에는 지주회사의 설립을 위한 주식의 교환 및 이전제도의 도입을 위해 상법을 개정하였으며, 뒤이어 2000년 4월 상법개정을 통하여 비로소 회사의 분할제도를 도입하였다.

III. 분할의 유형

1. 회사분할방법의 분류

(1) 완전분할과 불완전분할

회사분할은 피분할회사가 분할에 의하여 1개 또는 수개의 새로운 회사를 설립하면서(제530조의2 제1항), 피분할회사가 분할 후 존속 또는 소멸하느냐의 여부에 따른 분류이며, 소멸하는 경우는 완전분할이 되고 분할 후에도 존속하는 경우는 불완전분할이 된다.

(2) 단순분할과 분할합병

분할당사회사가 단수인가 또는 복수인가에 따른 구분이다. 단수인 경우는 단순분할이고, 복수인 경우는 분할합병이 된다. 즉 단순분할의 경우에는 피분할회사인 단일회사가 분할하여 독자적으로 신회사를 설립하는 경우이지만, 분할합병의 경우에는 피분할회사가 분할하면서 다른 회사와 결합하는 경우이므로 2이상의 회사간의 계약에 의하여 절차가 이루어진다.

(3) 물적분할과 인적분할

회사분할의 범위에 따른 분류이다. 재산적 분할에 그치는 경우는 물적분할이고 피분할회사의 출자자(주주)에게 분할의 효력이 미치는 경우는 인적분할이다. 상법상의 회사분할의 개념은 인적분할을 요소로 하고 있으며, 물적분할만의 경우는 예외로 취급하고 있다(제530조의12).

2. 완전분할(소멸분할)

피분할회사가 소멸하는 분할형태에는 다음과 같은 유형이 있다.

(1) 단순분할(소멸신설분할)

피분할회사가 해산하고 그 분할재산에 의하여 A회사 및 B회사를 새로이 설립하는 경우이다(신설분할). 이 경우에는 신설되는 회사는 2개사 이상이라야 한다. 분할 후에는 피분할회사의 주주는 신설되는 A회사 및 B회사의 주주가 되는 것이다.

(2) 분할합병

1) 소멸흡수분할(소멸분할합병)

피분할회사가 해산하고 그 분할재산에 의하여 존속중인 기존회사들에 출자하는 경우이다. 이 경우에도 출자받는 회사는 2개사 이상이라야 한다. 존속중인 기존회사는 피분할회사의 분할에 의한 재산의 출자를 받고 그에 상응하는 자본금증가를 하며 이 경우의 신주는 피분할회사의 주주에게 배정된다.

2) 소멸혼합분할

피분할회사가 해산하고 그 분할출자에 의하여 존속중인 기존회사에 일부출자를 하고 나머지 재산으로 다른 회사를 신설하는 방법이다(제530조의2 제3항). 즉 피분할회사가 동시에 기존회사와 신설회사로 분할되는 것이다.

3. 불완전분할(존속분할)

피분할회사가 존속하는 경우(존속분할), 즉 불완전분할은 일부분할 또는 분리라고도 한다. 존속분할의 법제도가 없는 경우에는 영업양도, 현물출자 또는 사후설립 등의 방법을 이용하지 않을 수 없으나 이러한 경우에 관하여는 문제점이 지적되고 있다. 불완전분할에도 단순분할과 분할합병이 있다.

Ⅳ. 회사분할의 제한

회사분할은 주식회사에 대해서만 인정되고, 합명회사·합자회사·유한회사에 대해서는 인정되지 아니한다. 해산 후의 회사는 존립 중의 회사를 존속하는 회사로 하거나 새로 회사를 설립하는 경우에 한하여 분할 또는 분할합병할 수 있다(제530조의2 제4항).

주주가 1인인 1인회사라도 분할할 수 있다. 1인회사라도 여러 종목의 영업이 있거나 가족간의 재산분산 내지 상속을 위하여 회사의 분할을 이용할 수 있다.

Ⅴ. 회사분할의 절차

1. 분할계획서 또는 분할합병계약서의 작성

회사의 분할은 단순분할의 경우 분할되는 회사의 분할계획서 작성, 분할합병의 경우에는 분할합병 당사회사 간의 분할합병계약서 작성으로부터 진행된다. 단순분할의 경우 분할당사회사가 1개이므로 분할합병계약서제도를 채택할 수 없기 때문이다. 분할계획서 또는 분할합병계약서에는 법정사항을 기재하여야 한다(제530조의5, 제530조의6).

2. 분할계획서 등의 공시

분할되는 회사의 이사는 분할승인을 위한 주주총회의 회일의 2주 전부터 분할등기를 한 날 또는 분할합병을 한 날 이후 6월간 ① 분할계획서 또는 분할합병계약서, ② 분할되는 부분의 대차대조표, ③ 분할합병의 경우 분할합병의 상대방회사의 대차대조표, ④ 분할되는 회사의 주주에게 발행할 주식의 배정에 관하여 그 이유를 기재한 서면을 본점에 비치하여야 하며(제530조의7 제1항), 분할합병의 상대방회사의 이사는 분할합병승인을 위한 주주총회의 회일의 2주 전부터 분할합병의 등기를 한 후 6월간 ① 분할합병계약서, ② 분할되는 회사의 분할되는 부분의 대차대조표, ③ 분할되는 회사의 주주에게 발행할 주식의 배정에 관하여 그 이유를 기재한 서면을 본점에 비치하여야 한다(제530조의7

제2항). 주주 및 회사채권자는 영업시간 내에는 언제든지 위 서류의 열람을 청구하거나, 소정의 비용을 지급하고 그 등본 또는 초본의 교부를 청구할 수 있다(제530조의7 제3항, 제522조의2 제2항).

3. 주주총회의 분할결의

회사가 분할 또는 분할합병을 함에는 분할계획서 또는 분할합병계약서를 작성하여 주주총회의 특별결의에 의한 승인을 얻어야 한다(제530조의3 제1항·제2항, 제434조). 분할 또는 분할합병의 승인을 위한 주주총회의 소집의 통지와 공고에는 분할계획 또는 분할합병계약의 요령을 기재하여야 한다(제530조의3 제4항). 분할 또는 분할합병 승인을 위한 주주총회의 결의에는 의결권없는 주식을 소유한 주주도 의결권이 있다(제530조의3 제3항). 또한 회사가 종류주식을 발행한 경우에 분할 또는 분할합병으로 인하여 어느 종류의 주주에게 손해를 미치게 되는 때에는 그 종류의 주주총회의 결의가 있어야 하며(제435조, 제436조), 분할 또는 분할합병으로 인하여 분할 또는 분할합병에 관련되는 각 회사의 주주의 부담이 가중되는 경우에는 주주총회 및 종류주주총회의 결의 외에 그 주주 전원의 동의가 있어야 한다(제530조의 3 제6항). 분할합병의 경우에도 간이합병(제527조의2), 소규모합병(제527조의3)에 관한 규정이 준용되므로 분할결의를 위한 주주총회의 승인결의는 생략된다(제530조의11 제2항).

분할합병의 경우에 분할합병에 반대하는 주주는 합병의 경우와 마찬가지로 주식매수청구권을 행사할 수 있으나(제530조의11 제2항, 제522조의3), 단순분할의 경우에는 주식매수청구권이 인정되지 않는다.

4. 회사채권자 보호절차

분할은 분할되는 회사, 분할합병 후의 회사의 채권자의 이익에 중대한 영향을 미치므로 합병에서의 경우와 같이 채권자에게 이의권을 인정하여 보호하고 있다(제530조의9 제4항, 제530조의11 제2항, 제527조의5, 제232조 제2항·제3항). 다만 분할로 인하여 설립되는 회사가 분할 전의 회사채무에 관하여 연대하여 책임을 부담하는 경우에는 채권자의 이의권이 인정되지 아니한다(제530조의9 제

4항 참조).

5. 기타 절차

회사의 분할에 의한 회사설립에 관하여는 상법 제3편 제4장 제1절의 주식회사의 설립에 관한 규정이 준용되며(제530조의4 제1항), 분할 또는 분할합병에 따라 주식분할, 주식병합, 단주처리가 필요한 때에도 상법상의 해당규정이 준용된다(제530조의11 제1항, 제329조의2, 제440조 내지 제444조). 다만 분할에 의하여 설립되는 회사는 분할되는 회사의 출자만으로도 설립할 수 있으며, 이 경우 분할되는 회사의 주주에게 그 주주가 가지는 그 회사의 주식의 비율에 따라서 설립되는 회사의 주식이 발행되는 때에는 변태설립사항에 관한 검사인 등의 조사·보고절차를 거치지 아니한다(제530조의4 제2항).

분할 또는 분할합병으로 인하여 설립되는 회사의 창립총회에 대하여는 신설합병의 경우의 창립총회에 관한 규정이 준용되고(제530조의11 제1항 본문, 제527조), 분할합병의 상대방회사의 보고총회에 관하여는 흡수합병의 경우의 보고총회에 관한 규정이 준용된다(제530조의 11 제1항 본문, 제526조). 따라서 창립총회 또는 보고총회에 대한 보고는 이사회의 공고로 이를 갈음할 수 있다. 다만 분할의 경우에는 설립위원이 존재하지 않으므로 대표이사가 설립사무를 담당한다(제530조의11 제1항 단서).

6. 분할등기

회사의 분할이 실현되면 본점소재지에는 2주 내, 지점소재지에는 3주 내에 분할 후 존속하는 회사에 있어서는 변경등기, 분할로 인하여 소멸하는 회사에 있어서는 해산등기, 분할에 따라 설립되는 회사에 있어서는 설립등기를 하여야 한다(제530조의11 제1항 본문, 제528조 제1항). 이 등기는 분할의 효력발생요건이다(제530조의11 제1항 본문, 제234조).

분할 또는 분할합병 후 존속하는 회사 또는 설립되는 회사가 분할 또는 분할합병으로 인하여 전환사채 또는 신주인수권부사채를 승계하는 때에는 분할등기와 동시에 사채의 등기를 하여야 한다(제530조의11 제1항 본문, 제528조

제2항).

VI. 회사분할의 효과

1. 회사의 소멸

완전분할의 경우 분할되는 회사는 소멸한다(제517조 제1호의2). 분할 또는 분할합병이 해산사유로 되어 있으나, 청산절차를 거치지 아니하고 분할 또는 분할합병과 동시에 소멸하는 것은 합병의 경우와 같다.

2. 회사의 설립 또는 정관변경

단순분할, 신설분할합병의 경우 분할 또는 분할합병으로 인하여 회사가 설립되고, 불완전분할의 경우의 존속회사와 흡수분할합병의 경우에는 존속회사에 정관변경이 생긴다.

3. 주주의 수용

분할로 인하여 설립되는 회사 또는 존속하는 회사가 분할 또는 분할합병으로 인하여 발행하는 주식은 원칙적으로 분할되는 회사의 주주에 대하여 발행하므로 분할되는 회사의 주주는 분할 또는 분할합병 후 설립되는 회사 또는 존속되는 회사의 주주로 된다. 그러나 분할되는 회사가 분할로 인하여 설립되는 회사 또는 분할 후 존속하는 회사의 주식의 총수를 취득하는 경우(물적 분할)에는 주주의 수용이 없다. 다만 물적 분할의 경우에도 분할 또는 분할합병에 관한 규정이 준용된다(제530조의12).

분할되는 회사의 주주에 대하여는 분할계획서 또는 분할합병계약서에서 정하는 경우 분할·분할합병교부금이 지급된다(제530조의5 제1항 제5호, 제530조의6 제1항 제4호).

4. 권리의무의 포괄적 이전

분할 또는 분할합병으로 인하여 설립되는 회사 또는 존속하는 회사는 분할하는 회사의 권리와 의무를 분할계획서 또는 분할합병계약서가 정하는 바에 따라 포괄승계한다(제530조의 10). 따라서 합병의 경우와 같이 개별적인 이전행위는 필요가 없고, 제3자에 대한 대항요건을 갖추면 된다.

5. 분할후의 회사의 책임

분할 또는 분할합병으로 인하여 설립되는 회사 또는 존속하는 회사는 분할 또는 분할합병 전의 회사의 채무에 관하여 연대하여 변제할 책임이 있다(제530조의9 제1항). 다만 분할되는 회사가 주주총회의 특별결의로 분할에 의하여 회사를 설립하는 경우에는 설립되는 회사가 분할되는 회사의 채무 중에서 출자한 재산에 관한 채무만을 부담할 것을 정할 수 있다. 이 경우에는 분할되는 회사가 분할 후에 존속하는 때에는 분할로 인하여 설립되는 회사가 부담하지 아니하는 채무만을 부담한다(제530조의9 제2항). 그리고 분할합병의 경우에는 분할되는 회사는 주주총회의 특별결의로 분할합병에 따른 출자를 받는 존립 중의 회사가 분할되는 회사의 채무 중에서 출자한 재산에 관한 채무만을 부담할 것을 정할 수 있다. 이 경우에도 분할되는 회사가 분할 후 존속하는 때에는 분할로 인하여 설립되는 회사가 부담하지 아니하는 채무만을 부담한다(제530조의9 제3항).

6. 회사분할에 관한 계산

분할 또는 분할합병에 따른 신설회사 또는 분할합병의 상대방회사가 영업권을 취득한 경우에는 그 취득가액을 대차대조표의 자산의 부에 계상할 수 있으며, 이 경우에는 설립등기 또는 분할합병의 등기를 한 후 5년 내의 매결산기에 균등액 이상을 상각하여야 한다(제530조의8).

그리고 분할 또는 분할합병으로 인하여 발생한 잉여금(분할잉여금)은 합병잉여금과 마찬가지로 자본준비금으로 적립된다(제459조 제1항). 다만 분할잉여금 중 분할되는 회사의 이익준비금 기타 법정준비금은 분할 또는 분할합병

후 존속 또는 설립되는 회사가 이를 승계할 수 있다. 분할잉여금의 승계에 관한 사항은 분할계획서 또는 분할합병계약서에 기재하여야 한다(제530조의5 제1항 제6호, 제530조의6 제1항 제5호·제2항 제1호).

Ⅶ. 회사분할의 무효

1. 무효의 원인

분할이 분할을 제한하는 법규정에 위반한 경우, 분할계획서 또는 분할합병계약서에 하자가 있는 경우, 분할결의에 하자가 있는 경우, 그리고 채권자보호절차에 위반한 경우 등 분할절차에 하자가 있으면 분할무효의 소를 제기할 수 있다(제530조의11 제1항 본문, 제529조 제1항).

2. 분할무효의 소

분할의 무효는 소에 의해서만 주장할 수 있다. 주주·이사·감사·청산인 또는 분할불승인채권자는 분할등기가 있은 날로부터 6월 내에 본점소재지의 지방법원에 분할무효의 소를 제기할 수 있다(제530조의11 제1항 본문, 제529조 제2항, 제528조, 제186조). 소의 전속관할·소제기의 공고·소의 병합심리·법원의 재량권 등은 합병무효의 소와 같다(제530조의11 제1항 본문, 제240조).

3. 분할무효판결의 효과

분할무효의 판결이 확정되면 분할 전의 회사로 환원하게 되므로, 본·지점소재지에서 존속회사는 변경등기, 신설회사는 해산등기, 소멸회사는 회복등기를 하여야 한다(제530조의11 제1항 본문, 제238조). 분할무효의 판결은 대세적 효력이 있어서 당사자 이외에 제3자에게도 그 효력이 미치나, 판결의 확정 전에 생긴 회사와 주주 및 제3자 간의 권리의무에는 영향을 미치지 아니한다(제530조의11 제1항 본문, 제240조, 제190조 단서). 따라서 분할 후 무효확정판결시까지의 이익배당, 주식의 양도, 회사와 제3자간의 거래 등은 모두 유효하다.

분할 후 무효판결확정시까지 존속회사 또는 신설회사가 부담한 채무와 취득한 재산의 처리가 문제되나, 상법은 합병무효시의 그 처리에 관한 규정을 준용하여 이를 조정하고 있다. 즉 존속회사 또는 신설회사가 분할 후 부담한 채무에 관하여는 분할당사회사가 연대하여 책임을 지고, 취득한 재산은 분할당사회사의 공유로 하며, 이 경우에 당사회사의 협의로 그 부담부분 또는 지분을 정하지 못한 때에는 법원이 그 청구에 의하여 분할당시의 각 회사의 재산상태 기타의 사정을 참작하여 이를 정한다(제530조의11 제1항 본문, 제239조).

원고가 패소한 경우의 회사에 대한 책임도 합병무효의 소와 같다(제530조의11 제1항 본문, 제240조, 제191조).

제4절 회사의 조직변경

I. 회사조직변경의 의의

조직변경이란 회사가 법인격의 동일성을 유지하면서 그 성질이 유사한 다른 종류의 회사로 그 법률상의 조직을 변경하는 것을 말한다. 조직변경은 변경전의 회사가 소멸하고, 변경 후 새로운 별개의 회사가 생기는 것이 아니라 법인격의 동일성이 그대로 유지되는 점에서 합병과 구별된다.

II. 각종 회사의 조직변경

회사의 조직변경은 회사의 조직과 사원의 책임이 유사한 인적 회사 또는 물적 회사의 상호간에서만 인정되므로 다음의 5 가지 경우를 들 수 있다.

1. 합명회사의 합자회사로의 조직변경

합명회사는 존속 중이든 해산 후 계속하는 경우이든 총사원의 동의로써 합자회사로 조직을 변경할 수 있다(제242조). 이 경우에는 소정기간 내에 합명회사의 해산등기, 합자회사의 설립등기를 하여야 한다(제243조).

합명회사의 조직변경을 하려면 유한책임사원을 새로 가입시키거나 기존사원의 일부를 유한책임사원으로 변경하여야 하는데, 후자의 경우에는 채권자를 보호할 필요가 있다. 따라서 유한책임사원이 된 자는 본점등기 전에 생긴 회사채무에 대하여 등기 후 2년간 무한책임을 진다(제244조).

2. 합자회사의 합명회사로의 조직변경

합자회사는 총사원의 동의로 합명회사로 조직을 변경할 수 있다. 유한책임사원 전원이 무한책임사원이 되는 것이므로 채권자보호절차는 필요없고, 소정의 등기만을 하면 된다(제286조).

3. 주식회사의 유한회사로의 조직변경

주식회사를 유한회사로 조직변경하려면, 총주주의 일치에 의한 총회결의가 있어야 하고, 이 결의에서는 정관 기타 조직변경에 필요한 사항을 정하여야 한다(제604조 제1항 본문·제3항). 그리고 사채를 발행한 경우에는 그 상환을 완료한 후이어야 하고(제604조 제1항 단서), 회사의 자본금총액은 조직변경 전의 회사에 현존하는 순재산액보다 많은 금액으로 할 수 없다(제604조 제2항). 그 밖에 자본금감소의 경우에 준하는 채권자보호절차(제232조)를 밟아야 하고(제608조), 소정의 등기를 하여야 조직변경의 효력이 생긴다(제606조).

조직변경 후 회사에 현존하는 순재산액이 자본금의 총액에 부족하는 때에는 조직변경결의 당시의 이사와 주주가 회사에 대하여 그 부족액을 지급할 연대책임을 진다(제605조 제1항). 이 때 주주의 전보책임은 면제하지 못하며(제605조제2항, 제550조 제2항), 이사의 책임은 총사원의 동의가 있어야만 면제할 수 있다(제605조 제2항, 제551조 제2항·제3항).

종전의 주식에 대한 질권자는 유한회사에서의 사원의 지분과 조직변경시의 수령금 위에 물상대위권을 행사한다(제604조 제4항, 제601조).

4. 유한회사의 주식회사로의 조직변경

유한회사를 주식회사로 조직변경하는 경우에도 총사원의 일치에 의한 사원총회결의가 있어야 하고(제607조 제1항·제5항, 제604조 제3항), 채권자보호절차를 밟아야 하며(제608조, 제232조), 소정의 등기를 하여야 하는 점(제606조)은 주식회사의 조직변경의 경우와 같다. 또 조직변경시에 발행하는 주식의 발행가액의 총액은 회사에 현존하는 순재산액을 초과하지 못하는데(제607조 제2항), 만일 이를 초과하면 그 초과액에 대하여는 결의 당시의 이사·감사와 사원이 전보할 연대책임을 지게 된다(제607조 제4항). 이 경우 사원의 책임면제나 그 지분상의 질권자의 물상대위권도 주식회사의 조직변경의 경우와 같다(제550조 제2항, 제551조 제2항, 제607조 제4항, 제607조 제5항, 제601조 제1항). 다만 주식회사를 유한회사로 조직변경하는 경우와 다른 것은 법원의 인가를 얻어야 하는 점이다(제607조 제3항).

5. 유한책임회사의 주식회사로의 조직변경

유한책임회사는 총사원의 동의로 주식회사로 변경할 수 있고(제287조의43 제2항), 주식회사는 총회에서 총주주의 동의에 의한 결의로 유한책임회사로 그 조직을 변경할 수 있다(제287조의43 제2항).

유한책임회사의 조직의 변경에 관하여는 채권자의 이의에 관해 제232조 및 주식회사의 조직변경에 관한 제604조부터 제607조까지의 규정을 준용한다(제287조의44).

III. 회사조직변경의 하자

조직변경의 하자에 관하여는 상법에 아무런 규정이 없으나, 설립절차에 하자가 있는 경우에 준하여 처리하여야 할 것이다. 따라서 변경된 후의 회사의 종류에 따라 조직변경 또는 무효 또는 취소의 소를 제기할 수 있고, 이 판결이 확정되면 변경된 회사는 원래의 회사로 환원된다. 그러나 조직변경 후에 취득한 회사의 권리·의무에는 영향이 없다.

제9장 외국회사

I. 외국회사의 의의

상법은 외국회사에 관한 규정을 회사편 6장에 두고 있으나 그 개념에 관한 정의는 따로 하고 있지 않다. 외국회사란 외국법에 준거하여 설립된회사를 말한다(설립준거법주의·통설). 그러나 외국회사라 하더라도 한국 내에 본점을 설치하거나 한국에서 영업할 것을 주된 목적으로 하는 한, 한국에서 설립된 회사와 동일한 규정에 의하여 국가의 감독을 받게 된다(제617조).

II. 외국회사의 권리능력

법인인 외국회사는 내외국법인평등주의에 입각하여, 외국인이 향유할 수 없는 권리와 법률에 특별규정이 있는 것을 제외하고는 한국에서 성립한 동종 또는 가장 유사한 회사와 동일한 권리를 향유한다(제621조). 그리고 법인이 아닌 외국회사(예컨대, 영미의 partnership, limited partnership)라도 상법상 법인성이 인정되는 경우에는 법인인 외국회사와 동일하게 취급하여야 할 것이다. 국제사법에서도 외국에서 설립된 법인 또는 단체가 대한민국에 주된 사무소가 있거나 대한민국에서 주된 사업을 하는 경우에는 대한민국법에 의한다고 규정하고 있다(국제사법 제16조).

Ⅲ. 외국회사에 관한 상법의 규정

외국회사가 한국에서 영업을 하고자 하는 때에는 한국에서의 대표자의 결정 · 영업소의 설치 및 그 등기를 하여야 한다(제614조 제1항~제3항). 등기신청자는 회사의 대표이며, 신청서에는 영업소의 대표자의 성명과 주소를 기재하여야 한다. 이 밖에도 외국회사는 외국인투자촉진법에 의한 별도의 인가를 받아야 한다.

외국회사는 이러한 등기를 하기 전에는 영업소의 소재지에서의 계속적 거래가 금지되어 있으므로, 그 규정에 위반하여 거래를 한 자는 그 거래에 대하여 회사와 연대하여 책임을 진다(제616조). 그리고 회사설립의 등록세의 배액에 상당하는 과태료에 처하게 된다(제636조 제2항).

외국회사의 주권 또는 사채의 발행과 그 주식의 이전·입질 또는 사채의 이전에 대하여는 유통시장이 대한민국인 만큼 관계자의 이익을 보호하기 위하여 상법상 주식회사의 당해 규정이 준용된다(제618조 제1항).

법원은 내국회사의 해산명령에 준하여, 외국회사의 영업소의 폐쇄명령을 할 수 있다(제619조, 제176조 제2항~제4항). 이 경우에는 한국에 있는 회사재산의 전부에 대한 청산의 개시를 명할 수 있다. 그 청산절차는 주식회사의 청산에 관한 규정이 성질상 허용하는 범위 내에서 준용된다(제620조).

제10장 회사에 관한 벌칙

I. 서 설

회사를 둘러싼 복잡한 법률관계로 인하여 회사는 각종 재산범죄의 대상 또는 수단이 될 수 있으며, 회사 스스로 범죄의 주체가 될 수도 있다. 범죄와 그 처벌에 관하여는 일반법인 형법이 있고, 회사와 관련된 상당수의 범죄도 형법에 의해 처벌 될 수 있다. 그러나 원래 형법은 자연인의 범죄행위를 예상하여 제정된 것이므로 형법규정만으로는 법인 중심의 회사관계범죄를 규율하기에는 어려운 점이 있다. 특히 조직이 복잡하고 방대하며, 이해관계인이 많은 주식회사의 경우에는 회사범죄로 인한 사회적 파장이 매우 크다. 따라서 상법은 회사의 운영에 관여하는 임원의 위법행위에 대하여 특수한 민사책임을 지울 뿐만 아니라, 엄격한 벌칙규정을 두고 있다.

II. 회사벌칙의 내용

상법은 형벌인 징역·벌금 및 몰수와, 행정벌인 과태료에 관한 벌칙규정을 두고 있다(제622조 이하). 형벌은 형사소송법에 의하여, 과태료는 비송사건절차법에 의하여 과하여진다.

상법의 벌칙규정은 주식회사를 중심으로 한 것이므로, 유한회사에서는 가벌행위의 종류도 제한되고 제재의 내용도 경감되어 있으며, 인적회사에서는 행정벌의 규정만 있다.

1. 형벌

(1) 특별배임·독직죄

회사의 발기인, 업무집행사원, 이사, 집행임원, 감사위원회 위원, 감사, 감사의 직무대행자, 지배인 기타 회사영업에 관한 어떤 종류 또는 특정한 사항의 위임을 받은 사용인이 그 임무에 위배한 행위로써 재산상의 이익을 취득하거나 제3자로 하여금 이를 취득하게 하여 회사에 손해를 가한 때에는 10년 이하의 징역 또는 3,000만원 이하의 벌금에 처한다(제622조). 사채권자집회의 대표자 또는 집행자 등이 이러한 행위를 한 때에도 7년 이하의 징역 또는 2,000만원 이하의 벌금에 처한다(제623조). 위에 기재된 자 또는 검사인, 공증인, 감정인 등이 그 직무에 관하여 부정한 청탁을 받고 재산상의 이익을 수수·요구 또는 약속한 때에는 5년 이하의 징역 또는 1,500만원 이하의 벌금에 처한다. 이러한 약속, 공여 또는 공여의 의사표시를 한 자도 같다(제630조).

(2) 회사재산을 위태롭게 하는 죄

발기인·이사 등 상법 제622조 제1항에 기재된 자, 검사인·공증인이나 감정인이 주식 또는 출자의 인수나 납입, 현물출자의 이행, 변태설립사항에 관하여 법원·총회 또는 발기인에게 부실한 보고를 하거나 사실을 은폐한 때, 누구의 명의로 하거나를 불문하고 회사의 계산으로 부정하게 그 주식 또는 지분을 취득하거나 질권의 목적으로 이를 받은 때, 법령이나 정관에 위반하여 이익이나 이자의 배당을 한 때, 회사의 영업범위 외에서 투기행위를 하기 위하여 회사재산을 처분한 때 등의 경우에는 5년 이하의 징역 또는 1,500만원 이하의 벌금에 처한다(제625조).

(3) 주식과 사채에 관한 특칙

모회사의 주식취득금지에 위반하여 모회사의 주식을 취득한 이사나 감사는 2,000만원 이하의 벌금에 처하고(제625조의2), 가장납입행위를 한 발기인·이사·업무집행이사 등과 이를 중개한 자, 회사가 발행한 주식의 총수를 초과하여 주식을 발행한 발기인·이사직무대행자 등에 대하여는 5년 이하의 징역 또는 1,500만원 이하의 벌금에 처한다(제628조). 또 납입의 책임을 면하기 위하여 타인 또는 가설인의 명의로 주식 또는 출자를 인수한 자는 1년 이하의 징역 또는 300만원 이하의 벌금에 처한다(제634조). 이사·발기인 등 상법 제622조 제1항에 기재된 자, 외국회사의 대표자, 주식 또는 사채모집을 위탁받은 자가 주식 또는 사채를 모집함에 있어서 중요한 사항에 관하여 부실한 기재가 있는 주식청약서, 사채청약서, 사업계획서, 주식 또는 사채의 모집에 관한 광고 기타 문서를 행사한 때에는 5년 이하의 징역 또는 1,500만원 이하의 벌금에 처하고, 주식 또는 사채를 매출한 자가 그 매출에 관한 문서로서 중요한 사항에 관하여 부실한 기재가 있는 것을 행사한 때에도 같다(제627조).

(4) 권리행사방해 등에 관한 증·수뢰죄

부정한 청탁을 받고 창립총회, 사원총회, 주주총회 또는 사채권자집회에서의 발언 또는 의결권의 행사, 각종의 소의 제기, 소수주주·소수사원·소수사채권자의 권리행사 및 유지청구권의 행사와 관련하여 재산상의 이익을 수수, 요구 또는 약속한 자, 그러한 이익을 약속·공여·공여의 의사표시를 한 자는 1년 이하의 징역 또는 300만원 이하의 벌금에 처한다(제631조).

2. 과태료

회사의 발기인, 설립위원, 업무집행사원, 업무집행자, 이사, 집행임원, 감사, 감사위원회위원, 외국회사의 대표자, 검사인, 공증인, 감정인, 지배인, 청산인, 명의개서대리인, 사채모집을 위탁받은 회사와 사무승계자 등이 제635조 제1항 제1호 내지 제32호에 열거한 행위를 하는 때에는 500만원 이하의 과태료에 처한다(제635조).

회사성립 전 회사의 명의로 영업을 한 자 및 외국회사의 영업소설치등기를 하기 전에 영업을 한 자는 회사 설립 및 영업소설치등록세의 배액에 상당하는 과태료에 처한다(제636조).

회사법전

[시행 2012.6.11] [법률 제10366호, 2010.6.10, 타법개정]

제3편 회사

제1장 통칙

제169조(회사의 의의) 이 법에서 "회사"란 상행위나 그 밖의 영리를 목적으로 하여 설립한 법인을 말한다.
[전문개정 2011.4.14]

제170조(회사의 종류) 회사는 합명회사, 합자회사, 유한책임회사, 주식회사와 유한회사의 5종으로 한다.
[전문개정 2011.4.14]

제171조(회사의 주소) 회사의 주소는 본점소재지에 있는 것으로 한다.
[전문개정 2011.4.14]

제172조 (회사의 성립) 회사는 본점소재지에서 설립등기를 함으로써 성립한다.

제173조 (권리능력의 제한) 회사는 다른 회사의 무한책임사원이 되지 못한다.

제174조 (회사의 합병) ①회사는 합병을 할 수 있다.
② 합병을 하는 회사의 일방 또는 쌍방이 주식회사, 유한회사 또는 유한책임회사인 경우에는 합병 후 존속하는 회사나 합병으로 설립되는 회사는 주식회사, 유한회사 또는 유한책임회사이어야 한다. <개정 2011.4.14>
③해산후의 회사는 존립중의 회사를 존속하는 회사로 하는 경우에 한하여 합병을 할 수 있다.

제175조 (동전-설립위원) ①회사의 합병으로 인하여 신회사를 설립하는 경우에는 정관의 작성 기타 설립에 관한 행위는 각회사에서 선임한 설립위원이 공동으로 하여야 한다.
②제230조, 제434조와 제585조의 규정은 전항의 선임에 준용한다.

제176조 (회사의 해산명령) ①법원은 다음의 사유가 있는 경우에는 이해관계인이나 검사의 청구에 의하여 또는 직권으로 회사의 해산을 명할 수 있다.

1. 회사의 설립목적이 불법한 것인때
2. 회사가 정당한 사유없이 설립후 1년내에 영업을 개시하지 아니하거나 1년이상 영업을 휴지하는 때

3. 이사 또는 회사의 업무를 집행하는 사원이 법령 또는 정관에 위반하여 회사의 존속을 허용할 수 없는 행위를 한때

②전항의 청구가 있는 때에는 법원은 해산을 명하기 전일지라도 이해관계인이나 검사의 청구에 의하여 또는 직권으로 관리인의 선임 기타 회사재산의 보전에 필요한 처분을 할 수 있다.

③이해관계인이 제1항의 청구를 한 때에는 법원은 회사의 청구에 의하여 상당한 담보를 제공할 것을 명할 수 있다.

④회사가 전항의 청구를 함에는 이해관계인의 청구가 악의임을 소명하여야 한다.

제177조 (등기기간의 기산점) 본편의 규정에 의하여 등기할 사항으로서 관청의 허가 또는 인가를 요하는 것에 관하여는 그 서류가 도달한 날로부터 등기기간을 기산한다.

제2장 합명회사

제1절 설립

제178조 (정관의 작성) 합명회사의 설립에는 2인이상의 사원이 공동으로 정관을 작성하여야 한다.

제179조 (정관의 절대적기재사항) 정관에는 다음의 사항을 기재하고 총사원이 기명날인 또는 서명하여야 한다. <개정 1995.12.29>

1. 목적
2. 상호
3. 사원의 성명·주민등록번호 및 주소
4. 사원의 출자의 목적과 가격 또는 평가의 표준
5. 본점의 소재지
6. 정관의 작성년월일

제180조 (설립의 등기) 합명회사의 설립등기에 있어서는 다음의 사항을 등기하여야 한다. <개정 1995.12.29, 2011.4.14>

1. 제179조제1호 내지 제3호 및 제5호의 사항과 지점을 둔 때에는 그 소재지. 다만, 회사를 대표할 사원을 정한 때에는 그외의 사원의 주소를 제외한다.
2. 사원의 출자의 목적, 재산출자에는 그 가격과 이행한 부분
3. 존립기간 기타 해산사유를 정한 때에는 그 기간 또는 사유
4. 회사를 대표할 사원을 정한 경우에는 그 성명·주소 및 주민등록번호
5. 수인의 사원이 공동으로 회사를 대표할 것을 정한 때에는 그 규정

제181조(지점 설치의 등기) ① 회사의 설립과 동시에 지점을 설치하는 경우에는 설립등기를 한 후 2주 내에 지점소재지에서 제180조제1호 본문(다른 지점의 소재지는 제외한다) 및 제3호부터 제5호까지의 사항을 등기하여야 한다. 다만, 회사를 대표할 사원을 정한 경우에는 그 외의 사원은 등기하지 아니한다.

② 회사의 성립 후에 지점을 설치하는 경우에는 본점소재지에서는 2주 내에 그 지점소재지와 설치 연월일을 등기하고, 그 지점소재지에서는 3주 내에 제180조제1호 본문(다른 지점의 소재지는 제외한다) 및 제3호부터 제5호까지의 사항을 등기하여야 한다. 다만, 회사를 대표할 사원을 정한 경우에는 그 밖의 사원은 등기하지 아니한다.

[전문개정 2011.4.14]

제182조 (본점, 지점의 이전등기) ①회사가 본점을 이전하는 경우에는 2주간내에 구소재지에서는 신소재지와 이전년월일을, 신소재지에서는 제180조 각호의 사항을 등기하여야 한다. <개정 1995.12.29>

② 회사가 지점을 이전하는 경우에는 2주 내에 본점과 구지점소재지에서는 신지점소재지와 이전 연월일을 등기하고, 신지점소재지에서는 제180조제1호 본문(다른 지점의 소재지는 제외한다) 및 제3호부터 제5호까지의 사항을 등기하여야 한다. 다만, 회사를 대표할 사원을 정한 경우에는 그 밖의 사원은 등기하지 아니한다. <개정 2011.4.14>

③ 삭제 <1995.12.29>

제183조 (변경등기) 제180조에 게기한 사항에 변경이 있는 때에는 본점소재지에서는 2주간내, 지점소재지에서는 3주간내에 변경등기를 하여야 한다.

제183조의2 (업무집행정지가처분 등의 등기) 사원의 업무집행을 정지하거나 직무대행자를 선임하는 가처분을 하거나 그 가처분을 변경·취소하는 경우에는 본점 및 지점이 있는 곳의 등기소에서 이를 등기하여야 한다.

[본조신설 2001.12.29]

제184조 (설립무효, 취소의 소) ①회사의 설립의 무효는 그 사원에 한하여, 설립의 취소는 그 취소권있는 자에 한하여 회사성립의 날로부터 2년내에 소만으로 이를 주장할 수 있다.

②민법 제140조의 규정은 전항의 설립의 취소에 준용한다.

제185조 (채권자에 의한 설립취소의 소) 사원이 그 채권자를 해할 것을 알고 회사를 설립한 때에는 채권자는 그 사원과 회사에 대한 소로 회사의 설립취소를 청구할 수 있다.

제186조 (전속관할) 전2조의 소는 본점소재지의 지방법원의 관할에 전속한다.

제187조 (소제기의 공고) 설립무효의 소 또는 설립취소의 소가 제기된 때에는 회사는 지체없이 공고하여야 한다.

제188조 (소의 병합심리) 수개의 설립무효의 소 또는 설립취소의 소가 제기된 때에는 법원은 이를 병합심리하여야 한다.

제189조 (하자의 보완등과 청구의 기각) 설립무효의 소 또는 설립취소의 소가 그 심리중에 원인이 된 하자가 보완되고 회사의 현황과 제반사정을 참작하여 설립을 무효 또는 취소하는 것이 부적당하다고 인정한 때에는 법원은 그 청구를 기각할 수 있다.

제190조 (판결의 효력) 설립무효의 판결 또는 설립취소의 판결은 제3자에 대하여도 그 효력이 있다. 그러나 판결확정전에 생긴 회사와 사원 및 제3자간의 권리의무에 영향을 미치지 아니한다.

제191조 (패소원고의 책임) 설립무효의 소 또는 설립취소의 소를 제기한 자가 패소한 경우에 악의 또는 중대한 과실이 있는 때에는 회사에 대하여 연대하여 손해를 배상할 책임이 있다.

제192조 (설립무효, 취소의 등기) 설립무효의 판결 또는 설립취소의 판결이 확정된 때에는 본점과 지점의 소재지에서 등기하여야 한다.

제193조 (설립무효, 취소판결의 효과) ①설립무효의 판결 또는 설립취소의 판결이 확정된 때에는 해산의 경우에 준하여 청산하여야 한다.

②전항의 경우에는 법원은 사원 기타의 이해관계인의 청구에 의하여 청산인을 선임할 수 있다.

제194조 (설립무효, 취소와 회사계속) ①설립무효의 판결 또는 설립취소의 판결이 확정된 경우에 그 무효나 취소의 원인이 특정한 사원에 한한 것인 때에는 다른 사원전원의 동의로써 회사를 계속할 수 있다.

②전항의 경우에는 그 무효 또는 취소의 원인이 있는 사원은 퇴사한 것으로 본다.

③제229조제2항과 제3항의 규정은 전2항의 경우에 준용한다.

제2절 회사의 내부관계

제195조 (준용법규) 합명회사의 내부관계에 관하여는 정관 또는 본법에 다른 규정이 없으면 조합에 관한 민법의 규정을 준용한다.

제196조 (채권출자) 채권을 출자의 목적으로 한 사원은 그 채권이 변제기에 변제되지 아니한 때에는 그 채권액을 변제할 책임을 진다. 이 경우에는 이자를 지급하는 외에 이로 인하여 생긴 손해를 배상하여야 한다.

제197조 (지분의 양도) 사원은 다른 사원의 동의를 얻지 아니하면 그 지분의 전부 또는 일부를 타인에게 양도하지 못한다.

제198조 (사원의 경업의 금지) ①사원은 다른 사원의 동의가 없으면 자기 또는 제3자의 계산으로 회사의 영업부류에 속하는 거래를 하지 못하며 동종영업을 목적으로 하는 다른 회사의 무한책임사원 또는 이사가 되지 못한다.

②사원이 전항의 규정에 위반하여 거래를 한 경우에 그 거래가 자기의 계산으로 한 것인 때에는 회사는 이를 회사의 계산으로 인한 것으로 볼 수 있고 제3자의 계산으로 한것인 때에는 그 사원에 대하여 회사는 이로 인한 이득의 양도를 청구 할 수 있다. <개정 1962.12.12>

③전항의 규정은 회사의 그 사원에 대한 손해배상의 청구에 영향을 미치지 아니한다.

④제2항의 권리는 다른 사원과반수의 결의에 의하여 행사하여야 하며 다른 사원의 1인이 그 거래를 안 날로부터 2주간을 경과하거나 그 거래가 있은 날로부터 1년을 경과하면 소멸한다.

제199조 (사원의 자기거래) 사원은 다른 사원과반수의 결의가 있는 때에 한하여 자기 또는 제삼자의 계산으로 회사와 거래를 할 수 있다. 이 경우에는 민법 제124조의 규정을 적용하지 아니한다.

제200조 (업무집행의 권리의무) ①각사원은 정관에 다른 규정이 없는 때에는 회사의 업무를 집행할 권리와 의무가 있다.

②각사원의 업무집행에 관한 행위에 대하여 다른 사원의 이의가 있는 때에는 곧 행위를 중지하고 총사원과반수의 결의에 의하여야 한다.

제200조의2 (직무대행자의 권한) ①제183조의2의 직무대행자는 가처분명령에 다른 정함이 있는 경우 외에는 법인의 통상업무에 속하지 아니한 행위를 하지 못한다. 다만, 법원의 허가를 얻은 경우에는 그러하지 아니하다.

②직무대행자가 제1항의 규정에 위반한 행위를 한 경우에도 회사는 선의의 제3자에 대하여 책임을 진다.

[본조신설 2001.12.29]

제201조 (업무집행사원) ①정관으로 사원의 1인 또는 수인을 업무집행사원으로 정한 때에는 그 사원이 회사의 업무를 집행할 권리와 의무가 있다.

②수인의 업무집행사원이 있는 경우에 그 각사원의 업무집행에 관한 행위에 대하여 다른 업무집행사원의 이의가 있는 때에는 곧 그 행위를 중지하고 업무집행사원 과반수의 결의에 의하여야 한다.

제202조 (공동업무집행사원) 정관으로 수인의 사원을 공동업무집행사원으로 정한때에 그 전원의 동의가 없으면 업무집행에 관한 행위를 하지 못한다. 그러나 지체할 염려가 있는 때에는 그러하지 아니하다.

제203조 (지배인의 선임과 해임) 지배인의 선임과 해임은 정관에 다른 정함이 없으면 업무집행사원이 있는 경우에도 총사원과반수의 결의에 의하여야 한다.

제204조 (정관의 변경) 정관을 변경함에는 총사원의 동의가 있어야 한다.

제205조 (업무집행사원의 권한상실선고) ①사원이 업무를 집행함에 현저하게 부적임하거나 중대한 의무에 위반한 행위가 있는 때에는 법원은 사원의 청구에 의하여 업무집행권한의 상실을 선고할 수 있다.

②전항의 판결이 확정된 때에는 본점과 지점의 소재지에서 등기하여야 한다.

제206조 (준용규정) 제186조의 규정은 전조의 소에 준용한다.

제3절 회사의 외부관계

제207조 (회사대표) 정관으로 업무집행사원을 정하지 아니한 때에는 각사원은 회사를 대표한다. 수인의 업무집행사원을 정한 경우에 각업무집행사원은 회사를 대표한다. 그러나 정관 또는 총사원의 동의로 업무집행사원중 특히 회사를 대표할 자를 정할 수 있다.

제208조 (공동대표) ①회사는 정관 또는 총사원의 동의로 수인의 사원이 공동으로 회사를 대표할 것을 정할 수 있다.

②전항의 경우에도 제삼자의 회사에 대한 의사표시는 공동대표의 권한 있는 사원 1인에 대하여 이를 함으로써 그 효력이 생긴다.

제209조 (대표사원의 권한) ①회사를 대표하는 사원은 회사의 영업에 관하여 재판상 또는 재판외의 모든 행위를 할 권한이 있다.

②전항의 권한에 대한 제한은 선의의 제삼자에게 대항하지 못한다.

제210조 (손해배상책임) 회사를 대표하는 사원이 그 업무집행으로 인하여 타인에게 손해를 가한 때에는 회사는 그 사원과 연대하여 배상할 책임이 있다.

제211조 (회사와 사원간의 소에 관한 대표권) 회사가 사원에 대하여 또는 사원이 회사에 대하여 소를 제기하는 경우에 회사를 대표할 사원이 없을 때에는 다른 사원 과반수의 결의로 선정하여야 한다.

제212조 (사원의 책임) ①회사의 재산으로 회사의 채무를 완제할 수 없는 때에는 각 사원은 연대하여 변제할 책임이 있다.

②회사재산에 대한 강제집행이 주효하지 못한 때에도 전항과 같다.

③전항의 규정은 사원이 회사에 변제의 자력이 있으며 집행이 용이한 것을 증명한 때에는 적용하지 아니한다.

제213조 (신입사원의 책임) 회사성립후에 가입한 사원은 그 가입전에 생긴 회사채무에 대하여 다른 사원과 동일한 책임을 진다.

제214조 (사원의 항변) ①사원이 회사채무에 관하여 변제의 청구를 받은 때에는 회사가 주장할 수 있는 항변으로 그 채권자에게 대항할 수 있다.

②회사가 그 채권자에 대하여 상계, 취소 또는 해제할 권리가 있는 경우에는 사원은 전항의 청구에 대하여 변제를 거부할 수 있다.

제215조 (자칭사원의 책임) 사원이 아닌 자가 타인에게 자기를 사원이라고 오인시키는 행위를 하였을 때에는 오인으로 인하여 회사와 거래한 자에 대하여 사원과 동일한 책임을 진다.

제216조 (준용규정) 제205조와 제206조의 규정은 회사의 대표사원에 준용한다.

제4절 사원의 퇴사

제217조 (사원의 퇴사권) ①정관으로 회사의 존립기간을 정하지 아니하거나 어느 사원의 종신까지 존속할 것을 정한 때에는 사원은 영업년도말에 한하여 퇴사할 수 있다. 그러나 6월전에 이를 예고하여야 한다.

②사원이 부득이한 사유가 있을 때에는 언제든지 퇴사할 수 있다.

제218조 (퇴사원인) 사원은 전조의 경우외에 다음의 사유로 인하여 퇴사한다.

1. 정관에 정한 사유의 발생
2. 총사원의 동의
3. 사망
4. 금치산
5. 파산
6. 제명

제219조 (사원사망시 권리승계의 통지) ①정관으로 사원이 사망한 경우에 그 상속인이 회사에 대한 피상속인의 권리의무를 승계하여 사원이 될 수 있음을 정한 때에는 상속인은 상속의 개시를 안 날로부터 3월내에 회사에 대하여 승계 또는 포기의 통지를 발송하여야 한다.

②상속인이 전항의 통지 없이 3월을 경과한 때에는 사원이 될 권리를 포기한 것으로 본다.

제220조 (제명의 선고) ①사원에게 다음의 사유가 있는 때에는 회사는 다른 사원 과반수의 결의에 의하여 그 사원의 제명의 선고를 법원에 청구 할 수 있다.

1. 출자의 의무를 이행하지 아니한때
2. 제198조제1항의 규정에 위반한 행위가 있는 때
3. 회사의 업무집행 또는 대표에 관하여 부정한 행위가 있는 때, 권한없이 업무를 집행하거나 회사를 대표한 때

4. 기타 중요한 사유가 있는 때

②제205조제2항과 제206조의 규정은 전항의 경우에 준용한다.

제221조 (제명사원과 회사간의 계산) 제명된 사원과 회사와의 계산은 제명의 소를 제기한 때의 회사재산의 상태에 따라서 하며 그때부터 법정이자를 붙여야 한다.

제222조 (지분의 환급) 퇴사한 사원은 노무 또는 신용으로 출자의 목적으로 한 경우에도 그 지분의 환급을 받을 수 있다. 그러나 정관에 다른 규정이 있는 때에는 그러하지 아니하다.

제223조 (지분의 압류) 사원의 지분의 압류는 사원이 장래이익의 배당과 지분의 환급을 청구하는 권리에 대하여도 그 효력이 있다.

제224조 (지분압류채권자에 의한 퇴사청구) ①사원의 지분을 압류한 채권자는 영업년도말에 그 사원을 퇴사시킬 수 있다. 그러나 회사와 그 사원에 대하여 6월전에 그 예고를 하여야 한다.

②전항 단서의 예고는 사원이 변제를 하거나 상당한 담보를 제공한 때에는 그 효력을 잃는다.

제225조 (퇴사원의 책임) ①퇴사한 사원은 본점소재지에서 퇴사등기를 하기 전에 생긴 회사채무에 대하여는 등기후 2년내에는 다른 사원과 동일한 책임이 있다.

②전항의 규정은 지분을 양도한 사원에 준용한다.

제226조 (퇴사원의 상호변경청구권) 퇴사한 사원의 성명이 회사의 상호중에 사용된 경우에는 그 사원은 회사에 대하여 그 사용의 폐지를 청구할 수 있다.

제5절 회사의 해산

제227조 (해산원인) 회사는 다음의 사유로 인하여 해산한다.

1. 존립기간의 만료 기타 정관으로 정한 사유의 발생
2. 총사원의 동의
3. 사원이 1인으로된 때
4. 합병
5. 파산
6. 법원의 명령 또는 판결

제228조 (해산등기) 회사가 해산된 때에는 합병과 파산의 경우외에는 그 해산사유가 있은 날로부터 본점소재지에서는 2주간내, 지점소재지에서는 3주간내에 해산등기를 하여야 한다.

제229조 (회사의 계속) ①제227조제1호와 제2호의 경우에는 사원의 전부 또는 일부의 동의로 회사를 계속할 수 있다. 그러나 동의를 하지 아니한 사원은 퇴사한 것으

로 본다.
②제227조제3호의 경우에는 새로 사원을 가입시켜서 회사를 계속할 수 있다.
③전2항의 경우에 이미 회사의 해산등기를 하였을 때에는 본점소재지에서는 2주간내, 지점소재지에서는 3주간내에 회사의 계속등기를 하여야 한다.
④제213조의 규정은 제2항의 신입사원의 책임에 준용한다.

제230조 (합병의 결의) 회사가 합병을 함에는 총사원의 동의가 있어야 한다.

제231조 삭제 <1984.4.10>

제232조 (채권자의 이의) ①회사는 합병의 결의가 있은 날부터 2주내에 회사채권자에 대하여 합병에 이의가 있으면 일정한 기간내에 이를 제출할 것을 공고하고 알고 있는 채권자에 대하여는 따로따로 이를 최고하여야 한다. 이 경우 그 기간은 1월이상이어야 한다. <개정 1984.4.10, 1998.12.28>
②채권자가 제1항의 기간내에 이의를 제출하지 아니한 때에는 합병을 승인한 것으로 본다. <개정 1984.4.10>
③이의를 제출한 채권자가 있는 때에는 회사는 그 채권자에 대하여 변제 또는 상당한 담보를 제공하거나 이를 목적으로 하여 상당한 재산을 신탁회사에 신탁하여야 한다.

제233조 (합병의 등기) 회사가 합병을 한때에는 본점소재지에서는 2주간내, 지점소재지에서는 3주간내에 합병후 존속하는 회사의 변경등기, 합병으로 인하여 소멸하는 회사의 해산등기, 합병으로 인하여 설립되는 회사의 설립등기를 하여야 한다.

제234조 (합병의 효력발생) 회사의 합병은 합병후 존속하는 회사 또는 합병으로 인하여 설립되는 회사가 그 본점소재지에서 전조의 등기를 함으로써 그 효력이 생긴다.

제235조 (합병의 효과) 합병후 존속한 회사 또는 합병으로 인하여 설립된 회사는 합병으로 인하여 소멸된 회사의 권리의무를 승계한다.

제236조 (합병무효의 소의 제기) ①회사의 합병의 무효는 각회사의 사원, 청산인, 파산관재인 또는 합병을 승인하지 아니한 회사채권자에 한하여 소만으로 이를 주장할 수 있다.
②전항의 소는 제233조의 등기가 있은 날로부터 6월내에 제기하여야 한다.

제237조 (준용규정) 제176조제3항과 제4항의 규정은 회사채권자가 전조의 소를 제기한 때에 준용한다.

제238조 (합병무효의 등기) 합병을 무효로한 판결이 확정된때에는 본점과 지점의 소재지에서 합병후 존속한 회사의 변경등기, 합병으로 인하여 소멸된 회사의 회복등기, 합병으로 인하여 설립된 회사의 해산등기를 하여야 한다.

제239조 (무효판결확정과 회사의 권리의무의 귀속) ①합병을 무효로한 판결이 확정된

때에는 합병을한 회사는 합병후 존속한 회사 또는 합병으로 인하여 설립된 회사의 합병후 부담한 채무에 대하여 연대하여 변제할 책임이 있다.
②합병후 존속한 회사 또는 합병으로 인하여 설립한 회사의 합병후 취득한 재산은 합병을한 회사의 공유로 한다.
③전2항의 경우에 각회사의 협의로 그 부담부분 또는 지분을 정하지 못한 때에는 법원은 그 청구에 의하여 합병당시의 각회사의 재산상태 기타의 사정을 참작하여 이를 정한다.

제240조 (준용규정) 제186조 내지 제191조의 규정은 합병무효의 소에 준용한다.

제241조 (사원에 의한 해산청구) ①부득이한 사유가 있는 때에는 각사원은 회사의 해산을 법원에 청구할 수 있다.
②제186조와 제191조의 규정은 전항의 경우에 준용한다.

제242조 (조직변경) ①합명회사는 총사원의 동의로 일부사원을 유한책임사원으로 하거나 유한책임사원을 새로 가입시켜서 합자회사로 변경할 수 있다.
②전항의 규정은 제229조제2항의 규정에 의하여 회사를 계속하는 경우에 준용한다.

제243조 (조직변경의 등기) 합명회사를 합자회사로 변경한 때에는 본점소재지에서는 2주간내, 지점소재지에서는 3주간내에 합명회사에 있어서는 해산등기, 합자회사에 있어서는 설립등기를 하여야 한다.

제244조 (조직변경에 의하여 유한책임사원이된 자의 책임) 합명회사사원으로서 제242조제1항의 규정에 의하여 유한책임사원이된 자는 전조의 규정에 의한 본점등기를 하기 전에 생긴 회사채무에 대하여는 등기후 2년내에는 무한책임사원의 책임을 면하지 못한다.

제6절 청산

제245조 (청산중의 회사) 회사는 해산된 후에도 청산의 목적범위내에서 존속하는 것으로 본다.

제246조 (수인의 지분상속인이 있는 경우) 회사의 해산후 사원이 사망한 경우에 그 상속인이 수인인 때에는 청산에 관한 사원의 권리를 행사할 자 1인을 정하여야 한다. 이를 정하지 아니한 때에는 회사의 통지 또는 최고는 그중의 1인에 대하여 하면 전원에 대하여 그 효력이 있다.

제247조 (임의청산) ①해산된 회사의 재산처분방법은 정관 또는 총사원의 동의로 이를 정할 수 있다. 이 경우에는 해산사유가 있는 날로부터 2주간내에 재산목록과 대차대조표를 작성하여야 한다.
②전항의 규정은 회사가 제227조제3호 또는 제6호의 사유로 인하여 해산한 경우에

는 이를 적용하지 아니한다.

③제232조의 규정은 제1항의 경우에 준용한다.

④제1항의 경우에 사원의 지분을 압류한 자가 있는 때에는 그 동의를 얻어야 한다.

⑤제1항의 회사는 그 재산의 처분을 완료한 날부터 본점소재지에서는 2주간내에, 지점소재지에서는 3주간내에 청산종결의 등기를 하여야 한다. <신설 1995.12.29>

제248조 (임의청산과 채권자보호) ①회사가 전조제3항의 규정에 위반하여 그 재산을 처분함으로써 회사채권자를 해한 때에는 회사채권자는 그 처분의 취소를 법원에 청구할 수 있다.

②제186조와 민법제406조제1항 단서, 제2항 및 제407조의 규정은 전항의 취소의 청구에 준용한다.

제249조 (지분압류채권자의 보호) 회사가 제247조제4항의 규정에 위반하여 그 재산을 처분한 때에는 사원의 지분을 압류한 자는 회사에 대하여 그 지분에 상당하는 금액의 지급을 청구할 수 있다. 이 경우에는 전조의 규정을 준용한다.

제250조 (법정청산) 제247조제1항의 규정에 의하여 회사재산의 처분방법을 정하지 아니한 때에는 합병과 파산의 경우를 제외하고 제251조 내지 제265조의 규정에 따라서 청산을 하여야 한다.

제251조 (청산인) ①회사가 해산된 때에는 총사원과반수의 결의로 청산인을 선임한다.

②청산인의 선임이 없는 때에는 업무집행사원이 청산인이 된다.

제252조 (법원선임에 의한 청산인) 회사가 제227조제3호 또는 제6호의 사유로 인하여 해산된 때에는 법원은 사원 기타의 이해관계인이나 검사의 청구에 의하여 또는 직권으로 청산인을 선임한다.

제253조 (청산인의 등기) ①청산인이 선임된 때에는 그 선임된 날로부터, 업무집행사원이 청산인이 된때에는 해산된 날로부터 본점소재지에서는 2주간내, 지점소재지에서는 3주간내에 다음의 사항을 등기하여야 한다. <개정 1995.12.29>

1. 청산인의 성명·주민등록번호 및 주소. 다만, 회사를 대표할 청산인을 정한 때에는 그외의 청산인의 주소를 제외한다.
2. 회사를 대표할 청산인을 정한 때에는 그 성명
3. 수인의 청산인이 공동으로 회사를 대표할 것을 정한 때에는 그 규정

②제183조의 규정은 제1항의 등기에 준용한다. <개정 1995.12.29>

제254조 (청산인의 직무권한) ①청산인의 직무는 다음과 같다.

1. 현존사무의 종결
2. 채권의 추심과 채무의 변제

3. 재산의 환가처분
4. 잔여재산의 분배

②청산인이 수인인 때에는 청산의 직무에 관한 행위는 그 과반수의 결의로 정한다.

③회사를 대표할 청산인은 제1항의 직무에 관하여 재판상 또는 재판외의 모든 행위를 할 권한이 있다.

④민법제93조의 규정은 합명회사에 준용한다.

제255조 (청산인의 회사대표) ①업무집행사원이 청산인으로된 경우에는 종전의 정함에 따라 회사를 대표한다.

②법원이 수인의 청산인을 선임하는 경우에는 회사를 대표할 자를 정하거나 수인이 공동하여 회사를 대표할 것을 정할 수 있다.

제256조 (청산인의 의무) ①청산인은 취임한 후 지체없이 회사의 재산상태를 조사하고 재산목록과 대차대조표를 작성하여 각사원에게 교부하여야 한다.

②청산인은 사원의 청구가 있는 때에는 언제든지 청산의 상황을 보고하여야 한다.

제257조 (영업의 양도) 청산인이 회사의 영업의 전부 또는 일부를 양도함에는 총사원 과반수의 결의가 있어야 한다.

제258조 (채무완제불능과 출자청구) ①회사의 현존재산이 그 채무를 변제함에 부족한 때에는 청산인은 변제기에 불구하고 각사원에 대하여 출자를 청구할 수 있다.

②전항의 출자액은 각사원의 출자의 비율로 이를 정한다.

제259조 (채무의 변제) ①청산인은 변제기에 이르지 아니한 회사채무에 대하여도 이를 변제할 수 있다.

②전항의 경우에 이자없는 채권에 관하여는 변제기에 이르기까지의 법정이자를 가산하여 그 채권액에 달할 금액을 변제하여야 한다.

③전항의 규정은 이자있는 채권으로서 그 이율이 법정이율에 달하지 못하는 것에 이를 준용한다.

④제1항의 경우에는 조건부채권, 존속기간이 불확정한 채권 기타 가액이 불확정한 채권에 대하여는 법원이 선임한 감정인의 평가에 의하여 변제하여야 한다.

제260조 (잔여재산의 분배) 청산인은 회사의 채무를 완제한 후가 아니면 회사재산을 사원에게 분배하지 못한다. 그러나 다툼이 있는 채무에 대하여는 그 변제에 필요한 재산을 보류하고 잔여재산을 분배할 수 있다.

제261조 (청산인의 해임) 사원이 선임한 청산인은 총사원과반수의 결의로 해임할 수 있다.

제262조 (동전) 청산인이 그 직무를 집행함에 현저하게 부적임하거나 중대한 임무에 위반한 행위가 있는 때에는 법원은 사원 기타의 이해관계인의 청구에 의하여 청

산인을 해임할 수 있다.

제263조 (청산인의 임무종료) ①청산인은 그 임무가 종료한 때에는 지체없이 계산서를 작성하여 각사원에게 교부하고 그 승인을 얻어야 한다.

②전항의 계산서를 받은 사원이 1월내에 이의를 하지 아니한 때에는 그 계산을 승인한 것으로 본다. 그러나 청산인에게 부정행위가 있는 경우에는 그러하지 아니하다.

제264조 (청산종결의 등기) 청산이 종결된 때에는 청산인은 전조의 규정에 의한 총사원의 승인이 있은 날로부터 본점소재지에서는 2주간내, 지점소재지에서는 3주간내에 청산종결의 등기를 하여야 한다.

제265조 (준용규정) 제183조의2·제199조·제200조의2·제207조·제208조·제209조제2항·제210조·제382조제2항·제399조 및 제401조의 규정은 청산인에 준용한다.

[전문개정 2001.12.29]

제266조 (장부, 서류의 보존) ①회사의 장부와 영업 및 청산에 관한 중요서류는 본점소재지에서 청산종결의 등기를 한 후 10년간 이를 보존하여야 한다. 다만, 전표 또는 이와 유사한 서류는 5년간 이를 보존하여야 한다. <개정 1995.12.29>

②제1항의 경우에는 총사원과반수의 결의로 보존인과 보존방법을 정하여야 한다. <개정 1995.12.29>

제267조 (사원의 책임의 소멸시기) ①제212조의 규정에 의한 사원의 책임은 본점소재지에서 해산등기를 한후 5년을 경과하면 소멸한다.

②전항의 기간경과후에도 분배하지 아니한 잔여재산이 있는 때에는 회사채권자는 이에 대하여 변제를 청구할 수 있다.

제3장 합자회사

제268조 (회사의 조직) 합자회사는 무한책임사원과 유한책임사원으로 조직한다.

제269조 (준용규정) 합자회사에는 본장에 다른 규정이 없는 사항은 합명회사에 관한 규정을 준용한다.

제270조 (정관의 절대적 기재사항) 합자회사의 정관에는 제179조에 게기한 사항외에 각사원의 무한책임 또는 유한책임인 것을 기재하여야 한다.

제271조(등기사항) ① 합자회사의 설립등기를 할 때에는 제180조 각 호의 사항 외에 각 사원의 무한책임 또는 유한책임인 것을 등기하여야 한다.

② 합자회사가 지점을 설치하거나 이전할 때에는 지점소재지 또는 신지점소재지에서 제180조제1호 본문(다른 지점의 소재지는 제외한다) 및 제3호부터 제5호까지의

사항을 등기하여야 한다. 다만, 무한책임사원만을 등기하되, 회사를 대표할 사원을 정한 경우에는 다른 사원은 등기하지 아니한다.
[전문개정 2011.4.14]

제272조 (유한책임사원의 출자) 유한책임사원은 신용 또는 노무를 출자의 목적으로 하지 못한다.

제273조 (업무집행의 권리의무) 무한책임사원은 정관에 다른 규정이 없는 때에는 각자가 회사의 업무를 집행할 권리와 의무가 있다.

제274조 (지배인의 선임, 해임) 지배인의 선임과 해임은 업무집행사원이 있는 경우에도 무한책임사원과반수의 결의에 의하여야 한다.

제275조 (유한책임사원의 경업의 자유) 유한책임사원은 다른 사원의 동의없이 자기 또는 제삼자의 계산으로 회사의 영업부류에 속하는 거래를 할 수 있고 동종영업을 목적으로 하는 다른 회사의 무한책임사원 또는 이사가 될 수 있다.

제276조 (유한책임사원의 지분양도) 유한책임사원은 무한책임사원전원의 동의가 있으면 그 지분의 전부 또는 일부를 타인에게 양도할 수 있다. 지분의 양도에 따라 정관을 변경하여야 할 경우에도 같다.

제277조 (유한책임사원의 감시권) ①유한책임사원은 영업년도말에 있어서 영업시간내에 한하여 회사의 회계장부·대차대조표 기타의 서류를 열람할 수 있고 회사의 업무와 재산상태를 검사할 수 있다. <개정 1984.4.10>
②중요한 사유가 있는 때에는 유한책임사원은 언제든지 법원의 허가를 얻어 제1항의 열람과 검사를 할 수 있다. <개정 1984.4.10>

제278조 (유한책임사원의 업무집행, 회사대표의 금지) 유한책임사원은 회사의 업무집행이나 대표행위를 하지 못한다.

제279조 (유한책임사원의 책임) ①유한책임사원은 그 출자가액에서 이미 이행한 부분을 공제한 가액을 한도로 하여 회사채무를 변제할 책임이 있다.
②회사에 이익이 없음에도 불구하고 배당을 받은 금액은 변제책임을 정함에 있어서 이를 가산한다.

제280조 (출자감소의 경우의 책임) 유한책임사원은 그 출자를 감소한 후에도 본점소재지에서 등기를 하기 전에 생긴 회사채무에 대하여는 등기후 2년내에는 전조의 책임을 면하지 못한다.

제281조 (자칭무한책임사원의 책임) ①유한책임사원이 타인에게 자기를 무한책임사원이라고 오인시키는 행위를 한 때에는 오인으로 인하여 회사와 거래를 한 자에 대하여 무한책임사원과 동일한 책임이 있다.
②전항의 규정은 유한책임사원이 그 책임의 한도를 오인시키는 행위를 한 경우에

준용한다.

제282조 (책임을 변경한 사원의 책임) 제213조의 규정은 유한책임사원이 무한책임사원으로 된 경우에, 제225조의 규정은 무한책임사원이 유한책임사원으로 된 경우에 준용한다.

제283조 (유한책임사원의 사망) ①유한책임사원이 사망한 때에는 그 상속인이 그 지분을 승계하여 사원이 된다.

②전항의 경우에 상속인이 수인인 때에는 사원의 권리를 행사할 자 1인을 정하여야 한다. 이를 정하지 아니한 때에는 회사의 통지 또는 최고는 그중의 1인에 대하여 하면 전원에 대하여 그 효력이 있다.

제284조 (유한책임사원의 금치산) 유한책임사원은 금치산의 선고를 받은 경우에도 퇴사되지 아니한다.

제285조 (해산, 계속) ①합자회사는 무한책임사원 또는 유한책임사원의 전원이 퇴사한 때에는 해산된다.

②전항의 경우에 잔존한 무한책임사원 또는 유한책임사원은 전원의 동의로 새로 유한책임사원 또는 무한책임사원을 가입시켜서 회사를 계속할 수 있다.

③제213조와 제229조제3항의 규정은 전항의 경우에 준용한다.

제286조 (조직변경) ①합자회사는 사원전원의 동의로 그 조직을 합명회사로 변경하여 계속할 수 있다.

②유한책임사원전원이 퇴사한 경우에도 무한책임사원은 그 전원의 동의로 합명회사로 변경하여 계속할 수 있다.

③전2항의 경우에는 본점소재지에서는 2주간내, 지점소재지에서는 3주간내에 합자회사에 있어서는 해산등기를, 합명회사에 있어서는 설립등기를 하여야 한다.

제287조 (청산인) 합자회사의 청산인은 무한책임사원과반수의 결의로 선임한다. 이를 선임하지 아니한 때에는 업무집행사원이 청산인이 된다.

제3장의2 유한책임회사 <신설 2011.4.14>

제1절 설립 <신설 2011.4.14>

제287조의2(정관의 작성) 유한책임회사를 설립할 때에는 사원은 정관을 작성하여야 한다.

[본조신설 2011.4.14]

제287조의3(정관의 기재사항) 정관에는 다음 각 호의 사항을 적고 각 사원이 기명날인하거나 서명하여야 한다.

1. 제179조제1호부터 제3호까지, 제5호 및 제6호에서 정한 사항
2. 사원의 출자의 목적 및 가액
3. 자본금의 액
4. 업무집행자의 성명(법인인 경우에는 명칭) 및 주소

[본조신설 2011.4.14]

제287조의4(설립 시의 출자의 이행) ① 사원은 신용이나 노무를 출자의 목적으로 하지 못한다.

② 사원은 정관의 작성 후 설립등기를 하는 때까지 금전이나 그 밖의 재산의 출자를 전부 이행하여야 한다.

③ 현물출자를 하는 사원은 납입기일에 지체 없이 유한책임회사에 출자의 목적인 재산을 인도하고, 등기, 등록, 그 밖의 권리의 설정 또는 이전이 필요한 경우에는 이에 관한 서류를 모두 갖추어 교부하여야 한다.

[본조신설 2011.4.14]

제287조의5(설립의 등기 등) ① 유한책임회사는 본점의 소재지에서 다음 각 호의 사항을 등기함으로써 성립한다.

1. 제179조제1호·제2호 및 제5호에서 정한 사항과 지점을 둔 경우에는 그 소재지
2. 제180조제3호에서 정한 사항
3. 자본금의 액
4. 업무집행자의 성명, 주소 및 주민등록번호(법인인 경우에는 명칭, 주소 및 법인등록번호). 다만, 유한책임회사를 대표할 업무집행자를 정한 경우에는 그 외의 업무집행자의 주소는 제외한다.
5. 유한책임회사를 대표할 자를 정한 경우에는 그 성명 또는 명칭과 주소
6. 정관으로 공고방법을 정한 경우에는 그 공고방법
7. 둘 이상의 업무집행자가 공동으로 회사를 대표할 것을 정한 경우에는 그 규정

② 유한책임회사가 지점을 설치하는 경우에는 제181조를 준용한다.

③ 유한책임회사가 본점이나 지점을 이전하는 경우에는 제182조를 준용한다.

④ 제1항 각 호의 사항이 변경된 경우에는 본점소재지에서는 2주 내에 변경등기를 하고, 지점소재지에서는 3주 내에 변경등기를 하여야 한다.

⑤ 유한책임회사의 업무집행자의 업무집행을 정지하거나 직무대행자를 선임하는 가처분을 하거나 그 가처분을 변경 또는 취소하는 경우에는 본점 및 지점이 있는 곳의 등기소에서 등기하여야 한다.

[본조신설 2011.4.14]

제287조의6(준용규정) 유한책임회사의 설립의 무효와 취소에 관하여는 제184조부

터 제194조까지의 규정을 준용한다. 이 경우 제184조 중 "사원"은 "사원 및 업무집행자"로 본다.

[본조신설 2011.4.14]

제2절 유한책임회사의 내부관계 <신설 2011.4.14>

제287조의7(사원의 책임) 사원의 책임은 이 법에 다른 규정이 있는 경우 외에는 그 출자금액을 한도로 한다.

[본조신설 2011.4.14]

제287조의8(지분의 양도) ① 사원은 다른 사원의 동의를 받지 아니하면 그 지분의 전부 또는 일부를 타인에게 양도하지 못한다.

② 제1항에도 불구하고 업무를 집행하지 아니한 사원은 업무를 집행하는 사원 전원의 동의가 있으면 지분의 전부 또는 일부를 타인에게 양도할 수 있다. 다만, 업무를 집행하는 사원이 없는 경우에는 사원 전원의 동의를 받아야 한다.

③ 제1항과 제2항에도 불구하고 정관으로 그에 관한 사항을 달리 정할 수 있다.

[본조신설 2011.4.14]

제287조의9(유한책임회사에 의한 지분양수의 금지) ① 유한책임회사는 그 지분의 전부 또는 일부를 양수할 수 없다.

② 유한책임회사가 지분을 취득하는 경우에 그 지분은 취득한 때에 소멸한다.

[본조신설 2011.4.14]

제287조의10(업무집행자의 경업 금지) ① 업무집행자는 사원 전원의 동의를 받지 아니하고는 자기 또는 제3자의 계산으로 회사의 영업부류(營業部類)에 속한 거래를 하지 못하며, 같은 종류의 영업을 목적으로 하는 다른 회사의 업무집행자·이사 또는 집행임원이 되지 못한다.

② 업무집행자가 제1항을 위반하여 거래를 한 경우에는 제198조제2항부터 제4항까지의 규정을 준용한다.

[본조신설 2011.4.14]

제287조의11(업무집행자와 유한책임회사 간의 거래) 업무집행자는 다른 사원 과반수의 결의가 있는 경우에만 자기 또는 제3자의 계산으로 회사와 거래를 할 수 있다. 이 경우에는 「민법」 제124조를 적용하지 아니한다.

[본조신설 2011.4.14]

제287조의12(업무의 집행) ① 유한책임회사는 정관으로 사원 또는 사원이 아닌 자를 업무집행자로 정하여야 한다.

② 1명 또는 둘 이상의 업무집행자를 정한 경우에는 업무집행자 각자가 회사의 업

무를 집행할 권리와 의무가 있다. 이 경우에는 제201조제2항을 준용한다.
③ 정관으로 둘 이상을 공동업무집행자로 정한 경우에는 그 전원의 동의가 없으면 업무집행에 관한 행위를 하지 못한다.
[본조신설 2011.4.14]

제287조의13(직무대행자의 권한 등) 제287조의5제5항에 따라 선임된 직무대행자의 권한에 대하여는 제200조의2를 준용한다.
[본조신설 2011.4.14]

제287조의14(사원의 감시권) 업무집행자가 아닌 사원의 감시권에 대하여는 제277조를 준용한다.
[본조신설 2011.4.14]

제287조의15(법인이 업무집행자인 경우의 특칙) ① 법인이 업무집행자인 경우에는 그 법인은 해당 업무집행자의 직무를 행할 자를 선임하고, 그 자의 성명과 주소를 다른 사원에게 통지하여야 한다.
② 제1항에 따라 선임된 직무수행자에 대하여는 제287조의11과 제287조의12를 준용한다.
[본조신설 2011.4.14]

제287조의16(정관의 변경) 정관에 다른 규정이 없는 경우 정관을 변경하려면 총사원의 동의가 있어야 한다.
[본조신설 2011.4.14]

제287조의17(업무집행자 등의 권한상실 선고) ① 업무집행자의 업무집행권한의 상실에 관하여는 제205조를 준용한다.
② 제1항의 소(訴)는 본점소재지의 지방법원의 관할에 전속한다.
[본조신설 2011.4.14]

제287조의18(준용규정) 유한책임회사의 내부관계에 관하여는 정관이나 이 법에 다른 규정이 없으면 합명회사에 관한 규정을 준용한다.
[본조신설 2011.4.14]

제3절 유한책임회사의 외부관계 <신설 2011.4.14>

제287조의19(유한책임회사의 대표) ① 업무집행자는 유한책임회사를 대표한다.
② 업무집행자가 둘 이상인 경우 정관 또는 총사원의 동의로 유한책임회사를 대표할 업무집행자를 정할 수 있다.
③ 유한책임회사는 정관 또는 총사원의 동의로 둘 이상의 업무집행자가 공동으로 회사를 대표할 것을 정할 수 있다.

④ 제3항의 경우에 제3자의 유한책임회사에 대한 의사표시는 공동대표의 권한이 있는 자 1인에 대하여 함으로써 그 효력이 생긴다.
⑤ 유한책임회사를 대표하는 업무집행자에 대하여는 제209조를 준용한다.
[본조신설 2011.4.14]

제287조의20(손해배상책임) 유한책임회사를 대표하는 업무집행자가 그 업무집행으로 타인에게 손해를 입힌 경우에는 회사는 그 업무집행자와 연대하여 배상할 책임이 있다.
[본조신설 2011.4.14]

제287조의21(유한책임회사와 사원 간의 소) 유한책임회사가 사원(사원이 아닌 업무집행자를 포함한다. 이하 이 조에서 같다)에 대하여 또는 사원이 유한책임회사에 대하여 소를 제기하는 경우에 유한책임회사를 대표할 사원이 없을 때에는 다른 사원 과반수의 결의로 대표할 사원을 선정하여야 한다.
[본조신설 2011.4.14]

제287조의22(대표소송) ① 사원은 회사에 대하여 업무집행자의 책임을 추궁하는 소의 제기를 청구할 수 있다.
② 제1항의 소에 관하여는 제403조제2항부터 제4항까지, 제6항, 제7항 및 제404조부터 제406조까지의 규정을 준용한다.
[본조신설 2011.4.14]

제4절 사원의 가입 및 탈퇴 <신설 2011.4.14>

제287조의23(사원의 가입) ① 유한책임회사는 정관을 변경함으로써 새로운 사원을 가입시킬 수 있다.
② 제1항에 따른 사원의 가입은 정관을 변경한 때에 효력이 발생한다. 다만, 정관을 변경한 때에 해당 사원이 출자에 관한 납입 또는 재산의 전부 또는 일부의 출자를 이행하지 아니한 경우에는 그 납입 또는 이행을 마친 때에 사원이 된다.
③ 사원 가입 시 현물출자를 하는 사원에 대하여는 제287조의4제3항을 준용한다.
[본조신설 2011.4.14]

제287조의24(사원의 퇴사권) 사원의 퇴사에 관하여는 정관으로 달리 정하지 아니하는 경우에는 제217조제1항을 준용한다.
[본조신설 2011.4.14]

제287조의25(퇴사 원인) 사원의 퇴사 원인에 관하여는 제218조를 준용한다.
[본조신설 2011.4.14]

제287조의26(사원사망 시 권리승계의 통지) 사원이 사망한 경우에는 제219조를 준용

한다.

[본조신설 2011.4.14]

제287조의27(제명의 선고) 사원의 제명에 관하여는 제220조를 준용한다. 다만, 사원의 제명에 필요한 결의는 정관으로 달리 정할 수 있다.

[본조신설 2011.4.14]

제287조의28(퇴사 사원 지분의 환급) ① 퇴사 사원은 그 지분의 환급을 금전으로 받을 수 있다.

② 퇴사 사원에 대한 환급금액은 퇴사 시의 회사의 재산 상황에 따라 정한다.

③ 퇴사 사원의 지분 환급에 대하여는 정관으로 달리 정할 수 있다.

[본조신설 2011.4.14]

제287조의29(지분압류채권자에 의한 퇴사) 사원의 지분을 압류한 채권자가 그 사원을 퇴사시키는 경우에는 제224조를 준용한다.

[본조신설 2011.4.14]

제287조의30(퇴사 사원의 지분 환급과 채권자의 이의) ① 유한책임회사의 채권자는 퇴사하는 사원에게 환급하는 금액이 제287조의37에 따른 잉여금을 초과한 경우에는 그 환급에 대하여 회사에 이의를 제기할 수 있다.

② 제1항의 이의제기에 관하여는 제232조를 준용한다. 다만, 제232조제3항은 지분을 환급하더라도 채권자에게 손해를 끼칠 우려가 없는 경우에는 준용하지 아니한다.

[본조신설 2011.4.14]

제287조의31(퇴사 사원의 상호변경 청구권) 퇴사한 사원의 성명이 유한책임회사의 상호 중에 사용된 경우에는 그 사원은 유한책임회사에 대하여 그 사용의 폐지를 청구할 수 있다.

[본조신설 2011.4.14]

제5절 회계 등 <신설 2011.4.14>

제287조의32(회계 원칙) 유한책임회사의 회계는 이 법과 대통령령으로 규정한 것 외에는 일반적으로 공정하고 타당한 회계관행에 따른다.

[본조신설 2011.4.14]

제287조의33(재무제표의 작성 및 보존) 업무집행자는 결산기마다 대차대조표, 손익계산서, 그 밖에 유한책임회사의 재무상태와 경영성과를 표시하는 것으로서 대통령령으로 정하는 서류를 작성하여야 한다.

[본조신설 2011.4.14]

제287조의34(재무제표의 비치 · 공시) ① 업무집행자는 제287조의33에 규정된 서류를

본점에 5년간 갖추어 두어야 하고, 그 등본을 지점에 3년간 갖추어 두어야 한다.

② 사원과 유한책임회사의 채권자는 회사의 영업시간 내에는 언제든지 제287조의33에 따라 작성된 재무제표(財務諸表)의 열람과 등사를 청구할 수 있다.

[본조신설 2011.4.14]

제287조의35(자본금의 액) 사원이 출자한 금전이나 그 밖의 재산의 가액을 유한책임회사의 자본금으로 한다.

[본조신설 2011.4.14]

제287조의36(자본금의 감소) ① 유한책임회사는 정관 변경의 방법으로 자본금을 감소할 수 있다.

② 제1항의 경우에는 제232조를 준용한다. 다만, 감소 후의 자본금의 액이 순자산액 이상인 경우에는 그러하지 아니하다.

[본조신설 2011.4.14]

제287조의37(잉여금의 분배) ① 유한책임회사는 대차대조표상의 순자산액으로부터 자본금의 액을 뺀 액(이하 이 조에서 "잉여금"이라 한다)을 한도로 하여 잉여금을 분배할 수 있다.

② 제1항을 위반하여 잉여금을 분배한 경우에는 유한책임회사의 채권자는 그 잉여금을 분배받은 자에 대하여 회사에 반환할 것을 청구할 수 있다.

③ 제2항의 청구에 관한 소는 본점소재지의 지방법원의 관할에 전속한다.

④ 잉여금은 정관에 다른 규정이 없으면 각 사원이 출자한 가액에 비례하여 분배한다.

⑤ 잉여금의 분배를 청구하는 방법이나 그 밖에 잉여금의 분배에 관한 사항은 정관으로 정할 수 있다.

⑥ 사원의 지분의 압류는 잉여금의 배당을 청구하는 권리에 대하여도 그 효력이 있다.

[본조신설 2011.4.14]

제6절 해산 <신설 2011.4.14>

제287조의38(해산 원인) 유한책임회사는 다음 각 호의 어느 하나에 해당하는 사유로 해산한다.

1. 제227조제1호·제2호 및 제4호부터 제6호까지에서 규정한 사항에 해당하는 경우
2. 사원이 없게 된 경우

[본조신설 2011.4.14]

제287조의39(해산등기) 유한책임회사가 해산된 경우에는 합병과 파산의 경우 외에는 그 해산사유가 있었던 날부터 본점소재지에서는 2주 내에 해산등기를 하고, 지점소재지에서는 3주 내에 해산등기를 하여야 한다.

[본조신설 2011.4.14]

제287조의40(유한책임회사의 계속) 제287조의38의 해산 원인 중 제227조제1호 및 제2호의 경우에는 제229조제1항 및 제3항을 준용한다.

[본조신설 2011.4.14]

제287조의41(유한책임회사의 합병) 유한책임회사의 합병에 관하여는 제230조, 제232조부터 제240조까지의 규정을 준용한다.

[본조신설 2011.4.14]

제287조의42(해산청구) 유한책임회사의 사원이 해산을 청구하는 경우에는 제241조를 준용한다.

[본조신설 2011.4.14]

제7절 조직변경 <신설 2011.4.14>

제287조의43(조직의 변경) ① 주식회사는 총회에서 총주주의 동의로 결의한 경우에는 그 조직을 변경하여 이 장에 따른 유한책임회사로 할 수 있다.

② 유한책임회사는 총사원의 동의에 의하여 주식회사로 변경할 수 있다.

[본조신설 2011.4.14]

제287조의44(준용규정) 유한책임회사의 조직의 변경에 관하여는 제232조 및 제604조부터 제607조까지의 규정을 준용한다.

[본조신설 2011.4.14]

제8절 청산 <신설 2011.4.14>

제287조의45(청산) 유한책임회사의 청산(淸算)에 관하여는 제245조, 제246조, 제251조부터 제257조까지 및 제259조부터 제267조까지의 규정을 준용한다.

[본조신설 2011.4.14]

제4장 주식회사

제1절 설립

제288조 (발기인) 주식회사를 설립함에는 발기인이 정관을 작성하여야 한다.

[전문개정 2001.7.24]

제289조 (정관의 작성, 절대적 기재사항) ①발기인은 정관을 작성하여 다음의 사항을 적고 각 발기인이 기명날인 또는 서명하여야 한다. <개정 1984.4.10, 1995.12.29, 2001.7.24, 2011.4.14>

1. 목적
2. 상호
3. 회사가 발행할 주식의 총수
4. 액면주식을 발행하는 경우 1주의 금액
5. 회사의 설립시에 발행하는 주식의 총수
6. 본점의 소재지
7. 회사가 공고를 하는 방법
8. 발기인의 성명·주민등록번호 및 주소
9. 삭제 <1984.4.10>

② 삭제 <2011.4.14>

③ 회사의 공고는 관보 또는 시사에 관한 사항을 게재하는 일간신문에 하여야 한다. 다만, 회사는 그 공고를 정관으로 정하는 바에 따라 전자적 방법으로 할 수 있다. <개정 2009.5.28>

④ 회사는 제3항에 따라 전자적 방법으로 공고할 경우 대통령령으로 정하는 기간까지 계속 공고하고, 재무제표를 전자적 방법으로 공고할 경우에는 제450조에서 정한 기간까지 계속 공고하여야 한다. 다만, 공고기간 이후에도 누구나 그 내용을 열람할 수 있도록 하여야 한다. <신설 2009.5.28>

⑤ 회사가 전자적 방법으로 공고를 할 경우에는 게시 기간과 게시 내용에 대하여 증명하여야 한다. <신설 2009.5.28>

⑥ 회사의 전자적 방법으로 하는 공고에 관하여 필요한 사항은 대통령령으로 정한다. <신설 2009.5.28>

제290조 (변태설립사항) 다음의 사항은 정관에 기재함으로써 그 효력이 있다.

1. 발기인이 받을 특별이익과 이를 받을 자의 성명
2. 현물출자를 하는 자의 성명과 그 목적인 재산의 종류, 수량, 가격과 이에 대하여 부여할 주식의 종류와 수
3. 회사성립후에 양수할 것을 약정한 재산의 종류, 수량, 가격과 그 양도인의 성명
4. 회사가 부담할 설립비용과 발기인이 받을 보수액

제291조(설립 당시의 주식발행사항의 결정) 회사설립 시에 발행하는 주식에 관하여 다음의 사항은 정관으로 달리 정하지 아니하면 발기인 전원의 동의로 이를 정한다.

1. 주식의 종류와 수
2. 액면주식의 경우에 액면 이상의 주식을 발행할 때에는 그 수와 금액
3. 무액면주식을 발행하는 경우에는 주식의 발행가액과 주식의 발행가액 중 자본금으로 계상하는 금액

[전문개정 2011.4.14]

제292조 (정관의 효력발생) 정관은 공증인의 인증을 받음으로써 효력이 생긴다. 다만, 자본금 총액이 10억원 미만인 회사를 제295조제1항에 따라 발기설립(發起設立)하는 경우에는 제289조제1항에 따라 각 발기인이 정관에 기명날인 또는 서명함으로써 효력이 생긴다.

[전문개정 2009.5.28]

제293조 (발기인의 주식인수) 각발기인은 서면에 의하여 주식을 인수하여야 한다.

제294조 삭제 <1995.12.29>

제295조 (발기설립의 경우의 납입과 현물출자의 이행) ①발기인이 회사의 설립시에 발행하는 주식의 총수를 인수한 때에는 지체없이 각주식에 대하여 그 인수가액의 전액을 납입하여야 한다. 이 경우 발기인은 납입을 맡을 은행 기타 금융기관과 납입장소를 지정하여야 한다. <개정 1995.12.29>

②현물출자를 하는 발기인은 납입기일에 지체없이 출자의 목적인 재산을 인도하고 등기, 등록 기타 권리의 설정 또는 이전을 요할 경우에는 이에 관한 서류를 완비하여 교부하여야 한다.

제296조 (발기설립의 경우의 임원선임) ①전조의 규정에 의한 납입과 현물출자의 이행이 완료된 때에는 발기인은 지체없이 의결권의 과반수로 이사와 감사를 선임하여야 한다.

②발기인의 의결권은 그 인수주식의 1주에 대하여 1개로 한다.

제297조 (발기인의 의사록작성) 발기인은 의사록을 작성하여 의사의 경과와 그 결과를 기재하고 기명날인 또는 서명하여야 한다. <개정 1995.12.29>

제298조 (이사 · 감사의 조사 · 보고와 검사인의 선임청구) ①이사와 감사는 취임후 지체없이 회사의 설립에 관한 모든 사항이 법령 또는 정관의 규정에 위반되지 아니하는지의 여부를 조사하여 발기인에게 보고하여야 한다.

②이사와 감사중 발기인이었던 자·현물출자자 또는 회사성립후 양수할 재산의 계약당사자인 자는 제1항의 조사·보고에 참가하지 못한다.

③이사와 감사의 전원이 제2항에 해당하는 때에는 이사는 공증인으로 하여금 제1항의 조사·보고를 하게 하여야 한다.

④정관으로 제290조 각호의 사항을 정한 때에는 이사는 이에 관한 조사를 하게 하

기 위하여 검사인의 선임을 법원에 청구하여야 한다. 다만, 제299조의2의 경우에는 그러하지 아니하다.

[전문개정 1995.12.29]

제299조(검사인의 조사, 보고) ① 검사인은 제290조 각 호의 사항과 제295조에 따른 현물출자의 이행을 조사하여 법원에 보고하여야 한다.

② 제1항은 다음 각 호의 어느 하나에 해당할 경우에는 적용하지 아니한다.

1. 제290조제2호 및 제3호의 재산총액이 자본금의 5분의 1을 초과하지 아니하고 대통령령으로 정한 금액을 초과하지 아니하는 경우
2. 제290조제2호 또는 제3호의 재산이 거래소에서 시세가 있는 유가증권인 경우로서 정관에 적힌 가격이 대통령령으로 정한 방법으로 산정된 시세를 초과하지 아니하는 경우
3. 그 밖에 제1호 및 제2호에 준하는 경우로서 대통령령으로 정하는 경우

③ 검사인은 제1항의 조사보고서를 작성한 후 지체 없이 그 등본을 각 발기인에게 교부하여야 한다.

④ 검사인의 조사보고서에 사실과 다른 사항이 있는 경우에는 발기인은 이에 대한 설명서를 법원에 제출할 수 있다.

[전문개정 2011.4.14]

제299조의2 (현물출자등의 증명) 제290조제1호 및 제4호에 기재한 사항에 관하여는 공증인의 조사·보고로, 제290조제2호 및 제3호의 규정에 의한 사항과 제295조의 규정에 의한 현물출자의 이행에 관하여는 공인된 감정인의 감정으로 제299조제1항의 규정에 의한 검사인의 조사에 갈음할 수 있다. 이 경우 공증인 또는 감정인은 조사 또는 감정결과를 법원에 보고하여야 한다. <개정 1998.12.28>

[본조신설 1995.12.29]

제300조 (법원의 변경처분) ①법원은 검사인 또는 공증인의 조사보고서 또는 감정인의 감정결과와 발기인의 설명서를 심사하여 제290조의 규정에 의한 사항을 부당하다고 인정한 때에는 이를 변경하여 각발기인에게 통고할 수 있다. <개정 1998.12.28>

②제1항의 변경에 불복하는 발기인은 그 주식의 인수를 취소할 수 있다. 이 경우에는 정관을 변경하여 설립에 관한 절차를 속행할 수 있다. <개정 1998.12.28>

③법원의 통고가 있은 후 2주내에 주식의 인수를 취소한 발기인이 없는 때에는 정관은 통고에 따라서 변경된 것으로 본다. <개정 1998.12.28>

제301조 (모집설립의 경우의 주식모집) 발기인이 회사의 설립시에 발행하는 주식의 총수를 인수하지 아니하는 때에는 주주를 모집하여야 한다.

제302조 (주식인수의 청약, 주식청약서의 기재사항) ①주식인수의 청약을 하고자 하는

자는 주식청약서 2통에 인수할 주식의 종류 및 수와 주소를 기재하고 기명날인 또는 서명하여야 한다. <개정 1995.12.29>

②주식청약서는 발기인이 작성하고 다음의 사항을 적어야 한다. <개정 1962.12.12, 1984.4.10, 1995.12.29, 2011.4.14>

1. 정관의 인증년월일과 공증인의 성명
2. 제289조제1항과 제290조에 게기한 사항
3. 회사의 존립기간 또는 해산사유를 정한 때에는 그 규정
4. 각발기인이 인수한 주식의 종류와 수
5. 제291조에 게기한 사항

5의2. 주식의 양도에 관하여 이사회의 승인을 얻도록 정한 때에는 그 규정

6. 삭제 <2011.4.14>
7. 주주에게 배당할 이익으로 주식을 소각할 것을 정한 때에는 그 규정
8. 일정한 시기까지 창립총회를 종결하지 아니한 때에는 주식의 인수를 취소할 수 있다는 뜻
9. 납입을 맡을 은행 기타 금융기관과 납입장소
10. 명의개서대리인을 둔 때에는 그 성명·주소 및 영업소

③민법 제107조제1항 단서의 규정은 주식인수의 청약에는 적용하지 아니한다.

제303조 (주식인수인의 의무) 주식인수를 청약한 자는 발기인이 배정한 주식의 수에 따라서 인수가액을 납입할 의무를 부담한다.

제304조 (주식인수인 등에 대한 통지, 최고) ①주식인수인 또는 주식청약인에 대한 통지나 최고는 주식인수증 또는 주식청약서에 기재한 주소 또는 그 자로부터 회사에 통지한 주소로 하면 된다.

②전항의 통지 또는 최고는 보통 그 도달할 시기에 도달한 것으로 본다.

제305조 (주식에 대한 납입) ①회사설립시에 발행하는 주식의 총수가 인수된 때에는 발기인은 지체없이 주식인수인에 대하여 각주식에 대한 인수가액의 전액을 납입시켜야 한다.

②전항의 납입은 주식청약서에 기재한 납입장소에서 하여야 한다.

③제295조제2항의 규정은 제1항의 경우에 준용한다.

제306조 (납입금의 보관자등의 변경) 납입금의 보관자 또는 납입장소를 변경할 때에는 법원의 허가를 얻어야 한다.

제307조 (주식인수인의 실권절차) ①주식인수인이 제305조의 규정에 의한 납입을 하지 아니한 때에는 발기인은 일정한 기일을 정하여 그 기일내에 납입을 하지 아니하면 그 권리를 잃는다는 뜻을 기일의 2주간전에 그 주식인수인에게 통지하여야 한다.

②전항의 통지를 받은 주식인수인이 그 기일내에 납입의 이행을 하지 아니한 때에는 그 권리를 잃는다. 이 경우에는 발기인은 다시 그 주식에 대한 주주를 모집할 수 있다.
③전2항의 규정은 그 주식인수인에 대한 손해배상의 청구에 영향을 미치지 아니한다.
제308조 (창립총회) ①제305조의 규정에 의한 납입과 현물출자의 이행을 완료한 때에는 발기인은 지체없이 창립총회를 소집하여야 한다.
②제363조제1항·제2항, 제364조, 제368조제3항·제4항, 제368조의2, 제369조제1항, 제371조제2항, 제372조, 제373조, 제376조 내지 제381조와 제435조의 규정은 창립총회에 준용한다. <개정 1984.4.10>
제309조 (창립총회의 결의) 창립총회의 결의는 출석한 주식인수인의 의결권의 3분의 2이상이며 인수된 주식의 총수의 과반수에 해당하는 다수로 하여야 한다.
제310조 (변태설립의 경우의 조사) ①정관으로 제290조에 게기한 사항을 정한 때에는 발기인은 이에 관한 조사를 하게 하기 위하여 검사인의 선임을 법원에 청구하여야 한다.
②전항의 검사인의 보고서는 이를 창립총회에 제출하여야 한다.
③제298조제4항 단서 및 제299조의2의 규정은 제1항의 조사에 관하여 이를 준용한다. <신설 1995.12.29>
제311조 (발기인의 보고) ①발기인은 회사의 창립에 관한 사항을 서면에 의하여 창립총회에 보고하여야 한다.
②전항의 보고서에는 다음의 사항을 명확히 기재하여야 한다.
1. 주식인수와 납입에 관한 제반상황
2. 제290조에 게기한 사항에 관한 실태

제312조 (임원의 선임) 창립총회에서는 이사와 감사를 선임하여야 한다.
제313조 (이사, 감사의 조사, 보고) ①이사와 감사는 취임후 지체없이 회사의 설립에 관한 모든 사항이 법령 또는 정관의 규정에 위반되지 아니하는지의 여부를 조사하여 창립총회에 보고하여야 한다. <개정 1962.12.12, 1995.12.29>
②제298조제2항 및 제3항의 규정은 제1항의 조사와 보고에 관하여 이를 준용한다. <개정 1995.12.29>
③ 삭제 <1995.12.29>
제314조 (변태설립사항의 변경) ①창립총회에서는 제290조에 게기한 사항이 부당하다고 인정한 때에는 이를 변경할 수 있다.
②제300조제2항과 제3항의 규정은 전항의 경우에 준용한다.

제315조 (발기인에 대한 손해배상청구) 전조의 규정은 발기인에 대한 손해배상의 청구에 영향을 미치지 아니한다.

제316조 (정관변경, 설립폐지의 결의) ①창립총회에서는 정관의 변경 또는 설립의 폐지를 결의할 수 있다.

②전항의 결의는 소집통지서에 그 뜻의 기재가 없는 경우에도 이를 할 수 있다.

제317조 (설립의 등기) ①주식회사의 설립등기는 발기인이 회사설립시에 발행한 주식의 총수를 인수한 경우에는 제299조와 제300조의 규정에 의한 절차가 종료한 날로부터, 발기인이 주주를 모집한 경우에는 창립총회가 종결한 날 또는 제314조의 규정에 의한 절차가 종료한 날로부터 2주간내에 이를 하여야 한다.

②제1항의 설립등기에 있어서는 다음의 사항을 등기하여야 한다. <개정 1962.12.12, 1984.4.10, 1995.12.29, 1999.12.31, 2009.1.30, 2011.4.14>

1. 제289조제1항제1호 내지 제4호, 제6호와 제7호에 게기한 사항
2. 자본금의 액
3. 발행주식의 총수, 그 종류와 각종주식의 내용과 수

3의2. 주식의 양도에 관하여 이사회의 승인을 얻도록 정한 때에는 그 규정

3의3. 주식매수선택권을 부여하도록 정한 때에는 그 규정

3의4. 지점의 소재지

4. 회사의 존립기간 또는 해산사유를 정한 때에는 그 기간 또는 사유
5. 삭제 <2011.4.14>
6. 주주에게 배당할 이익으로 주식을 소각할 것을 정한 때에는 그 규정
7. 전환주식을 발행하는 경우에는 제347조에 게기한 사항
8. 사내이사, 사외이사, 그 밖에 상무에 종사하지 아니하는 이사, 감사 및 집행임원의 성명과 주민등록번호
9. 회사를 대표할 이사 또는 집행임원의 성명·주민등록번호 및 주소
10. 둘 이상의 대표이사 또는 대표집행임원이 공동으로 회사를 대표할 것을 정한 경우에는 그 규정
11. 명의개서대리인을 둔 때에는 그 상호 및 본점소재지
12. 감사위원회를 설치한 때에는 감사위원회 위원의 성명 및 주민등록번호

③ 주식회사의 지점 설치 및 이전 시 지점소재지 또는 신지점소재지에서 등기를 할 때에는 제289조제1항제1호·제2호·제6호 및 제7호와 이 조 제2항제4호·제9호 및 제10호에 따른 사항을 등기하여야 한다. <개정 2011.4.14>

④제181조 내지 제183조의 규정은 주식회사의 등기에 준용한다.

제318조 (납입금 보관자의 증명과 책임) ① 납입금을 보관한 은행이나 그 밖의 금융기

관은 발기인 또는 이사의 청구를 받으면 그 보관금액에 관하여 증명서를 발급하여야 한다.

② 제1항의 은행이나 그 밖의 금융기관은 증명한 보관금액에 대하여는 납입이 부실하거나 그 금액의 반환에 제한이 있다는 것을 이유로 회사에 대항하지 못한다.

③ 자본금 총액이 10억원 미만인 회사를 제295조제1항에 따라 발기설립하는 경우에는 제1항의 증명서를 은행이나 그 밖의 금융기관의 잔고증명서로 대체할 수 있다.

[전문개정 2009.5.28]

제319조 (권리주의 양도) 주식의 인수로 인한 권리의 양도는 회사에 대하여 효력이 없다.

제320조 (주식인수의 무효주장, 취소의 제한) ①회사성립후에는 주식을 인수한 자는 주식청약서의 요건의 흠결을 이유로 하여 그 인수의 무효를 주장하거나 사기, 강박 또는 착오를 이유로 하여 그 인수를 취소하지 못한다.

②창립총회에 출석하여 그 권리를 행사한 자는 회사의 성립전에도 전항과 같다.

제321조 (발기인의 인수, 납입담보책임) ①회사설립시에 발행한 주식으로서 회사성립후에 아직 인수되지 아니한 주식이 있거나 주식인수의 청약이 취소된 때에는 발기인이 이를 공동으로 인수한 것으로 본다.

②회사성립후 제295조제1항 또는 제305조제1항의 규정에 의한 납입을 완료하지 아니한 주식이 있는 때에는 발기인은 연대하여 그 납입을 하여야 한다.

③제315조의 규정은 전2항의 경우에 준용한다.

제322조 (발기인의 손해배상책임) ①발기인이 회사의 설립에 관하여 그 임무를 해태한 때에는 그 발기인은 회사에 대하여 연대하여 손해를 배상할 책임이 있다.

②발기인이 악의 또는 중대한 과실로 인하여 그 임무를 해태한 때에는 그 발기인은 제삼자에 대하여도 연대하여 손해를 배상할 책임이있다.

제323조 (발기인, 임원의 연대책임) 이사 또는 감사가 제313조제1항의 규정에 의한 임무를 해태하여 회사 또는 제삼자에 대하여 손해를 배상할 책임을 지는 경우에 발기인도 책임을 질때에는 그 이사, 감사와 발기인은 연대하여 손해를 배상할 책임이 있다.

제324조 (발기인의 책임면제, 주주의 대표소송) 제400조와 제403조 내지 제406조의 규정은 발기인에 준용한다.

제325조 (검사인의 손해배상책임) 법원이 선임한 검사인이 악의 또는 중대한 과실로 인하여 그 임무를 해태한 때에는 회사 또는 제삼자에 대하여 손해를 배상할 책임이 있다.

제326조 (회사불성립의 경우의 발기인의 책임) ①회사가 성립하지 못한 경우에는 발기

인은 그 설립에 관한 행위에 대하여 연대하여 책임을 진다.
②전항의 경우에 회사의 설립에 관하여 지급한 비용은 발기인이 부담한다.
제327조 (유사발기인의 책임) 주식청약서 기타 주식모집에 관한 서면에 성명과 회사의 설립에 찬조하는 뜻을 기재할 것을 승낙한 자는 발기인과 동일한 책임이 있다.
제328조 (설립무효의 소) ①회사설립의 무효는 주주·이사 또는 감사에 한하여 회사성립의 날로부터 2년내에 소만으로 이를 주장할 수 있다. <개정 1984.4.10>
②제186조 내지 제193조의 규정은 제1항의 소에 준용한다. <개정 1984.4.10>

제2절 주식

제1관 주식과 주권 <신설 2001.7.24>

제329조(자본금의 구성) ① 회사는 정관으로 정한 경우에는 주식의 전부를 무액면주식으로 발행할 수 있다. 다만, 무액면주식을 발행하는 경우에는 액면주식을 발행할 수 없다.
② 액면주식의 금액은 균일하여야 한다.
③ 액면주식 1주의 금액은 100원 이상으로 하여야 한다.
④ 회사는 정관으로 정하는 바에 따라 발행된 액면주식을 무액면주식으로 전환하거나 무액면주식을 액면주식으로 전환할 수 있다.
⑤ 제4항의 경우에는 제440조, 제441조 본문 및 제442조를 준용한다.
[전문개정 2011.4.14]
제329조의2 (주식의 분할) ①회사는 제434조의 규정에 의한 주주총회의 결의로 주식을 분할할 수 있다.
② 제1항의 경우에 분할 후의 액면주식 1주의 금액은 제329조제3항에 따른 금액 미만으로 하지 못한다. <개정 2011.4.14>
③제440조 내지 제444조의 규정은 제1항의 규정에 의한 주식분할의 경우에 이를 준용한다.
[본조신설 1998.12.28]
제330조 (액면미달발행의 제한) 주식은 액면미달의 가액으로 발행하지 못한다. 그러나 제417조의 경우에는 그러하지 아니하다.
제331조 (주주의 책임) 주주의 책임은 그가 가진 주식의 인수가액을 한도로 한다.
제332조 (가설인, 타인의 명의에 의한 인수인의 책임) ①가설인의 명의로 주식을 인수하거나 타인의 승락없이 그 명의로 주식을 인수한 자는 주식인수인으로서의 책임이 있다.

②타인의 승락을 얻어 그 명의로 주식을 인수한 자는 그 타인과 연대하여 납입할 책임이 있다.

제333조 (주식의 공유) ①수인이 공동으로 주식을 인수한 자는 연대하여 납입할 책임이 있다.

②주식이 수인의 공유에 속하는 때에는 공유자는 주주의 권리를 행사할 자 1인을 정하여야 한다.

③주주의 권리를 행사할 자가 없는 때에는 공유자에 대한 통지나 최고는 그 1인에 대하여 하면된다.

제334조 삭제 <2011.4.14>

제335조 (주식의 양도성) ① 주식은 타인에게 양도할 수 있다. 다만, 회사는 정관으로 정하는 바에 따라 그 발행하는 주식의 양도에 관하여 이사회의 승인을 받도록 할 수 있다. <개정 2011.4.14>

②제1항 단서의 규정에 위반하여 이사회의 승인을 얻지 아니한 주식의 양도는 회사에 대하여 효력이 없다. <신설 1995.12.29>

③주권발행전에 한 주식의 양도는 회사에 대하여 효력이 없다. 그러나 회사성립후 또는 신주의 납입기일후 6월이 경과한 때에는 그러하지 아니하다. <개정 1984.4.10>

제335조의2 (양도승인의 청구) ①주식의 양도에 관하여 이사회의 승인을 얻어야 하는 경우에는 주식을 양도하고자 하는 주주는 회사에 대하여 양도의 상대방 및 양도하고자 하는 주식의 종류와 수를 기재한 서면으로 양도의 승인을 청구할 수 있다.

②회사는 제1항의 청구가 있는 날부터 1월 이내에 주주에게 그 승인여부를 서면으로 통지하여야 한다.

③회사가 제2항의 기간내에 주주에게 거부의 통지를 하지 아니한 때에는 주식의 양도에 관하여 이사회의 승인이 있는 것으로 본다.

④제2항의 양도승인거부의 통지를 받은 주주는 통지를 받은 날부터 20일내에 회사에 대하여 양도의 상대방의 지정 또는 그 주식의 매수를 청구할 수 있다.

[본조신설 1995.12.29]

제335조의3 (양도상대방의 지정청구) ①주주가 양도의 상대방을 지정하여 줄 것을 청구한 경우에는 이사회는 이를 지정하고, 그 청구가 있은 날부터 2주간내에 주주 및 지정된 상대방에게 서면으로 이를 통지하여야 한다.

②제1항의 기간내에 주주에게 상대방지정의 통지를 하지 아니한 때에는 주식의 양도에 관하여 이사회의 승인이 있는 것으로 본다.

[본조신설 1995.12.29]

제335조의4 (지정된 자의 매도청구권) ①제335조의3제1항의 규정에 의하여 상대방으

로 지정된 자는 지정통지를 받은 날부터 10일 이내에 지정청구를 한 주주에 대하여 서면으로 그 주식을 자기에게 매도할 것을 청구할 수 있다.

②제335조의3제2항의 규정은 주식의 양도상대방으로 지정된 자가 제1항의 기간내에 매도의 청구를 하지 아니한 때에 이를 준용한다.

[본조신설 1995.12.29]

[제목개정 2001.7.24]

제335조의5 (매도가액의 결정) ①제335조의4의 경우에 그 주식의 매도가액은 주주와 매도청구인간의 협의로 이를 결정한다. <개정 2001.7.24>

②제374조의2제4항 및 제5항의 규정은 제335조의4제1항의 규정에 의한 청구를 받은 날부터 30일 이내에 제1항의 규정에 의한 협의가 이루어지지 아니하는 경우에 이를 준용한다. <개정 2001.7.24>

[본조신설 1995.12.29]

[제목개정 2001.7.24]

제335조의6 (주식의 매수청구) 제374조의2제2항 내지 제5항의 규정은 제335조의2제4항의 규정에 의하여 주주가 회사에 대하여 주식의 매수를 청구한 경우에 이를 준용한다. <개정 2001.7.24>

[본조신설 1995.12.29]

제335조의7 (주식의 양수인에 의한 승인청구) ①주식의 양도에 관하여 이사회의 승인을 얻어야 하는 경우에 주식을 취득한 자는 회사에 대하여 그 주식의 종류와 수를 기재한 서면으로 그 취득의 승인을 청구할 수 있다.

②제335조의2제2항 내지 제4항, 제335조의3 내지 제335조의6의 규정은 제1항의 경우에 이를 준용한다.

[본조신설 1995.12.29]

제336조 (주식의 양도방법) ①주식의 양도에 있어서는 주권을 교부하여야 한다.

②주권의 점유자는 이를 적법한 소지인으로 추정한다.

[전문개정 1984.4.10]

제337조 (기명주식의 이전의 대항요건) ①기명주식의 이전은 취득자의 성명과 주소를 주주명부에 기재하지 아니하면 회사에 대항하지 못한다.

②회사는 정관이 정하는 바에 의하여 명의개서대리인을 둘 수 있다. 이 경우 명의개서대리인이 취득자의 성명과 주소를 주주명부의 복본에 기재한 때에는 제1항의 명의개서가 있는 것으로 본다. <신설 1984.4.10>

제338조 (기명주식의 입질) ①기명주식을 질권의 목적으로 하는 때에는 주권을 질권자에게 교부하여야 한다.

②질권자는 계속하여 주권을 점유하지 아니하면 그 질권으로써 제삼자에게 대항하지 못한다.

제339조 (질권의 물상대위) 주식의 소각, 병합, 분할 또는 전환이 있는 때에는 이로 인하여 종전의 주주가 받을 금전이나 주식에 대하여도 종전의 주식을 목적으로한 질권을 행사할 수 있다. <개정 1998.12.28>

제340조 (기명주식의 등록질) ① 기명주식을 질권(質權)의 목적으로 한 경우에 회사가 질권설정자의 청구에 따라 그 성명과 주소를 주주명부에 덧붙여 쓰고 그 성명을 주권(株券)에 적은 경우에는 질권자는 회사로부터 이익배당, 잔여재산의 분배 또는 제339조에 따른 금전의 지급을 받아 다른 채권자에 우선하여 자기채권의 변제에 충당할 수 있다. <개정 2011.4.14>

②민법 제353조제3항의 규정은 전항의 경우에 준용한다.

③제1항의 질권자는 회사에 대하여 전조의 주식에 대한 주권의 교부를 청구할 수 있다.

제340조의2(주식매수선택권) ① 회사는 정관으로 정하는 바에 따라 제434조의 주주총회의 결의로 회사의 설립·경영 및 기술혁신 등에 기여하거나 기여할 수 있는 회사의 이사, 집행임원, 감사 또는 피용자(被用者)에게 미리 정한 가액(이하 "주식매수선택권의 행사가액"이라 한다)으로 신주를 인수하거나 자기의 주식을 매수할 수 있는 권리(이하 "주식매수선택권"이라 한다)를 부여할 수 있다. 다만, 주식매수선택권의 행사가액이 주식의 실질가액보다 낮은 경우에 회사는 그 차액을 금전으로 지급하거나 그 차액에 상당하는 자기의 주식을 양도할 수 있다. 이 경우 주식의 실질가액은 주식매수선택권의 행사일을 기준으로 평가한다.

② 다음 각 호의 어느 하나에 해당하는 자에게는 제1항의 주식매수선택권을 부여할 수 없다.

1. 의결권 없는 주식을 제외한 발행주식총수의 100분의 10 이상의 주식을 가진 주주
2. 이사·집행임원·감사의 선임과 해임 등 회사의 주요 경영사항에 대하여 사실상 영향력을 행사하는 자
3. 제1호와 제2호에 규정된 자의 배우자와 직계존비속

③ 제1항에 따라 발행할 신주 또는 양도할 자기의 주식은 회사의 발행주식총수의 100분의 10을 초과할 수 없다.

④ 제1항의 주식매수선택권의 행사가액은 다음 각 호의 가액 이상이어야 한다.

1. 신주를 발행하는 경우에는 주식매수선택권의 부여일을 기준으로 한 주식의 실질가액과 주식의 권면액(券面額) 중 높은 금액. 다만, 무액면주식을 발행한 경우에는 자본으로 계상되는 금액 중 1주에 해당하는 금액을 권면액으로 본다.

2. 자기의 주식을 양도하는 경우에는 주식매수선택권의 부여일을 기준으로 한 주식의 실질가액

[전문개정 2011.4.14]

제340조의3 (주식매수선택권의 부여) ①제340조의2제1항의 주식매수선택권에 관한 정관의 규정에는 다음 각호의 사항을 기재하여야 한다.

1. 일정한 경우 주식매수선택권을 부여할 수 있다는 뜻
2. 주식매수선택권의 행사로 발행하거나 양도할 주식의 종류와 수
3. 주식매수선택권을 부여받을 자의 자격요건
4. 주식매수선택권의 행사기간
5. 일정한 경우 이사회결의로 주식매수선택권의 부여를 취소할 수 있다는 뜻

②제340조의2제1항의 주식매수선택권에 관한 주주총회의 결의에 있어서는 다음 각호의 사항을 정하여야 한다.

1. 주식매수선택권을 부여받을 자의 성명
2. 주식매수선택권의 부여방법
3. 주식매수선택권의 행사가액과 그 조정에 관한 사항
4. 주식매수선택권의 행사기간
5. 주식매수선택권을 부여받을 자 각각에 대하여 주식매수선택권의 행사로 발행하거나 양도할 주식의 종류와 수

③회사는 제2항의 주주총회 결의에 의하여 주식매수선택권을 부여 받은 자와 계약을 체결하고 상당한 기간내에 그에 관한 계약서를 작성하여야 한다.

④회사는 제3항의 계약서를 주식매수선택권의 행사기간이 종료할 때까지 본점에 비치하고 주주로 하여금 영업시간내에 이를 열람할 수 있도록 하여야 한다.

[본조신설 1999.12.31]

제340조의4 (주식매수선택권의 행사) ①제340조의2제1항의 주식매수선택권은 제340조의3제2항 각호의 사항을 정하는 주주총회결의일부터 2년 이상 재임 또는 재직하여야 이를 행사할 수 있다.

②제340조의2제1항의 주식매수선택권은 이를 양도할 수 없다. 다만, 동조제2항의 규정에 의하여 주식매수선택권을 행사할 수 있는 자가 사망한 경우에는 그 상속인이 이를 행사할 수 있다.

[본조신설 1999.12.31]

제340조의5 (준용규정) 제350조제2항, 제350조제3항 후단, 제351조, 제516조의9제1항·제3항·제4항 및 제516조의10 전단은 주식매수선택권의 행사로 신주를 발행하는 경우에 이를 준용한다. <개정 2011.4.14>

[본조신설 1999.12.31]

제341조(자기주식의 취득) ① 회사는 다음의 방법에 따라 자기의 명의와 계산으로 자기의 주식을 취득할 수 있다. 다만, 그 취득가액의 총액은 직전 결산기의 대차대조표상의 순자산액에서 제462조제1항 각 호의 금액을 뺀 금액을 초과하지 못한다.

1. 거래소에서 시세(時勢)가 있는 주식의 경우에는 거래소에서 취득하는 방법
2. 제345조제1항의 주식의 상환에 관한 종류주식의 경우 외에 각 주주가 가진 주식 수에 따라 균등한 조건으로 취득하는 것으로서 대통령령으로 정하는 방법

② 제1항에 따라 자기주식을 취득하려는 회사는 미리 주주총회의 결의로 다음 각 호의 사항을 결정하여야 한다. 다만, 이사회의 결의로 이익배당을 할 수 있다고 정관으로 정하고 있는 경우에는 이사회의 결의로써 주주총회의 결의를 갈음할 수 있다.

1. 취득할 수 있는 주식의 종류 및 수
2. 취득가액의 총액의 한도
3. 1년을 초과하지 아니하는 범위에서 자기주식을 취득할 수 있는 기간

③ 회사는 해당 영업연도의 결산기에 대차대조표상의 순자산액이 제462조제1항 각 호의 금액의 합계액에 미치지 못할 우려가 있는 경우에는 제1항에 따른 주식의 취득을 하여서는 아니 된다.

④ 해당 영업연도의 결산기에 대차대조표상의 순자산액이 제462조제1항 각 호의 금액의 합계액에 미치지 못함에도 불구하고 회사가 제1항에 따라 주식을 취득한 경우 이사는 회사에 대하여 연대하여 그 미치지 못한 금액을 배상할 책임이 있다. 다만, 이사가 제3항의 우려가 없다고 판단하는 때에 주의를 게을리하지 아니하였음을 증명한 경우에는 그러하지 아니하다.

[전문개정 2011.4.14]

제341조의2(특정목적에 의한 자기주식의 취득) 회사는 다음 각 호의 어느 하나에 해당하는 경우에는 제341조에도 불구하고 자기의 주식을 취득할 수 있다.

1. 회사의 합병 또는 다른 회사의 영업전부의 양수로 인한 경우
2. 회사의 권리를 실행함에 있어 그 목적을 달성하기 위하여 필요한 경우
3. 단주(端株)의 처리를 위하여 필요한 경우
4. 주주가 주식매수청구권을 행사한 경우

[전문개정 2011.4.14]

제341조의3(자기주식의 질취) 회사는 발행주식총수의 20분의 1을 초과하여 자기의 주식을 질권의 목적으로 받지 못한다. 다만, 제341조의2제1호 및 제2호의 경우에는 그 한도를 초과하여 질권의 목적으로 할 수 있다.

[전문개정 2011.4.14]

제342조(자기주식의 처분) 회사가 보유하는 자기의 주식을 처분하는 경우에 다음 각 호의 사항으로서 정관에 규정이 없는 것은 이사회가 결정한다.

1. 처분할 주식의 종류와 수
2. 처분할 주식의 처분가액과 납입기일
3. 주식을 처분할 상대방 및 처분방법

[전문개정 2011.4.14]

제342조의2 (자회사에 의한 모회사주식의 취득) ①다른 회사의 발행주식의 총수의 100분의 50을 초과하는 주식을 가진 회사(이하 "모회사"라 한다)의 주식은 다음의 경우를 제외하고는 그 다른 회사(이하 "자회사"라 한다)가 이를 취득할 수 없다. <개정 2001.7.24>

1. 주식의 포괄적 교환, 주식의 포괄적 이전, 회사의 합병 또는 다른 회사의 영업 전부의 양수로 인한 때
2. 회사의 권리를 실행함에 있어 그 목적을 달성하기 위하여 필요한 때

②제1항 각호의 경우 자회사는 그 주식을 취득한 날로부터 6월 이내에 모회사의 주식을 처분하여야 한다.

③다른 회사의 발행주식의 총수의 100분의 50을 초과하는 주식을 모회사 및 자회사 또는 자회사가 가지고 있는 경우 그 다른 회사는 이 법의 적용에 있어 그 모회사의 자회사로 본다. <개정 2001.7.24>

[본조신설 1984.4.10]

제342조의3 (다른 회사의 주식취득) 회사가 다른 회사의 발행주식총수의 10분의 1을 초과하여 취득한 때에는 그 다른 회사에 대하여 지체없이 이를 통지하여야 한다.

[본조신설 1995.12.29]

제343조(주식의 소각) ① 주식은 자본금 감소에 관한 규정에 따라서만 소각(消却)할 수 있다. 다만, 이사회의 결의에 의하여 회사가 보유하는 자기주식을 소각하는 경우에는 그러하지 아니하다.

② 자본금감소에 관한 규정에 따라 주식을 소각하는 경우에는 제440조 및 제441조를 준용한다.

[전문개정 2011.4.14]

제343조의2 삭제 <2011.4.14>

제344조(종류주식) ① 회사는 이익의 배당, 잔여재산의 분배, 주주총회에서의 의결권의 행사, 상환 및 전환 등에 관하여 내용이 다른 종류의 주식(이하 "종류주식"이라 한다)을 발행할 수 있다.

② 제1항의 경우에는 정관으로 각 종류주식의 내용과 수를 정하여야 한다.

③ 회사가 종류주식을 발행하는 때에는 정관에 다른 정함이 없는 경우에도 주식의 종류에 따라 신주의 인수, 주식의 병합·분할·소각 또는 회사의 합병·분할로 인한 주식의 배정에 관하여 특수하게 정할 수 있다.
④ 종류주식 주주의 종류주주총회의 결의에 관하여는 제435조제2항을 준용한다.
[전문개정 2011.4.14]

제344조의2(이익배당, 잔여재산분배에 관한 종류주식) ① 회사가 이익의 배당에 관하여 내용이 다른 종류주식을 발행하는 경우에는 정관에 그 종류주식의 주주에게 교부하는 배당재산의 종류, 배당재산의 가액의 결정방법, 이익을 배당하는 조건 등 이익배당에 관한 내용을 정하여야 한다.
② 회사가 잔여재산의 분배에 관하여 내용이 다른 종류주식을 발행하는 경우에는 정관에 잔여재산의 종류, 잔여재산의 가액의 결정방법, 그 밖에 잔여재산분배에 관한 내용을 정하여야 한다.
[본조신설 2011.4.14]

제344조의3(의결권의 배제 · 제한에 관한 종류주식) ① 회사가 의결권이 없는 종류주식이나 의결권이 제한되는 종류주식을 발행하는 경우에는 정관에 의결권을 행사할 수 없는 사항과, 의결권행사 또는 부활의 조건을 정한 경우에는 그 조건 등을 정하여야 한다.
② 제1항에 따른 종류주식의 총수는 발행주식총수의 4분의 1을 초과하지 못한다. 이 경우 의결권이 없거나 제한되는 종류주식이 발행주식총수의 4분의 1을 초과하여 발행된 경우에는 회사는 지체 없이 그 제한을 초과하지 아니하도록 하기 위하여 필요한 조치를 하여야 한다.
[본조신설 2011.4.14]

제345조(주식의 상환에 관한 종류주식) ① 회사는 정관으로 정하는 바에 따라 회사의 이익으로써 소각할 수 있는 종류주식을 발행할 수 있다. 이 경우 회사는 정관에 상환가액, 상환기간, 상환의 방법과 상환할 주식의 수를 정하여야 한다.
② 제1항의 경우 회사는 상환대상인 주식의 취득일부터 2주 전에 그 사실을 그 주식의 주주 및 주주명부에 적힌 권리자에게 따로 통지하여야 한다. 다만, 통지는 공고로 갈음할 수 있다.
③ 회사는 정관으로 정하는 바에 따라 주주가 회사에 대하여 상환을 청구할 수 있는 종류주식을 발행할 수 있다. 이 경우 회사는 정관에 주주가 회사에 대하여 상환을 청구할 수 있다는 뜻, 상환가액, 상환청구기간, 상환의 방법을 정하여야 한다.
④ 제1항 및 제3항의 경우 회사는 주식의 취득의 대가로 현금 외에 유가증권(다른 종류주식은 제외한다)이나 그 밖의 자산을 교부할 수 있다. 다만, 이 경우에는 그 자

산의 장부가액이 제462조에 따른 배당가능이익을 초과하여서는 아니 된다.
⑤ 제1항과 제3항에서 규정한 주식은 종류주식(상환과 전환에 관한 것은 제외한다)에 한정하여 발행할 수 있다.
[전문개정 2011.4.14]

제346조(주식의 전환에 관한 종류주식) ① 회사가 종류주식을 발행하는 경우에는 정관으로 정하는 바에 따라 주주는 인수한 주식을 다른 종류주식으로 전환할 것을 청구할 수 있다. 이 경우 전환의 조건, 전환의 청구기간, 전환으로 인하여 발행할 주식의 수와 내용을 정하여야 한다.
② 회사가 종류주식을 발행하는 경우에는 정관에 일정한 사유가 발생할 때 회사가 주주의 인수 주식을 다른 종류주식으로 전환할 수 있음을 정할 수 있다. 이 경우 회사는 전환의 사유, 전환의 조건, 전환의 기간, 전환으로 인하여 발행할 주식의 수와 내용을 정하여야 한다.
③ 제2항의 경우에 이사회는 다음 각 호의 사항을 그 주식의 주주 및 주주명부에 적힌 권리자에게 따로 통지하여야 한다. 다만, 통지는 공고로 갈음할 수 있다.
1. 전환할 주식
2. 2주 이상의 일정한 기간 내에 그 주권을 회사에 제출하여야 한다는 뜻
3. 그 기간 내에 주권을 제출하지 아니할 때에는 그 주권이 무효로 된다는 뜻

④ 제344조제2항에 따른 종류주식의 수 중 새로 발행할 주식의 수는 전환청구기간 또는 전환의 기간 내에는 그 발행을 유보(留保)하여야 한다.
[전문개정 2011.4.14]

제347조 (전환주식발행의 절차) 제346조의 경우에는 주식청약서 또는 신주인수권증서에 다음의 사항을 적어야 한다. <개정 1984.4.10, 2011.4.14>
1. 주식을 다른 종류의 주식으로 전환할 수 있다는 뜻
2. 전환의 조건
3. 전환으로 인하여 발행할 주식의 내용
4. 전환청구기간 또는 전환의 기간

제348조 (전환으로 인하여 발행하는 주식의 발행가액) 전환으로 인하여 신주식을 발행하는 경우에는 전환전의 주식의 발행가액을 신주식의 발행가액으로 한다.

제349조 (전환의 청구) ①주식의 전환을 청구하는 자는 청구서 2통에 주권을 첨부하여 회사에 제출하여야 한다.
②제1항의 청구서에는 전환하고자 하는 주식의 종류, 수와 청구년월일을 기재하고 기명날인 또는 서명하여야 한다. <개정 1995.12.29>
③ 삭제 <1995.12.29>

제350조 (전환의 효력발생) ① 주식의 전환은 주주가 전환을 청구한 경우에는 그 청구한 때에, 회사가 전환을 한 경우에는 제346조제3항제2호의 기간이 끝난 때에 그 효력이 발생한다. <개정 2011.4.14>

②제354조제1항의 기간중에 전환된 주식의 주주는 그 기간중의 총회의 결의에 관하여는 의결권을 행사할 수 없다.

③ 전환에 의하여 발행된 주식의 이익배당에 관하여는 주주가 전환을 청구한 때 또는 제346조제3항제2호의 기간이 끝난 때가 속하는 영업연도 말에 전환된 것으로 본다. 이 경우 신주에 대한 이익배당에 관하여는 정관으로 정하는 바에 따라 그 청구를 한 때 또는 제346조제3항제2호의 기간이 끝난 때가 속하는 영업연도의 직전 영업연도 말에 전환된 것으로 할 수 있다. <개정 2011.4.14>

[전문개정 1995.12.29]

제351조(전환의 등기) 주식의 전환으로 인한 변경등기는 전환을 청구한 날 또는 제346조제3항제2호의 기간이 끝난 날이 속하는 달의 마지막 날부터 2주 내에 본점소재지에서 하여야 한다.

[전문개정 2011.4.14]

제352조 (주주명부의 기재사항) ①기명주식을 발행한 때에는 주주명부에 다음의 사항을 기재하여야 한다. <개정 1984.4.10>

1. 주주의 성명과 주소
2. 각 주주가 가진 주식의 종류와 그 수

2의2. 각 주주가 가진 주식의 주권을 발행한 때에는 그 주권의 번호

3. 각주식의 취득년월일

②무기명식의 주권을 발행한 때에는 주주명부에 그 종류, 수, 번호와 발행년월일을 기재하여야 한다.

③제1항 및 제2항의 경우에 전환주식을 발행한 때에는 제347조에 게기한 사항도 주주명부에 기재하여야 한다. <개정 1984.4.10>

제352조의2 (전자주주명부) ① 회사는 정관으로 정하는 바에 따라 전자문서로 주주명부(이하 "전자주주명부"라 한다)를 작성할 수 있다.

② 전자주주명부에는 제352조제1항의 기재사항 외에 전자우편주소를 적어야 한다.

③ 전자주주명부의 비치·공시 및 열람의 방법에 관하여 필요한 사항은 대통령령으로 정한다.

[본조신설 2009.5.28]

제353조 (주주명부의 효력) ①주주 또는 질권자에 대한 회사의 통지 또는 최고는 주주명부에 기재한 주소 또는 그 자로부터 회사에 통지한 주소로 하면 된다.

②제304조제2항의 규정은 전항의 통지 또는 최고에 준용한다.

제354조 (주주명부의 폐쇄, 기준일) ①회사는 의결권을 행사하거나 배당을 받을 자 기타 주주 또는 질권자로서 권리를 행사할 자를 정하기 위하여 일정한 기간을 정하여 주주명부의 기재변경을 정지하거나 일정한 날에 주주명부에 기재된 주주 또는 질권자를 그 권리를 행사할 주주 또는 질권자로 볼 수 있다. <개정 1984.4.10>

②제1항의 기간은 3월을 초과하지 못한다. <개정 1984.4.10>

③제1항의 날은 주주 또는 질권자로서 권리를 행사할 날에 앞선 3월내의 날로 정하여야 한다. <개정 1984.4.10>

④회사가 제1항의 기간 또는 날을 정한 때에는 그 기간 또는 날의 2주간전에 이를 공고하여야 한다. 그러나 정관으로 그 기간 또는 날을 지정한 때에는 그러하지 아니하다.

제355조 (주권발행의 시기) ①회사는 성립후 또는 신주의 납입기일후 지체없이 주권을 발행하여야 한다.

②주권은 회사의 성립후 또는 신주의 납입기일후가 아니면 발행하지 못한다.

③전항의 규정에 위반하여 발행한 주권은 무효로 한다. 그러나 발행한 자에 대한 손해배상의 청구에 영향을 미치지 아니한다.

제356조 (주권의 기재사항) 주권에는 다음의 사항과 번호를 기재하고 대표이사가 기명날인 또는 서명하여야 한다. <개정 1995.12.29, 2011.4.14>

1. 회사의 상호
2. 회사의 성립년월일
3. 회사가 발행할 주식의 총수
4. 액면주식을 발행하는 경우 1주의 금액
5. 회사의 성립후 발행된 주식에 관하여는 그 발행년월일
6. 종류주식이 있는 경우에는 그 주식의 종류와 내용

6의2. 주식의 양도에 관하여 이사회의 승인을 얻도록 정한 때에는 그 규정

7. 삭제 <2011.4.14>
8. 삭제 <2011.4.14>

제356조의2(주식의 전자등록) ① 회사는 주권을 발행하는 대신 정관으로 정하는 바에 따라 전자등록기관(유가증권 등의 전자등록 업무를 취급하는 것으로 지정된 기관을 말한다. 이하 같다)의 전자등록부에 주식을 등록할 수 있다.

② 전자등록부에 등록된 주식의 양도나 입질(入質)은 전자등록부에 등록하여야 효력이 발생한다.

③ 전자등록부에 주식을 등록한 자는 그 등록된 주식에 대한 권리를 적법하게 보유

한 것으로 추정하며, 이러한 전자등록부를 선의(善意)로, 그리고 중대한 과실 없이 신뢰하고 제2항의 등록에 따라 권리를 취득한 자는 그 권리를 적법하게 취득한다.
④ 전자등록의 절차·방법 및 효과, 전자등록기관의 지정·감독 등 주식의 전자등록 등에 관하여 필요한 사항은 대통령령으로 정한다.

[본조신설 2011.4.14]

제357조 (무기명식의 주권의 발행) ①무기명식의 주권은 정관에 정한 경우에 한하여 이를 발행할 수 있다.

②주주는 언제든지 무기명식의 주권을 기명식으로 할 것을 회사에 청구할 수 있다.

제358조 (무기명주주의 권리행사) 무기명식의 주권을 가진 자는 그 주권을 회사에 공탁하지 아니하면 주주의 권리를 행사하지 못한다.

제358조의2 (주권의 불소지) ①주주는 정관에 다른 정함이 있는 경우를 제외하고는 그 기명주식에 대하여 주권의 소지를 하지 아니하겠다는 뜻을 회사에 신고할 수 있다.

②제1항의 신고가 있는 때에는 회사는 지체없이 주권을 발행하지 아니한다는 뜻을 주주명부와 그 복본에 기재하고, 그 사실을 주주에게 통지하여야 한다. 이 경우 회사는 그 주권을 발행할 수 없다.

③제1항의 경우 이미 발행된 주권이 있는 때에는 이를 회사에 제출하여야 하며, 회사는 제출된 주권을 무효로 하거나 명의개서대리인에게 임치하여야 한다.

④제1항 내지 제3항의 규정에 불구하고 주주는 언제든지 회사에 대하여 주권의 발행 또는 반환을 청구할 수 있다.

[전문개정 1995.12.29]

제359조 (주권의 선의취득) 수표법 제21조의 규정은 주권에 관하여 이를 준용한다.

[전문개정 1984.4.10]

제360조 (주권의 제권판결, 재발행) ①주권은 공시최고의 절차에 의하여 이를 무효로 할 수 있다.

②주권을 상실한 자는 제권판결을 얻지 아니하면 회사에 대하여 주권의 재발행을 청구하지 못하다.

제2관 주식의 포괄적 교환 <신설 2001.7.24>

제360조의2 (주식의 포괄적 교환에 의한 완전모회사의 설립) ①회사는 이 관의 규정에 의한 주식의 포괄적 교환에 의하여 다른 회사의 발행주식의 총수를 소유하는 회사(이하 "완전모회사"라 한다)가 될 수 있다. 이 경우 그 다른 회사를 "완전자회사"라 한다.

②주식의 포괄적 교환(이하 이 관에서 "주식교환"이라 한다)에 의하여 완전자회사가 되는 회사의 주주가 가지는 그 회사의 주식은 주식을 교환하는 날에 주식교환에 의하여 완전모회사가 되는 회사에 이전하고, 그 완전자회사가 되는 회사의 주주는 그 완전모회사가 되는 회사가 주식교환을 위하여 발행하는 신주의 배정을 받음으로써 그 회사의 주주가 된다.

[본조신설 2001.7.24]

제360조의3 (주식교환계약서의 작성과 주주총회의 승인) ①주식교환을 하고자 하는 회사는 주식교환계약서를 작성하여 주주총회의 승인을 얻어야 한다.

②제1항의 승인결의는 제434조의 규정에 의하여야 한다.

③주식교환계약서에는 다음 각호의 사항을 적어야 한다. <개정 2011.4.14>

1. 완전모회사가 되는 회사가 주식교환으로 인하여 정관을 변경하는 경우에는 그 규정
2. 완전모회사가 되는 회사가 주식교환을 위하여 발행하는 신주의 총수·종류와 종류별 주식의 수 및 완전자회사가 되는 회사의 주주에 대한 신주의 배정에 관한 사항
3. 완전모회사가 되는 회사의 증가할 자본금과 자본준비금에 관한 사항
4. 완전자회사가 되는 회사의 주주에게 지급할 금액을 정한 때에는 그 규정
5. 각 회사가 제1항의 결의를 할 주주총회의 기일
6. 주식교환을 할 날
7. 각 회사가 주식교환을 할 날까지 이익배당을 할 때에는 그 한도액
8. 제360조의6의 규정에 의하여 회사가 자기의 주식을 이전하는 경우에는 이전할 주식의 총수·종류 및 종류별 주식의 수
9. 완전모회사가 되는 회사에 취임할 이사와 감사 또는 감사위원회의 위원을 정한 때에는 그 성명 및 주민등록번호

④회사는 제363조의 규정에 의한 통지와 공고에 다음 각호의 사항을 기재하여야 한다.

1. 주식교환계약서의 주요내용
2. 제360조의5제1항의 규정에 의한 주식매수청구권의 내용 및 행사방법
3. 일방회사의 정관에 주식의 양도에 관하여 이사회의 승인을 요한다는 뜻의 규정이 있고 다른 회사의 정관에 그 규정이 없는 경우 그 뜻

⑤ 주식교환으로 인하여 주식교환에 관련되는 각 회사의 주주의 부담이 가중되는 경우에는 제1항 및 제436조의 결의 외에 그 주주 전원의 동의가 있어야 한다. <신설 2011.4.14>

[본조신설 2001.7.24]

제360조의4 (주식교환계약서 등의 공시) ①이사는 제360조의3제1항의 주주총회의 회일의 2주전부터 주식교환의 날 이후 6월이 경과하는 날까지 다음 각호의 서류를 본점에 비치하여야 한다.

1. 주식교환계약서
2. 완전자회사가 되는 회사의 주주에 대한 주식의 배정에 관하여 그 이유를 기재한 서면
3. 제360조의3제1항의 주주총회의 회일(제360조의9의 규정에 의한 간이주식교환의 경우에는 동조제2항의 규정에 의하여 공고 또는 통지를 한 날)전 6월 이내의 날에 작성한 주식교환을 하는 각 회사의 최종 대차대조표 및 손익계산서

②제1항의 서류에 관하여는 제391조의3제3항의 규정을 준용한다.

[본조신설 2001.7.24]

제360조의5 (반대주주의 주식매수청구권) ①제360조의3제1항의 규정에 의한 승인사항에 관하여 이사회의 결의가 있는 때에 그 결의에 반대하는 주주는 주주총회전에 회사에 대하여 서면으로 그 결의에 반대하는 의사를 통지한 경우에는 그 총회의 결의일부터 20일 이내에 주식의 종류와 수를 기재한 서면으로 회사에 대하여 자기가 소유하고 있는 주식의 매수를 청구할 수 있다.

②제360조의9제2항의 공고 또는 통지를 한 날부터 2주내에 회사에 대하여 서면으로 주식교환에 반대하는 의사를 통지한 주주는 그 기간이 경과한 날부터 20일 이내에 주식의 종류와 수를 기재한 서면으로 회사에 대하여 자기가 소유하고 있는 주식의 매수를 청구할 수 있다.

③제1항 및 제2항의 매수청구에 관하여는 제374조의2제2항 내지 제5항의 규정을 준용한다.

[본조신설 2001.7.24]

제360조의6 (신주발행에 갈음할 자기주식의 이전) 완전모회사가 되는 회사는 주식교환을 함에 있어서 신주발행에 갈음하여 회사가 소유하는 자기의 주식으로서 제342조의 규정에 의하여 상당한 시기에 처분하여야 할 주식을 완전자회사가 되는 회사의 주주에게 이전할 수 있다.

[본조신설 2001.7.24]

제360조의7 (완전모회사의 자본금 증가의 한도액) ①완전모회사가 되는 회사의 자본금은 주식교환의 날에 완전자회사가 되는 회사에 현존하는 순자산액에서 다음 각호의 금액을 뺀 금액을 초과하여 증가시킬 수 없다. <개정 2011.4.14>

1. 완전자회사가 되는 회사의 주주에게 지급할 금액

2. 제360조의6의 규정에 의하여 완전자회사가 되는 회사의 주주에게 이전하는 주식의 회계장부가액의 합계액

②완전모회사가 되는 회사가 주식교환 이전에 완전자회사가 되는 회사의 주식을 이미 소유하고 있는 경우에는 완전모회사가 되는 회사의 자본금은 주식교환의 날에 완전자회사가 되는 회사에 현존하는 순자산액에 그 회사의 발행주식총수에 대한 주식교환으로 인하여 완전모회사가 되는 회사에 이전하는 주식의 수의 비율을 곱한 금액에서 제1항 각호의 금액을 뺀 금액의 한도를 초과하여 이를 증가시킬 수 없다. <개정 2011.4.14>

[본조신설 2001.7.24]

[제목개정 2011.4.14]

제360조의8 (주권의 실효절차) ①주식교환에 의하여 완전자회사가 되는 회사는 주주총회에서 제360조의3제1항의 규정에 의한 승인을 한 때에는 다음 각호의 사항을 주식교환의 날 1월전에 공고하고, 주주명부에 기재된 주주와 질권자에 대하여 따로따로 그 통지를 하여야 한다.

1. 제360조의3제1항의 규정에 의한 승인을 한 뜻
2. 주식교환의 날의 전날까지 주권을 회사에 제출하여야 한다는 뜻
3. 주식교환의 날에 주권이 무효가 된다는 뜻

②제442조 및 제444조의 규정은 제360조의3제1항의 규정에 의한 승인을 한 경우에 이를 준용한다.

[본조신설 2001.7.24]

제360조의9 (간이주식교환) ①완전자회사가 되는 회사의 총주주의 동의가 있거나 그 회사의 발행주식총수의 100분의 90 이상을 완전모회사가 되는 회사가 소유하고 있는 때에는 완전자회사가 되는 회사의 주주총회의 승인은 이를 이사회의 승인으로 갈음할 수 있다.

②제1항의 경우에 완전자회사가 되는 회사는 주식교환계약서를 작성한 날부터 2주내에 주주총회의 승인을 얻지 아니하고 주식교환을 한다는 뜻을 공고하거나 주주에게 통지하여야 한다. 다만, 총주주의 동의가 있는 때에는 그러하지 아니하다.

[본조신설 2001.7.24]

제360조의10 (소규모 주식교환) ①완전모회사가 되는 회사가 주식교환을 위하여 발행하는 신주의 총수가 그 회사의 발행주식총수의 100분의 5를 초과하지 아니하는 경우에는 그 회사에서의 제360조의3제1항의 규정에 의한 주주총회의 승인은 이를 이사회의 승인으로 갈음할 수 있다. 다만, 완전자회사가 되는 회사의 주주에게 지급할 금액을 정한 경우에 그 금액이 제360조의4제1항제3호에서 규정한 최종 대차대

조표에 의하여 완전모회사가 되는 회사에 현존하는 순자산액의 100분의 2를 초과하는 때에는 그러하지 아니하다.

②제360조의6의 규정에 의하여 완전자회사가 되는 회사의 주주에게 이전하는 주식은 제1항의 규정을 적용함에 있어서 이를 주식교환을 위하여 발행하는 신주로 본다.

③제1항 본문의 경우에는 주식교환계약서에 완전모회사가 되는 회사에 관하여는 제360조의3제1항의 규정에 의한 주주총회의 승인을 얻지 아니하고 주식교환을 할 수 있는 뜻을 기재하여야 하며, 동조제3항제1호의 사항은 이를 기재하지 못한다.

④완전모회사가 되는 회사는 주식교환계약서를 작성한 날부터 2주내에 완전자회사가 되는 회사의 상호와 본점, 주식교환을 할 날 및 제360조의3제1항의 승인을 얻지 아니하고 주식교환을 한다는 뜻을 공고하거나 주주에게 통지하여야 한다.

⑤ 완전모회사가 되는 회사의 발행주식총수의 100분의 20 이상에 해당하는 주식을 가지는 주주가 제4항에 따른 공고 또는 통지를 한 날부터 2주 내에 회사에 대하여 서면으로 제1항 본문에 따른 주식교환에 반대하는 의사를 통지한 경우에는 이 조에 따른 주식교환을 할 수 없다. <개정 2011.4.14>

⑥제1항 본문의 경우에 완전모회사가 되는 회사에 관하여 제360조의4제1항의 규정을 적용함에 있어서는 동조동항 각호외의 부분중 "제360조의3제1항의 주주총회의 회일의 2주전" 및 동조동항제3호중 "제360조의3제1항의 주주총회의 회일"은 각각 "이 조제4항의 규정에 의한 공고 또는 통지의 날"로 한다.

⑦제1항 본문의 경우에는 제360조의5의 규정은 이를 적용하지 아니한다.

[본조신설 2001.7.24]

제360조의11 (단주처리 등에 관한 규정의 준용) ①제443조의 규정은 회사의 주식교환의 경우에 이를 준용한다.

②제339조 및 제340조제3항의 규정은 주식교환의 경우에 완전자회사가 되는 회사의 주식을 목적으로 하는 질권에 이를 준용한다.

[본조신설 2001.7.24]

제360조의12 (주식교환사항을 기재한 서면의 사후공시) ①이사는 다음 각호의 사항을 기재한 서면을 주식교환의 날부터 6월간 본점에 비치하여야 한다.

1. 주식교환의 날
2. 주식교환의 날에 완전자회사가 되는 회사에 현존하는 순자산액
3. 주식교환으로 인하여 완전모회사에 이전한 완전자회사의 주식의 수
4. 그 밖의 주식교환에 관한 사항

②제1항의 서면에 관하여는 제391조의3제3항의 규정을 준용한다.

[본조신설 2001.7.24]

제360조의13 (완전모회사의 이사 · 감사의 임기) 주식교환에 의하여 완전모회사가 되는 회사의 이사 및 감사로서 주식교환전에 취임한 자는 주식교환계약서에 다른 정함이 있는 경우를 제외하고는 주식교환후 최초로 도래하는 결산기에 관한 정기총회가 종료하는 때에 퇴임한다.

[본조신설 2001.7.24]

제360조의14 (주식교환무효의 소) ①주식교환의 무효는 각 회사의 주주·이사·감사·감사위원회의 위원 또는 청산인에 한하여 주식교환의 날부터 6월내에 소만으로 이를 주장할 수 있다.

②제1항의 소는 완전모회사가 되는 회사의 본점소재지의 지방법원의 관할에 전속한다.

③주식교환을 무효로 하는 판결이 확정된 때에는 완전모회사가 된 회사는 주식교환을 위하여 발행한 신주 또는 제360조의6의 규정에 의하여 이전한 주식의 주주에 대하여 그가 소유하였던 완전자회사가 된 회사의 주식을 이전하여야 한다.

④제187조 내지 제189조, 제190조 본문, 제191조, 제192조, 제377조 및 제431조의 규정은 제1항의 소에, 제339조 및 제340조제3항의 규정은 제3항의 경우에 각각 이를 준용한다.

[본조신설 2001.7.24]

제3관 주식의 포괄적 이전 <신설 2001.7.24>

제360조의15 (주식의 포괄적 이전에 의한 완전모회사의 설립) ①회사는 이 관의 규정에 의한 주식의 포괄적 이전(이하 이 관에서 "주식이전"이라 한다)에 의하여 완전모회사를 설립하고 완전자회사가 될 수 있다.

②주식이전에 의하여 완전자회사가 되는 회사의 주주가 소유하는 그 회사의 주식은 주식이전에 의하여 설립하는 완전모회사에 이전하고, 그 완전자회사가 되는 회사의 주주는 그 완전모회사가 주식이전을 위하여 발행하는 주식의 배정을 받음으로써 그 완전모회사의 주주가 된다.

[본조신설 2001.7.24]

제360조의16 (주주총회에 의한 주식이전의 승인) ①주식이전을 하고자 하는 회사는 다음 각호의 사항을 적은 주식이전계획서를 작성하여 주주총회의 승인을 받아야 한다. <개정 2011.4.14>

1. 설립하는 완전모회사의 정관의 규정
2. 설립하는 완전모회사가 주식이전에 있어서 발행하는 주식의 종류와 수 및 완전자회사가 되는 회사의 주주에 대한 주식의 배정에 관한 사항

3. 설립하는 완전모회사의 자본금 및 자본준비금에 관한 사항
4. 완전자회사가 되는 회사의 주주에 대하여 지급할 금액을 정한 때에는 그 규정
5. 주식이전을 할 시기
6. 완전자회사가 되는 회사가 주식이전의 날까지 이익배당을 할 때에는 그 한도액
7. 설립하는 완전모회사의 이사와 감사 또는 감사위원회의 위원의 성명 및 주민등록번호
8. 회사가 공동으로 주식이전에 의하여 완전모회사를 설립하는 때에는 그 뜻

②제1항의 승인결의는 제434조의 규정에 의하여야 한다.

③제360조의3제4항의 규정은 제1항의 경우의 주주총회의 승인에 이를 준용한다.

④ 주식이전으로 인하여 주식이전에 관련되는 각 회사의 주주의 부담이 가중되는 경우에는 제1항 및 제436조의 결의 외에 그 주주 전원의 동의가 있어야 한다. <신설 2011.4.14>

[본조신설 2001.7.24]

제360조의17 (주식이전계획서 등의 서류의 공시) ①이사는 제360조의16제1항의 규정에 의한 주주총회의 회일의 2주전부터 주식이전의 날 이후 6월을 경과하는 날까지 다음 각호의 서류를 본점에 비치하여야 한다.

1. 제360조의16제1항의 규정에 의한 주식이전계획서
2. 완전자회사가 되는 회사의 주주에 대한 주식의 배정에 관하여 그 이유를 기재한 서면
3. 제360조의16제1항의 주주총회의 회일전 6월 이내의 날에 작성한 완전자회사가 되는 회사의 최종 대차대조표 및 손익계산서

②제1항의 서류에 관하여는 제391조의3제3항의 규정을 준용한다.

[본조신설 2001.7.24]

제360조의18 (완전모회사의 자본금의 한도액) 설립하는 완전모회사의 자본금은 주식이전의 날에 완전자회사가 되는 회사에 현존하는 순자산액에서 그 회사의 주주에게 지급할 금액을 뺀 액을 초과하지 못한다. <개정 2011.4.14>

[본조신설 2001.7.24]

[제목개정 2011.4.14]

제360조의19 (주권의 실효절차) ①주식이전에 의하여 완전자회사가 되는 회사는 제360조의16제1항의 규정에 의한 결의를 한 때에는 다음 각호의 사항을 공고하고, 주주명부에 기재된 주주와 질권자에 대하여 따로 따로 그 통지를 하여야 한다.

1. 제360조의16제1항의 규정에 의한 결의를 한 뜻

2. 1월을 초과하여 정한 기간내에 주권을 회사에 제출하여야 한다는 뜻
3. 주식이전의 날에 주권이 무효가 된다는 뜻

②제442조 및 제444조의 규정은 제360조의16제1항의 규정에 의한 결의를 한 경우에 이를 준용한다.

[본조신설 2001.7.24]

제360조의20 (주식이전에 의한 등기) 주식이전을 한 때에는 설립한 완전모회사의 본점의 소재지에서는 2주내에, 지점의 소재지에서는 3주내에 제317조제2항에서 정하는 사항을 등기하여야 한다.

[본조신설 2001.7.24]

제360조의21 (주식이전의 효력발생시기) 주식이전은 이로 인하여 설립한 완전모회사가 그 본점소재지에서 제360조의20의 규정에 의한 등기를 함으로써 그 효력이 발생한다.

[본조신설 2001.7.24]

제360조의22 (주식교환 규정의 준용) 제360조의5, 제360조의11 및 제360조의12의 규정은 주식이전의 경우에 이를 준용한다.

[본조신설 2001.7.24]

제360조의23 (주식이전무효의 소) ①주식이전의 무효는 각 회사의 주주·이사·감사·감사위원회의 위원 또는 청산인에 한하여 주식이전의 날부터 6월내에 소만으로 이를 주장할 수 있다.

②제1항의 소는 완전모회사가 되는 회사의 본점소재지의 지방법원의 관할에 전속한다.

③주식이전을 무효로 하는 판결이 확정된 때에는 완전모회사가 된 회사는 주식이전을 위하여 발행한 주식의 주주에 대하여 그가 소유하였던 완전자회사가 된 회사의 주식을 이전하여야 한다.

④제187조 내지 제193조 및 제377조의 규정은 제1항의 소에, 제339조 및 제340조제3항의 규정은 제3항의 경우에 각각 이를 준용한다.

[본조신설 2001.7.24]

제4관 지배주주에 의한 소수주식의 전부 취득 <신설 2011.4.14>

제360조의24(지배주주의 매도청구권) ① 회사의 발행주식총수의 100분의 95 이상을 자기의 계산으로 보유하고 있는 주주(이하 이 관에서 "지배주주"라 한다)는 회사의 경영상 목적을 달성하기 위하여 필요한 경우에는 회사의 다른 주주(이하 이 관에서 "소수주주"라 한다)에게 그 보유하는 주식의 매도를 청구할 수 있다.

② 제1항의 보유주식의 수를 산정할 때에는 모회사와 자회사가 보유한 주식을 합산

한다. 이 경우 회사가 아닌 주주가 발행주식총수의 100분의 50을 초과하는 주식을 가진 회사가 보유하는 주식도 그 주주가 보유하는 주식과 합산한다.
③ 제1항의 매도청구를 할 때에는 미리 주주총회의 승인을 받아야 한다.
④ 제3항의 주주총회의 소집을 통지할 때에는 다음 각 호에 관한 사항을 적어야 하고, 매도를 청구하는 지배주주는 주주총회에서 그 내용을 설명하여야 한다.

1. 지배주주의 회사 주식의 보유 현황
2. 매도청구의 목적
3. 매매가액의 산정 근거와 적정성에 관한 공인된 감정인의 평가
4. 매매가액의 지급보증

⑤ 지배주주는 매도청구의 날 1개월 전까지 다음 각 호의 사실을 공고하고, 주주명부에 적힌 주주와 질권자에게 따로 그 통지를 하여야 한다.

1. 소수주주는 매매가액의 수령과 동시에 주권을 지배주주에게 교부하여야 한다는 뜻
2. 교부하지 아니할 경우 매매가액을 수령하거나 지배주주가 매매가액을 공탁(供託)한 날에 주권은 무효가 된다는 뜻

⑥ 제1항의 매도청구를 받은 소수주주는 매도청구를 받은 날부터 2개월 내에 지배주주에게 그 주식을 매도하여야 한다.
⑦ 제6항의 경우 그 매매가액은 매도청구를 받은 소수주주와 매도를 청구한 지배주주 간의 협의로 결정한다.
⑧ 제1항의 매도청구를 받은 날부터 30일 내에 제7항의 매매가액에 대한 협의가 이루어지지 아니한 경우에는 매도청구를 받은 소수주주 또는 매도청구를 한 지배주주는 법원에 매매가액의 결정을 청구할 수 있다.
⑨ 법원이 제8항에 따라 주식의 매매가액을 결정하는 경우에는 회사의 재산상태와 그 밖의 사정을 고려하여 공정한 가액으로 산정하여야 한다.
[본조신설 2011.4.14]

제360조의25(소수주주의 매수청구권) ① 지배주주가 있는 회사의 소수주주는 언제든지 지배주주에게 그 보유주식의 매수를 청구할 수 있다.
② 제1항의 매수청구를 받은 지배주주는 매수를 청구한 날을 기준으로 2개월 내에 매수를 청구한 주주로부터 그 주식을 매수하여야 한다.
③ 제2항의 경우 그 매매가액은 매수를 청구한 주주와 매수청구를 받은 지배주주 간의 협의로 결정한다.
④ 제2항의 매수청구를 받은 날부터 30일 내에 제3항의 매매가액에 대한 협의가 이루어지지 아니한 경우에는 매수청구를 받은 지배주주 또는 매수청구를 한 소수주

주는 법원에 대하여 매매가액의 결정을 청구할 수 있다.
⑤ 법원이 제4항에 따라 주식의 매매가액을 결정하는 경우에는 회사의 재산상태와 그 밖의 사정을 고려하여 공정한 가액으로 산정하여야 한다.
[본조신설 2011.4.14]

제360조의26(주식의 이전 등) ① 제360조의24와 제360조의25에 따라 주식을 취득하는 지배주주가 매매가액을 소수주주에게 지급한 때에 주식이 이전된 것으로 본다.
② 제1항의 매매가액을 지급할 소수주주를 알 수 없거나 소수주주가 수령을 거부할 경우에는 지배주주는 그 가액을 공탁할 수 있다. 이 경우 주식은 공탁한 날에 지배주주에게 이전된 것으로 본다.
[본조신설 2011.4.14]

제3절 회사의 기관

제1관 주주총회

제361조 (총회의 권한) 주주총회는 본법 또는 정관에 정하는 사항에 한하여 결의할 수 있다.

제362조 (소집의 결정) 총회의 소집은 본법에 다른 규정이 있는 경우외에는 이사회가 이를 결정한다.

제363조 (소집의 통지, 공고) ① 주주총회를 소집할 때에는 주주총회일의 2주 전에 각 주주에게 서면으로 통지를 발송하거나 각 주주의 동의를 받아 전자문서로 통지를 발송하여야 한다. 다만, 그 통지가 주주명부상 주주의 주소에 계속 3년간 도달하지 아니한 경우에는 회사는 해당 주주에게 총회의 소집을 통지하지 아니할 수 있다.
② 제1항의 통지서에는 회의의 목적사항을 적어야 한다.
③ 회사가 무기명식 주권을 발행한 경우에는 주주총회일의 3주 전에 총회를 소집하는 뜻과 회의의 목적사항을 공고하여야 한다.
④ 제1항 및 제3항에도 불구하고 자본금 총액이 10억원 미만인 회사가 주주총회를 소집하는 경우에는 주주총회일의 10일 전에 각 주주에게 서면으로 통지를 발송하거나 각 주주의 동의를 받아 전자문서로 통지를 발송할 수 있고, 무기명식의 주권을 발행한 경우에는 주주총회일의 2주 전에 주주총회를 소집하는 뜻과 회의의 목적사항을 공고할 수 있다.
⑤ 자본금 총액이 10억원 미만인 회사는 주주 전원의 동의가 있을 경우에는 소집절차 없이 주주총회를 개최할 수 있고, 서면에 의한 결의로써 주주총회의 결의를 갈음할 수 있다. 결의의 목적사항에 대하여 주주 전원이 서면으로 동의를 한 때에는 서

면에 의한 결의가 있는 것으로 본다.
⑥ 제5항의 서면에 의한 결의는 주주총회의 결의와 같은 효력이 있다.
⑦ 서면에 의한 결의에 대하여는 주주총회에 관한 규정을 준용한다.
⑧ 제1항부터 제5항까지의 규정은 의결권 없는 주주에게는 적용하지 아니한다.
[전문개정 2009.5.28]

제363조의2 (주주제안권) ①의결권 없는 주식을 제외한 발행주식총수의 100분의 3 이상에 해당하는 주식을 가진 주주는 이사에게 주주총회일(정기주주총회의 경우 직전 연도의 정기주주총회일에 해당하는 그 해의 해당일. 이하 이 조에서 같다)의 6주 전에 서면 또는 전자문서로 일정한 사항을 주주총회의 목적사항으로 할 것을 제안(이하 '주주제안'이라 한다)할 수 있다. <개정 2009.1.30>
②제1항의 주주는 이사에게 주주총회일의 6주 전에 서면 또는 전자문서로 회의의 목적으로 할 사항에 추가하여 당해 주주가 제출하는 의안의 요령을 제363조에서 정하는 통지와 공고에 기재할 것을 청구할 수 있다. <개정 2009.1.30>
③이사는 제1항에 의한 주주제안이 있는 경우에는 이를 이사회에 보고하고, 이사회는 주주제안의 내용이 법령 또는 정관을 위반하는 경우와 그 밖에 대통령령으로 정하는 경우를 제외하고는 이를 주주총회의 목적사항으로 하여야 한다. 이 경우 주주제안을 한 자의 청구가 있는 때에는 주주총회에서 당해 의안을 설명할 기회를 주어야 한다. <개정 2009.1.30>
[본조신설 1998.12.28]

제364조 (소집지) 총회는 정관에 다른 정함이 없으면 본점소재지 또는 이에 인접한 지에 소집하여야 한다.

제365조 (총회의 소집) ①정기총회는 매년 1회 일정한 시기에 이를 소집하여야 한다.
②연 2회이상의 결산기를 정한 회사는 매기에 총회를 소집하여야 한다.
③임시총회는 필요있는 경우에 수시 이를 소집한다.

제366조 (소수주주에 의한 소집청구) ① 발행주식총수의 100분의 3 이상에 해당하는 주식을 가진 주주는 회의의 목적사항과 소집의 이유를 적은 서면 또는 전자문서를 이사회에 제출하여 임시총회의 소집을 청구할 수 있다. <개정 2009.5.28>
② 제1항의 청구가 있은 후 지체 없이 총회소집의 절차를 밟지 아니한 때에는 청구한 주주는 법원의 허가를 받아 총회를 소집할 수 있다. 이 경우 주주총회의 의장은 법원이 이해관계인의 청구나 직권으로 선임할 수 있다. <개정 2011.4.14>
③제1항 및 제2항의 규정에 의한 총회는 회사의 업무와 재산상태를 조사하게 하기 위하여 검사인을 선임할 수 있다. <개정 1998.12.28>

제366조의2 (총회의 질서유지) ①총회의 의장은 정관에서 정함이 없는 때에는 총회

에서 선임한다.
②총회의 의장은 총회의 질서를 유지하고 의사를 정리한다.
③총회의 의장은 고의로 의사진행을 방해하기 위한 발언·행동을 하는 등 현저히 질서를 문란하게 하는 자에 대하여 그 발언의 정지 또는 퇴장을 명할 수 있다.
[본조신설 1999.12.31]

제367조(검사인의 선임) ① 총회는 이사가 제출한 서류와 감사의 보고서를 조사하게 하기 위하여 검사인(檢査人)을 선임할 수 있다.
② 회사 또는 발행주식총수의 100분의 1 이상에 해당하는 주식을 가진 주주는 총회의 소집절차나 결의방법의 적법성을 조사하기 위하여 총회 전에 법원에 검사인의 선임을 청구할 수 있다.
[전문개정 2011.4.14]

제368조 (총회의 결의방법과 의결권의 행사) ①총회의 결의는 이 법 또는 정관에 다른 정함이 있는 경우를 제외하고는 출석한 주주의 의결권의 과반수와 발행주식총수의 4분의 1 이상의 수로써 하여야 한다. <개정 1995.12.29>
②무기명식의 주권을 가진 자는 회일의 1주간전에 그 주권을 회사에 공탁하여야 한다.
③주주는 대리인으로 하여금 그 의결권을 행사하게 할 수 있다. 이 경우에는 그 대리인은 대리권을 증명하는 서면을 총회에 제출하여야 한다.
④총회의 결의에 관하여 특별한 이해관계가 있는 자는 의결권을 행사하지 못한다.

제368조의2 (의결권의 불통일행사) ①주주가 2 이상의 의결권을 가지고 있는 때에는 이를 통일하지 아니하고 행사할 수 있다. 이 경우 주주총회일의 3일전에 회사에 대하여 서면 또는 전자문서로 그 뜻과 이유를 통지하여야 한다. <개정 2009.5.28>
②주주가 주식의 신탁을 인수하였거나 기타 타인을 위하여 주식을 가지고 있는 경우외에는 회사는 주주의 의결권의 불통일행사를 거부할 수 있다.
[본조신설 1984.4.10]

제368조의3 (서면에 의한 의결권의 행사) ①주주는 정관이 정한 바에 따라 총회에 출석하지 아니하고 서면에 의하여 의결권을 행사할 수 있다.
②회사는 총회의 소집통지서에 주주가 제1항의 규정에 의한 의결권을 행사하는데 필요한 서면과 참고자료를 첨부하여야 한다.
[본조신설 1999.12.31]

제368조의4 (전자적 방법에 의한 의결권의 행사) ① 회사는 이사회의 결의로 주주가 총회에 출석하지 아니하고 전자적 방법으로 의결권을 행사할 수 있음을 정할 수 있다.
② 회사는 제363조에 따라 소집통지나 공고를 할 때에는 주주가 제1항에 따른 방법

으로 의결권을 행사할 수 있다는 내용을 통지하거나 공고하여야 한다.
③ 회사가 제1항에 따라 전자적 방법에 의한 의결권행사를 정한 경우에 주주는 주주 확인절차 등 대통령령으로 정하는 바에 따라 의결권을 행사하여야 한다. 이 경우 회사는 의결권행사에 필요한 양식과 참고자료를 주주에게 전자적 방법으로 제공하여야 한다.
④ 동일한 주식에 관하여 제1항 또는 제368조의3제1항에 따라 의결권을 행사하는 경우 전자적 방법 또는 서면 중 어느 하나의 방법을 선택하여야 한다.
⑤ 회사는 의결권행사에 관한 전자적 기록을 총회가 끝난 날부터 3개월간 본점에 갖추어 두어 열람하게 하고 총회가 끝난 날부터 5년간 보존하여야 한다.
⑥ 주주 확인절차 등 전자적 방법에 의한 의결권행사의 절차와 그 밖에 필요한 사항은 대통령령으로 정한다.
[본조신설 2009.5.28]
제369조 (의결권) ①의결권은 1주마다 1개로 한다.
②회사가 가진 자기주식은 의결권이 없다.
③회사, 모회사 및 자회사 또는 자회사가 다른 회사의 발행주식의 총수의 10분의 1을 초과하는 주식을 가지고 있는 경우 그 다른 회사가 가지고 있는 회사 또는 모회사의 주식은 의결권이 없다. <신설 1984.4.10>
제370조 삭제 <2011.4.14>
제371조(정족수, 의결권수의 계산) ① 총회의 결의에 관하여는 제344조의3제1항과 제369조제2항 및 제3항의 의결권 없는 주식의 수는 발행주식총수에 산입하지 아니한다.
② 총회의 결의에 관하여는 제368조제4항에 따라 행사할 수 없는 주식의 의결권 수와 제409조제2항·제3항 및 제542조의12제3항·제4항에 따라 그 비율을 초과하는 주식으로서 행사할 수 없는 주식의 의결권 수는 출석한 주주의 의결권의 수에 산입하지 아니한다.
[전문개정 2011.4.14]
제372조 (총회의 연기, 속행의 결의) ①총회에서는 회의의 속행 또는 연기의 결의를 할 수 있다.
②전항의 경우에는 제363조의 규정을 적용하지 아니한다.
제373조 (총회의 의사록) ①총회의 의사에는 의사록을 작성하여야 한다.
②의사록에는 의사의 경과요령과 그 결과를 기재하고 의장과 출석한 이사가 기명날인 또는 서명하여야 한다. <개정 1995.12.29>
제374조 (영업양도, 양수, 임대등) ① 회사가 다음 각 호의 어느 하나에 해당하는 행위

를 할 때에는 제434조에 따른 결의가 있어야 한다. <개정 2011.4.14>

1. 영업의 전부 또는 중요한 일부의 양도
2. 영업 전부의 임대 또는 경영위임, 타인과 영업의 손익 전부를 같이 하는 계약, 그 밖에 이에 준하는 계약의 체결·변경 또는 해약
3. 회사의 영업에 중대한 영향을 미치는 다른 회사의 영업 전부 또는 일부의 양수

②제1항의 행위에 관한 주주총회의 소집의 통지 또는 공고를 하는 때에는 제374조의2제1항 및 제2항의 규정에 의한 주식매수청구권의 내용 및 행사방법을 명시하여야 한다. <신설 1995.12.29>

제374조의2 (반대주주의 주식매수청구권) ①제374조의 규정에 의한 결의사항에 반대하는 주주는 주주총회전에 회사에 대하여 서면으로 그 결의에 반대하는 의사를 통지한 경우에는 그 총회의 결의일부터 20일내에 주식의 종류와 수를 기재한 서면으로 회사에 대하여 자기가 소유하고 있는 주식의 매수를 청구할 수 있다.

②회사는 제1항의 청구를 받은 날부터 2월 이내에 그 주식을 매수하여야 한다.

③제2항의 규정에 의한 주식의 매수가액은 주주와 회사간의 협의에 의하여 결정한다. <개정 2001.7.24>

④제1항의 청구를 받은 날부터 30일 이내에 제3항의 규정에 의한 협의가 이루어지지 아니한 경우에는 회사 또는 주식의 매수를 청구한 주주는 법원에 대하여 매수가액의 결정을 청구할 수 있다. <개정 2001.7.24>

⑤법원이 제4항의 규정에 의하여 주식의 매수가액을 결정하는 경우에는 회사의 재산상태 그 밖의 사정을 참작하여 공정한 가액으로 이를 산정하여야 한다. <신설 2001.7.24>

[본조신설 1995.12.29]

제375조(사후설립) 회사가 그 성립 후 2년 내에 그 성립 전부터 존재하는 재산으로서 영업을 위하여 계속하여 사용하여야 할 것을 자본금의 100분의 5 이상에 해당하는 대가로 취득하는 계약을 하는 경우에는 제374조를 준용한다.

[전문개정 2011.4.14]

제376조 (결의취소의 소) ①총회의 소집절차 또는 결의방법이 법령 또는 정관에 위반하거나 현저하게 불공정한 때 또는 그 결의의 내용이 정관에 위반한 때에는 주주·이사 또는 감사는 결의의 날로부터 2월내에 결의취소의 소를 제기할 수 있다. <개정 1984.4.10, 1995.12.29>

②제186조 내지 제188조, 제190조 본문과 제191조의 규정은 제1항의 소에 준용한다. <개정 1984.4.10, 1995.12.29>

제377조 (제소주주의 담보제공의무) ①주주가 결의취소의 소를 제기한 때에는 법원은

회사의 청구에 의하여 상당한 담보를 제공할 것을 명할 수 있다. 그러나 그 주주가 이사 또는 감사인 때에는 그러하지 아니하다. <개정 1984.4.10>

②제176조제4항의 규정은 제1항의 청구에 준용한다. <개정 1984.4.10>

제378조 (결의취소의 등기) 결의한 사항이 등기된 경우에 결의취소의 판결이 확정된 때에는 본점과 지점의 소재지에서 등기하여야 한다.

제379조 (법원의 재량에 의한 청구기각) 결의취소의 소가 제기된 경우에 결의의 내용, 회사의 현황과 제반사정을 참작하여 그 취소가 부적당하다고 인정한 때에는 법원은 그 청구를 기각할 수 있다.

제380조 (결의무효 및 부존재확인의 소) 제186조 내지 제188조, 제190조 본문, 제191조, 제377조와 제378조의 규정은 총회의 결의의 내용이 법령에 위반한 것을 이유로 하여 결의무효의 확인을 청구하는 소와 총회의 소집절차 또는 결의방법에 총회결의가 존재한다고 볼 수 없을 정도의 중대한 하자가 있는 것을 이유로 하여 결의부존재의 확인을 청구하는 소에 이를 준용한다. <개정 1984.4.10, 1995.12.29>

제381조 (부당결의의 취소, 변경의 소) ①주주가 제368조제4항의 규정에 의하여 의결권을 행사할 수 없었던 경우에 결의가 현저하게 부당하고 그 주주가 의결권을 행사하였더라면 이를 저지할 수 있었을 때에는 그 주주는 그 결의의 날로부터 2월내에 결의의 취소의 소 또는 변경의 소를 제기할 수 있다.

②제186조 내지 제188조, 제190조 본문, 제191조, 제377조와 제378조의 규정은 제1항의 소에 준용한다. <개정 1998.12.28>

제2관 이사와 이사회

제382조 (이사의 선임, 회사와의 관계 및 사외이사) ① 이사는 주주총회에서 선임한다.

② 회사와 이사의 관계는 「민법」의 위임에 관한 규정을 준용한다.

③ 사외이사(社外理事)는 해당 회사의 상무(常務)에 종사하지 아니하는 이사로서 다음 각 호의 어느 하나에 해당하지 아니하는 자를 말한다. 사외이사가 다음 각 호의 어느 하나에 해당하는 경우에는 그 직을 상실한다. <개정 2011.4.14>

1. 회사의 상무에 종사하는 이사·집행임원 및 피용자 또는 최근 2년 이내에 회사의 상무에 종사한 이사·감사·집행임원 및 피용자
2. 최대주주가 자연인인 경우 본인과 그 배우자 및 직계 존속·비속
3. 최대주주가 법인인 경우 그 법인의 이사·감사·집행임원 및 피용자
4. 이사·감사·집행임원의 배우자 및 직계 존속·비속
5. 회사의 모회사 또는 자회사의 이사·감사·집행임원 및 피용자
6. 회사와 거래관계 등 중요한 이해관계에 있는 법인의 이사·감사·집행임원 및 피

용자

7. 회사의 이사·집행임원 및 피용자가 이사·집행임원으로 있는 다른 회사의 이사·감사·집행임원 및 피용자

[전문개정 2009.1.30]

제382조의2 (집중투표) ①2인 이상의 이사의 선임을 목적으로 하는 총회의 소집이 있는 때에는 의결권없는 주식을 제외한 발행주식총수의 100분의 3 이상에 해당하는 주식을 가진 주주는 정관에서 달리 정하는 경우를 제외하고는 회사에 대하여 집중투표의 방법으로 이사를 선임할 것을 청구할 수 있다.

②제1항의 청구는 주주총회일의 7일 전까지 서면 또는 전자문서로 하여야 한다. <개정 2009.5.28>

③제1항의 청구가 있는 경우에 이사의 선임결의에 관하여 각 주주는 1주마다 선임할 이사의 수와 동일한 수의 의결권을 가지며, 그 의결권은 이사 후보자 1인 또는 수인에게 집중하여 투표하는 방법으로 행사할 수 있다.

④제3항의 규정에 의한 투표의 방법으로 이사를 선임하는 경우에는 투표의 최다수를 얻은 자부터 순차적으로 이사에 선임되는 것으로 한다.

⑤제1항의 청구가 있는 경우에는 의장은 의결에 앞서 그러한 청구가 있다는 취지를 알려야 한다.

⑥제2항의 서면은 총회가 종결될 때까지 이를 본점에 비치하고 주주로 하여금 영업시간내에 열람할 수 있게 하여야 한다.

[본조신설 1998.12.28]

제382조의3 (이사의 충실의무) 이사는 법령과 정관의 규정에 따라 회사를 위하여 그 직무를 충실하게 수행하여야 한다.

[본조신설 1998.12.28]

제382조의4 (이사의 비밀유지의무) 이사는 재임중 뿐만 아니라 퇴임후에도 직무상 알게된 회사의 영업상 비밀을 누설하여서는 아니된다.

[본조신설 2001.7.24]

제383조 (원수, 임기) ① 이사는 3명 이상이어야 한다. 다만, 자본금 총액이 10억원 미만인 회사는 1명 또는 2명으로 할 수 있다. <개정 2009.5.28>

②이사의 임기는 3년을 초과하지 못한다. <개정 1984.4.10>

③제2항의 임기는 정관으로 그 임기중의 최종의 결산기에 관한 정기주주총회의 종결에 이르기까지 연장할 수 있다. <개정 1984.4.10>

④ 제1항 단서의 경우에는 제302조제2항제5호의2, 제317조제2항제3호의2, 제335조제1항 단서 및 제2항, 제335조의2제1항·제3항, 제335조의3제1항·제2항, 제335조의7

제1항, 제340조의3제1항제5호, 제356조제6호의2, 제397조제1항·제2항, 제397조의2제1항, 제398조, 제416조 본문, 제451조제2항, 제461조제1항 본문 및 제3항, 제462조의3제1항, 제464조의2제1항, 제469조, 제513조제2항 본문 및 제516조의2제2항 본문(준용되는 경우를 포함한다) 중 "이사회"는 각각 "주주총회"로 보며, 제360조의5제1항 및 제522조의3제1항 중 "이사회의 결의가 있는 때"는 "제363조제1항에 따른 주주총회의 소집통지가 있는 때"로 본다. <개정 2009.5.28, 2011.4.14>

⑤ 제1항 단서의 경우에는 제341조제2항 단서, 제390조, 제391조, 제391조의2, 제391조의3, 제392조, 제393조제2항부터 제4항까지, 제399조제2항, 제408조의2제3항·제4항, 제408조의3제2항, 제408조의4제2호, 제408조의5제1항, 제408조의6, 제408조의7, 제412조의4, 제449조의2, 제462조제2항 단서, 제526조제3항, 제527조제4항, 제527조의2, 제527조의3제1항 및 제527조의5제2항은 적용하지 아니한다. <개정 2009.5.28, 2011.4.14>

⑥ 제1항 단서의 경우에는 각 이사(정관에 따라 대표이사를 정한 경우에는 그 대표이사를 말한다)가 회사를 대표하며 제343조제1항 단서, 제346조제3항, 제362조, 제363조의2제3항, 제366조제1항, 제368조의4제1항, 제393조제1항, 제412조의3제1항 및 제462조의3제1항에 따른 이사회의 기능을 담당한다. <개정 2009.5.28, 2011.4.14>

제384조 삭제 <1995.12.29>

제385조 (해임) ①이사는 언제든지 제434조의 규정에 의한 주주총회의 결의로 이를 해임할 수 있다. 그러나 이사의 임기를 정한 경우에 정당한 이유없이 그 임기만료전에 이를 해임한 때에는 그 이사는 회사에 대하여 해임으로 인한 손해의 배상을 청구할 수 있다.

②이사가 그 직무에 관하여 부정행위 또는 법령이나 정관에 위반한 중대한 사실이 있음에도 불구하고 주주총회에서 그 해임을 부결한 때에는 발행주식의 총수의 100분의3 이상에 해당하는 주식을 가진 주주는 총회의 결의가 있은 날부터 1월내에 그 이사의 해임을 법원에 청구할 수 있다. <개정 1998.12.28>

③제186조의 규정은 전항의 경우에 준용한다.

제386조 (결원의 경우) ①법률 또는 정관에 정한 이사의 원수를 결한 경우에는 임기의 만료 또는 사임으로 인하여 퇴임한 이사는 새로 선임된 이사가 취임할 때까지 이사의 권리의무가 있다.

②제1항의 경우에 필요하다고 인정할 때에는 법원은 이사, 감사 기타의 이해관계인의 청구에 의하여 일시이사의 직무를 행할 자를 선임할 수 있다. 이 경우에는 본점의 소재지에서 그 등기를 하여야 한다. <개정 1995.12.29>

제387조 (자격주) 정관으로 이사가 가질 주식의 수를 정한 경우에 다른 규정이 없는

때에는 이사는 그 수의 주권을 감사에게 공탁하여야 한다.

제388조 (이사의 보수) 이사의 보수는 정관에 그 액을 정하지 아니한 때에는 주주총회의 결의로 이를 정한다.

제389조 (대표이사) ①회사는 이사회의 결의로 회사를 대표할 이사를 선정하여야 한다. 그러나 정관으로 주주총회에서 이를 선정할 것을 정할 수 있다.

②전항의 경우에는 수인의 대표이사가 공동으로 회사를 대표할 것을 정할 수 있다.

③제208조제2항, 제209조, 제210조와 제386조의 규정은 대표이사에 준용한다. <개정 1962.12.12>

제390조 (이사회의 소집) ①이사회는 각이사가 소집한다. 그러나 이사회의 결의로 소집할 이사를 정한 때에는 그러하지 아니하다.

②제1항 단서의 규정에 의하여 소집권자로 지정되지 않은 다른 이사는 소집권자인 이사에게 이사회 소집을 요구할 수 있다. 소집권자인 이사가 정당한 이유없이 이사회 소집을 거절하는 경우에는 다른 이사가 이사회를 소집할 수 있다. <신설 2001.7.24>

③이사회를 소집함에는 회일을 정하고 그 1주간전에 각 이사 및 감사에 대하여 통지를 발송하여야 한다. 그러나 그 기간은 정관으로 단축할 수 있다. <개정 1984.4.10>

④이사회는 이사 및 감사전원의 동의가 있는 때에는 제3항의 절차없이 언제든지 회의할 수 있다. <개정 1984.4.10, 2001.7.24>

제391조 (이사회의 결의방법) ①이사회의 결의는 이사 과반수의 출석과 출석이사의 과반수로 하여야 한다. 그러나 정관으로 그 비율을 높게 정할 수 있다.

②정관에서 달리 정하는 경우를 제외하고 이사회는 이사의 전부 또는 일부가 직접 회의에 출석하지 아니하고 모든 이사가 음성을 동시에 송수신하는 원격통신수단에 의하여 결의에 참가하는 것을 허용할 수 있다. 이 경우 당해 이사는 이사회에 직접 출석한 것으로 본다. <신설 1999.12.31, 2011.4.14>

③제368조제4항 및 제371조제2항의 규정은 제1항의 경우에 이를 준용한다.

[전문개정 1984.4.10]

제391조의2 (감사의 이사회출석 · 의견진술권) ①감사는 이사회에 출석하여 의견을 진술할 수 있다.

②감사는 이사가 법령 또는 정관에 위반한 행위를 하거나 그 행위를 할 염려가 있다고 인정한 때에는 이사회에 이를 보고하여야 한다.

[본조신설 1984.4.10]

제391조의3 (이사회의 의사록) ①이사회의 의사에 관하여는 의사록을 작성하여야 한다.

②의사록에는 의사의 안건, 경과요령, 그 결과, 반대하는 자와 그 반대이유를 기재하고 출석한 이사 및 감사가 기명날인 또는 서명하여야 한다. <개정 1995.12.29, 1999.12.31>

③주주는 영업시간내에 이사회의사록의 열람 또는 등사를 청구할 수 있다. <신설 1999.12.31>

④회사는 제3항의 청구에 대하여 이유를 붙여 이를 거절할 수 있다. 이 경우 주주는 법원의 허가를 얻어 이사회의사록을 열람 또는 등사할 수 있다. <신설 1999.12.31>

[본조신설 1984.4.10]

제392조 (이사회의 연기 · 속행) 제372조의 규정은 이사회에 관하여 이를 준용한다.

[전문개정 1984.4.10]

제393조 (이사회의 권한) ①중요한 자산의 처분 및 양도, 대규모 재산의 차입, 지배인의 선임 또는 해임과 지점의 설치·이전 또는 폐지 등 회사의 업무집행은 이사회의 결의로 한다. <개정 2001.7.24>

②이사회는 이사의 직무의 집행을 감독한다.

③이사는 대표이사로 하여금 다른 이사 또는 피용자의 업무에 관하여 이사회에 보고할 것을 요구할 수 있다. <신설 2001.7.24>

④이사는 3월에 1회 이상 업무의 집행상황을 이사회에 보고하여야 한다. <신설 2001.7.24>

[전문개정 1984.4.10]

제393조의2 (이사회내 위원회) ①이사회는 정관이 정한 바에 따라 위원회를 설치할 수 있다.

②이사회는 다음 각호의 사항을 제외하고는 그 권한을 위원회에 위임할 수 있다.

1. 주주총회의 승인을 요하는 사항의 제안
2. 대표이사의 선임 및 해임
3. 위원회의 설치와 그 위원의 선임 및 해임
4. 정관에서 정하는 사항

③위원회는 2인 이상의 이사로 구성한다.

④위원회는 결의된 사항을 각 이사에게 통지하여야 한다. 이 경우 이를 통지받은 각 이사는 이사회의 소집을 요구할 수 있으며, 이사회는 위원회가 결의한 사항에 대하여 다시 결의할 수 있다.

⑤제386조제1항·제390조·제391조·제391조의3 및 제392조의 규정은 위원회에 관하여 이를 준용한다.

[본조신설 1999.12.31]

제394조 (이사와 회사간의 소에 관한 대표) ①회사가 이사에 대하여 또는 이사가 회사에 대하여 소를 제기하는 경우에 감사는 그 소에 관하여 회사를 대표한다. 회사가 제403조제1항의 청구를 받음에 있어서도 같다.
②제415조의2의 규정에 의한 감사위원회의 위원이 소의 당사자인 경우에는 감사위원회 또는 이사는 법원에 회사를 대표할 자를 선임하여 줄 것을 신청하여야 한다. <신설 1999.12.31>
[전문개정 1984.4.10]

제395조 (표현대표이사의 행위와 회사의 책임) 사장, 부사장, 전무, 상무 기타 회사를 대표할 권한이 있는 것으로 인정될만한 명칭을 사용한 이사의 행위에 대하여는 그 이사가 회사를 대표할 권한이 없는 경우에도 회사는 선의의 제삼자에 대하여 그 책임을 진다.

제396조 (정관등의 비치, 공시의무) ①이사는 회사의 정관, 주주총회의 의사록을 본점과 지점에, 주주명부, 사채원부를 본점에 비치하여야 한다. 이 경우 명의개서대리인을 둔 때에는 주주명부나 사채원부 또는 그 복본을 명의개서대리인의 영업소에 비치할 수 있다. <개정 1984.4.10, 1999.12.31>
②주주와 회사채권자는 영업시간내에 언제든지 제1항의 서류의 열람 또는 등사를 청구할 수 있다. <개정 1984.4.10>

제397조 (경업금지) ①이사는 이사회의 승인이 없으면 자기 또는 제삼자의 계산으로 회사의 영업부류에 속한 거래를 하거나 동종영업을 목적으로 하는 다른 회사의 무한책임사원이나 이사가 되지 못한다. <개정 1995.12.29>
②이사가 제1항의 규정에 위반하여 거래를 한 경우에 회사는 이사회의 결의로 그 이사의 거래가 자기의 계산으로 한 것인 때에는 이를 회사의 계산으로 한 것으로 볼 수 있고 제삼자의 계산으로 한 것인 때에는 그 이사에 대하여 이로 인한 이득의 양도를 청구할 수 있다. <개정 1962.12.12, 1995.12.29>
③제2항의 권리는 거래가 있은 날로부터 1년을 경과하면 소멸한다. <개정 1995.12.29>

제397조의2(회사의 기회 및 자산의 유용 금지) ① 이사는 이사회의 승인 없이 현재 또는 장래에 회사의 이익이 될 수 있는 다음 각 호의 어느 하나에 해당하는 회사의 사업기회를 자기 또는 제3자의 이익을 위하여 이용하여서는 아니 된다. 이 경우 이사회의 승인은 이사 3분의 2 이상의 수로써 하여야 한다.

1. 직무를 수행하는 과정에서 알게 되거나 회사의 정보를 이용한 사업기회
2. 회사가 수행하고 있거나 수행할 사업과 밀접한 관계가 있는 사업기회

② 제1항을 위반하여 회사에 손해를 발생시킨 이사 및 승인한 이사는 연대하여 손해를 배상할 책임이 있으며 이로 인하여 이사 또는 제3자가 얻은 이익은 손해로 추

정한다.

[본조신설 2011.4.14]

제398조(이사 등과 회사 간의 거래) 다음 각 호의 어느 하나에 해당하는 자가 자기 또는 제3자의 계산으로 회사와 거래를 하기 위하여는 미리 이사회에서 해당 거래에 관한 중요사실을 밝히고 이사회의 승인을 받아야 한다. 이 경우 이사회의 승인은 이사 3분의 2 이상의 수로써 하여야 하고, 그 거래의 내용과 절차는 공정하여야 한다.

1. 이사 또는 제542조의8제2항제6호에 따른 주요주주
2. 제1호의 자의 배우자 및 직계존비속
3. 제1호의 자의 배우자의 직계존비속
4. 제1호부터 제3호까지의 자가 단독 또는 공동으로 의결권 있는 발행주식 총수의 100분의 50 이상을 가진 회사 및 그 자회사
5. 제1호부터 제3호까지의 자가 제4호의 회사와 합하여 의결권 있는 발행주식총수의 100분의 50 이상을 가진 회사

[전문개정 2011.4.14]

제399조 (회사에 대한 책임) ① 이사가 고의 또는 과실로 법령 또는 정관에 위반한 행위를 하거나 그 임무를 게을리한 경우에는 그 이사는 회사에 대하여 연대하여 손해를 배상할 책임이 있다. <개정 2011.4.14>

②전항의 행위가 이사회의 결의에 의한 것인 때에는 그 결의에 찬성한 이사도 전항의 책임이 있다.

③전항의 결의에 참가한 이사로서 이의를 한 기재가 의사록에 없는 자는 그 결의에 찬성한 것으로 추정한다.

제400조(회사에 대한 책임의 감면) ① 제399조에 따른 이사의 책임은 주주 전원의 동의로 면제할 수 있다.

② 회사는 정관으로 정하는 바에 따라 제399조에 따른 이사의 책임을 이사가 그 행위를 한 날 이전 최근 1년간의 보수액(상여금과 주식매수선택권의 행사로 인한 이익 등을 포함한다)의 6배(사외이사의 경우는 3배)를 초과하는 금액에 대하여 면제할 수 있다. 다만, 이사가 고의 또는 중대한 과실로 손해를 발생시킨 경우와 제397조 제397조의2 및 제398조에 해당하는 경우에는 그러하지 아니하다.

[전문개정 2011.4.14]

제401조 (제삼자에 대한 책임) ① 이사가 고의 또는 중대한 과실로 그 임무를 게을리한 때에는 그 이사는 제3자에 대하여 연대하여 손해를 배상할 책임이 있다. <개정 2011.4.14>

②제399조제2항, 제3항의 규정은 전항의 경우에 준용한다.

제401조의2 (업무집행지시자 등의 책임) ①다음 각호의 1에 해당하는 자는 그 지시하거나 집행한 업무에 관하여 제399조·제401조 및 제403조의 적용에 있어서 이를 이사로 본다.

1. 회사에 대한 자신의 영향력을 이용하여 이사에게 업무집행을 지시한 자
2. 이사의 이름으로 직접 업무를 집행한 자
3. 이사가 아니면서 명예회장·회장·사장·부사장·전무·상무·이사 기타 회사의 업무를 집행할 권한이 있는 것으로 인정될 만한 명칭을 사용하여 회사의 업무를 집행한 자

②제1항의 경우에 회사 또는 제3자에 대하여 손해를 배상할 책임이 있는 이사는 제1항에 규정된 자와 연대하여 그 책임을 진다.

[본조신설 1998.12.28]

제402조 (유지청구권) 이사가 법령 또는 정관에 위반한 행위를 하여 이로 인하여 회사에 회복할 수 없는 손해가 생길 염려가 있는 경우에는 감사 또는 발행주식의 총수의 100분의 1 이상에 해당하는 주식을 가진 주주는 회사를 위하여 이사에 대하여 그 행위를 유지할 것을 청구할 수 있다. <개정 1984.4.10, 1998.12.28>

제403조 (주주의 대표소송) ①발행주식의 총수의 100분의 1이상에 해당하는 주식을 가진 주주는 회사에 대하여 이사의 책임을 추궁할 소의 제기를 청구할 수 있다. <개정 1998.12.28>

②제1항의 청구는 그 이유를 기재한 서면으로 하여야 한다. <개정 1998.12.28>

③회사가 전항의 청구를 받은 날로부터 30일내에 소를 제기하지 아니한 때에는 제1항의 주주는 즉시 회사를 위하여 소를 제기할 수 있다.

④제3항의 기간의 경과로 인하여 회사에 회복할 수 없는 손해가 생길 염려가 있는 경우에는 전항의 규정에 불구하고 제1항의 주주는 즉시 소를 제기할 수 있다. <개정 1998.12.28>

⑤제3항과 제4항의 소를 제기한 주주의 보유주식이 제소후 발행주식총수의 100분의 1 미만으로 감소한 경우(발행주식을 보유하지 아니하게 된 경우를 제외한다)에도 제소의 효력에는 영향이 없다. <신설 1998.12.28>

⑥회사가 제1항의 청구에 따라 소를 제기하거나 주주가 제3항과 제4항의 소를 제기한 경우 당사자는 법원의 허가를 얻지 아니하고는 소의 취하, 청구의 포기·인락·화해를 할 수 없다. <신설 1998.12.28, 2011.4.14>

⑦제176조제3항, 제4항과 제186조의 규정은 본조의 소에 준용한다.

제404조 (대표소송과 소송참가, 소송고지) ①회사는 전조제3항과 제4항의 소송에 참가할 수 있다.

②전조제3항과 제4항의 소를 제기한 주주는 소를 제기한 후 지체없이 회사에 대하여 그 소송의 고지를 하여야 한다.

제405조 (제소주주의 권리의무) ①제403조제3항과 제4항의 규정에 의하여 소를 제기한 주주가 승소한 때에는 그 주주는 회사에 대하여 소송비용 및 그 밖에 소송으로 인하여 지출한 비용중 상당한 금액의 지급을 청구할 수 있다. 이 경우 소송비용을 지급한 회사는 이사 또는 감사에 대하여 구상권이 있다. <개정 1962.12.12, 2001.7.24>

②제403조제3항과 제4항의 규정에 의하여 소를 제기한 주주가 패소한 때에는 악의인 경우외에는 회사에 대하여 손해를 배상할 책임이 없다.

제406조 (대표소송과 재심의 소) ①제403조의 소가 제기된 경우에 원고와 피고의 공모로 인하여 소송의 목적인 회사의 권리를 사해할 목적으로써 판결을 하게한 때에는 회사 또는 주주는 확정한 종국판결에 대하여 재심의 소를 제기할 수 있다.

②전조의 규정은 전항의 소에 준용한다.

제407조 (직무집행정지, 직무대행자선임) ①이사선임결의의 무효나 취소 또는 이사해임의 소가 제기된 경우에는 법원은 당사자의 신청에 의하여 가처분으로써 이사의 직무집행을 정지할 수 있고 또는 직무대행자를 선임할 수 있다. 급박한 사정이 있는 때에는 본안 소송의 제기전에도 그 처분을 할 수 있다.

②법원은 당사자의 신청에 의하여 전항의 가처분을 변경 또는 취소할 수 있다.

③전2항의 처분이 있는 때에는 본점과 지점의 소재지에서 그 등기를 하여야 한다.

제408조 (직무대행자의 권한) ①전조의 직무대행자는 가처분명령에 다른 정함이 있는 경우외에는 회사의 상무에 속하지 아니한 행위를 하지 못한다. 그러나 법원의 허가를 얻은 경우에는 그러하지 아니하다.

②직무대행자가 전항의 규정에 위반한 행위를 한 경우에도 회사는 선의의 제삼자에 대하여 책임을 진다.

제408조의2(집행임원 설치회사, 집행임원과 회사의 관계) ① 회사는 집행임원을 둘 수 있다. 이 경우 집행임원을 둔 회사(이하 "집행임원 설치회사"라 한다)는 대표이사를 두지 못한다.

② 집행임원 설치회사와 집행임원의 관계는 「민법」 중 위임에 관한 규정을 준용한다.

③ 집행임원 설치회사의 이사회는 다음의 권한을 갖는다.

1. 집행임원과 대표집행임원의 선임·해임
2. 집행임원의 업무집행 감독
3. 집행임원과 집행임원 설치회사의 소송에서 집행임원 설치회사를 대표할 자의 선임

4. 집행임원에게 업무집행에 관한 의사결정의 위임(이 법에서 이사회 권한사항으로 정한 경우는 제외한다)
5. 집행임원이 여러 명인 경우 집행임원의 직무 분담 및 지휘·명령관계, 그 밖에 집행임원의 상호관계에 관한 사항의 결정
6. 정관에 규정이 없거나 주주총회의 승인이 없는 경우 집행임원의 보수 결정

④ 집행임원 설치회사는 이사회의 회의를 주관하기 위하여 이사회 의장을 두어야 한다. 이 경우 이사회 의장은 정관의 규정이 없으면 이사회 결의로 선임한다.

[본조신설 2011.4.14]

제408조의3(집행임원의 임기) ① 집행임원의 임기는 정관에 다른 규정이 없으면 2년을 초과하지 못한다.

② 제1항의 임기는 정관에 그 임기 중의 최종 결산기에 관한 정기주주총회가 종결한 후 가장 먼저 소집하는 이사회의 종결 시까지로 정할 수 있다.

[본조신설 2011.4.14]

제408조의4(집행임원의 권한) 집행임원의 권한은 다음 각 호의 사항으로 한다.

1. 집행임원 설치회사의 업무집행
2. 정관이나 이사회의 결의에 의하여 위임받은 업무집행에 관한 의사결정

[본조신설 2011.4.14]

제408조의5(대표집행임원) ① 2명 이상의 집행임원이 선임된 경우에는 이사회 결의로 집행임원 설치회사를 대표할 대표집행임원을 선임하여야 한다. 다만, 집행임원이 1명인 경우에는 그 집행임원이 대표집행임원이 된다.

② 대표집행임원에 관하여는 이 법에 다른 규정이 없으면 주식회사의 대표이사에 관한 규정을 준용한다.

③ 집행임원 설치회사에 대하여는 제395조를 준용한다.

[본조신설 2011.4.14]

제408조의6(집행임원의 이사회에 대한 보고) ① 집행임원은 3개월에 1회 이상 업무의 집행상황을 이사회에 보고하여야 한다.

② 집행임원은 제1항의 경우 외에도 이사회의 요구가 있으면 언제든지 이사회에 출석하여 요구한 사항을 보고하여야 한다.

③ 이사는 대표집행임원으로 하여금 다른 집행임원 또는 피용자의 업무에 관하여 이사회에 보고할 것을 요구할 수 있다.

[본조신설 2011.4.14]

제408조의7(집행임원의 이사회 소집 청구) ① 집행임원은 필요하면 회의의 목적사항과 소집이유를 적은 서면을 이사(소집권자가 있는 경우에는 소집권자를 말한다. 이

하 이 조에서 같다)에게 제출하여 이사회 소집을 청구할 수 있다.
② 제1항의 청구를 한 후 이사가 지체 없이 이사회 소집의 절차를 밟지 아니하면 소집을 청구한 집행임원은 법원의 허가를 받아 이사회를 소집할 수 있다. 이 경우 이사회 의장은 법원이 이해관계자의 청구에 의하여 또는 직권으로 선임할 수 있다.
[본조신설 2011.4.14]

제408조의8(집행임원의 책임) ① 집행임원이 고의 또는 과실로 법령이나 정관을 위반한 행위를 하거나 그 임무를 게을리한 경우에는 그 집행임원은 집행임원 설치회사에 손해를 배상할 책임이 있다.
② 집행임원이 고의 또는 중대한 과실로 그 임무를 게을리한 경우에는 그 집행임원은 제3자에게 손해를 배상할 책임이 있다.
③ 집행임원이 집행임원 설치회사 또는 제3자에게 손해를 배상할 책임이 있는 경우에 다른 집행임원·이사 또는 감사도 그 책임이 있으면 다른 집행임원·이사 또는 감사와 연대하여 배상할 책임이 있다.
[본조신설 2011.4.14]

제408조의9(준용규정) 집행임원에 대하여는 제382조의3, 제382조의4, 제396조, 제397조, 제397조의2, 제398조, 제400조, 제401조의2, 제402조부터 제408조까지, 제412조 및 제412조의2를 준용한다.
[본조신설 2011.4.14]

제3관 감사 및 감사위원회 <개정 1999.12.31>

제409조 (선임) ①감사는 주주총회에서 선임한다.
②의결권없는 주식을 제외한 발행주식의 총수의 100분의 3을 초과하는 수의 주식을 가진 주주는 그 초과하는 주식에 관하여 제1항의 감사의 선임에 있어서는 의결권을 행사하지 못한다. <개정 1984.4.10>
③회사는 정관으로 제2항의 비율보다 낮은 비율을 정할 수 있다. <신설 1984.4.10>
④ 제1항, 제296조제1항 및 제312조에도 불구하고 자본금의 총액이 10억원 미만인 회사의 경우에는 감사를 선임하지 아니할 수 있다. <신설 2009.5.28>
⑤ 제4항에 따라 감사를 선임하지 아니한 회사가 이사에 대하여 또는 이사가 그 회사에 대하여 소를 제기하는 경우에 회사, 이사 또는 이해관계인은 법원에 회사를 대표할 자를 선임하여 줄 것을 신청하여야 한다. <신설 2009.5.28>
⑥ 제4항에 따라 감사를 선임하지 아니한 경우에는 제412조, 제412조의2 및 제412조의5제1항·제2항중 "감사"는 각각 "주주총회"로 본다. <신설 2009.5.28, 2011.4.14>

제409조의2 (감사의 해임에 관한 의견진술의 권리) 감사는 주주총회에서 감사의 해임

에 관하여 의견을 진술할 수 있다.

[본조신설 1995.12.29]

제410조 (임기) 감사의 임기는 취임후 3년내의 최종의 결산기에 관한 정기총회의 종결시까지로 한다. <개정 1995.12.29>

[전문개정 1984.4.10]

제411조 (겸임금지) 감사는 회사 및 자회사의 이사 또는 지배인 기타의 사용인의 직무를 겸하지 못한다. <개정 1995.12.29>

제412조 (감사의 직무와 보고요구, 조사의 권한) ①감사는 이사의 직무의 집행을 감사한다.

②감사는 언제든지 이사에 대하여 영업에 관한 보고를 요구하거나 회사의 업무와 재산상태를 조사할 수 있다.

③ 감사는 회사의 비용으로 전문가의 도움을 구할 수 있다. <신설 2011.4.14>

[전문개정 1984.4.10]

[제목개정 2011.4.14]

제412조의2 (이사의 보고의무) 이사는 회사에 현저하게 손해를 미칠 염려가 있는 사실을 발견한 때에는 즉시 감사에게 이를 보고하여야 한다.

[본조신설 1995.12.29]

제412조의3 (총회의 소집청구) ①감사는 회의의 목적사항과 소집의 이유를 기재한 서면을 이사회에 제출하여 임시총회의 소집을 청구할 수 있다.

②제366조제2항의 규정은 감사가 총회를 소집하는 경우에 이를 준용한다.

[본조신설 1995.12.29]

제412조의4(감사의 이사회 소집 청구) ① 감사는 필요하면 회의의 목적사항과 소집이유를 서면에 적어 이사(소집권자가 있는 경우에는 소집권자를 말한다. 이하 이 조에서 같다)에게 제출하여 이사회 소집을 청구할 수 있다.

② 제1항의 청구를 하였는데도 이사가 지체 없이 이사회를 소집하지 아니하면 그 청구한 감사가 이사회를 소집할 수 있다.

[본조신설 2011.4.14]

[종전 제412조의4는 제412조의5로 이동 <2011.4.14>]

제412조의5 (자회사의 조사권) ①모회사의 감사는 그 직무를 수행하기 위하여 필요한 때에는 자회사에 대하여 영업의 보고를 요구할 수 있다.

②모회사의 감사는 제1항의 경우에 자회사가 지체없이 보고를 하지 아니할 때 또는 그 보고의 내용을 확인할 필요가 있는 때에는 자회사의 업무와 재산상태를 조사할 수 있다.

③자회사는 정당한 이유가 없는 한 제1항의 규정에 의한 보고 또는 제2항의 규정에 의한 조사를 거부하지 못한다.

[본조신설 1995.12.29]

[제412조의4에서 이동 <2011.4.14>]

제413조 (조사 · 보고의 의무) 감사는 이사가 주주총회에 제출할 의안 및 서류를 조사하여 법령 또는 정관에 위반하거나 현저하게 부당한 사항이 있는지의 여부에 관하여 주주총회에 그 의견을 진술하여야 한다.

[전문개정 1984.4.10]

제413조의2 (감사록의 작성) ①감사는 감사에 관하여 감사록을 작성하여야 한다.

②감사록에는 감사의 실시요령과 그 결과를 기재하고 감사를 실시한 감사가 기명날인 또는 서명하여야 한다. <개정 1995.12.29>

[본조신설 1984.4.10]

제414조 (감사의 책임) ①감사가 그 임무를 해태한 때에는 그 감사는 회사에 대하여 연대하여 손해를 배상할 책임이 있다.

②감사가 악의 또는 중대한 과실로 인하여 그 임무를 해태한 때에는 그 감사는 제삼자에 대하여 연대하여 손해를 배상할 책임이 있다.

③감사가 회사또는 제삼자에 대하여 손해를 배상할 책임이 있는 경우에 이사도 그 책임이 있는 때에는 그 감사와 이사는 연대하여 배상할 책임이 있다.

제415조 (준용규정) 제382조제2항, 제382조의4, 제385조, 제386조, 제388조, 제400조, 제401조와 제403조 내지 제407조의 규정은 감사에 준용한다. <개정 1984.4.10, 2001.7.24>

제415조의2 (감사위원회) ①회사는 정관이 정한 바에 따라 감사에 갈음하여 제393조의2의 규정에 의한 위원회로서 감사위원회를 설치할 수 있다. 감사위원회를 설치한 경우에는 감사를 둘 수 없다.

② 감사위원회는 제393조의2제3항에도 불구하고 3명 이상의 이사로 구성한다. 다만, 사외이사가 위원의 3분의 2 이상이어야 한다. <개정 2009.1.30>

③감사위원회의 위원의 해임에 관한 이사회의 결의는 이사 총수의 3분의2 이상의 결의로 하여야 한다.

④감사위원회는 그 결의로 위원회를 대표할 자를 선정하여야 한다. 이 경우 수인의 위원이 공동으로 위원회를 대표할 것을 정할 수 있다.

⑤감사위원회는 회사의 비용으로 전문가의 조력을 구할 수 있다.

⑥감사위원회에 대하여는 제393조의2제4항 후단을 적용하지 아니한다. <신설 2009.1.30>

⑦제296조·제312조·제367조·제387조·제391조의2제2항·제394조제1항·제400조·제402조 내지 제407조·제412조 내지 제414조·제447조의3·제447조의4·제450조·제527조의4·제530조의5제1항제9호·제530조의6제1항제10호 및 제534조의 규정은 감사위원회에 관하여 이를 준용한다. 이 경우 제530조의5제1항제9호 및 제530조의6제1항제10호중 "감사"는 "감사위원회 위원"으로 본다. <개정 2009.1.30>

[본조신설 1999.12.31]

제4절 신주의 발행

제416조 (발행사항의 결정) 회사가 그 성립 후에 주식을 발행하는 경우에는 다음의 사항으로서 정관에 규정이 없는 것은 이사회가 결정한다. 다만, 이 법에 다른 규정이 있거나 정관으로 주주총회에서 결정하기로 정한 경우에는 그러하지 아니하다. <개정 1984.4.10, 2011.4.14>

1. 신주의 종류와 수
2. 신주의 발행가액과 납입기일

2의2. 무액면주식의 경우에는 신주의 발행가액 중 자본금으로 계상하는 금액

3. 신주의 인수방법
4. 현물출자를 하는 자의 성명과 그 목적인 재산의 종류, 수량, 가액과 이에 대하여 부여할 주식의 종류와 수
5. 주주가 가지는 신주인수권을 양도할 수 있는 것에 관한 사항
6. 주주의 청구가 있는 때에만 신주인수권증서를 발행한다는 것과 그 청구기간

제417조 (액면미달의 발행) ①회사가 성립한 날로부터 2년을 경과한 후에 주식을 발행하는 경우에는 회사는 제434조의 규정에 의한 주주총회의 결의와 법원의 인가를 얻어서 주식을 액면미달의 가액으로 발행할 수 있다. <개정 1962.12.12>

②전항의 주주총회의 결의에서는 주식의 최저발행가액을 정하여야 한다.

③법원은 회사의 현황과 제반사정을 참작하여 최저발행가액을 변경하여 인가할 수 있다. 이 경우에 법원은 회사의 재산상태 기타 필요한 사항을 조사하게 하기 위하여 검사인을 선임할 수 있다.

④제1항의 주식은 법원의 인가를 얻은 날로부터 1월내에 발행하여야 한다. 법원은 이 기간을 연장하여 인가할 수 있다.

제418조 (신주인수권의 내용 및 배정일의 지정 · 공고) ①주주는 그가 가진 주식 수에 따라서 신주의 배정을 받을 권리가 있다. <개정 2001.7.24>

②회사는 제1항의 규정에 불구하고 정관에 정하는 바에 따라 주주 외의 자에게 신주를 배정할 수 있다. 다만, 이 경우에는 신기술의 도입, 재무구조의 개선 등 회사의

경영상 목적을 달성하기 위하여 필요한 경우에 한한다. <신설 2001.7.24>

③회사는 일정한 날을 정하여 그 날에 주주명부에 기재된 주주가 제1항의 권리를 가진다는 뜻과 신주인수권을 양도할 수 있을 경우에는 그 뜻을, 그 날의 2주간전에 공고하여야 한다. 그러나 그 날이 제354조제1항의 기간중인 때에는 그 기간의 초일의 2주간전에 공고하여야 한다. <신설 1984.4.10>

④ 제2항에 따라 주주 외의 자에게 신주를 배정하는 경우 회사는 제416조제1호, 제2호, 제2호의2, 제3호 및 제4호에서 정하는 사항을 그 납입기일의 2주 전까지 주주에게 통지하거나 공고하여야 한다. <신설 2011.4.14>

제419조 (신주인수권자에 대한 최고) ①회사는 신주의 인수권을 가진 자에 대하여 그 인수권을 가지는 주식의 종류 및 수와 일정한 기일까지 주식인수의 청약을 하지 아니하면 그 권리를 잃는다는 뜻을 통지하여야 한다. 이 경우 제416조제5호 및 제6호에 규정한 사항의 정함이 있는 때에는 그 내용도 통지하여야 한다.

②회사가 무기명식의 주권을 발행한 때에는 제1항의 사항을 공고하여야 한다.

③제1항의 통지 또는 제2항의 공고는 제1항의 기일의 2주간전에 이를 하여야 한다.

④제1항의 통지 또는 제2항의 공고에도 불구하고 그 기일까지 주식인수의 청약을 하지 아니한 때에는 신주의 인수권을 가진 자는 그 권리를 잃는다.

[전문개정 1984.4.10]

제420조 (주식청약서) 이사는 주식청약서를 작성하여 다음의 사항을 적어야 한다. <개정 1984.4.10, 2011.4.14>

1. 제289조제1항제2호 내지 제4호에 게기한 사항
2. 제302조제2항제7호·제9호 및 제10호에 게기한 사항
3. 제416조제1호 내지 제4호에 게기한 사항
4. 제417조에 따른 주식을 발행한 경우에는 그 발행조건과 미상각액(未償却額)
5. 주주에 대한 신주인수권의 제한에 관한 사항 또는 특정한 제삼자에게 이를 부여할 것을 정한 때에는 그 사항
6. 주식발행의 결의연월일

제420조의2 (신주인수권증서의 발행) ①제416조제5호에 규정한 사항을 정한 경우에 회사는 동조제6호의 정함이 있는 때에는 그 정함에 따라, 그 정함이 없는 때에는 제419조제1항의 기일의 2주간전에 신주인수권증서를 발행하여야 한다.

②신주인수권증서에는 다음 사항과 번호를 기재하고 이사가 기명날인 또는 서명하여야 한다. <개정 1995.12.29>

1. 신주인수권증서라는 뜻의 표시
2. 제420조에 규정한 사항

3. 신주인수권의 목적인 주식의 종류와 수

4. 일정기일까지 주식의 청약을 하지 아니할 때에는 그 권리를 잃는다는 뜻

[본조신설 1984.4.10]

제420조의3 (신주인수권의 양도) ①신주인수권의 양도는 신주인수권증서의 교부에 의하여서만 이를 행한다.

②제336조제2항 및 수표법 제21조의 규정은 신주인수권증서에 관하여 이를 준용한다.

[본조신설 1984.4.10]

제420조의4(신주인수권의 전자등록) 회사는 신주인수권증서를 발행하는 대신 정관으로 정하는 바에 따라 전자등록기관의 전자등록부에 신주인수권을 등록할 수 있다. 이 경우 제356조의2제2항부터 제4항까지의 규정을 준용한다.

[본조신설 2011.4.14]

[종전 제420조의4는 제420조의5로 이동 <2011.4.14>]

제420조의5 (신주인수권증서에 의한 청약) ①신주인수권증서를 발행한 경우에는 신주인수권증서에 의하여 주식의 청약을 한다. 이 경우에는 제302조제1항의 규정을 준용한다.

②신주인수권증서를 상실한 자는 주식청약서에 의하여 주식의 청약을 할 수 있다. 그러나 그 청약은 신주인수권증서에 의한 청약이 있는 때에는 그 효력을 잃는다.

[본조신설 1984.4.10]

[제420조의4에서 이동 <2011.4.14>]

제421조(주식에 대한 납입) ① 이사는 신주의 인수인으로 하여금 그 배정한 주수(株數)에 따라 납입기일에 그 인수한 주식에 대한 인수가액의 전액을 납입시켜야 한다.

② 신주의 인수인은 회사의 동의 없이 제1항의 납입채무와 주식회사에 대한 채권을 상계할 수 없다.

[전문개정 2011.4.14]

제422조 (현물출자의 검사) ①현물출자를 하는 자가 있는 경우에는 이사는 제416조제4호의 사항을 조사하게 하기 위하여 검사인의 선임을 법원에 청구하여야 한다. 이 경우 공인된 감정인의 감정으로 검사인의 조사에 갈음할 수 있다. <개정 1998.12.28>

② 다음 각 호의 어느 하나에 해당할 경우에는 제1항을 적용하지 아니한다. <신설 2011.4.14>

1. 제416조제4호의 현물출자의 목적인 재산의 가액이 자본금의 5분의 1을 초과하지 아니하고 대통령령으로 정한 금액을 초과하지 아니하는 경우

2. 제416조제4호의 현물출자의 목적인 재산이 거래소의 시세 있는 유가증권인 경우 제416조 본문에 따라 결정된 가격이 대통령령으로 정한 방법으로 산정된 시세를 초과하지 아니하는 경우
3. 변제기가 돌아온 회사에 대한 금전채권을 출자의 목적으로 하는 경우로서 그 가액이 회사장부에 적혀 있는 가액을 초과하지 아니하는 경우
4. 그 밖에 제1호부터 제3호까지의 규정에 준하는 경우로서 대통령령으로 정하는 경우

③법원은 검사인의 조사보고서 또는 감정인 감정결과를 심사하여 제1항의 사항을 부당하다고 인정한 때에는 이를 변경하여 이사와 현물출자를 한 자에게 통고할 수 있다. <개정 1998.12.28, 2011.4.14>

④전항의 변경에 불복하는 현물출자를 한 자는 그 주식의 인수를 취소할 수 있다. <개정 2011.4.14>

⑤법원의 통고가 있은 후 2주내에 주식의 인수를 취소한 현물출자를 한 자가 없는 때에는 제1항의 사항은 통고에 따라 변경된 것으로 본다. <개정 1998.12.28, 2011.4.14>

제423조 (주주가 되는 시기, 납입해태의 효과) ①신주의 인수인은 납입 또는 현물출자의 이행을 한 때에는 납입기일의 다음 날로부터 주주의 권리의무가 있다. 이 경우 제350조제3항 후단의 규정을 준용한다. <개정 1984.4.10, 1995.12.29>

②신주의 인수인이 납입기일에 납입 또는 현물출자의 이행을 하지 아니한 때에는 그 권리를 잃는다.

③제2항의 규정은 신주의 인수인에 대한 손해배상의 청구에 영향을 미치지 아니한다. <개정 1984.4.10>

제424조 (유지청구권) 회사가 법령 또는 정관에 위반하거나 현저하게 불공정한 방법에 의하여 주식을 발행함으로써 주주가 불이익을 받을 염려가 있는 경우에는 그 주주는 회사에 대하여 그 발행을 유지할 것을 청구할 수 있다.

제424조의2 (불공정한 가액으로 주식을 인수한 자의 책임) ①이사와 통모하여 현저하게 불공정한 발행가액으로 주식을 인수한 자는 회사에 대하여 공정한 발행가액과의 차액에 상당한 금액을 지급할 의무가 있다.

②제403조 내지 제406조의 규정은 제1항의 지급을 청구하는 소에 관하여 이를 준용한다.

③제1항 및 제2항의 규정은 이사의 회사 또는 주주에 대한 손해배상의 책임에 영향을 미치지 아니한다.

[본조신설 1984.4.10]

제425조 (준용규정) ①제302조제1항, 제3항, 제303조, 제305조제2항, 제3항, 제306조,

제318조와 제319조의 규정은 신주의 발행에 준용한다.
②제305조제2항의 규정은 신주인수권증서를 발행하는 경우에 이를 준용한다. <신설 1984.4.10>

제426조(미상각액의 등기) 제417조에 따른 주식을 발행한 경우에 주식의 발행에 따른 변경등기에는 미상각액을 등기하여야 한다.
[전문개정 2011.4.14]

제427조 (인수의 무효주장, 취소의 제한) 신주의 발행으로 인한 변경등기를 한 날로부터 1년을 경과한 후에는 신주를 인수한 자는 주식청약서 또는 신주인수권증서의 요건의 흠결을 이유로하여 그 인수의 무효를 주장하거나 사기, 강박 또는 착오를 이유로하여 그 인수를 취소하지 못한다. 그 주식에 대하여 주주의 권리를 행사한 때에도 같다. <개정 1962.12.12, 1984.4.10>

제428조 (이사의 인수담보책임) ①신주의 발행으로 인한 변경등기가 있은 후에 아직 인수하지 아니한 주식이 있거나 주식인수의 청약이 취소된 때에는 이사가 이를 공동으로 인수한 것으로 본다.
②전항의 규정은 이사에 대한 손해배상의 청구에 영향을 미치지 아니한다.

제429조 (신주발행무효의 소) 신주발행의 무효는 주주·이사 또는 감사에 한하여 신주를 발행한 날로부터 6월내에 소만으로 이를 주장할 수 있다. <개정 1984.4.10>

제430조 (준용규정) 제186조 내지 제189조·제190조 본문·제191조·제192조 및 제377조의 규정은 제429조의 소에 관하여 이를 준용한다.
[전문개정 1995.12.29]

제431조 (신주발행무효판결의 효력) ①신주발행무효의 판결이 확정된 때에는 신주는 장래에 대하여 그 효력을 잃는다.
②전항의 경우에는 회사는 지체없이 그 뜻과 일정한 기간내에 신주의 주권을 회사에 제출할 것을 공고하고 주주명부에 기재된 주주와 질권자에 대하여는 각별로 그 통지를 하여야 한다. 그러나 그 기간은 3월이상으로 하여야 한다.

제432조 (무효판결과 주주에의 환급) ①신주발행무효의 판결이 확정된 때에는 회사는 신주의 주주에 대하여 그 납입한 금액을 반환하여야 한다.
②전항의 금액이 전조제1항의 판결확정시의 회사의 재산상태에 비추어 현저하게 부당한 때에는 법원은 회사 또는 전항의 주주의 청구에 의하여 그 금액의 증감을 명할 수 있다.
③제339조와 제340조제1항, 제2항의 규정은 제1항의 경우에 준용한다.

제5절 정관의 변경

제433조 (정관변경의 방법) ①정관의 변경은 주주총회의 결의에 의하여야 한다.

②정관의 변경에 관한 의안의 요령은 제363조의 규정에 의한 통지와 공고에 기재하여야 한다.

제434조 (정관변경의 특별결의) 제433조제1항의 결의는 출석한 주주의 의결권의 3분의 2 이상의 수와 발행주식총수의 3분의 1 이상의 수로써 하여야 한다.

[전문개정 1995.12.29]

제435조 (종류주주총회) ① 회사가 종류주식을 발행한 경우에 정관을 변경함으로써 어느 종류주식의 주주에게 손해를 미치게 될 때에는 주주총회의 결의 외에 그 종류주식의 주주의 총회의 결의가 있어야 한다. <개정 2011.4.14>

②제1항의 결의는 출석한 주주의 의결권의 3분의 2 이상의 수와 그 종류의 발행주식총수의 3분의 1 이상의 수로써 하여야 한다. <개정 1995.12.29>

③주주총회에 관한 규정은 의결권없는 종류의 주식에 관한 것을 제외하고 제1항의 총회에 준용한다.

제436조(준용규정) 제344조제3항에 따라 주식의 종류에 따라 특수하게 정하는 경우와 회사의 분할 또는 분할합병, 주식교환, 주식이전 및 회사의 합병으로 인하여 어느 종류의 주주에게 손해를 미치게 될 경우에는 제435조를 준용한다.

[전문개정 2011.4.14]

제437조 삭제 <1995.12.29>

제6절 자본금의 감소 <개정 2011.4.14>

제438조(자본금 감소의 결의) ① 자본금의 감소에는 제434조에 따른 결의가 있어야 한다.

② 제1항에도 불구하고 결손의 보전(補塡)을 위한 자본금의 감소는 제368조제1항의 결의에 의한다.

③ 자본금의 감소에 관한 의안의 주요내용은 제363조에 따른 통지와 공고에 적어야 한다.

[전문개정 2011.4.14]

제439조(자본금 감소의 방법, 절차) ① 자본금 감소의 결의에서는 그 감소의 방법을 정하여야 한다.

② 자본금 감소의 경우에는 제232조를 준용한다. 다만, 결손의 보전을 위하여 자본금을 감소하는 경우에는 그러하지 아니하다.

③ 사채권자가 이의를 제기하려면 사채권자집회의 결의가 있어야 한다. 이 경우에

는 법원은 이해관계인의 청구에 의하여 사채권자를 위하여 이의 제기 기간을 연장할 수 있다.

[전문개정 2011.4.14]

제440조 (주식병합의 절차) 주식을 병합할 경우에는 회사는 1월이상의 기간을 정하여 그 뜻과 그 기간내에 주권을 회사에 제출할 것을 공고하고 주주명부에 기재된 주주와 질권자에 대하여는 각별로 그 통지를 하여야 한다. <개정 1995.12.29>

제441조 (동전) 주식의 병합은 전조의 기간이 만료한 때에 그 효력이 생긴다. 그러나 제232조의 규정에 의한 절차가 종료하지 아니한 때에는 그 종료한 때에 효력이 생긴다.

제442조 (신주권의 교부) ①주식을 병합하는 경우에 구주권을 회사에 제출할 수 없는 자가 있는 때에는 회사는 그 자의 청구에 의하여 3월이상의 기간을 정하고 이해관계인에 대하여 그 주권에 대한 이의가 있으면 그 기간내에 제출할 뜻을 공고하고 그 기간이 경과한 후에 신주권을 청구자에게 교부할 수 있다.

②전항의 공고의 비용은 청구자의 부담으로 한다.

제443조 (단주의 처리) ①병합에 적당하지 아니한 수의 주식이 있는 때에는 그 병합에 적당하지 아니한 부분에 대하여 발행한 신주를 경매하여 각주수에 따라 그 대금을 종전의 주주에게 지급하여야 한다. 그러나 거래소의 시세있는 주식은 거래소를 통하여 매각하고, 거래소의 시세없는 주식은 법원의 허가를 받아 경매외의 방법으로 매각할 수 있다. <개정 1984.4.10>

②제442조의 규정은 제1항의 경우에 준용한다. <개정 1984.4.10>

제444조 (동전) 전조의 규정은 무기명식의 주권으로서 제440조의 규정에 의한 제출이 없는 것에 준용한다.

제445조(감자무효의 소) 자본금 감소의 무효는 주주·이사·감사·청산인·파산관재인 또는 자본금의 감소를 승인하지 아니한 채권자만이 자본금 감소로 인한 변경등기가 된 날부터 6개월 내에 소(訴)만으로 주장할 수 있다.

[전문개정 2011.4.14]

제446조 (준용규정) 제186조 내지 제189조·제190조 본문·제191조·제192조 및 제377조의 규정은 제445조의 소에 관하여 이를 준용한다.

[전문개정 1995.12.29]

제7절 회사의 회계 <개정 2011.4.14>

제446조의2(회계의 원칙) 회사의 회계는 이 법과 대통령령으로 규정한 것을 제외하고는 일반적으로 공정하고 타당한 회계관행에 따른다.

[본조신설 2011.4.14]

제447조(재무제표의 작성) ① 이사는 결산기마다 다음 각 호의 서류와 그 부속명세서를 작성하여 이사회의 승인을 받아야 한다.

1. 대차대조표
2. 손익계산서
3. 그 밖에 회사의 재무상태와 경영성과를 표시하는 것으로서 대통령령으로 정하는 서류

② 대통령령으로 정하는 회사의 이사는 연결재무제표(聯結財務諸表)를 작성하여 이사회의 승인을 받아야 한다.

[전문개정 2011.4.14]

제447조의2 (영업보고서의 작성) ①이사는 매결산기에 영업보고서를 작성하여 이사회의 승인을 얻어야 한다.

②영업보고서에는 대통령령이 정하는 바에 의하여 영업에 관한 중요한 사항을 기재하여야 한다.

[본조신설 1984.4.10]

제447조의3 (재무제표등의 제출) 이사는 정기총회회일의 6주간전에 제447조 및 제447조의2의 서류를 감사에게 제출하여야 한다.

[본조신설 1984.4.10]

제447조의4(감사보고서) ① 감사는 제447조의3의 서류를 받은 날부터 4주 내에 감사보고서를 이사에게 제출하여야 한다.

② 제1항의 감사보고서에는 다음 각 호의 사항을 적어야 한다.

1. 감사방법의 개요
2. 회계장부에 기재될 사항이 기재되지 아니하거나 부실기재된 경우 또는 대차대조표나 손익계산서의 기재 내용이 회계장부와 맞지 아니하는 경우에는 그 뜻
3. 대차대조표 및 손익계산서가 법령과 정관에 따라 회사의 재무상태와 경영성과를 적정하게 표시하고 있는 경우에는 그 뜻
4. 대차대조표 또는 손익계산서가 법령이나 정관을 위반하여 회사의 재무상태와 경영성과를 적정하게 표시하지 아니하는 경우에는 그 뜻과 이유
5. 대차대조표 또는 손익계산서의 작성에 관한 회계방침의 변경이 타당한지 여부와 그 이유
6. 영업보고서가 법령과 정관에 따라 회사의 상황을 적정하게 표시하고 있는지 여부

7. 이익잉여금의 처분 또는 결손금의 처리가 법령 또는 정관에 맞는지 여부
8. 이익잉여금의 처분 또는 결손금의 처리가 회사의 재무상태나 그 밖의 사정에 비추어 현저하게 부당한 경우에는 그 뜻
9. 제447조의 부속명세서에 기재할 사항이 기재되지 아니하거나 부실기재된 경우 또는 회계장부·대차대조표·손익계산서나 영업보고서의 기재 내용과 맞지 아니하게 기재된 경우에는 그 뜻
10. 이사의 직무수행에 관하여 부정한 행위 또는 법령이나 정관의 규정을 위반하는 중대한 사실이 있는 경우에는 그 사실

③ 감사가 감사를 하기 위하여 필요한 조사를 할 수 없었던 경우에는 감사보고서에 그 뜻과 이유를 적어야 한다.

[전문개정 2011.4.14]

제448조 (재무제표등의 비치 · 공시) ①이사는 정기총회회일의 1주간전부터 제447조 및 제447조의2의 서류와 감사보고서를 본점에 5년간, 그 등본을 지점에 3년간 비치하여야 한다. <개정 1962.12.12, 1984.4.10>

②주주와 회사채권자는 영업시간내에 언제든지 제1항의 비치서류를 열람할 수 있으며 회사가 정한 비용을 지급하고 그 서류의 등본이나 초본의 교부를 청구할 수 있다. <개정 1984.4.10>

제449조 (재무제표등의 승인 · 공고) ① 이사는 제447조의 각 서류를 정기총회에 제출하여 그 승인을 요구하여야 한다. <개정 2011.4.14>

②이사는 제447조의2의 서류를 정기총회에 제출하여 그 내용을 보고하여야 한다. <신설 1984.4.10>

③이사는 제1항의 서류에 대한 총회의 승인을 얻은 때에는 지체없이 대차대조표를 공고하여야 한다. <개정 1984.4.10>

제449조의2(재무제표 등의 승인에 대한 특칙) ① 제449조에도 불구하고 회사는 정관으로 정하는 바에 따라 제447조의 각 서류를 이사회의 결의로 승인할 수 있다. 다만, 이 경우에는 다음 각 호의 요건을 모두 충족하여야 한다.

1. 제447조의 각 서류가 법령 및 정관에 따라 회사의 재무상태 및 경영성과를 적정하게 표시하고 있다는 외부감사인의 의견이 있을 것
2. 감사(감사위원회 설치회사의 경우에는 감사위원을 말한다) 전원의 동의가 있을 것

② 제1항에 따라 이사회가 승인한 경우에는 이사는 제447조의 각 서류의 내용을 주주총회에 보고하여야 한다.

[본조신설 2011.4.14]

제450조 (이사, 감사의 책임해제) 정기총회에서 전조제1항의 승인을 한 후 2년내에 다른 결의가 없으면 회사는 이사와 감사의 책임을 해제한 것으로 본다. 그러나 이사 또는 감사의 부정행위에 대하여는 그러하지 아니하다.

제451조(자본금) ① 회사의 자본금은 이 법에서 달리 규정한 경우 외에는 발행주식의 액면총액으로 한다.

② 회사가 무액면주식을 발행하는 경우 회사의 자본금은 주식 발행가액의 2분의 1 이상의 금액으로서 이사회(제416조 단서에서 정한 주식발행의 경우에는 주주총회를 말한다)에서 자본금으로 계상하기로 한 금액의 총액으로 한다. 이 경우 주식의 발행가액 중 자본금으로 계상하지 아니하는 금액은 자본준비금으로 계상하여야 한다.

③ 회사의 자본금은 액면주식을 무액면주식으로 전환하거나 무액면주식을 액면주식으로 전환함으로써 변경할 수 없다.

[전문개정 2011.4.14]

제452조 삭제 <2011.4.14>

제453조 삭제 <2011.4.14>

제453조의2 삭제 <2011.4.14>

제454조 삭제 <2011.4.14>

제455조 삭제 <2011.4.14>

제456조 삭제 <2011.4.14>

제457조 삭제 <2011.4.14>

제457조의2 삭제 <2011.4.14>

제458조(이익준비금) 회사는 그 자본금의 2분의 1이 될 때까지 매 결산기 이익배당액의 10분의 1 이상을 이익준비금으로 적립하여야 한다. 다만, 주식배당의 경우에는 그러하지 아니하다.

[전문개정 2011.4.14]

제459조(자본준비금) ① 회사는 자본거래에서 발생한 잉여금을 대통령령으로 정하는 바에 따라 자본준비금으로 적립하여야 한다.

② 합병이나 제530조의2에 따른 분할 또는 분할합병의 경우 소멸 또는 분할되는 회사의 이익준비금이나 그 밖의 법정준비금은 합병·분할·분할합병 후 존속되거나 새로 설립되는 회사가 승계할 수 있다.

[전문개정 2011.4.14]

제460조(법정준비금의 사용) 제458조 및 제459조의 준비금은 자본금의 결손 보전에 충당하는 경우 외에는 처분하지 못한다.

[전문개정 2011.4.14]

제461조 (준비금의 자본금 전입) ①회사는 이사회의 결의에 의하여 준비금의 전부 또는 일부를 자본금에 전입할 수 있다. 그러나 정관으로 주주총회에서 결정하기로 정한 경우에는 그러하지 아니하다. <개정 2011.4.14>

②제1항의 경우에는 주주에 대하여 그가 가진 주식의 수에 따라 주식을 발행하여야 한다. 이 경우 1주에 미달하는 단수에 대하여는 제443조제1항의 규정을 준용한다.

③제1항의 이사회의 결의가 있은 때에는 회사는 일정한 날을 정하여 그 날에 주주명부에 기재된 주주가 제2항의 신주의 주주가 된다는 뜻을 그 날의 2주간전에 공고하여야 한다. 그러나 그 날이 제354조제1항의 기간중인 때에는 그 기간의 초일의 2주간전에 이를 공고하여야 한다.

④제1항 단서의 경우에 주주는 주주총회의 결의가 있은 때로부터 제2항의 신주의 주주가 된다.

⑤제3항 또는 제4항의 규정에 의하여 신주의 주주가 된 때에는 이사는 지체없이 신주를 받은 주주와 주주명부에 기재된 질권자에 대하여 그 주주가 받은 주식의 종류와 수를 통지하고, 무기명식의 주권을 발행한 경우에는 제1항의 결의의 내용을 공고하여야 한다.

⑥제350조제3항 후단의 규정은 제1항의 경우에 이를 준용한다. <신설 1995.12.29>

⑦제339조의 규정은 제2항의 규정에 의하여 주식의 발행이 있는 경우에 이를 준용한다.

[전문개정 1984.4.10]

[제목개정 2011.4.14]

제461조의2(준비금의 감소) 회사는 적립된 자본준비금 및 이익준비금의 총액이 자본금의 1.5배를 초과하는 경우에 주주총회의 결의에 따라 그 초과한 금액 범위에서 자본준비금과 이익준비금을 감액할 수 있다.

[본조신설 2011.4.14]

제462조(이익의 배당) ① 회사는 대차대조표의 순자산액으로부터 다음의 금액을 공제한 액을 한도로 하여 이익배당을 할 수 있다.

1. 자본금의 액
2. 그 결산기까지 적립된 자본준비금과 이익준비금의 합계액
3. 그 결산기에 적립하여야 할 이익준비금의 액
4. 대통령령으로 정하는 미실현이익

② 이익배당은 주주총회의 결의로 정한다. 다만, 제449조의2제1항에 따라 재무제표를 이사회가 승인하는 경우에는 이사회의 결의로 정한다.

③ 제1항을 위반하여 이익을 배당한 경우에 회사채권자는 배당한 이익을 회사에 반

환할 것을 청구할 수 있다.
④ 제3항의 청구에 관한 소에 대하여는 제186조를 준용한다.
[전문개정 2011.4.14]

제462조의2 (주식배당) ①회사는 주주총회의 결의에 의하여 이익의 배당을 새로이 발행하는 주식으로써 할 수 있다. 그러나 주식에 의한 배당은 이익배당총액의 2분의 1에 상당하는 금액을 초과하지 못한다.
②제1항의 배당은 주식의 권면액으로 하며, 회사가 종류주식을 발행한 때에는 각각 그와 같은 종류의 주식으로 할 수 있다. <개정 1995.12.29, 2011.4.14>
③주식으로 배당할 이익의 금액중 주식의 권면액에 미달하는 단수가 있는 때에는 그 부분에 대하여는 제443조제1항의 규정을 준용한다. <개정 1995.12.29>
④주식으로 배당을 받은 주주는 제1항의 결의가 있는 주주총회가 종결한 때부터 신주의 주주가 된다. 이 경우 제350조제3항 후단의 규정을 준용한다. <개정 1995.12.29>
⑤이사는 제1항의 결의가 있는 때에는 지체없이 배당을 받을 주주와 주주명부에 기재된 질권자에게 그 주주가 받을 주식의 종류와 수를 통지하고, 무기명식의 주권을 발행한 때에는 제1항의 결의의 내용을 공고하여야 한다.
⑥제340조제1항의 질권자의 권리는 제1항의 규정에 의한 주주가 받을 주식에 미친다. 이 경우 제340조제3항의 규정을 준용한다.
[본조신설 1984.4.10]

제462조의3 (중간배당) ①년 1회의 결산기를 정한 회사는 영업년도중 1회에 한하여 이사회의 결의로 일정한 날을 정하여 그날의 주주에 대하여 이익을 배당(이하 이 조에서 "중간배당"이라 한다)할 수 있음을 정관으로 정할 수 있다. <개정 2011.4.14>
②중간배당은 직전 결산기의 대차대조표상의 순자산액에서 다음 각호의 금액을 공제한 액을 한도로 한다. <개정 2001.7.24, 2011.4.14>

1. 직전 결산기의 자본금의 액
2. 직전 결산기까지 적립된 자본준비금과 이익준비금의 합계액
3. 직전 결산기의 정기총회에서 이익으로 배당하거나 또는 지급하기로 정한 금액
4. 중간배당에 따라 당해 결산기에 적립하여야 할 이익준비금

③회사는 당해 결산기의 대차대조표상의 순자산액이 제462조제1항 각호의 금액의 합계액에 미치지 못할 우려가 있는 때에는 중간배당을 하여서는 아니된다. <개정 2001.7.24>
④당해 결산기 대차대조표상의 순자산액이 제462조제1항 각호의 금액의 합계액에 미치지 못함에도 불구하고 중간배당을 한 경우 이사는 회사에 대하여 연대하여 그

차액(배당액이 그 차액보다 적을 경우에는 배당액)을 배상할 책임이 있다. 다만, 이사가 제3항의 우려가 없다고 판단함에 있어 주의를 게을리하지 아니하였음을 증명한 때에는 그러하지 아니하다. <개정 2001.7.24>

⑤제340조제1항, 제344조제1항, 제350조제3항(제423조제1항, 제516조제2항 및 제516조의10에서 준용하는 경우를 포함한다. 이하 이 항에서 같다), 제354조제1항, 제458조, 제464조 및 제625조제3호의 규정에 적용에 관하여는 중간배당을 제462조제1항의 규정에 의한 이익의 배당으로, 제350조제3항의 규정의 적용에 관하여는 제1항의 일정한 날을 영업년도말로본다. <개정 2011.4.14>

⑥제399조제2항·제3항 및 제400조의 규정은 제4항의 이사의 책임에 관하여, 제462조제3항 및 제4항은 제3항의 규정에 위반하여 중간배당을 한 경우에 이를 준용한다. <개정 2011.4.14>

[본조신설 1998.12.28]

제462조의4(현물배당) ① 회사는 정관으로 금전 외의 재산으로 배당을 할 수 있음을 정할 수 있다.

② 제1항에 따라 배당을 결정한 회사는 다음 사항을 정할 수 있다.

1. 주주가 배당되는 금전 외의 재산 대신 금전의 지급을 회사에 청구할 수 있도록 한 경우에는 그 금액 및 청구할 수 있는 기간
2. 일정 수 미만의 주식을 보유한 주주에게 금전 외의 재산 대신 금전을 지급하기로 한 경우에는 그 일정 수 및 금액

[본조신설 2011.4.14]

제463조 삭제 <2011.4.14>

제464조(이익배당의 기준) 이익배당은 각 주주가 가진 주식의 수에 따라 한다. 다만, 제344조제1항을 적용하는 경우에는 그러하지 아니하다.

[전문개정 2011.4.14]

제464조의2 (이익배당의 지급시기) ① 회사는 제464조에 따른 이익배당을 제462조제2항의 주주총회나 이사회의 결의 또는 제462조의3제1항의 결의를 한 날부터 1개월 내에 하여야 한다. 다만, 주주총회 또는 이사회에서 배당금의 지급시기를 따로 정한 경우에는 그러하지 아니하다. <개정 2011.4.14>

②제1항의 배당금의 지급청구권은 5년간 이를 행사하지 아니하면 소멸시효가 완성한다.

[본조신설 1984.4.10]

[제목개정 2011.4.14]

제465조 삭제 <1984.4.10>

제466조 (주주의 회계장부열람권) ①발행주식의 총수의 100분의 3 이상에 해당하는 주식을 가진 주주는 이유를 붙인 서면으로 회계의 장부와 서류의 열람 또는 등사를 청구할 수 있다. <개정 1998.12.28>

②회사는 제1항의 주주의 청구가 부당함을 증명하지 아니하면 이를 거부하지 못한다. <개정 1998.12.28>

제467조 (회사의 업무, 재산상태의 검사) ①회사의 업무집행에 관하여 부정행위 또는 법령이나 정관에 위반한 중대한 사실이 있음을 의심할 사유가 있는 때에는 발행주식의 총수의 100분의 3이상에 해당하는 주식을 가진 주주는 회사의 업무와 재산상태를 조사하게 하기 위하여 법원에 검사인의 선임을 청구할 수 있다. <개정 1998.12.28>

②검사인은 그 조사의 결과를 법원에 보고하여야 한다.

③법원은 제2항의 보고에 의하여 필요하다고 인정한 때에는 대표이사에게 주주총회의 소집을 명할 수 있다. 제310조제2항의 규정은 이 경우에 준용한다. <개정 1962.12.12, 1995.12.29>

④이사와 감사는 지체없이 제3항의 규정에 의한 검사인의 보고서의 정확여부를 조사하여 이를 주주총회에 보고하여야 한다. <신설 1995.12.29>

제467조의2 (이익공여의 금지) ①회사는 누구에게든지 주주의 권리행사와 관련하여 재산상의 이익을 공여할 수 없다.

②회사가 특정의 주주에 대하여 무상으로 재산상의 이익을 공여한 경우에는 주주의 권리행사와 관련하여 이를 공여한 것으로 추정한다. 회사가 특정의 주주에 대하여 유상으로 재산상의 이익을 공여한 경우에 있어서 회사가 얻은 이익이 공여한 이익에 비하여 현저하게 적은 때에도 또한 같다.

③회사가 제1항의 규정에 위반하여 재산상의 이익을 공여한 때에는 그 이익을 공여받은 자는 이를 회사에 반환하여야 한다. 이 경우 회사에 대하여 대가를 지급한 것이 있는 때에는 그 반환을 받을 수 있다.

④제403조 내지 제406조의 규정은 제3항의 이익의 반환을 청구하는 소에 대하여 이를 준용한다.

[본조신설 1984.4.10]

제468조 (사용인의 우선변제권) 신원보증금의 반환을 받을 채권 기타 회사와 사용인간의 고용관계로 인한 채권이 있는 자는 회사의 총재산에 대하여 우선변제를 받을 권리가 있다. 그러나 질권·저당권이나 「동산·채권 등의 담보에 관한 법률」에 따른 담보권에 우선하지 못한다. <개정 2010.6.10>

제8절 사채

제1관 통칙

제469조(사채의 발행) ① 회사는 이사회의 결의에 의하여 사채(社債)를 발행할 수 있다.

② 제1항의 사채에는 다음 각 호의 사채를 포함한다.

1. 이익배당에 참가할 수 있는 사채
2. 주식이나 그 밖의 다른 유가증권으로 교환 또는 상환할 수 있는 사채
3. 유가증권이나 통화 또는 그 밖에 대통령령으로 정하는 자산이나 지표 등의 변동과 연계하여 미리 정하여진 방법에 따라 상환 또는 지급금액이 결정되는 사채

③ 제2항에 따라 발행하는 사채의 내용 및 발행 방법 등 발행에 필요한 구체적인 사항은 대통령령으로 정한다.

④ 제1항에도 불구하고 정관으로 정하는 바에 따라 이사회는 대표이사에게 사채의 금액 및 종류를 정하여 1년을 초과하지 아니하는 기간 내에 사채를 발행할 것을 위임할 수 있다.

[전문개정 2011.4.14]

제470조 삭제 <2011.4.14>

제471조 삭제 <2011.4.14>

제472조 삭제 <2011.4.14>

제473조 삭제 <2011.4.14>

제474조 (공모발행, 사채청약서) ①사채의 모집에 응하고자 하는 자는 사채청약서 2통에 그 인수할 사채의 수와 주소를 기재하고 기명날인 또는 서명하여야 한다. <개정 1995.12.29>

②사채청약서는 이사가 작성하고 다음의 사항을 적어야 한다. <개정 1984.4.10, 1995.12.29, 2011.4.14>

1. 회사의 상호
2. 자본금과 준비금의 총액
3. 최종의 대차대조표에 의하여 회사에 현존하는 순재산액
4. 사채의 총액
5. 각사채의 금액
6. 사채발행의 가액 또는 그 최저가액
7. 사채의 이율

8. 사채의 상환과 이자지급의 방법과 기한
9. 사채를 수회에 분납할 것을 정한 때에는 그 분납금액과 시기
10. 채권을 기명식 또는 무기명식에 한한 때에는 그 뜻
10의2. 채권을 발행하는 대신 전자등록기관의 전자등록부에 사채권자의 권리를 등록하는 때에는 그 뜻
11. 전에 모집한 사채가 있는 때에는 그 상환하지 아니한 금액
12. 삭제 <2011.4.14>
13. 사채모집의 위탁을 받은 회사가 있는 때에는 그 상호와 주소
13의2. 사채관리회사가 있는 때에는 그 상호와 주소
13의3. 사채관리회사가 사채권자집회결의에 의하지 아니하고 제484조제4항제2호의 행위를 할 수 있도록 정한 때에는 그 뜻
14. 제13호의 위탁을 받은 회사가 그 모집액이 총액에 달하지 못한 경우에 그 잔액을 인수할 것을 약정한 때에는 그 뜻
15. 명의개서대리인을 둔 때에는 그 성명·주소 및 영업소

③사채발행의 최저가액을 정한 경우에는 응모자는 사채청약서에 응모가액을 기재하여야 한다.

제475조 (총액인수의 방법) 전조의 규정은 계약에 의하여 사채의 총액을 인수하는 경우에는 이를 적용하지 아니한다. 사채모집의 위탁을 받은 회사가 사채의 일부를 인수하는 경우에는 그 일부에 대하여도 같다.

제476조 (납입) ①사채의 모집이 완료한 때에는 이사는 지체없이 인수인에 대하여 각사채의 전액 또는 제1회의 납입을 시켜야 한다.

②사채모집의 위탁을 받은 회사는 그 명의로 위탁회사를 위하여 제474조제2항과 전항의 행위를 할 수 있다.

제477조 삭제 <1984.4.10>

제478조 (채권의 발행) ①채권은 사채전액의 납입이 완료한 후가 아니면 이를 발행하지 못한다.

② 채권에는 다음의 사항을 적고 대표이사가 기명날인 또는 서명하여야 한다. <개정 2011.4.14>

1. 채권의 번호
2. 제474조제2항제1호·제4호·제5호·제7호·제8호·제10호·제13호·제13호의2 및 제13호의3에 규정된 사항

③ 회사는 제1항의 채권(債券)을 발행하는 대신 정관으로 정하는 바에 따라 전자등록기관의 전자등록부에 채권(債權)을 등록할 수 있다. 이 경우 제356조의2제2항부

터 제4항까지의 규정을 준용한다. <신설 2011.4.14>

제479조 (기명사채의 이전) ①기명사채의 이전은 취득자의 성명과 주소를 사채원부에 기재하고 그 성명을 채권에 기재하지 아니하면 회사 기타의 제3자에게 대항하지 못한다.

②제337조제2항의 규정은 기명사채의 이전에 대하여 이를 준용한다. <신설 1984.4.10>

제480조 (기명식, 무기명식간의 전환) 사채권자는 언제든지 기명식의 채권을 무기명식으로, 무기명식의 채권을 기명식으로 할 것을 회사에 청구할 수 있다. 그러나 채권을 기명식 또는 무기명식에 한할 것으로 정한 때에는 그러하지 아니하다.

제480조의2(사채관리회사의 지정 · 위탁) 회사는 사채를 발행하는 경우에 사채관리회사를 정하여 변제의 수령, 채권의 보전, 그 밖에 사채의 관리를 위탁할 수 있다.

[본조신설 2011.4.14]

제480조의3(사채관리회사의 자격) ① 은행, 신탁회사, 그 밖에 대통령령으로 정하는 자가 아니면 사채관리회사가 될 수 없다.

② 사채의 인수인은 그 사채의 사채관리회사가 될 수 없다.

③ 사채를 발행한 회사와 특수한 이해관계가 있는 자로서 대통령령으로 정하는 자는 사채관리회사가 될 수 없다.

[본조신설 2011.4.14]

제481조(사채관리회사의 사임) 사채관리회사는 사채를 발행한 회사와 사채권자집회의 동의를 받아 사임할 수 있다. 부득이한 사유가 있어 법원의 허가를 받은 경우에도 같다.

[전문개정 2011.4.14]

제482조(사채관리회사의 해임) 사채관리회사가 그 사무를 처리하기에 적임이 아니거나 그 밖에 정당한 사유가 있을 때에는 법원은 사채를 발행하는 회사 또는 사채권자집회의 청구에 의하여 사채관리회사를 해임할 수 있다.

[전문개정 2011.4.14]

제483조 (사채관리회사의 사무승계자) ① 사채관리회사의 사임 또는 해임으로 인하여 사채관리회사가 없게 된 경우에는 사채를 발행한 회사는 그 사무를 승계할 사채관리회사를 정하여 사채권자를 위하여 사채 관리를 위탁하여야 한다. 이 경우 회사는 지체 없이 사채권자집회를 소집하여 동의를 받아야 한다. <개정 2011.4.14>

②부득이한 사유가 있는 때에는 이해관계인은 사무승계자의 선임을 법원에 청구할 수 있다.

[제목개정 2011.4.14]

제484조(사채관리회사의 권한) ① 사채관리회사는 사채권자를 위하여 사채에 관한

채권을 변제받거나 채권의 실현을 보전하기 위하여 필요한 재판상 또는 재판 외의 모든 행위를 할 수 있다.

② 사채관리회사는 제1항의 변제를 받으면 지체 없이 그 뜻을 공고하고, 알고 있는 사채권자에게 통지하여야 한다.

③ 제2항의 경우에 사채권자는 사채관리회사에 사채 상환액 및 이자 지급을 청구할 수 있다. 이 경우 사채권이 발행된 때에는 사채권과 상환하여 상환액지급청구를 하고, 이권(利券)과 상환하여 이자지급청구를 하여야 한다.

④ 사채관리회사가 다음 각 호의 어느 하나에 해당하는 행위(사채에 관한 채권을 변제받거나 채권의 실현을 보전하기 위한 행위는 제외한다)를 하는 경우에는 사채권자집회의 결의에 의하여야 한다. 다만, 사채를 발행하는 회사는 제2호의 행위를 사채관리회사가 사채권자집회결의에 의하지 아니하고 할 수 있음을 정할 수 있다.

1. 해당 사채 전부에 대한 지급의 유예, 그 채무의 불이행으로 발생한 책임의 면제 또는 화해
2. 해당 사채 전부에 관한 소송행위 또는 채무자회생 및 파산에 관한 절차에 속하는 행위

⑤ 사채관리회사가 제4항 단서에 따라 사채권자집회의 결의에 의하지 아니하고 제4항제2호의 행위를 한 때에는 지체 없이 그 뜻을 공고하고, 알고 있는 사채권자에게는 따로 통지하여야 한다.

⑥ 제2항과 제5항의 공고는 사채를 발행한 회사가 하는 공고와 같은 방법으로 하여야 한다.

⑦ 사채관리회사는 그 관리를 위탁받은 사채에 관하여 제1항 또는 제4항 각 호에서 정한 행위를 위하여 필요하면 법원의 허가를 받아 사채를 발행한 회사의 업무와 재산상태를 조사할 수 있다.

[전문개정 2011.4.14]

제484조의2(사채관리회사의 의무 및 책임) ① 사채관리회사는 사채권자를 위하여 공평하고 성실하게 사채를 관리하여야 한다.

② 사채관리회사는 사채권자에 대하여 선량한 관리자의 주의로 사채를 관리하여야 한다.

③ 사채관리회사가 이 법이나 사채권자집회결의를 위반한 행위를 한 때에는 사채권자에 대하여 연대하여 이로 인하여 발생한 손해를 배상할 책임이 있다.

[본조신설 2011.4.14]

제485조(둘 이상의 사채관리회사가 있는 경우의 권한과 의무) ① 사채관리회사가 둘 이상 있을 때에는 그 권한에 속하는 행위는 공동으로 하여야 한다.

② 제1항의 경우에 사채관리회사가 제484조제1항의 변제를 받은 때에는 사채관리회사는 사채권자에 대하여 연대하여 변제액을 지급할 의무가 있다.

[전문개정 2011.4.14]

제486조 (이권흠결의 경우) ①이권있는 무기명식의 사채를 상환하는 경우에 이권이 흠결된 때에는 그 이권에 상당한 금액을 상환액으로부터 공제한다.

②전항의 이권소지인은 언제든지 그 이권과 상환하여 공제액의 지급을 청구할 수 있다.

제487조 (원리청구권의 시효) ①사채의 상환청구권은 10년간 행사하지 아니하면 소멸시효가 완성한다.

②제484조제3항의 청구권도 전항과 같다.

③사채의 이자와 전조제2항의 청구권은 5년간 행사하지 아니하면 소멸시효가 완성한다.

제488조(사채원부) 회사는 사채원부를 작성하고 다음 각 호의 사항을 적어야 한다.

1. 사채권자(무기명식 채권이 발행되어 있는 사채의 사채권자는 제외한다)의 성명과 주소
2. 채권의 번호
3. 제474조제2항제4호, 제5호, 제7호부터 제9호까지, 제13호, 제13호의2 및 제13호의3에 규정된 사항
4. 각 사채의 납입금액과 납입연월일
5. 채권의 발행연월일 또는 채권을 발행하는 대신 전자등록기관의 전자등록부에 사채권자의 권리를 등록하는 때에는 그 뜻
6. 각 사채의 취득연월일
7. 무기명식 채권을 발행한 때에는 그 종류, 수, 번호와 발행연월일

[전문개정 2011.4.14]

제489조 (준용규정) ①제353조의 규정은 사채응모자 또는 사채권자에 대한 통지와 최고에 준용한다.

②제333조의 규정은 사채가 수인의 공유에 속하는 경우에 준용한다.

제2관 사채권자집회

제490조(결의사항) 사채권자집회는 이 법에서 규정하고 있는 사항 및 사채권자의 이해관계가 있는 사항에 관하여 결의를 할 수 있다.

[전문개정 2011.4.14]

제491조 (소집권자) ① 사채권자집회는 사채를 발행한 회사 또는 사채관리회사가 소

집한다. <개정 2011.4.14>

② 사채의 종류별로 해당 종류의 사채 총액(상환받은 액은 제외한다)의 10분의 1 이상에 해당하는 사채를 가진 사채권자는 회의 목적인 사항과 소집 이유를 적은 서면 또는 전자문서를 사채를 발행한 회사 또는 사채관리회사에 제출하여 사채권자집회의 소집을 청구할 수 있다. <개정 2011.4.14>

③제366조제2항의 규정은 전항의 경우에 준용한다.

④무기명식의 채권을 가진 자는 그 채권을 공탁하지 아니하면 전2항의 권리를 행사하지 못한다.

제492조 (의결권) ① 각 사채권자는 그가 가지는 해당 종류의 사채 금액의 합계액(상환받은 액은 제외한다)에 따라 의결권을 가진다. <개정 2011.4.14>

②무기명식의 채권을 가진 자는 회일로부터 1주간전에 채권을 공탁하지 아니하면 그 의결권을 행사하지 못한다.

제493조 (사채발행회사 또는 사채관리회사 대표자의 출석 등) ① 사채를 발행한 회사 또는 사채관리회사는 그 대표자를 사채권자집회에 출석하게 하거나 서면으로 의견을 제출할 수 있다. <개정 2011.4.14>

②사채권자집회의 소집은 전항의 회사에 통지하여야 한다.

③제363조제1항과 제2항의 규정은 전항의 통지에 준용한다.

[제목개정 2011.4.14]

제494조 (사채발행회사의 대표자의 출석청구) 사채권자집회 또는 그 소집자는 필요있다고 인정하는 때에는 사채를 발행한 회사에 대하여 그 대표자의 출석을 청구할 수 있다.

제495조 (결의의 방법) ①제434조의 규정은 사채권자집회의 결의에 준용한다.

② 제481조부터 제483조까지 및 제494조의 동의 또는 청구는 제1항에도 불구하고 출석한 사채권자 의결권의 과반수로 결정할 수 있다. <개정 2011.4.14>

③ 사채권자집회에 출석하지 아니한 사채권자는 서면에 의하여 의결권을 행사할 수 있다. <신설 2011.4.14>

④ 서면에 의한 의결권행사는 의결권행사서면에 필요한 사항을 적어 사채권자집회 전일까지 의결권행사서면을 소집자에게 제출하여야 한다. <신설 2011.4.14>

⑤ 제4항에 따라 서면에 의하여 행사한 의결권의 수는 출석한 의결권자의 의결권 수에 포함한다. <신설 2011.4.14>

⑥ 사채권자집회에 대하여는 제368조의4를 준용한다. <신설 2011.4.14>

제496조 (결의의 인가의 청구) 사채권자집회의 소집자는 결의한 날로부터 1주간내에 결의의 인가를 법원에 청구하여야 한다.

제497조 (결의의 불인가의 사유) ①법원은 다음의 경우에는 사채권자집회의 결의를 인가하지 못한다.

1. 사채권자집회소집의 절차 또는 그 결의방법이 법령이나 사채모집의 계획서의 기재에 위반한 때
2. 결의가 부당한 방법에 의하여 성립하게된 때
3. 결의가 현저하게 불공정한 때
4. 결의가 사채권자의 일반의 이익에 반하는 때

②전항 제1호와 제2호의 경우에는 법원은 결의의 내용 기타 모든 사정을 참작하여 결의를 인가할 수 있다.

제498조(결의의 효력) ① 사채권자집회의 결의는 법원의 인가를 받음으로써 그 효력이 생긴다. 다만, 그 종류의 사채권자 전원이 동의한 결의는 법원의 인가가 필요하지 아니하다.

② 사채권자집회의 결의는 그 종류의 사채를 가진 모든 사채권자에게 그 효력이 있다.

[전문개정 2011.4.14]

제499조 (결의의 인가, 불인가의 공고) 사채권자집회의 결의에 대하여 인가 또는 불인가의 결정이 있은 때에는 사채를 발행한 회사는 지체없이 그 뜻을 공고하여야 한다.

제500조 (사채권자집회의 대표자) ① 사채권자집회는 해당 종류의 사채 총액(상환받은 금액은 제외한다)의 500분의 1 이상을 가진 사채권자 중에서 1명 또는 여러 명의 대표자를 선임하여 그 결의할 사항의 결정을 위임할 수 있다. <개정 2011.4.14>

②대표자가 수인인 때에는 전항의 결정은 그 과반수로 한다.

제501조(결의의 집행) 사채권자집회의 결의는 사채관리회사가 집행하고, 사채관리회사가 없는 때에는 제500조의 대표자가 집행한다. 다만, 사채권자집회의 결의로써 따로 집행자를 정한 때에는 그러하지 아니하다.

[전문개정 2011.4.14]

제502조 (수인의 대표자, 집행자가 있는 경우) 제485조제1항의 규정은 대표자나 집행자가 수인인 경우에 준용한다.

제503조 (사채상환에 관한 결의의 집행) 제484조, 제485조제2항과 제487조제2항의 규정은 대표자나 집행자가 사채의 상환에 관한 결의를 집행하는 경우에 준용한다.

제504조 (대표자, 집행자의 해임등) 사채권자집회는 언제든지 대표자나 집행자를 해임하거나 위임한 사항을 변경할 수 있다.

제505조 (기한의 이익의 상실) 삭제 <2011.4.14>

제506조 (기한이익상실의 공고, 통지) 삭제 <2011.4.14>

제507조(사채관리회사 등의 보수, 비용) ① 사채관리회사, 대표자 또는 집행자에게 줄 보수와 그 사무 처리에 필요한 비용은 사채를 발행한 회사와의 계약에 약정된 경우 외에는 법원의 허가를 받아 사채를 발행한 회사로 하여금 부담하게 할 수 있다.

② 사채관리회사, 대표자 또는 집행자는 사채에 관한 채권을 변제받은 금액에서 사채권자보다 우선하여 제1항의 보수와 비용을 변제받을 수 있다.

[전문개정 2011.4.14]

제508조 (사채권자집회의 비용) ①사채권자집회에 관한 비용은 사채를 발행한 회사가 부담한다.

②제496조의 청구에 관한 비용은 회사가 부담한다. 그러나 법원은 이해관계인의 신청에 의하여 또는 직권으로 그 전부 또는 일부에 관하여 따로 부담자를 정할 수 있다.

제509조 (수종의 사채있는 경우의 사채권자집회) 수종의 사채를 발행한 경우에는 사채권자집회는 각종의 사채에 관하여 이를 소집하여야 한다.

제510조 (준용규정) ①제363조, 제368조제3항, 제4항, 제369조제2항과 제371조 내지 제373조의 규정은 사채권자집회에 준용한다.

②사채권자집회의 의사록은 사채를 발행한 회사가 그 본점에 비치하여야 한다.

③ 사채관리회사와 사채권자는 영업시간 내에 언제든지 제2항의 의사록 열람을 청구할 수 있다. <개정 2011.4.14>

제511조 (사채관리회사에 의한 취소의 소) ① 회사가 어느 사채권자에게 한 변제, 화해, 그 밖의 행위가 현저하게 불공정한 때에는 사채관리회사는 소(訴)만으로 그 행위의 취소를 청구할 수 있다. <개정 2011.4.14>

② 제1항의 소는 사채관리회사가 취소의 원인인 사실을 안 때부터 6개월, 행위가 있은 때부터 1년 내에 제기하여야 한다. <개정 2011.4.14>

③제186조와 민법 제406조제1항 단서 및 제407조의 규정은 제1항의 소에 준용한다.

[제목개정 2011.4.14]

제512조 (대표자등에 의한 취소의 소) 사채권자집회의 결의가 있는 때에는 대표자 또는 집행자도 전조제1항의 소를 제기할 수 있다. 그러나 행위가 있은 때로부터 1년내에 한한다.

제3관 전환사채

제513조 (전환사채의 발행) ①회사는 전환사채를 발행할 수 있다.

②제1항의 경우에 다음의 사항으로서 정관에 규정이 없는 것은 이사회가 이를 결정한다. 그러나 정관으로 주주총회에서 이를 결정하기로 정한 경우에는 그러하지 아

니하다.

1. 전환사채의 총액
2. 전환의 조건
3. 전환으로 인하여 발행할 주식의 내용
4. 전환을 청구할 수 있는 기간
5. 주주에게 전환사채의 인수권을 준다는 뜻과 인수권의 목적인 전환사채의 액
6. 주주외의 자에게 전환사채를 발행하는 것과 이에 대하여 발행할 전환사채의 액

③주주외의 자에 대하여 전환사채를 발행하는 경우에 그 발행할 수 있는 전환사채의 액, 전환의 조건, 전환으로 인하여 발행할 주식의 내용과 전환을 청구할 수 있는 기간에 관하여 정관에 규정이 없으면 제434조의 결의로써 이를 정하여야 한다. 이 경우 제418조제2항 단서의 규정을 준용한다. <개정 2001.7.24>

④제3항의 결의에 있어서 전환사채의 발행에 관한 의안의 요령은 제363조의 규정에 의한 통지와 공고에 기재하여야 한다.

[전문개정 1984.4.10]

제513조의2 (전환사채의 인수권을 가진 주주의 권리) ①전환사채의 인수권을 가진 주주는 그가 가진 주식의 수에 따라서 전환사채의 배정을 받을 권리가 있다. 그러나 각 전환사채의 금액중 최저액에 미달하는 단수에 대하여는 그러하지 아니하다.

②제418조제3항은 주주가 전환사채의 인수권을 가진 경우에 이를 준용한다. <개정 2011.4.14>

[본조신설 1984.4.10]

제513조의3 (전환사채의 인수권을 가진 주주에 대한 최고) ①주주가 전환사채의 인수권을 가진 경우에는 각 주주에 대하여 그 인수권을 가지는 전환사채의 액, 발행가액, 전환의 조건, 전환으로 인하여 발행할 주식의 내용, 전환을 청구할 수 있는 기간과 일정한 기일까지 전환사채의 청약을 하지 아니하면 그 권리를 잃는다는 뜻을 통지하여야 한다.

②제419조제2항 내지 제4항의 규정은 제1항의 경우에 이를 준용한다.

[본조신설 1984.4.10]

제514조 (전환사채발행의 절차) ①전환사채에 관하여는 사채청약서, 채권과 사채원부에 다음의 사항을 기재하여야 한다. <개정 1995.12.29>

1. 사채를 주식으로 전환할 수 있다는 뜻
2. 전환의 조건
3. 전환으로 인하여 발행할 주식의 내용

4. 전환을 청구할 수 있는 기간

5. 주식의 양도에 관하여 이사회의 승인을 얻도록 정한 때에는 그 규정

② 삭제 <1984.4.10>

제514조의2 (전환사채의 등기) ①회사가 전환사채를 발행한 때에는 제476조의 규정에 의한 납입이 완료된 날로부터 2주간내에 본점의 소재지에서 전환사채의 등기를 하여야 한다. <개정 1995.12.29>

②제1항의 규정에 의하여 등기할 사항은 다음 각호와 같다.

1. 전환사채의 총액
2. 각 전환사채의 금액
3. 각 전환사채의 납입금액
4. 제514조제1호 내지 제4호에 정한 사항

③제183조의 규정은 제2항의 등기에 대하여 이를 준용한다.

④외국에서 전환사채를 모집한 경우에 등기할 사항이 외국에서 생긴 때에는 등기기간은 그 통지가 도달한 날로부터 기산한다.

[본조신설 1984.4.10]

제515조 (전환의 청구) ①전환을 청구하는 자는 청구서 2통에 채권을 첨부하여 회사에 제출하여야 한다. 다만, 제478조제3항에 따라 채권(債券)을 발행하는 대신 전자등록기관의 전자등록부에 채권(債權)을 등록한 경우에는 그 채권을 증명할 수 있는 자료를 첨부하여 회사에 제출하여야 한다. <개정 2011.4.14>

②제1항의 청구서에는 전환하고자 하는 사채와 청구의 연월일을 기재하고 기명날인 또는 서명하여야 한다. <개정 1995.12.29>

제516조 (준용규정) ①제346조제4항, 제424조 및 제424조의2의 규정은 전환사채의 발행의 경우에 이를 준용한다. <개정 2011.4.14>

②제339조, 제348조, 제350조 및 제351조의 규정은 사채의 전환의 경우에 이를 준용한다. <개정 1995.12.29>

[전문개정 1984.4.10]

제4관 신주인수권부사채

제516조의2 (신주인수권부사채의 발행) ①회사는 신주인수권부사채를 발행할 수 있다.

②제1항의 경우에 다음의 사항으로서 정관에 규정이 없는 것은 이사회가 이를 결정한다. 그러나 정관으로 주주총회에서 이를 결정하도록 정한 경우에는 그러하지 아니하다. <개정 2011.4.14>

1. 신주인수권부사채의 총액

2. 각 신주인수권부사채에 부여된 신주인수권의 내용
3. 신주인수권을 행사할 수 있는 기간
4. 신주인수권만을 양도할 수 있는 것에 관한 사항
5. 신주인수권을 행사하려는 자의 청구가 있는 때에는 신주인수권부사채의 상환에 갈음하여 그 발행가액으로 제516조의9제1항의 납입이 있는 것으로 본다는 뜻
6. 삭제 <1995.12.29>
7. 주주에게 신주인수권부사채의 인수권을 준다는 뜻과 인수권의 목적인 신주인수권부사채의 액
8. 주주외의 자에게 신주인수권부사채를 발행하는 것과 이에 대하여 발행할 신주인수권부사채의 액

③각 신주인수권부사채에 부여된 신주인수권의 행사로 인하여 발행할 주식의 발행가액의 합계액은 각 신주인수권부사채의 금액을 초과할 수 없다.

④주주외의 자에 대하여 신주인수권부사채를 발행하는 경우에 그 발행할 수 있는 신주인수권부사채의 액, 신주인수권의 내용과 신주인수권을 행사할 수 있는 기간에 관하여 정관에 규정이 없으면 제434조의 결의로써 이를 정하여야 한다. 이 경우 제418조제2항 단서의 규정을 준용한다. <개정 2001.7.24>

⑤제513조제4항의 규정은 제4항의 경우에 이를 준용한다.

[본조신설 1984.4.10]

제516조의3 (신주인수권부사채의 인수권을 가진 주주에 대한 최고) ①주주가 신주인수권부사채의 인수권을 가진 경우에는 각 주주에 대하여 인수권을 가지는 신주인수권부사채의 액, 발행가액, 신주인수권의 내용, 신주인수권을 행사할 수 있는 기간과 일정한 기일까지 신주인수권부사채의 청약을 하지 아니하면 그 권리를 잃는다는 뜻을 통지하여야 한다. 이 경우 제516조의2제2항제4호 또는 제5호에 규정한 사항의 정함이 있는 때에는 그 내용도 통지하여야 한다.

②제419조제2항 내지 제4항의 규정은 제1항의 경우에 이를 준용한다.

[본조신설 1984.4.10]

제516조의4 (사채청약서 · 채권 · 사채원부의 기재사항) 신주인수권부사채에 있어서는 사채청약서·채권 및 사채원부에 다음의 사항을 기재하여야 한다. 그러나 제516조의5제1항의 신주인수권증권을 발행할 때에는 채권에는 이를 기재하지 아니한다. <개정 1995.12.29, 2011.4.14>

1. 신주인수권부사채라는 뜻
2. 제516조의2제2항제2호 내지 제5호에 정한 사항

3. 제516조의9에 따라 납입을 맡을 은행이나 그 밖의 금융기관 및 납입장소

4. 주식의 양도에 관하여 이사회의 승인을 얻도록 정한 때에는 그 규정

[본조신설 1984.4.10]

제516조의5 (신주인수권증권의 발행) ①제516조의2제2항제4호에 규정한 사항을 정한 경우에는 회사는 채권과 함께 신주인수권증권을 발행하여야 한다.

②신주인수권증권에는 다음의 사항과 번호를 기재하고 이사가 기명날인 또는 서명하여야 한다. <개정 1995.12.29>

1. 신주인수권증권이라는 뜻의 표시
2. 회사의 상호
3. 제516조의2제2항제2호·제3호 및 제5호에 정한 사항
4. 제516조의4제3호에 정한 사항
5. 주식의 양도에 관하여 이사회의 승인을 얻도록 정한 때에는 그 규정

[본조신설 1984.4.10]

제516조의6 (신주인수권의 양도) ①신주인수권증권이 발행된 경우에 신주인수권의 양도는 신주인수권증권의 교부에 의하여서만 이를 행한다.

②제336조제2항, 제360조 및 수표법 제21조의 규정은 신주인수권증권에 관하여 이를 준용한다.

[본조신설 1984.4.10]

제516조의7(신주인수권의 전자등록) 회사는 신주인수권증권을 발행하는 대신 정관으로 정하는 바에 따라 전자등록기관의 전자등록부에 신주인수권을 등록할 수 있다. 이 경우 제356조의2제2항부터 제4항까지의 규정을 준용한다.

[본조신설 2011.4.14]

[종전 제516조의7은 제516조의8로 이동 <2011.4.14>]

제516조의8 (신주인수권부사채의 등기) ①회사가 신주인수권부사채를 발행한 때에는 다음의 사항을 등기하여야 한다.

1. 신주인수권부사채라는 뜻
2. 신주인수권의 행사로 인하여 발행할 주식의 발행가액의 총액
3. 각 신주인수권부사채의 금액
4. 각 신주인수권부사채의 납입금액
5. 제516조의2제2항제1호 내지 제3호에 정한 사항

②제514조의2제1항·제3항 및 제4항의 규정은 제1항의 등기에 관하여 이를 준용한다.

[본조신설 1984.4.10]

[제516조의7에서 이동, 종전 제516조의8은 제516조의9로 이동 <2011.4.14>]

제516조의9 (신주인수권의 행사) ①신주인수권을 행사하려는 자는 청구서 2통을 회사에 제출하고, 신주의 발행가액의 전액을 납입하여야 한다.
②제1항의 규정에 의하여 청구서를 제출하는 경우에 신주인수권증권이 발행된 때에는 신주인수권증권을 첨부하고, 이를 발행하지 아니한 때에는 채권을 제시하여야 한다. 다만, 제478조제3항 또는 제516조의7에 따라 채권(債券)이나 신주인수권증권을 발행하는 대신 전자등록기관의 전자등록부에 채권(債權)이나 신주인수권을 등록한 경우에는 그 채권이나 신주인수권을 증명할 수 있는 자료를 첨부하여 회사에 제출하여야 한다. <개정 2011.4.14>
③제1항의 납입은 채권 또는 신주인수권증권에 기재한 은행 기타 금융기관의 납입장소에서 하여야 한다.
④제302조제1항의 규정은 제1항의 청구서에, 제306조 및 제318조의 규정은 제3항의 납입을 맡은 은행 기타 금융기관에 이를 준용한다.
[본조신설 1984.4.10]
[제516조의8에서 이동, 종전 제516조의9는 제516조의10으로 이동 <2011.4.14>]

제516조의10 (주주가 되는 시기) 제516조의9제1항에 따라 신주인수권을 행사한 자는 동항의 납입을 한 때에 주주가 된다. 이 경우 제350조제2항 및 제3항의 규정을 준용한다. <개정 1995.12.29, 2011.4.14>
[본조신설 1984.4.10]
[제516조의9에서 이동, 종전 제516조의10은 제516조의11로 이동 <2011.4.14>]

제516조의11 (준용규정) 제351조의 규정은 신주인수권의 행사가 있는 경우에, 제513조의2 및 제516조제1항의 규정은 신주인수권부사채에 관하여 이를 준용한다. <개정 1995.12.29>
[본조신설 1984.4.10]
[제516조의10에서 이동 <2011.4.14>]

제9절 해산

제517조 (해산사유) 주식회사는 다음의 사유로 인하여 해산한다. <개정 1998.12.28>

1. 제227조제1호, 제4호 내지 제6호에 정한 사유

1의2. 제530조의2의 규정에 의한 회사의 분할 또는 분할합병

2. 주주총회의 결의

제518조 (해산의 결의) 해산의 결의는 제434조의 규정에 의하여야 한다.

제519조 (회사의 계속) 회사가 존립기간의 만료 기타 정관에 정한 사유의 발생 또는 주주총회의 결의에 의하여 해산한 경우에는 제434조의 규정에 의한 결의로 회사를

계속할 수 있다.

제520조 (해산판결) ①다음의 경우에 부득이한 사유가 있는 때에는 발행주식의 총수의 100분의 10 이상에 해당하는 주식을 가진 주주는 회사의 해산을 법원에 청구할 수 있다.

1. 회사의 업무가 현저한 정돈상태를 계속하여 회복할 수 없는 손해가 생긴 때 또는 생길 염려가 있는 때
2. 회사재산의 관리 또는 처분의 현저한 실당으로 인하여 회사의 존립을 위태롭게 한 때

②제186조와 제191조의 규정은 전항의 청구에 준용한다.

제520조의2 (휴면회사의 해산) ①법원행정처장이 최후의 등기후 5년을 경과한 회사는 본점의 소재지를 관할하는 법원에 아직 영업을 폐지하지 아니하였다는 뜻의 신고를 할 것을 관보로써 공고한 경우에, 그 공고한 날에 이미 최후의 등기후 5년을 경과한 회사로써 공고한 날로부터 2월 이내에 대통령령이 정하는 바에 의하여 신고를 하지 아니한 때에는 그 회사는 그 신고기간이 만료된 때에 해산한 것으로 본다. 그러나 그 기간내에 등기를 한 회사에 대하여는 그러하지 아니하다.

②제1항의 공고가 있는 때에는 법원은 해당 회사에 대하여 그 공고가 있었다는 뜻의 통지를 발송하여야 한다.

③제1항의 규정에 의하여 해산한 것으로 본 회사는 그후 3년 이내에는 제434조의 결의에 의하여 회사를 계속할 수 있다.

④제1항의 규정에 의하여 해산한 것으로 본 회사가 제3항의 규정에 의하여 회사를 계속하지 아니한 경우에는 그 회사는 그 3년이 경과한 때에 청산이 종결된 것으로 본다.

[본조신설 1984.4.10]

제521조 (해산의 통지, 공고) ①회사가 해산한 때에는 파산의 경우외에는 이사는 지체없이 주주에 대하여 그 통지를 하고 무기명식의 주권을 발행한 경우에는 이를 공고하여야 한다.

제521조의2 (준용규정) 제228조와 제229조제3항의 규정은 주식회사의 해산에 관하여 이를 준용한다.

[본조신설 1998.12.28]

제10절 합병

제522조 (합병계약서와 그 승인결의) ①회사가 합병을 함에는 합병계약서를 작성하여 주주총회의 승인을 얻어야 한다. <개정 1995.12.29, 1998 · 12 · 28>

②합병계약의 요령은 제363조에 정한 통지와 공고에 기재하여야 한다.

③제1항의 승인결의는 제434조의 규정에 의하여야 한다. <개정 1998.12.28>

제522조의2 (합병계약서 등의 공시) ①이사는 제522조제1항의 주주총회 회일의 2주전부터 합병을 한 날 이후 6월이 경과하는 날까지 다음 각호의 서류를 본점에 비치하여야 한다. <개정 1998.12.28>

1. 합병계약서
2. 합병으로 인하여 소멸하는 회사의 주주에게 발행하는 주식의 배정에 관하여 그 이유를 기재한 서면
3. 각 회사의 최종의 대차대조표와 손익계산서

②주주 및 회사채권자는 영업시간내에는 언제든지 제1항 각호의 서류의 열람을 청구하거나, 회사가 정한 비용을 지급하고 그 등본 또는 초본의 교부를 청구할 수 있다. <개정 1998.12.28>

[본조신설 1984.4.10]

제522조의3 (합병반대주주의 주식매수청구권) ①제522조제1항의 규정에 의한 결의사항에 관하여 이사회의 결의가 있는 때에 그 결의에 반대하는 주주는 주주총회전에 회사에 대하여 서면으로 그 결의에 반대하는 의사를 통지한 경우에는 그 총회의 결의일부터 20일 이내에 주식의 종류와 수를 기재한 서면으로 회사에 대하여 자기가 소유하고 있는 주식의 매수를 청구할 수 있다.

②제527조의2제2항의 공고 또는 통지를 한 날부터 2주내에 회사에 대하여 서면으로 합병에 반대하는 의사를 통지한 주주는 그 기간이 경과한 날부터 20일 이내에 주식의 종류와 수를 기재한 서면으로 회사에 대하여 자기가 소유하고 있는 주식의 매수를 청구할 수 있다. <신설 1998.12.28>

[본조신설 1995.12.29]

제523조 (흡수합병의 합병계약서) 합병할 회사의 일방이 합병 후 존속하는 경우에는 합병계약서에 다음의 사항을 적어야 한다. <개정 1998.12.28, 2001.7.24, 2011.4.14>

1. 존속하는 회사가 합병으로 인하여 그 발행할 주식의 총수를 증가하는 때에는 그 증가할 주식의 총수, 종류와 수
2. 존속하는 회사의 증가할 자본금과 준비금의 총액
3. 존속하는 회사가 합병당시에 발행하는 신주의 총수, 종류와 수 및 합병으로 인하여 소멸하는 회사의 주주에 대한 신주의 배정에 관한 사항
4. 존속하는 회사가 합병으로 소멸하는 회사의 주주에게 제3호에도 불구하고 그 대가의 전부 또는 일부로서 금전이나 그 밖의 재산을 제공하는 경우에는 그 내용 및 배정에 관한 사항

5. 각회사에서 합병의 승인결의를 할 사원 또는 주주의 총회의 기일
6. 합병을 할 날
7. 존속하는 회사가 합병으로 인하여 정관을 변경하기로 정한 때에는 그 규정
8. 각 회사가 합병으로 이익배당을 할 때에는 그 한도액
9. 합병으로 인하여 존속하는 회사에 취임할 이사와 감사 또는 감사위원회의 위원을 정한 때에는 그 성명 및 주민등록번호

제523조의2(합병대가가 모회사주식인 경우의 특칙) 제342조의2에도 불구하고 제523조제4호에 따라 소멸하는 회사의 주주에게 제공하는 재산이 존속하는 회사의 모회사주식을 포함하는 경우에는 존속하는 회사는 그 지급을 위하여 모회사주식을 취득할 수 있다.

[본조신설 2011.4.14]

제524조 (신설합병의 합병계약서) 합병으로 회사를 설립하는 경우에는 합병계약서에 다음의 사항을 적어야 한다. <개정 2001.7.24, 2011.4.14>

1. 설립되는 회사에 대하여 제289조제1항제1호부터 제4호까지에 규정된 사항과 종류주식을 발행할 때에는 그 종류, 수와 본점소재지
2. 설립되는 회사가 합병당시에 발행하는 주식의 총수와 종류, 수 및 각회사의 주주에 대한 주식의 배정에 관한 사항
3. 설립되는 회사의 자본금과 준비금의 총액
4. 각회사의 주주에게 지급할 금액을 정한 때에는 그 규정
5. 전조제5호와 제6호에 게기한 사항
6. 합병으로 인하여 설립되는 회사의 이사와 감사 또는 감사위원회의 위원을 정한 때에는 그 성명 및 주민등록번호

제525조 (합명회사, 합자회사의 합병계약서) ①합병후 존속하는 회사 또는 합병으로 인하여 설립되는 회사가 주식회사인 경우에 합병할 회사의 일방 또는 쌍방이 합명회사 또는 합자회사인 때에는 총사원의 동의를 얻어 합병계약서를 작성하여야 한다.

②전2조의 규정은 전항의 합병계약서에 준용한다.

제526조 (흡수합병의 보고총회) ①합병을 하는 회사의 일방이 합병후 존속하는 경우에는 그 이사는 제527조의5의 절차의 종료후, 합병으로 인한 주식의 병합이 있을 때에는 그 효력이 생긴 후, 병합에 적당하지 아니한 주식이 있을 때에는 합병후, 존속하는 회사에 있어서는 제443조의 처분을 한 후, 소규모합병의 경우에는 제527조의3제3항 및 제4항의 절차를 종료한 후 지체없이 주주총회를 소집하고 합병에 관한 사항을 보고하여야 한다. <개정 1998.12.28>

②합병당시에 발행하는 신주의 인수인은 제1항의 주주총회에서 주주와 동일한 권리가 있다. <개정 1998.12.28>
③제1항의 경우에 이사회는 공고로써 주주총회에 대한 보고에 갈음할 수 있다. <신설 1995.12.29>

제527조 (신설합병의 창립총회) ①합병으로 인하여 회사를 설립하는 경우에는 설립위원은 제527조의5의 절차의 종료후, 합병으로 인한 주식의 병합이 있을 때에는 그 효력이 생긴 후, 병합에 적당하지 아니한 주식이 있을 때에는 제443조의 처분을 한 후 지체없이 창립총회를 소집하여야 한다. <개정 1998.12.28>
②창립총회에서는 정관변경의 결의를 할 수 있다. 그러나 합병계약의 취지에 위반하는 결의는 하지 못한다.
③제308조제2항, 제309조, 제311조, 제312조와 제316조제2항의 규정은 제1항의 창립총회에 준용한다.
④제1항의 경우에 이사회는 공고로써 주주총회에 대한 보고에 갈음할 수 있다. <신설 1998.12.28>

제527조의2 (간이합병) ①합병할 회사의 일방이 합병후 존속하는 경우에 합병으로 인하여 소멸하는 회사의 총주주의 동의가 있거나 그 회사의 발행주식총수의 100분의 90이상을 합병후 존속하는 회사가 소유하고 있는 때에는 합병으로 인하여 소멸하는 회사의 주주총회의 승인은 이를 이사회의 승인으로 갈음할 수 있다.
②제1항의 경우에 합병으로 인하여 소멸하는 회사는 합병계약서를 작성한 날부터 2주내에 주주총회의 승인을 얻지 아니하고 합병을 한다는 뜻을 공고하거나 주주에게 통지하여야 한다. 다만, 총주주의 동의가 있는 때에는 그러하지 아니하다.
[본조신설 1998.12.28]

제527조의3(소규모합병) ①합병후 존속하는 회사가 합병으로 인하여 발행하는 신주의 총수가 그 회사의 발행주식총수의 100분의 10을 초과하지 아니하는 때에는 그 존속하는 회사의 주주총회의 승인은 이를 이사회의 승인으로 갈음할 수 있다. 다만, 합병으로 인하여 소멸하는 회사의 주주에게 지급할 금액을 정한 경우에 그 금액이 존속하는 회사의 최종 대차대조표상으로 현존하는 순자산액의 100분의 5를 초과하는 때에는 그러하지 아니하다. <개정 2011.4.14>
②제1항의 경우에 존속하는 회사의 합병계약서에는 주주총회의 승인을 얻지 아니하고 합병을 한다는 뜻을 기재하여야 한다.
③제1항의 경우에 존속하는 회사는 합병계약서를 작성한 날부터 2주내에 소멸하는 회사의 상호 및 본점의 소재지, 합병을 할 날, 주주총회의 승인을 얻지 아니하고 합병을 한다는 뜻을 공고하거나 주주에게 통지하여야 한다.

④합병후 존속하는 회사의 발행주식총수의 100분의 20 이상에 해당하는 주식을 소유한 주주가 제3항의 규정에 의한 공고 또는 통지를 한 날부터 2주내에 회사에 대하여 서면으로 제1항의 합병에 반대하는 의사를 통지한 때에는 제1항 본문의 규정에 의한 합병을 할 수 없다.
⑤제1항 본문의 경우에는 제522조의3의 규정은 이를 적용하지 아니한다.
[본조신설 1998.12.28]

제527조의4 (이사 · 감사의 임기) ①합병을 하는 회사의 일방이 합병후 존속하는 경우에 존속하는 회사의 이사 및 감사로서 합병전에 취임한 자는 합병계약서에 다른 정함이 있는 경우를 제외하고는 합병후 최초로 도래하는 결산기의 정기총회가 종료하는 때에 퇴임한다.
② 삭제 <2001.7.24>
[본조신설 1998.12.28]

제527조의5 (채권자보호절차) ①회사는 제522조의 주주총회의 승인결의가 있은 날부터 2주내에 채권자에 대하여 합병에 이의가 있으면 1월이상의 기간내에 이를 제출할 것을 공고하고 알고 있는 채권자에 대하여는 따로따로 이를 최고하여야 한다.
②제1항의 규정을 적용함에 있어서 제527조의2 및 제527조의3의 경우에는 이사회의 승인결의를 주주총회의 승인결의로 본다.
③제232조제2항 및 제3항의 규정은 제1항 및 제2항의 경우에 이를 준용한다.
[본조신설 1998.12.28]

제527조의6 (합병에 관한 서류의 사후공시) ①이사는 제527조의5에 규정한 절차의 경과, 합병을 한 날, 합병으로 인하여 소멸하는 회사로부터 승계한 재산의 가액과 채무액 기타 합병에 관한 사항을 기재한 서면을 합병을 한 날부터 6월간 본점에 비치하여야 한다.
②제522조의2제2항의 규정은 제1항의 서면에 관하여 이를 준용한다.
[본조신설 1998.12.28]

제528조 (합병의 등기) ①회사가 합병을 한 때에는 제526조의 주주총회가 종결한 날 또는 보고에 갈음하는 공고일, 제527조의 창립총회가 종결한 날 또는 보고에 갈음하는 공고일부터 본점소재지에서는 2주내, 지점소재지에서는 3주내에 합병후 존속하는 회사에 있어서는 변경의 등기, 합병으로 인하여 소멸하는 회사에 있어서는 해산의 등기, 합병으로 인하여 설립된 회사에 있어서는 제317조에 정하는 등기를 하여야 한다. <개정 1998.12.28>
②합병후 존속하는 회사 또는 합병으로 인하여 설립된 회사가 합병으로 인하여 전환사채 또는 신주인수권부사채를 승계한 때에는 제1항의 등기와 동시에 사채의 등

기를 하여야 한다. <개정 1984.4.10>

제529조 (합병무효의 소) ①합병무효는 각회사의 주주·이사·감사·청산인·파산관재인 또는 합병을 승인하지 아니한 채권자에 한하여 소만으로 이를 주장할 수 있다. <개정 1984.4.10>

②제1항의 소는 제528조의 등기가 있은 날로부터 6월내에 제기하여야 한다. <개정 1984.4.10>

제530조 (준용규정) ① 삭제 <1998.12.28>

②제234조, 제235조, 제237조 내지 제240조, 제329조의2, 제374조제2항, 제374조의2 제2항 내지 제5항 및 제439조제3항의 규정은 주식회사의 합병에 관하여 이를 준용한다. <개정 1995.12.29, 1998.12.28, 2001.7.24>

③제440조 내지 제444조의 규정은 회사의 합병으로 인한 주식병합 또는 주식분할의 경우에 준용한다. <개정 1998.12.28>

④제339조와 제340조제3항의 규정은 주식을 병합하지 아니하는 경우에 합병으로 인하여 소멸하는 회사의 주식을 목적으로 하는 질권에 준용한다.

제11절 회사의 분할

제530조의2 (회사의 분할 · 분할합병) ①회사는 분할에 의하여 1개 또는 수개의 회사를 설립할 수 있다.

②회사는 분할에 의하여 1개 또는 수개의 존립중의 회사와 합병(이하 "분할합병"이라 한다)할 수 있다.

③회사는 분할에 의하여 1개 또는 수개의 회사를 설립함과 동시에 분할합병할 수 있다.

④해산후의 회사는 존립중의 회사를 존속하는 회사로 하거나 새로 회사를 설립하는 경우에 한하여 분할 또는 분할합병할 수 있다.

[본조신설 1998.12.28]

제530조의3(분할계획서 · 분할합병계약서의 승인) ①회사가 분할 또는 분할합병을 하는 때에는 분할계획서 또는 분할합병계약서를 작성하여 주주총회의 승인을 얻어야 한다.

②제1항의 승인결의는 제434조의 규정에 의하여야 한다.

③ 제2항의 결의에 관하여는 제344조의3제1항에 따라 의결권이 배제되는 주주도 의결권이 있다. <개정 2011.4.14>

④분할계획 또는 분할합병계약의 요령은 제363조에 정한 통지와 공고에 기재하여야 한다.

⑤ 삭제 <2011.4.14>

⑥회사의 분할 또는 분할합병으로 인하여 분할 또는 분할합병에 관련되는 각 회사의 주주의 부담이 가중되는 경우에는 제1항 및 제436조의 결의외에 그 주주 전원의 동의가 있어야 한다. <개정 2011.4.14>

[본조신설 1998.12.28]

제530조의4 (분할에 의한 회사의 설립) ①이 장 제1절의 회사설립에 관한 규정은 제530조의2의 규정에 의한 회사의 설립에 관하여 이를 준용한다.

②제1항의 규정에 불구하고 분할에 의하여 설립되는 회사는 분할되는 회사의 출자만으로도 설립할 수 있다. 이 경우 분할되는 회사의 주주에게 그 주주가 가지는 그 회사의 주식의 비율에 따라서 설립되는 회사의 주식이 발행되는 때에는 제299조의 규정을 적용하지 아니한다.

[본조신설 1998.12.28]

제530조의5(분할계획서의 기재사항) ①분할에 의하여 회사를 설립하는 경우에는 분할계획서에 다음 각호의 사항을 기재하여야 한다. <개정 2011.4.14>

1. 설립되는 회사의 상호, 목적, 본점의 소재지 및 공고의 방법
2. 설립되는 회사가 발행할 주식의 총수 및 액면주식·무액면주식의 구분
3. 설립되는 회사가 분할 당시에 발행하는 주식의 총수, 종류 및 종류주식의 수, 액면주식·무액면주식의 구분
4. 분할되는 회사의 주주에 대한 설립되는 회사의 주식의 배정에 관한 사항 및 배정에 따른 주식의 병합 또는 분할을 하는 경우에는 그에 관한 사항
5. 분할되는 회사의 주주에게 지급할 금액을 정한 때에는 그 규정
6. 설립되는 회사의 자본금과 준비금에 관한 사항
7. 설립되는 회사에 이전될 재산과 그 가액
8. 제530조의9제2항의 정함이 있는 경우에는 그 내용
9. 설립되는 회사의 이사와 감사를 정한 경우에는 그 성명과 주민등록번호
10. 설립되는 회사의 정관에 기재할 그 밖의 사항

②분할후 회사가 존속하는 경우에는 존속하는 회사에 관하여 분할계획서에 다음 각호의 사항을 기재하여야 한다. <개정 2011.4.14>

1. 감소할 자본금과 준비금의 액
2. 자본감소의 방법
3. 분할로 인하여 이전할 재산과 그 가액
4. 분할후의 발행주식의 총수
5. 회사가 발행할 주식의 총수를 감소하는 경우에는 그 감소할 주식의 총수, 종

류 및 종류별 주식의 수

6. 정관변경을 가져오게 하는 그 밖의 사항

[본조신설 1998.12.28]

제530조의6 (분할합병계약서의 기재사항) ①분할되는 회사의 일부가 다른 회사와 합병하여 그 다른 회사(이하 "분할합병의 상대방 회사"라 한다)가 존속하는 경우에는 분할합병계약서에 다음 각호의 사항을 기재하여야 한다.

1. 분할합병의 상대방 회사가 분할합병으로 인하여 발행할 주식의 총수를 증가하는 경우에는 증가할 주식의 총수, 종류 및 종류별 주식의 수
2. 분할합병의 상대방 회사가 분할합병을 함에 있어서 발행하는 신주의 총수, 종류 및 종류별 주식의 수
3. 분할되는 회사의 주주에 대한 분할합병의 상대방 회사의 주식의 배정에 관한 사항 및 배정에 따른 주식의 병합 또는 분할을 하는 경우에는 그에 관한 사항
4. 분할되는 회사의 주주에 대하여 분할합병의 상대방 회사가 지급할 금액을 정한 때에는 그 규정
5. 분할합병의 상대방 회사의 증가할 자본의 총액과 준비금에 관한 사항
6. 분할되는 회사가 분할합병의 상대방 회사에 이전할 재산과 그 가액
7. 제530조의9제3항의 정함이 있는 경우에는 그 내용
8. 각 회사에서 제530조의3제2항의 결의를 할 주주총회의 기일
9. 분할합병을 할 날
10. 분할합병의 상대방 회사의 이사와 감사를 정한 때에는 그 성명과 주민등록번호
11. 분할합병의 상대방 회사의 정관변경을 가져오게 하는 그 밖의 사항

②분할되는 회사의 일부가 다른 회사 또는 다른 회사의 일부와 분할합병을 하여 회사를 설립하는 경우에는 분할합병계약서에 다음 각호의 사항을 기재하여야 한다.

1. 제530조의5제1항제1호·제2호·제6호 내지 제10호에 규정된 사항
2. 설립되는 회사가 분할합병을 함에 있어서 발행하는 주식의 총수, 종류 및 종류별 주식의 수
3. 각 회사의 주주에 대한 주식의 배정에 관한 사항과 배정에 따른 주식의 병합 또는 분할을 하는 경우에는 그 규정
4. 각 회사가 설립되는 회사에 이전할 재산과 그 가액
5. 각 회사의 주주에게 지급할 금액을 정한 때에는 그 규정
6. 각 회사에서 제530조의3제2항의 결의를 할 주주총회의 기일
7. 분할합병을 할 날

③제530조의5의 규정은 제1항 및 제2항의 경우에 각 회사의 분할합병을 하지 아니하는 부분의 기재에 관하여 이를 준용한다.

[본조신설 1998.12.28]

제530조의7 (분할대차대조표 등의 공시) ①분할되는 회사의 이사는 제530조의3제1항의 규정에 의한 주주총회의 회일의 2주전부터 분할의 등기를 한 날 또는 분할합병을 한 날이후 6월간 다음 각호의 서류를 본점에 비치하여야 한다.

1. 분할계획서 또는 분할합병계약서
2. 분할되는 부분의 대차대조표
3. 분할합병의 경우 분할합병의 상대방 회사의 대차대조표
4. 분할되는 회사의 주주에게 발행할 주식의 배정에 관하여 그 이유를 기재한 서면

②제530조의6제1항의 분할합병의 상대방 회사의 이사는 분할합병을 승인하는 주주총회의 회일의 2주전부터 분할합병의 등기를 한 후 6월간 다음 각호의 서류를 본점에 비치하여야 한다.

1. 분할합병계약서
2. 분할되는 회사의 분할되는 부분의 대차대조표
3. 분할되는 회사의 주주에게 발행할 주식의 배정에 관하여 그 이유를 기재한 서면

③제522조의2제2항의 규정은 제1항 및 제2항의 서류에 관하여 이를 준용한다.

[본조신설 1998.12.28]

제530조의8 (분할 및 분할합병에 관한 계산) 분할 또는 분할합병으로 인하여 설립되는 회사 또는 분할합병의 상대방 회사가 영업권을 취득한 경우에는 그 취득가액을 대차대조표의 자산의 부에 계상할 수 있다. 이 경우에는 설립등기 또는 분할합병의 등기를 한 후 5년내의 매 결산기에 균등액 이상을 상각하여야 한다.

[본조신설 1998.12.28]

제530조의9 (분할 및 분할합병후의 회사의 책임) ①분할 또는 분할합병으로 인하여 설립되는 회사 또는 존속하는 회사는 분할 또는 분할합병전의 회사채무에 관하여 연대하여 변제할 책임이 있다.

②제1항의 규정에 불구하고 분할되는 회사가 제530조의3제2항의 규정에 의한 결의로 분할에 의하여 회사를 설립하는 경우에는 설립되는 회사가 분할되는 회사의 채무중에서 출자한 재산에 관한 채무만을 부담할 것을 정할 수 있다. 이 경우 분할되는 회사가 분할후에 존속하는 때에는 분할로 인하여 설립되는 회사가 부담하지 아니하는 채무만을 부담한다.

③분할합병의 경우에 분할되는 회사는 제530조의3제2항의 규정에 의한 결의로 분할합병에 따른 출자를 받는 존립중의 회사가 분할되는 회사의 채무중에서 출자한 재산에 관한 채무만을 부담할 것을 정할 수 있다. 이 경우에는 제2항 후단의 규정을 준용한다.

④제439조제3항 및 제527조의5의 규정은 제2항의 경우에 이를 준용한다.

[본조신설 1998.12.28]

제530조의10 (분할 또는 분할합병의 효과) 분할 또는 분할합병으로 인하여 설립되는 회사 또는 존속하는 회사는 분할하는 회사의 권리와 의무를 분할계획서 또는 분할합병계약서가 정하는 바에 따라서 승계한다.

[본조신설 1998.12.28]

제530조의11(준용규정) ① 분할 또는 분할합병의 경우에는 제234조, 제237조부터 제240조까지, 제329조의2, 제440조부터 제444조까지, 제526조, 제527조, 제527조의6, 제528조 및 제529조를 준용한다. 다만, 제527조의 설립위원은 대표이사로 한다. <개정 2011.4.14>

②제374조제2항, 제439조제3항, 제522조의3, 제527조의2, 제527조의3 및 제527조의5의 규정은 분할합병의 경우에 이를 준용한다. <개정 1999.12.31>

[본조신설 1998.12.28]

제530조의12 (물적 분할) 이 절의 규정은 분할되는 회사가 분할 또는 분할합병으로 인하여 설립되는 회사의 주식의 총수를 취득하는 경우에 이를 준용한다.

[본조신설 1998.12.28]

제12절 청산

제531조 (청산인의 결정) ①회사가 해산한 때에는 합병·분할·분할합병 또는 파산의 경우외에는 이사가 청산인이 된다. 다만, 정관에 다른 정함이 있거나 주주총회에서 타인을 선임한 때에는 그러하지 아니하다. <개정 1998.12.28>

②전항의 규정에 의한 청산인이 없는 때에는 법원은 이해관계인의 청구에 의하여 청산인을 선임한다.

제532조 (청산인의 신고) 청산인은 취임한 날로부터 2주간내에 다음의 사항을 법원에 신고하여야 한다. <개정 1995.12.29>

1. 해산의 사유와 그 연월일
2. 청산인의 성명·주민등록번호 및 주소

제533조 (회사재산조사보고의무) ①청산인은 취임한 후 지체없이 회사의 재산상태를 조사하여 재산목록과 대차대조표를 작성하고 이를 주주총회에 제출하여 그 승인을

얻어야 한다.
②청산인은 전항의 승인을 얻은 후 지체없이 재산목록과 대차대조표를 법원에 제출하여야 한다.

제534조 (대차대조표 · 사무보고서 · 부속명세서의 제출 · 감사 · 공시 · 승인) ①청산인은 정기총회회일로부터 4주간전에 대차대조표 및 그 부속명세서와 사무보고서를 작성하여 감사에게 제출하여야 한다.
②감사는 정기총회회일로부터 1주간전에 제1항의 서류에 관한 감사보고서를 청산인에게 제출하여야 한다.
③청산인은 정기총회회일의 1주간전부터 제1항의 서류와 제2항의 감사보고서를 본점에 비치하여야 한다.
④제448조제2항의 규정은 제3항의 서류에 관하여 이를 준용한다.
⑤청산인은 대차대조표 및 사무보고서를 정기총회에 제출하여 그 승인을 요구하여야 한다.
[전문개정 1984.4.10]

제535조 (회사채권자에의 최고) ①청산인은 취임한 날로부터 2월내에 회사채권자에 대하여 일정한 기간내에 그 채권을 신고할 것과 그 기간내에 신고하지 아니하면 청산에서 제외될 뜻을 2회이상 공고로써 최고하여야 한다. 그러나 그 기간은 2월이상이어야 한다.
②청산인은 알고 있는 채권자에 대하여는 각별로 그 채권의 신고를 최고하여야 하며 그 채권자가 신고하지 아니한 경우에도 이를 청산에서 제외하지 못한다.

제536조 (채권신고기간내의 변제) ①청산인은 전조 제1항의 신고기간내에는 채권자에 대하여 변제를 하지 못한다. 그러나 회사는 그 변제의 지연으로 인한 손해배상의 책임을 면하지 못한다.
②청산인은 전항의 규정에 불구하고 소액의 채권, 담보있는 채권 기타 변제로 인하여 다른 채권자를 해할 염려가 없는 채권에 대하여는 법원의 허가를 얻어 이를 변제할 수 있다.

제537조 (제외된 채권자에 대한 변제) ①청산에서 제외된 채권자는 분배되지 아니한 잔여재산에 대하여서만 변제를 청구할 수 있다.
②일부의 주주에 대하여 재산의 분배를 한 경우에는 그와 동일한 비율로 다른 주주에게 분배할 재산은 전항의 잔여재산에서 공제한다.

제538조 (잔여재산의 분배) 잔여재산은 각 주주가 가진 주식의 수에 따라 주주에게 분배하여야 한다. 그러나 제344조제1항의 규정을 적용하는 경우에는 그러하지 아니하다.

제539조 (청산인의 해임) ①청산인은 법원이 선임한 경우외에는 언제든지 주주총회

의 결의로 이를 해임할 수 있다.
②청산인이 그 업무를 집행함에 현저하게 부적임하거나 중대한 임무에 위반한 행위가 있는 때에는 발행주식의 총수의 100분의 3이상에 해당하는 주식을 가진 주주는 법원에 그 청산인의 해임을 청구할 수 있다. <개정 1998.12.28>
③제186조의 규정은 제2항의 청구에 관한 소에 준용한다. <개정 1998.12.28>

제540조 (청산의 종결) ①청산사무가 종결한 때에는 청산인은 지체없이 결산보고서를 작성하고 이를 주주총회에 제출하여 승인을 얻어야 한다.
②전항의 승인이 있는 때에는 회사는 청산인에 대하여 그 책임을 해제한 것으로 본다. 그러나 청산인의 부정행위에 대하여는 그러하지 아니하다.

제541조 (서류의 보존) ①회사의 장부 기타 영업과 청산에 관한 중요한 서류는 본점소재지에서 청산종결의 등기를 한 후 10년간 이를 보존하여야 한다. 다만, 전표 또는 이와 유사한 서류는 5년간 이를 보존하여야 한다. <개정 1995.12.29>
②전항의 보존에 관하여는 청산인 기타의 이해관계인의 청구에 의하여 법원이 보존인과 보존방법을 정한다.

제542조 (준용규정) ①제245조, 제252조 내지 제255조, 제259조, 제260조와 제264조의 규정은 주식회사에 준용한다.
②제362조, 제363조의2, 제366조, 제367조, 제373조, 제376조, 제377조, 제382조제2항, 제386조, 제388조 내지 제394조, 제396조, 제398조 내지 제408조, 제411조 내지 제413조, 제414조제3항, 제449조제3항, 제450조와 제466조의 규정은 청산인에 준용한다. <개정 1962.12.12, 1984.4.10, 1998.12.28>

제13절 상장회사에 대한 특례 <신설 2009.1.30>

제542조의2 (적용범위) ① 이 절은 대통령령으로 정하는 증권시장(증권의 매매를 위하여 개설된 시장을 말한다)에 상장된 주권을 발행한 주식회사(이하 "상장회사"라 한다)에 대하여 적용한다. 다만, 집합투자(2인 이상에게 투자권유를 하여 모은 금전이나 그 밖의 재산적 가치가 있는 재산을 취득·처분, 그 밖의 방법으로 운용하고 그 결과를 투자자에게 배분하여 귀속시키는 것을 말한다)를 수행하기 위한 기구로서 대통령령으로 정하는 주식회사는 제외한다.
② 이 절은 이 장 다른 절에 우선하여 적용한다.
[본조신설 2009.1.30]

제542조의3(주식매수선택권) ① 상장회사는 제340조의2제1항 본문에 규정된 자 외에도 대통령령으로 정하는 관계 회사의 이사, 집행임원, 감사 또는 피용자에게 주식매수선택권을 부여할 수 있다. 다만, 제542조의8제2항제5호의 최대주주 등 대통령령

으로 정하는 자에게는 주식매수선택권을 부여할 수 없다. <개정 2011.4.14>

② 상장회사는 제340조의2제3항에도 불구하고 발행주식총수의 100분의 20의 범위에서 대통령령으로 정하는 한도까지 주식매수선택권을 부여할 수 있다.

③ 상장회사는 제340조의2제1항 본문에도 불구하고 정관으로 정하는 바에 따라 발행주식총수의 100분의 10의 범위에서 대통령령으로 정하는 한도까지 이사회가 제340조의3제2항 각 호의 사항을 결의함으로써 해당 회사의 집행임원·감사 또는 피용자 및 제1항에 따른 관계 회사의 이사·집행임원·감사 또는 피용자에게 주식매수선택권을 부여할 수 있다. 이 경우 주식매수선택권을 부여한 후 처음으로 소집되는 주주총회의 승인을 받아야 한다. <개정 2011.4.14>

④ 상장회사의 주식매수선택권을 부여받은 자는 제340조의4제1항에도 불구하고 대통령령으로 정하는 경우를 제외하고는 주식매수선택권을 부여하기로 한 주주총회 또는 이사회의 결의일부터 2년 이상 재임하거나 재직하여야 주식매수선택권을 행사할 수 있다.

⑤ 제1항부터 제4항까지에서 규정한 사항 외에 상장회사의 주식매수선택권 부여, 취소, 그 밖에 필요한 사항은 대통령령으로 정한다.

[본조신설 2009.1.30]

제542조의4 (주주총회 소집공고 등) ① 상장회사가 주주총회를 소집하는 경우 대통령령으로 정하는 수 이하의 주식을 소유하는 주주에게는 정관으로 정하는 바에 따라 주주총회일의 2주 전에 주주총회를 소집하는 뜻과 회의의 목적사항을 둘 이상의 일간신문에 각각 2회 이상 공고하거나 대통령령으로 정하는 바에 따라 전자적 방법으로 공고함으로써 제363조제1항의 소집통지를 갈음할 수 있다.

② 상장회사가 이사·감사의 선임에 관한 사항을 목적으로 하는 주주총회를 소집통지 또는 공고하는 경우에는 이사·감사 후보자의 성명, 약력, 추천인, 그 밖에 대통령령으로 정하는 후보자에 관한 사항을 통지하거나 공고하여야 한다.

③ 상장회사가 주주총회 소집의 통지 또는 공고를 하는 경우에는 사외이사 등의 활동내역과 보수에 관한 사항, 사업개요 등 대통령령으로 정하는 사항을 통지 또는 공고하여야 한다. 다만, 상장회사가 그 사항을 대통령령으로 정하는 방법으로 일반인이 열람할 수 있도록 하는 경우에는 그러하지 아니하다.

[본조신설 2009.1.30]

제542조의5 (이사 · 감사의 선임방법) 상장회사가 주주총회에서 이사 또는 감사를 선임하려는 경우에는 제542조의4제2항에 따라 통지하거나 공고한 후보자 중에서 선임하여야 한다.

[본조신설 2009.1.30]

제542조의6(소수주주권) ① 6개월 전부터 계속하여 상장회사 발행주식총수의 1천분의 15 이상에 해당하는 주식을 보유한 자는 제366조(제542조에서 준용하는 경우를 포함한다) 및 제467조에 따른 주주의 권리를 행사할 수 있다.

② 6개월 전부터 계속하여 상장회사의 의결권 없는 주식을 제외한 발행주식총수의 1천분의 10(대통령령으로 정하는 상장회사의 경우에는 1천분의 5) 이상에 해당하는 주식을 보유한 자는 제363조의2(제542조에서 준용하는 경우를 포함한다)에 따른 주주의 권리를 행사할 수 있다.

③ 6개월 전부터 계속하여 상장회사 발행주식총수의 1만분의 50(대통령령으로 정하는 상장회사의 경우에는 1만분의 25) 이상에 해당하는 주식을 보유한 자는 제385조(제415조에서 준용하는 경우를 포함한다) 및 제539조에 따른 주주의 권리를 행사할 수 있다.

④ 6개월 전부터 계속하여 상장회사 발행주식총수의 1만분의 10(대통령령으로 정하는 상장회사의 경우에는 1만분의 5) 이상에 해당하는 주식을 보유한 자는 제466조(제542조에서 준용하는 경우를 포함한다)에 따른 주주의 권리를 행사할 수 있다.

⑤ 6개월 전부터 계속하여 상장회사 발행주식총수의 10만분의 50(대통령령으로 정하는 상장회사의 경우에는 10만분의 25) 이상에 해당하는 주식을 보유한 자는 제402조(제408조의9 및 제542조에서 준용하는 경우를 포함한다)에 따른 주주의 권리를 행사할 수 있다. <개정 2011.4.14>

⑥ 6개월 전부터 계속하여 상장회사 발행주식총수의 1만분의 1 이상에 해당하는 주식을 보유한 자는 제403조(제324조, 제408조의9, 제415조, 제424조의2, 제467조의2 및 제542조에서 준용하는 경우를 포함한다)에 따른 주주의 권리를 행사할 수 있다. <개정 2011.4.14>

⑦ 상장회사는 정관에서 제1항부터 제6항까지 규정된 것보다 단기의 주식 보유기간을 정하거나 낮은 주식 보유비율을 정할 수 있다.

⑧ 제1항부터 제6항까지 및 제542조의7제2항에서 "주식을 보유한 자"란 주식을 소유한 자, 주주권 행사에 관한 위임을 받은 자, 2명 이상 주주의 주주권을 공동으로 행사하는 자를 말한다.

[본조신설 2009.1.30]

제542조의7 (집중투표에 관한 특례) ① 상장회사에 대하여 제382조의2에 따라 집중투표의 방법으로 이사를 선임할 것을 청구하는 경우 주주총회일(정기주주총회의 경우에는 직전 연도의 정기주주총회일에 해당하는 그 해의 해당일. 이하 제542조의8 제5항에서 같다)의 6주 전까지 서면 또는 전자문서로 회사에 청구하여야 한다.

② 자산 규모 등을 고려하여 대통령령으로 정하는 상장회사의 의결권 없는 주식을

제외한 발행주식총수의 100분의 1 이상에 해당하는 주식을 보유한 자는 제382조의 2에 따라 집중투표의 방법으로 이사를 선임할 것을 청구할 수 있다.

③ 제2항의 상장회사가 정관으로 집중투표를 배제하거나 그 배제된 정관을 변경하려는 경우에는 의결권 없는 주식을 제외한 발행주식총수의 100분의 3을 초과하는 수의 주식을 가진 주주는 그 초과하는 주식에 관하여 의결권을 행사하지 못한다. 다만, 정관에서 이보다 낮은 주식 보유비율을 정할 수 있다.

④ 제2항의 상장회사가 주주총회의 목적사항으로 제3항에 따른 집중투표 배제에 관한 정관 변경에 관한 의안을 상정하려는 경우에는 그 밖의 사항의 정관 변경에 관한 의안과 별도로 상정하여 의결하여야 한다.

[본조신설 2009.1.30]

제542조의8(사외이사의 선임) ① 상장회사는 자산 규모 등을 고려하여 대통령령으로 정하는 경우를 제외하고는 이사 총수의 4분의 1 이상을 사외이사로 하여야 한다. 다만, 자산 규모 등을 고려하여 대통령령으로 정하는 상장회사의 사외이사는 3명 이상으로 하되, 이사 총수의 과반수가 되도록 하여야 한다.

② 상장회사의 사외이사는 제382조제3항 각 호 뿐만 아니라 다음 각 호의 어느 하나에 해당되지 아니하여야 하며, 이에 해당하게 된 경우에는 그 직을 상실한다. <개정 2011.4.14>

1. 미성년자, 금치산자 또는 한정치산자
2. 파산선고를 받고 복권되지 아니한 자
3. 금고 이상의 형을 선고받고 그 집행이 끝나거나 집행이 면제된 후 2년이 지나지 아니한 자
4. 대통령령으로 별도로 정하는 법률을 위반하여 해임되거나 면직된 후 2년이 지나지 아니한 자
5. 상장회사의 주주로서 의결권 없는 주식을 제외한 발행주식총수를 기준으로 본인 및 그와 대통령령으로 정하는 특수한 관계에 있는 자(이하 "특수관계인"이라 한다)가 소유하는 주식의 수가 가장 많은 경우 그 본인(이하 "최대주주"라 한다) 및 그의 특수관계인
6. 누구의 명의로 하든지 자기의 계산으로 의결권 없는 주식을 제외한 발행주식총수의 100분의 10 이상의 주식을 소유하거나 이사·집행임원·감사의 선임과 해임 등 상장회사의 주요 경영사항에 대하여 사실상의 영향력을 행사하는 주주(이하 "주요주주"라 한다) 및 그의 배우자와 직계 존속·비속
7. 그 밖에 사외이사로서의 직무를 충실하게 수행하기 곤란하거나 상장회사의 경영에 영향을 미칠 수 있는 자로서 대통령령으로 정하는 자

③ 제1항의 상장회사는 사외이사의 사임·사망 등의 사유로 인하여 사외이사의 수가 제1항의 이사회의 구성요건에 미달하게 되면 그 사유가 발생한 후 처음으로 소집되는 주주총회에서 제1항의 요건에 합치되도록 사외이사를 선임하여야 한다.
④ 제1항 단서의 상장회사는 사외이사 후보를 추천하기 위하여 제393조의2의 위원회(이하 이 조에서 "사외이사 후보추천위원회"라 한다)를 설치하여야 한다. 이 경우 사외이사 후보추천위원회는 사외이사가 총위원의 과반수가 되도록 구성하여야 한다. <개정 2011.4.14>
⑤ 제1항 단서에서 규정하는 상장회사가 주주총회에서 사외이사를 선임하려는 때에는 사외이사 후보추천위원회의 추천을 받은 자 중에서 선임하여야 한다. 이 경우 사외이사 후보추천위원회가 사외이사 후보를 추천할 때에는 제363조의2제1항, 제542조의6제1항·제2항의 권리를 행사할 수 있는 요건을 갖춘 주주가 주주총회일(정기주주총회의 경우 직전연도의 정기주주총회일에 해당하는 해당 연도의 해당일)의 6주 전에 추천한 사외이사 후보를 포함시켜야 한다. <개정 2011.4.14>
[본조신설 2009.1.30]

제542조의9(주요주주 등 이해관계자와의 거래) ① 상장회사는 다음 각 호의 어느 하나에 해당하는 자를 상대방으로 하거나 그를 위하여 신용공여(금전 등 경제적 가치가 있는 재산의 대여, 채무이행의 보증, 자금 지원적 성격의 증권 매입, 그 밖에 거래상의 신용위험이 따르는 직접적·간접적 거래로서 대통령령으로 정하는 거래를 말한다. 이하 이 조에서 같다)를 하여서는 아니 된다. <개정 2011.4.14>

1. 주요주주 및 그의 특수관계인
2. 이사(제401조의2제1항 각 호의 어느 하나에 해당하는 자를 포함한다. 이하 이 조에서 같다) 및 집행임원
3. 감사

② 제1항에도 불구하고 다음 각 호의 어느 하나에 해당하는 경우에는 신용공여를 할 수 있다. <개정 2011.4.14>

1. 복리후생을 위한 이사·집행임원 또는 감사에 대한 금전대여 등으로서 대통령령으로 정하는 신용공여
2. 다른 법령에서 허용하는 신용공여
3. 그 밖에 상장회사의 경영건전성을 해칠 우려가 없는 금전대여 등으로서 대통령령으로 정하는 신용공여

③ 자산 규모 등을 고려하여 대통령령으로 정하는 상장회사는 최대주주, 그의 특수관계인 및 그 상장회사의 특수관계인으로서 대통령령으로 정하는 자를 상대방으로 하거나 그를 위하여 다음 각 호의 어느 하나에 해당하는 거래(제1항에 따라 금지되

는 거래는 제외한다)를 하려는 경우에는 이사회의 승인을 받아야 한다.

1. 단일 거래규모가 대통령령으로 정하는 규모 이상인 거래
2. 해당 사업연도 중에 특정인과의 해당 거래를 포함한 거래총액이 대통령령으로 정하는 규모 이상이 되는 경우의 해당 거래

④ 제3항의 경우 상장회사는 이사회의 승인 결의 후 처음으로 소집되는 정기주주총회에 해당 거래의 목적, 상대방, 그 밖에 대통령령으로 정하는 사항을 보고하여야 한다.

⑤ 제3항에도 불구하고 상장회사가 경영하는 업종에 따른 일상적인 거래로서 다음 각 호의 어느 하나에 해당하는 거래는 이사회의 승인을 받지 아니하고 할 수 있으며, 제2호에 해당하는 거래에 대하여는 그 거래내용을 주주총회에 보고하지 아니할 수 있다.

1. 약관에 따라 정형화된 거래로서 대통령령으로 정하는 거래
2. 이사회에서 승인한 거래총액의 범위 안에서 이행하는 거래

[본조신설 2009.1.30]

제542조의10(상근감사) ① 대통령령으로 정하는 상장회사는 주주총회 결의에 의하여 회사에 상근하면서 감사업무를 수행하는 감사(이하 "상근감사"라고 한다)를 1명 이상 두어야 한다. 다만, 이 절 및 다른 법률에 따라 감사위원회를 설치한 경우(감사위원회 설치 의무가 없는 상장회사가 이 절의 요건을 갖춘 감사위원회를 설치한 경우를 포함한다)에는 그러하지 아니하다. <개정 2011.4.14>

② 다음 각 호의 어느 하나에 해당하는 자는 제1항 본문의 상장회사의 상근감사가 되지 못하며, 이에 해당하게 되는 경우에는 그 직을 상실한다. <개정 2011.4.14>

1. 제542조의8제2항제1호부터 제4호까지 및 제6호에 해당하는 자
2. 회사의 상무(常務)에 종사하는 이사·집행임원 및 피용자 또는 최근 2년 이내에 회사의 상무에 종사한 이사·집행임원 및 피용자. 다만, 이 절에 따른 감사위원회위원으로 재임 중이거나 재임하였던 이사는 제외한다.
3. 제1호 및 제2호 외에 회사의 경영에 영향을 미칠 수 있는 자로서 대통령령으로 정하는 자

[본조신설 2009.1.30]

제542조의11 (감사위원회) ① 자산 규모 등을 고려하여 대통령령으로 정하는 상장회사는 감사위원회를 설치하여야 한다.

② 제1항의 상장회사의 감사위원회는 제415조의2제2항의 요건 및 다음 각 호의 요건을 모두 갖추어야 한다.

1. 위원 중 1명 이상은 대통령령으로 정하는 회계 또는 재무 전문가일 것

2. 감사위원회의 대표는 사외이사일 것

③ 제542조의10제2항 각 호의 어느 하나에 해당하는 자는 제1항의 상장회사의 사외이사가 아닌 감사위원회위원이 될 수 없고, 이에 해당하게 된 경우에는 그 직을 상실한다.

④ 상장회사는 감사위원회위원인 사외이사의 사임·사망 등의 사유로 인하여 사외이사의 수가 다음 각 호의 감사위원회의 구성요건에 미달하게 되면 그 사유가 발생한 후 처음으로 소집되는 주주총회에서 그 요건에 합치되도록 하여야 한다.

1. 제1항에 따라 감사위원회를 설치한 상장회사는 제2항 각 호 및 제415조의2제2항의 요건
2. 제415조의2제1항에 따라 감사위원회를 설치한 상장회사는 제415조의2제2항의 요건

[본조신설 2009.1.30]

제542조의12 (감사위원회의 구성 등) ① 제542조의11제1항의 상장회사의 경우 제393조의2에도 불구하고 감사위원회위원을 선임하거나 해임하는 권한은 주주총회에 있다.

② 제542조의11제1항의 상장회사는 주주총회에서 이사를 선임한 후 선임된 이사 중에서 감사위원회위원을 선임하여야 한다.

③ 최대주주, 최대주주의 특수관계인, 그 밖에 대통령령으로 정하는 자가 소유하는 상장회사의 의결권 있는 주식의 합계가 그 회사의 의결권 없는 주식을 제외한 발행주식총수의 100분의 3을 초과하는 경우 그 주주는 그 초과하는 주식에 관하여 감사 또는 사외이사가 아닌 감사위원회위원을 선임하거나 해임할 때에는 의결권을 행사하지 못한다. 다만, 정관에서 이보다 낮은 주식 보유비율을 정할 수 있다.

④ 대통령령으로 정하는 상장회사의 의결권 없는 주식을 제외한 발행주식총수의 100분의 3을 초과하는 수의 주식을 가진 주주는 그 초과하는 주식에 관하여 사외이사인 감사위원회위원을 선임할 때에 의결권을 행사하지 못한다. 다만, 정관에서 이보다 낮은 주식 보유비율을 정할 수 있다.

⑤ 상장회사가 주주총회의 목적사항으로 감사의 선임 또는 감사의 보수결정을 위한 의안을 상정하려는 경우에는 이사의 선임 또는 이사의 보수결정을 위한 의안과는 별도로 상정하여 의결하여야 한다.

⑥ 상장회사의 감사 또는 감사위원회는 제447조의4제1항에도 불구하고 이사에게 감사보고서를 주주총회일의 1주 전까지 제출할 수 있다.

[본조신설 2009.1.30]

제542조의13(준법통제기준 및 준법지원인) ① 자산 규모 등을 고려하여 대통령령으로

정하는 상장회사는 법령을 준수하고 회사경영을 적정하게 하기 위하여 임직원이 그 직무를 수행할 때 따라야 할 준법통제에 관한 기준 및 절차(이하 "준법통제기준"이라 한다)를 마련하여야 한다.

② 제1항의 상장회사는 준법통제기준의 준수에 관한 업무를 담당하는 사람(이하 "준법지원인"이라 한다)을 1명 이상 두어야 한다.

③ 준법지원인은 준법통제기준의 준수여부를 점검하여 그 결과를 이사회에 보고하여야 한다.

④ 제1항의 상장회사는 준법지원인을 임면하려면 이사회 결의를 거쳐야 한다.

⑤ 준법지원인은 다음 각 호의 사람 중에서 임명하여야 한다.

1. 변호사 자격을 가진 사람
2. 「고등교육법」 제2조에 따른 학교에서 법률학을 가르치는 조교수 이상의 직에 5년 이상 근무한 사람
3. 그 밖에 법률적 지식과 경험이 풍부한 사람으로서 대통령령으로 정하는 사람

⑥ 준법지원인의 임기는 3년으로 하고, 준법지원인은 상근으로 한다.

⑦ 준법지원인은 선량한 관리자의 주의로 그 직무를 수행하여야 한다.

⑧ 준법지원인은 재임 중뿐만 아니라 퇴임 후에도 직무상 알게 된 회사의 영업상 비밀을 누설하여서는 아니 된다.

⑨ 제1항의 상장회사는 준법지원인이 그 직무를 독립적으로 수행할 수 있도록 하여야 하고, 제1항의 상장회사의 임직원은 준법지원인이 그 직무를 수행할 때 자료나 정보의 제출을 요구하는 경우 이에 성실하게 응하여야 한다.

⑩ 제1항의 상장회사는 준법지원인이었던 사람에 대하여 그 직무수행과 관련된 사유로 부당한 인사상의 불이익을 주어서는 아니 된다.

⑪ 준법지원인에 관하여 다른 법률에 특별한 규정이 있는 경우를 제외하고는 이 법에서 정하는 바에 따른다. 다만, 다른 법률의 규정이 준법지원인의 임기를 제6항보다 단기로 정하고 있는 경우에는 제6항을 다른 법률에 우선하여 적용한다.

⑫ 그 밖의 준법통제기준 및 준법지원인에 관하여 필요한 사항은 대통령령으로 정한다.

[본조신설 2011.4.14]

제5장 유한회사

제1절 설립

제543조(정관의 작성, 절대적 기재사항) ①유한회사를 설립함에는 사원이 정관을 작

성하여야 한다. <개정 2001.7.24>

②정관에는 다음의 사항을 기재하고 각 사원이 기명날인 또는 서명하여야 한다. <개정 1984.4.10, 1995.12.29, 2001.7.24, 2011.4.14>

1. 제179조제1호 내지 제3호에 정한 사항
2. 자본금의 총액
3. 출자1좌의 금액
4. 각사원의 출자좌수
5. 본점의 소재지

③제292조의 규정은 유한회사에 준용한다.

제544조 (변태설립사항) 다음의 사항은 정관에 기재함으로써 그 효력이 있다.

1. 현물출자를 하는 자의 성명과 그 목적인 재산의 종류, 수량, 가격과 이에 대하여 부여하는 출자좌수
2. 회사의 설립후에 양수할 것을 약정한 재산의 종류, 수량, 가격과 그 양도인의 성명
3. 회사가 부담할 설립비용

제545조 삭제 <2011.4.14>

제546조(출자 1좌의 금액의 제한) 출자 1좌의 금액은 100원 이상으로 균일하게 하여야 한다.

[전문개정 2011.4.14]

제547조 (초대이사의 선임) ①정관으로 이사를 정하지 아니한 때에는 회사성립전에 사원총회를 열어 이를 선임하여야 한다.

②전항의 사원총회는 각 사원이 소집할 수 있다.

제548조 (출자의 납입) ①이사는 사원으로 하여금 출자전액의 납입 또는 현물출자의 목적인 재산전부의 급여를 시켜야 한다.

②제295조제2항의 규정은 사원이 현물출자를 하는 경우에 준용한다.

제549조(설립의 등기) ①유한회사의 설립등기는 제548조의 납입 또는 현물출자의 이행이 있은 날로부터 2주간내에 하여야 한다. <개정 1995.12.29>

②제1항의 등기에서 다음 각 호의 사항을 등기하여야 한다. <개정 1995.12.29, 2011.4.14>

1. 제179조제1호·제2호 및 제5호에 규정된 사항과 지점을 둔 때에는 그 소재지
2. 제543조제2항제2호와 제3호에 게기한 사항
3. 이사의 성명·주민등록번호 및 주소. 다만, 회사를 대표할 이사를 정한 때에는 그외의 이사의 주소를 제외한다.

4. 회사를 대표할 이사를 정한 때에는 그 성명, 주소와 주민등록번호
5. 수인의 이사가 공동으로 회사를 대표할 것을 정한 때에는 그 규정
6. 존립기간 기타의 해산사유를 정한 때에는 그 기간과 사유
7. 감사가 있는 때에는 그 성명 및 주민등록번호

③ 유한회사의 지점 설치 및 이전 시 지점소재지 또는 신지점소재지에서 등기를 하는 때에는 제2항제3호부터 제6호까지에 규정된 사항과 제179조제1호·제2호 및 제5호에 규정된 사항을 등기하여야 한다. 다만, 회사를 대표할 이사를 정한 때에는 그 외의 이사는 등기하지 아니한다. <개정 2011.4.14>

④제181조 내지 제183조의 규정은 유한회사의 등기에 준용한다. <개정 1962.12.12>

제550조 (현물출자등에 관한 회사성립시의 사원의 책임) ①제544조제1호와 제2호의 재산의 회사성립당시의 실가가 정관에 정한 가격에 현저하게 부족한 때에는 회사성립당시의 사원은 회사에 대하여 그 부족액을 연대하여 지급할 책임이 있다.

②전항의 사원의 책임은 면제하지 못한다. <신설 1962.12.12>

제551조 (출자미필액에 대한 회사성립시의 사원등의 책임) ①회사성립후에 출자금액의 납입 또는 현물출자의 이행이 완료되지 아니 하였음이 발견된 때에는 회사성립당시의 사원, 이사와 감사는 회사에 대하여 그 납입되지 아니한 금액 또는 이행되지 아니한 현물의 가액을 연대하여 지급할 책임이 있다. <개정 1962.12.12>

②전항의 사원의 책임은 면제하지 못한다. <신설 1962.12.12>

③제1항의 이사와 감사의 책임은 총사원의 동의가 없으면 면제하지 못한다. <신설 1962.12.12>

제552조 (설립무효, 취소의 소) ①회사의 설립의 무효는 그 사원, 이사와 감사에 한하여 설립의 취소는 그 취소권있는 자에 한하여 회사설립의 날로부터 2년내에 소만으로 이를 주장할 수 있다.

②제184조제2항과 제185조 내지 제193조의 규정은 전항의 소에 준용한다.

[전문개정 1962.12.12]

제2절 사원의 권리의무

제553조 (사원의 책임) 사원의 책임은 본법에 다른 규정이 있는 경우외에는 그 출자금액을 한도로 한다.

제554조 (사원의 지분) 각사원은 그 출자좌수에 따라 지분을 가진다.

제555조 (지분에 관한 증권) 유한회사는 사원의 지분에 관하여 지시식 또는 무기명식의 증권을 발행하지 못한다.

제556조(지분의 양도) 사원은 그 지분의 전부 또는 일부를 양도하거나 상속할 수 있

다. 다만, 정관으로 지분의 양도를 제한할 수 있다.
[전문개정 2011.4.14]

제557조 (지분이전의 대항요건) 지분의 이전은 취득자의 성명, 주소와 그 목적이 되는 출자좌수를 사원명부에 기재하지 아니하면 이로써 회사와 제삼자에게 대항하지 못한다.

제558조 (지분의 공유) 제333조의 규정은 지분이 수인의 공유에 속하는 경우에 준용한다.

제559조 (지분의 입질) ①지분은 질권의 목적으로 할 수 있다.
②제556조와 제557조의 규정은 지분의 입질에 준용한다.

제560조(준용규정) ① 사원의 지분에 대하여는 제339조, 제340조제1항·제2항, 제341조의2, 제341조의3, 제342조 및 제343조제1항을 준용한다. <개정 2011.4.14>
②제353조의 규정은 사원에 대한 통지 또는 최고에 준용한다.

제3절 회사의 관리

제561조 (이사) 유한회사에는 1인 또는 수인의 이사를 두어야 한다.

제562조 (회사대표) ①이사는 회사를 대표한다.
②이사가 수인인 경우에 정관에 다른 정함이 없으면 사원총회에서 회사를 대표할 이사를 선정하여야 한다.
③정관 또는 사원총회는 수인의 이사가 공동으로 회사를 대표할 것을 정할 수 있다.
④제208조제2항의 규정은 전항의 경우에 준용한다.

제563조 (이사, 회사간의 소에 관한 대표) 회사가 이사에 대하여 또는 이사가 회사에 대하여 소를 제기하는 경우에는 사원총회는 그 소에 관하여 회사를 대표할 자를 선정하여야 한다.

제564조 (업무집행의 결정, 이사와 회사간의 거래) ①이사가 수인인 경우에 정관에 다른 정함이 없으면 회사의 업무집행, 지배인의 선임 또는 해임과 지점의 설치·이전 또는 폐지는 이사과반수의 결의에 의하여야 한다. <개정 1984.4.10>
②사원총회는 제1항의 규정에 불구하고 지배인의 선임 또는 해임을 할 수 있다. <개정 1984.4.10>
③이사는 감사가 있는 때에는 그 승인이, 감사가 없는 때에는 사원총회의 승인이 있는 때에 한하여 자기 또는 제삼자의 계산으로 회사와 거래를 할 수 있다. 이 경우에는 민법 제124조의 규정을 적용하지 아니한다. <신설 1962.12.12>

제564조의2(유지청구권) 이사가 법령 또는 정관에 위반한 행위를 하여 이로 인하여 회사에 회복할 수 없는 손해가 생길 염려가 있는 경우에는 감사 또는 자본금 총액의

100분의 3 이상에 해당하는 출자좌수를 가진 사원은 회사를 위하여 이사에 대하여 그 행위를 유지할 것을 청구할 수 있다. <개정 2011.4.14>

[본조신설 1999.12.31]

제565조(사원의 대표소송) ①자본금 총액의 100분의 3 이상에 해당하는 출자좌수를 가진 사원은 회사에 대하여 이사의 책임을 추궁할 소의 제기를 청구할 수 있다. <개정 1999.12.31, 2011.4.14>

②제403조제2항 내지 제7항과 제404조 내지 제406조의 규정은 제1항의 경우에 준용한다. <개정 1998.12.28>

제566조 (서류의 비치, 열람) ①이사는 정관과 사원총회의 의사록을 본점과 지점에, 사원명부를 본점에 비치하여야 한다.

②사원명부에는 사원의 성명, 주소와 그 출자좌수를 기재하여야 한다.

③사원과 회사채권자는 영업시간내에 언제든지 제1항에 게기한 서류의 열람 또는 등사를 청구할 수 있다.

제567조 (준용규정) 제209조, 제210조, 제382조, 제385조, 제386조, 제388조, 제395조, 제397조, 제399조 내지 제401조, 제407조와 제408조의 규정은 유한회사의 이사에 준용한다. 이 경우 제397조의 "이사회"는 이를 "사원총회"로 한다. <개정 1962.12.12, 1998.12.28, 1999.12.31>

제568조 (감사) ①유한회사는 정관에 의하여 1인 또는 수인의 감사를 둘 수 있다.

②제547조의 규정은 정관에서 감사를 두기로 정한 경우에 준용한다.

제569조 (감사의 권한) 감사는 언제든지 회사의 업무와 재산상태를 조사할 수 있고 이사에 대하여 영업에 관한 보고를 요구할 수 있다.

제570조 (준용규정) 제382조, 제385조제1항, 제386조, 제388조, 제400조, 제407조, 제411조, 제413조, 제414조와 제565조의 규정은 감사에 준용한다.

제571조(사원총회의 소집) ① 사원총회는 이 법에서 달리 규정하는 경우 외에는 이사가 소집한다. 그러나 임시총회는 감사도 소집할 수 있다.

② 사원총회를 소집할 때에는 사원총회일의 1주 전에 각 사원에게 서면으로 통지서를 발송하거나 각 사원의 동의를 받아 전자문서로 통지서를 발송하여야 한다.

③ 사원총회의 소집에 관하여는 제363조제2항 및 제364조를 준용한다.

[전문개정 2011.4.14]

제572조(소수사원에 의한 총회소집청구) ①자본금 총액의 100분의 3 이상에 해당하는 출자좌수를 가진 사원은 회의의 목적사항과 소집의 이유를 기재한 서면을 이사에게 제출하여 총회의 소집을 청구할 수 있다. <개정 1999.12.31, 2011.4.14>

②전항의 규정은 정관으로 다른 정함을 할 수 있다.

③제366조제2항과 제3항의 규정은 제1항의 경우에 준용한다.

제573조 (소집절차의 생략) 총사원의 동의가 있을 때에는 소집절차없이 총회를 열 수 있다.

제574조 (총회의 정족수, 결의방법) 사원총회의 결의는 정관 또는 본법에 다른 규정이 있는 경우외에는 총사원의 의결권의 과반수를 가지는 사원이 출석하고 그 의결권의 과반수로써 하여야 한다.

제575조 (사원의 의결권) 각사원은 출자1좌마다 1개의 의결권을 가진다. 그러나 정관으로 의결권의 수에 관하여 다른 정함을 할 수 있다.

제576조(유한회사의 영업양도 등에 특별결의를 받아야 할 사항) ① 유한회사가 제374조제1항제1호부터 제3호까지의 규정에 해당되는 행위를 하려면 제585조에 따른 총회의 결의가 있어야 한다. <개정 2011.4.14>

②전항의 규정은 유한회사가 그 성립후 2년내에 성립전으로부터 존재하는 재산으로서 영업을 위하여 계속하여 사용할 것을 자본금의 20분의 1이상에 상당한 대가로 취득하는 계약을 체결하는 경우에 준용한다. <개정 2011.4.14>

[제목개정 2011.4.14]

제577조 (서면에 의한 결의) ①총회의 결의를 하여야 할 경우에 총사원의 동의가 있는 때에는 서면에 의한 결의를 할 수 있다.

②결의의 목적사항에 대하여 총사원이 서면으로 동의를 한 때에는 서면에 의한 결의가 있은 것으로 본다.

③서면에 의한 결의는 총회의 결의와 동일한 효력이 있다.

④총회에 관한 규정은 서면에 의한 결의에 준용한다.

제578조 (준용규정) 제365조, 제367조, 제368조제3항·제4항, 제369조제2항, 제371조제2항, 제372조, 제373조와 제376조 내지 제381조의 규정은 사원총회에 준용한다.

제579조(재무제표의 작성) ①이사는 매결산기에 다음의 서류와 그 부속명세서를 작성하여야 한다. <개정 2011.4.14>

1. 대차대조표
2. 손익계산서
3. 그 밖에 회사의 재무상태와 경영성과를 표시하는 것으로서 제447조제1항제3호에 따른 서류

②감사가 있는 때에는 이사는 정기총회회일로부터 4주간전에 제1항의 서류를 감사에게 제출하여야 한다.

③감사는 제2항의 서류를 받은 날로부터 3주간내에 감사보고서를 이사에게 제출하여야 한다.

[전문개정 1984.4.10]

제579조의2 (영업보고서의 작성) ①이사는 매결산기에 영업보고서를 작성하여야 한다.

②제579조제2항 및 제3항의 규정은 제1항의 영업보고서에 관하여 이를 준용한다.

[본조신설 1984.4.10]

제579조의3 (재무제표등의 비치 · 공시) ①이사는 정기총회회일의 1주간전부터 5년간 제579조 및 제579조의2의 서류와 감사보고서를 본점에 비치하여야 한다.

②제448조제2항의 규정은 제1항의 서류에 관하여 이를 준용한다.

[본조신설 1984.4.10]

제580조 (이익배당의 기준) 이익의 배당은 정관에 다른 정함이 있는 경우외에는 각사원의 출자좌수에 따라 하여야 한다.

제581조(사원의 회계장부열람권) ①자본금의 100분의 3 이상에 해당하는 출자좌수를 가진 사원은 회계의 장부와 서류의 열람 또는 등사를 청구할 수 있다. <개정 1999.12.31, 2011.4.14>

②회사는 정관으로 각사원이 제1항의 청구를 할 수 있다는 뜻을 정할 수 있다. 이 경우 제579조제1항의 규정에 불구하고 부속명세서는 이를 작성하지 아니한다. <개정 1984.4.10>

제582조(업무, 재산상태의 검사) ①회사의 업무집행에 관하여 부정행위 또는 법령이나 정관에 위반한 중대한 사유가 있는 때에는 자본금총액의 100분의 3 이상에 해당하는 출자좌수를 가진 사원은 회사의 업무와 재산상태를 조사하게 하기 위하여 법원에 검사인의 선임을 청구할 수 있다. <개정 1999.12.31, 2011.4.14>

②검사인은 그 조사의 결과를 서면으로 법원에 보고하여야 한다.

③법원은 전항의 보고서에 의하여 필요하다고 인정한 경우에는 감사가 있는 때에는 감사에게, 감사가 없는 때에는 이사에게 사원총회의 소집을 명할 수 있다. 제310조제2항의 규정은 이 경우에 준용한다. <개정 1962.12.12>

제583조(준용규정) ① 유한회사의 계산에 대하여는 제449조제1항·제2항, 제450조, 제458조부터 제460조까지, 제462조, 제462조의3 및 제466조를 준용한다. <개정 2011.4.14>

②제468조의 규정은 유한회사와 피용자간에 고용관계로 인하여 생긴 채권에 준용한다. <개정 1999.12.31>

제4절 정관의 변경

제584조 (정관변경의 방법) 정관을 변경함에는 사원총회의 결의가 있어야 한다.

제585조 (정관변경의 특별결의) ①전조의 결의는 총사원의 반수이상이며 총사원의

의결권의 4분의 3이상을 가지는 자의 동의로 한다.

②전항의 규정을 적용함에 있어서는 의결권을 행사할 수 없는 사원은 이를 총사원의 수에, 그 행사할 수 없는 의결권은 이를 의결권의 수에 산입하지 아니한다.

제586조(자본금 증가의 결의) 다음 각 호의 사항은 정관에 다른 정함이 없더라도 자본금 증가의 결의에서 정할 수 있다.

1. 현물출자를 하는 자의 성명과 그 목적인 재산의 종류, 수량, 가격과 이에 대하여 부여할 출자좌수
2. 자본금 증가 후에 양수할 것을 약정한 재산의 종류, 수량, 가격과 그 양도인의 성명
3. 증가할 자본금에 대한 출자의 인수권을 부여할 자의 성명과 그 권리의 내용

[전문개정 2011.4.14]

제587조(자본금 증가의 경우의 출자인수권의 부여) 유한회사가 특정한 자에 대하여 장래 그 자본금을 증가할 때 출자의 인수권을 부여할 것을 약속하는 경우에는 제585조에서 정하는 결의에 의하여야 한다.

[전문개정 2011.4.14]

제588조(사원의 출자인수권) 사원은 증가할 자본금에 대하여 그 지분에 따라 출자를 인수할 권리가 있다. 그러나 전2조의 결의에서 출자의 인수자를 정한 때에는 그러하지 아니하다. <개정 2011.4.14>

제589조(출자인수의 방법) ①자본금증가의 경우에 출자의 인수를 하고자 하는 자는 인수를 증명하는 서면에 그 인수할 출자의 좌수와 주소를 기재하고 기명날인 또는 서명하여야 한다. <개정 1995.12.29, 2011.4.14>

②유한회사는 광고 기타의 방법에 의하여 인수인을 공모하지 못한다.

제590조(출자인수인의 지위) 자본금증가의 경우에 출자의 인수를 한 자는 출자의 납입의 기일 또는 현물출자의 목적인 재산의 급여의 기일로부터 이익배당에 관하여 사원과 동일한 권리를 가진다. <개정 2011.4.14>

제591조(자본금 증가의 등기) 유한회사는 자본금 증가로 인한 출자 전액의 납입 또는 현물출자의 이행이 완료된 날부터 2주 내에 본점소재지에서 자본금 증가로 인한 변경등기를 하여야 한다.

[전문개정 2011.4.14]

제592조(자본금 증가의 효력발생) 자본금의 증가는 본점소재지에서 제591조의 등기를 함으로써 효력이 생긴다.

[전문개정 2011.4.14]

제593조(현물출자등에 관한 사원의 책임) ①제586조제1호와 제2호의 재산의 자본금

증가당시의 실가가 자본금증가의 결의에 의하여 정한 가격에 현저하게 부족한 때에는 그 결의에 동의한 사원은 회사에 대하여 그 부족액을 연대하여 지급할 책임이 있다. <개정 2011.4.14>
②제550조제2항과 제551조제2항의 규정은 전항의 경우에 준용한다. <개정 1962.12.12>
제594조(미인수출자등에 관한 이사등의 책임) ①자본금증가후에 아직 인수되지 아니한 출자가 있는 때에는 이사와 감사가 공동으로 이를 인수한 것으로 본다. <개정 1962.12.12, 2011.4.14>
②자본금증가후에 아직 출자전액의 납입 또는 현물출자의 목적인 재산의 급여가 미필된 출자가 있는 때에는 이사와 감사는 연대하여 그 납입 또는 급여미필재산의 가액을 지급할 책임이 있다. <개정 1962.12.12, 2011.4.14>
③제551조제3항의 규정은 전항의 경우에 준용한다. <개정 1962.12.12>
제595조(증자무효의 소) ①자본금증가의 무효는 사원, 이사 또는 감사에 한하여 제591조의 규정에 의한 본점소재지에서의 등기를 한 날로부터 6월내에 소만으로 이를 주장할 수 있다. <개정 1962.12.12, 2011.4.14>
②제430조 내지 제432조의 규정은 전항의 경우에 준용한다.
제596조(준용규정) 제421조제2항, 제548조와 제576조제2항의 규정은 자본금증가의 경우에 준용한다. <개정 1962.12.12, 2011.4.14>
제597조(동전) 제439조제1항, 제2항, 제443조, 제445조와 제446조의 규정은 자본금감소의 경우에 준용한다. <개정 2011.4.14>

제5절 합병과 조직변경

제598조 (합병의 방법) 유한회사가 다른 회사와 합병을 함에는 제585조의 규정에 의한 사원총회의 결의가 있어야 한다.
제599조 (설립위원의 선임) 제175조의 규정에 의한 설립위원의 선임은 제585조의 규정에 의한 사원총회의 결의에 의하여야 한다.
제600조 (유한회사와 주식회사의 합병) ①유한회사가 주식회사와 합병하는 경우에 합병후 존속하는 회사 또는 합병으로 인하여 설립되는 회사가 주식회사인 때에는 법원의 인가를 얻지 아니하면 합병의 효력이 없다.
②합병을 하는 회사의 일방이 사채의 상환을 완료하지 아니한 주식회사인 때에는 합병후 존속하는 회사 또는 합병으로 인하여 설립되는 회사는 유한회사로 하지 못한다.
제601조 (물상대위) ①유한회사가 주식회사와 합병하는 경우에 합병후 존속하는 회사 또는 합병으로 인하여 설립되는 회사가 유한회사인 때에는 제339조의 규정은 종

전의 주식을 목적으로 하는 질권에 준용한다.

②전항의 경우에 질권의 목적인 지분에 관하여 출자좌수와 질권자의 성명 및 주소를 사원명부에 기재하지 아니하면 그 질권으로써 회사 기타의 제삼자에 대항하지 못한다.

제602조 (합병의 등기) 유한회사가 합병을 한 때에는 제603조에서 준용하는 제526조 또는 제527조의 규정에 의한 사원총회가 종결한 날로부터 본점소재지에서는 2주간, 지점소재지에서는 3주간내에 합병후 존속하는 유한회사에 있어서는 변경등기, 합병으로 인하여 소멸되는 유한회사에 있어서는 해산등기, 합병으로 인하여 설립되는 유한회사에 있어서는 제549조제2항에 정한 등기를 하여야 한다.

제603조 (준용규정) 제232조, 제234조, 제235조, 제237조 내지 제240조, 제443조, 제522조제1항·제2항, 제522조의2, 제523조, 제524조, 제526조제1항·제2항, 제527조제1항 내지 제3항 및 제529조의 규정은 유한회사의 합병의 경우에 준용한다. <개정 1962.12.12, 1984.4.10, 1998.12.28>

제604조(주식회사의 유한회사에의 조직변경) ①주식회사는 총주주의 일치에 의한 총회의 결의로 그 조직을 변경하여 이를 유한회사로 할 수 있다. 그러나 사채의 상환을 완료하지 아니한 경우에는 그러하지 아니하다.

②전항의 조직변경의 경우에는 회사에 현존하는 순재산액보다 많은 금액을 자본금의 총액으로 하지 못한다. <개정 2011.4.14>

③제1항의 결의에 있어서는 정관 기타 조직변경에 필요한 사항을 정하여야 한다.

④제601조의 규정은 제1항의 조직변경의 경우에 준용한다.

제605조(이사, 주주의 순재산액전보책임) ①전조의 조직변경의 경우에 회사에 현존하는 순재산액이 자본금의 총액에 부족하는 때에는 전조제1항의 결의당시의 이사와 주주는 회사에 대하여 연대하여 그 부족액을 지급할 책임이 있다. <개정 2011.4.14>

②제550조제2항과 제551조제2항, 제3항의 규정은 전항의 경우에 준용한다. <개정 1962.12.12>

제606조 (조직변경의 등기) 주식회사가 제604조의 규정에 의하여 그 조직을 변경한 때에는 본점소재지에서는 2주간, 지점소재지에서는 3주간내에 주식회사에 있어서는 해산등기, 유한회사에 있어서는 제549조제2항에 정하는 등기를 하여야 한다.

제607조(유한회사의 주식회사로의 조직변경) ① 유한회사는 총사원의 일치에 의한 총회의 결의로 주식회사로 조직을 변경할 수 있다. 다만, 회사는 그 결의를 정관으로 정하는 바에 따라 제585조의 사원총회의 결의로 할 수 있다.

② 제1항에 따라 조직을 변경할 때 발행하는 주식의 발행가액의 총액은 회사에 현존하는 순재산액을 초과하지 못한다.

③ 제1항의 조직변경은 법원의 인가를 받지 아니하면 효력이 없다.
④ 제1항에 따라 조직을 변경하는 경우 회사에 현존하는 순재산액이 조직변경으로 발행하는 주식의 발행가액 총액에 부족할 때에는 제1항의 결의 당시의 이사, 감사 및 사원은 연대하여 회사에 그 부족액을 지급할 책임이 있다. 이 경우에 제550조제2항 및 제551조제2항·제3항을 준용한다.
⑤ 제1항에 따라 조직을 변경하는 경우 제340조제3항, 제601조제1항, 제604조제3항 및 제606조를 준용한다.
[전문개정 2011.4.14]
제608조 (준용규정) 제232조의 규정은 제604조와 제607조의 조직변경의 경우에 준용한다. <개정 1984.4.10>

제6절 해산과 청산

제609조 (해산사유) ①유한회사는 다음의 사유로 인하여 해산한다. <개정 2001.7.24>
1. 제227조제1호·제4호 내지 제6호에 규정된 사유
2. 사원총회의 결의

②전항제2호의 결의는 제585조의 규정에 의하여야 한다.
제610조 (회사의 계속) ①제227조제1호 또는 전조제1항제2호의 사유로 인하여 회사가 해산한 경우에는 제585조의 규정에 의한 사원총회의 결의로써 회사를 계속할 수 있다.
② 삭제 <2001.7.24>
제611조 (준용규정) 제229조제3항의 규정은 전조의 회사계속의 경우에 준용한다.
제612조 (잔여재산의 분배) 잔여재산은 정관에 다른 정함이 있는 경우외에는 각사원의 출자좌수에 따라 사원에게 분배하여야 한다.
제613조 (준용규정) ①제228조, 제245조, 제252조 내지 제255조, 제259조, 제260조, 제264조, 제520조, 제531조 내지 제537조, 제540조와 제541조의 규정은 유한회사에 준용한다. <개정 1962.12.12>
②제209조, 제210조, 제366조제2항·제3항, 제367조, 제373조제2항, 제376조, 제377조, 제382조제2항, 제386조, 제388조, 제399조 내지 제402조, 제407조, 제408조, 제411조 내지 제413조, 제414조제3항, 제450조, 제466조제2항, 제539조, 제562조, 제563조, 제564조제3항, 제565조, 제566조, 제571조, 제572조제1항과 제581조의 규정은 유한회사의 청산인에 준용한다. <개정 1962.12.12, 1984.4.10>

제6장 외국회사

제614조(대표자, 영업소의 설정과 등기) ① 외국회사가 대한민국에서 영업을 하려면 대한민국에서의 대표자를 정하고 대한민국 내에 영업소를 설치하거나 대표자 중 1명 이상이 대한민국에 그 주소를 두어야 한다. <개정 2011.4.14>

②전항의 경우에는 외국회사는 그 영업소의 설치에 관하여 대한민국에서 설립되는 동종의 회사 또는 가장 유사한 회사의 지점과 동일한 등기를 하여야 한다.

③전항의 등기에서는 회사설립의 준거법과 대한민국에서의 대표자의 성명과 그 주소를 등기하여야 한다.

④제209조와 제210조의 규정은 외국회사의 대표자에게 준용한다. <개정 1962.12.12>

제615조 (등기기간의 기산점) 전조제2항과 제3항의 규정에 의한 등기사항이 외국에서 생긴때에는 등기기간은 그 통지가 도달한 날로부터 기산한다.

제616조 (등기전의 계속거래의 금지) ①외국회사는 그 영업소의 소재지에서 제614조의 규정에 의한 등기를 하기 전에는 계속하여 거래를 하지 못한다.

②전항의 규정에 위반하여 거래를 한 자는 그 거래에 대하여 회사와 연대하여 책임을 진다.

제616조의2(대차대조표 또는 이에 상당하는 것의 공고) ① 외국회사로서 이 법에 따라 등기를 한 외국회사(대한민국에서의 같은 종류의 회사 또는 가장 비슷한 회사가 주식회사인 것만 해당한다)는 제449조에 따른 승인과 같은 종류의 절차 또는 이와 비슷한 절차가 종결된 후 지체 없이 대차대조표 또는 이에 상당하는 것으로서 대통령령으로 정하는 것을 대한민국에서 공고하여야 한다.

② 제1항의 공고에 대하여는 제289조제3항부터 제6항까지의 규정을 준용한다.

[본조신설 2011.4.14]

제617조(유사외국회사) 외국에서 설립된 회사라도 대한민국에 그 본점을 설치하거나 대한민국에서 영업할 것을 주된 목적으로 하는 때에는 대한민국에서 설립된 회사와 같은 규정에 따라야 한다.

[전문개정 2011.4.14]

제618조 (준용규정) ①제335조 내지 제338조, 제340조제1항, 제355조 내지 제357조, 제478조제1항, 제479조와 제480조의 규정은 대한민국에서의 외국회사의 주권 또는 채권의 발행과 그 주식의 이전이나 입질 또는 사채의 이전에 준용한다.

②전항의 경우에는 처음 대한민국에 설치한 영업소를 본점으로 본다.

제619조 (영업소폐쇄명령) ①외국회사가 대한민국에 영업소를 설치한 경우에 다음의 사유가 있는 때에는 법원은 이해관계인 또는 검사의 청구에 의하여 그 영업소의 폐

쇄를 명할 수 있다. <개정 1962.12.12>

1. 영업소의 설치목적이 불법한 것인 때
2. 영업소의 설치등기를 한 후 정당한 사유없이 1년내에 영업을 개시하지 아니하거나 1년이상 영업을 휴지한 때 또는 정당한 사유없이 지급을 정지한 때
3. 회사의 대표자 기타 업무를 집행하는 자가 법령 또는 선량한 풍속 기타 사회질서에 위반한 행위를 한 때

②제176조제2항 내지 제4항의 규정은 전항의 경우에 준용한다.

제620조 (한국에 있는 재산의 청산) ①전조제1항의 규정에 의하여 영업소의 폐쇄를 명한 경우에는 법원은 이해관계인의 신청에 의하여 또는 직권으로 대한민국에 있는 그 회사재산의 전부에 대한 청산의 개시를 명할 수 있다. 이 경우에는 법원은 청산인을 선임하여야 한다.

②제535조 내지 제537조와 제542조의 규정은 그 성질이 허하지 아니하는 경우외에는 전항의 청산에 준용한다.

③전2항의 규정은 외국회사가 스스로 영업소를 폐쇄한 경우에 준용한다.

제621조 (외국회사의 지위) 외국회사는 다른 법률의 적용에 있어서는 법률에 다른 규정이 있는 경우외에는 대한민국에서 성립된 동종 또는 가장 유사한 회사로 본다.

제7장 벌칙

제622조(발기인, 이사 기타의 임원등의 특별배임죄) ①회사의 발기인, 업무집행사원, 이사, 집행임원, 감사위원회 위원, 감사 또는 제386조제2항, 제407조제1항, 제415조 또는 제567조의 직무대행자, 지배인 기타 회사영업에 관한 어느 종류 또는 특정한 사항의 위임을 받은 사용인이 그 임무에 위배한 행위로써 재산상의 이익을 취하거나 제삼자로 하여금 이를 취득하게 하여 회사에 손해를 가한 때에는 10년이하의 징역 또는 3천만원 이하의 벌금에 처한다. <개정 1984.4.10, 1995.12.29, 1999.12.31, 2011.4.14>

②회사의 청산인 또는 제542조제2항의 직무대행자, 제175조의 설립위원이 제1항의 행위를 한 때에도 제1항과 같다. <개정 1984.4.10>

제623조 (사채권자집회의 대표자등의 특별배임죄) 사채권자집회의 대표자 또는 그 결의를 집행하는 자가 그 임무에 위배한 행위로써 재산상의 이익을 취하거나 제삼자로 하여금 이를 취득하게하여 사채권자에게 손해를 가한 때에는 7년이하의 징역 또는 2천만원 이하의 벌금에 처한다. <개정 1984.4.10, 1995.12.29>

제624조 (특별배임죄의 미수) 전2조의 미수범은 처벌한다.

제624조의2 (주요주주 등 이해관계자와의 거래 위반의 죄) 제542조의9제1항을 위반하

여 신용공여를 한 자는 5년 이하의 징역 또는 2억원 이하의 벌금에 처한다.

[본조신설 2009.1.30]

第625조(회사재산을 위태롭게 하는 죄) 제622조제1항에 규정된 자, 검사인, 제298조제3항·제299조의2·제310조제3항 또는 제313조제2항의 공증인(인가공증인의 공증담당변호사를 포함한다. 이하 이 장에서 같다)이나 제299조의2, 제310조제3항 또는 제422조제1항의 감정인이 다음의 행위를 한 때에는 5년이하의 징역 또는 1천500만원 이하의 벌금에 처한다. <개정 2009.2.6, 2011.4.14>

1. 주식 또는 출자의 인수나 납입, 현물출자의 이행, 제290조, 제416조제4호 또는 제544조에 규정된 사항에 관하여 법원·총회 또는 발기인에게 부실한 보고를 하거나 사실을 은폐한 때
2. 누구의 명의로 하거나를 불문하고 회사의 계산으로 부정하게 그 주식 또는 지분을 취득하거나 질권의 목적으로 이를 받은 때
3. 법령 또는 정관에 위반하여 이익배당을 한 때
4. 회사의 영업범위외에서 투기행위를 하기 위하여 회사재산을 처분한 때

第625조의2(주식의 취득제한 등에 위반한 죄) 제342조의2제1항 또는 제2항을 위반한 자는 2천만원 이하의 벌금에 처한다.

[전문개정 2011.4.14]

第626조(부실보고죄) 회사의 이사, 집행임원, 감사위원회 위원, 감사 또는 제386조제2항, 제407조제1항, 제415조 또는 제567조의 직무대행자가 제604조 또는 제607조의 조직변경의 경우에 제604조제2항 또는 제607조제2항의 순재산액에 관하여 법원 또는 총회에 부실한 보고를 하거나 사실을 은폐한 경우에는 5년 이하의 징역 또는 1천500만원 이하의 벌금에 처한다.

[전문개정 2011.4.14]

第627조 (부실문서행사죄) ①제622조제1항에 게기한 자, 외국회사의 대표자, 주식 또는 사채의 모집의 위탁을 받은 자가 주식 또는 사채를 모집함에 있어서 중요한 사항에 관하여 부실한 기재가 있는 주식청약서, 사채청약서, 사업계획서, 주식 또는 사채의 모집에 관한 광고 기타의 문서를 행사한 때에는 5년이하의 징역 또는 1천500만원 이하의 벌금에 처한다. <개정 1984.4.10, 1995.12.29>

②주식 또는 사채를 매출하는 자가 그 매출에 관한 문서로서 중요한 사항에 관하여 부실한 기재가 있는 것을 행사한 때에도 제1항과 같다. <개정 1984.4.10>

第628조 (납입가장죄등) ①제622조제1항에 게기한 자가 납입 또는 현물출자의 이행을 가장하는 행위를 한 때에는 5년이하의 징역 또는 1천500만원 이하의 벌금에 처한다. <개정 1984.4.10, 1995.12.29>

②제1항의 행위에 응하거나 이를 중개한 자도 제1항과 같다. <개정 1984.4.10>

제629조(초과발행의 죄) 회사의 발기인, 이사, 집행임원 또는 제386조제2항 또는 제407조제1항의 직무대행자가 회사가 발행할 주식의 총수를 초과하여 주식을 발행한 경우에는 5년 이하의 징역 또는 1천500만원 이하의 벌금에 처한다.

[전문개정 2011.4.14]

제630조 (발기인, 이사 기타의 임원의 독직죄) ①제622조와 제623조에 규정된 자, 검사인, 제298조제3항·제299조의2·제310조제3항 또는 제313조제2항의 공증인이나 제299조의2, 제310조제3항 또는 제422조제1항의 감정인이 그 직무에 관하여 부정한 청탁을 받고 재산상의 이익을 수수, 요구 또는 약속한 때에는 5년이하의 징역 또는 1천500만원 이하의 벌금에 처한다. <개정 1984.4.10, 1995.12.29, 1998.12.28>

②제1항의 이익을 약속, 공여 또는 공여의 의사를 표시한 자도 제1항과 같다. <개정 1984.4.10>

제631조(권리행사방해등에 관한 증수뢰죄) ①다음의 사항에 관하여 부정한 청탁을 받고 재산상의 이익을 수수, 요구 또는 약속한 자는 1년이하의 징역 또는 300만원 이하의 벌금에 처한다. <개정 1962.12.12, 1984.4.10, 1995.12.29, 1998.12.28, 1999.12.31, 2011.4.14>

1. 창립총회, 사원총회, 주주총회 또는 사채권자집회에서의 발언 또는 의결권의 행사
2. 제3편에 정하는 소의 제기, 발행주식의 총수의 100분의 1 또는 100분의 3이상에 해당하는 주주, 사채총액의 100분의 10이상에 해당하는 사채권자 또는 자본금의 100분의 3 이상에 해당하는 출자좌수를 가진 사원의 권리의 행사
3. 제402조 또는 제424조에 정하는 권리의 행사

②제1항의 이익을 약속, 공여 또는 공여의 의사를 표시한 자도 제1항과 같다. <개정 1984.4.10>

제632조 (징역과 벌금의 병과) 제622조 내지 전조의 징역과 벌금은 이를 병과할 수 있다.

제633조 (몰수, 추징) 제630조제1항 또는 제631조제1항의 경우에는 범인이 수수한 이익은 이를 몰수한다. 그 전부 또는 일부를 몰수하기 불능한 때에는 그 가액을 추징한다.

제634조 (납입책임면탈의 죄) 납입의 책임을 면하기 위하여 타인 또는 가설인의 명의로 주식 또는 출자를 인수한 자는 1년이하의 징역 또는 300만원 이하의 벌금에 처한다. <개정 1984.4.10, 1995.12.29>

제634조의2(주주의 권리행사에 관한 이익공여의 죄) ① 주식회사의 이사, 집행임원, 감사위원회 위원, 감사, 제386조제2항·제407조제1항 또는 제415조의 직무대행자, 지

배인, 그 밖의 사용인이 주주의 권리 행사와 관련하여 회사의 계산으로 재산상의 이익을 공여(供與)한 경우에는 1년 이하의 징역 또는 300만원 이하의 벌금에 처한다. <개정 2011.4.14>

②제1항의 이익을 수수하거나, 제3자에게 이를 공여하게 한 자도 제1항과 같다.

[본조신설 1984.4.10]

제634조의3(양벌규정) 회사의 대표자나 대리인, 사용인, 그 밖의 종업원이 그 회사의 업무에 관하여 제624조의2의 위반행위를 하면 그 행위자를 벌하는 외에 그 회사에도 해당 조문의 벌금형을 과(科)한다. 다만, 회사가 제542조의13에 따른 의무를 성실히 이행한 경우 등 회사가 그 위반행위를 방지하기 위하여 해당 업무에 관하여 상당한 주의와 감독을 게을리하지 아니한 경우에는 그러하지 아니하다. <개정 2011.4.14>

[본조신설 2009.1.30]

제635조(과태료에 처할 행위) ① 회사의 발기인, 설립위원, 업무집행사원, 업무집행자, 이사, 집행임원, 감사, 감사위원회 위원, 외국회사의 대표자, 검사인, 제298조제3항·제299조의2·제310조제3항 또는 제313조제2항의 공증인, 제299조의2·제310조제3항 또는 제422조제1항의 감정인, 지배인, 청산인, 명의개서대리인, 사채모집을 위탁받은 회사와 그 사무승계자 또는 제386조제2항·제407조제1항·제415조·제542조제2항 또는 제567조의 직무대행자가 다음 각 호의 어느 하나에 해당하는 행위를 한 경우에는 500만원 이하의 과태료를 부과한다. 다만, 그 행위에 대하여 형(刑)을 과(科)할 때에는 그러하지 아니하다. <개정 2011.4.14>

1. 이 편(編)에서 정한 등기를 게을리한 경우
2. 이 편에서 정한 공고 또는 통지를 게을리하거나 부정(不正)한 공고 또는 통지를 한 경우
3. 이 편에서 정한 검사 또는 조사를 방해한 경우
4. 이 편의 규정을 위반하여 정당한 사유 없이 서류의 열람 또는 등사, 등본 또는 초본의 발급을 거부한 경우
5. 관청, 총회, 사채권자집회 또는 발기인에게 부실한 보고를 하거나 사실을 은폐한 경우
6. 주권, 채권 또는 신주인수권증권에 적을 사항을 적지 아니하거나 부실하게 적은 경우
7. 정당한 사유 없이 주권의 명의개서를 하지 아니한 경우
8. 법률 또는 정관에서 정한 이사 또는 감사의 인원수를 궐(闕)한 경우에 그 선임절차를 게을리한 경우

9. 정관·주주명부 또는 그 복본(複本), 사원명부·사채원부 또는 그 복본, 의사록, 감사록, 재산목록, 대차대조표, 영업보고서, 사무보고서, 손익계산서, 그 밖에 회사의 재무상태와 경영성과를 표시하는 것으로서 제287조의33 및 제447조제1항제3호에 따라 대통령령으로 정하는 서류, 결산보고서, 회계장부, 제447조·제534조·제579조제1항 또는 제613조제1항의 부속명세서 또는 감사보고서에 적을 사항을 적지 아니하거나 부실하게 적은 경우
10. 법원이 선임한 청산인에 대한 사무의 인계(引繼)를 게을리하거나 거부한 경우
11. 청산의 종결을 늦출 목적으로 제247조제3항, 제535조제1항 또는 제613조제1항의 기간을 부당하게 장기간으로 정한 경우
12. 제254조제4항, 제542조제1항 또는 제613조제1항을 위반하여 파산선고 청구를 게을리한 경우
13. 제589조제2항을 위반하여 출자의 인수인을 공모한 경우
14. 제232조, 제247조제3항, 제439조제2항, 제527조의5, 제530조제2항, 제530조의9제4항, 제530조의11제2항, 제597조, 제603조 또는 제608조를 위반하여 회사의 합병·분할·분할합병 또는 조직변경, 회사재산의 처분 또는 자본금의 감소를 한 경우
15. 제260조, 제542조제1항 또는 제613조제1항을 위반하여 회사재산을 분배한 경우
16. 제302조제2항, 제347조, 제420조, 제420조의2, 제474조제2항 또는 제514조을 위반하여 주식청약서, 신주인수권증서 또는 사채청약서를 작성하지 아니하거나 이에 적을 사항을 적지 아니하거나 또는 부실하게 적은 경우
17. 제342조 또는 제560조제1항을 위반하여 주식 또는 지분의 실효 절차, 주식 또는 지분의 질권 처분을 게을리한 경우
18. 제343조제1항 또는 제560조제1항을 위반하여 주식 또는 출자를 소각한 경우
19. 제355조제1항·제2항 또는 제618조를 위반하여 주권을 발행한 경우
20. 제358조의2제2항을 위반하여 주주명부에 기재를 하지 아니한 경우
21. 제363조의2제1항, 제542조제2항 또는 제542조의6제2항을 위반하여 주주가 제안한 사항을 주주총회의 목적사항으로 하지 아니한 경우
22. 제365조제1항·제2항, 제578조, 제467조제3항, 제582조제3항에 따른 법원의 명령을 위반하여 주주총회를 소집하지 아니하거나, 정관으로 정한 곳 외의 장소에서 주주총회를 소집하거나, 제363조, 제364조, 제571조제2항·제3항을 위반하여 주주총회를 소집한 경우

23. 제374조제2항, 제530조제2항 또는 제530조의11제2항을 위반하여 주식매수청구권의 내용과 행사방법을 통지 또는 공고하지 아니하거나 부실한 통지 또는 공고를 한 경우

24. 제287조의34제1항, 제396조제1항, 제448조제1항, 제510조제2항, 제522조의2제1항, 제527조의6제1항, 제530조의7, 제534조제3항, 제542조제2항, 제566조제1항, 제579조의3, 제603조 또는 제613조를 위반하여 장부 또는 서류를 갖추어 두지 아니한 경우

25. 제412조의5제3항을 위반하여 정당한 이유 없이 감사 또는 감사위원회의 조사를 거부한 경우

26. 제458조부터 제460조까지 또는 제583조를 위반하여 준비금을 적립하지 아니하거나 이를 사용한 경우

27. 제464조의2제1항의 기간에 배당금을 지급하지 아니한 경우

28. 제478조제1항 또는 제618조를 위반하여 채권을 발행한 경우

29. 제536조 또는 제613조제1항을 위반하여 채무 변제를 한 경우

30. 제542조의5를 위반하여 이사 또는 감사를 선임한 경우

31. 제555조를 위반하여 지분에 대한 지시식 또는 무기명식의 증권을 발행한 경우

32. 제619조제1항에 따른 법원의 명령을 위반한 경우

② 발기인, 이사 또는 집행임원이 주권의 인수로 인한 권리를 양도한 경우에도 제1항과 같다. <개정 2011.4.14>

③ 제1항 각 호 외의 부분에 규정된 자가 다음 각 호의 어느 하나에 해당하는 행위를 한 경우에는 5천만원 이하의 과태료를 부과한다. <신설 2009.1.30>

1. 제542조의8제1항을 위반하여 사외이사 선임의무를 이행하지 아니한 경우
2. 제542조의8제4항을 위반하여 사외이사 후보추천위원회를 설치하지 아니하거나 사외이사가 총위원의 2분의 1 이상이 되도록 사외이사 후보추천위원회를 구성하지 아니한 경우
3. 제542조의8제5항에 따라 사외이사를 선임하지 아니한 경우
4. 제542조의9제3항을 위반하여 이사회 승인 없이 거래한 경우
5. 제542조의11제1항을 위반하여 감사위원회를 설치하지 아니한 경우
6. 제542조의11제2항을 위반하여 제415조의2제2항 및 제542조의11제2항 각 호의 감사위원회의 구성요건에 적합한 감사위원회를 설치하지 아니한 경우
7. 제542조의11제4항제1호 및 제2호를 위반하여 감사위원회가 제415조의2제2항 및 제542조의11제2항 각 호의 감사위원회의 구성요건에 적합하도록 하지 아니한 경우

8. 제542조의12제2항을 위반하여 감사위원회위원의 선임절차를 준수하지 아니한 경우

④ 제1항 각 호 외의 부분에 규정된 자가 다음 각 호의 어느 하나에 해당하는 행위를 한 경우에는 1천만원 이하의 과태료를 부과한다. <신설 2009.1.30>

1. 제542조의4에 따른 주주총회 소집의 통지·공고를 게을리하거나 부정한 통지 또는 공고를 한 경우
2. 제542조의7제4항 또는 제542조의12제5항을 위반하여 의안을 별도로 상정하여 의결하지 아니한 경우

제636조 (등기전의 회사명의의 영업등) ①회사의 성립전에 회사의 명의로 영업을 한 자는 회사설립의 등록세의 배액에 상당한 과태료에 처한다.

②전항의 규정은 제616조제1항의 규정에 위반한 자에 준용한다.

제637조(법인에 대한 벌칙의 적용) 제622조, 제623조, 제625조, 제627조, 제628조 또는 제630조제1항에 규정된 자가 법인인 경우에는 이 장의 벌칙은 그 행위를 한 이사, 집행임원, 감사, 그 밖에 업무를 집행한 사원 또는 지배인에게 적용한다.

[전문개정 2011.4.14]

제637조의2 (과태료의 부과 · 징수) ① 제635조(제1항제1호는 제외한다) 또는 제636조에 따른 과태료는 대통령령으로 정하는 바에 따라 법무부장관이 부과·징수한다.

② 제1항에 따른 과태료 처분에 불복하는 자는 그 처분을 고지받은 날부터 60일 이내에 법무부장관에게 이의를 제기할 수 있다.

③ 제1항에 따른 과태료 처분을 받은 자가 제2항에 따라 이의를 제기한 때에는 법무부장관은 지체 없이 관할 법원에 그 사실을 통보하여야 하며, 그 통보를 받은 관할 법원은 「비송사건절차법」에 따른 과태료 재판을 한다.

④ 제2항에서 규정하는 기간 내에 이의를 제기하지 아니하고 과태료를 납부하지 아니한 때에는 국세 체납처분의 예에 따라 징수한다.

[본조신설 2009.1.30]

부칙 <제10696호, 2011.5.23>

이 법은 공포 후 6개월이 경과한 날부터 시행한다.

찾아보기

ㄱ

가설인 58
가장납입 60, 432
각종 회사의 조직변경 425
간의 합병 407
간이주식교환 134
간이합병 409
감사 152, 239
감사기관 379
감사위원회 192, 239, 247
감사의 권한 241
감사의 선임·종임·보수 240
감사의 의무 244
감사의 책임 244
감자결의 308
감자무효의 소 312
감자방법의 결정 309
감자잉여금 310
강제소각 308, 310
강제퇴사 361
강행법규성 39
개업준비행위 44
개인주의적 회사 24
건설이자제도 327
검사인 239, 254
결손금 320
결손금처리계산서 314
결손보전 323
결손의 보전 309
결손전보 320
결의무효확인의 소 174, 177
결의반대주주의 주식매수청구권 164
결의부존재확인의 소 174, 178
결의취소의 소 174, 175, 312
결합재무제표 315
경업금지의무 356
경업피지의무 218
경영권방어 80
계산상의 자본금감소 306
계열회사 26
고리형 상호보유 106
공공정책위원회 193
공동기업형태 2
공동대표이사 210
공시주의 39
공시최고 93
공익권 88
과태료 433
교부시설 92
교환사채 300
구주 79
국제회계기준 313
국제회계기준(IFRS) 5
권리남용설 198
권리주양도의 제한 101

기명사채 279
기명주권 91
기명주식 79
기명주식의 입질 117
기업자주주 86
기업주체 3
기업회계기준 326
기준일 96, 98

ㄴ

납입담보책임 72
내국채 280
내국회사 25
내부적 제한설 199
내외국법인평등주의 429
내자회사 26
노무출자 357
누적손실금 320
누적적 우선주 81
능력외이론 30

ㄷ

다국적회사 26
단독주주권 88, 336
단순분할 416, 417, 418
단순설립 42
단일주권 91
단주 79, 308
단체주의적 회사 24
담보부사채 279
당연퇴사 361
대세적 효력 312
대주주 86
대표권 제한설 199
대표권의 남용 198
대표소송 88, 234
대표이사 196
대표집행임원 236
대항적 효력 96
독직죄 432
동시설립 42
등기의 효력 67
등록사채 280
등록질 117

ㅁ

면책적 효력 95
면허주의 41
명목상감자 307
명목상의 감자 309
명의개서대리인 111
명의대여자 58
명의상의 자본금감소 307
명의차용자 58
모집설립 42
무과실연대책임 72
무기명사채 279
무기명주권 91
무기명주식 79
무기명주식의 입질 118
무담보사채 279
무상주 79, 320
무액면주식 6, 79
무의결권주주 86
물적 회사 385
물적분할 416, 417
물적회사 23

미실현이익 326
미처분잉여금 323
민사회사 24

ㅂ

발기설립 42
발기인 42
발기인의 책임 72
발기인조합 43
발행가액 84
발행시설 92
발행예정주식총수 339
발행주식 76
배당가능이익 326, 327, 330
배당금지급청구권 328
배당제도 9
법원 153
법인격부인론 15
법인격부인의 법리 15
법인성 13
법정결의사항 146
법정준비금 318, 319
법정준비금제도 9
법정청산 363, 365
벤처 기업 6
변태설립사항 50
변태설립사항의 조사 56
병합주권 91
보수위원회 192
보통결의사항 146
보통결의요건 146
보통사채 279
보통주 80, 81
보통주주 86
복잡설립 42
본질적 효력 67
부당결의 취소·변경의 소 178
부수적 청산사무 345
부수적 효력 67
분할 81
분할계획서 419
분할등기 421
분할무효의 소 424
분할무효판결의 효과 424
분할잉여금 423
분할합병 416, 417, 418, 420
분할합병계약서 419
불법행위능력 33
불완전분할 417, 418
비누적적 우선주 81
비문언증권성 90
비상장법인 26
비상환증권성 90
비설권증권성 90
비진의표시설 198
비참가적 우선주 81

ㅅ

사단성 17
사모투자펀드 6
사실상의 이사 231
사외이사 187
사외이사의 수 188
사원권부인설 78
사원의 경업금지의무 356
사원의 수용 413
사원의 자기거래제한 356
사원총회 378

사채 276
사채관리회사 285
사채권자집회 286, 309
사채발행 280
사채원부 283
사채의 주식화 279
사채제도 10
사후설립 51
사후증자 399
삼각합병 410
상대적 기재사항 349
상대적 무효설 198
상법총칙 3
상사회사 24
상인성 16
상장법인 26
상호소유 106
상환기금 82
상환사유부주식 82
상환사채 303
상환주식 82
상환주식 · 전환주식 80
상환주주 86
상환청구권부주식 82
서면에 의한 의결권의 행사 159
선의취득자 93
선임청구권 337
설립 중의 회사 14
설립경과의 조사 56
설립관여자의 책임 71
설립등기 65
설립비용과 보수 52
설립준거법주의 429
설립중의 회사 43, 45
소각 81
소규모 회사 27
소규모주식교환 135
소규모합병 409
소규모회사 4
소멸분할 418
소멸분할합병 418
소멸신설분할 418
소멸혼합분할 418
소멸흡수분할 418
소송절차의 중단 414
소수주식의 강제매수제도 7
소수주식의 전부취득 140
소수주주 152
소수주주권 336, 337
소수주주의 매수청구권 141
소주주 86
소집시기 153
소집절차 153
소집지 · 소집장소 153
손실 356
손익 356
손익분배의 표준 357
손해배상책임 73
수권자본제도 36
신설합병 406, 412, 413
신용출자 357
신주 79
신주발행사항 266
신주발행유지청구권 274
신주발행의 무효 275
신주발행의 부존재 276
신주발행의 의의 257
신주발행청구권 321
신주인수권 258
신주인수권부사채 293

신주인수권증서 268
실권절차 62
실질상의 감자 309
실질상의 자본금감소 306
실질설 58
실질적 의의의 회사법 3
실질적감자 307
심리유보설 198

ㅇ

안분비례 308
액면미달발행 266
액면주 76
액면주식 6, 79
액면총액 76
약식질 117
업무집행 354
업무집행기관 354
업무집행자 378
업무집행조합원 6
역삼각합병 410
연결재무제표 314
연금위원회 193
열후주주 86
영리사업설 13
영리성 13
영업보고서 315
완전모회사 130
완전분할 417, 418
외국채 280
외국회사 25, 429
외부감사인 239, 250
외자회사 26
요인증권성 90
우선주 80, 81
우선주주 86
원시정관 80
위법배당 330
위법중간배당 335
위법한 자본금전입 321
위법행위유지청구권 232
위장납입 61
유상주 79
유상증자 322
유한책임조합원 6, 403
유한책임회사 5, 22, 375
유한책임회사와 사원 간의 소 및
정관의 변경 379
유한책임회사의 내부관계 377
유한책임회사의 외부관계 380
유한책임회사의 청산 382
유한책임회사의 합병 382
유한회사 22, 385
유한회사 사원의 지위 389
유한회사 정관의 변경 397
유한회사의 감사 395
유한회사의 계산 396
유한회사의 관리 391
유한회사의 사원의 권리 390
유한회사의 사원의 자격 389
유한회사의 설립 387
유한회사의 이사 393
유한회사의 지분 390
유한회사의 청산 400
유한회사의 특질 385
유한회사의 해산 400
의결권 87
의결권 배제 주식 85
의결권 배제·제한에 관한 종류주식 80

의결권 제한 주식 85
의결권의 불통일행사 161
의사록 163
이사 180
이사· 감사· 피용자의 주식매수선택권 264
이사· 감사의 선임 55
이사의 보수 187
이사의 선임 180
이사의 위법행위의 유지청구권 88
이사의 의무 217
이사의 인원수 184
이사의 임기 184
이사의 자격 184
이사의 자기거래 8
이사의 종임 185
이사의 책임 227
이사의 충실의무 217
이사회 152, 189
이사회 내 위원회 192
이사회의 권한 190
이사회의 소집 190
이익 356
이익교량설 198
이익배당 325
이익배당금 329
이익배당금지급시기 330
이익배당시기 329
이익배당의 기준 329
이익배당의 방법 329
이익배당청구권 87, 326, 329
이익분배설 13
이익잉여금처분계산서 314
이익준비금 318
이익참가부사채 296
이중대표소송 4
인격합일설 407
인수담보책임 72
인적 회사 385
인적분할 416, 417
인적회사 23
인터넷을 이용한 주주총회 172
일반법상의 회사 25
일반특별법상의 회사 25
임시총회소집청구권 89
임의소각 308, 310
임의준비금 318, 319
임의청산 363, 364
임의퇴사 361
입사 360

ㅈ

자금조달 80, 305
자금조달방법 257
자기거래제한 356
자기주식 취득 86
자기주식의 질취 107
자기주식의 질취제한 114
자기주식의 취득금지 103
자본 35
자본감소 77
자본금 36
자본금감소 308
자본금감소무효의 소 311, 312
자본금감소무효의소 309
자본금감소무효판결의 효력 312
자본금감소의 무효 311
자본금감소의 방법 307
자본금감소의 실행절차 310
자본금감소의 의의 306

자본금감소의 절차 308
자본금감소의 효력발생시기 311
자본금에 전입할 수 있는 준비금 320
자본금유지의 원칙 317
자본금의 감소 399
자본금의 결손 320
자본금전입 320
자본금전입에 의한 신주발행 321
자본금전입의 결정 321
자본금전입의 효력 321
자본금증가 397
자본변동표 314
자본불변의 원칙 38
자본시장과 금융투자업에 관한 법률 4
자본시장법 168
자본액 76
자본유지의 원칙 37
자본의 3원칙 37
자본전입 84
자본준비금 318
자본충실책임 72
자본확정의 원칙 37
자산의 평가방법 316
자유설립주의 41
자익권 88
자칭무한책임사원의 책임 372
자칭사원 360
재무위원회 192
재무제표 등의 승인 및 그 효과 316
재무제표열람권 336
재산실가전보책임 388, 389
재산인수 51
전자주주명부 4
전자투표제 4
전자투표제도 162
전환권 83
전환사유부주식 83
전환사채 288
전환사채인수권 87
전환주식 83
전환청구권부주식 83
절기 307, 309
절대적 기재사항 349
점차설립 42
정관 47
정관변경 338, 413
정관의 기재사항 48
정삼각합병 410
제2의 물적회사 385
제3자의 신주인수권 263
제권판결취득자 93
조직변경 425
존속분할 418
종류주식 7, 80
종류주주총회 163, 338
종류주주총회의 결의 309
종속회사 25
종업원주주 86
주권 77, 90
주권불소지제도 92
주권의 기재사항 91
주권의 상실과 재발행 93
주권의 선의취득 113
주금균일의 원칙 307
주된 청산사무 344
주식 38
주식·사채의 전자등록제 5
주식과 주주 76
주식교환무효의 소 136
주식매수선택권 118

주식매수청구권 108
주식발행사항의 결정 54
주식배당 331
주식분할 129
주식불가분의 원칙 77, 86
주식사원권설 78
주식수의 감소 308
주식양도 100
주식의 공유 86
주식의 배정 58
주식의 병합 77, 81, 308
주식의 분할 77
주식의 사채화 278
주식의 소각 127, 308
주식의 양도담보 118
주식의 인수 54
주식의 입질 114
주식의 전자등록 94
주식의 포괄적 교환 106
주식의 포괄적 교환·이전 130
주식의 포괄적 이전 106, 137
주식이전무효의 소 139
주식인수의 청약 57
주식인수인 58
주식취득금지 432
주식회사 22, 35
주식회사 정관의 변경 338
주식회사설립의 무효 68
주식회사의 기관 142
주식회사의 설립 40
주식회사의 청산 342
주식회사해산 340
주주 86
주주권 76
주주권설 78
주주명부 95
주주명부의 폐쇄 96
주주명부폐쇄기간 84
주주유한책임의 원칙 88
주주의 경리감사권 336
주주의 모집 57
주주의 신주인수권 259
주주의 유한책임 38
주주의 의결권 158
주주의 자익권 326
주주제안권 88, 89, 156
주주총회 144
주주총회결의의 하자 174
주주총회의 권한 145
주주총회의 소집 152
주주총회의 특별결의 77
주주평등의 원칙 86
준법지원인 239, 255
준법지원인 제도 10
준비금 317
준비금의 감소 323
준비금의 용도 319
준비금의 자본금화 320
준비금의 자본전입 320
준비금의 종류 318
준칙성 17
준칙주의 42
중간배당 333
중간배당가능이익 333
중간배당시기 334
증·수뢰죄 433
증권예탁결제제도 110
증자 398
증자미필액전보책임 399
증자재산실가전보책임 399

지명위원회 192
지배주주의 매도청구권 140
지배회사 25
지분 352
지분단일주의 77, 86, 353
지분복수주의 77
지분사원권설 352
지분의 상속 354
지분의 양도 353
지분의 양도·양수 379
지분의 입질 353
지시증권성 90
지주회사 27
집중투표제 181
집중투표청구권 88, 89
집행위원회 192
집행임원 89, 236
집행임원제도 4, 8

ㅊ

참가적 우선주 81
창립주의 36
창립총회 63
창조설 92
청산 342
청산의 종결 366
청산인 365
청산절차 344
청산종결 364
청산회사 343
총액인수주의 36
최저자본금제 6
추정적 효력 95
출자 351
출자미필액전보책임 388, 389
출자의 이행 55
출자의무 352

ㅋ

카르텔 406
콘체른 406

ㅌ

타인명의로써 주식인수 58
통모인수인의 책임 274
퇴사 361
투기주주 86
투자주주 86
트러스트 406
특별결의사항 147
특별결의요건 147
특별배임 432
특별이익 50
특별이해관계인에 의한 부당결의취소·변경의 소 174
특수결의사항 148
특수결의요건 148
특수사채 279
특수한 사채 288
특허주의 41

ㅍ

파생결합사채 305
폐쇄회사 27
포괄증자 322
표현대표이사 211

피분할회사 418

ㅎ

할인발행 266
합명회사 3, 21, 347
합명회사 사원의 입사 360
합명회사 사원의 퇴사 361
합명회사 설립무효의 소 350
합명회사 설립취소의 소 350
합명회사의 계속 363
합명회사의 내부관계 351
합명회사의 법률관계 351
합명회사의 사원 359
합명회사의 사원의 입사와 퇴사 360
합명회사의 설립 348
합명회사의 외부관계 358
합명회사의 청산 363
합명회사의 해산 362
합명회사의 해산과 청산 362
합명회사의 해산등기 363
합명회사의 해산사유 362
합명회사정관의 변경 357
합병결의 408
합병계약 408
합병대가의 유연화 411
합병등기 413
합병무효의 소 414, 424
합병무효판결의 효과 415
합병잉여금 423
합자조합 5, 401
합자조합의 업무집행 402
합자조합의 의의 401
합자회사 3, 21, 369
합자회사 설립절차의 특색 370
합자회사 정관의 절대적 기재사항 370
합자회사사원의 입사와 퇴사 373
합자회사의 내부관계 371
합자회사의 법률관계 370
합자회사의 설립등기 370
합작회사 26
해산과 청산 373
해산명령 340
해산사유 340
해산판결 341
행위능력 32
현금흐름표 315
현물배당 335
현물사채 280
현물출자 50, 62
형벌 432
형식적 의의의 회사법 3
혼합주 80, 81
화상회의 방식의 주주총회 170
확정자본제도 36
환경위원회 193
환급 307, 309
회계장부 88
회계장부열람권 89, 336
회사기관 142
회사기회유용금지 4
회사벌칙 431
회사법 1, 2
회사분할 416
회사분할의 무효 424
회사사업기회의 유용금지 220
회사의 경제적 기능 1
회사의 계산 313
회사의 계속 342
회사의 공법상의 능력 33

회사의 구조변경 405
회사의 능력 28
회사의 상호 14
회사의 설립 413
회사의 소멸 413
회사의 의사능력 32
회사의 조직변경 425
회사의 합병 81, 106, 405, 406
회사재산을 위태롭게 하는 죄 432
회사제도 1
회사조직변경의 하자 427
회사채권자 2
회사책임위원회 193
회사합병의 무효 414
회사합병의 효과 413
후배주 80, 81
휴면회사 345
휴면회사의 정리 345
휴면회사의 청산의제 346
휴면회사의 해산의제 346
흡수설 312
흡수합병 406, 413

1

1인 이사의 회사 193
1인회사 19
1주1의결권의 원칙 158

2

2011년 개정상법(회사법) 4

F

forward triangular merger 410

L

LLC 375
LP 401

R

reverse triangular merger 410

S

shareholder 86
sinking fund 82
stock-option위원회 192

T

triangular merger 410

조선일보 제26698호

2006년 10월 26일 목요일 나 A33

독자칼럼

기업을 숨쉬게 하는 상법을...

최 완 진
한국외국어대 교수
상법학

- 이중대표소송, 회사 기회 유용 금지 등 새 '회사법', 경영 위축 시킬 내용 많아

법무부는 '기업하기 좋은 나라'를 만들겠다며 회사법 개정작업에 착수, 최근 새로운 개정안을 입법 예고했다. 이 개정안에는 기업지배구조 분야에서 이중대표소송제, 집행임원제도의 도입과 이사의 자기거리 승인범위 확대, 회사의 최고 의사 결정기관인 주주총회의 전자화 및 결의요건 강화 등 새로운 내용들을 담고 있다.

그런데 이번 개정안을 자세히 들여다보면 원래 취지와는 달리 여러 문제점이 노출되고 있다. 먼저 이중대표 소송제의 신설이다. 이 제도는 기존 주주 대표 소송을 모자회사 관계로 확장한 것으로 비상장 자회사에서 이사, 감사의 위법행위가 발생한 경우 모회사의 주주로 하여금 소송을 제기할 수 있도록 길을 터주어 자회사 이사의 부정행위를 억제하고 소수 주주의 권익을 보호한다는 것이 입법 취지이다. 이 제도를 도입하면 세계 최초로 입법화하는 국가가 된다. 미국도 판례를 통해 극히 제한적으로 허용하고 있는 제도를 상법에 규정하게 되면 기업 간 독립경영원칙이 저해되고 회사 신뢰도에도 타격을 주며, 외국 기업과의 합작 등 다양한 경영전략의 선택권이 제약될 가능성이 있어 소극적 경영을 할 수밖에 없을 것으로 우려된다. 만일 소수 주주의 보호를 위해 불가피하게 이중대표소송을 도입할 수밖에 없다면 소송 남용 방지를 위해 이중대표소송 요건에 형식적 요건과 함께 실질적 요건을 명문화할 필요가 있다.

집행임원제도도 현행 상법과 증권거래법상 감사위원회 구성의 3분의 2 이상을 의무적으로 사외이사로 구성하게 되어 있어 이사회의 업무감독기능이 이 제도에 비해 떨어진다고 보기 어렵다. 현행 제도하에서도 개별 기업들이 각 기업 환경에 맞게 자율적으로 운용의 묘를 살리면 충분히 달성 가능한 것을 굳이 기업들에 혼란만 가중시킬 수 있는 제도를 도입할 필요가 있는지 의문이다.

'회사 기회 유용 금지조항'도 악용될 소지가 많다. 이사가 장래 회사에 이익이 될 수 있는 사업기회를 유용해 본인 또는 제3자의 이익으로 취득하지 못하도록 금지하는 제도라고 하지만 사업 기회의 개념이 모호해 과잉 규제, 소송 남발 등으로 이어지면 경영활동을 크게 위축시킬 것으로 우려된다.

이번 개정안은 '기업하기 좋은 환경을 만들자'는 목표에 비해 오히려 기업 환경을 악화시킬 가능성이 매우 높다. 상법의 기본 이념이 기업의 유지와 기업활동의 원활화, 확실화라는 점에 있음을 감안할 때 기업 경영의 현실을 고려해 보다 충실한 개정이 이뤄지도록 다시 지혜를 모아야 할 것이다.

최완진 한국외국어대 교수 상법학
출처: 조선일보 독자칼럼 A33, 2006년 10월 26일

朝鮮日報

2009년 11월 17일 화요일
A37면 오피니언

'포이즌 필', 하나마나 개정안

최 완 진

우리나라 대표기업인 삼성전자나 현대자동차의 경우 외국인 보유 지분이 40% 내외인 데 비해 특수 관계인을 포함한 대주주 지분은 20% 이내이다. 자칫 방심하는 사이 우리 기업들이 외국 기업의 먹잇감 표적이 될 수 있는 위험성을 내포하고 있는 것이다. 실제로 2003년 소버린이 SK를, 2004년에는 헤르메스가 삼성물산을, 2006년에도 칼 아이칸이 KT&G를 상대로 각각 적대적 M&A를 시도하여 재계를 긴장시킨 바 있다.

이와 관련해 최근 법무부는 빠르면 2011년부터 기업경영권을 방어하는 수단의 하나인 '포이즌 필(poison pill)' 제도를 도입할 것을 검토하고 있다고 발표했다. '포이즌 필' 제도는 일명 '극약처방'이라고 해서 적대적 M&A로부터 기업을 방어하는 수단이다. 이 제도가 시행되면 기존 주주들은 주주총회의 특별결의 등을 거쳐 시가보다 싸게 신주를 살 수 있게 되어 적은 돈으로 소유 지분을 늘릴 수 있는 데 반해, 경영권을 차지하려는 측은 자금 부담이 커지면서 목적한 바를 쉽게 이룰 수 없게 된다.

법무부 상법 개정안에 따르면 회사 정관에 미리 규정을 넣은 경우에만 '포이즌 필'을 발동할 수 있고, 주주총회의 특별 결의 요건을 명시함으로써 기업들이 이 제도를 쉽게 활용할 수 없도록 하고 있다. 주주총회 특별 결의는 출석 주주 의결권의 3분의 2 이상, 발행주식 총수의 3분의 1 이상의 찬성을 얻어야 하는데 우리나라의 기업 여건상 그 요건을 충족하기가 어렵기 때문에 사실상 제도 이용이 불가능하다는 지적이 제기되고 있다. 물론 이 제도가 남용될 것을 우려하는 목소리도 있으나 '포이즌 필'을 비롯한 종류주식(특수한 목적을 지닌 다양한 유형의 주식)은 지배권의 배분과 자금조달의 효율성, 그리고 적대적 M&A에 대한 방어수단으로서 그 기능이 매우 다양하다는 장점을 지니고 있다. 이에 미국에서는 일찍부터 여러 형태의 종류주식을 인정하여 왔고, 이미 20여년 전에 '엑손-플로리오'법을 제정해 기간산업에 대한 외국인의 M&A를 정부 직권으로 막을 수 있도록 했다. 일본도 2001년 개정 상법에서 새로운 유형의 종류주식을 도입했고, 유럽국가도 황금주(주주의 거부권 행사를 통한 경영권 방어수단)나 복수의결권주식(적은 지분을 이용한 경영권 방어수단)을 채택해 기업의 방어 장치를 튼튼하게 마련하고 있다.

글로벌화에 따라 우리 기업들은 주식제도와 관련한 보다 경쟁력 있는 자본 조달 수단을 갈망하고 있다. 이러한 상황에서 '포이즌 필'을 비롯한 종류주식의 다양화는 회사의 자금 조달과 지배권의 유지, 사업 영역의 확대 등 다양한 경영상의 목적을 달성할 수 있는 유용한 수단이다. 자본 시장의 글로벌화와 국제적 자본 거래 활성화에 걸맞게 우리나라도 선진국의 기업 규제 완화 추세를 적극적으로 반영하는 일이 시급하다.

최완진 한국외국어대학교 법학전문대학원 교수
출처: 조선일보 A37면 오피니언 2009년 11월 17일

朝鮮日報

2010년 10월 20일 수요일 A37면 오피니언

會社法 개정안, 더 이상 미룰 수 없다

최 완 진

우리나라는 해방 이후 일본의 상법을 의용해 사용하다가 1962년 우리 고유의 상법을 처음 제정했다. 1960년대 이후 우리 경제는 금융시장 기능이 아닌 정부 지배하의 은행을 통해 자금을 배분하는 관(官) 주도 개발국가 모델로 급속한 경제성장을 이루었다. 그러나 이로 인해 기업의 높은 부채비율과 주식 소유의 집중이라는 부작용이 발생했고, 결국 자본시장이 제대로 발전하지 못해 재벌이라는 우리나라만의 특유한 기업지배구조가 형성됐다.

1980년대 들어 경제성장, 민주화, 세계화 등으로 기업 지배구조의 변화에 대한 요구가 있었으나, 기존의 경제실적 위주의 경제운용을 계속한 결과 회사법을 국제적 기준에 맞춰 개정하지 못하고 1997년 경제위기를 맞기에 이른다. 이후 회사법은 IMF·IBRD 등 국제금융기관의 요구에 따라 1998년, 1999년, 2001년 잇달아 타율적으로 부분 개정을 해야 했다.

IMF 위기를 벗어나자 법무부는 회사법을 국제기준에 맞추기 위한 작업에 착수, 2006년과 2008년에 걸쳐 개정안을 마련했다. 2006년 개정안은 17대 국회 회기만료로 자동폐기됐고, 2008년 개정안도 현재 각종 이익집단의 이해 갈등 또는 무관심으로 국회 심의가 아무런 진전을 보지 못하고 있다. 이번 회사법 개정안은 그동안 각계의 개정 요망사항을 수렴해, 상법 회사편 총 696개 조문 중 274개 조문을 개정하는 건국 이래 가장 방대한 개정사업이다. 그 결과 기업지배구조에 대해서는 집행임원제, 이사의 자기거래승인범위 확대, 이사의 책임제도 개선 등에 대한 개정안이 마련됐고, 기업재무구조는 주식종류의 다양화, 무액면주식제도의 도입, 사채제도의 개선, 법정준비금제도 개선, 회계규정 정비, 새로운 회사형태의 도입 등에 대한 개정안이 마련됐다.

이번 회사법 개정은 더 이상 미룰 수 없는 국가경제의 중대과제다. 우리 회사법은 이미 IMF 위기를 맞고 타율적인 개정을 했던 뼈아픈 경험이 있다. 현재 지구촌의 글로벌 금융위기 등의 흐름을 보더라도 글로벌 스탠더드를 도입하는 회사법의 개정을 더 미루다가 국가 경제발전의 발목을 잡는 우를 다시는 범하지 말아야 한다. 또한 이해관계 대립으로 세부적 논쟁에 휩싸여 큰 숲을 보지 못하는 일도 없어야 할 것이다.

최완진 한국외국어대 법학전문대학원 교수
출처: 조선일보 오피니언 A37면 2010년 10월 20일

상법개정 서두르자

최완진 회장
한국상사법학회
한국외국어대학교
법학전문대학원 교수

신묘년 새해가 밝았다. 2011년은 우리의 전래문화 속에서 친숙해진 토끼의 해이다. 꾀로써 위기를 벗어나는 별주부전의 토끼와 보름달 계수나무 아래 불로장생의 선약(仙藥)을 만드는 설화 속의 토끼, 항상 다정한 한 쌍으로 번식력이 왕성한 특성으로 그려지는 민화 속의 토끼는 우리에게 지혜와 장수, 그리고 화합과 풍요의 가치를 깨닫게 해주고 있다. 이러한 뜻 깊은 새해의 의미를 살려 우리 모두 각자 맡은 바 분야에서 최선을 다하여 좋은 결실을 맺는 한 해가 되었으면 한다.

일찍이 독일의 법학자 골드슈미트는 "상법은 하류에서는 만년설이 흘러내려 침전물과 용해되어 녹아내리지만, 상류에서는 계속 새로운 만년설을 형성하는 빙하와 같다"고 언급하였고, 독일의 법철학자 라드브르흐는 "어떤 법역의 법보다도 상법의 법역은 살아있는 법이고 지면위의 법이 아니며 법문에서 읽어 아는 법이 아니고 법 생활상의 거래에서 직접 볼 수 있는 법이다."라고 갈파하였다. 이 말에서 상법은 끊임없이 변화되는 경제현상과 기업환경의 새로운 조류에 발맞추어 진화되어야 한다는 점을 강조한 것으로 풀이할 수 있다.

우리나라 상법은 1962년 제정된 이래 어언 50년 가까운 세월이 흘러가고 있으며, 그동안 우리상법은 1984년 처음 개정된 이래 1991년, 1995년에 개정이 있었고, IMF이후에는 1998년, 1999년, 2001년, 2007년, 2009년, 2010년에 이르기까지 숨가쁜 개정이 이루어져 왔다.

최근의 개정경과를 살펴보면 먼저, 2009년에는 종전의 증권거래법, 선물거래법, 간접투자자산운용업법, 신탁업법, 종합금융회사에 관한 법률, 한국증권선물거래소법 등 6개 중요한 법률이 통합된 「자본시장과 금융투자업에 관한 법률(약칭 자본시장법, 2007년 8월 3일 법률 제8635호로 공포되어 1년 6개월이 경과한 2009년 2월 4일부터 시행됨)」이 새롭게 탄생 되었고, 우여곡절 끝에 사외이사 및 상장회사에 대한 특례를 규정한 상법 일부 개정법률(법률 제9362호)도 2009년 1월 30일 공포되어 2009년 2월 4일부터 시행되고 있다. 이러한 개정으로 증권거래법상의 상장회사에 관한 특례규정 중 회사의 지배구조에 관한 부분은 상법으로 편입되고 회사의 재무관리에 관한 부분은 자본시장법에 그대로 남겨두게 되었다.

곧 이어, 창업절차를 간소화하고 기업경영의 IT화 지원내용을 담은 상법일부개정법률(법률 제9746호)이 2009년 5월 28일 공포되었다. 이 법안은 법무부가 2005년부터 추진해 온 창업절차 간소화 노력이 결실을 맺은 것으로 경제위기 극복을 위한 시급한 필요성을 인식하여 창업절차간소화 규정 등을 다른 상법 개정안과 분리하여 신속하게 처리한 것이다. 이러한 상법개정의 의미는 ① 창업절차의 획기적 간소화, ② 소규모기업에 대한 과감한 규제개선, ③ 기업경영의 IT화 지원을 위한 녹색성장 구현의 세 가지로 요약될 수 있다. 창업절차 간소화 부분은 공포일인 2009년 5월 28일로부터 즉시 시행되었고, 기업경영의 IT화 지원 부분은 공포일로부터 1년 후인 2010년 5월 28일부터 시행되고 있다.

한편, 1962년 상법이 제정된 이래 거의 개정작업이 이루어지지 못했던 상법총론의 규정들도 기업을 둘러싼 환경의 급격한 변화에 따라 개정될 필요성이 절실하였다. 이에 따라 법무부는 2009년 1월 5일 「상법총칙·상행위편 개정안」을 국회에 제출하고, 2010년 5월 14일 「상법총칙·상행위편의 개정법률」이 공포되어 2010년 11월 15일부터 시행되고 있다. 이 개정 법률은 빠르게 발전하는 금융리스·가맹업·채권매입업 등에 대한 기본적인 법률관계를 규율하고, 신용카드·전자화폐 등 지급결제 업무의 인수를 새로운 상행위로 규정하는 등 현행 상법규정의 미비점을 보완하였다.

또한, 그동안 꾸준히 제기 되었던 공중접객업자의 임치물에 대한 비현실적인 엄격책임을 완화하고 상법상 회계기준과 기업회계기준과의 불일치를 해소하는 등 변화된 경제현실을 반영한 점을 특색으로 들 수 있다.

한편, 주지하다시피 회사편·보험편 개정법안 및 항공운송편 제정법안과 적대적 M&A방어법제·신탁법과 복합운송규정 등 현안이 되고 있는 사항들에 대하여 입법 작업이 이루어지지 못하고 있다. 특히, 회사법은 국제기준에 맞추기 위하여 2006년과 2008년에 걸쳐 개정안을 마련하였으나 2006년 개정안은 제17대 국회 회기만료로 인하여 자동폐기 되었고, 2008년 회사법 개정안도 현재 각종 이해관계 집단의 갈등과 반목으로 인하여 국회 심의가 지연되고 있고 통과가 난망한 상황이다.

실로 안타까운 일이 아닐 수 없다. 이번 회사법 개정안을 보면 글로벌 스탠다드를 지향하여 기업지배구조와 관련해서는 집행임원제, 이사회의 자기거래승인범위 확대, 이사의 책임제도 개선 등에 관한 내용이 담겨져 있고, 기업재무구조에 대하여는 주식종류의 다양화, 무액면주식제도의 도입, 사채제도의 개선, 법정준비금제도 개선, 회계규정 정비, 새로운 회사형태의 도입 등에 대한 내용이 들어 있다.

상법의 개정은 정치적 이해관계와 상관없이 조속히 처리되어야 한다. 근본적인 개정이 이루어지지 않은 채, 일부의 땜질식 처방만 계속되는 점은 유감이 아닐 수 없다. 우리나라 기업이 지표로 삼아야 될 상법의 전반적인 개정은 빠를수록 좋다고 생각한다. 상법 개정을 둘러싸고 여러 의견들이 활발히 개진되고 있으나 이해관계대립에 기한 세부적인 논쟁에 휘말려 큰 숲을 보지 못한 채, 법안이 또다시 표류하는 일은 결코 없어야 할 것이다. 국회는 현재 계류중인 회사법을 비롯한 상법개정안을 조속히 심의, 통과시킬 것을 다시 한 번 촉구한다.

이와 함께 우리 모두는 글로벌 스탠다드에 적합한 최상의 상법이 조속히 만들어 질 수 있도록 상법개정위원회를 상설기구화 하고, 공론의 장을 보다 활성화 하는 등 다같이 지혜를 모아야 할 것이다.

최완진 한국상사법학회 회장, 한국외국어대학교 법학전문대학원 교수
출처: 「상장」 20011년 2월호

저자 **최완진(崔完鎭)**

- 한국외국어대학교 법학과 졸업(법학사)
- 고려대학교 대학원 법학과, 석사과정 수료(법학석사)
- 고려대학교 대학원 법학과, 박사과정 수료(법학박사)
- 국립 강원대학교 법과대학 교수·비교법학연구소장 역임
- 미국 Univ. of Washington, Law School 교환교수
- 미국 Univ. of Pittsburgh, Law School 교환교수
- Lee International IP & LAW GROUP 법률고문
- 한국상사법학회 회장
- 한국경영법률학회 회장
- 대한상사중재원 중재인
- 한국외국어대학교 대학원 교학처장
- 한국외국어대학교 대외협력본부장
- 한국외국어대학교 법학연구소장
- 한국외국어대학교 법과대학 학장
- 한국외국어대학교 교수협의회 회장
- 한국외국어대학교 가톨릭교수회 회장
- 현 한국외국어대학교 법학전문대학원 교수
- 주요저서 : 기업지배구조법강의 : 한국외국어대학교 출판부
  상법판례강의 : 법문사
  상법학강의 : 법문사
  상법사례연습 : 박영사
  상법사례연구 : 한국외국어대학교 출판부
  법학통론(개정신판) : 세창출판사(공저)
  주석상법(IV, V, VI) : 한국사법행정학회(공저)

新회사법 요론

초판 인쇄 2012년 9월 10일
초판 발행 2012년 9월 20일

지 은 이 최완진
발 행 인 박 철
발 행 처 한국외국어대학교 출판부
130-791 서울특별시 동대문구 이문로 107
전화 02)2173-2495~7
FAX 02)2173-3363
홈페이지 http://press.hufs.ac.kr
전자우편 press@hufs.ac.kr
출판등록 제6-6호(1969. 4. 30)
편집·디자인 디자인퍼브 02)2254-4308
인쇄·제본 SM C&P 02)468-6100

ISBN 978-89-7464-761-2 93360 정가 33,000원

* 잘못된 책은 교환하여 드립니다.

HU:iNE 은 한국외국어대학교출판부의 사회과학도서 Sub Brand 이다. 한국외대의 영문명인 HUFS, 현명한 국제전문가 양성의 (International + Intelligent)의 의미를 담고 있으며, 휴인(携引)의 뜻인 '이끌다, 끌고 나가다'라는 의미처럼 출판계를 이끄는 리더로서, 혁신의 이미지를 담고 있다.